21世纪中国高校
法学系列教材

金融法（第三版）

主　编　陶广峰

撰稿人　陶广峰　张宇润　李玉虎　冯　涛
　　　　张道庆　许多奇　李　华　李培才
　　　　杨仕兵　胡小红　龚鹏程

中国人民大学出版社
·北京·

作者简介

陶广峰，南京财经大学教授，博士生导师；中国法学会比较法学研究会副会长，中国法学会财税法学研究会常务理事，江苏省法学会金融法学与财税法学研究会会长，江苏省农业与农村法治研究会副会长。曾任南京大学法学院副院长，教授，博士生导师，南京大学中国经济法研究所所长；南京财经大学法学院院长。主要从事经济法学、金融法学、侵权行为法学、比较法学的教学与研究。出版的主要学术著作与教材有：《构建与创新：经济法哲学研究》《金融法》《金融创新与制度创新》（合著）、《经济法学》《经济全球化与中国经济法》《经济法原理》《比较侵权行为法》《法理学》等。主编《金融财税法律评论》（年刊）、《经济法前沿文库》（已出版 12 种）等。在《法学研究》《中国法学》等期刊上发表论文百余篇；先后主持国家社科基金（计 3 项）等项目二十余项。曾被省委、省政府评为“优秀教师”，并授予“园丁奖”称号。撰写本书序言、第一、二章。

张宇润，安徽大学法学院暨经济法制研究中心教授，法学博士，博士生导师。主要从事金融法学、证券法学的教学与研究。主要学术著作有：《经济效率与社会正义》《中国证券法：原理·制度·机制》《中国创业板市场法律规制研究》《金融创新与制度创新》（合著）、《货币的法本质》等；并在《中外法学》《法学家》《政法论坛》《法律科学》《法商研究》《当代世界和社会主义》等学术刊物上发表论文八十余篇。主持国家社科基金及省部级项目十余项。撰写本书第二十四章。

李玉虎，西南政法大学中国财税法研究中心研究员，硕士生导师，法学博士。首批“全国高校黄大年式教师团队”西南政法大学经济法学教师团队成员。德国马尔堡大学访问学者、美国芝加哥大学法学院“法律经济学”项目研修学者。兼任中国法学会经济法学研究会理事、中国法学会财税法学研究会理事、中国法学会比较法学研究会理事。主要从事经济法学、金融法学的教学与研究。著述有：《经济发展与法律制度变迁研究》《经济法律制度与中国经济发展关系研究》《我国地方税体系重构法律问题研究》等；在《现代法学》《学术界》等学术期刊发表论文五十余篇。主持国家社科基金，教育部、司法部、中国法学会等国家级、省部级科研项目十余项。撰写本书第十四、十五章。

冯　涛，江苏大学法学院副教授，硕士生导师。主要从事宏观调控与市场监管法律制度、金融证券等的教学与研究。主要论文有：《汇率的国家调节与国际调节的法律分析》《恶意透支信用卡诈骗罪的认定及立法完善》等。撰写本书第十、二十二、二十六章。

张道庆，河南财经政法大学教授，教务处长，硕士生导师，法学博士；兼任河南省法学会经济法研究会副会长，河南省政府法制咨询专家，应急管理专家组成员。主要从事经济法学、财税法学的教学与研究。在《现代法学》《金融理论与实践》等学术刊物上发表论文四十余篇，合著、独著法学著作与教材 6 部。撰写本书第四、五章。

许多奇，复旦大学法学院教授，上海高级金融学院兼聘教授，博士生导师，上海市曙光学者、第五届十大中青年法学家。美国哈佛大学富布莱特高级访问学者，纽约大学 Hauser Global 项目、杜克大学法学院访问学者，台湾大学法学院授课教授，主要研究领域为金融科技法、互联网安全、财税法等。在SSCI英文期刊以及《中国社会科学》《中国法学》《法学研究》《法学家》《法商研究》《法律科学》《法学》等CSSCI来源期刊上发表论文近八十篇。主要社会兼职为中国科学技术法学会常务理事、中国法学会财税法学研究会常务理事、上海市法学会财税法学研究会副会长、上海金融法研究会副会长、上海判例法研究会副会长、上海海关学院客座教授。撰写本书第三、十八、十九、二十一章。

李　华，南京大学法学院副教授，硕士生导师，法学博士。兼任中国法学会商法学研究会理事，中国法学会保险法学研究会理事。主要从事经济法学和保险法学的教学与研究工作。著述有《董事责任保险制度研究》《商法判例解读》等；在《政治与法律》《南京社会科学》等刊物上发表学术论文三十余篇。撰写本书第六、七、十六、十七、二十三章。

李培才，河南财经政法大学副教授，硕士生导师，法学博士。主要从事经济法学、财税法学、金融法学的教学与研究。主持、参与国家社科基金项目等国家级和省部级项目近十项。曾在《河南社会科学》《郑州大学学报（哲学社会科学版）》等刊物上发表论文二十余篇。撰写本书第九、十一章。

杨仕兵，安徽财经大学法学院副院长，教授，硕士生导师，法学博士。安徽省高校中青年骨干教师，安徽省经济法学会常务理事。主要从事经济法学、金融法学的教学与研究。在《政治与法律》《江淮论坛》等杂志上发表论文四十余篇；著述有《公共物品供给法律制度研究》等。主持国家社科基金项目等国家级和省部级项目十余项，出版专著、合著、教材十余部。曾获安徽省社科优秀成果二等奖。撰写本书第八、二十章。

胡小红，安徽大学法学院教授，法学博士。中国科学技术法学会常务理事、安徽省法理学研究会副会长。主要从事经济法学、财税法学的教学与研究。主持安徽省软科学研究计划项目、省教育厅社科项目、安徽省高等教育质量工程教研项目等，参加多项国家级研究项目，在《政法论坛》《法学杂志》《税务研究》《学术界》《安徽大学学报》《当代法学》《中国市场监管研究》《科技与法律》《理论建设》等学术期刊上发表论文四十余篇，出版个人专著一部。撰写本书第十二、十三章。

龚鹏程，河海大学法学院副教授，硕士生导师，法学博士。兼任江苏省经济法学会副会长、江苏省法学会金融法学与财税法学研究会常务理事。主要从事金融法学、证券法学的教学与研究工作。在《法学评论》《南京社会科学》等刊物上发表学术论文数十篇。撰写本书第二十五章。

第三版前言

《金融法》自2009年第一版出版以来，历经2012年修订，距今已11年了。十多年来，本教材受到全国众多法律院校的厚爱，并深得广大师生好评。十多年来，国内外金融业发生了巨大的变化，特别是近年来，中国国内金融业无论是规模、制度还是监管等，其发展可谓日新月异。中央多次全国金融工作会议都明确提出，“金融是现代经济的核心，金融安全是国家安全的重要组成部分”，金融、金融安全在当今中国之地位已被提到前所未有的高度。

正是基于如此之巨大变局，应中国人民大学出版社的要求，我们又对教材作了第三次修订。

本次修订的重点主要体现在以下几个方面。

一是我国金融监管机构的沿革，主要是沿着集中监管→分业监管→目标监管的脉络进行，中国的金融监管正处于大变革时代。随着银监会、保监会合并，监管理念从行业监管转向功能监管，尤其是借鉴英国“双峰”和美国监管模式，形成“一委一行两会”的新监管体系。中国人民银行2011年首次明确提出宏观审慎管理的理念；2016年中国人民银行差别准备金动态调整机制升级为MPA体系；特别是2017年国家进一步成立国务院金融稳定发展委员会。至此，我国初步形成了金融委统筹协调，以健全货币政策与宏观审慎政策为双支柱，综合考虑微观审慎、行为审慎等因素的多元目标监管制度。随着国务院金融稳定发展委员会的设立，各省市也相继成立地方金融监管局，陆续出台《金融监管条例》。金融监管职能将持续加强，地方金融监管局与“一行两会”的地方分支机构形成更强的互补，改变了原政府金融办侧重协调、难于监管的短板。因此，各省市金融办变“局”，不仅仅是名称上的改变。国务院金融稳定发展委员会在“一行两会”之上，负监管协调之责。相对应的“一行两会”工作侧重点将依：央行——宏观审慎监管，银保监会——微观行为监管，证监会——证券市场监管进行。这一变化较之前可以说是巨大的。

二是依据有关法律和制度更新了有关内容，特别是增加了如：商业银行法部分的商业银行的贷款和业务基本规则、信托法部分的家族信托，政府债券部分增加了地方政府债，等等，力求尽可能全面地反映当前该领域的热点问题。

三是在关注金融体制、金融监管部分的新提法的基础上，将2012年以后新变化的内容予以增补，同时调整了原第一版、第二版保险法与证券法的顺序，将保险法与银行法靠近，以便更加契合银行保险统一监管的制度安排。

四是鉴于新《证券法》已于2020年3月1日实施，而新证券法较之于原证券法在全面推行证券发行注册制度、提高证券违法违规成本、完善投资者保护制度、强化信息披露、完善证券交易制度、落实“放管服”要求取消相关行政许可、压实中介机构市场“看门人”法律职责、建立健全多层次资本市场体系、强化监管执法和风险防控、扩大证券法的适用范围等方面，都作出了巨大的修改，因而本次修订对本书第7章（证券机构法律制度）、第24章（证券业监管法律制度）这两章都依照新证券法作了较大的修改；加之第26章（涉外金融监管法律制度）所涉有关法律法规或废止、或修改，因而在本教材第三版出版之际，我们也对该章内容作出了重大修改。

五是根据近年金融实践和存在的新问题，将互联网金融等社会热点问题纳入本次修订视野，并根据术有专攻的原则，特别邀请了互联网金融专家撰写了本书“互联网金融监管法律制度”一章。

六是依据《民法总则》，将原第一版、第二版引用《民法通则》的相关内容，统一依据《民法总则》作了修改；同时更新、替换了司法考试题库，将司法考试题库全部更新到2017年的（2018年以后不再公布试题）。

同上一次修订一样，本次修订我们在资料的使用上尽量求全，在论点引用上我们尽量求新，在结论的表述上我们尽量求稳，但实际上面对不断发展的各国金融法律制度，以及一日千里的学界新观点、新理论，我们时时感到力不从心，担心挂一漏万，贻误他人。在此，我们诚恳吁请各位方家、各位读者指点。

陶广峰

2020年4月谨识于南京

第二版前言

《金融法》自2009年1月出版以来，曾被国内众多法学院采用，受到好评。

本教材距今已出版三年了。三年来，出现了席卷全球的金融危机，尤其自去年以来愈演愈烈的欧洲债务危机等，更是搅得欧洲、美国，乃至全球金融领域危机不断；就我国金融界而言，由于全球金融危机的出现，我国金融领域在金融创新的同时，也遇到了前所未有的制度困境。面对全球性的金融危机和我国金融制度的新发展，作为教材，应给予及时关注，进行适当的修订，以满足教学的需要。正是适应这一急需，应中国人民大学出版社的要求而作出本次修订。

本次修订主要做了以下工作：

第一，主要反映了全球金融危机以来，尤其是金融法近年来的立法动态和立法趋势，对于一些已经失效的法律、法规和相关规定进行了修改，增加了诸如小额贷款公司法律制度、融资性担保公司法律制度等，以保证教材的内容能够紧跟金融创新和金融制度变迁。

第二，坚持教学应反映理论研究最新进展的原则。本次修订尽量、适时增加了金融法学界研究的最新成果，除却了一些较为陈旧的解说。

第三，通过与有关法学院的金融法教学老师讨论，了解到国内不少法学院都单独开设了保险法、证券法等课程，因此，本次修订在保证金融法制度体系完整的前提下，对保险法、证券法等有关内容进行了适当压缩，以保证教师课时安排。

第四，为凸显本《金融法》教材的特色，我们此次修订在保留原有关章节所附的相关司法考试真题及解析外，还将近两三年的司法考试真题及解析予以及时补充、更新，以使本教材在保证学生学习金融法有关理论、制度的同时，能及时把握司法考试的最新发展。

第五，金融法课程不同于法理学等课程，是一门集理论与实践于一体的学科，更是一门应用学科，因此，本次修订又在有关章节中适当增加了若干案例，解说实践中经常遇到的问题；与此同时，对于一些学生难以理解的重点、难点问题，还适当引用了一些参考阅读资料，以帮助学生学习、理解。

当然，我们也深知，随着全球金融危机的不断发展，各国金融法的改革、创新可以说是日新月异，理论研究成果也是新作不断。虽然此次修订我们作了较大的努力，但由于水平有限，挂一漏万也是在所难免，恳请读者及时批评指正。

陶广峰

2012年6月谨识于南京

前　言

一般来说，金融主要是指货币资金的融通。金融有广义和狭义之分。广义的金融指全社会的货币资金的筹集、分配、借贷、使用和管理活动的总和，包括财政融通和信用融通。在金融学和金融法意义上，金融仅指信用融通，即狭义的金融。

金融是国民经济的命脉，金融业是国民经济的核心产业，因此，规范金融关系的金融法无疑在我国市场经济法律体系中居于重要的地位。金融法有着规范金融行为，营造良好的金融秩序，保持货币币值稳定，促进经济发展，保护投资者的合法权益等方面的作用。

我国金融法的渊源主要有：宪法、金融法律、金融行政法规、金融地方性法规、金融行政规章、金融司法解释、国际条约。

同其他部门法一样，金融法有着自己的体系。金融法的体系是指金融法的制度体系，是现实的规范金融关系的法律规范所组成的有机统一整体。我们可以按照一定的标准或者主线，将金融法的制度体系贯穿起来。按照立法效力，构成金融法的渊源体系；按照调整对象，构成金融组织法、金融交易法、金融调控法和金融监管法的体系；按照现实的立法体系，或按照立法文件形式，可以分为银行法、货币法、票据法、证券法、期货法、保险法、信托法、银行业监管法等。

金融法学就是以金融法的立法、执法和司法为研究对象的法学学科。为了满足金融法制建设对金融法人才的实际需要，我国在法学专业、金融学以及经济学等专业都设置了金融法课程，因此，相关教材建设也是一项十分重要的任务。自金融法课程开设以来，我国法学教育界对教材建设进行了潜心研究，撰写了一批教材，培养了一批金融法人才。

但由于我国正处于经济、社会急剧转型的历史时期，经济、法律发展变化较快，因而总体来说，金融法学研究与金融法教材的编写显得较为滞后。截至2007年，新的金融法教材十分罕见，无疑，这与金融法制创新和金融法人才培养的需要相差甚远。为了弥补这一缺憾，我们及时编写了这部教材，希望能够满足新时期金融法教学的需要。

本书的编写以法学专业金融法课程大纲为基础，以满足教学需要为原则，同时并不完全拘泥于教学大纲，而是在研究、总结金融法教学和金融法制的基础上，努力建构金融法的法理框架，引导读者在金融法领域向深度与广度方面拓展。

我们在编写本书的过程中，不仅关注国内外比较流行的金融法教材、专著，更对这些专著、教材的结构和内容进行了比较研究，力图在此基础上有所创新，以期在金融法的教学活动中收到更佳的效果。与当前现有教材相较，本书力图体现以下几个方面的特点。

第一，本书以金融学、法学的有关理论和金融法为基础，全力构建金融法的法理体系。全书计分5篇：金融法总论、金融机构法、金融市场业务法、金融调控法、金融监管法，并按此逻辑进行写作。

第二，按照上述结构，将国内金融法与涉外金融法融为一体，避免单独设立涉外金融法，造成逻辑上的割裂。

第三，充分吸纳最新的研究成果，反映最新立法。本书引用的理论研究成果与规范性法律文件截至2008年。

第四，妥当处理理论上的“通说”与“新观点”的关系、理论概念与法律概念的关系。本书以“通说”为基础，同时列出“新观点”供读者参考、研究，理论概念与法律概念不一致的，以法律概念为主。

第五，内容详略得当，重点突出。本书遵循：在简略介绍金融知识的基础上，重点介绍金融法知识；在简略介绍金融法历史的基础上，重点分析金融法的现状与发展趋势；在简略介绍金融法理论知识的基础上，重点分析金融法的运行状况；在简略介绍金融政策的基础上，重点分析金融法律；在简略介绍国外、国际金融法制的基础上，重点分析我国的金融法制。

第六，将金融知识、法学知识与法律实践有机结合。

参加本书编写的10位作者，均系来自教学、科研第一线的专家、学者，具有丰富的教学、科研和实务工作经验。这不仅奠定了本书扎实的专业基础，应当说，也在一定程度上提高了本书的理论性、应用性和权威性。

虽然我们竭尽全力，力图达到理想的目标，但因水平所限，仍会存在诸多不尽如人意之处，我们诚恳地希望读者提出建议和意见，以便改进。

本书由主编拟定大纲并统稿。

主编　陶广峰

2008年9月于南京大学中国经济法研究所

目　录

第一篇　金融法总论

第二篇　金融机构法

第三篇　金融市场业务法

第四篇 金融调控法

第五篇　金融监管法

第一篇

金融法总论

第一章
金融法的基本范畴

重点问题

1. 金融的概念
2. 金融体系
3. 金融的功能
4. 金融法的概念和调整对象
5. 金融法的地位和作用
6. 金融法的基本原则

第一节　金融范畴概述

一、金融范畴的界定

（一）金融的含义

金融（英语：Finance），是“资金的融通”的简称，此处的“金”指的是黄金，“融”的含义最早指固体融化成为液体，也有融通的意思。因此，金融即是将黄金融化分开交易流通。顾名思义，金融是指融通资金，使资金融洽通达。在经济生活中，银行、证券或保险业者从金融市场主体（例如：储户、证券投资者或者保险者等）募集资金，并借贷给其他市场主体，以实现各自的经济目的。金融有广义和狭义之分。广义的金融指全社会的货币资金的筹集、分配、借贷、使用和管理活动的总和，包括财政融通和信用融通。财政融通是指国家以其政治权力为基础，以税收的形式征收货币资金用于社会公共需要，具有无偿性、强制性和固定性的特征。信用融通是以市场为基础，以债权债务的形式筹集、转移、借贷和管理货币资金的行为，具有有偿性、自愿性和任意性的特征。[①] 狭义的金融在金融学和金融法意义上，仅指信用融通。

金融活动必然涉及三个要素：（1）金融主体。金融主体体系中居于主导地位的是金融机构，包括银行和非银行金融机构。金融机构以银行为核心，所以金融信用以银行信用为核心。在狭义上，金融主体就是指金融机构。在广义上，金融主体指金融法主体，除金融机构之外，还包括金融机构的相对人，或者是金融机构的资金的提供者，如投资者或存款人；或者是金融机构的服务对象，如借款人或证券发行人等。（2）金融行为。金融行为十分广泛，如货币的发行与回笼；吸收存款和发放贷款；有价证券的发行和交易；金银、外汇的买卖；票据的发行、

① 强力．金融法．北京：法律出版社，2004：4.

背书、承兑；支付结算；保险、信托、融资租赁等。（3）金融客体。金融客体也称金融工具，包括货币、票据、有价证券、金融衍生产品等。

（二）金融的一般分类

根据不同的标准，金融的分类也不同。

1. 根据有无金融中介，金融可分为：（1）直接金融。资金的需求者和资金的供给者直接进行融资或借贷，称为直接金融。如企业发行股票和公司债券，投资者直接对项目进行投资等。（2）间接金融。资金的供给者和资金的需求者之间有金融机构作为媒介，主要是银行通过吸收存款、发放贷款，在资金的最终供给者（存款人）和资金的实际需求者（借款人）之间，将资金的总流通分为两个环节。间接金融形成了两种法律关系：一是存款人与银行的债权债务关系，银行是债务人，对存款人要按期还本付息；二是银行与借款人之间的债权债务关系，银行是债权人，有收取本金和利息的权利。

2. 根据金融活动是否跨越国界，金融可分为：（1）国内金融。国内金融是金融行为以及金融行为的后果均发生在一国境内的金融。（2）国际金融。国际金融是跨国金融活动，它不仅以货币、信用、金融机构、金融市场等国内金融要素为其基本内容，而且以各种形态的货币金融资产跨越国界流通与交易为其特定内容。国际金融作为国内金融的延伸，是各国金融要素之间相互作用和相互影响而形成的某些特殊现象，如外汇与汇率、国际收支均衡、国际储备资产、国际信贷与担保、国际证券融资以及国际金融监管等经济活动所形成的关系。[①]

（三）货币与金融

货币是为了提高交易效率而用于交换的中介商品，即充当一般等价物的特殊商品。它具有价值尺度、流通手段、储藏手段、支付手段和世界货币的职能。与普通商品相比，货币具有两个基本特征：一是货币是表现商品价值的材料，它直接表现商品的价值。在货币出现以前，商品的价值是通过交换用另一种商品来表现的；在货币出现后，商品的价值可以直接用一定数量的货币表示。二是货币具有直接同一切商品相交换的能力。[②]

货币是金融活动最基本的客体，其他金融客体如票据和有价证券，都是由货币派生而来或衍化而来的，而且，票据和有价证券的标的仍然是货币。因此，在某种意义上，金融就是以货币为对象，以信用为形式所进行的货币收支、资金融通活动的总称。

货币经历了实物货币、金属货币、代用货币、信用货币的历史演变过程。近年来，随着信息技术和互联网技术的发展，出现了加密货币、数字货币（如比特币）等新型货币的尝试。

（四）信用与金融

信用（credit），来自拉丁语，意思是“我给予信任”。美国《布莱克法律辞典》将“信用”解释为：一是商家或个人贷款或取得货物的“能力”；二是指债权人赋予债务人延期支付或承担债务且延期偿还的“权利”。在广义上，金融信用是发生在金融领域的信用。金融信用从主体方面来看，有商业信用、银行信用、保险信用、证券公司信用、信托信用、融资租赁信用、国家信用和个人消费信用等。其中，银行信用居于核心地位，因为一个国家的货币——财富的最终表现形式——主要集中于银行。金融信用从市场关系角度来看，有货币市场信用（如存贷款、结算、票据信用、外汇市场信用）和资本市场信用（如股票、债券、衍生证券市场信用等）。

---

① 李仁真主编．国际金融法．武汉：武汉大学出版社，2005：2.

② 朱崇实主编．金融法教程．北京：法律出版社，1995：2.

二、现代金融体系

现代金融体系由金融市场体系、金融主体体系、金融工具体系和金融监管体系构成。严格说来，金融主体和金融工具都属于金融市场的构成要素。由于金融市场离不开金融监管，因而我们也可以说，现代金融体系也就是金融市场体系。

（一）金融市场体系

1. 金融市场的含义

金融市场有广义、中义和狭义之分。广义的金融市场是指金融交易关系的总和；中义的金融市场是指货币资金融通的场所；狭义的金融市场仅指金融产品交易的现实场所，如票据交换所、证券买卖场所、同业拆借市场、黄金外汇交易市场等，不包括证券发行市场、存贷款市场等。

2. 金融市场的要素

金融市场的要素主要包括金融交易的主体、金融交易的客体和金融交易行为。

金融交易的主体是指金融交易的参与者，分为：（1）筹资者、存款人和投资者，包括个人、企业、政府和其他组织。（2）金融机构。金融机构既可能是金融市场的筹资者，比如吸收存款，发行股票或金融债券；也可能是金融市场的投资者，比如用自有资金进行投资、买卖金融产品等；还可能是金融市场的经营服务者，包括直接服务（比如银行从事贷款的行为）和中介服务（比如支付结算、经纪、承销等）。

金融交易的客体是指金融工具，也称金融产品，它是金融交易行为的物化形式，比如货币、有价证券、金融衍生产品。

金融交易行为，是指金融交易当事人设定金融权利和义务的行为，是法律行为，实际上就是金融交易合同。金融交易合同大多是要式法律行为，是书面合同；有的金融合同还必须符合法律的强制性规定，比如票据的绝对必要记载事项如果不符合规定，将导致票据无效。

（二）金融主体体系

由于金融机构在金融主体体系中居于支配地位，所以，这里的金融主体体系主要指金融机构体系。金融机构也称信用机构，是专门从事货币流通和信用活动的机构。根据不同的标准，金融机构有不同的分类：根据金融机构组织形式的不同，金融机构可分为公司型金融机构、合作型金融机构和特殊法人金融机构。根据金融机构创造货币信用以及经营金融产品的不同，可将金融机构分为银行类金融机构和非银行类金融机构。

银行是最主要的金融机构，它是专门经营货币信用业务的金融机构。银行一般包括中央银行、商业银行和专业银行。中央银行是发行基础货币的银行，在银行体系中居于核心地位，是政府的银行，也是银行的银行。它代表政府从事国际金融活动，它只与商业银行发生直接货币关系，不与企业和居民发生直接货币关系。商业银行是吸收存款、发放贷款和办理结算的金融企业法人，它在银行体系中处于基础地位。商业银行创造派生存款和贷款，社会资金的现实运动主要通过商业银行进行。在我国，商业银行在广义上还包括城市信用合作社（简称城市信用社）、农村合作社信用社（简称农村信用社、农信社等）、村镇银行等，它们除了经营规模和地域与商业银行相比要小得多之外，在功能上与商业银行没有什么实质性区别。专业银行是从事专门性金融服务的银行，一般不吸收活期存款，贷款目的和范围具有特定性。在我国，政策性银行属于专业银行，汽车金融公司也属于专业银行范畴。

非银行金融机构是经营非货币性金融产品的特殊企业，根据其经营金融产品的不同，可以分为保险金融机构（包括保险公司、保险经纪人、保险代理人）、证券机构（包括证券公司、证券登记结算机构、证券投资咨询机构、证券交易所等）、信托投资公司、融资租赁公司、基金管理公司、风险投资机构，以及新出现的网络信贷平台（P2P公司）、网络借贷信息中介机构等。

（三）金融工具体系

1. 金融工具的含义和特征

金融工具是发行人按照法定条件和程序发行的，表示货币或信用关系的凭证。金融工具一般具有以下特征：(1) 法定性。法定性是指法律规定了基本金融工具的形式和种类。有的法律规定十分严格，强制性规定其内容和发行流通程序，比如对法定货币的规定；有的法律规定得比较严格，规定了某些强制性内容和发行流通程序，比如对票据的规定；有的法律仅规定了金融工具基本的形式和种类，比如对衍生金融工具的规定。(2) 期限性。期限性主要是针对债券和衍生金融产品，有些金融产品没有期限性，比如货币本身和股票。(3) 流动性。流动性是指金融工具可以流通和转让，方便变现。(4) 风险性。金融工具都有风险，即使是法定货币，也有贬值的风险。(5) 收益性。(6) 要式性。金融工具是要式金融法律行为的物化形式，必须具有书面形式，而且有些金融工具必须要记载某些特定事项，稍有差错，将导致金融工具无效。

2. 金融工具的分类

根据不同的标准，金融工具有不同的分类。

(1) 根据表示信用关系的性质和功能，可分为货币和有价证券。货币一般是一国中央银行发行的履行货币职能的法定凭证。在法律上，现代货币都是信用货币，是最基本的信用工具。根据货币的法律效力的适用范围，货币可分为本币和外币。在我国，人民币是我国境内的唯一法定货币。外币是外国货币，在我国，外币属于外汇范畴。有价证券分为商品证券、货币证券和资本证券。有价证券作为金融工具主要指货币证券和资本证券。货币证券主要指票据和可转让的大额存单。资本证券分为代表资本所有权的证券（以股票为代表）、代表资本债权的证券（包括各种形式的债券）、代表资本受益权的证券（如基金证券）和资本衍生证券等。

(2) 根据金融工具的有效期限，可分为长期金融工具、短期金融工具和不定期金融工具。长期金融工具期限一般在1年以上，短期金融工具期限一般在1年以内，不定期金融工具没有规定有效期限，比如法定货币和股票。具体到某一类金融产品，金融工具的期限又有具体区分，比如债券，5年期以上（不含5年期）的为长期债券；1年期以内的为短期债券；1年期以上（不含1年期）至5年期以内的为中期债券。

(3) 根据金融工具的基础性和派生性，可分为基础性金融工具和衍生金融工具。基础性金融工具是金融工具发行人发行的直接证明持有人享有初始金融权利的凭证，如货币、票据、股票、债券、存单等。衍生金融工具是建立在基础性金融工具基础上的金融合约，在合约上载明买卖双方同意的交易品种、价格、数量、交割时间和地点等。衍生金融工具主要有期货合约、远期合约、期权合约、互换合约等。

（四）金融监管体系

金融监管体系是指为实现特定社会经济目标，对金融活动施加影响的一整套机制和组织机构的总和。金融监管组织机构与金融市场主体存在着十分密切的关系。早期的金融监管组织机构主要是中央银行。由于金融业的专业分工越来越细，出现了专业化的金融监管机构。不过，发达国家又出现了金融综合监管的趋势，如日本和英国针对20世纪90年代末开始的“金融大爆炸”，分别成立了金融厅和金融服务监督局，它们对金融市场和金融行业实行全方位监管。在我国，改革开放以来，尤其是1992年确立建立社会主义市场经济体制以来，不断地从中国人民银行分离出中国证监会、中国保监会和中国银监会，分别实施对证券业、保险业和银行业的专门监管。2017年，金融监管机构重新调整，将银监会与保监会合并，组建中国银行保险监督管理委员会（以下简称“银保监会”）。

三、金融的功能

金融业是国民经济的核心和命脉，是国民经济资金的“蓄水池”，资金来源于此，再流向它需要发挥功能的地方，最终又回归于此。金融业通过金融活动实现其目的，因而金融是经济行为的主线。金融的功能主要表现为以下几个方面。

（一）货币供应功能

现代经济是货币经济，通过货币媒介实现商品价值，劳动者取得工资，国家取得税收，企业主获得利润。金融机构的货币供应，为国民经济活动提供了资金的原动力，又为商品价值的实现提供了媒介。

货币包括通货和存款货币。通货又称法定货币，由钞票和铸币构成，由中央银行垄断发行，构成中央银行的负债。存款货币是商业银行账户中可由存款人以支票或电子指令直接进行支付的存款余额，构成商业银行的负债。① 中央银行通过货币发行向市场提供基础货币，而商业银行通过存贷款业务向市场提供派生货币。中央银行通过货币政策行为对商业银行创造货币的可能性进行调控，保持货币币值的稳定，并以此促进经济增长。

（二）融资功能

金融市场在资金的供给者和资金的需求者之间架起了一道桥梁，资金需求者可以在金融市场通过直接融资和间接融资两种方式获得资金。

直接融资是筹资者在资本市场上直接向投资者筹集资金的活动，主要是在证券市场上通过发行证券，比如以股票和债券的方式向投资者筹集资金的活动。融资者必须具备一定的资格和条件，发行证券必须遵循严格的程序，如公开发行股票必须符合证券法规定的条件，必须经过核准。

无论在哪个国家，间接融资都是融资的主要渠道。毕竟符合直接融资者条件的生产经营者数量有限，大量的资金需求者都是中小企业和居民。银行等金融机构好似一个庞大的蓄水池，通过存款和其他途径吸收资金，形成巨大的资金总量，然后贷放给资金需求者。银行具有专业的资金管理优势，有专门经营货币资金的能力，它可以使资金较为有效地进入生产和流通环节，最后又安全地回流到银行。

（三）支付中介功能

商品和劳务的交换必然要涉及债权的清偿，否则交换就没有最终完成。在单位之间、个人之间、单位和个人之间，由于商品交换、劳务提供和资金融通等活动而产生了为了清偿债务和清算债权而进行的货币收付行为，这就是结算。结算有现金结算和转账结算之分。现金结算的规模非常小，也不安全。大量的货币收付行为主要通过银行账户之间的划转，这不仅提高了结算的效率，也节约了现金使用量，从而保障了资金的安全。在小额支付领域，银行的作用也越来越大，银行通过银行卡、自动柜员机、销售点终端、电子货币，为消费者提供了越来越方便、快捷的支付结算服务。

（四）化解风险的功能

金融市场是虚拟资本市场，其债权债务的形成和履行不需要借助实物资本，没有现实的物

① 汪鑫主编．金融法学．北京：中国政法大学出版社，2007：4.

为参照，交易双方的观念和信心起直接的和重要的作用；而且，金融资本运行速度极快，现代金融网络更是能够在全球范围内转移资金，因此，金融市场比一般的商品市场风险更大，所造成的破坏性也更大。①

虽然金融市场和金融资本的风险很大，但金融市场和金融业具有化解风险的能力。不同的金融市场风险程度不同，由于金融资本的迅速流动性，当事人可以迅速将资本从高风险市场转移到低风险市场，比如说从股票市场转移到债券市场，而实物资本的运作就不具备这方面的条件，比如说生产者不可能将彩电生产企业迅速转化为服装生产企业。此外，金融机构管理风险的能力要高于一般企业，而且，有些金融机构的经营行为的对象就是风险，比如保险机构就是根据保险合同收取保险费，对合同约定的可能发生的事故所造成的财产损失向被保险人承担给付保险金责任，或者当被保险人死亡、伤残、患病或者达到合同约定的年龄、期限时承担给付保险金责任。

金融工具具有化解风险的功能，衍生金融工具虽然风险很大，但却是套期保值的重要手段。

（五）资源配置功能

金融市场可以实现社会资源的有效配置。对新兴产业、有增长潜力的产业，银行一般愿意提供信贷资金支持；对国家政策支持的产业，国家可以通过政策性银行贷款，或者通过政策引导商业银行提供贷款；对夕阳产业、国家政策命令淘汰的企业，银行一般不愿意提供信贷资金。在金融市场上，具有较高盈利能力的企业，一般很容易获得资金；而连年亏损、毫无生机的企业只能面临被淘汰的命运。优势企业可以在资本市场进行收购、兼并，不断壮大。

（六）经济调控功能

中央银行是一国货币政策的制定和执行机构，货币政策和财政政策是其两种最重要的宏观经济调控手段。中央银行通过货币政策工具调控货币供应量，使货币资金的供给量与社会资金的需求量达到平衡，保持货币币值的稳定，防止通货膨胀，从而促进经济稳定、有效地增长。

第二节　金融法的概念及调整对象

一、金融法的概念

金融法是调整金融关系的法律规范的总和。

由于金融主体的多样性和金融关系的复杂性，比如信贷市场与证券市场差距就很大，保险公司、证券公司和银行的业务范围有很大差别，不可能用一部金融法典将所有的金融关系进行一般性概括规定，否则，就失去了法律的逻辑统一性和规范的严密性。因此，金融法只能是由一系列相对独立的金融法律、法规体系构成的集群。

金融法有狭义、广义之分。狭义的金融法指国家立法机关制定的金融法律，如《中国人民银行法》《商业银行法》《票据法》《保险法》《证券法》《信托法》《银行业监督管理法》等单行法律；广义的金融法还包括行政法规、行政规章、地方性法规和规章、司法解释、重要的国际条约等。

① 张宇润．金融自由和金融安全的法律平衡．法学家，2005（5）．

二、金融法的调整对象

金融法的调整对象就是金融关系。根据性质的不同，金融关系具体可以分为以下几类：

（一）金融组织关系

金融市场中最基本的金融主体是金融机构，某一社会关系是不是金融关系，一个基本的判断标准就是有没有金融机构参与。金融市场不同于一般商品市场，就在于它有一个中介服务者——金融机构，没有金融机构，金融市场就不存在。这样，围绕着金融机构的设立、变更、终止活动产生了一系列的社会关系，包括金融机构与政府的关系、金融机构与投资者的关系、金融机构内部组织的关系、金融机构因其组织行为（设立、变更和终止）而与债权人之间的关系。

（二）金融交易关系

金融交易关系，是指金融市场主体在金融资产交易以及因金融资产交易而进行中介服务的过程中发生的平等主体之间的经济关系，如储蓄合同关系、借款合同关系、保险合同关系、证券买卖合同关系、融资租赁合同关系、信托合同关系、票据关系等。①

（三）金融调控关系

金融市场不仅对微观经济产生影响，还可以通过对储蓄者和投资者的影响而产生一种对宏观经济的自发调节机制。同时，金融市场的存在与发展，为政府实施对宏观经济的间接调控创造了条件，金融调控成为政府宏观调控的基本手段之一。金融调控的实质就是货币政策的制定与实施，中央银行在金融调控过程中起主导作用。在金融调控过程中所形成的各方主体之间的经济关系即为金融调控关系。②

（四）金融监管关系

金融业具有社会公共性、高风险性、外部性等特点，使得金融监管的必要性非常突出。金融监管指金融监管机构运用许可、检查、稽核、处罚、指导等行政权力，对金融业组织和金融市场行为进行监督、管理的总称。从监管的内容来分，金融监管分为市场准入监管、金融谨慎监管、金融机构业务范围监管、市场退出监管等。从监管的领域，金融监管主要分为银行业监管、证券业监管和保险业监管等。金融监管机构在金融监管活动中与相对方发生的社会关系，就是金融监管关系。③

三、金融法律关系

金融社会关系经过金融法的调整和规范，就上升到金融法律关系的高度。金融法律关系是一种思想意志关系，它是金融主体之间在金融活动中所形成的权利和义务关系。与其他法律关系相比，金融法律关系有一些特殊性：首先，金融法律关系的主体必须有金融机构；其次，金融法律关系的客体是金融产品，是虚拟资本，不是有体物或普通给付行为；再次，金融权利和义务关系具有严格的要式性，要受到外部监管，金融主体的自由意志受到一定的限制。

根据其性质的差异，金融法律关系可以分为以下几类：

1. 金融组织法律关系。它是指在金融机构设立、变更、终止过程中所形成的权利和义务关系。这种法律关系的基础部分主要是合同关系、公司章程和公司组织结构，均为商事法律关系。不过，中央银行组织法律关系不是商事组织法律关系，它是政府组织法律关系。由于金融

①②③　陶广峰主编．经济法学．北京：中国检察出版社，2007：501.

机构的设立实行许可制，所以也有行政许可性法律关系。

2. 金融交易法律关系。它是指金融产品的交易合同关系。根据金融产品的不同，其交易合同关系的标的性质和种类也不同，如储蓄合同关系、借款合同关系、证券交易合同关系、金融衍生产品交易合同关系、融资租赁合同关系、保险合同关系、金融信托合同关系等，这些都是民商事法律关系。

3. 金融调控法律关系。它是指政府和中央银行在调控金融市场行为过程中所产生的法律关系。主要包括：中央政府与中央银行的关系；中央银行与其他政府机构的关系；中央银行在制定和执行货币政策中的地位和权限；中央银行在执行货币政策过程中运用货币政策工具所产生的法律关系；政策性银行的贷款法律关系等。金融调控法律关系分为直接性调控法律关系和间接性调控法律关系：前者如中央银行规定存款准备金率所形成的法律关系，后者如中央银行公开市场操作、政策性银行的贷款行为所形成的法律关系。

4. 金融监管法律关系。金融监管法律关系是金融监管机构与被监管主体之间的权力和责任、权利和义务关系。在我国，按照监管主体标准，金融监管法律关系可分为中央银行的监管法律关系、中国证监会的监管法律关系、中国银监会的监管法律关系，以及中国保监会监管的法律关系。

四、金融法律责任

金融法律责任是金融主体违反金融义务或职责所承担的制裁性法律后果。金融法律责任具有综合性特征，它是由多种不同性质的责任形式构成的统一体。

（一）民事责任

金融法的民事责任是金融法律关系主体违反金融法律、法规，不履行、不适当履行金融合同义务，或者侵犯他人民事权利，或者基于法律上的其他原因所应承担的否定性后果或其他负担。

由于金融合同关系在金融法律关系中居于基础性地位，所以，合同责任在民事责任的体系构成中居于基础性地位。

从保护投资者利益的角度，侵权责任制度也起着重要的作用。金融欺诈行为有时可以定性为无效合同行为，也可以定性为侵权行为。让金融欺诈行为人承担侵权责任往往效果更好，因为金融欺诈行为人往往侵犯了众多的投资者的利益，同时还破坏了金融市场的公平交易秩序，如虚假陈述、内幕交易和操纵市场行为。事实上，我国现行金融法律、法规都将金融欺诈行为定性为侵权行为，其行为者应当承担侵权责任。

（二）行政责任

金融法的行政责任是金融行政监管机关依行政程序，对违反金融法律、法规的金融法律关系的主体所确立的制裁性法律后果。行政制裁只能由金融行政监管机关根据其职权，按照行政程序作出，包括行政处分和行政处罚。金融行政处分是金融行政监管机关按照行政隶属关系依法对违法个人所给予的一种纪律处分，主要有警告、记过、记大过、降级、降职、撤职、留用察看、开除等。金融行政处罚是金融行政监管机关对违法的金融主体所给予的行政制裁，主要有罚款、责令停业整顿、加收滞纳金、没收违法所得、吊销金融许可证，以及吊销营业执照、市场禁入、限制交易等。

（三）刑事责任

刑事责任是指人民法院对于触犯国家刑法的个人和单位给予的刑事制裁。通过追究金融犯罪分子的刑事责任，保障金融市场秩序，保护存款人和投资者的合法权益，同时惩戒犯罪者以及具有犯罪倾向的人。我国《刑法》分则第三章专章规定"破坏社会主义市场经济秩序罪"，其中第四节规定了"破坏金融管理秩序罪"，第五节规定了"金融诈骗罪"。

第三节 金融法的地位与作用

一、金融法的地位

金融法的地位是指金融法在市场经济法律体系中是不是一个独立的法律部门，如果不是，它究竟属于哪个法律部门。

金融是国民经济的命脉，金融业是国民经济的核心产业，因此，规范金融关系的金融法无疑在我国市场经济法律体系中居于重要的地位。但金融法能否成为一个独立的法律部门，学术界一般是持否定态度的。将法律划分为几大部门，有利于法律体系的协调运行，有利于立法、执法和学习法律。但法的部门的划分不是任意的，而是有一个公认的科学的标准。金融法到底属于哪一法律部门呢？这个问题并不简单。金融法本身是一个体系，是由众多的法律、法规组成的法律法规群，在学术上可以按一定的标准划分为金融组织法、金融交易法、金融调控法和金融监管法。金融主体大多是营利的商事主体，但中央银行和政策性银行不是商事营利主体；金融行为大多是营利的商事行为，但中央银行的货币政策行为不是商事营利行为。因此，对金融法进行定位，要正确处理整体和部分的关系、总体把握和个别区别的关系，以及矛盾的主要方面和次要方面的关系。①

从体系的角度，将金融法体系定位于经济法比较恰当。事实上，我国现有的经济法教科书都将金融法划入宏观调控法范畴。当然，在划分法律部门时，不能用绝对的观点说金融法全部是经济法规范。我们说金融法是经济法是从总体上而言的，并不反对将某些具体的金融法律或法规划入其他法律部门，比如将商业银行法、票据法、保险法甚至证券法划入商法领域。我国采取民商合一主义，商法属于民法的特别法，我国合同法就规定了借款合同、融资租赁合同，并且在传统上把信托法作为民法的特别法对待。

二、金融法的作用

（一）规范金融行为，营造良好的金融秩序

金融法的直接功能就是规范金融行为，将金融社会关系规范成金融权利和义务关系。金融交易虽然是一种合同行为，但用民法的一般规定对金融关系进行规制显然是不够的。金融行为的客体是虚拟资本，虚拟资本风险远大于实物资本，并且金融业内部分工极为精细和复杂，银行业、保险业和证券业经营的金融产品差别很大，因此，关于金融业的法律规范必须具有高度的专业性和技术性，采用特别法的形式。金融法通过对金融组织关系、金融交易关系、金融调控关系和金融监管关系的规范，使金融机构的职权、职责明确，金融产品的形式和种类合法，金融调控和金融监管具有法律依据，从而使金融关系的产生和发展进入秩序轨道。

（二）保持货币币值稳定，促进经济发展

金融关系就是货币资金的融通关系，因而货币币值的稳定对金融关系的稳定起至关重要的

① 张宇润．金融法的定位及内在冲突的衡平．当代法学，2004（1）。

作用，只有在货币稳定的前提下，经济增长才是有效的。《中国人民银行法》第3条规定："货币政策目标是保持货币币值的稳定，并以此促进经济增长。"中央银行制定和执行货币政策，运用货币政策工具，调控金融市场和金融机构的行为，使货币流通量与经济增长程度相适应。

（三）保护投资者的合法权益

这里的投资者指金融产品的拥有者，包括存款人、证券投资者和保单持有人。投资者是金融市场资金的供给者，他们是金融市场大厦的支撑，没有他们，就没有银行和其他金融机构，也没有证券发行人和证券中介组织。因此，保护投资者利益是金融法的宗旨之一。各国金融立法围绕投资者权益保护，已经形成了比较丰富的规范体系和制度框架，其中，核心的制度有①：（1）信息披露制度。对投资者而言，其持有的金融产品的真实价值取决于发行人履行义务的事实，也就是发行人的生产经营活动，因此，发行人应当真实、准确、及时和充分地向投资者披露应当披露的信息。（2）金融机构的保密义务。金融机构必须保守客户秘密，除法律另有规定外，不得向任何人披露其所掌握的客户财务资料和其他信息。（3）投资者损失补偿机制。它是由政府或同业组织发起设立，以金融机构缴费为主要来源的保障基金，在金融机构被撤销或被宣告破产而无力足额清偿债务时，由保障基金对投资者进行一定补偿的制度，如存款保险制度、证券投资者保障基金制度和再保险制度等。

第四节　金融法的渊源、体系和基本原则

一、金融法的渊源

金融法的渊源是指金融法律规范的表现形式。金融法的渊源主要有：

1. 宪法。宪法是由全国人民代表大会制定的国家的根本大法，具有最高的法律效力。宪法中关于社会主义经济制度的规范，是对金融关系进行规范的基本依据。

2. 金融法律。金融法律包括金融专门法和金融交叉性法律。金融专门法按照法律效力又分为金融基本法和金融普通法。金融基本法是全国人民代表大会制定的规定金融货币核心关系和基本关系的法律，其效力低于宪法，高于金融普通法。在我国，只有《中国人民银行法》才是金融基本法。金融普通法是全国人大常委会制定的规定某类特殊金融关系的金融法律，如《商业银行法》《保险法》《票据法》《证券法》《信托法》《证券投资基金法》《银行业监督管理法》等。除专门性金融法律之外，还有其他法律也属于金融法的渊源，比如《合同法》中有关于借款合同和融资租赁合同的规定，《刑法》中有关于金融犯罪及其刑事处罚的规定。

3. 金融行政法规。金融行政法规是国务院制定的规范金融关系的规范性文件，如《储蓄管理条例》《企业债券管理条例》《外汇管理条例》《人民币管理条例》《金融违法行为处罚办法》《非法金融机构和非法金融业务活动取缔办法》《个人存款账户实名制规定》《金融资产管理公司条例》《金融机构撤销条例》《外资保险公司管理条例》《外资金融机构管理条例》《外资银行管理条例》《存款保险条例》等。除专门的金融行政法规之外，其他行政法规中涉及金融关系的规范，也是金融法的渊源。

4. 金融部门行政规章。金融部门行政规章是国务院直属部门所制定的规范金融关系的规范性文件。它们主要是由国务院金融监督管理机构、中国人民银行、国家外汇管理局针对金融

① 汪鑫主编．金融法学．北京：中国政法大学出版社，2007：18.

关系所制定的具有即时性、操作性和针对性的规范，它们数量最多，变化较快，修改和废止的频率也较高。

5. 金融地方性法规。根据我国《立法法》的规定，金融地方性法规是指省一级和较大的市的权力机关及其常设机关为执行和实施宪法、金融法律和金融行政法规，根据本行政区的具体金融关系的实际需要，在法定权限内制定并在本辖区内实施的规范性文件。

6. 金融司法解释。金融司法解释是最高人民法院和最高人民检察院关于金融案件的审判和检察活动中的法律适用问题所作的法律解释，如《关于人民法院审理借贷案件的若干意见》《关于审理融资租赁合同纠纷若干问题的意见》《关于审理票据纠纷案件若干问题的意见》《关于审理证券市场因虚假陈述引发的民事赔偿案件的若干规定》《关于审理期货纠纷案件若干问题的规定》等。

7. 国际条约。我国缔结或者参加的与金融有关的国际条约，除我国政府声明保留的条款外，也构成我国金融法的重要渊源。

二、金融法的体系

金融法的体系是指金融法的制度体系，是现实的规范金融关系的法律规范所组成的有机统一整体。可以按照一定的标准或者主线，将金融法的制度体系贯穿起来：按照立法效力，构成金融法的渊源体系；按照调整对象，形成金融机构法、金融市场业务法、金融调控法和金融监管法的体系；按照现实的立法体系，也就是按照立法文件形式，可以分为银行法、货币法、票据法、证券法、期货法、保险法、信托法、银行业监管法等。

我国金融立法是根据某一类金融关系的特殊性进行规范，并以调整对象为主导确立金融法的名称。比如证券法是规范证券关系的法律，并因此而得名。但证券关系是相当复杂的，不仅涉及证券发行和交易行为关系，而且涉及证券公司组织关系以及对证券行为的监管关系。所以，现实的立法体系只是让我们对金融法体系有一个具体的把握，它只是让我们看出证券法具有相对独立的个性。但证券法从抽象的角度又归属于哪一个上位概念呢？这就需要我们进一步发挥抽象思维的能力，从而对金融法体系有一个更加整体性的认识。

这里，将金融法调整对象分为金融机构关系、金融市场业务关系、金融调控关系和金融监管关系，并按照此标准对现实的金融法进行体系归类。需要指出的是，标准是相对的，不是绝对的，我们还要运用事物的性质由矛盾的主要方面决定的原理，确定某一金融法律或法规的归类。比如，《商业银行法》中规定了商业银行的交易关系和监管关系，但该法的目的和主要方面是规范商业银行的组织行为，因而将之归类为金融机构法。再如，《保险法》和《证券法》中分别规定了保险公司制度和证券公司制度，但该两法规范的基本关系是保险合同关系和证券交易关系，因而它们属于金融交易法领域。随着观察者的视角不同，某一金融法归类也可以不同。如果从金融调控的角度来说，它属于金融调控法；如果从金融组织关系的角度来说，它属于金融组织法。

三、金融法的基本原则

金融法的基本原则，是指规定于或者寓意于金融法律、法规之中，对金融立法、金融执法、金融司法和金融守法具有指导意义和适用价值的根本指导思想或准则。由于这里所谓的金融法实际上是指在金融领域中的法律、法规的总体，而不是指统一金融法，因而我们所指的金融法的基本原则，是总体意义上的金融法的基本原则。由于不可能有统一金融法典，因而金融法的基本原则不可能规定于一部金融法中。但金融法的基本原则又是客观存在的，因为金融法体系是客观存在的。马克思主义的辩证思维的方法为我们确立金融法的基本原则提供了一把钥匙。金融法的基本原则可能规定于某些金融法规中，但具有代表性和普遍适用性。如商业银行法、证券法和保险法都规定了分业经营的体制，因此，分业经营、分类管理原则就是金融业经营和监管的基本法律原则。又比如安全性、流动性和效益性原则规定于商业银行法中，但对其他金融领域也完全适用，因而，这项原则也是金融法的基本原则。另外，金融组织关系和金融交易关系是最基础性的金融关系，在规范形态上，金融法是民商法和经济法相融合的法律，因此，民商法的基本原则对金融法律关系具有普遍适用性，从现实和具体的角度，如平等、自愿、公平和诚实信用原则不可谓不是金融法的基本原则。这里将讨论金融法特殊的基本原则。

（一）安全性、流动性和效益性原则

安全性原则，是指法律要求金融机构在进行经营活动时，应确保资产的安全性，保护金融主体的合法权益。流动性原则，是指法律要求银行等金融机构保证满足客户提取现金和正常贷款的需要，保障金融主体自由地参与交易。效益性原则，是指法律为金融主体获取利益创造条件，满足金融主体追求利润的需要。为了实现安全性、流动性和效益性原则，金融法制定了许多具体有效的制度，比如金融机构的资产负债比例管理制度和风险管理制度。

金融资产的安全性与流动性成正比，与效益性在某种程度上成一定的反比关系，因此，这三大原则存在着内部冲突，到底哪一个是第一性原则呢？现行《商业银行法》第 4 条第 1 款规定：“商业银行以效益性、安全性、流动性为经营原则，实行自主经营，自担风险，自负盈亏，自我约束。”2003 年 12 月 27 日，第十届全国人大常委会第六次会议表决通过了《关于修改〈中华人民共和国商业银行法〉的决定》，将第 4 条第 1 款修改为：“商业银行以安全性、流动性、效益性为经营原则，实行自主经营，自担风险，自负盈亏，自我约束。”可见，新法将安全性原则放在商业银行运营的第一位原则位置上。

（二）分业经营、分类管理原则

金融机构的业务范围在世界上分为两种不同的模式：一是以德国全能银行制度为代表的全能经营制度，又称为综合化业务制度；二是以美国银行业、证券业分离为代表的分业经营制度，即金融机构不能既经营银行业，又经营证券业、信托业、保险业中的一种或数种，即实行分业经营制度，又称专业化业务制度。①

分业经营制度曾经是许多国家如美国、英国、日本、加拿大等的金融机构业务模式，但随着金融创新、放松管制以及金融业国际化、一体化的发展，综合化业务制度已成为金融业发展的趋势。1999 年 11 月，美国国会通过了《金融服务现代化法案》，彻底结束了分业经营模式。

我国现行金融法仍然坚持分业经营的原则。《商业银行法》第 43 条规定：“商业银行在中华人民共和国境内不得从事信托投资和证券经营业务，不得向非自用不动产投资或者向非银行金融机构和企业投资，但国家另有规定的除外。”“国家另有规定”包括法律、行政法规的规定，也包括国务院作出的具体决定。

（三）政府统一监管和金融业自律相结合原则

广义的金融监管模式指一国金融监管的制度安排，包括金融监管法规体系、金融监管主体体系及组织结构、金融监管主体的行为方式等。狭义的金融监管模式指金融监管的主体体系及组织结构。由于不同国家的政治背景、地域、文化、经济发展、法制传统的差异，各国金融监

① 陶广峰主编．经济法学．北京：中国检察出版社，2007：510.

管框架和组织结构千差万别，没有统一的固定框架。划分金融监管模式的根据是政府监管机构和市场自律组织在监管体系中的地位：如果是政府居于主导地位，则属于政府法定型监管模式，以美国为代表，目前世界上大多数国家采用这种模式；如果是自律组织居于主导地位，则属于自律型监管模式，以英国为代表，加拿大、澳大利亚、新西兰采用这种模式。自20世纪70年代末以来，这两种模式呈现出融合的趋势，已经没有明显的界限。英国开始注重立法，同时也加强独立监管机构的地位。2000年英国颁布《金融服务和市场法》，成立了独立于市场之外的金融服务监管局。美国在加强政府法定监管的同时，也注重自律组织的作用。

我国的金融监管模式总体上属于政府法定型监管模式，政府对金融市场实行集中、统一管理，并充分发挥金融市场自律组织和金融市场主体本身自律的作用。《中国人民银行法》《商业银行法》《证券法》《保险法》《银行业监督管理法》分别规定了中国人民银行、证监会、银行和保险监督机构的监管职权和职责。同时，我国金融监管也十分重视银行业协会、保险业协会、证券业协会和证券交易所的自律监管作用。

（四）与国际通行规则和惯例接轨原则

随着金融自由化和金融全球化的发展，各国金融市场均加入了国际金融市场体系。离开国际金融市场，各国金融业都不能孤立地发展。国际金融实践和金融立法与监管的实践积累了大量成功的制度规则和习惯，它们可以成为我国金融法立法的参照范本，我国金融立法在某种程度上就是吸取国际上成功的立法经验和国际惯例的结果。考虑到我国金融安全的需要和金融国际化的现状，目前我国金融法与国际通行的金融法规则和国际惯例还有一定的差距，这正是我国进一步改革、开放和发展金融市场，完善金融法制的动机和动力。

法律应用

1. 我国金融法主要由《中国人民银行法》《商业银行法》《银行业监督管理法》《保险法》《证券法》《信托法》《外资银行管理条例》《金融资产管理公司条例》以及巴塞尔银行监管委员会《有效银行监管的核心原则》等构成。

2. 《中国人民银行法》的立法目的是确立中国人民银行的地位，明确其职责，保证国家货币政策的正确制定和执行，建立和完善中央银行宏观调控体系，维护金融稳定。

3. 我国《商业银行法》的立法目的是保护商业银行、存款人和其他客户的合法权益，规范商业银行的行为，提高信贷资产质量，加强监督管理，保障商业银行的稳健运行，维护金融秩序，促进社会主义市场经济的发展。

4. 我国《银行业监督管理法》的立法目的是加强对银行业的监督管理，规范监督管理行为，防范和化解银行业风险，保护存款人和其他客户的合法权益，促进银行业健康发展。

5. 我国《信托法》的立法目的是调整信托关系，规范信托行为，保护信托当事人的合法权益，促进信托事业的健康发展。

6. 我国《证券法》的立法目的是规范证券发行和交易行为，保护投资者的合法权益，维护社会经济秩序和社会公共利益，促进社会主义市场经济的发展。

7. 我国《保险法》的立法目的是规范保险活动，保护保险活动当事人的合法权益，加强对保险业的监督管理，促进保险事业的健康发展。

8. 按照权责一致的原则，我国金融法律、法规都规定了金融机构及其工作人员的法律责任，主要包括行政责任和刑事责任。

思考题

1. 金融的功能有哪些？
2. 现代金融体系有哪几个组成部分？
3. 简述金融法的概念和调整对象。
4. 如何理解金融法的地位？
5. 金融法的作用有哪些？
6. 金融法的基本原则有哪些？

第二章
金融体制与金融立法

重点问题

1. 金融体制的含义和主要类型
2. 世界各国的金融立法体系
3. 我国金融体制的变革
4. 我国市场经济条件下的金融立法

第一节　金融体制与金融立法

一、金融体制的含义与主要类型

一般而言，所谓金融体制，是指银行等金融机构利用各种信用活动组织、调节货币流通与资金运动的形式和管理制度的总和。金融体制是金融体系在制度上的表现，它包括一个国家的金融机构体系、金融市场体系、金融调控体系和金融监管体系在制度上的表现。在法律层面，金融体制主要指金融活动当事人的法律地位、职责、业务范围、内部构成，以及各当事人之间的相互关系。① 根据金融体制的运作纽带是以市场为基础还是以计划为基础，金融体制可分为市场经济金融体制和计划经济金融体制。

（一）市场经济金融体制

市场经济金融体制是以市场为基础发展起来的金融机构体系、金融市场体系、金融调控体系和金融监管体系的制度总和，法律是这种体制运行的基本依据。世界上主要发达国家和地区的金融体制都是这种金融体制。市场经济金融体制又分为以中央银行为核心的金融体制和没有中央银行的金融体制。

以中央银行为核心的金融体制为当今世界大多数国家（地区）所普遍采用。这种体制是以中央银行为核心，以商业银行为基础，非银行金融机构并存发展的金融体系。中央银行是全国的金融中心，是货币发行的银行、政府的银行、银行的银行和金融调控的银行。中央银行制定和执行货币政策，调控金融市场。

没有中央银行的金融体制的形成主要与该国或地区的历史和政治传统有关，如新加坡和我国香港地区。在新加坡，货币由单设的行政机构——新加坡通货委员会发行，金融调控和监管由新加坡货币管理局负责。在我国香港地区，由政府指定香港汇丰银行、渣打银行、中国银行

① 朱崇实主编．金融法教程．北京：法律出版社，1995：5.

负责发行货币，金融调控和监管由金融管理局负责。

市场经济金融体制的基础是商业银行。市场经济发达国家有发达的商业银行体系，有的国家如美国虽然采用单元银行制，但可以采用金融控股方式扩张商业银行体系；有的国家如日本、英国、德国采用总分行制扩张商业银行体系。

市场经济发达国家的金融市场体系十分发达，不仅有发达的货币市场，而且有发达的资本市场，以及黄金、外汇和保险市场等，其中，美国的证券市场最为发达。

市场经济发达国家的金融业已经形成了金融混业经营的总体格局。德国传统上就是金融混业经营体制。20世纪末，美国严格的分业经营体制的界限也被消除，形成了金融控股公司模式下的混业经营体制。

（二）计划经济金融体制

计划经济金融体制是社会主义计划经济国家所采用的金融体制模式，其特点是金融机构是单一的国家银行制，该银行既发行货币，又从事信贷业务和结算业务。资金的运行按照高度的计划指令实行统一分派，没有金融市场。苏联、东欧和我国改革开放之前的金融体制就是这种模式。苏联金融体制是社会主义计划经济体制国家建立金融体制的模板。不可否认，苏联金融体制对其经济建设、20世纪40年代卫国战争和第二次世界大战后经济恢复都起了有力的推动作用。第二次世界大战后，东欧国家纷纷效仿，建立了高度集中的国家银行体系。现在，在这些国家或地区，这种体制在西方资本主义政治经济制度的冲击下，先后解体。

二、西方主要发达国家的金融体制

通过对各国金融体制的比较研究，我们可以归纳为两类模式：一类以证券市场为主导的金融体制，一类以银行为主导的金融体制。在前一类中，公司直接走向证券市场，以最便宜的价格（即利率）融集资金（通常是债券）。这种融资方式能够实现的前提是高效运行和流动性强的证券市场。这一类金融体制的突出例子是美国和英国。在后一类中，公司的主要融资渠道不是证券市场，而是银行。一般来说，公司与银行的关系相当密切和长久。日本和德国都属于这种模式。

（一）美国的金融体制

美国具有世界上最为发达和复杂的金融体制。它的联邦储备体系构成其中央银行体系，将全国划分为12个联邦储备区，每个区设立一家联邦储备银行为该区的中央银行，在各联邦储备银行之上设联邦储备委员会——实际上的美国中央银行总行（最高决策机构），在联邦储备体系内还设有联邦公开市场委员会和联邦顾问委员会。美国的商业银行体系由国民银行、州银行和外国银行构成。美国的非银行金融机构体系也十分发达，在金融市场上活跃着大量的投资银行、保险公司、投资公司、信托投资公司、金融公司、信用合作社等各种类型的金融机构。美国的政策性金融机构在金融市场中也发挥着重要的作用，比如房利美和房地美信贷机构就是政府投资设立的，在美国房地产市场中发挥重要的作用。美国的证券市场和金融衍生产品市场也是世界上最发达的。

美国的金融体制主要有以下一些特点：

1. 单一银行制。单一银行制指业务只能由一个独立的银行经营而不设立分支机构的银行制度。美国曾长期保持这种制度，不许银行跨州经营，不准设立分支机构。目前，美国的单一银行制已经松动，绝大多数州已经允许银行在本州范围内设立分支机构。《跨州银行法》从1997年6月始允许银行全方位跨州经营，虽然这还不是全方位允许跨州设立分行，但纯粹的单一银行制在美国已经不存在了。

2. 双轨注册制。在美国，商业银行分为联邦注册的国民银行和在各州注册的州银行。在美国，商业银行既可以在联邦财政部的货币监理局注册、领取营业执照，成为国民银行，也可以在州金融管理机构注册、领取营业执照，成为州银行。

3. 功能监管体系。美国于 1999 年 11 月通过了《金融服务现代化法案》，该法提出了“效率与竞争”这种金融法律发展的新理念。该法一方面确立了混业经营的制度模式，这是金融自由化改革在法律上的确认；另一方面保留其双线多头的金融监管体制并扩展监管机构，实行功能监管和控制金融风险。实质上，美国《金融服务现代化法案》的功能监管是一种各个金融监管机构的交叉监管。以美国的银行业监管为例，首先，美国实行国民银行和州银行并存的双重银行体制，联邦政府财政部设立货币监理局；各州政府设立银行监管机构，从而形成联邦政府和州政府的双线监管体制。其次，美联储、联邦存款保险公司、司法部、证券交易委员会、储蓄机构监理局、国家信用合作办公室、联邦交易委员会、州保险监管署、联邦调查局等，从各自的职责对商业银行进行监督和管理。由于美国《金融服务现代化法案》允许美国的金融控股公司通过设立子公司的方式来实现混业经营，金融控股公司本身并不开展具体业务，其主要是向美联储申请营业执照，对集团公司和子公司进行内部管理，所以，美联储按照金融控股公司的这种伞形结构，被赋予了伞形监管者的职能。金融控股公司的银行分支机构和非银行分支机构仍分别由原来的监管机构监管，例如，证券子公司由证券交易委员会监管，保险子公司由州保险监管署监管。①

（二）英国的金融体制

英国的金融体制是世界上历史悠久的、发达的，目前也是世界上最开放的金融体制。英格兰银行成立于 1694 年，是世界上最早的私人股份银行。1844 年英国颁布银行法，英格兰银行正式成为英国中央银行，其机构设置采取总分行制。英国商业性银行包括零售性银行、商人银行、贴现银行和海外银行等。零售性银行是指广设分支机构，客户主要为个人和中小企业，经营零售性存贷款和结算业务的银行，主要有清算银行、划拨银行、信托储蓄银行、英格兰银行部。商人银行也叫承兑所，办理存款、证券、咨询、代理等业务。贴现银行主要从事票据贴现业务。其他金融机构主要有房屋互助协会、国家储蓄银行、单位信托公司、金融厅、养老基金机构、保险公司等。英国金融市场包括货币市场和资本市场，都很发达，其资本市场包括伦敦证券交易所、伦敦外汇市场和伦敦黄金市场等。②

英国金融体制的特点可以归结如下：

1. 总分行制和“二重性”。英国大型商业银行实行总分行制，称为清算银行，在全国乃至全世界设立分支机构。至于小型的专业性很强的商业银行，没有分支机构，如贴现银行和承兑所。

2. 自律监管的基础地位。历史上，英国对金融业的监管主要采取行业自律形式，依靠金融机构和金融业自律组织进行自我约束。英格兰银行在履行监管职责时形成了非正式监管的风格，往往以道义劝说、君子协定等来达到目的。20 世纪 90 年代末，英国开始了“金融大爆炸”，2000 年英国出台了《金融服务和市场法》，成立了独立于市场之外的金融服务监督局，但该机构在监管方式和风格方面仍然继承和吸收了自律组织监管的许多成分。

3. 开放性。20 世纪末，英国开始了“金融大爆炸”，进一步开放了金融市场，大量外资流

① 黄积虹，杨丰．《论金融服务现代化法》对我国金融监管立法的启示．思想战线，2003 (6).

② 强力．金融法．北京：法律出版社，2004：33.

入，在英国开展了一系列的收购兼并活动，英国的金融机构目前大多为外资所控制。

（三）德国的金融体制

德国的金融体制由中央银行、商业银行、专业银行和其他金融机构构成。德意志联邦银行是德国的中央银行。根据《马斯特里赫特条约》，1999年后欧洲实现货币一体化，货币政策的基本权力由欧洲中央银行行使，德意志联邦银行只负责银行的再贷款、现金和非现金清算、银行监管、外汇储备管理、人事管理等。商业银行由大银行、区域性银行、私人银行和外国银行组成。专业银行有储蓄银行、信用合作银行、抵押银行、消费信贷银行、出口信贷银行和复兴信贷银行。① 德国的商业银行与世界上大多数国家的商业银行不同，它的历史和传统造就了它的全能的商业银行体制，其商业银行不仅可以经营传统的商业银行业务，而且可以经营证券业务、信托业务、代理保险业务、融资租赁业务和咨询顾问业务等，不过银行内部实行专业分工，有严格的防火墙制度。德国商业银行持有大量的大公司的股份，从而控制公司董事会，形成了产业资本和金融资本的融合，组成垄断财团。

（四）日本的金融体制

日本是后起的资本主义国家，其金融体制吸收了德国、美国和英国的各种成分，具有自己的特色。日本形成了以中央银行（核心）为核心、商业银行为基础、其他金融机构并存的发达的金融体系，以及大藏省对金融市场和金融行业强有力的金融监管的官僚机制。20世纪90年代末，日本开始了日本版的"金融大爆炸"的金融体制改革。这次金融改革以自由、公平、全球化的理念为原则。日本金融体制改革可以归纳为三大部分②：

1. 实现广泛的市场竞争，打破行业分离、业内竞争的状态，扩大金融机构的活动范围，创造出性质不同、多种多样的市场参加者相互竞争的局面。

2. 推进资产交易的自由化，加强资本市场的功能，放宽或取消对资产运用和金融商品设计的限制，对外汇管理制度进行彻底改革，实现对外资本交易的自由化。

3. 加强和改善金融监管。过去日本金融监管由大藏省全权负责，1998年日本金融监督厅成立，金融监管权从大藏省的职权中分离出来。2000年7月，金融厅合并了金融监督厅和原大藏省的金融系统计划局而正式成立，大藏省改名为财务省，金融制度的计划、立案和金融监管由金融厅全面负责。

三、金融立法的历史沿革

自从有了货币，就有了对货币关系的规范，在法律没有进行规范之前，依靠的是商品交易关系中形成的习惯。当奴隶制国家形成之后，统治阶级就把涉及货币规格的确定、制作、收付、兑换、保管和借贷等各种活动中形成的习惯上升到法律的高度加以确认。公元前18世纪的《汉谟拉比法典》就有大量的涉及货币借贷的规定。统一的货币制度的确立，可以追溯至秦始皇统一中国后颁布的《秦律·金布律》。

然而，现代意义的金融法的形成，是资本主义性质的银行出现后才有可能，银行法的产生标志着现代金融法的产生。1844年，英国颁布了《英格兰银行条例》（由首相罗伯特·皮尔提出，故又称《皮尔条例》），这是世界上第一部具有现代意义的金融法律规范。此后，西方资本主义国家伴随着中央银行的建立以及商业银行纷纷登上市场经济舞台，纷纷制定了中央银行法

---

① 强力．金融法．北京：法律出版社，2004：34.

② 黄运成，申屹，刘希普．证券市场监管：理论、实践与创新．北京：中国金融出版社，2001：130－141.

和商业银行法。随着非银行金融机构的大量出现，金融市场不断向广度和深度发展，金融信用关系进一步发展，资本主义国家纷纷颁布了票据法、保险法、信托法、证券法等各种专门调整金融关系的法律、法规。

随着国际贸易的发展和国际金融市场的形成和发展，经过一些国际组织和学术团体的努力，国际社会于20世纪30年代相继推出了一些经系统编纂的国际金融惯例并通过了多项条约。国际清算银行于1933年成立，国际金融合作开始走向制度化，仅在1931年至1937年间，世界各国就签订了170多个双边支付协定。第二次世界大战后，国际金融法得到了进一步的发展，其典型标志是布雷顿森林体系的形成。联合国货币金融会议于1944年7月在美国新罕布什尔州的布雷顿森林举行，与会的44个国家的代表就建立第二次世界大战后国际货币金融制度的若干重大问题达成共识，并签署了《国际货币基金协定》和《国际复兴开发银行协定》，统称“布雷顿森林协定”。该协定确立了第二次世界大战后国际货币法律制度，创建了国际货币基金组织（IMF）和世界银行（IBRD）等国际金融组织。20世纪80年代之后，国际金融法进入了新的历史阶段，国际金融条约有重大发展，产生了具有深远影响的世界贸易组织（WTO）金融服务贸易规则。关贸总协定乌拉圭回合谈判首次将包括金融服务在内的服务贸易列入多边贸易谈判议程，达成了《服务贸易总协定》及《关于金融服务的决议》、《关于金融服务承诺的谅解书》等附件。此后，在WTO主持下，于1997年12月签署了《全球金融服务协议》。同时，国际金融惯例也得到了更新和发展，比如《跟单信用证统一惯例》（2007年修订）、《托收统一规则》（1995年修订）、《巴塞尔资本协议》（1988年）及其修订案等。2010年9月12日，巴塞尔银行监管委员会宣布，各方代表就《巴塞尔协议III》的内容达成一致。

四、世界各国的金融立法体系

大陆法系的立法体制与英美法系的立法体制不同，大陆法系以立法机关制定法律为立法传统，以制定成文法为立法形式；英美法系以法官造法为立法传统，以司法判例为基本的法律形式。不过20世纪以后，英美法系国家也重视成文的制定法，在金融领域更是如此。就金融立法体系而言，综观世界各国，金融立法体系大致可以分为以下几大板块：

（一）银行立法体系

银行立法体系分为中央银行立法体系和普通银行立法体系。一般国家将中央银行与普通银行分别立法，但也有少数国家如英国将中央银行和普通银行合在一起规定。

1. 中央银行立法体系

中央银行立法体系主要是围绕中央银行的组织和中央银行的货币政策行为而构建起来的制度体系，货币立法附属于这个体系。1844年《英格兰银行条例》是世界上最早的中央银行法。此后，英国中央银行立法体系不断完善。英国在1914年8月6日制定了《通货与钞票法案》；1946年又通过了《英格兰银行国有化法案》；1971年公布《竞争与信用控制法》；1979年颁布了《银行法》，进一步规定英格兰银行的金融监管权力；1986年通过了《金融服务法》，规定了英格兰银行负责金融系统稳定的职责；1998年颁布了《英格兰银行法》，强化了英格兰银行的独立性，赋予英格兰银行行使管理货币政策的权限。随着各国中央银行的纷纷建立，各国纷纷制定了自己的中央银行法，如《德意志联邦银行法》《瑞典国家银行法》《奥地利国家银行法》《美国联邦储备法》《日本银行法》等。

2. 普通银行立法体系

普通银行立法体系主要以商业银行立法为主，此外，还包括政策性银行、专业银行、银行类金融机构的立法体系。在立法内容方面，这些金融机构的基本业务是存款、贷款、支付结算等，因而涉及这些金融行为的规定一般纳入普通银行立法体系中，以组织法涵盖行为法。这不同于保险公司、证券公司等非银行类金融机构立法，涉及保险公司、证券公司的制度规范从立法上一般纳入保险法和证券法中，以行为法涵盖组织法。

目前世界上比较著名的普通银行立法主要有：《英国银行法》（1979 年）、美国《国民银行法》（1863 年）和《1960 年银行吞并法》《日本普通银行法》（1981 年）、《德国银行法》（1961 年）、《法国银行法》（1984 年），此外，有的国家还为专业银行和政策性银行专门立法，如英国的《信托储蓄银行法》（1976 年）、《房屋互助协会》（1986 年），日本的《长期信用银行法》《相互银行法》《信贷信托法》《信用金库法》等。①

（二）票据和证券立法体系

1. 票据法立法体系

在大陆法系国家，法国在 1807 年《商法典》中就规定了汇票制度，1865 年出台了单行的《支票法》，1935 年对《商法典》中“票据”章和《支票法》进行了修订。德国在 1871 年制定了《票据法》，规定了汇票和本票制度；1908 年制定了单行的《支票法》；1933 年，参照日内瓦统一票据法，德国制定了新的《票据法》和《支票法》。瑞士实行民商合一主义，在 1881 年《债法典》中规定了票据制度，1911 年被合并于《瑞士民法典》中。日本在 1933 年参照日内瓦统一票据法，重新颁布和制定了单行的《票据法》，其中规定了汇票和本票制度；1933 年颁布了《支票法》。

在英美法系国家，英国 1882 年在整理习惯、惯例、判例的基础上制定了成文的票据法——《汇票法》，将汇票、本票和支票统一规定在一部法律中。美国 1952 年由统一州法委员会和美国法律协会颁布的《统一商法典》第三编中规定了“统一流通证券”制度，票据属于“统一流通证券”范畴。

第一次世界大战后，在国际联盟的推动下，票据法的国际统一运动进一步发展。1930 年国际联盟理事会在日内瓦召开国际票据法统一会议，会议拟定了《统一汇票本票法》和三个公约。1931 年，国际联盟在日内瓦再次召开国际票据法统一会议，会议拟定了《统一支票法》和三个公约。这两次会议所拟定的法律文件后来被称为日内瓦统一票据法，有二十多个国家签署了这些法律文件并在以后获得本国政府批准。德国和日本于 1933 年，法国于 1935 年，瑞士于 1936 年，分别依据日内瓦统一票据法修改了本国的票据法和支票法。英国和美国虽两次参加日内瓦会议，但没有签署法律文件，英美票据法仍自成体系。②

2. 证券立法体系

美国证券立法体系在世界范围内是最丰富和完备的，成为世界各国纷纷效仿的楷模。美国证券立法分为州立法和联邦立法，州立法先于联邦立法。影响证券市场的主要法律是两部联邦证券立法——1933 年《证券法》和 1934 年《证券交易法》。为了保护投资者利益，美国国会相继颁布了与上述两部法律相配套的关系法，如 1935 年《公用事业控股公司法》、1939 年《信托契约法》、1940 年《投资顾问法》、1970 年《证券投资者保护法》、1984 年《内幕交易制裁法》、1988 年《内幕交易与证券欺诈实施法》、1990 年《信托契约改革法》、1990 年《证券实施救济法和廉价股票改革法》、2001 年《公司会计改革法》等。日本、加拿大、菲律宾紧跟美国证券立法模式，建立了自己的证券立法体系。

欧陆证券立法体系原先比较脆弱，但 20 世纪 90 年代以后受美国证券立法的影响，开始重

① 强力．金融法．北京：法律出版社，2004：37－38.

② 姜建初，章烈华．票据法．北京：人民法院出版社，1998：29.

视证券立法。以德国为例，德国在 20 世纪 90 年代以前，没有制定统一的证券法。20 世纪 90 年代后，德国加强了证券立法建设。1990 年德国颁布《招股说明书法》，并于 1998 年作了修订；1994 年 7 月德国制定了《有价证券交易法》，并于 1998 年进行修订，该法可以说是德国证券市场的基本法；1995 年德国发布《有价证券保管法》新文本，并在 1998 年作了修订；1998 年德国对《证券交易所法》进行了修订。

（三）信托和保险立法体系

1. 信托立法体系

英美法系国家的信托制度比较发达，其信托普通法体系相当完备，但也重视成文制定法。英美信托制度对世界各国有较大影响，各国纷纷进行信托立法。就世界范围而言，成文信托法以英国和日本的体系最为丰富和完备。英国于 1983 年就制定了《受托人条例》，1896 年制定了《司法受托人法》，1906 年制定了《公共受托人法》，1925 年制定了《受托人法》。日本在 1923 年颁布实施了《信托法》和《信托业法》，1957 年颁布了《证券投资信托法》，1952 年颁布了《贷款信托法》。

2. 保险立法体系

大陆法系国家的保险立法大多从海上保险立法开始。在法国，1681 年《海事敕令》和 1808 年《商法典》均有海上保险的规定，1905 年颁布了《人寿保险事业监督法》，1930 年颁布了《保险契约法》。在德国，1900 年《德国商法典》中第四编第十章就是关于航海危险的保险的规定，1901 年颁布了《民营保险业法》，1931 年颁布了《民营保险企业及建筑银行法》和《再保险监督条例》。在日本，早期的保险立法规定于 1892 年《商法典》中，1900 年《商法典》对原《商法典》关于保险的规定进行了吸收；1893 年单独制定了《保险业法》，1941 年废止旧法，重新颁布了《保险业法》，1995 年又对之进行了重大修改。

英美法国家有判例法传统，在保险合同方面的规定，主要依靠判例法，但关于保险业方面的成文法却相当完善。在英国，1774 年制定了《人寿保险法》；1876 年制定了《保险单法》；1906 年颁布了《海上保险法》，这部法律对后世各国的海上保险立法产生了重大影响；1958 年颁布实施了《保险公司法》；1975 年颁布了《保单持有人保护法》；1977 年颁布了《保险经纪人法》；1981 年颁布了《保险公司管理条例》；1982 年重新颁布了《保险公司法》。在美国，商事立法权属于各州，其保险法均由各州制定，除少数几个州之外，大多数州都制定了保险法。

第二节　中国金融体制

一、计划经济条件下的金融体制

新中国成立后到社会主义市场经济体制正式确立之前，我国的金融体制实际上是银行金融体制，基本的金融活动就是以银行为中心的货币资金的运动。从中央银行角度，我国经历了三种中央银行体制。①

（一）复合型中央银行体制

复合型中央银行体制，是指在一国内，没有单独的中央银行，中央银行的职能与商业银行的职能统一由某家银行行使。此种中央银行体制是高度集中的指令性计划的产物，在资金上统

① 朱崇实主编．金融法教程．北京：法律出版社，1995：5－7.

收统支、统存统贷。我国自1948年12月1日至1979年2月主要是这种体制，其间经历了三个发展阶段：

(1) 创立阶段（1948年12月—1952年）。1948年12月1日，中国人民银行在华北银行、北海银行和西北农民银行的基础上成立，开始发行人民币，接管原国民党银行体系，取消外国资本银行在华特权，改造私营金融业，在农村建立合作金融。中国人民银行先后建立起总行、区行、分行、支行四级机构。到1952年国民经济恢复时期结束时，集中统一的社会主义金融体制初步建立。

(2) 发展阶段（1953年—1957年）。1953年成立了中国银行，1954年成立了中国人民建设银行，归财政部领导。1955年成立了中国农业银行。中国银行、中国农业银行由中国人民银行集中统一领导，中国人民银行本身也从事部分金融业务。中国人民银行的地位进一步加强。

(3) 僵化发展阶段（1957年—1979年）。由于受到“一大二公”“左”倾思想的影响，我国金融体制进入僵化的计划经济体制阶段。银行的作用被忽视，中国银行被撤销，并入中国人民银行，中国农业银行也于1957年被撤销，中国人民建设银行并入财政部。中国农业银行在1963年恢复，1965年并入中国人民银行。随后，中国人民银行并入财政部，直到1977年，国务院决定中国人民银行与财政部分设，并作为国务院直属部委的一级机关。

（二）混合式中央银行体制

混合式中央银行体制是中央银行与专业银行共存的体制形式，中央银行既行使中央银行职能，又办理一部分专业银行业务。这种体制的存续时间较短，从1979年3月开始至1983年12月止。这期间，中国农业银行和中国银行先后从中国人民银行分离出来，中国人民建设银行开始按照专门银行的要求进行运作和管理，中国人民银行也办理一般工商信贷和储蓄业务。

（三）单一式中央银行体制

单一式中央银行体制是中央银行专门行使中央银行职能，不再经营普通银行业务的银行体制。1983年9月国务院发布了《关于中国人民银行专门行使中央银行职能的决定》，从1984年开始，中国人民银行不再办理城市工商信贷和储蓄业务，成立了中国工商银行，1986年3月又复办了交通银行。自此，形成了以中国人民银行为核心、专业银行为主体、其他金融机构并存的金融体系。单一式中央银行体制的建立为金融体制配合整个经济体制向市场经济体制改革提供了很好的条件，为金融体制自身的改革和发展提供了前提，从此，我国金融体制市场化改革迈出了新的步伐。

二、市场经济条件下的金融体制

（一）市场经济体制初建时期的金融体制

1992年提出建立社会主义市场经济体制之后，我国开始建立市场化导向的现代金融体制。但是，刚刚起步金融体制改革，还存在诸多缺陷：一是中国人民银行还没有成为真正意义上的中央银行，还兼办一些政策性贷款业务，中国人民银行的金融调控手段基本上是行政手段；二是专业银行还没有成为真正意义上的商业银行；三是金融市场紊乱，缺少规范。

1995年是我国金融体制市场化改革的关键时期。1995年3月全国人大通过《中国人民银行法》之后，又相继颁布了《商业银行法》《票据法》《担保法》《保险法》等重要的金融法律，这标志着社会主义市场经济条件下的金融体制的初步建立。这一时期，金融体制改革取得了重大成就：一是建立了以中央银行为核心，国有专业银行为主体，多种金融机构并存，分工协作的金融组织体系；二是初步建立了直接调控和间接调控的金融调控体系；三是发展了多种信用形式，初步形成了以同业拆借市场和债券市场为主体的金融市场，股票市场已经建立并取得了初步发展；四是改革了外汇管理体制，建立了单一的有限制的浮动汇率制。

（二）社会主义市场经济条件下的金融体制

1995年，随着几部重要金融法律的颁行，金融体系变革进入市场金融体系框架的调整和充实阶段。当前，社会主义市场经济下的金融体制由四个体系构成：金融调控体系、金融组织体系、金融市场体系、金融监管体系。

1. 金融调控体系

《中国人民银行法》确立了中国人民银行的性质、地位和权责，中国人民银行是我国的中央银行，其主要职责表现在制定和执行货币政策、实施金融监管和提供金融服务三个方面。2003年3月，修改后《中国人民银行法》，将中国人民银行的职责调整为制定和执行货币政策、维护金融稳定和提供金融服务三个方面。《中国人民银行法》的修改，强化了中国人民银行制定和执行货币政策有关的职责；将过去对银行业金融机构的设立审批、业务审批和高级管理人员任职资格审查与日常监督管理等直接监管的职能，转化为对金融业宏观调控和防范与化解系统性风险的职能，即维护金融稳定的职能；增加规定了中国人民银行反洗钱的职能；增加了中国人民银行管理信贷征信业务的职能，等等。实践中，中国人民银行在履行职责方面，其手段越来越市场化，更多地运用制度规则约束和影响市场，较少地运用行政性手段，更多地使用货币政策工具；在存款准备金方面，运用了差别存款准备金制度；在公开市场业务方面，创新使用了中央银行票据。

2. 金融组织体系

《商业银行法》颁布后，我国对原先的以行业领域为侧重的银行进行了市场化改造，使之成为真正意义上的商业银行。2003年《商业银行法》修改后，改革的步伐进一步加快，对国有独资商业银行进行股份制改造；2005年以后开始发行股票；到2007年，中国银行、中国工商银行、中国建设银行先后成为上市公司。在这一过程中，城市信用社也在进行改组，向城市商业银行转轨，有的城市商业银行已经改造成上市公司。农村信用社也在进行改革，努力与农村经济发展相适应。为了适应商业银行剥离政策性贷款以及政策性贷款对我国经济发展具有现实的重要性的需要，国家成立了国家开发银行、中国进出口银行和中国农业发展银行等三家政策性银行。总之，我国在相应的法律、法规的规范下，形成了以中央银行为核心、商业银行为基础、各类非银行金融机构（如信用合作社、信托投资公司、证券公司、财务公司、金融租赁公司、保险公司、基金管理公司、汽车金融公司等）和外商投资的金融机构并存的金融组织体系。

3. 金融市场体系

目前我国已经形成了比较发达的货币市场、资本市场、外汇市场、黄金市场和保险市场体系。①

货币市场是为了满足资金流动性需求，交易期限在1年以内的短期金融交易市场，主要包括短期存贷市场、银行同业拆借市场、贴现市场、短期债券市场以及大额存单等短期融资工具市场。

资本市场是交易期限在1年以上的长期金融交易市场，以及以资本证券为交易标的的金融市场，主要包括银行中长期信贷市场和证券市场，证券市场又包括股票市场、债券市场、基金证券市场和金融衍生产品市场。

① 强力．金融法．北京：法律出版社，2004：14－15.

外汇市场是外汇买卖的场所。外汇市场有广义和狭义之分。狭义的外汇市场是外汇批发市场，即银行与银行间的外汇买卖市场，包括：同一市场各银行间的外汇交易；不同市场各银行间的外汇交易；中央银行与外汇指定银行之间的交易及各国中央银行之间的交易。广义的外汇市场还包括外汇零售市场，即银行与一般顾客之间的外汇买卖市场。

黄金市场即黄金买卖和金币兑换市场。黄金虽然已经不是货币，但仍是重要的保值手段和最后清偿手段，也是重要的国际储备资源。黄金市场可分为商品性市场和金融性市场；国内黄金市场与国际黄金市场等类型。黄金市场是一个全球性的市场。伦敦和纽约是世界上最大的两个黄金交易市场所在地。上海黄金交易所从 2002 年 10 月 30 日起开始正式运行。它是经国务院批准，由中国人民银行组建，履行《黄金交易所管理办法》规定职能，遵循公开、公平、公正和诚实信用的原则组织黄金交易，不以营利为目的，实行自律性管理的法人。2014 年 9 月上海黄金交易所启动国际板，成为中国黄金市场对外开放的重要窗口；截至 2018 年年底，上海黄金交易所会员总数达 260 家。①

保险市场是投保人和保险人进行保险业务交易的场所。保险市场分为直接保险市场和间接保险市场。在直接保险市场中，保险人和投保人直接进行保险业务交易，如保险公司直接为投保人办理保险业务；在间接保险市场中，投保人与保险人通过保险经纪人间接洽谈保险业务。

4. 金融监管体系

在 20 世纪 90 年代之前，我国金融监管职责由中国人民银行统一行使，当时实行严格的行政管制。随着金融体制市场化改革的深入，金融监管体制也在发生着变革。1992 年证券委和证监会成立，开始对证券市场实施专门化监管。1998 年保监会成立，标志着保险业专业监管的开始。2002 年银监会成立；2003 年《中国人民银行法》《商业银行法》修订，同时颁布了《银行业监督管理法》，标志着中国人民银行对金融机构的专业监管成为历史，以及我国金融分业监管体系的正式确立。2018 年，将银监会与保监会合并，成立中国银行保险监督管理委员会（简称“银保监会”）履行对银行业和保险业的监管职责。

目前，我国已经形成了以中国人民银行对金融市场的宏观监管为核心，银保监会和证监会专门监管的分业监管体系。根据我国目前的金融监管体制，中国人民银行为履行制定、执行货币政策，维护金融稳定，防范和化解金融系统性风险，保留了对货币市场和金融机构部分业务的监督管理权力。银监会作为银行业监管部门，对银行类金融机构具有监管的权力，但不排斥中国人民银行对金融机构的功能监管权。各金融监管机构存在着监管协调的关系。

2018 年 3 月，第十三届全国人民代表大会第一次会议表决通过了关于国务院机构改革方案的决定，设立中国银行保险监督管理委员会（简称“银保监会”），依照法律法规统一监督管理银行业和保险业，维护银行业和保险业合法、稳健运行，防范和化解金融风险，保护金融消费者合法权益，维护金融稳定。2018 年 5 月 14 日，商务部办公厅发布通知，将制定融资租赁公司、商业保理公司、典当行业务经营和监管规则职责划给中国银行保险监督管理委员会。

第三节　中国金融立法

一、中国早期的金融立法

1904 年根据清朝户部奏准的《试行银行章程》，正式成立了官办的户部银行，1908 年改为

① 上海黄金交易所网站 https：//www. sge. com. cn，[2019－09－30].

大清银行，同年颁布了《银行通行则例》和《储蓄银行则例》。1927年，国民党政府制定了《中央银行法》，次年在上海成立了中央银行，力图控制国家金融命脉。1928年10月，国民党政府财政部修订了《中国银行条例》，改组了中国银行，特许为“国际汇兑银行”；11月又颁布了《交通银行条例》，改组了交通银行，特许为“发展全国实业之银行”。1931年3月，国民党政府颁布了《银行法》。1935年3月，国民党政府颁布了《邮政金汇业局组织法》，改组成立了邮政金融业局；6月颁布了《中国农民银行条例》，改组成立了中国农民银行。1935年5月，国民党立法院通过颁布了《中央银行法》，确立了以中央银行为中心的官僚资本金融体系；之后，又设立了中央信托局。1943年9月，国民党政府颁布了《中央合作金库条例》；1946年成立了中央合作金库。1947年，国民党政府颁布了《新银行法》。[①] 除银行法外，国民党政府也颁布了其他一些金融法规，如1929年《保险法》、1935年《保险业法》、1929年《票据法》、1929年《交易所法》等。这样，就形成了以规范“四行二局一库”为核心的旧中国金融法体系。

二、有计划商品经济条件下的金融立法

在1978年12月之前，我国按照苏联模式实行完全的计划经济，金融体制附属于计划经济体制，控制其运行的主要是国家的计划行政命令，不是严格意义上的法律和行政法规，只有一些零星的规范性文件，如《关于残缺人民币兑换的规定》（1965年中国人民银行发布）、《铁路旅客意外伤害强制保险条例》（1951年政务院财经委员会发布）、《飞机旅客意外伤害强制保险条例》（1951年4月政务院财经委员会发布）等。由于金融体制本身存在重大缺陷，金融法律无从谈起。

197年实行改革开放政策之后，我国开始了经济体制改革和对外开放的经济政策。与此相应，国家也开始重视法律在经济发展中的作用。为了推动金融体制的改革，相继制定颁布了大量的金融行政法规和规章。

1. 金融组织法规

1985年7月，国务院发布了《中华人民共和国国家金库条例》。1986年1月，国务院出台了《银行管理暂行条例》，规定了中国人民银行和专业银行的地位、业务范围和权责。中国人民银行先后发布了《中国人民银行稽核工作暂行规定》（1985年7月）、《金融稽核检查处罚规定》（1989年5月）、《城市信用合作社管理规定》（1988年8月）、《农村信用合作社管理暂行规定》（1990年10月）等。

2. 银行业务法规

1985年2月，国务院发布了《借款合同条例》；1989年1月，国务院发布了《关于加强借用国际商业贷款管理的通知》。中国人民银行先后发布了《关于专项贷款管理暂行办法》（1986年12月）、《银行结算办法》（1988年12月）、《同业拆借管理试行办法》（1990年3月）等。

3. 货币法规

1980年12月，国务院发布了《外汇管理暂行条例》；1988年9月，国务院发布了《现金管理暂行条例》等。中国人民银行先后发布了《金银管理条例》（1983年6月）、《关于专业银行存取现金的暂行规定》（1985年12月）、《货币发行管理制度（试行）》（1988年3月）等。国家外汇管理局于1985年4发布了《违反外汇管理处罚施行细则》，中国人民银行、海关总署

---

① 朱大旗．金融法．北京：中国人民大学出版社，2000：31.

于1984年2月联合发布了《对金银进出国境的管理办法》等。

4. 信托和保险法规

在信托业方面，国务院在1982年4月发布了《关于整顿国内信托投资业务和加强更新改造资金管理的通知》，中国人民银行于1986年4月发布了《金融信托投资机构管理暂行规定》。

在保险市场和保险行业领域，国务院于1983年9月发布了《财产保险合同条例》，1985年3月发布了《保险企业管理暂行条例》等。

总体而言，这一阶段的金融市场刚刚起步，金融行为主要是银行的一些基本性行为，金融法制水平比较薄弱，金融法规和规章稀少，金融法律层级较低，没有国家立法机关出台的正式法律。

三、市场经济条件下的金融立法

（一）市场经济建立和初步发展时期（1992年—2001年11月）

1992年，确立了我国经济体制改革的方向就是建立社会主义市场经济体制。此后，我国金融体制改革发生了巨大的变化，中国人民银行向真正意义的中央银行转变，专业银行向国有商业银行转变，证券市场从探索阶段走向初步发展阶段。国家更加重视金融法制建设，将金融体制改革的成果固定化和规范化。新的金融行政法规和行政规章继续大量出现，一方面为国家立法机关出台正式的金融法律制造条件，另一方面为金融改革和金融创新提供制度支持。

1995年是在我国金融立法史上具有划时代意义的一年。1995年3月18日，第八届全国人大第三次会议审议通过的《中国人民银行法》，确立了中国人民银行作为我国的中央银行的地位。1995年5月，第八届全国人大常委会第十三次会议通过了《商业银行法》《票据法》；1995年6月，第八届全国人大常委会第十四次会议通过了《保险法》。这四部金融法律构成我国金融法律体系的基本层面，在它们周围形成和发展了大量的金融行政法规和行政规章。此后，金融立法伴随着金融体制改革继续向前推进，1998年12月，第九届全国人大常委会第六次会议通过了《证券法》；2001年4月，第九届全国人大常委会第二十一次会议通过了《信托法》。

（二）市场经济全面发展和走向成熟时期（2001年12月11日至2012年）

2001年12月我国加入世贸组织之后，我国社会主义市场经济进入了新的历史发展阶段，金融立法日益丰富和成熟，初步形成了立、改、废相辅相成、良性循环的立法工作机制，进一步完善了金融市场基础性法律制度，拓展了市场的广度和深度。我国现在的主要矛盾不是新制定法律，而是改造现有的法律，包括：(1) 形式意义的改造：有的行政法规可以上升到法律高度，如《证券投资基金法》(2003年10月）就是在《证券投资基金管理暂行办法》(1997年）的基础上改造的；有的属于法律的整合，如《银行业监督管理法》(2003年）就是在原《中国人民银行法》和《商业银行法》关于银行类金融机构监督管理规定的基础上改造而成的。(2) 实质意义的改造，主要是内容的改造，使之与市场经济的发展变化一致。①

从社会主义市场经济体制确立至今，我国已经建立了比较丰富和完善的金融法律制度体系。

1. 银行法体系

银行法体系包括银行业法体系和银行行为法体系。

(1) 银行业法体系

属于法律层面的主要有：《中国人民银行法》(2003年修订)、《商业银行法》(2003年修

① 陶广峰，张宇润．金融创新与制度创新．北京：中国政法大学出版社，2006：88.

订)、《银行业监督管理法》(2003年颁布，2006年修订)。

属于行政法规层面的主要有：《关于组建国家开发银行的通知》(1994年)、《关于组建中国农业发展银行的通知》(1994年)、《中国人民银行货币政策委员会条例》(1997年)、《非法金融机构和非法金融业务活动取缔办法》(1998年)、《金融违法行为处罚办法》(1999年)、《金融资产管理公司条例》(2000年)、《金融机构撤销条例》(2001年)、《外资金融机构管理条例》(2001年)、《外资银行管理条例》(2006年)等。

属于行政规章层面的有：(1) 中国人民银行发布的行政规章：《金融机构管理规定》(1994年)、《关于向金融机构投资入股的暂行规定》(1994年)、《外国金融机构驻华代表机构管理办法》(1996年)、《农村信用合作社机构管理暂行办法》(1998年)、《金融租赁公司管理办法》(2000年)、《企业集团财务公司管理办法》(2000年)、《商业银行境外机构监管指引》(2001年)、《商业银行内部控制指引》(2002年)、《商业银行信息披露暂行办法》(2002年)等。(2) 银监会发布的行政规章：《金融许可证管理办法》(2003年5月)、《汽车金融公司管理办法实施细则》等。

(2) 银行行为法体系

属于法律层面的主要有：《反洗钱法》(2006年)。

属于行政法规层面的主要有：《储蓄管理条例》(1992年)、《个人存款实名制规定》(2000年)等。

属于行政规章层面的主要有：中国人民银行先后发布的《人民币单位存款管理办法》(1997年11月)、《关于商业银行实行资产负债比例管理的通知》(1994年2月)、《贷款通则》(1996年6月)、《支付结算办法》(1997年9月)、《银团贷款暂行办法》(1997年10月)、《信贷资金管理暂行办法》(1994年2月)、《个人住房贷款管理办法》(1998年5月)、《银行卡业务管理办法》(1999年1月)、《人民币利率管理规定》(1999年3月)、《商业银行中间业务管理暂行规定》(2001年6月)、《网上银行业务管理暂行办法》(2001年6月)、《贷款风险分类指导原则》(2001年12月)、《人民币大额和可疑支付交易报告管理办法》(2003年1月)、《金融机构反洗钱规定》(2003年1月)、《人民币银行结算账户管理办法》(2003年4月)、《全国银行间债券市场做市商管理规定》(2007年1月)、《同业拆借管理办法》(2007年8月)等。中国人民银行还同其他金融监管机构联合制定了相关的行政规章，如2004年11月中国人民银行、证监会、银监会联合制定了《证券公司股票质押贷款管理办法》。

2. 货币法体系

(1) 人民币管理法规

属于行政法规层面的主要有：《国家货币出入境管理办法》(1993年1月)、《人民币管理条例》(1999年12月)。

属于行政规章的主要有：中国人民银行先后发布的《关于残缺人民币兑换的规定》(1965年9月)、《大额现金支付登记备案规定》(1997年4月)、《中国人民银行假币收缴、鉴定管理办法》(2003年7月)等。

(2) 外汇管理法规

属于法律层面的有：1998年12月29日，全国人大常委会通过了《关于惩治骗购外汇、逃汇和非法买卖外汇犯罪的决定》，还有我国《刑法》的相关规定。

属于行政法规层面的主要有：《外汇管理条例》(1996年发布、1997年修订、2008年再次修订)。

属于行政规章的主要有：中国人民银行先后发布的《国际收支统计申报办法》(1995年)、

《结汇、售汇及付汇管理规定》（1996 年）、《境内机构对外担保管理办法》（1996 年）、《银行间外汇市场管理暂行规定》（1996 年）、《个人外汇管理办法》（2006 年）等；国家外汇管理局先后发布的《外债统计监测暂行规定》（1987 年）、《非银行金融机构外汇业务管理规定》（1993 年）、《保税区外汇管理办法》（1995 年）、《银行外汇业务管理规定》（1997 年）、《境内居民个人外汇管理暂行办法》（1998 年）、《个人外汇管理办法实施细则》（2007 年）等。

3. 票据和证券法体系

（1）票据法体系

1995 年 5 月出台、2004 年修订的《票据法》是规范票据关系的一般法。中国人民银行还制定了规范金融票据关系的具体规定，如《商业汇票承兑、贴现与再贴现管理暂行办法》（1997 年）、《票据管理实施办法》（1997 年）、《支付结算办法》（1997 年）。

（2）证券法体系

截至 2007 年年底，现行有效的专门规范证券期货市场的法律文件共有 402 件，其中，法律 3 部（《公司法》《证券法》《证券投资基金法》），行政法规、法规性文件 14 件，规章 52 件，规范性文件 333 件。

4. 信托和保险法体系

（1）信托法体系

2001 年 4 月出台的《信托法》是规范信托关系的一般法。中国人民银行还制定了《信托投资公司管理办法》（2001 年）、《信托投资公司资金信托管理暂行办法》（2002 年）；银监会于 2007 年 12 月重新颁布了《信托公司管理办法》等。

（2）保险法体系

1995 年 6 月颁布（2002 年 10 月及 2009 年 2 月两次修订）的《保险法》是规范我国保险关系的一般法。《保险法》颁布后，围绕《保险法》，国家出台了一系列的行政法规和行政规章。国务院出台了《外资保险公司管理条例》（2001 年 12 月）、《关于保险业改革发展的若干意见》（2006 年 6 月）等；保监会先后颁布了《保险公司管理规定》（2000 年 1 月颁布，2004 年重新颁布）、《保险公估机构管理规定》（2001 年 11 月）、《保险代理机构管理规定》（2001 年 11 月）、《保险经纪公司管理规定》（2001 年 11 月）、《保险资产管理公司管理暂行规定》（2004 年 4 月）等。

（三）市场经济全面发展和走向成熟时期（2012 年至 2019 年）

2012 年党的十八大作出全面依法治国的重大决策和战略部署，指出“法治是治国理政的基本方式”，同时提出要深化金融体制改革，健全促进宏观经济稳定、支持实体经济发展的现代金融体系。在全面深化改革和全面依法治国背景下，加快完善种类齐全、结构合理、服务高效、安全稳健的现代金融市场体系，客观上要求金融管理部门和有关部门从立法、执法、司法、法治宣传教育等环节全面加强金融法治建设。我国的金融法律制度迎来了全面修改和制定新法律的阶段。

在金融立法方面，2012 年发布的《农业保险条例》明确规定对农业保险给予多项政策支持，对规范农业保险活动、提高农业抗风险能力、稳定农业生产、保护农民利益具有重要意义；2013 年发布的《征信业管理条例》，有利于规范征信活动，保护当事人合法权益，引导、促进征信业健康发展，推进社会信用体系建设；2014 年发布的《存款保险条例》，是旨在加强金融监管、完善金融机构市场化退出机制、防范金融风险的重要举措，有利于完善我国金融安全网，保护存款人合法利益，提高公众对银行体系和金融制度的信心，维护金融稳定。2015 年发布的《国务院办公厅关于加强金融消费者权益保护工作的指导意见》，明确保障金融消费者八项基本权利，对金融机构行为提出规范措施，建立了监督管理和保障机制。2015 年发布的《关于促进互联网金融健康发展的指导意见》，提出鼓励创新、防范风险、趋利避害、健康发展的总体要求，确立了互联网金融领域具体规则边界、监管职责分工。

在金融执法方面，2013 年金融监管协调部际联席会议制度建立，加强了信息共享和监管合作，协调配合执法。我国和其他国家或地区的跨境监管合作机制也日趋健全。金融管理部门不断建立健全金融执法工作，完善规则和程序，强化日常监管，探索由事前控制向事前事中事后全流程监管转型，提升监管和执法效果，加强执法责任；积极推行法律顾问制度和公职律师制度，进一步增强法治队伍力量，促进依法履职。证券、期货等交易场所和银行间市场、行业协会等积极履行自律管理职责，有效维护了市场交易秩序。

在金融司法和金融法治宣传教育诸方面，也取得了一定的成就。随着金融业发展，金融类纠纷案件大大增加。人民法院严厉打击金融犯罪和非法集资、电信诈骗等涉及金融领域的犯罪，有效发挥了化解矛盾纠纷、保护合法权益、维护社会稳定的重要作用；同时积极探索新型、疑难案件的法律适用标准，探索创建金融法院、金融法庭。2018 年 4 月，全国人大常委会决定设立上海金融法院，更好发挥人民法院在防范金融风险、促进实体经济和金融良性循环、推动金融深化改革等方面的司法服务和保障职能，促进金融监管部门与金融法院间的协作沟通；适应金融领域纠纷高度专业特征，统一金融司法裁量，推动完善金融领域相关立法及司法解释。党的十八大以来，金融机构依法合规经营的自觉性明显增强，持续开展的金融法治宣传教育起到了增强全社会金融法治观念、促进自觉守法的作用。①

2017 年，十九大明确提出，要贯彻新发展理念，建设现代化经济体系，提出“深化金融体制改革，增强金融服务实体经济能力，提高直接融资比重，促进多层次资本市场健康发展。健全货币政策和宏观审慎政策双支柱调控框架……守住不发生系统性金融风险的底线”。这是做好当前和今后一个时期金融法治建设工作的根本遵循。2017 年 7 月，全国金融工作会议提出：“金融是实体经济的血脉，为实体经济服务是金融的天职，是金融的宗旨，也是防范金融风险的根本举措。”因此，金融立法要保障金融回归本源，促进金融服从和服务于经济社会发展。2017 年以来，我国金融监管体制进行了重大改革：设立国务院金融稳定发展委员会；将银监会和保监会合并组建为中国银行保险监督管理委员会，负责统一监管银行业和保险业；将拟定银行业、保险业重要法律法规草案和审慎监管基本制度职责划入中国人民银行。从未来改革趋势看，在贯彻落实金融监管体制改革精神的背景下，需要在立法层面加快推动修改《中国人民银行法》，落实人民银行统筹监管系统重要金融机构和金融控股公司，统筹监管重要金融基础设施，统筹负责金融业综合统计的“三个统筹”职责，落实拟定金融业重大法律法规草案和制定审慎监管基本制度的职责。同时，结合金融体制改革的方向，统筹修订和完善《商业银行法》《银行业监督管理法》《证券法》《保险法》等金融领域重要法律，突出金融回归服务实体经济本源，全面建立功能监管和行为监管框架，强化综合监管和穿透式监管，遏制监管套利。建立和完善互联网金融监管法律制度和地方金融监管法律制度。

法律应用

1. 我国金融体制改革的主要内容包括：

(1) 推进中国金融体系市场化改革。首要的是加快商业银行改革，其中核心是推进 4 家国

---

① 刘向民．我国金融法治建设四十年．中国金融，2018 (15).

有商业银行的改革，将其建成多元投资主体、国家控股的股份制商业银行。同时，还应推进其他商业银行、证券公司、保险公司等金融机构体制的市场化改革，加大金融产品的市场化开发力度。

(2) 深化金融体制改革的目标是建立现代金融体系。逐步提高通过市场来配置的金融资源的比重。提升市场在金融资源配置中的作用，应大力发展以资本市场为核心，包括货币市场、外汇市场、金融衍生产品市场在内的各类金融市场，其中，要着力推动债券市场的发展。

(3) 深化金融体制改革还包含扩大开放程度的内涵。实践 WTO 的承诺，继续逐步地开放金融市场，金融市场的国际化程度将有较大提高。开放金融服务市场的同时，开放“投资市场”，即外国投资可以直接购买中国的股票和债券等金融产品。

(4) 完善金融监管制度，建立有效的风险识别监管体系，提高风险免疫能力和风险处置能力。金融监管的效率将有极大的提高。

(5) 进一步推进利率市场化改革，进一步完善以市场供求为基础的汇率形成机制。预计汇率形成机制改革的推进方向主要包括扩大浮动范围、开放投资市场等。

2. 我国金融立法改革的目标是：

(1) 结合金融体制改革的方向，统筹修订和完善《商业银行法》《银行业监督管理法》《证券法》《保险法》等金融领域重要法律，突出金融回归服务实体经济本源，全面建立功能监管和行为监管框架，强化综合监管和穿透式监管，遏制监管套利。

(2) 加快金融风险防范体系法规建设，尽快修订《非法金融机构和非法金融业务活动取缔办法》，进一步明确地方政府和相关部门责任，解决处置乱办金融引发的相关风险法律依据和手段不足问题。建立金融机构风险有序处置机制，明确金融机构经营失败和出现重大风险时的处置主体、处置程序、处置工具、成本分摊等制度安排。加快制定涉及系统重要性金融机构、金融控股公司、重要金融基础设施、国有金融资本管理等的法律法规规章。完善对欺诈发行、内幕交易、市场操纵等的刑事法律规制。

(3) 完善证券法，制定“证券业监督管理法”和“证券交易法”；完善保险法，制定“保险业监督管理法”和“保险业法”。

思考题

1. 什么是金融体制？
2. 金融体制有哪几种模式？
3. 简述我国计划经济时代的金融体制及其演变。
4. 简述我国社会主义市场经济条件下的金融体制。
5. 简述我国市场经济条件下的金融立法体系。

第二篇

金融机构法

第三章
中央银行法律制度

重点问题

1. 中央银行的概念和类型
2. 中央银行法的概念和性质
3. 中国人民银行的法律地位
4. 中国人民银行的业务

第一节　中央银行概述

一、中央银行的概念和类型

中央银行是一国负责制定和实施国家货币政策，并对银行金融机构和非银行金融机构实行国家宏观调控和金融监管的核心机构。在实行以中央银行为核心的银行体系的国家，立法和实践都表明，中央银行既是一种特殊的金融机构，又是一种特殊的国家机关。它具有不同于一般政府机关的显著特点和不同于一般金融机构的明显性质。一般来说，中央银行具有发行的银行、政府的银行、银行的银行、金融调控和金融监管等职能。目前世界各国几乎都设有中央银行，它们的产生有着深刻的社会经济基础，并经历了两三百年的发展历史。但各国中央银行的名称并不统一，部分国家直接以"中央银行"命名，如爱尔兰；部分国家在"银行"前冠以国名，如英国、日本；部分国家称之为"储备银行"，如美国、澳大利亚；朝鲜、中国等则称为"人民银行"。

根据中央银行的存在形态或组成形式，可以从以下两个方面对中央银行作出划分：

（一）机构设置

按机构设置不同，可分为单一制中央银行制度、复合制中央银行制度、类似中央银行制度、跨国中央银行制度几类。

1. 单一制中央银行制度。是指全国只设一家中央银行，并根据需要下设若干分支机构的中央银行制度。其特点是权力集中、职能齐全，在全国设置较多的分支机构，实行总分行制度。现今世界上绝大多数国家都采用这种类型的中央银行制度，如，英国、日本、法国、意大利、韩国等都属于这一类别。我国也采用单一制中央银行制度。

2. 复合制中央银行制度。是指在一个国家内，设置中央和地方两级中央银行机构。中央级中央银行是最高权力或管理机构，地方区域性中央银行也有其独立的权利，不隶属于总行，它们各自行使中央银行职能。不过，地方区域性中央银行无权独立制定货币政策，须服从中央级中央银行权力和决策机构的统一的货币政策。通常，二元制中央银行制度一般出现在联邦制国家，如美国、德国即属于这种组织形式，但并非联邦制国家的中央银行也可采用二元制。

3. 类似中央银行制度。又称准中央银行制度，是指本国（地区）内没有真正专业化的、职能完备的中央银行，而是由几个履行有限中央银行职能的类似中央银行机构共同组成该国（地区）的中央银行体系的制度。实行这类中央银行制度的国家和地区主要有新加坡、我国香港地区等。如新加坡中央银行的职能由政府设立的金融管理局和货币委员会两个类似中央银行的机构共同行使。

4. 跨国中央银行制度。是指几个国家共同组成一个货币联盟，各国不设本国的中央银行，而由货币联盟为其成员国执行中央银行职能的制度。实行跨国中央银行的制度的典型代表是西非国家中央银行，西非国家中央银行负责发行成员国共同的货币——非洲金融共同体法郎，负责执行统一的货币政策和外汇制度，管理外汇储备，监管各国的金融活动，作为成员国共同的中央银行发挥作用。欧洲中央银行是欧盟国家根据《欧洲联盟条约》在20世纪末建立的成员国共同的中央银行。欧洲中央银行发行统一货币——欧元（EURO），现在已成为最有影响的跨国中央银行，并将极大地推动欧洲在政治和经济上的统一。

（二）资本金构成

中央银行的资金来源通常包括发行的通货、吸收的存款以及自有资本等，于前两者各国差别不大。按照自有资本构成的不同，可将中央银行的类型分为国有独资型、国家与私人混合持股型、私人独资型、集体所有型、成员国所有型以及无资本型这几类。

1. 国有独资型。此种中央银行的全部资本属国家所有，由国家全额出资。《中国人民银行法》第8条规定："中国人民银行的全部资本由国家出资，属于国家所有。"可见我国即属此类。

2. 国家与私人混合持股型。是指国家和私人共同出资组建中央银行，如日本银行总资本中，55%的股份由政府持有，其余45%的股份由私人持有，其他国家如比利时、奥地利、土耳其等的中央银行亦属此类。但是各国中央银行法一般都对私人持股者的权利作出限制（如只能依法领取固定股息，而不享有参与决策等权利），这样就保证了中央银行的公法主体的性质。

3. 私人独资型。指全部资本由私营企业法人出资认缴。如意大利的中央银行，其全部资本就是由储蓄银行、全国性银行、公营信贷机构等企业法人认缴。需注意的是，尽管由私人认缴全部资本，但经过政府授权其可执行中央银行的职能，因而依然确立了其特殊国家机关与特殊金融机构的性质。

4. 集体所有型。指中央银行的资本由金融机构集体提供。如美国联邦储备系统，其12家联邦储备银行的股本全部由储备区的会员银行出资认缴，各联邦储备银行由储备区的会员银行集体所有。

5. 成员国所有型。是指跨国中央银行，如欧洲中央银行，其股本由所有参加欧元区的成员国按其人口和国内生产总值的大小认缴。

6. 无资本型。是指一国银行法中明文规定的无资本金的中央银行，如1950年《韩国银行法》第4条规定："韩国银行为无资本之特殊法人。"

二、中央银行法的概念和特点

中央银行法是调整中央银行的内部组织活动与外部关系的法律规范的总称，具体是指确认中央银行的性质、法律地位、职责权限、组织体系，以及规范中央银行的金融服务、金融调控与金融监管活动的法律规范的总称。

中央银行是一种特殊的不以营利为目的的金融机构，同时，中央银行还担负着制定、执行货币政策，调控货币流通和信用活动，维护国家金融稳定的职能，因而其组织形式和机构的设置区别于普通的商业银行和其他国家机关。基于中央银行本身的性质与法律地位，要求中央银行法的制定与施行都必须以维护社会公共利益为出发点，在稳定币值的宗旨下，调控、监管国家的金融体系以及维护金融市场的稳定、安全。因而，中央银行法是金融组织法、金融调控法、金融监管法与金融服务法的统一，兼有公法、私法的特点，具有社会法的性质。

三、中央银行法的性质

中央银行法是一国金融法体系中重要的组成部分，本质上属于公法，是经济法的组成部分。

中央银行法通过规范中央银行的金融宏观调控活动，发挥着宏观调控法的作用；通过保护金融业的充分竞争、维护金融体系的稳定和安全，履行金融监管法的职能；通过规范中央银行发行通货、经理国库、提供金融统计信息等活动，发挥着金融服务法的功能。中央银行法发挥上述功能的根本出发点和落脚点在于稳定币值和维护金融体系安全，故其本质上体现了作为经济法的基本法的公法性质。

第二节　中国人民银行的法律地位

中央银行的法律地位，是指通过法律形式规定的中央银行在国家机构体系中的地位，是中央银行履行职能的法律基础。现代经济条件下，中央银行法律地位的核心在于其具有国家机关属性的同时，作为特殊的金融机构还需与政府保持相对的独立性。兼具特殊的国家机关和特殊的金融机构的双重属性决定了中央银行法律地位的独特性和重要性。中国人民银行是我国的中央银行。

一、中国人民银行具有独立的法人资格

依据我国《民法总则》第 57、59、60 条的规定，法人是具有民事权利能力和民事行为能力，依法独立享有民事权利和承担民事义务的组织。法人的民事权利能力和民事行为能力，从法人成立时产生，到法人终止时消灭。法人以其全部财产独立承担民事责任。中国人民银行是一个独立的法人，其依据《中国人民银行法》成立，有自己的组织机构和场所，能以自身独立的财产承担民事责任，表现为：

1. 中国人民银行的资本。依据《中国人民银行法》第 8 条，“中国人民银行的全部资本由国家出资，属于国家所有”。

2. 中国人民银行的营业收入和营业支出。依据《中国人民银行法》第 23 条，中国人民银行可以利用公开市场操作买卖政府债券、外汇，为在其处开立账户的银行业金融机构办理再贴现。这一系列具体市场操作活动中的业务行为是其金融服务职能的体现，其与其他主体间的行为及相应产生的法律关系具有民事法律关系的特征，因而应遵循平等自愿、等价有偿原则，从而使其产生营业收入与营业支出。

3. 中国人民银行独立的财务核算。《中国人民银行法》第 38 条第 1 款规定：“中国人民银行实行独立的财务预算管理制度。”第 41 条规定，“中国人民银行应当于每一会计年度结束后

的三个月内，编制资产负债表、损益表和相关的财务会计报表，并编制年度报告，按照国家有关规定予以公布”。

4. 中国人民银行独立承担民事责任。中国人民银行以民事主体的身份进入金融市场开展公开市场业务，在独立享有民事权利的同时也独立承担民事责任，这也符合法律对权利、义务一致性的必然要求。根据《中国人民银行法》第 39 条，中国人民银行按照国务院财政部门核定的比例提取总准备金后的净利润必须全部上缴中央财政，亏损则由中央财政拨款弥补，因而中国人民银行独立承担民事责任的方式与一般的法人不同。

二、中国人民银行是政府的银行

从中国人民银行与中央政府的关系看，中国人民银行属于行政机关，是国务院的组成部门。中国人民银行在国务院领导下，制定和实施货币政策，对金融业实施监督管理。作为政府的银行，中国人民银行有权履行下列职责：依法制定和执行货币政策；发行人民币、管理人民币流通；持有、管理、经营国家外汇储备、黄金储备；依照法律、行政法规的规定经理国库；负责金融业的统计、调查、分析和预测；作为国家的中央银行，从事有关的国际金融活动；国务院规定的其他职责。中国人民银行就年度货币供应量、利率、汇率和国务院规定的其他重要事项作出的决定，报国务院批准后执行。中国人民银行就前述规定以外的其他有关货币政策事项作出决定后，即予执行，并报国务院备案。中国人民银行在国务院领导下依法独立执行货币政策，履行职责，开展业务，不受地方政府、各级政府部门、社会团体和个人的干涉。就中国人民银行与最高国家权力机关的关系看，中国人民银行应当向全国人民代表大会常务委员会提出有关货币政策情况和金融监督管理情况的工作报告。

三、中国人民银行是银行的银行

传统上，中央银行的职能可归纳为发行的银行、政府的银行、银行的银行。发行的银行是指中央银行依法垄断货币发行权，所发行的货币是国内唯一的法定货币。政府的银行是指中央银行代表国家贯彻执行金融政策，代为管理国家财政收支并为政府提供各种金融服务。银行的银行是指中央银行不对工商企业、单位和个人办理业务，只与普通商业银行及其他金融机构发生业务往来。

作为银行的银行，其主要职能包括：集中控制、保管普通商业银行及其他金融机构的存款准备金；为普通银行等金融机构提供信贷，承担最后贷款人责任；支持和办理普通银行与其他金融机构间的票据清算业务。

依据《中国人民银行法》的规定，中国人民银行作为银行的银行，其具有以下职责：(1) 要求银行业金融机构按规定比例交存准备金；(2) 为在中国人民银行开立账户的银行业金融机构办理再贴现；(3) 确定中央银行基准利率；(4) 向商业银行提供贷款；(5) 组织银行业金融机构间的清算系统，协调银行业金融机构间的清算事项，提供清算服务；(6) 维护支付清算系统的正常运行。

四、中国人民银行是金融调控和监督管理机构

（一）作为金融调控机构

依据《中国人民银行法》总则部分的相关规定，中国人民银行是在国务院领导下，利用各种货币政策工具调节、控制货币和信用，从而在保持人民币币值稳定的基础上促进经济增长。

中国人民银行通过金融调控，不仅要实现预期的货币政策目标，而且要借此干预整个国民经济的运行，其职能具体为[①]：

利用法定存款准备金手段进行调控；利用再贴现和再贷款手段进行调控；利用公开市场业务进行调控；利用其他手段进行调控，比如证券保证金管理、消费者信用管理、不动产信用管理、窗口指导、道义劝告等。

（二）作为金融监督管理机构

《中国人民银行法》第2条规定，中国人民银行履行制定执行货币政策、防范和化解金融风险、维护金融稳定的职能，同法第4条规定了中国人民银行的具体职责。职责是职能的具体化，职责内容的规定是中央银行作为国家金融管理机构依法享有金融管理权、承担金融管理责任的体现。其具体职责包括：

中国人民银行依法监测金融市场的运行情况，对金融市场实施宏观调控，促进其协调发展。中国人民银行有权对金融机构以及其他单位和个人的下列行为进行检查监督：(1) 执行有关存款准备金管理规定的行为；(2) 与中国人民银行特种贷款有关的行为；(3) 执行有关人民币管理规定的行为；(4) 执行有关银行间同业拆借市场、银行间债券市场管理规定的行为；(5) 执行有关外汇管理规定的行为；(6) 执行有关黄金管理规定的行为；(7) 代理中国人民银行经理国库的行为；(8) 执行有关清算管理规定的行为；(9) 执行有关反洗钱规定的行为。中国人民银行根据执行货币政策和维护金融稳定的需要，可以建议国务院银行业监督管理机构对银行业金融机构进行检查监督。当银行业金融机构出现支付困难，可能引发金融风险时，为了维护金融稳定，中国人民银行经国务院批准，有权对银行业金融机构进行检查监督。

第三节 中国人民银行的组织机构

一、中国人民银行行长、副行长

（一）行长、副行长的法律地位与职责

1. 行长的法律地位

《中国人民银行法》第10条规定，中国人民银行设行长一人，副行长若干人。由于中国人民银行是国务院组成部门，是正部级的行政机关；根据《公务员法》的规定，行长是中国人民银行负责人，行长的行政级别为省部级正职、副行长一般为省部级副职。按照相关规定，正部级单位负责人的职务退休年龄为65岁。行长、副行长的任职资格和条件，首先应当符合《公务员法》的相关规定。

2. 行长、副行长的职责

根据《中国人民银行法》的规定，中国人民银行实行行长负责制。行长领导中国人民银行的工作，副行长协助行长工作。

中国人民银行的行长、副行长及其他工作人员应当恪尽职守，不得滥用职权、徇私舞弊，不得在任何金融机构、企业、基金会兼职。中国人民银行的行长、副行长及其他工作人员，应当依法保守国家秘密，并有责任为与履行其职责有关的金融机构及当事人保守秘密。

---

① 鉴于本书第十九章已对货币政策作详细阐述，此处不再展开。

（二）行长产生的程序

依《中国人民银行法》第10条，中国人民银行行长由国务院总理提名，由全国人大决定，全国人大闭会期间由全国人大常委会决定，由国家主席任免。《中国人民银行法》中未明确规定中国人民银行行长任期，因总行行长是国务院的组成人员，所以按我国《宪法》对国务院组成人员的任期规定，每届任期为5年，可以连任。

二、货币政策委员会

1. 性质及构成

《中国人民银行法》第12条规定，中国人民银行设立货币政策委员会。根据1997年4月5日国务院发布的《中国人民银行货币政策委员会条例》，货币政策委员会是中国人民银行制定货币政策的咨询议事机构。货币政策委员会由下列单位的人员组成：中国人民银行行长；中国人民银行副行长二人；国家计划委员会副主任一人；国家经济贸易委员会副主任一人；财政部副部长一人；国家外汇管理局局长；中国证券监督管理委员会主席；国有独资商业银行行长二人；金融专家一人。货币政策委员会组成单位的调整，由国务院决定。

2. 职责

货币政策委员会的职责是，在综合分析宏观经济形势的基础上，依据国家宏观调控目标，讨论货币政策的制定和调整、一定时期内的货币政策控制目标、货币政策工具的运用、有关货币政策的重要措施、货币政策与其他宏观经济政策的协调等涉及货币政策等重大事项，并提出建议。

3. 委员的权利和义务

货币政策委员会的委员具有同等的权利和义务。货币政策委员会委员为履行职责需要，享有下列权利：了解货币政策方面的情况，对所讨论问题发表意见，向委员会就货币政策问题提出议案，以及享有表决的权利。其义务包括：出席货币政策委员会会议，并就有关货币政策事项提出意见和建议；因特殊情况不能出席会议时，应当委托熟悉情况的有关人员作为其代表并携带其书面意见参加会议；保守国家秘密、商业秘密；不得滥用权力徇私舞弊；遵守委员会工作制度；不得违规透露货币政策的有关情况；委员在任期内和离职后1年内，不得公开反对已按法定程序制定的货币政策。货币政策委员会实行例会制度，在每季度的第一个月份中旬召开例会。

三、国务院金融稳定发展委员会

2017年11月，经党中央、国务院批准，成立国务院金融稳定发展委员会。国务院金融稳定发展委员会（以下简称金融委）办公室设在中国人民银行，接受金融委直接领导，承担金融委日常工作，负责推动落实党中央、国务院关于金融工作的决策部署和金融委各项工作安排，组织起草金融业改革发展重大规划，提出系统性金融风险防范处置和维护金融稳定重大政策建议，协调建立中央与地方金融监管、风险处置、消费者保护、信息共享等协作机制，承担指导地方金融改革发展与监管具体工作，拟订金融管理部门和地方金融监管问责办法并承担督导问责工作等。设金融委办公室秘书局，负责处理金融委办公室日常事务。中国人民银行的内设机构根据工作需要承担金融委办公室相关工作，接受金融委办公室统筹协调。

四、内设机构

根据《中国人民银行法》和党的十九届三中全会审议通过的《中共中央关于深化党和国家

机构改革的决定》《深化党和国家机构改革方案》和第十三届全国人民代表大会第一次会议批准的《国务院机构改革方案》，中国人民银行是国务院组成部门，为正部级。中国人民银行设下列内设机构，包括：办公厅、条法司、货币政策司、金融市场司、调查统计司、会计财务司、支付结算司、科技司、宏观审慎管理局、内审司、国际司（港澳台办公室）、金融稳定局、货币金银局、国库局、研究局、征信管理局、反洗钱局（保卫局）、金融消费权益保护局、人事司（党委组织部）、党委宣传部（党委群工部）、参事室等21个机构。

五、国内分支机构及驻外机构

截至2019年10月，中国人民银行设有上海总部、天津、沈阳、南京、济南、武汉、广州、成都、西安8个分行，中国人民银行营业管理部（北京）、中国人民银行重庆营业管理部，20个省会（首府）城市中心支行、5个副省级城市中心支行、316个地市（州）中心支行，1 761个县（市）支行。这些分支机构作为中国人民银行的派出机构，根据总行的授权，依法维护本辖区的金融稳定，承办有关业务。

为了适应金融全球化的需要，中国人民银行目前设有以下驻外机构：中国人民银行驻欧洲（伦敦）代表处、中国人民银行驻法兰克福代表处、中国人民银行驻北美洲代表处、中国人民银行驻加勒比开发银行联络处、中国人民银行驻非洲代表处、中国人民银行驻南太平洋代表处、中国人民银行驻东京代表处。①

第四节　中国人民银行的业务

一、业务范围和基本原则

（一）业务范围

作为我国承担金融宏观调控和部分金融监管职能的国家机关，中国人民银行制定、实施货币政策的终极目标和国家宏观经济目标是一致的；作为银行的银行，中国人民银行面向政府和金融机构以及社会提供公共服务。中国人民银行所具有的独特法律地位、肩负的双重职能是通过开展具体的业务来体现和实现的，其业务的开展不以营利为目的，业务对象也限于政府和商业银行等金融机构，业务活动是以国家的名义、代表国家进行的，因而其业务范围相应地也具有特殊性，一般包括以下内容：(1) 负债业务，包括发行货币、吸收存款及其他形成中央银行负债的业务；(2) 金融服务业务，包括形成中央银行资产的再贴现、再贷款业务与清算服务、经理国库以及会计、统计业务等。

（二）开展业务的基本原则

中央银行借助业务活动的开展实现其调控金融、维护金融秩序、稳定金融市场的目标，其业务范围的特殊性与其目的的独特性决定了其开展业务须遵循一定的原则：

(1) 合法性原则。中国人民银行必须严格遵守法律、行政法规，开展业务活动应贯彻国家的方针、政策。

(2) 合规性原则。中国人民银行开展业务活动应遵循市场经济规律、规则，在法律、法规

① http：//www.pbc.gov.cn/index _ fenzhi.asp，[2019－09－20].

授权范围内，按照市场经济的内在规律开展业务、履行职能。

二、负债业务

中央银行的负债主要包括以下三个方面：货币、财政性存款账户、商业银行等金融机构的准备金账户，此三种负债构成了中央银行最主要的负债业务。

1. 货币发行业务。几乎所有的中央银行都享有国家货币的垄断发行权。《中国人民银行法》第 16 条规定，人民币是我国的法定货币；第 18 条规定，人民币由中国人民银行统一印制、发行。中国人民银行通过再贴现、再贷款、购买金银和外汇等业务活动将人民币投入流通，形成流通中的货币，非银行公众手中持有的流通现金构成了中国人民银行最主要的负债。

2. 财政性存款账户，包括国库存款和经费存款，前者如政府存款，后者如机关团体的财政性存款。由商业银行吸收的机关团体的财政性存款 100%上缴中国人民银行，中国人民银行吸收财政性存款的目的是为政府及其他特定机关团体提供清算等服务，以及满足维护金融稳定的需要。

3. 存款准备金及其他负债业务。(1) 存款准备金是指商业银行依法按存款额的一定比例交存中央银行的存款。虽然银行系统的准备金不是中央银行的最大负债，但其在决定经济中的货币量方面却是最重要的。(2) 其他负债业务，包括除了货币发行业务、财政性存款业务和存款准备金业务以外的，一些构成中央银行资金来源的业务，如发行央行债券、从国外银行借款等。

三、金融服务业务

提供公共服务是中国人民银行业务活动的本质，是履行特定职能的手段。中国人民银行服务的对象包括政府、银行业金融机构等。依《中国人民银行法》第四章的相关规定，中国人民银行的金融服务业务主要包括：

1. 再贴现业务。贴现是指票据持有人为获取现金，通过贴付一定利息的办法将未到期票据转让给商业银行。再贴现则是指商业银行或其他金融机构将贴现获得的未到期票据转让给中央银行以获得中央银行的现实货币。中国人民银行通过此项业务影响商业银行的信贷资金量，发挥着引导市场利率变动的作用。

2. 再贷款业务。再贷款是指中国人民银行向商业银行发放的贷款。再贷款通过调节商业银行日常经营中的流动性来影响其信用扩张能力，通过调控基础货币量来维护金融稳定，化解金融风险。

3. 清算服务。清算是指不同银行之间因资金的代收代付而产生的债权债务，通过票据清算所集中交换并清算资金。各国的支付清算体系构成各异，但通常都是由中央银行的最终清算系统来实现银行同业间的资金转移。《中国人民银行法》第 27 条规定，中国人民银行作为我国金融业的清算中心，负责制订清算规则，组织全国银行业间系统的清算，依法协调金融机构间的清算事项。通过提供支付清算服务，中国人民银行可以从宏观上把握各金融机构的资金状况，有利于金融宏观调控目标的实现。

4. 经理国库。根据《国家金库条例》，国家金库（以下简称国库）负责办理国家预算资金的收入和支出。国库是国家金库的简称，指专门办理国家预算资金的收纳、划分、留解和拨付的专门机构。目前，世界上大多数国家皆由中央银行经理国库。《中国人民银行法》第 24 条规定，中国人民银行依照法律、行政法规的规定经理国库。现行国库设置方式为一级财政设立一级国库，分为总库、分库、中心支库和支库、支库以下的经收处。我国国库存款和预算外存款一律不计利息，作为对价，银行在办理汇款、拨款时也不收费。

5. 代理发行、兑付政府债券。《中国人民银行法》第25条规定，中国人民银行可代理国务院财政部门向各金融机构组织发行、兑付国债及其他政府债券。中国人民银行参与政府债券发行方案的草拟，与财政部门共同组织落实各金融机构的国债发行任务，制订相应的会计核算手段以确保金融机构有序执行政府债券的还本付息工作，同时还负责政府债券兑付本息款项的清算工作。通过上述业务活动，中国人民银行履行为政府提供金融服务的职能。

四、法律禁止的业务

中国人民银行开展具体业务是以履行法定职责、维护金融稳定为出发点，故《中国人民银行法》在明文规定了中国人民银行合法的业务范围之外，又对某些业务活动作了禁止性规定，依据该法第26、29、30条的规定，禁止性业务具体包括：

1. 不得对银行业金融机构的账户透支。主要是指中国人民银行不得对金融机构的支付准备金账户透支。支付准备金账户是为了满足金融机构办理清算和应付提款的需要而开立，金融机构必须保持与其业务规模相适应的存款余额，中国人民银行以此维护支付清算系统的正常运行。

2. 不得对政府财政透支，不得直接认购、包销国债和其他政府债券。中央银行对政府透支或直接购买政府债券实际上是一种财政性货币发行，不是以经济增长的实际要求而是依凭政府财政收支的需要来衡量货币量的多少，因此，对政府财政透支势必会引发通货膨胀，造成币值的不稳定，进而影响实体经济。该禁止性规定也是实现央行“保持货币币值的稳定，并以此促进经济增长”目标的内在要求。

3. 不得向地方政府、各级政府部门、非银行金融机构以及其他单位和个人提供贷款。地方政府、各级政府部门因为一己私利而请求中国人民银行向其贷款同样是财政性货币发行，会引发通货膨胀，进而扰乱金融秩序；非银行金融机构不经营完全的信用业务，其业务活动的开展应与其自身资产负债比例相适应。但是经国务院批准，中国人民银行可以向特定的非银行金融机构提供贷款以解决流动性不足等困难，防范金融风险，维护金融体系的安全。

4. 不得向任何单位和个人提供担保。中国人民银行独特的法律地位决定了其兼具特殊金融机构与特殊国家机关的属性，当然不得违背我国《担保法》[①] 对国家机关提供担保的禁止性规定而向单位、个人提供担保。

法律应用

1. 中国人民银行就年度货币供应量、利率、汇率和国务院规定的其他重要事项作出的决定，报国务院批准后执行。中国人民银行就前款规定以外的其他有关货币政策事项作出决定后，即予执行，并报国务院备案。

2. 中国人民银行在国务院领导下依法独立执行货币政策，履行职责，开展业务，不受地方政府、各级政府部门、社会团体和个人的干涉。

3. 人民币由中国人民银行统一印制、发行。禁止伪造、变造人民币。禁止出售、购买伪

---

① 《担保法》第8条规定：“国家机关不得为保证人，但经国务院批准为使用外国政府或者国际经济组织贷款进行转贷的除外。”

造、变造的人民币。禁止运输、持有、使用伪造、变造的人民币。禁止故意毁损人民币。任何单位和个人不得印制、发售代币票券，以代替人民币在市场上流通。

4. 中国人民银行可以根据需要，为银行业金融机构开立账户，但不得对银行业金融机构的账户透支。

5. 中国人民银行不得对政府财政透支，不得直接认购、包销国债和其他政府债券。

6. 中国人民银行根据履行职责的需要，有权要求银行业金融机构报送必要的资产负债表、利润表以及其他财务会计、统计报表和资料。中国人民银行应当和国务院银行业监督管理机构、国务院其他金融监督管理机构建立监督管理信息共享机制。中国人民银行对商业银行的监管处罚事项包括：（1）拒绝或者阻碍中国人民银行检查监督的；（2）提供虚假的隐瞒重要事实的财务会计报告、报表和统计报表的；（3）未按照中国人民银行规定的比例交存存款准备金的。

思考题

1. 什么是中央银行？中央银行的类型有哪些？
2. 中央银行法的性质如何？
3. 中国人民银行在我国的法律地位有何特殊性？
4. 中国人民银行的组织机构是怎样的？
5. 中国人民银行可以开展哪些合法的业务？法律禁止的业务是什么？

历年司法考试题

1. 甲街道办事处经所在地某区人民政府批准设立基金会，开展存贷款业务，吸收了200万元的存款。1997年7月，甲街道办事处与乙公司签订借款合同，约定基金会向乙发放贷款200万元，用丙中学所属50亩划拨土地使用权作抵押，年利率为15%，借期2年。丙中学向甲交付土地使用证后，基金会即按约定向乙公司发放了贷款。借期届满后，乙公司仅向基金偿还了20万元利息。甲街道办事处即聘请律师索债。律师查明以下事实：乙公司贷款200万元用于与丙中学联营制售教学仪器，联营类型为合同联营；乙公司营业执照上注明的注册资金为300万元，股东王某持有股份90%，但实际出资仅为100万元，股东谭某持有股份10%。王某无个人财产，但和其妻共同开办了丁有限公司，王某持有股份80%，丁有限公司开发有商品房一栋，尚未出售和抵押。（2000年）

根据以上情况，回答下列问题：（1）基金会的成立是否合法？为什么？（2）甲街道办事处与乙公司签订的借款合同是否有效？为什么？

答案及解析：（1）基金会的成立不合法。依《中国人民银行法》第31条等，由中国人民银行按照规定审批金融机构的设立、变更、终止及业务范围。本案中开展存贷业务的基金会属于非银行金融机构，经某区人民政府批准即设立，显然不合法。（2）借款合同无效。因为甲街道办事处的主体不合格。

2. 商业银行的下列违规行为哪一项依法应由中国人民银行负责查处？（　　）（2004年）

A. 提供虚假财务报告　　　　B. 出借营业许可证

C. 未经批准代理买卖外汇　　D. 未经批准设立分支机构

答案及解析：A项。根据《商业银行法》第74条第1、4、5项，可知B、C、D项所述内容由国务院银行业监督管理机构负责查处。该法第77条规定："商业银行有下列情形之一，由中国人民银行责令改正，并处二十万元以上五十万元以下罚款；情节特别严重或者逾期不改正的，中国人民银行可以建议国务院银行业监督管理机构责令停业整顿或者吊销其经营许可证；构成犯罪的，依法追究刑事责任：（一）拒绝或者阻碍中国人民银行检查监督的；（二）提供虚假的隐瞒重要事实的财务会计报告、报表和统计报表的；（三）未按照中国人民银行规定的比例交存存款准备金的。”

3. 关于商业银行贷款法律制度，下列哪一选项是错误的？（　　）（2008 年）

A. 商业银行贷款应当实行审贷分离、分级审批的制度

B. 商业银行可以根据贷款数额以及贷款期限，自行确定贷款利率

C. 商业银行贷款，应当遵守资本充足率不得低于百分之八的规定

D. 商业银行贷款，应当对借款人的借款用途、偿还能力、还款方式等情况进行严格审查

答案及解析：B 项。《商业银行法》第 35 条第 2 款规定，商业银行贷款，应当实行审贷分离、分级审批的制度，所以 A 是正确的。该法第 38 条规定，商业银行应当按照中国人民银行规定的贷款利率的上下限，确定贷款利率，所以 B 是错误的。该法第 39 条第 1 项规定，商业银行贷款，资本充足率不得低于百分之八，所以 C 是正确的。该法第 35 条第 1 款规定，商业银行贷款，应当对借款人的借款用途、偿还能力、还款方式等情况进行严格审查，所以 D 是正确的。因此本题应选 B。

4. 下列哪一选项不属于国务院银行业监督管理机构职责范围？（　　）（2010 年）

A. 审查批准银行业金融机构的设立、变更、终止以及业务范围

B. 受理银行业金融机构设立申请或者资本变更申请时，审查其股东的资金来源、财务状况、诚信状况等

C. 审查批准或者备案银行业金融机构业务范围内的业务品种

D. 接收商业银行交存的存款准备金和存款保险金

答案及解析：D 项。选项 A、B、C 分别对应《银行业监督管理法》第 16、17、18 条，均属于国务院银行业监督管理机构职责范围。《银行业监督管理法》第 16 条规定，国务院银行业监督管理机构依照法律、行政法规规定的条件和程序，审查批准银行业金融机构的设立、变更、终止以及业务范围。《银行业监督管理法》第 17 条规定，申请设立银行业金融机构，或者银行业金融机构变更持有资本总额或者股份总额达到规定比例以上的股东的，国务院银行业监督管理机构应当对股东的资金来源、财务状况、资本补充能力和诚信状况进行审查。《银行业监督管理法》第 18 条规定，银行业金融机构业务范围内的业务品种，应当按照规定经国务院银行业监督管理机构审查批准或者备案。需要审查批准或者备案的业务品种，由国务院银行业监督管理机构依照法律、行政法规作出规定并公布。选项 D 不属于国务院银行业监督管理机构职责范围。根据《中国人民银行法》第 22 条规定，中国人民银行为执行货币政策，可以运用下列货币政策工具：（一）要求金融机构按照规定的比例交存存款准备金。

第四章
商业银行法律制度

重点问题

1. 商业银行的特征
2. 《商业银行法》的性质
3. 我国《商业银行法》的立法宗旨
4. 商业银行的法律地位
5. 商业银行的经营原则和范围

第一节　商业银行法律制度概述

一、商业银行的概念

商业银行是依法设立的，以吸收公众存款、发放贷款和办理结算为其基本业务的企业法人。商业银行一词中的“商业”，既是指商业银行的业务范围，也是指其自身追求营利的商业性质。商业银行最早诞生于西方，它最初的业务是将吸收活期存款所形成的资金用于发放具有商业性质的自偿性短期贷款，因而被称为“商业银行”。现在这一称谓是历史相沿的惯称。在当代世界各国，商业银行有不同的称谓，如英国称作“存款银行”，美国称作“国民银行”和“州银行”，日本称作“城市银行”和“地方银行”等。

《中华人民共和国商业银行法》（以下简称《商业银行法》）第2条规定：“本法所称的商业银行是指依照本法和《中华人民共和国公司法》设立的吸收公众存款、发放贷款、办理结算等业务的企业法人。”由此可以看出，商业银行具有以下几个主要特征：

1. 商业银行是企业法人。作为企业，商业银行在经营目的上与其他行业的企业一样，也是以营利为目的的。这一特征使商业银行与不以营利为目的的国家机关和事业单位法人区别开来。作为法人，商业银行实行自主经营、自担风险、自负盈亏、自我约束；商业银行依法开展业务，不受任何单位和个人的干涉；商业银行以其全部法人财产独立承担民事责任。

2. 商业银行是金融企业。作为金融企业，商业银行是不同于一般工商企业的特殊企业，其特殊性表现为经营对象的不同上。商业银行以金融资产和金融负债为经营对象，经营的是特殊商品——货币和货币资本。

3. 商业银行是一种特殊的金融企业。与专业银行（如信托银行、投资银行和储蓄银行等）和非银行金融机构（如保险公司、财务公司、融资租赁公司、证券公司等）相比，商业银行的业务更综合，功能更全面，经营金融“零售业务”（门市服务）和“批发业务”（大额信贷业务），为客户提供多方位的金融服务。而专业银行只集中经营指定范围内的业务和提供专门服务，非银行金融机构的业务范围和业务方式更为狭窄或单一。

二、商业银行法的性质与立法模式

（一）商业银行法的概念

商业银行法是调整商业银行组织和商业银行行为的法律规范的总称。在我国，商业银行法包括广义的商业银行法和狭义的商业银行法两个方面。广义的商业银行法包括一切有关商业银行的组织和行为的法律、法规和规章，除了专门直接规范商业银行组织和行为的《商业银行法》外，还包括其他法律、法规和规章中与商业银行的组织和行为相关的规定，如《中国人民银行法》《商业银行资本充足率管理办法》《电子银行业务管理办法》《银行业监督管理法》《储蓄管理条例》《外汇管理条例》等。狭义的商业银行法仅指《商业银行法》。

从上述概念中可以看出，商业银行法有以下几个主要特征：

1. 商业银行法是商业银行组织法。《商业银行法》对商业银行的设立条件、设立程序、审批机构、组织机构、合并、分立、接管、解散、被撤销和被宣告破产等组织事项作出了规定。

2. 商业银行法是商业银行行为法。《商业银行法》对商业银行的业务范围、对存款人的保护、贷款和其他业务的基本规则、财务会计、监督管理、法律责任等作出了规定，全面规范商业银行的行为。

（二）商业银行法的性质

1. 商业银行法是金融法的重要组成部分。金融法的体系包括金融机构法、金融市场业务法、金融调控法和金融监管法，而金融机构法包括中央银行法、商业银行法、政策性银行法、证券机构法、保险机构法、其他金融机构法等，因此，商业银行法应属金融法中金融机构法的组成部分。

2. 商业银行法是经济法的重要组成部分。金融法是经济法中宏观调控法的重要组成部分，因此，作为金融法重要组成部分的商业银行法应是经济法的重要组成部分。

（三）商业银行法的立法模式

根据商业银行法和中央银行法是否分别立法进行区分，商业银行法的立法模式有两种。

1. 单一立法模式

商业银行法的单一立法模式是指将商业银行与中央银行统一立法予以规范的模式，一部法律中既有规范中央银行的内容，又有规范商业银行的内容。英国、法国、加拿大、瑞典等国家采用这种模式。

2. 分别立法模式

商业银行法的分别立法模式是指将商业银行和中央银行分别进行立法的模式。德国、日本、韩国等国家采用这种模式。我国既有《中国人民银行法》，又有《商业银行法》，从本质上讲，我国采用的是分别立法模式。但是，个别法律、法规中也采用单一立法模式，如 1993 年 12 月 25 日国务院发布的《关于金融体制改革的决定》，涉及中国人民银行、政策性银行、专业银行转变为商业银行、货币市场、证券市场、外汇管理体制等方面的改革措施。

三、商业银行法的立法宗旨

1995 年 5 月 10 日，第八届全国人民代表大会常务委员会第十三次会议通过《商业银行法》（根据 2003 年 12 月 27 日第十届全国人民代表大会常务委员会第六次会议《关于修改〈中华人民共和国商业银行法〉的决定》第一次修正，根据2015年8月29日第十二届全国人民代表大会常务委员会第十六次会议《关于修改〈中华人民共和国商业银行法〉的决定》第二次修正）。该法共九章，依次为总则、商业银行的设立和组织机构、对存款人的保护、贷款和其他业务的基本规则、财务会计、监督管理、接管和终止、法律责任和附则，并在“总则”一章确立了其立法宗旨。

商业银行法的立法宗旨，是商业银行法立法所要达到的目的或实现的基本任务。我国《商业银行法》第1条规定：“为了保护商业银行、存款人和其他客户的合法权益，规范商业银行的行为，提高信贷资产质量，加强监督管理，保障商业银行的稳健运行，维护金融秩序，促进社会主义市场经济的发展，制定本法。”该条即是关于商业银行法立法宗旨的规定，它包括以下三个方面的内容：

1. 保护商业银行、存款人和其他客户的合法权益。商业银行是经营货币这种特殊商品的企业，具有很强的公共性，其经营的好坏对社会经济将产生重大的影响，因此，商业银行的合法权益必须得到有力的保障。由于商业银行融通资金的主要来源是社会公众存款，而作为商业银行债权人的存款人是分散的，与商业银行相比相对处于弱势地位，而且商业银行的经营以营利为目的，必然伴有经营风险，商业银行经营的好坏，直接影响着存款人的利益，所以，商业银行法必须体现保护存款人合法权益的目的。其他客户，是指那些商业银行的借款人、有账户往来的其他银行以及商业银行提供其他各项服务的相对人。商业银行在经营过程中，有可能出现违约或其他侵害其他客户利益的行为，因此，注意保护银行其他客户的合法权益，也是商业银行法的立法宗旨。

2. 规范商业银行的行为，提高信贷资产质量。从《商业银行法》所规定的内容看，主要是通过规范商业银行的行为来提高信贷资产质量。规范商业银行的行为就是为了保障商业银行运行安全，最大限度地降低经营风险。为实现这一立法宗旨，商业银行法就商业银行的设立、变更、终止等事项作出了严格规定，对商业银行开展贷款等业务规定了基本规则，并对商业银行的违法经营活动，从民事、行政、刑事等方面规定法律责任。

3. 加强监督管理，保障商业银行的稳健运行，维护金融秩序，促进社会主义市场经济的发展。商业银行法对商业银行的存款、贷款、结算、呆账等事项规定了监督管理措施，就是为了保障商业银行的稳健运行，维护良好的金融秩序，从而更好地发挥商业银行融通资金的功能，促进社会主义市场经济的发展。

第二节　商业银行的组织机构

一、商业银行的法律地位

商业银行的法律地位是指商业银行在金融法律关系中是否具有独立的法律主体资格。《商业银行法》对商业银行的法律地位作了明确的规定。根据该法第2条的规定：商业银行是指依照《商业银行法》和《公司法》设立的吸收公众存款、发放贷款、办理结算等业务的企业法人。作为金融法律关系中具有独立主体资格的一方，商业银行与其他金融法律关系主体的关系表现为：

（1）商业银行与国务院银行业监督管理机构的关系。商业银行依法接受国务院银行业监督管理机构的监督、管理，其设立、变更、合并、分立和终止须经国务院银行业监督管理机构批准。

（2）商业银行与中央银行的关系。商业银行办理存款业务，应当按照中国人民银行规定的存款利率的上下限确定存款利率，并且应当按照中国人民银行的规定，向中国人民银行交存存款准备金，留足备付金。商业银行办理贷款业务，应当按照中国人民银行规定的贷款利率的上下限确定贷款利率。

（3）商业银行与政策性银行的关系。二者都是我国银行组织体系的重要组成部分，但它们经营的业务范围和目标不同。商业银行经营商业性金融业务，以营利为目的；而政策性银行经营政策性金融业务，遵循保本经营、不与商业性金融机构竞争的原则，以政策效益、社会效益为目标。它们是各自独立的法律主体，是平等主体之间的关系；在具体业务上，政策性银行通过商业银行代理具体的金融业务，它们之间是委托代理关系。

（4）商业银行和政府的关系。商业银行的发展离不开政府部门和地方政府的支持，但必须实行政企分开，保证商业银行的独立性。根据《商业银行法》的规定，商业银行不按行政区划设立分支机构，分支机构根据业务需要设立。任何单位和个人不得强令商业银行发放贷款或者提供担保，商业银行有权拒绝任何单位和个人强令其发放贷款或者提供担保。

二、商业银行的组织体制、组织形式和组织机构

（一）商业银行的组织体制

1. 商业银行的组织体制的类型

商业银行的组织体制有四种类型：单一银行制、分支行制、集团银行制和连锁银行制。

（1）单一银行制。单一银行制也称独家银行制，是指法律禁止商业银行设立分支机构，银行业务由各个独立的商业银行经营的一种组织体制。在单一制体制下，银行数量较多，有利于银行之间进行竞争。但是，单一制体制下的银行规模相对较小，经营成本高，风险集中而不便分散。采用单一制体制的国家主要是美国，但是，自 20 世纪 80 年代以来，为适应经济和金融业务发展的需要，美国已放宽了商业银行设立分支机构的限制。

（2）分支行制。分支行制也称总分行制，是指法律允许商业银行总行设立分支机构的一种组织体制。在分支行制体制下，各银行经营规模大，经营成本相对较低，总行领导和管理分支机构，可以对各分支机构的业务活动和资金进行必要的调剂，有利于分散和降低信用风险。但是，分支行制体制下的金融集中度高，易于形成垄断，而且总行对分支机构的限制较多，易出现低效率。分支行制是世界上大多数国家采用的银行组织体制。

（3）集团银行制。集团银行制又称为银行控股公司制，是指银行控股公司掌握若干商业银行控股权的一种组织体制。在集团银行制下，控股公司所拥有的银行在法律地位上是各自独立的，保持其自身的董事会，但其业务经营由控股公司控制。集团银行制的优点是用少量资本可支配大量资金，从而增强集团实力，扩大市场份额，提高抵御风险的能力，加强国际竞争力，从而弥补单一银行制的不足；其缺点是易形成垄断集中，不利于开展竞争和灵活经营。

（4）连锁银行制。连锁银行制又称联合银行制，是指由一集团或一人购买若干独立银行的多数股票，从而控制这些银行的一种组织体制。连锁银行制与集团银行制的区别在于它不需要成立控股公司，因而没有控股公司的存在形式。

2. 我国商业银行的组织体制

《商业银行法》第 19 条规定："商业银行根据业务需要可以在中华人民共和国境内外设立分支机构。"由此可以看出，我国和世界上大多数国家一样，在商业银行的组织管理体制上采用的是总分行制。根据《商业银行法》第 19 条和第 22 条的规定，商业银行总行与分支机构的

关系是：商业银行总行对其分支机构实行全行统一核算，统一调度资金，分级管理的财务制度。商业银行分支机构不具有法人资格，在总行授权范围内依法开展业务，其民事责任由总行承担。商业银行在中国境内设立分支机构，应当按照规定拨付与分支机构经营规模相适应的营运资金额；拨付各分支机构营运资金额的总和，不得超过总行资本金总额的60%。

（二）商业银行的组织形式

根据投资者数量和承担法律责任的形式的不同，商业银行的组织形式可以分为个人独资银行、合伙制银行和公司制银行三种。德国允许个体商人设立银行，也允许设立两合公司型银行；在法国、德国和我国香港特别行政区依法可以设立合伙型银行；而绝大多数国家和地区的法律规定只能设立有限责任公司型或股份有限公司型的银行。之所以多数国家规定商业银行的组织形式是公司，是因为组织形式为有限责任公司的商业银行，股东以其出资额为限对商业银行承担责任，商业银行以其全部资产为限对银行的债务承担责任；组织形式为股份有限公司的商业银行，股东以其所持股份为限对商业银行承担责任，商业银行以其全部资产为限对银行的债务承担责任。而且公司制又是现代企业比较完备的组织形式，采用公司制的商业银行，能够更好地维护商业银行股东和银行债权人双方的利益，有利于维护金融秩序。目前，在我国，大多数商业银行采用股份有限公司形式，少数银行采用有限责任公司形式。

（三）商业银行的组织结构

商业银行的组织结构是指商业银行的内部组织机构。《商业银行法》第17条作了原则性的规定：商业银行的组织形式、组织机构适用《公司法》的规定。因此，商业银行的内部组织机构首先应按照《公司法》的规定设立。我国的商业银行内部组织机构主要有国有独资商业银行和股份制商业银行两种类型。国有独资商业银行内部组织机构的设置包括决策机构、监督机构和执行机构三部分。股份制商业银行内部组织机构的设置分为所有权机构和经营权机构两部分，前者包括股东大会、董事会和监事会，后者是由以行长为主的领导群体及其领导下的各业务部门、职能部门和分支机构组成。《商业银行法》第18条对国有独资商业银行监事会作出特别规定：国有独资商业银行设立监事会，监事会的产生办法由国务院规定，监事会对国有独资商业银行的信贷资产质量、资产负债比例、国有资产保值增值等情况，以及高级管理人员违反法律、行政法规或者章程的行为和损害银行利益的行为进行监督。

第三节　商业银行的设立、变更和终止

一、商业银行的设立

（一）商业银行的设立条件

商业银行的设立，是指商业银行的创办人依照法定程序使拟设立的商业银行取得法律关系主体资格的行为。商业银行是经营货币金融业务的特殊企业，各国法律都规定了其设立除应具备公司设立的一般条件外，还要具备一些特殊的条件。我国《商业银行法》第12条规定，设立商业银行应具备以下几个条件：

1. 有符合《商业银行法》和《公司法》规定的章程

商业银行的章程是规定商业银行名称、组织机构、经营范围、注册资本、议事规则等事项的基本准则。商业银行章程一经主管审批机关批准，即产生法律效力，是商业银行进行活动的依据和准则，是商业银行对内、对外的基本法律文件。商业银行的章程对商业银行、股东、董

事、监事和高级管理人员具有约束力。商业银行的章程规定的经营范围要符合《商业银行法》的规定，章程的其他内容要符合《公司法》的有关规定。

2. 有符合《商业银行法》规定的注册资本最低限额

注册资本是商业银行在有关部门登记并实际缴纳的资本总额，它既是商业银行经营所需要的部分资本，又是商业银行对外承担民事责任的保障。《商业银行法》第13条规定：设立全国性商业银行的注册资本最低限额为10亿元人民币，设立城市商业银行的注册资本最低限额为1亿元人民币，设立农村商业银行的注册资本最低限额为5 000万元人民币，注册资本应当是实缴资本；国务院银行业监督管理机构根据审慎监管的要求可以调整注册资本最低限额，但不得少于上述规定的限额。

3. 有具备任职专业知识和业务工作经验的董事、高级管理人员

商业银行作为一种特殊企业，必须具备懂得金融专业知识、熟悉银行业务、具有丰富工作经验的金融管理人员，才能正常开展经营活动，并有效维护金融市场的稳定与发展。《商业银行法》第27条规定了担任商业银行董事、高级管理人员的消极条件，有下列情形之一的，不得担任商业银行的董事、高级管理人员：(1) 因犯有贪污、贿赂、侵占财产、挪用财产罪或者破坏社会经济秩序罪，被判处刑罚，或者因犯罪被剥夺政治权利的；(2) 担任因经营不善破产清算的公司、企业的董事或者厂长、经理，并对该公司、企业的破产负有个人责任的；(3) 担任因违法被吊销营业执照的公司、企业的法定代表人，并负有个人责任的；(4) 个人所负数额较大的债务到期未清偿的。《公司法》规定的担任公司的董事、监事、经理的消极条件有解禁年限的规定，而《商业银行法》没有解禁年限的规定，凡是具有上述情形之一的人员，永远不得担任商业银行的董事、高级管理人员，因此，它比《公司法》的规定更为严格。2006年1月12日银监会发布、当年12月28日修订的《中国银行业监督管理委员会中资商业银行行政许可事项实施办法》，对中资商业银行董事和高级管理人员任职资格的积极条件作了具体规定，拟任中资商业银行董事和高级管理人员应当符合以下基本条件：(1) 具有完全民事行为能力的自然人；(2) 遵纪守法，诚实守信，勤勉尽职，具有良好的个人品行；(3) 具有与拟任职务相适应的知识、经验及能力；(4) 具有良好的经济、金融从业记录；(5) 熟悉经济、金融的法律法规，有良好的合规经营意识；(6) 能与金融监管机构进行充分的信息沟通，并积极配合金融监管机构的工作；(7) 银监会规定的其他条件。2006年1月12日银监会发布《中国银行业监督管理委员会外资金融机构行政许可事项实施办法》，对外资金融机构董事和高级管理人员任职资格条件作了具体规定。

4. 有健全的组织机构和管理制度

健全的组织机构是商业银行开展业务的组织保障，管理制度是维持商业银行正常运行的制度保障。设立商业银行，必须按照法律的规定建立健全的组织机构，包括决策机构、执行机构和监督机构，即股东大会（股东会）、董事会和监事会，但国有独资商业银行只设董事会和监事会，不设股东会。设立商业银行，还必须建立完善的管理制度，包括财务管理制度、资产负债比例管理制度、风险管理制度、信贷管理制度、人事管理制度等。

5. 有符合要求的营业场所、安全防范措施和与业务有关的其他设施

营业场所是商业银行开展业务活动的固定地方，没有经营场所，商业银行就无法进行正常的经营活动。商业银行一旦发生安全事件，造成的损失相对要大得多。与业务有关的其他设施包括金库、电脑、运钞车等，是商业银行开展业务必不可少的手段。因此，《商业银行法》对设立商业银行规定了营业场所、安全防范措施和与业务有关的其他设施这一条件。

此外，《商业银行法》还规定，设立商业银行，还应当符合其他审慎性条件。具体的审慎

性条件一般由国务院银行业监督管理机构规定。如《中国银行业监督管理委员会中资商业银行行政许可事项实施办法》对设立股份制商业银行法人机构规定的至少应当符合的审慎性条件为：（1）具有良好的公司治理结构；（2）具有健全的风险管理体系，能有效控制关联交易风险；（3）地方政府不向银行投资入股，不干预银行的日常经营；（4）发起人股东中应当包括合格的战略投资者；（5）具有科学有效的人力资源管理制度，拥有高素质的专业人才；（6）具备有效的资本约束与资本补充机制；（7）有助于化解现有金融机构风险，促进金融稳定。《中国银行业监督管理委员会外资金融机构行政许可事项实施办法》规定，设立独资银行、合资银行，申请人还应满足以下审慎性条件：（1）具有合理的法人治理结构；（2）具有良好的持续经营业绩；（3）按照审慎会计原则编制财务报告，且会计师事务所对申请前3年的财务报告持无保留意见；（4）无重大违法违规记录，无不良信用记录；（5）具有良好的行业声誉和社会形象；（6）符合法律法规对金融业投资人的其他相关要求；（7）银监会规定的其他审慎性条件。

（二）商业银行的设立程序

商业银行的设立程序包括设立申请、审批机构审批和登记机关登记三个环节。

1. 设立申请

商业银行的设立申请分为筹建申请和开业申请两个方面。

（1）筹建申请

股份制商业银行法人机构的筹建，应当由发起人各方共同向国务院银行业监督管理机构提交筹建申请，由银监会受理、审查并决定。城市商业银行法人机构、城市信用社股份有限公司的筹建申请，由拟设城市商业银行、城市信用社所在地银监局受理并初步审查，国务院银行业监督管理机构审查并决定。设立商业银行，申请人应当向国务院银行业监督管理机构提交下列文件、资料：1）申请书，申请书应当载明拟设立的商业银行的名称、所在地、注册资本、业务范围等；2）可行性研究报告；3）国务院银行业监督管理机构规定提交的其他文件、资料。设立商业银行的申请经审查符合上述规定的，申请人应当填写正式申请表，并提交下列文件、资料：1）章程草案；2）拟任职的董事、高级管理人员的资格证明；3）法定验资机构出具的验资证明；4）股东名册及股东出资额、股份；5）持有注册资本5%以上的股东的资信证明和有关资料；6）经营方针和计划；7）营业场所、安全防范措施和与业务有关的其他设施的资料；8）国务院银行业监督管理机构规定的其他文件、资料。

商业银行的筹建期为自批准决定之日起6个月。未能按期筹建的，筹建组应在筹建期限届满前1个月向国务院银行业监督管理机构提交筹建延期申请。国务院银行业监督管理机构自接到书面申请之日起20日内作出是否批准延期的决定。筹建延期的最长期限为3个月。

（2）开业申请

筹建期限届满前，商业银行筹建组应向国务院银行业监督管理机构提交开业申请，逾期未提交的，筹建批准文件失效，由决定机关办理筹建许可注销手续。商业银行的开业申请，应向国务院银行业监督管理机构提交，由国务院银行业监督管理机构受理、审查并决定。

2. 审批机构审批

设立商业银行，应当经国务院银行业监督管理机构审查批准。未经国务院银行业监督管理机构批准，任何单位和个人不得从事吸收公众存款等商业银行业务，任何单位不得在名称中使用“银行”字样。银监会自受理筹建申请之日起4个月内作出批准或不批准的书面决定，银监会自受理开业申请之日起2个月内作出核准或不予核准的书面决定。

3. 登记机关登记

经批准设立的商业银行，由国务院银行业监督管理机构颁发经营许可证，商业银行法人机构应在收到开业核准文件并领取金融许可证后，到工商行政管理部门办理登记，领取营业执照。

商业银行法人机构应当自领取营业执照之日起6个月内开业；未能按期开业的，该机构应在开业期限届满前1个月向国务院银行业监督管理机构提出开业延期申请。国务院银行业监督管理机构自接到书面申请之日起20日内作出是否批准延期的决定。开业延期的最长期限为3个月。商业银行法人机构未在上述规定期限内开业的，开业核准文件失效，由决定机关办理开业许可注销手续，收回其金融许可证，并予以公告。

（三）商业银行分支机构的设立

商业银行分支机构的设立程序并未简化，也包括申请、审批和登记三个环节。

根据《商业银行法》的规定，设立商业银行分支机构，申请人应当向国务院银行业监督管理机构提交下列文件、资料：（1）申请书，申请书应当载明拟设立的分支机构的名称、营运资金额、业务范围、总行及分支机构所在地等；（2）申请人最近两年的财务会计报告；（3）拟任职的高级管理人员的资格证明；（4）经营方针和计划；（5）营业场所、安全防范措施和与业务有关的其他设施的资料；（6）国务院银行业监督管理机构规定的其他文件、资料。

经批准设立的商业银行分支机构，由国务院银行业监督管理机构颁发经营许可证，并凭该许可证向工商行政管理部门办理登记，领取营业执照。

经批准设立的商业银行及其分支机构，由国务院银行业监督管理机构予以公告。

商业银行及其分支机构自取得营业执照之日起无正当理由超过6个月未开业的，或者开业后自行停业连续6个月以上的，由国务院银行业监督管理机构吊销其经营许可证，并予以公告。

二、商业银行的变更

商业银行的变更包括商业银行一些重大事项和商业银行主体自身的变动。

1. 商业银行重大事项的变更

《商业银行法》第24条规定，商业银行有下列变更事项之一的，应当经国务院银行业监督管理机构批准：（1）变更名称；（2）变更注册资本；（3）变更总行或者分支行所在地；（4）调整业务范围；（5）变更持有资本总额或者股份总额5%以上的股东；（6）修改章程；（7）国务院银行业监督管理机构规定的其他变更事项。上述都属于重大事项的变更，可能关系到存款人和其他客户等的合法权益，也关系到商业银行的稳健运行和国家金融秩序的稳定，因此，《商业银行法》规定这些重大事项的变更应当经过国务院银行业监督管理机构的批准。

此外，更换董事、高级管理人员时，应当报经国务院银行业监督管理机构审查其任职资格。

2. 商业银行主体自身的变更

商业银行主体自身的变更是指商业银行的分立、合并。商业银行的分立、合并，适用《公司法》的规定，还应当经国务院银行业监督管理机构审查批准。

三、商业银行的接管与终止

（一）商业银行的接管

1. 商业银行接管的概念与特征

商业银行接管，是指金融管理机构通过一定的接管组织，按照法定的条件和法定的程序，全面控制和管理商业银行业务活动的行政管理行为。我国《商业银行法》规定，商业银行已经或者可能发生信用危机，严重影响存款人的利益时，国务院银行业监督管理机构可以对该银行实行接管。商业银行接管不同于一般的金融监督管理行为，其具有以下特征：(1) 法定性。只有具备法定条件，即商业银行已经或者可能发生信用危机，严重影响存款人的利益时，才能对商业银行实施接管。而且，接管活动必须依据法定的程序展开。(2) 接管主体的特定性。对商业银行的接管只能由国务院金融管理机构决定，并由该机构来组织实施。(3) 全面性。接管组织对被接管银行的业务经营实行全面的管理和控制，而不是被接管银行某一方面业务的管理和控制。(4) 内部性。被接管银行的经营管理权的转移，但并不导致银行对外债权债务关系的移转和改变。

2. 商业银行接管的目的与实施

接管的目的是对被接管的商业银行采取必要措施，以保护存款人的利益，恢复商业银行的正常经营能力。被接管的商业银行的债权债务关系不因接管而变化。接管由国务院银行业监督管理机构决定，并组织实施。国务院银行业监督管理机构的接管决定应当载明下列内容：(1) 被接管的商业银行名称；(2) 接管理由；(3) 接管组织；(4) 接管期限。接管自接管决定实施之日起开始。自接管开始之日起，由接管组织行使商业银行的经营管理权力。

3. 商业银行接管的期限与终止

接管期限届满，国务院银行业监督管理机构可以决定延期，但接管期限最长不得超过2年。有下列情形之一的，接管终止：(1) 接管决定规定的期限届满或者国务院银行业监督管理机构决定的接管延期届满；(2) 接管期限届满前，该商业银行已恢复正常经营能力；(3) 接管期限届满前，该商业银行被合并或者被依法宣告破产。

（二）商业银行的终止

商业银行的终止是指商业银行的法人资格归于消灭，民事权利能力和民事行为能力丧失的一种法律事实。商业银行因解散、被撤销和被宣告破产而终止。

1. 商业银行的解散

商业银行解散，是指商业银行由于出现法定事由或者公司章程规定的情况，停止对外经营活动，清算未了结的债权债务，使商业银行法人资格归于消灭的法律事实。商业银行因分立、合并或者出现公司章程规定的解散事由需要解散的，应当向国务院银行业监督管理机构提出申请，并附解散的理由和支付存款的本金和利息等债务清偿计划。经国务院银行业监督管理机构批准后解散。

商业银行解散的，应当依法成立清算组，进行清算，按照清偿计划及时偿还存款本金和利息等债务。国务院银行业监督管理机构监督清算过程。

2. 商业银行的撤销

商业银行的撤销，是指国务院银行业监督管理机构对经其批准设立的具有法人资格的商业银行依法采取行政强制措施，终止其经营活动，并予以解散。商业银行有违法违规经营、经营管理不善等情形，不予撤销将严重危害金融秩序、损害社会公众利益的，应当依法撤销。其目的在于加强对金融活动的监督、管理，维护金融秩序，保护国家利益和社会公众利益。

商业银行因吊销经营许可证被撤销的，国务院银行业监督管理机构应当依法及时组织成立清算组，进行清算，按照清偿计划及时偿还存款本金和利息等债务。2001年11月23日，国务院发布了《金融机构撤销条例》，对撤销决定、撤销清算、债务清偿、注销登记、法律责任等作出了具体规定。

3. 商业银行的破产

商业银行不能支付到期债务，经国务院银行业监督管理机构同意，由人民法院依法宣告其破产。商业银行被宣告破产的，由人民法院组织国务院银行业监督管理机构等有关部门和有关人员成立清算组，进行清算。商业银行破产清算时，在支付清算费用、所欠职工工资和劳动保险费用后，应当优先支付个人储蓄存款的本金和利息。

第四节　商业银行的经营原则和范围

一、商业银行的经营原则

《商业银行法》对商业银行的基本经营原则作出了明确的规定，以更好地实现《商业银行法》的立法宗旨。

1. 安全性、流动性、效益性原则

《商业银行法》第 4 条规定：商业银行以安全性、流动性、效益性为经营原则。安全性就是要求商业银行通过防范和控制风险来保障资产的安全。流动性要求商业银行资金的流动和融通，能够正常满足客户的提存、借贷的需求。商业银行的大部分资金都是通过存款吸纳的，存款人随时可能取款，而资金不贷出去又无法创造效益，因此，只有保证资金的周转和流动，才能服务好客户并保证其信用。效益性是指商业银行的经营目标在于获取利润。商业银行安全性、流动性、效益性的经营原则有其内在的逻辑关系，是矛盾的统一体，相互对立又相互依存，不能单纯追求一个方面而忽略其他方面，即三者应统筹兼顾，在保证安全性和流动性的前提下，追求效益最大化。

2. 依法独立自主经营原则

根据《商业银行法》第 4 条的规定：商业银行实行自主经营，自担风险，自负盈亏，自我约束；商业银行依法开展业务，不受任何单位和个人的干涉。“自主经营”是指商业银行为了避免风险并实现自己的经营目标，拥有自己的、全部的、独立的业务经营自主权。“自担风险”是指商业银行独自承担经营风险。“自负盈亏”是指商业银行作为自主经营者既要享有通过自主经营所取得的利润，也要承担由此而造成的损失，以自己的全部资产承担民事责任。“自我约束”是指商业银行建立自我约束的机制，建立、健全本行的业务管理和内部稽核、检查制度。强调商业银行依法开展业务，不受任何单位和个人的干涉，是维护商业银行自主经营的重要条件。作为宏观经济调控手段之一的金融手段，更多的是涉及商业银行，因此，强调商业银行的自主经营原则意义重大。

3. 平等、自愿、公平和诚实信用的原则

商业银行与客户之间是平等主体之间的民事法律关系。《商业银行法》第 5 条规定：商业银行与客户的业务往来，应当遵循平等、自愿、公平和诚实信用的原则。这是《商业银行法》对民法基本原则的借用。商业银行与客户之间的存款、贷款、转账、通过银行交款，以及与其他商业银行进行的各项业务，是民事法律行为，因此，商业银行在进行业务往来时理应遵守民事法律行为的基本原则。

4. 保障存款人的合法权益原则

《商业银行法》第 6 条规定：商业银行应当保障存款人的合法权益不受任何单位和个人的侵犯。该法第三章专章规定了“对存款人的保护”。根据规定，存款人的合法权益包括以下几项：(1) 商业银行办理个人储蓄存款业务，应当遵循存款自愿、取款自由、存款有息、为存款人保密的原则；(2) 除法律、行政法规另有规定的外，有权拒绝任何单位或者个人查询、冻结和扣划存款人的存款；（3）存款利率的知情权，即商业银行应当按照中国人民银行规定的存款利率的上下限，确定存款利率，并予以公告；（4）存款本金和利息的取得权，即商业银行应当保证存款本金和利息的支付，不得拖延、拒绝支付存款本金和利息。凡属法律明确规定的存款人的合法权益，商业银行都有责任保障其不受任何单位和个人的侵犯。2015 年 5 月 1 日起施行的《存款保险条例》规定，在中华人民共和国境内设立的商业银行、农村合作银行、农村信用合作社等吸收存款的银行业金融机构，应当依照本条例的规定投保存款保险。

5. 信贷还本付息原则

《商业银行法》第 7 条规定：商业银行开展信贷业务，应当严格审查借款人的资信，实行担保，保障按期收回贷款。商业银行依法向借款人收回到期贷款的本金和利息，受法律保护。该法第 42 条规定：借款人应当按期归还贷款的本金和利息。

6. 合法原则和公序良俗原则

《商业银行法》第 8 条规定：商业银行开展业务，应当遵守法律、行政法规的有关规定，不得损害国家利益、社会公共利益。坚持该原则，就是要将商业银行的业务活动纳入法治的轨道，维护金融秩序的稳定。

7. 公平竞争原则

商业银行是企业，它们之间必然存在着竞争关系，通过竞争能够促进商业银行不断地提高管理水平，提高信贷资产质量，增强服务意识。但是，商业银行的不正当竞争会损害其他经营者的合法权益，扰乱社会经济秩序，破坏商业银行的稳健运营，造成金融秩序混乱，对经济发展起破坏作用。因此，《商业银行法》第 9 条规定：商业银行开展业务，应当遵守公平竞争的原则，不得从事不正当竞争。商业银行开展业务应当遵守《反不正当竞争法》和《商业银行法》等法律、法规有关公平竞争的规定。

8. 接受监管原则

《商业银行法》第 10 条规定：商业银行依法接受国务院银行业监督管理机构的监督管理，但法律规定其有关业务接受其他监督管理部门或者机构监督管理的，依照其规定。《商业银行法》是组织法和行为法，它规定商业银行的设立、变更、终止及银行开展业务需要接受的监督管理，以保证商业银行安全有效地运行。当前，针对商业银行的监督，主要由中国人民银行和银行保险监督管理委员会实施。

二、商业银行的经营范围

《商业银行法》第 3 条规定，商业银行可以经营下列部分或者全部业务：（1）吸收公众存款；（2）发放短期、中期和长期贷款；（3）办理国内外结算；（4）办理票据承兑与贴现；（5）发行金融债券；（6）代理发行、代理兑付、承销政府债券；（7）买卖政府债券、金融债券；（8）从事同业拆借；（9）买卖、代理买卖外汇；（10）从事银行卡业务；（11）提供信用证服务及担保；（12）代理收付款项及代理保险业务；（13）提供保管箱服务；（14）经国务院银行业监督管理机构批准的其他业务。经营范围由商业银行的章程规定，报国务院银行业监督管理机构批准。商业银行经中国人民银行批准，可以经营结汇、售汇业务。

《商业银行法》的其他条款和相关法律、法规对商业银行的各项业务都有具体的规定。

三、商业银行业务的基本规则

（一）贷款业务的基本规则

1. 主要业务类型。商业银行的业务主要是贷款业务和其他中间业务。商业银行根据国民经济和社会发展的需要，在国家产业政策指导下开展贷款业务。商业银行贷款，应当对借款人的借款用途、偿还能力、还款方式等情况进行严格审查。商业银行贷款，应当实行审贷分离、分级审批的制度。商业银行不得违反规定提高或者降低利率以及采用其他不正当手段，吸收存款，发放贷款。

2. 贷款担保制度。商业银行贷款，借款人应当提供担保。商业银行应当对保证人的偿还能力，抵押物、质物的权属和价值以及实现抵押权、质权的可行性进行严格审查；经商业银行审查、评估，确认借款人资信良好，确能偿还贷款的，可以不提供担保。商业银行不得向关系人发放信用贷款；向关系人发放担保贷款的条件不得优于其他借款人同类贷款的条件。所称关系人是指：（1）商业银行的董事、监事、管理人员、信贷业务人员及其近亲属；（2）前项所列人员投资或者担任高级管理职务的公司、企业和其他经济组织。任何单位和个人不得强令商业银行发放贷款或者提供担保。商业银行有权拒绝任何单位和个人强令要求其发放贷款或者提供担保。

3. 借贷合同。商业银行贷款，应当与借款人订立书面合同。合同应当约定贷款种类、借款用途、金额、利率、还款期限、还款方式、违约责任和双方认为需要约定的其他事项。商业银行应当按照中国人民银行规定的贷款利率的上下限，确定贷款利率。经国务院批准的特定贷款项目，国有独资商业银行应当发放贷款。因贷款造成的损失，由国务院采取相应补救措施。

4. 借款人的义务。借款人应当按期归还贷款的本金和利息。借款人到期不归还担保贷款的，商业银行依法享有要求保证人归还贷款本金和利息或者就该担保物优先受偿的权利。商业银行因行使抵押权、质权而取得的不动产或者股票，应当自取得之日起 1 年内予以处分。借款人到期不归还信用贷款的，应当按照合同约定承担责任。

5. 禁止商业银行从事的业务及行为。商业银行在中华人民共和国境内不得从事信托投资和股票业务，不得投资于非自用不动产。商业银行在中华人民共和国境内不得向非银行金融机构和企业投资。商业银行办理票据承兑、汇兑、委托收款等结算业务，应当按照规定的期限兑现，收付入账，不得压单、压票或者违反规定退票。有关兑现、收付入账期限的规定应当公布。同业拆借，应当遵守中国人民银行规定的期限，拆借的期限最长不得超过 4 个月。禁止利用拆入资金发放固定资产贷款或者用于投资。

6. 商业银行的营业时间应当方便客户，并予以公告。商业银行应当在公告的营业时间内营业，不得擅自停止营业或者缩短营业时间。商业银行办理业务，提供服务，按照中国人民银行的规定收取手续费。商业银行的工作人员不得泄露其在任职期间知悉的国家秘密、商业秘密。

（二）资产负债比例管理的基本规则

商业银行的业务主要有负债业务、资产业务和中间业务。负债业务是形成商业银行的资金来源业务，是商业银行资产业务的前提和条件。一般而言，商业银行的广义负债业务主要包括自有资本和吸收外来资金两大部分。商业银行的资产业务是其资金运用业务，主要分为放款业务和投资业务两大类。资产业务也是商业银行收入的主要来源。商业银行吸收的存款除了留存部分准备金以外，全部可以用来贷款和投资。中间业务是指商业银行从事的按会计准则不列入资产负债表内，不影响其资产负债总额，但能影响银行当期损益，改变银行资产报酬率的经营活动。

资产负债比例为负债总额与资产总额的比率关系，是衡量一个企业资本结构的重要指标。该指标不仅反映企业经营风险的大小，而且反映企业利用债权人提供的资金从事经营活动的能力。资产负债比例管理，是指以金融机构（主要是商业银行）的资本及其负债来制约机构的资产总量及结构。商业银行通过资产负债比例管理，使银行资产实现合理增长，达到稳健经营、消除和减少风险的目的。资产负债比例管理是通过监测一系列的指标来实现的。我国《商业银行法》中规定了资本充足率、存贷款比例、流动性比例、单个贷款比例四个指标。《商业银行法》第39条规定：商业银行贷款，应当遵守下列资产负债比例管理的规定：（1）资本充足率不得低于8%；（2）贷款余额与存款余额的比例不得超过75%；（3）流动性资产余额与流动性负债余额的比例不得低于25%；（4）对同一借款人的贷款余额与商业银行资本余额的比例不得超过10%；（5）国务院银行业监督管理机构对资产负债比例管理的其他规定。

第五节　违反商业银行法律制度的法律责任

一、规定违反商业银行法律制度责任的意义

违反商业银行法律制度的法律责任是指行为人违反商业银行法律制度依法应承担的法律后果。违反商业银行法律制度的行为有民事违法行为、行政违法行为和刑事违法行为三种。相应地，违反商业银行法律制度应承担的法律责任有民事责任、行政责任和刑事责任三种。违反商业银行法律制度的主体主要是商业银行及其工作人员，其他组织和个人在某些情况下也会成为违反商业银行法律制度的主体。

《商业银行法》用专章规定了违反该法应承担的法律责任，其意义在于通过法律的强制力保护商业银行、存款人和其他客户的合法权益，保障商业银行的稳健运行，维护金融秩序，防止金融违法犯罪行为的发生，促进社会主义市场经济的健康发展。

二、商业银行的违法行为与违法责任

1. 商业银行有下列情形之一，对存款人或者其他客户造成财产损害的，应当承担支付迟延履行的利息以及其他民事责任：（1）无故拖延、拒绝支付存款本金和利息的；（2）违反票据承兑等结算业务规定，不予兑现，不予收付入账，压单、压票或者违反规定退票的；（3）非法查询、冻结、扣划个人储蓄存款或者单位存款的；（4）违反《商业银行法》的规定对存款人或者其他客户造成损害的其他行为。

有上述规定情形的，由国务院银行业监督管理机构责令改正，有违法所得的，没收违法所得，违法所得5万元以上的，并处违法所得1倍以上5倍以下罚款；没有违法所得或者违法所得不足5万元的，处5万元以上50万元以下罚款。

2. 商业银行有下列情形之一，由国务院银行业监督管理机构责令改正，有违法所得的，没收违法所得，违法所得50万元以上的，并处违法所得1倍以上5倍以下罚款；没有违法所得或者违法所得不足50万元的，处50万元以上200万元以下罚款；情节特别严重或者逾期不改正的，可以责令停业整顿或者吊销其经营许可证；构成犯罪的，依法追究刑事责任：（1）未经批准设立分支机构的；（2）未经批准分立、合并或者违反规定对变更事项不报批的；（3）违反规定提高或者降低利率，以及采用其他不正当手段，吸收存款，发放贷款的；（4）出租、出借经营许可证的；（5）未经批准买卖、代理买卖外汇的；（6）未经批准买卖政府债券或者发行、买卖金融债券的；（7）违反国家规定从事信托投资和证券经营业务、向非自用不动产投资或者向非银行金融机构和企业投资的；（8）向关系人发放信用贷款或者发放担保贷款的条件优于其他借款人同类贷款的条件的。

3. 商业银行有下列情形之一，由国务院银行业监督管理机构责令改正，并处20万元以上50万元以下罚款；情节特别严重或者逾期不改正的，可以责令停业整顿或者吊销其经营许可证；构成犯罪的，依法追究刑事责任：(1) 拒绝或者阻碍国务院银行业监督管理机构检查、监督的；(2) 提供虚假的或者隐瞒重要事实的财务会计报告、报表和统计报表的；(3) 未遵守资本充足率、存贷比例、资产流动性比例、同一借款人贷款比例，以及国务院银行业监督管理机构有关资产负债比例管理的其他规定的。

4. 商业银行有下列情形之一，由中国人民银行责令改正，有违法所得的，没收违法所得，违法所得50万元以上的，并处违法所得1倍以上5倍以下罚款；没有违法所得或者违法所得不足50万元的，处50万元以上200万元以下罚款；情节特别严重或者逾期不改正的，中国人民银行可以建议国务院银行业监督管理机构责令停业整顿或者吊销其经营许可证；构成犯罪的，依法追究刑事责任：(1) 未经批准办理结汇、售汇的；(2) 未经批准在银行间债券市场发行、买卖金融债券或者到境外借款的；(3) 违反规定同业拆借的。

5. 商业银行有下列情形之一，由中国人民银行责令改正，并处20万元以上50万元以下罚款；情节特别严重或者逾期不改正的，中国人民银行可以建议国务院银行业监督管理机构责令停业整顿或者吊销其经营许可证；构成犯罪的，依法追究刑事责任：(1) 拒绝或者阻碍中国人民银行检查、监督的；(2) 提供虚假的或者隐瞒重要事实的财务会计报告、报表和统计报表的；(3) 未按照中国人民银行规定的比例交存存款准备金的。

6. 商业银行不按照规定向国务院银行业监督管理机构报送有关文件、资料的，由国务院银行业监督管理机构责令改正，逾期不改正的，处10万元以上30万元以下罚款。商业银行不按照规定向中国人民银行报送有关文件、资料的，由中国人民银行责令改正，逾期不改正的，处10万元以上30万元以下罚款。

7. 伪造、变造、转让商业银行经营许可证，构成犯罪的，依法追究刑事责任。

三、商业银行工作人员的违法行为及其违法责任

1. 商业银行有前述违法行为的，对直接负责的董事、高级管理人员和其他直接责任人员，应当给予纪律处分；构成犯罪的，依法追究刑事责任。

2. 商业银行工作人员利用职务上的便利，索取、收受贿赂或者违反国家规定收受各种名义的回扣、手续费，构成犯罪的，依法追究刑事责任；尚不构成犯罪的，应当给予纪律处分。有上述行为，发放贷款或者提供担保造成损失的，应当承担全部或者部分赔偿责任。

3. 商业银行工作人员利用职务上的便利，贪污、挪用、侵占本行或者客户资金，构成犯罪的，依法追究刑事责任；尚不构成犯罪的，应当给予纪律处分。

4. 商业银行工作人员违反《商业银行法》的规定玩忽职守造成损失的，应当给予纪律处分；构成犯罪的，依法追究刑事责任。违反规定徇私向亲属、朋友发放贷款或者提供担保造成损失的，应当承担全部或者部分赔偿责任。

5. 商业银行工作人员泄露在任职期间知悉的国家秘密、商业秘密的，应当给予纪律处分；构成犯罪的，依法追究刑事责任。

6. 商业银行的工作人员对单位或者个人强令其发放贷款或者提供担保未予拒绝的，应当给予纪律处分；造成损失的，应当承担相应的赔偿责任。

7. 商业银行违反《商业银行法》规定的，国务院银行业监督管理机构可以区别不同情形，取消其直接负责的董事、高级管理人员一定期限直至终身的任职资格，禁止直接负责的董事、高级管理人员和其他直接责任人员一定期限直至终身从事银行业工作。商业银行的行为尚不构

成犯罪的，对直接负责的董事、高级管理人员和其他直接责任人员，给予警告，处5万元以上50万元以下罚款。

四、其他组织和个人的违法行为及其违法责任

1. 其他组织和个人有下列情形之一，由国务院银行业监督管理机构责令改正，有违法所得的，没收违法所得，违法所得5万元以上的，并处违法所得1倍以上5倍以下罚款；没有违法所得或者违法所得不足5万元的，处5万元以上50万元以下罚款：（1）未经批准在名称中使用“银行”字样的；（2）未经批准购买商业银行股份总额5%以上的；（3）将单位的资金以个人名义开立账户存储的。

2. 未经国务院银行业监督管理机构批准，擅自设立商业银行，或者非法吸收公众存款、变相吸收公众存款，构成犯罪的，依法追究刑事责任；并由国务院银行业监督管理机构予以取缔。伪造、变造、转让商业银行经营许可证，构成犯罪的，依法追究刑事责任。上述行为尚不构成犯罪的，由国务院银行业监督管理机构没收违法所得，违法所得50万元以上的，并处违法所得1倍以上5倍以下罚款；没有违法所得或者违法所得不足50万元的，处50万元以上200万元以下罚款。

3. 借款人采取欺诈手段骗取贷款，构成犯罪的，依法追究刑事责任。尚不构成犯罪的，由国务院银行业监督管理机构没收违法所得，违法所得50万元以上的，并处违法所得1倍以上5倍以下罚款；没有违法所得或者违法所得不足50万元的，处50万元以上200万元以下罚款。

4. 单位或者个人强令商业银行发放贷款或者提供担保的，应当对直接负责的主管人员和其他直接责任人员或者个人给予纪律处分；造成损失的，应当承担全部或者部分赔偿责任。

法律应用

1. 我国商业银行的组织管理体制形式是总分行制。根据《商业银行法》第19条和第22条的规定，商业银行总行与分支机构的关系是：商业银行总行对其分支机构实行全行统一核算，统一调度资金，分级管理的财务制度。商业银行分支机构不具有法人资格，在总行授权范围内依法开展业务，其民事责任由总行承担。商业银行在中国境内设立分支机构，应当按照规定拨付与其经营规模相适应的营运资金额。拨付各分支机构营运资金额的总和，不得超过总行资本金总额的60%。

2. 对于违法经营的商业银行，国务院银行业监督管理机构有权吊销其经营许可证，撤销违法经营的商业银行。根据《商业银行法》第74条、第75条的规定，商业银行有以下情节特别严重或者逾期不改正情形之一的，国务院银行业监督管理机构有权依法吊销该商业银行的经营许可证，撤销违法经营的商业银行：（1）未经批准设立分支机构的；（2）未经批准分立、合并或者违反规定对变更事项不报批的；（3）违反规定提高或者降低利率，以及采用其他不正当手段，吸收存款，发放贷款的；（4）出租、出借经营许可证的；（5）未经批准买卖、代理买卖外汇的；（6）未经批准买卖政府债券或者发行、买卖金融债券的；（7）违反国家规定从事信托投资和证券经营业务，向非自用不动产投资或者向非银行金融机构和企业投资的；（8）向关系人发放信用贷款或者发放担保贷款的条件优于其他借款人同类贷款的条件的；（9）拒绝或者阻碍国务院银行业监督管理机构检查、监督的；（10）提供虚假的或者隐瞒重要事实的财务会计报告、报表和统计报表的；（11）未遵守资本充足率、存贷比例、资产流动性比例、同一借款

人贷款比例和国务院银行业监督管理机构有关资产负债比例管理的其他规定的。根据该法第76条、第77条的规定，商业银行有以下情节特别严重或者逾期不改正情形之一的，中国人民银行可以建议国务院银行业监督管理机构吊销该商业银行的经营许可证：(1) 未经批准办理结汇、售汇的；(2) 未经批准在银行间债券市场发行、买卖金融债券或者到境外借款的；(3) 违反规定同业拆借的；(4) 拒绝或者阻碍中国人民银行检查、监督的；(5) 提供虚假的或者隐瞒重要事实的财务会计报告、报表和统计报表的；(6) 未按照中国人民银行规定的比例交存存款准备金的。

3. 2019年5月24日，中国人民银行、银保监会联合发布公告称，包商银行由于出现严重信用风险，为保护存款人和其他客户合法权益，根据相关规定，人民银行、银保监会会同有关方面于2019年5月24日依法联合接管包商银行，接管期限为1年。这意味着，包商银行成为近20年来首家被接管的银行。同日，中国人民银行、银保监会在就接管包商银行答记者问时表示，人民银行、银保监会和存款保险基金对个人储蓄存款本息全额保障，个人存取自由，没有任何变化。接管后，包商银行个人理财各项业务不受影响，原有合同继续执行，无须重签。同时，包商银行正常经营，个人存、贷、汇等各项业务照常办理。什么情况下，银行业金融机构会被接管或被指令合并？根据《商业银行法》第64条的规定，商业银行已经或者可能发生信用危机，严重影响存款人的利益时，国务院银行业监督管理机构可以对该银行实行接管。接管的目的是对被接管的商业银行采取必要措施，以保护存款人的利益，恢复商业银行的正常经营能力。被接管的商业银行的债权债务关系不因接管而变化。根据《中华人民共和国银行业监督管理法》第38条规定，银行业金融机构已经或者可能发生信用危机，严重影响存款人和其他客户合法权益的，国务院银行业监督管理机构可以依法对该银行业金融机构实行接管或者促成机构重组，接管和机构重组依照有关法律和国务院的规定执行。

思考题

1. 什么是商业银行？商业银行有哪些特征？
2. 如何认识商业银行的法律地位？
3. 如何认识商业银行法的性质？
4. 设立商业银行应具备什么条件？
5. 如何认识商业银行的法律地位？
6. 商业银行组织体制的类型有哪些？
7. 商业银行应当遵循什么经营原则？
8. 商业银行的经营范围是什么？

历年司法考试题

1. 关于商业银行贷款法律制度，下列哪一选项是错误的？(　　)(2008年)

A. 商业银行贷款应当实行审贷分离、分级审批的制度

B. 商业银行可以根据贷款数额以及贷款期限，自行确定贷款利率

C. 商业银行贷款，应当遵守资本充足率不得低于百分之八的规定

D. 商业银行贷款，应当对借款人的借款用途、偿还能力、还款方式等情况进行严格审查

答案及解析：B项。《商业银行法》第35条第2款规定：商业银行贷款，应当实行审贷分

离、分级审批的制度，所以A项正确。《商业银行法》第38条规定：商业银行应当按照中国人民银行规定的贷款利率的上下限，确定贷款利率，所以B项错误。《商业银行法》第39条第1项规定：商业银行贷款，资本充足率不得低于百分之八，所以C项正确。《商业银行法》第35条第1款规定：商业银行贷款，应当对借款人的借款用途、偿还能力、还款方式等情况进行严格审查，所以D项正确。因此本题正确答案为B。

2. 商业银行出现下列哪些行为时，中国人民银行有权建议银行业监督管理机构责令停业整顿或吊销经营许可证？（　　）（2010年）

A. 未经批准分立、合并的

B. 未经批准发行、买卖金融债券的

C. 提供虚假财务报告、报表和统计报表的

D. 违反规定同业拆借的

答案及解析：C、D项。《商业银行法》第77条规定：商业银行有下列情形之一，由中国人民银行责令改正，并处20万元以上50万元以下罚款；情节特别严重或者逾期不改正的，中国人民银行可以建议国务院银行业监督管理机构责令停业整顿或者吊销其经营许可证；构成犯罪的，依法追究刑事责任：(1) 拒绝或者阻碍中国人民银行检查监督的；(2) 提供虚假的或者隐瞒重要事实的财务会计报告、报表和统计报表的；(3) 未按照中国人民银行规定的比例交存存款准备金的，所以C项正确。《商业银行法》第76条规定：商业银行有下列情形之一，由中国人民银行责令改正，有违法所得的，没收违法所得，违法所得50万元以上的，并处违法所得1倍以上5倍以下罚款；没有违法所得或者违法所得不足50万元的，处50万元以上200万元以下罚款；情节特别严重或者逾期不改正的，中国人民银行可以建议国务院银行业监督管理机构责令停业整顿或者吊销其经营许可证；构成犯罪的，依法追究刑事责任：(1) 未经批准办理结汇、售汇的；(2) 未经批准在银行间债券市场发行、买卖金融债券或者到境外借款的；(3) 违反规定同业拆借的，所以D项正确。

3. 关于《银行业监督管理法》的适用范围，下列哪一说法是正确的？（　　）（2011年）

A. 信托投资公司适用本法　　B. 金融租赁公司不适用本法

C. 金融资产管理公司不适用本法　　D. 财务公司不适用本法

答案及解析：A项。根据《银行业监督管理法》第2条规定，国务院银行业监督管理机构负责对全国银行业金融机构及其业务活动监督管理的工作。

本法所称银行业金融机构，是指在中华人民共和国境内设立的商业银行、城市信用合作社、农村信用合作社等吸收公众存款的金融机构以及政策性银行。

对在中华人民共和国境内设立的金融资产管理公司、信托投资公司、财务公司、金融租赁公司以及经国务院银行业监督管理机构批准设立的其他金融机构的监督管理，适用本法对银行业金融机构监督管理的规定。

显然，在中华人民共和国境内设立的金融资产管理公司、信托投资公司、财务公司、金融租赁公司以及经国务院银行业监督管理机构批准设立的其他金融机构的监督管理，均适用《银行业监督管理法》的规定。而A项说法显然正确，BCD项说法显然错误，不选。综上所述，本题答案应为A项。

4. 根据《商业银行法》，关于商业银行分支机构，下列哪些说法是错误的？（　　）（2012年）

A. 在中国境内应当按行政区划设立

B. 经地方政府批准即可设立

C. 分支机构不具有法人资格

D. 拨付各分支机构营运资金额的总和，不得超过总行资本金总额的70%

答案及解析：A、B、D项。《商业银行法》第19条规定，商业银行根据业务需要可以在中华人民共和国境内外设立分支机构。设立分支机构必须经国务院银行业监督管理机构审查批准。在中华人民共和国境内的分支机构，不按行政区划设立。商业银行在中华人民共和国境内设立分支机构，应当按照规定拨付与其经营规模相适应的营运资金额。拨付各分支机构营运资金额的总和，不得超过总行资本金总额的60%。选项ABD说法错误。选项C说法正确。该法第22条第2款规定，商业银行分支机构不具有法人资格，在总行授权范围内依法开展业务，其民事责任由总行承担。

5. 根据《商业银行法》，关于商业银行的设立和变更，下列哪些说法是正确的？（　　）(2012年)

A. 国务院银行业监督管理机构可以根据审慎监管的要求，在法定标准的基础上提高商业银行设立的注册资本最低限额

B. 商业银行的组织形式、组织机构适用《公司法》

C. 商业银行的分立、合并不适用《公司法》

D. 任何单位和个人购买商业银行股份总额5%以上的，应事先经国务院银行业监督管理机构批准

答案及解析：A、B、D项。选项A正确。《商业银行法》第13条规定，设立全国性商业银行的注册资本最低限额为10亿元人民币。设立城市商业银行的注册资本最低限额为1亿元人民币，设立农村商业银行的注册资本最低限额为5 000万元人民币。注册资本应当是实缴资本。国务院银行业监督管理机构根据审慎监管的要求可以调整注册资本最低限额，但不得少于前款规定的限额。选项B正确。《商业银行法》第17条规定，商业银行的组织形式、组织机构适用《中华人民共和国公司法》的规定。本法施行前设立的商业银行，其组织形式、组织机构不完全符合《中华人民共和国公司法》规定的，可以继续沿用原有的规定，适用前款规定的日期由国务院规定。选项C错误。《商业银行法》第25条规定，商业银行的分立、合并，适用《中华人民共和国公司法》的规定。商业银行的分立、合并，应当经国务院银行业监督管理机构审查批准。选项D正确。《商业银行法》第28条规定，任何单位和个人购买商业银行股份总额5%以上的，应当事先经国务院银行业监督管理机构批准。

6. 根据现行银行贷款制度，关于商业银行贷款，下列哪一说法是正确的？（　　）(2013年)

A. 商业银行与借款人订立贷款合同，可采取口头、书面或其他形式

B. 借款合同到期未偿还，经展期后到期仍未偿还的贷款，为呆账贷款

C. 政府部门强令商业银行向市政建设项目发放贷款的，商业银行有权拒绝

D. 商业银行对关系人提出的贷款申请，无论是信用贷款还是担保贷款，均应予拒绝

答案及解析：C项。选项A错误。《商业银行法》第37条规定，商业银行贷款，应当与借款人订立书面合同。合同应当约定贷款种类、借款用途、金额、利率、还款期限、还款方式、违约责任和双方认为需要约定的其他事项。选项B错误。《贷款通则》第34条第3款规定，呆账贷款指按财政部有关规定列为呆账的贷款。逾期贷款指借款合同约定到期（含展期后到期）未归还的贷款（不含呆滞贷款和呆账贷款），该选项应该是逾期贷款，而不是呆账贷款。选项C正确。《商业银行法》第41条规定，任何单位和个人不得强令商业银行发放贷款或者提供担保。商业银行有权拒绝任何单位和个人强令要求其发放贷款或者提供担保。选项D错误。《商业银行法》第40条第1款规定，商业银行不得向关系人发放信用贷款；向关系人发放担保贷款的条件不得优于其他借款人同类贷款的条件。商业银行对关系人不能发放信用贷款，但可以

发放不优于其他借款人同类贷款条件的担保贷款。

7. 某商业银行通过同业拆借获得一笔资金。关于该拆入资金的用途，下列哪一选项是违法的？（　　）（2014 年）

A. 弥补票据结算的不足　　B. 弥补联行汇差头寸的不足

C. 发放有担保的短期固定资产贷款　　D. 解决临时性周转资金的需要

答案及解析：C 项。《商业银行法》第 46 条规定，同业拆借，应当遵守中国人民银行的规定。禁止利用拆入资金发放固定资产贷款或者用于投资。拆出资金限于交足存款准备金、留足备付金和归还中国人民银行到期贷款之后的闲置资金。拆入资金用于弥补票据结算、联行汇差头寸的不足和解决临时性周转资金的需要。据此可知，不允许利用拆入资金发放固定资产贷款。

8. 某市商业银行 2010 年通过实现抵押权取得某大楼的所有权，2013 年卖出该楼获利颇丰。2014 年该银行决定修建自用办公楼，并决定入股某知名房地产企业。该银行的下列哪些做法是合法的？（　　）（2014 年）

A. 2010 年实现抵押权取得该楼所有权

B. 2013 年出售该楼

C. 2014 年修建自用办公楼

D. 2014 年入股某房地产企业

答案及解析：A、C 项。选项 A 正确，选项 B 错误。《商业银行法》第 42 条第 2 款规定，借款人到期不归还担保贷款的，商业银行依法享有要求保证人归还贷款本金和利息或者就该担保物优先受偿的权利。商业银行因行使抵押权、质权而取得的不动产或者股权，应当自取得之日起 2 年内予以处分。本题中，该商业银行 2010 年通过实现抵押权可以取得某大楼的所有权，但是，对该大楼应当自取得之日起 2 年内予以处分，不应在 2013 年出售。选项 C 正确，选项 D 错误。《商业银行法》第 43 条规定，商业银行在中华人民共和国境内不得从事信托投资和证券经营业务，不得向非自用不动产投资或者向非银行金融机构和企业投资，但国家另有规定的除外。本题中，该商业银行 2014 年修建自用办公大楼符合法律规定，但是不得向非银行金融机构和企业投资。

9. 甲在 A 银行办理了一张可异地跨行存取款的银行卡，并曾用该银行卡在 A 银行一台自动取款机上取款。甲取款数日后，发现该卡内的全部存款被人在异地 B 银行的自动取款机上取走。后查明：甲在 A 银行取款前一天，某盗卡团伙已在该自动取款机上安装了摄像和读卡装置（一周后被发现）；甲对该卡和密码一直妥善保管，也从未委托他人使用。关于甲的存款损失，下列哪一说法是正确的？（　　）（2015 年）

A. 自行承担部分损失

B. 有权要求 A 银行赔偿

C. 有权要求 A 银行和 B 银行赔偿

D. 只能要求复制盗刷银行卡的罪犯赔偿

答案及解析：B 项。根据银监会的规定，各商业银行对其他商业银行的银行卡信息应尽到充分保密的义务，没有尽到相应义务造成信息外泄的，应承担由此给其他银行持卡人所造成的损失。本案中，A 银行应当保障其经营场所及交易机具的安全，其未及时排除犯罪分子的不法设备，导致在接受甲委托发起电子支付指令过程中借记卡信息外泄被盗用，故应对甲由此遭受的损失承担赔偿责任。

10. 某商业银行推出“校园贷”业务，旨在向在校大学生提供额度不等的消费贷款。对

此，下列哪些说法是错误的？（　　）（2017 年）

A. 银行向在校大学生提供“校园贷”业务，须经国务院银监机构审批或备案

B. 在校大学生向银行申请“校园贷”业务，无论资信如何，都必须提供担保

C. 银行应对借款大学生的学习、恋爱经历、父母工作等情况进行严格审查

D. 银行为提高“校园贷”业务发放效率，审查人员和放贷人员可同为一人

答案及解析：B、C、D 项。

《商业银行法》第 3 条第 1 款规定，商业银行可以经营下列部分或者全部业务：(1) 吸收公众存款；(2) 发放短期、中期和长期贷款；(3) 办理国内外结算；(4) 办理票据承兑与贴现；(5) 发行金融债券；(6) 代理发行、代理兑付、承销政府债券；(7) 买卖政府债券、金融债券；(8) 从事同业拆借；(9) 买卖、代理买卖外汇；(10) 从事银行卡业务；(11) 提供信用证服务及担保；(12) 代理收付款项及代理保险业务；(13) 提供保管箱服务；(14) 经国务院银行业监督管理机构批准的其他业务。同条第 2 款规定，经营范围由商业银行章程规定，报国务院银行业监督管理机构批准。

选项 B 说法错误。《商业银行法》第 36 条第 2 款规定，经商业银行审查、评估，确认借款人资信良好，确能偿还贷款的，可以不提供担保。选项 C 说法错误。《商业银行法》第 35 条第 1 款规定，商业银行贷款，应当对借款人的借款用途、偿还能力、还款方式等情况进行严格审查。选项 D 说法错误。《商业银行法》第 35 条第 2 款规定，商业银行贷款，应当实行审贷分离、分级审批的制度。

第五章 政策性银行法律制度

重点问题

1. 政策性银行的概念与特征
2. 政策性银行的法律地位
3. 我国建立政策性银行的目的
4. 我国政策性银行的业务范围

第一节 政策性银行法律制度概述

一、政策性银行的概念与特征

政策性银行是专门经营政策性货币信用业务，也即专门为政府的经济社会发展政策提供金融服务的银行机构。商业银行的营利性使得在农业、区域开发、基础产业等投资规模大、周期长、风险高的领域的贷款受到限制，而这些领域的发展对经济社会的发展具有举足轻重的作用，必须获得充分的资金支持与保障，政策性银行因而诞生，以弥补商业银行业务领域的局限。

作为银行金融机构，政策性银行与商业银行在业务上有许多共同或相似之处，但它也有着商业银行所不具备的一些特征：

1. 政策性银行由政府全部或部分出资设立。这是政策性银行提供政策性金融业务的前提与基础。

2. 政策性银行保本经营，不以营利为目的。这是政策性银行与商业银行的根本区别。之所以称作政策性银行，就是因为它不以营利为目的，而是为贯彻、配合政府的经济社会政策而提供相应的金融服务，从而实现一定的社会效益。

3. 政策性银行的业务范围是特定的。政策性银行的资金来源主要是财政拨款、发行政策性金融债券，不吸收公众存款。政策性银行向农业、进出口贸易、国家基础设施、基础产业和支柱产业的大中型基本建设和技术改造等政策性项目及其配套工程发放政策性贷款，办理其他政策性金融业务。

二、政策性银行的法律地位

对于政策性银行的法律地位，应当从它与政府、中央银行、商业银行的关系等方面进行分析。

（一）政策性银行与政府的关系

政策性银行由政府全部或部分出资设立，政府对政策性银行行使行政领导与监督管理权。政策性银行为政府的产业政策、区域发展政策和社会政策服务，它的业务实质上是一种财政投资融资活动。

（二）政策性银行与中央银行的关系

在金融监督管理方面，中央银行与政策性银行的关系相对松散，中央银行一般不直接管理政策性银行，只是在经营上给予政策性银行必要的资金支持和业务指导。

但是，政策性银行开展的金融业务要尽可能与中央银行的政策目标保持一致。

（三）政策性银行与商业银行的关系

在法律地位上，政策性银行与商业银行的法律地位平等，它们之间不因办理的金融业务不同而使一方居于领导、监督或其他优越地位。在金融业务方面，政策性银行不以营利为目的办理政策性金融业务，这些业务是商业银行不愿办理或不能办理的；而政策性银行因受自身分支机构相对较少或不设分支机构的限制，其政策性金融业务的开展往往要通过商业银行进行。因此，在业务上两者是互补和配合关系。

从政策性银行与政府、中央银行、商业银行的关系中可以看出，政策性银行是与商业银行平等、并存、互补并专门办理政策性金融业务的一种特殊金融机构，它是政府设立的为政府的产业政策、地区发展政策和社会政策提供金融服务的机构，因此，其自主经营、自负盈亏、自担风险、自我约束的自主经营权受到很大的限制，从而使其成为承担更多社会责任的银行金融机构，是带有公益性质的公法人。

三、政策性银行法律制度的概念和特征

（一）政策性银行法律制度的概念

政策性银行法是规定政策性银行的组织和行为的法律规范的总称。政策性银行法的主要内容包括政策性银行的性质、经营范围、资金来源、组织形式、组织机构、设立、变更、终止等。广义的政策性银行法包括所有有关政策性银行的法律规范，狭义的政策性银行法仅指立法机关制定的专门规范政策性银行的法律。

政策性银行法调整的对象是政策性银行的监督管理关系和业务关系。政策性银行的监督管理关系是指金融宏观调控部门和银行业监督管理部门在组织、管理政策性银行的过程中所形成的关系；政策性银行的业务关系是政策性银行与其他主体进行政策性金融业务时所形成的关系。

（二）政策性银行法律制度的特征

1. 政策性银行法是政策性银行的组织法和行为法。作为政策性银行的组织法，政策性银行法是政策性银行的组织机构设立和运作的法律依据；作为政策性银行的行为法，政策性银行法是政策性银行开展业务活动、履行其职能的法律依据。

2. 政策性银行法是政策性银行的监管法。政策性银行法是国家对政策性银行进行监督、管理的法律依据。与商业银行法相比，政策性银行法表现出更强的国家干预性，即国家通过立法更多地约束政策性银行的业务活动和其他行为，具有较强的公法性质。

四、政策性银行法的立法沿革

政策性银行立法在外国的实践历史悠久。在20世纪中期以前，美国就先后制定了《联邦

农业信贷法》《1932年住房贷款银行法》《1933年农业信贷法》《1945年进出口银行法》。第二次世界大战结束到20世纪50年代，各国政策性银行立法日益成熟，其中以日本最为典型，日本先后制定了《复兴金融库法》《开发银行法》《输出银行法》《中小企业信用保险公库法》《国民金融公库法》《住宅金融公库法》《公营企业金融公库法》《农林渔业金融公库法》《中小企业金融公库法》《北海道开发公库法》《中小企业信用保险公库法》《环境卫生金融公库法》《冲绳振兴开发金融公库法》等。20世纪60年代以后，一些发展中国家也逐步建立了自己的政策性银行法律体系。如印度制定了《农业中间信贷和开发公司法案》《工业开发银行法》《建立地区农村银行法令》等；韩国制定了《中小企业银行法》《农业协同组织法》《住房银行法》《进出口银行法》等；泰国的政策性银行立法有《农业和农业合作社条例》《政府住房银行条例》《工业金融公司条例》等。

我国的政策性银行立法比较滞后，尚无一部统一的《政策性银行法》。我国的政策性银行主要是依据国务院的决定、行政命令设立和运作的，主要有：《国务院关于金融体制改革的决定》《关于组建国家开发银行的通知》《关于组建中国农业发展银行的通知》，以及经国务院批准的《国家开发银行组建和运行方案》《国家开发银行章程》《中国农业发展银行组建方案》《中国农业发展银行章程》《中国进出口银行章程》等。在部门规章层次上，主要是中国人民银行制定的涉及政策性银行的组织机构、业务运行、人事任职资格等方面的有关规定，国务院及其下属有关部门发布的有关政策性文件也涉及政策性银行设立与运行中的一些问题。因此，我国已成立的国家开发银行、中国农业发展银行和中国进出口银行这三家政策性银行，是依据各自的条例和章程来经营的。我们应积极借鉴国外政策性银行立法的成功经验，完善我国政策性银行的立法。

第二节　我国的政策性银行法律制度

一、我国政策性银行的设立

1993年12月25日，国务院发布了《关于金融体制改革的决定》，金融体制改革的目的是使金融体制适应建立社会主义市场经济体制的需要，更好地发挥金融在国民经济中宏观调控和优化资源配置的作用，促进国民经济持续、快速、健康发展。金融体制改革的目标是：建立在国务院领导下，独立执行货币政策的中央银行宏观调控体系；建立政策性金融与商业性金融分离，以国有商业银行为主体、多种金融机构并存的金融组织体系；建立统一开放、有序竞争、严格管理的金融市场体系。这次金融体制改革的一项重要举措就是建立政策性银行。国务院《关于金融体制改革的决定》对政策性银行的建立目的、经营原则，以及组建的政策性银行的类型及组织形式、组织机构、资金来源、组建时间等作出了规定。根据国务院《关于金融体制改革的决定》，1994年，我国设立国家开发银行、中国进出口银行和中国农业发展银行三家政策性银行，均直属国务院领导。之所以设立政策性银行，主要基于两个方面的目的：（1）实现政策性金融和商业性金融分离，以解决国有专业银行身兼二任的问题；（2）割断政策性贷款与基础货币的直接联系，确保中国人民银行调控基础货币的主动权。

二、我国政策性银行的经营原则与组织

政策性银行要加强经营管理，坚持自担风险、保本经营、不与商业性金融机构竞争的原

则，其业务受中国人民银行监督。在组织形式上，我国三大政策性银行都是国务院全资设立的、直属国务院领导的政策性金融机构，在法律形式上均为独立法人。我国的政策性银行主要采取单一制形式，但它们可以委托一些金融机构或设立派出机构办理业务。

在组织机构方面，我国的政策性银行均设监事会，实行行长负责制，行长为政策性银行的法定代表人。中国进出口银行设董事会，董事会是最高决策机构，对国务院负责。

政策性银行的监事会成员由财政部、中国人民银行、政府有关部门的代表和其他人员组成。监事会受国务院委托，对政策性银行的经营方针及国有资本的保值、增值情况进行监督、检查，对政策性银行行长的经营业绩进行监督、评价和记录，提出任免、奖惩的建议。监事会不干预银行的具体业务。

（一）国家开发银行的组织形式与组织机构

1994 年 3 月 17 日，国务院发布《国务院关于组建国家开发银行的通知》，由财政部和中央汇金投资有限责任公司共同发起设立国家开发银行，作为国有独资政策性银行。[①] 2008 年 12 月 11 日，其改制为国家开发银行股份有限公司（以下简称“国开行”）。2015 年 3 月 20 日，国务院批复国家开发银行深化改革方案，明确国开行定位为开发性金融机构，从政策银行序列中剥离。2017 年 4 月 19 日，国家开发银行组织形式变更为有限责任公司。但是银行监管机构在统计口径中将中国进出口银行、中国农业发展银行列入政策性银行，将国家开发银行与政策性银行并列统计。因此，本部分仍然将国开行归入政策性银行。

国家开发银行是中国最大的债券银行、最大的对外投融资合作银行以及全球最大的开发性金融机构。截至 2019 年 9 月，国开行注册资本 4 212.48 亿元，股东是中华人民共和国财政部、中央汇金投资有限责任公司、梧桐树投资平台有限公司和全国社会保障基金理事会，持股比例分别为 36.54%、34.68%、27.19%、1.59%。国开行是目前全球最大的开发性金融机构，中国最大的中长期信贷银行和债券银行。在中国内地设有 37 家一级分行和 3 家二级分行，境外设有香港分行和开罗、莫斯科、里约热内卢、加拉加斯、伦敦、万象、阿斯塔纳、明斯克、雅加达、悉尼等 10 家代表处。旗下拥有国开金融、国开证券、国银租赁、中非基金和国开发展基金等子公司。

国家开发银行设立董事会，董事会由执行董事、非执行董事组成。监事会由国务院根据《国有重点金融机构监事会暂行条例》等法律、法规委任派出并对国务院负责，对国开行董事和高级管理人员的履职行为、尽职情况进行监督，对国开行经营决策、风险管理和内部控制等进行检查监督，定期向国务院有关部门报告。高级管理层依据《国家开发银行章程》《国家开发银行董事会对行长（高管层）授权方案》等规定行使职权，负责全行经营管理工作。国家开发银行设行长 1 人，副行长若干人，均由国务院任命。其他人事任免，按有关规定和程序办理；行长负责全行工作，副行长协助行长工作。

（二）中国农业发展银行的组织形式与组织机构

1994 年 4 月 19 日，中华人民共和国国务院，发出《关于组建中国农业发展银行的通知》，批准了中国农业发展银行章程和组建方案，并成立中国农业发展银行，直属国务院领导，是我国唯一一家农业政策性银行。[②] 2014 年 9 月 24 日，国务院第 63 次常务会议审议通过了中国农业发展银行改革实施总体方案。中国农业发展银行主要任务是以国家信用为基础，以市场为依托，筹集支农资金，支持“三农”事业发展，发挥国家战略支撑作用。中国农业发展银行在机

---

① 英语名称为：China Development Bank，缩写：CDB。

② 英文名称为：Agricultural Development Bank of China，缩写：ADBC。

构设置上实行总行、一级分行、二级分行、支行制；在管理上实行总行一级法人制，总行行长为法定代表人；系统内实行垂直领导的管理体制，各分支机构在总行授权范围内依法依规开展业务经营活动。目前，全系统共有 31 个省级分行、339 个二级分行和 1 816 个县域营业机构。

中国农业发展银行设董事会。董事会包括执行董事（含董事长）和非执行董事；设监事会。监事会由国务院根据《国有重点金融机构监事会暂行条例》（国务院令第 282 号）等法律、法规委任派出并对国务院负责。高级管理人员由行长、副行长、行长助理及其他高级管理人员构成。实行行长负责制。行长为法定代表人，负责全行工作，副行长协助行长工作，行长、副行长由国务院任命。行长主持行长会议，研究决定以下重大事项：（1）本行的业务方针、计划和重要规章制度；（2）行长的工作报告；（3）国家重点农业政策性贷款项目；（4）本行年度决算报告；（5）有关本行的其他重大事项。

（三）中国进出口银行的组织形式与组织机构

1994 年 4 月 26 日，根据《国务院关于组建中国进出口银行的通知》（国发〔1994〕20 号），中国进出口银行正式组建。组建单位为财政部、对外贸易经济合作部和中国银行。中国进出口银行是由国家出资设立、直属国务院领导、支持中国对外经济贸易投资发展与国际经济合作、具有独立法人地位的国有政策性银行。[①] 在业务上接受财政部、商务部、中国人民银行的指导和监督。中国进出口银行为独立法人，其资本金由财政部核拨。截至 2019 年 9 月，境内有 32 家省级和副省级分行，境外设有巴黎分行、东南非代表处、西北非代表处、圣彼得堡代表处、香港代表处 5 家。

中国进出口银行设董事会。目前，董事会由 13 名董事组成，包括 3 名执行董事（含董事长）、10 名非执行董事。董事长为法定代表人。董事会的职责主要是：（1）根据国家产业政策和外贸政策，审定本行的中长期发展规划、经营方针和年度计划；（2）听取和审定行长的工作报告，监督本行的财务会计和国有资产的保值、增值工作；（3）审查通过本行的财务预算、决算方案以及税后利润分配方案；（4）讨论决定提供出口信贷的国别政策及担保、信贷风险等重大决策；（5）审定银行内部机构的设立、撤销和职能的变动；（6）审定重要的财务管理等规章制度；（7）审议重要的人事管理规章制度及其他重大事项。

中国进出口银行设监事会，监事会由国务院根据《国有重点金融机构监事会暂行条例》（国务院令第 282 号）等法律、法规委任派出并对国务院负责。高级管理人员由行长、副行长、行长助理、董事会秘书及其他高级管理人员构成。中国进出口银行实行董事会领导下的行长负责制，行长为法定代表人，行长、副行长由国务院任命。中国进出口银行行长负责主持银行的全面经营管理工作，副行长按照分工协助行长工作。行长的职责主要是：（1）负责本行全面经营管理工作；（2）组织实施董事会决议；（3）定期向董事会报告工作；（4）组织制订本行的发展规划、经营方针和年度经营计划；（5）组织制订本行的财务预算、决算方案以及税后利润分配方案；（6）组织拟订本行的人事管理、财务管理等规章制度；（7）组织拟订本行的机构设立、撤销和职能方案；（8）董事会授予的其他职责。

三、国家开发银行法律制度的主要内容

（一）国家开发银行的性质和任务

根据 1994 年 3 月 1 日国务院批准《国家开发银行组建和运行方案》及《国家开发银行章

① 英文名称为：China Eximbank；缩写：CEXIM。

程》，国家开发银行是直属国务院领导的政策性金融机构（正部级单位），对由其安排投资的国家重点建设项目，在资金总量和资金结构配置上负有宏观调控职责。组建国家开发银行目的是集中必要的资金保证国家重点建设，缓解经济发展的“瓶颈”制约，对投资规模实行总量控制，加强国家对固定资产投资的宏观调控能力。国家开发银行的主要任务是：建立长期稳定的资金来源，筹集和引导社会资金用于重点建设，办理政策性重点建设贷款和贴息业务，投资项目不留资金缺口，从资金来源上对固定资产投资总量及结构进行控制和调节，按照社会主义市场经济的原则，逐步建立投资约束和风险责任机制，提高投资效益，促进国民经济的持续、快速、健康发展。2015 年 3 月 20 日，国务院批复国开行深化改革方案，明确了其开发性金融机构定位及相关政策支持和制度安排。2015 年 7 月，梧桐树投资平台有限公司注资国开行 480 亿美元。2016 年 11 月，国务院审定批准《国家开发银行章程》，标志着开行债信、集团架构和立法改革“三步走”战略的实现。

为重点建设项目物色国内外合资伙伴，提供投资机会和投资信息；（6）经批准的其他业务。

（二）国家开发银行的资金来源和筹措办法

国家开发银行的年度投资总规模和资金筹措办法由国务院确定。其资金来源和具体筹措办法主要是：(1) 国家预算安排的经营性建设基金。(2) 原“拨改贷”和经营性建设基金贷款回收的本息。(3) 财政贴息资金。对于基本建设和技术改造政策性项目贷款所需贴息资金，由国家财政专项列入年度预算。(4) 国家开发银行向金融机构发行金融债券。(5) 经国务院批准，国家开发银行可向社会发行一定数量的财政担保建设债券。(6) 向国外筹集资金。需要国家开发银行配置一定规模国内资金的外国政府贷款和国际金融组织长期优惠贷款项目，由财政部、中国人民银行、商务部等对外窗口单位，将相应的外国政府贷款和国际金融组织贷款按原贷款条件向国家开发银行统一转贷。根据国家利用外资计划，国家开发银行可以筹措国际商业贷款。经国家批准，国家开发银行可在国外发行债券。(7) 按国务院规定，6 个国家专业投资公司安排用于固定资产投资项目的专项建设基金和专项资金，转由国家开发银行统筹安排使用，原定使用范围、内容和划定的比例不变。(8) 中国人民银行根据国家信贷计划，统一安排国家开发银行的重点建设资金来源，并予以保证。国家开发银行出现头寸短缺时，中国人民银行提供临时贷款。

（三）国家开发银行资金的运用和投向

1. 根据国家的发展规划、生产力布局和产业政策，国家开发银行配置资金的对象是国家批准立项的基础设施、基础产业和支柱产业大中型基本建设、技术改造等政策性项目及其配套工程。主要包括：(1) 制约经济发展的“瓶颈”项目；(2) 直接关系到增强综合国力的支柱产业中的重大项目；(3) 重大高新技术在经济领域应用的项目；(4) 跨地区的重大政策性项目；(5) 其他政策性项目。国家开发银行承担和覆盖的政策性项目的具体行业与范围，由国家发展和改革委员会、商务部、财政部及国家开发银行按照上述原则，并根据资金承受能力共同商定。

2. 国家开发银行根据国家投资计划的要求和本行各项资金来源预计情况，编制年度资金来源和运用计划。国家开发银行根据国家计划分次向财政部请领经营性建设基金和财政贴息资金。

3. 在国家发展和改革委员会、商务部确定的用于基础设施、基础产业和支柱产业大中型基本建设、技术改造等政策性项目及其配套工程的投资规模及贷款计划总量内，国家开发银行负责进行项目资金配置和贷款条件的评审。国家开发银行的资金运用，参照世界银行运行机制进行。

4. 按照国家发展和改革委员会、商务部的分工与基本建设、技术改造财政预算资金来源，国家开发银行原则上仍将上述资金分别安排到基本建设和技术改造项目上。

5. 国家开发银行的贷款利率，由中国人民银行征求国家发展和改革委员会、商务部、财政部与国家开发银行意见后确定。

（四）国家开发银行经营和办理的业务

根据《国家开发银行章程》和国家有关规定，国家开发银行是直属国务院领导的政策性金融机构，在金融业务上接受中国人民银行的指导和监督。国家开发银行经营下列业务：（1）管理和运用国家核拨的预算内经营性建设基金和贴息资金；（2）向国内金融机构发行金融债券和向社会发行财政担保建设债券；（3）办理有关的外国政府和国际金融组织贷款的转贷，经国家批准在国外发行债券，根据国家利用外资计划筹借国际商业贷款等；（4）向国家基础设施、基础产业和支柱产业的大中型基本建设和技术改造等政策性项目及其配套工程发放政策性贷款；（5）办理建设项目贷款条件评审、咨询和担保等业务。

四、中国农业发展银行法律制度的主要内容

（一）中国农业发展银行的性质和任务

中国农业发展银行是由国家出资设立、直属国务院领导、支持农业农村持续健康发展、具有独立法人地位的国有政策性银行。依托国家信用支持，在农村金融体系中发挥主体和骨干作用，加大对农业农村重点领域和薄弱环节的支持力度，促进经济社会持续健康发展。农业发展银行的经营宗旨：紧紧围绕服务国家战略，建设定位明确、功能突出、业务清晰、资本充足、治理规范、内控严密、运营安全、服务良好、具备可持续发展能力的农业政策性银行。农业发展银行支持的领域主要包括：支持粮棉油等重要农产品收购、储备、调控和调销，配合国家重要战略物资储备、调控，保障和维护国家粮食安全的领域；支持现代农业发展、农业综合开发、农业农村基础设施和水利建设，促进农业转型升级和可持续发展，推进农村产业融合，改善农业农村公共服务的领域；推动城乡发展一体化，改善农民生产生活水平，促进"三农"发展的领域；支持易地扶贫搬迁、贫困地区基础设施建设、特色产业发展及专项扶贫，增强贫困地区内生动力和发展活力的领域；符合国家发展战略和政策导向的其他领域。

（二）中国农业发展银行的注册资本与资金来源

中国农业发展银行的注册资本570亿元，其中一部分从当时中国农业银行、中国工商银行的现有信贷基金中划转，其余部分由财政部划拨。中国农业发展银行的运营资金的来源是：（1）业务范围内开户企事业单位的存款；（2）发行金融债券；（3）财政支农资金；（4）向中国人民银行申请再贷款；（5）境外筹资。

（三）中国农业发展银行的业务范围

中国农业发展银行的业务包括资产业务、负债业务和中间业务。资产业务包括信贷业务、投资业务和其他；负债业务包括存款业务、债券业务和其他业务；中间业务包括国内结算类业务、国家结算类结业和其他业务。中国农业发展银行的经营范围包括：（1）办理粮食、棉花、油料、食糖、猪肉、化肥等重要农产品收购、储备、调控和调销贷款；（2）办理农业农村基础设施和水利建设、流通体系建设贷款；（3）办理农业综合开发、生产资料和农业科技贷款，办理棚户区改造和农民集中住房建设贷款；（4）办理易地扶贫搬迁、贫困地区基础设施、特色产业发展及专项扶贫贷款；（5）办理县域城镇建设、土地收储类贷款；（6）办理农业小企业、产

业化龙头企业贷款；(7) 组织或参加银团贷款；(8) 办理票据承兑和贴现等信贷业务；(9) 吸收业务范围内开户企事业单位的存款，吸收居民储蓄存款以外的县域公众存款，吸收财政存款，发行金融债券；(10) 办理结算、结售汇和代客外汇买卖业务，按规定设立财政支农资金专户并代理拨付有关财政支农资金，买卖、代理买卖和承销债券，从事同业拆借、存放，代理收付款项及代理保险，资产证券化，企业财务顾问服务，经批准后可与租赁公司、涉农担保公司和涉农股权投资公司合作等方式开展涉农业务；(11) 经国务院银行业监督管理机构批准的其他业务。

五、中国进出口银行法律制度的主要内容

(一) 中国进出口银行的性质和任务

根据章程，中国进出口银行（以下简称进出口银行）是由国家出资设立、直属国务院领导、支持中国对外经济贸易投资发展与国际经济合作、具有独立法人地位的国有政策性银行。依托国家信用支持，积极发挥在稳增长、调结构、支持外贸发展、实施“走出去”战略等方面的重要作用，加大对重点领域和薄弱环节的支持力度，促进经济社会持续健康发展。进出口银行的经营宗旨是紧紧围绕服务国家战略，建设定位明确、业务清晰、功能突出、资本充足、治理规范、内控严密、运营安全、服务良好、具备可持续发展能力的政策性银行。

(二) 中国进出口银行的资金来源

截至 2019 年 9 月底，进出口银行注册资本为 1 500 亿元人民币，其资金来源主要是财政专项资金和对金融机构发行的金融债券等。进出口银行通过资本金的运用，境内外发行金融债券及其他有价证券，同业拆借、同业存款、回购业务，吸收授信客户项下存款等方式筹集资金。进出口银行发行的债券为政策性金融债券，由国家给予信用支持。经国务院授权，进出口银行可代表中国政府参加国际出口信用机构组织及活动。

(三) 中国进出口银行的业务范围

进出口银行支持外经贸发展和跨境投资，“一带一路”建设、国际产能和装备制造合作，科技、文化以及中小企业“走出去”和开放型经济建设等领域。截至 2015 年年末，中国进出口银行在“一带一路”沿线国家贷款余额超过 5 200 亿元人民币。有贷款余额的“一带一路”项目 1 000 多个，分布于 49 个沿线国家，涵盖公路、铁路、港口、电力、通信等多个领域。

进出口银行的经营范围：(1) 经批准办理配合国家对外贸易和“走出去”领域的短期、中期和长期贷款，含出口信贷、进口信贷、对外承包工程贷款、境外投资贷款、中国政府援外优惠贷款和优惠出口买方信贷等；(2) 办理国务院指定的特种贷款；(3) 办理外国政府和国际金融机构转贷款（转赠款）业务中的三类项目及人民币配套贷款；吸收授信客户项下存款；发行金融债券；(4) 办理国内外结算和结售汇业务；(5) 办理保函、信用证、福费廷等其他方式的贸易融资业务；(6) 办理与对外贸易相关的委托贷款业务；(7) 办理与对外贸易相关的担保业务；(8) 办理经批准的外汇业务；(9) 买卖、代理买卖和承销债券；(10) 从事同业拆借、存放业务；(11) 办理与金融业务相关的资信调查、咨询、评估、见证业务；(12) 办理票据承兑与贴现；(13) 代理收付款项及代理保险业务；(14) 买卖、代理买卖金融衍生产品；(15) 资产证券化业务；(16) 企业财务顾问服务；(17) 组织或参加银团贷款；(18) 海外分支机构在进出口银行授权范围内经营当地法律许可的银行业务；(19) 按程序经批准后以子公司形式开展股权投资及租赁业务；(20) 经国务院银行业监督管理机构批准的其他业务。

法律应用

1. 政策性银行是与商业银行平等、并存、互补并专门办理政策性金融业务的一种特殊金融机构，它是政府设立的为政府的产业政策、地区发展政策和社会政策提供金融服务的机构，因而其自主经营、自负盈亏、自担风险、自我约束的自主经营权受到很大的限制，从而其成为承担更多社会责任的银行金融机构，是带有公益性质的公法人。

2. 建立政策性银行的目的是，实现政策性金融和商业性金融分离，以解决国有专业银行身兼二任的问题；割断政策性贷款与基础货币的直接联系，确保中国人民银行调控基础货币的主动权。政策性银行建立的依据有：1993 年 12 月 25 日国务院发布的《关于金融体制改革的决定》，1994 年 3 月 17 日国务院发布的《关于组建国家开发银行的通知》，1994 年 4 月 19 日国务院发布的《关于组建中国农业发展银行的通知》，1994 年 3 月 19 日经国务院批准而发布施行的《中国进出口银行章程》。

思考题

1. 什么是政策性银行？政策性银行有哪些特征？
2. 如何认识政策性银行的法律地位？
3. 我国为什么设立政策性银行？
4. 我国应如何完善政策性银行立法？
5. 我国三大政策性银行的组织机构和业务范围有何异同？

第六章
保险机构法律制度

重点问题

1. 保险公司的概念和特征
2. 保险公司的设立条件
3. 保险公司的终止
4. 保险公司的业务范围及其限制
5. 保险公司的经营规则
6. 保险代理人的设立
7. 保险经纪人的设立条件

第一节　保险机构概述

一、保险机构的概念与特征

（一）保险机构的概念

保险机构，是指专门从事风险的经营，并以保险作为营业的机构。保险机构的组织形式在不同的国家有不同的规定。保险机构根据不同的标准可以作不同的分类：根据设立主体不同，可以分为公营保险机构和民营保险机构；根据经营目的不同，可以分为营利性保险机构和非营利保险机构。

（二）保险机构的特征

1. 法定性。由于保险机构专门从事风险的经营，并且保险关系到社会公共利益，故保险机构需要依据法律规定设立和开展保险业务，以确保保险机构合法、稳健地营运。

2. 互助性。保险是建立在“我为人人，人人为我”的社会互助的基础之上的，集合众人的力量抵御危险，通过多数人的相互帮助（建立保险基金）来分担风险。

3. 社会性。保险制度的最大功能在于将个人于生活中因遭遇各种危险所产生的损失，分摊消化于共同体，具有减少社会问题，维持社会安定，促进经济繁荣的作用。

二、保险机构的种类

（一）保险公司

保险机构提供保险产品，以公司制作为基本的组织形式。保险公司是指依法设立的，经营保险业务，以营利为目的的企业法人。

（二）相互保险公司

相互保险公司是保险业经营的一种组织形式，是指所有参与保险的人为自己办理保险而合作成立的保险组织。公司成员为社员，保险基金由社员缴纳的资金组成。

（三）相互保险社

相互保险社是保险机构的原始形态，其经营方式简单。保单的持有人即为该社的社员。保险费的计算无数理基础，而是依保险金给付的多少，由社员分担。社员在投保时，仅需缴纳极少的保单费用或一小部分保险费，在保险事故发生时，再依照实际所需，由其分担交纳。如果支出大于保险费收入，社员需补交。社员的保险费是不固定的。

第二节　保险公司

一、保险公司的概念和特征

（一）保险公司的概念

保险公司是指经保险监管部门批准设立，并依据公司法和保险法登记注册的以营利为目的的企业法人。根据我国《保险法》的规定，设立保险公司应当经国务院保险监督机构批准。

（二）保险公司的特征

1. 依法成立。保险公司的设立，必须符合公司法关于公司设立的条件，并符合保险法关于保险公司设立的要求。公司法关于公司设立的规定是一般性的规定，适用于所有的公司。保险公司是经营保险业务的组织，保险法对于保险公司有特别的规定，而且保险公司的设立必须经过保险监管机构的审批才能成立。

2. 以营利为目的。保险业作为国民经济的主要产业之一，决定了保险公司开展保险业务的主要目的是营利。这使保险公司区别于国家或政府为了实现国家社会政策而设立的非营利性保险机构。但国家也会根据需要，把一些政策性的保险业务委托保险公司经营，保险公司在经营这部分保险业务时，贯彻“不亏损，不盈利”的原则，不以营利为目的。

3. 是企业法人。保险公司作为企业法人，对外承担的是有限责任，公司股东以其出资为限承担责任。

二、保险公司设立的条件和程序

（一）保险公司的设立条件

我国《保险法》第 68 条规定，设立保险公司，应当具备下列条件：

1. 主要股东具有持续盈利能力，信誉良好，最近三年无重大违规记录，净资产不低于人民币 2 亿元。

2. 有符合保险法和公司法规定的章程

公司章程是设立公司的必要条件，是公司组织和行为的基本准则。公司章程对公司、股东、监事、高级管理人员具有约束力。保险公司的章程是保险公司赖以设立、存续和开展保险业务的基本文件。

3. 有符合保险法规定的注册资本

注册资本是保险公司设立和运作的基础，是保险公司经营所需要的资本，也是保险公司承担亏损风险的一种担保。而且，注册资本还是确定股东权利、义务的主要标准。根据我国《保险法》第 69 条的规定，设立保险公司，其注册资本的最低限额为人民币 2 亿元。保险公司注册资本最低限额必须为实缴货币资本。保险监督管理机构根据保险公司业务范围、经营规模，可以调整其注册资本的最低限额。但是，不得低于前述限额。

4. 有具备任职专业知识和业务工作经验的高级管理人员

保险公司经营的专业化，要求保险公司的高级管理人员必须具有一定的专业知识和业务工作经验，以保持保险公司的正常经营，促进保险业的健康发展。

5. 有健全的组织机构和管理制度

保险公司作为专业从事保险业务的公司，其内部的组织结构应与社会经济发展相适应。从内部机构的组成来看，应由股东大会（国有独资保险公司不设股东会）、董事会、监事会三个机构组成。股东大会是公司的权力机构，负责决定公司的重大事项；董事会是公司的经营决策和执行机构，由创立大会或股东大会选举的董事组成，对股东大会负责；监事会是公司内部的监督机构，由全体监事组成，行使对经营管理者的监督权。保险公司还必须具备完善的管理制度，如财务会计制度、人事管理制度、劳动工资制度以及劳动福利制度等。

6. 有符合要求的营业场所和与业务有关的其他设施

保险公司必须具有与其规模相适应的营业场所，以及与其经营范围和规模相适应的办公设备。

7. 法律、行政法规和国务院保险监督管理机构规定的其他条件。

（二）保险公司设立的程序

保险公司的设立，必须履行法律规定的程序。我国对保险公司的设立，实行许可设立主义，即设立保险公司，必须经保险监督管理机构批准。保险公司在中华人民共和国境外设立子公司、分支机构，应当经国务院保险监督管理机构批准。

1. 申请设立初审

申请设立保险公司，申请人应当提交下列文件、资料：（1）设立申请书，申请书应当载明拟设立的保险公司的名称、注册资本、业务范围等；（2）可行性研究报告；（3）筹建方案；（4）投资人的营业执照或者其他背景资料，经会计师事务所审计的上一年度财务会计报告；（5）投资人认可的筹备组负责人和拟任董事长、经理名单及本人认可证明；（6）国务院保险监督管理机构规定的其他材料。

2. 申请设立许可审查

设立保险公司的申请经初步审查合格后，申请人应当依照保险法和公司法的规定进行保险公司的筹建。具备保险法规定的设立条件的，向保险监督管理机构提交正式申请表和有关文件、资料。

3. 审批

保险监督管理机构自收到设立保险公司的正式申请文件之日起 6 个月内，应当作出批准或者不批准筹建的决定，并书面通知申请人。决定不批准的，应当书面说明理由。申请人应当自收到批准筹建通知之日起一年内完成筹建工作；筹建期间不得从事保险经营活动。

4. 开业申请

筹建工作完成后，申请人具备法定的设立条件的，可以向国务院保险监督管理机构提出开业申请。国务院保险监督管理机构应当自受理开业申请之日起 60 日内，作出批准或者不批准开业的决定。决定批准的，颁发经营保险业务许可证；决定不批准的，应当书面通知申请人并说明理由。

5. 登记

经批准设立的保险公司，由批准部门颁发经营保险业务许可证，并凭经营保险业务许可证向工商行政管理机关办理登记，领取营业执照。保险公司及其分支机构自取得经营保险业务许可证之日起6个月内，无正当理由未向工商行政管理机关办理登记的，其经营保险业务许可证失效。

三、保险公司的变更与终止

（一）保险公司的变更

保险公司经保险监督管理机构批准而成立，不得随意变更经过批准的事项。保险公司在设立后有下列变更事项之一的，须经保险监督管理机构批准：（1）变更名称；（2）变更注册资本；（3）变更公司或者分支机构的营业场所；（4）撤销分支机构；（5）公司分立或者合并；（6）修改公司章程；（7）变更出资额占有限责任公司5%以上的股东，或者变更持有股份有限公司股份5%以上的股东；（8）国务院保险监督管理机构规定的其他变更事项。

（二）保险公司的终止

保险公司因分立、合并需要解散，或者股东会、股东大会决议解散，或者公司章程规定的解散事由出现，经国务院保险监督管理机构批准后解散。经营有人寿保险业务的保险公司，除因分立、合并或者被依法撤销外，不得解散。保险公司解散，应当依法成立清算组进行清算。

保险公司有《中华人民共和国企业破产法》第2条规定情形的，经国务院保险监督管理机构同意，保险公司或者其债权人可以依法向人民法院申请重整、和解或者破产清算；国务院保险监督管理机构也可以依法向人民法院申请对该保险公司进行重整或者破产清算。

经营有人寿保险业务的保险公司被依法撤销或者被依法宣告破产的，其持有的人寿保险合同及责任准备金，必须转让给其他经营有人寿保险业务的保险公司；不能同其他保险公司达成转让协议的，由国务院保险监督管理机构指定经营有人寿保险业务的保险公司接受转让。转让或者由国务院保险监督管理机构指定接受转让前款规定的人寿保险合同及责任准备金的，应当维护被保险人、受益人的合法权益。

保险公司依法终止其业务活动，应当注销其经营保险业务许可证。

四、保险公司的业务范围及其限制

（一）保险公司的业务范围

保险公司的业务范围由保险监督管理机构依法核定。保险公司只能在被核定的业务范围内从事保险经营活动。

1. 人身保险业务，包括人寿保险、健康保险、意外伤害保险等保险业务。

2. 财产保险业务，包括财产损失保险、责任保险、信用保险、保证保险等保险业务。

3. 国务院保险监督管理机构批准的与保险有关的其他业务。

经国务院保险监督管理机构批准，保险公司可以经营《保险法》规定的保险业务的下列再保险业务：（1）分出保险；（2）分入保险。

（二）保险公司业务范围的限制

《保险法》规定，保险人不得兼营人身保险业务和财产保险业务。但是，经营财产保险业务的保险公司经国务院保险监督管理机构批准，可以经营短期健康保险业务和意外伤害保险业务。财产保险业务和人身保险业务保险对象不同，因而在保险期限、赔付方式、风险核算、准备金的提取等方面存在很大不同。保险公司对于财产保险业务与人身保险业务应当分业经营。保险公司应当在国务院保险监督管理机构依法批准的业务范围内从事保险经营活动。

保险公司应当按照其注册资本总额的20%提取保证金，存入国务院保险监督管理机构指定的银行，除公司清算时用于清偿债务外，不得动用。

五、保险公司的经营规则

1. 保险公司的最低偿付能力

偿付能力是指保险组织履行赔偿或给付责任的能力，是国家对保险公司监督、管理的核心内容。保险公司偿付能力的强弱，取决于它的资产状况，即其自有资产和保险准备金提留是否能够满足其承担的保险责任。为了保证保险业的安全、稳健运行，保护被保险人的利益，保险公司必须具备最低的偿付能力。《保险法》第101条规定，保险公司应当具有与其业务规模相适应的最低偿付能力。保险公司的认可资产减去认可负债的差额不得低于国务院保险监督管理机构规定的数额；低于规定数额的，应当按照国务院保险监督管理机构的要求采取相应措施达到规定的数额。

2. 保险准备金管理规则

保险准备金是保险公司为了承担未到期责任和处理未决赔款而从保险费收入中提存的一种资金准备。保险公司应当根据保障被保险人利益、保证偿付能力的原则，提取各项责任准备金。

（1）未到期责任准备金。未到期责任准备金是指在每一财务年度决算时，为未到期保险单提存的一种资金准备。保险合同规定的保险责任期限与保险公司财务决算年度在时间上可能不一致，所以不能将保险费的全部金额都作为该决算年度的收入，而应把属于下一年度的保险费提存起来，建立未到期责任准备金。未到期责任准备金的提存数额，一般由国家法律或保险监督管理机构核定。《保险法》第98条规定，保险公司应当根据保障被保险人利益、保证偿付能力的原则，提取各项责任准备金。保险公司提取和结转责任准备金的具体办法由国务院保险监督管理机构制定。

（2）未决赔款准备金。未决赔款准备金是指在每一财务年度决算以前因发生保险责任应付而未付的赔款，从当年所收保险费中提存的资金。提存未决赔款准备金的原因在于，一是被保险人或受益人已经依据保险合同的规定，对保险事故导致的经济损失，向保险公司提出索赔，但保险公司对索赔请求通常需要审核，以确定是否属于保险责任及损失金额的大小。在履行赔偿或给付责任之前，保险公司应从保险费中扣除一部分，作为未决赔款准备金。二是保险事故已经发生，但被保险人或受益人因某种原因尚未提出索赔，对保险责任范围内的损失，保险公司应承担保险责任，所以也应提取未决赔款准备金。

3. 保险保障基金管理规则

保险保障基金是指保险公司为了有足够能力应付可能发生的巨额赔款，每年按照一定比例提存的累积资金。《保险法》第100条规定，保险公司应当缴纳保险保障基金。

4. 保险公司公积金提取

公积金是指保险公司为了增强自身实力，扩大经营规模以及预防亏损，依照法律和公司章程的规定，从公司的每年税后利润中提取的累积资金。保险公司应当依照有关法律、行政法规及国家财务会计制度的规定提取公积金。

5. 自留保费的限制

为确保保险公司的偿付能力，《保险法》第102条规定，经营财产保险业务的保险公司当年自留保险费，不得超过其实有资本金加公积金总和的4倍。

6. 单一危险的限制

保险公司对每一危险单位，即一次保险事故可能造成的最大损失范围所承担的责任，不得超过其实有资本金加公积金总和的10%；超过的部分，应当办理再保险。

7. 再保险规则

保险公司应当按照保险监督管理机构的有关规定办理再保险。应再保险接受人的要求，再保险分出人应当将其自负责任及原保险的有关情况告知再保险接受人。再保险接受人不得向原保险的投保人要求支付保险费。原保险的被保险人或者受益人，不得向再保险接受人提出赔偿或给付保险金的请求。

8. 保险资金运用规则

保险在国民经济活动中的作用，除了具有经济补偿作用外，一个重要职能是将分散的消费资金集中起来，投入经济建设中去并使之不断保值、增值。但保险公司资金运用有其自身规律，应当体现安全性、流动性、效益性和分散性。基于此，我国《保险法》第106条规定，保险公司的资金运用必须稳健，遵循安全性原则。保险公司的资金运用，限于在银行存款、买卖债券、股票、证券投资基金份额等有价证券、投资不动产和国务院规定的其他资金运用形式。

9. 保险公司及其工作人员的禁止行为

保险公司及其工作人员在保险业务活动中不得有下列行为：(1) 欺骗投保人、被保险人或者受益人；(2) 对投保人隐瞒与保险合同有关的重要情况；(3) 阻碍投保人履行本法规定的如实告知义务，或者诱导其不履行本法规定的如实告知义务；(4) 给予或者承诺给予投保人、被保险人、受益人保险合同约定以外的保险费回扣或者其他利益；(5) 拒不依法履行保险合同约定的赔偿或者给付保险金义务；(6) 故意编造未曾发生的保险事故、虚构保险合同或者故意夸大已经发生的保险事故的损失程度进行虚假理赔，骗取保险金或者牟取其他不正当利益；(7) 挪用、截留、侵占保险费；(8) 委托未取得合法资格的机构或者个人从事保险销售活动；(9) 利用开展保险业务为其他机构或者个人牟取不正当利益；(10) 利用保险代理人、保险经纪人或者保险评估机构，从事以虚构保险中介业务或者编造退保等方式套取费用等违法活动；(11) 以捏造、散布虚假事实等方式损害竞争对手的商业信誉，或者以其他不正当竞争行为扰乱保险市场秩序；(12) 泄露在业务活动中知悉的投保人、被保险人的商业秘密；(13) 违反法律、行政法规和国务院保险监督管理机构规定的其他行为。

10. 保险条款和保险费率管理规则

关系社会公众利益的保险险种、依法实行强制保险的险种和新开发的人寿保险险种等的保险条款和保险费率，应当报保险监督管理机构审批。保险监督管理机构审批时，遵循保护社会公众利益和防止不正当竞争的原则。审批的范围和具体办法，由保险监督管理机构制定。其他保险险种的保险条款和保险费率，应当报保险监督管理机构备案。

第三节　保险代理人、经纪人和公估人

一、保险代理人

（一）保险代理人的概念

保险代理人是根据保险人的委托，向保险人收取代理手续费，并在保险人授权的范围内代为办理保险业务的机构或者个人。保险代理机构包括专门从事保险代理业务的保险专业代理机

构和兼营保险代理业务的保险兼业代理机构。保险代理机构应当具备国务院保险监督管理机构规定的条件，取得保险监督管理机构颁发的经营保险代理业务许可证、保险经纪业务许可证。

保险人委托保险代理人代为办理保险业务的，应当与保险代理人签订委托代理协议，依法约定双方的权利和义务及其他代理事项。保险代理人的代理行为除了保险法有特别规定之外，适用民法上关于代理的规定。但保险代理人是经营保险业务的商主体，与民法上的代理人还是有一定的区别，其代理经营保险业务需要经过保险监督管理机构的批准。

（二）保险代理人的设立

以公司形式设立保险专业代理机构，其注册资本最低限额适用《中华人民共和国公司法》的规定。保险专业代理机构的注册资本或者出资额必须为实缴货币资本。保险代理机构应当按照国务院保险监督管理机构的规定缴存保证金或者投保职业责任保险。保险代理人经保险公司的授权，从事保险代理业务，不论其行为或结果是否有利于保险公司，保险公司均应对保险代理人的行为承担责任。我国《保险法》第127条规定："保险代理人根据保险人的授权代为办理保险业务的行为，由保险人承担责任。"保险代理人在代理权限内，以保险人的名义所从事的行为，对保险人发生效力。所以，保险代理人在保险公司的业务范围内的行为，不论是否经过保险公司的指示，凡在规定的权利的合理限度内，均发生约束保险公司的效力。

保险代理人为保险人代为办理保险业务，有超越代理权限行为，投保人有理由相信其有代理权，并已订立保险合同的，保险人应当承担保险责任，但是保险人可以依法追究越权的保险代理人的责任。

为了规范保险代理人的行为，加强对保险代理人的监管，保险代理人应当具备保险监督管理机构规定的资格条件，并取得保险监督管理机构颁发的经营保险代理业务许可证，向工商行政管理机关办理登记，领取营业执照，并缴存保证金或者投保职业责任保险。保险公司应当设立本公司保险代理人登记簿。个人保险代理人在代为办理人寿保险业务时，不得同时接受两个以上保险人的委托。保险公司应当加强对保险代理人的培训和管理，提高保险代理人的职业道德和业务素质，不得唆使、误导保险代理人进行违背诚信义务的活动。

《保险法》第131条规定，保险代理人在办理保险业务活动时不得有下列行为：（1）欺骗保险人、投保人、被保险人或者受益人；（2）隐瞒与保险合同有关的重要情况；（3）阻碍投保人履行本法规定的如实告知义务，或者诱导其不履行本法规定的如实告知义务；（4）给予或者承诺给予投保人、被保险人或者受益人保险合同约定以外的利益；（5）利用行政权力、职务或者职业便利以及其他不正当手段强迫、引诱或者限制投保人订立保险合同；（6）伪造、擅自变更保险合同，或者为保险合同当事人提供虚假证明材料；（7）挪用、截留、侵占保险费或者保险金；（8）利用业务便利为其他机构或者个人牟取不正当利益；（9）串通投保人、被保险人或者受益人，骗取保险金；（10）泄露在业务活动中知悉的保险人、投保人、被保险人的商业秘密。

二、保险经纪人

（一）保险经纪人的概念

保险经纪人是基于投保人的利益，为投保人与保险人订立保险合同提供中介服务，并依法收取佣金的机构。保险经纪人是为保险合同的订立提供中介服务的人，既非投保人的代理人，也非保险公司的代理人。保险经纪人应当具备国务院保险监督管理机构规定的条件，取得保险监督管理机构颁发的经营保险代理业务许可证、保险经纪业务许可证。

（二）保险经纪人的设立条件

依据我国《保险法》的规定，保险经纪人以单位为限，个人不得为保险经纪人。保险经纪机构可以采取下列组织形式：合伙企业、有限责任公司、股份有限公司。以公司形式设立保险经纪人，其注册资本最低限额适用《中华人民共和国公司法》的规定。保险经纪人的注册资本或者出资额必须为实缴货币资本。保险经纪人应当有自己的经营场所，设立专门账簿记载保险代理业务、经纪业务的收支情况。

（三）保险经纪人的经营规则

保险经纪机构及其分支机构从事保险经纪业务，应当与委托人签订书面委托合同，依法约定双方的权利和义务及其他委托事项。委托合同不得违反法律、行政法规及保监会的有关规定。保险经纪机构及其分支机构为投保人办理保险业务，不得接受客户的全权委托。

保险经纪机构、保险经纪分支机构及其业务人员在开展经纪业务过程中，不得从事不正当竞争行为。

保险经纪人基于投保人的利益开展保险中介活动。不论保险经纪人事实上是否受投保人或保险公司的委托，均以其自己的名义独立承担民事责任。我国《保险法》第128条规定，“保险经纪人因过错给投保人、被保险人造成损失的，依法承担赔偿责任”。

保险经纪人提供保险中介服务，依法有权收取佣金。但我国《保险法》没有明确保险经纪人应当如何收取佣金。通说认为，保险经纪人向承保的保险公司收取佣金。

《保险法》第131条规定的保险代理人在办理保险业务活动中不得从事的行为，也同样适用于保险经纪人。

三、保险公估人

（一）保险公估人的概念

保险公估人是指依照《保险法》等有关法律、行政法规，经保险监督管理机构批准设立的，接受保险当事人委托，专门从事保险标的的评估、勘验、鉴定、估损、理算等业务的单位。

（二）保险公估人的设立条件

保险公估人可以以合伙企业、有限责任公司或股份有限公司形式设立。保险公估人的设立应具备以下条件：(1) 发起设立人应符合合伙企业法和公司法规定的关于合伙人、股东及发起人的人数要求；(2) 有符合法律规定的合伙协议或公司章程；(3) 出资不得低于规定的实收货币；(4) 有符合法律规定的企业名称和住所；(5) 具有符合中国保监会任职资格管理规定的高级管理人员；(6) 持有“保险公估从业人员资格证书”的保险公估从业人员不得低于员工人数的2/3；(7) 法律、行政法规要求具备的其他条件。

（三）保险公估人的业务范围及行为禁止

1. 业务范围

经保监会批准，保险公估人可以经营下列业务：(1) 保险标的承保前的检验、估价及风险评估；(2) 对保险标的出险后的查勘、检验、估损及理算；(3) 经保监会批准的其他业务。

2. 保险公估人的禁止行为

保险公估人在执业过程中不得有下列行为：(1) 与非法从事保险业务或保险中介业务的机构或个人发生保险公估业务往来；(2) 超出保监会核定的业务范围和经营区域；(3) 超越授权范围，损害委托人的合法权益；(4) 向保险合同当事人出具虚假的公估报告；(5) 伪造、散布虚假信息，或利用其他手段损害同业的信誉；（6）利用行政权力、职务或职业便利以及其他不正当手段，强迫、引诱或限制他人订立保险公估合同；（7）串通投保人、被保险人或受益人，恶意欺诈保险公司；（8）法律、行政法规认定的其他损害投保人、被保险人或保险公司利益的行为。

（四）保险公估人的民事责任

保险公估人应当与委托人签订书面委托合同。保险公估人依法办理业务，应按双方当事人的约定收取报酬。保险公估人因自身过错给保险当事人造成损害的，应当依法承担相应的法律责任。

法律应用

1. 同一保险人不得同时兼营财产保险业务和人身保险业务，但是，经营财产保险业务的保险公司经保险监督管理机构核定，可以经营短期健康保险业务和意外伤害保险业务。相反，经营人寿业务的人寿保险公司不得经营财产保险业务。健康保险和意外伤害保险尽管与人身息息相关，可列为人身保险范畴，但由于保险期限短，不具有储蓄性而具有财产保险的色彩。世界上许多国家将其视为“第三领域”，作为“交叉业务”允许人寿保险公司和财产保险公司同时兼营。

2. 保险条款和保险费率的监管。保险公司制定的保险条款和保险费率，有的需要报保险监督管理机构审批，有的只需报保险监督管理机构备案。具体为：关系社会公众利益的保险险种、依法实行强制保险的险种和新开发的人寿保险险种等的保险条款和保险费率，应当报保险监督管理机构审批。保险监督管理机构审批时，遵循保护社会公众利益和防止不正当竞争的原则。审批的范围和具体办法，由保险监督管理机构制定。其他保险险种的保险条款和保险费率，应当报保险监督管理机构备案。

3. 保险代理人的表见代理。保险代理人经保险公司授权，从事保险代理业务，不论其行为或结果是否有利于保险公司，保险公司均应对保险代理人的行为承担责任。但如果保险代理人为保险人代为办理保险业务，有超越代理权限行为，投保人有理由相信其有代理权，并已订立保险合同的，保险人应当承担保险责任，但是保险人可以依法追究越权的保险代理人的责任。

思考题

1. 保险公司的设立应具备哪些条件?
2. 简述保险公司的业务范围及其限制。
3. 简述保险公司的经营规则。
4. 保险代理人在办理保险业务活动时不禁止从事的行为有哪些?
5. 设立保险代理机构，应当具备哪些条件?
6. 简述保险经纪人的经营规则。

历年司法考试题

1. 依照我国《保险法》规定，保险企业的组织形式可以采取下列哪些形式？（　　）（2000 年）

A. 合伙　　　　B. 国有独资公司

C. 股份有限公司　　　　　　　　　　D. 保险法允许的其他组织形式

答案及解析：B、C 项。《保险法》（1995 年）第 69 条规定，保险公司应当采取下列组织形式：(1) 股份有限公司；(2) 国有独资公司。2002 年修正实施的《保险法》的有关规定是一致的。

2. 甲公司投保了财产损失险的厂房被烧毁，甲公司伪造证明，夸大此次火灾的损失，向保险公司索赔 100 万元，保险公司为查清此事，花费 5 万元。关于保险公司的权责，下列哪些选项是正确的？(　　)（2016 年）

A. 应当向甲公司给付约定的保险金

B. 有权向甲公司主张 5 万元花费损失

C. 有权拒绝向甲公司给付保险金

D. 有权解除与甲公司的保险合同

答案及解析：A、B 项。《保险法》第二十七条第三、四款规定，保险事故发生后，投保人、被保险人或者受益人以伪造、变造的有关证明、资料或者其他证据，编造虚假的事故原因或者夸大损失程度的，保险人对其虚报的部分不承担赔偿或者给付保险金的责任。投保人、被保险人或者受益人有前三款规定行为之一，致使保险人支付保险金或者支出费用的，应当退回或者赔偿。选项 A 正确，选项 C 错误。保险公司对甲公司虚报的部分不承担给付保险金的责任，但对其未虚报的部分，应承担给付保险金的责任。选项 B 正确。甲公司应对保险公司为查清其虚报损失之事实花费的 5 万元费用承担赔偿责任。选项 D 错误。保险公司无权解除保险合同。

第七章 证券机构法律制度

重点问题

1. 证券公司的设立条件
2. 证券公司的业务范围
3. 证券交易所的组织形式
4. 证券交易所的业务范围与规则
5. 证券登记结算机构的业务范围与规则

第一节 证券机构法律制度概述

一、证券机构的概念与特征

证券机构是指依法成立，从事证券业务以及相关业务的机构。

证券机构具有以下特征。

1. 依法批准成立。为了确保证券业的健康发展，规范证券机构的行为，证券机构在设立过程中，必须经过证券监督管理机构的审查批准之后，方能成立。

2. 从事证券及相关业务。经证券监督管理机构批准后，证券机构可以从事证券业务及与证券有关的业务。非经监管机关批准，不得从事证券及相关业务。

3. 具有法人资格。许多国家的立法规定，作为证券机构，必须具有法人资格。具有法人资格的机构从事证券及有关业务，能保护投资者的合法权益。

二、证券机构的种类

1. 证券公司

证券公司是指依法设立的，从事证券自营买卖、证券经纪或代理发行、销售证券等证券业务的有限责任公司或股份有限公司。

2. 证券交易所

证券交易所是为证券集中交易提供场所和设施，组织和监督证券交易，实行自律管理的法人。证券交易所本身并不买卖证券，它只是为证券买卖提供场所和设施。证券交易所的组织形式有会员制和公司制两种。目前，我国内地（大陆）现有两家证券交易所，分别是 1990 年 11 月 26 日成立的上海证券交易所（简称“上交所”）和 1990 年 12 月 1 日成立的深圳证券交易所（简称“深交所”）。我国港澳台地区的证券交易所，分别是 1986 年 4 月 2 日开始运作的香港联合交易所有限公司（简称“联交所”）和1961年10月23日成立的台湾证券交易所。除了证券交易所之外，国务院批准的其他全国性证券交易场所，也在法定权限范围内有权为证券集中交易提供场所和设施，组织和监督证券交易。

3. 证券登记结算机构

证券登记结算机构是为证券交易提供集中登记、存管与结算服务，不以营利为目的的法人。设立证券登记结算机构必须经国务院证券监督管理机构批准。

4. 证券服务机构

证券服务机构是为证券发行和交易业务提供投资咨询、财务顾问、资信评级、资产评估及会计等证券服务业务的机构。

第二节　证券交易场所

一、证券交易场所的概念与特征

证券交易场所是指依法设立的证券交易所和国务院批准的其他全国性证券交易场所。证券交易所、国务院批准的其他全国性证券交易场所为证券集中交易提供场所和设施，组织和监督证券交易，实行自律管理，依法登记，取得法人资格。

证券交易场所具有以下特征。

1. 证券交易场所是实行自律管理、依法登记，取得法人资格的法人。证券交易所组织和监督证券交易，实施自律管理，应当遵循社会公共利益优先原则，维护市场的公平、有序、透明。

2. 证券交易场所为证券集中交易提供场所和设施。证券交易场所要为投资者买卖证券提供服务，必须借助固定的物理场所和设施，配备必要的设备和专业人员。

3. 证券交易场所的设立、变更和解散由国务院决定。

二、证券交易所的职能与组织

（一）证券交易所的职能

按照我国《证券交易所管理办法》（证监会公告〔2020〕20号），证券交易所的职能包括：（1）提供证券交易的场所、设施和服务；（2）制定和修改证券交易所的业务规则；（3）依法审核公开发行证券申请；（4）审核、安排证券上市交易，决定证券终止上市和重新上市；（5）提供非公开发行证券转让服务；（6）组织和监督证券交易；（7）对会员进行监管；（8）对证券上市交易公司及相关信息披露义务人进行监管；（9）对证券服务机构为证券上市、交易等提供服务的行为进行监管；（10）管理和公布市场信息；（11）开展投资者教育和保护；（12）法律、行政法规规定的以及中国证监会许可、授权或者委托的其他职能。

证券交易所制定或者修改业务规则，应当符合法律、行政法规、部门规章对其自律管理职责的要求。证券交易所制定的业务规则对证券交易业务活动的各参与主体具有约束力。对违反业务规则的行为，证券交易所给予纪律处分或者采取其他自律管理措施。证券交易所应当按照章程、协议以及业务规则的规定，对违法违规行为采取自律监管措施或者纪律处分，履行自律管理职责。证券交易所应当在业务规则中明确自律监管措施或者纪律处分的具体类型、适用情形和适用程序。市场参与主体对证券交易所作出的相关自律监管措施或者纪律处分不服的，可以按照证券交易所业务规则的规定申请复核。证券交易所应当建立风险管理和风险监测机制，依法监测、监控、预警并防范市场风险，维护证券市场安全稳定运行。证券交易所应当同其他交易场所、登记结算机构、行业协会等证券期货业组织建立资源共享、相互配合的长效合作机制，联合依法监察证券市场违法违规行为。

（二）证券交易所的组织

证券交易所按照组织形式可分为公司制和会员制两种。

公司制证券交易所，一般采用股份有限公司的组织形式，具有法人地位。公司股东一般由证券经纪商和证券自营商构成。公司制证券交易所与证券商之间的关系通过签订适用于证券集中交易市场的契约建立。会员制证券交易所是证券同业会员组织，由同业会员出资经营，并限于会员参加交易。会员制证券交易所的法律地位有法人和非法人两种。我国的上海证券交易所和深圳证券交易所实行会员制。

实行会员制的证券交易所设会员大会、理事会、总经理和监事会。会员大会是最高权力机构，会员大会每年召开一次，由理事会召集，理事长主持；理事会是决策机关，理事会设理事长一人，理事长是证券交易所的法定代表人；总经理应当是理事会成员；监事会是证券交易所的监督机构。证券交易所理事、监事、高级管理人员的产生、聘任有不正当情况，或者前述人员在任期内有违反法律、行政法规、部门规章和证券交易所章程、业务规则的行为，或者由于其他原因，不适宜继续担任其所担任的职务时，中国证监会有权解除或者提议证券交易所解除有关人员的职务，并按照规定任命新的人选。

证券交易所可以自行支配的各项费用收入，应当首先用于保证其证券交易场所和设施的正常运行并逐步改善。实行会员制的证券交易所的财产积累归会员所有，其权益由会员共同享有，在其存续期间，不得将其财产积累分配给会员。进入实行会员制的证券交易所参与集中交易的，必须是证券交易所的会员。证券交易所不得允许非会员直接参与股票的集中交易。证券交易所应当从其收取的交易费用和会员费、席位费中提取一定比例的金额设立风险基金。风险基金由证券交易所理事会管理。

三、证券交易所的设立、变更与解散

（一）设立条件

证券交易所、国务院批准的其他全国性证券交易场所的设立、变更和解散由国务院决定。国务院批准的其他全国性证券交易场所的组织机构、管理办法等，由国务院规定。证券交易所、国务院批准的其他全国性证券交易场所可以根据证券品种、行业特点、公司规模等因素设立不同的市场层次。按照国务院规定设立的区域性股权市场为非公开发行证券的发行、转让提供场所和设施，具体管理办法由国务院规定。

证券交易所是法人组织，设立证券交易所必须符合法律关于法人设立的一般条件。根据特许制，能否设立证券交易所最终由国务院批准决定，在此情形下，具体规定证券交易所的设立条件只具有形式上的意义。根据我国《证券法》的规定，证券交易所的设立具备以下条件：(1) 设立证券交易所必须制定章程。证券交易所章程的制定和修改，必须经国务院证券监督管理机构批准。(2) 证券交易所必须在其名称中标明证券交易所字样。其他任何单位或者个人不得使用证券交易所或者近似的名称。(3) 实行会员制的证券交易所设理事会、监事会。(4) 证券交易所设总经理一人，由国务院证券监督管理机构任免。

证券交易所的设立，须经证监会审核，报国务院批准。因此，证券交易所的变更亦应经原批准设立的机关审核批准。证券交易所的解散，经证监会审核同意后，由国务院决定。

（二）证券交易场所人员任职条件

根据《证券法》第103条的规定，有《公司法》第146条规定的情形或者下列情形之一的，不得担任证券交易所的负责人：(1) 因违法行为或者违纪行为被解除职务的证券交易场所、证券登记结算机构的负责人或者证券公司的董事、监事、高级管理人员，自被解除职务之日起未逾5年；(2) 因违法行为或者违纪行为被吊销执业证书或者被取消资格的律师、注册会计师或者其他证券服务机构的专业人员，自被吊销执业证书或者被取消资格之日起未逾5年。根据《证券法》第104条的规定，因违法行为或者违纪行为被开除的证券交易场所、证券公司、证券登记结算机构、证券服务机构的从业人员和被开除的国家机关工作人员，不得招聘为证券交易所的从业人员。证券交易所的从业人员应当正直诚实、品行良好、具备履行职责所必需的专业知识与能力。因违法行为或者违纪行为被开除的证券交易场所、证券公司、证券登记结算机构、证券服务机构的从业人员和被开除的国家机关工作人员，不得招聘为证券交易所的从业人员。证券交易所的负责人和其他从业人员执行与证券交易有关的职务时，与其本人或者其亲属有利害关系的，应当回避。

四、证券交易所停牌与复牌

证券交易所停牌，即在证券交易所挂牌交易的上市公司股票暂停交易，是指因出现某种因素，为了防止股票价格大幅度波动，暂时停止股票买卖复牌额的措施。复牌是指被停牌的股票恢复交易。股票的停牌有上市公司申请停牌和证券交易所决定停牌。

1. 上市公司申请的停牌或者复牌

上市公司可以向证券交易所申请其上市交易股票的停牌或者复牌，但不得滥用停牌或者复牌损害投资者的合法权益。证券交易所可以按照业务规则的规定，决定上市交易股票的停牌或者复牌。

2. 证券交易所采取停牌

因不可抗力、意外事件、重大技术故障、重大人为差错等突发性事件而影响证券交易正常进行时，为维护证券交易正常秩序和市场公平，证券交易所可以按照业务规则采取技术性停牌、临时停市等处置措施，并应当及时向国务院证券监督管理机构报告。

因突发性事件导致证券交易结果出现重大异常，按交易结果进行交收将对证券交易正常秩序和市场公平造成重大影响的，证券交易所按照业务规则可以采取取消交易、通知证券登记结算机构暂缓交收等措施，并应当及时向国务院证券监督管理机构报告并公告。证券交易所对其依规采取措施造成的损失，不承担民事赔偿责任，但存在重大过错的除外。

五、证券交易所的监管规则

（一）证券交易所对证券交易活动的监管

1. 实时监控。我国《证券法》第112条规定，证券交易所对证券交易实行实时监控，并按照国务院证券监督管理机构的要求，对异常的交易情况提出报告。证券交易所根据需要，可以按照业务规则对出现重大异常交易情况的证券账户的投资者限制交易，并及时报告国务院证券监督管理机构。

2. 风险监测。我国《证券法》第113条规定，证券交易所应当加强对证券交易的风险监测，出现重大异常波动的，证券交易所可以按照业务规则采取限制交易、强制停牌等处置措施，并向国务院证券监督管理机构报告；严重影响证券市场稳定的，证券交易所可以按照业务规则采取临时停市等处置措施并公告。证券交易所对其依规采取措施造成的损失，不承担民事赔偿责任，但存在重大过错的除外。

3. 制定监管规则。我国《证券法》第115条规定，证券交易所依照法律、行政法规和国务院证券监督管理机构的规定，制定上市规则、交易规则、会员管理规则和其他有关业务规则，并报国务院证券监督管理机构批准。在证券交易所从事证券交易，应当遵守证券交易所依法制定的业务规则。违反业务规则的，由证券交易所给予纪律处分或者采取其他自律管理措施。

4. 实时公布即时行情。证券交易所应当实时公布即时行情。证券交易所即时行情的权益由证券交易所依法享有。证券交易所对市场交易形成的基础信息和加工产生的信息产品享有专属权利。未经证券交易所同意，任何单位和个人不得发布证券交易即时行情，不得以商业目的使用。经许可使用交易信息的机构和个人，未经证券交易所同意，不得将该信息提供给其他机构和个人使用。

（二）证券交易所对会员的监管

1. 制定会员管理规则

证券交易所应当制定会员管理规则。其内容包括：(1) 会员资格的取得和管理；(2) 席位与交易单元管理；(3) 与证券交易业务有关的会员合规管理及风险控制要求；(4) 会员客户交易行为管理、适当性管理及投资者教育要求；(5) 会员业务报告制度；(6) 对会员的日常管理和监督检查；(7) 对会员采取的收取惩罚性违约金、取消会员资格等自律监管措施和纪律处分；(8) 其他需要在会员管理规则中规定的事项。

2. 管理会员的交易席位

证券交易所接纳的会员应当是经批准设立并具有法人地位的境内证券经营机构。证券交易所应当限定席位的数量。会员可以通过购买或者受让的方式取得席位。经证券交易所同意，席位可以转让，但不得用于出租和质押。

3. 交易单元管理

证券交易所应当对交易单元实施严格管理，设定、调整和限制会员参与证券交易的品种及方式。会员参与证券交易的，应当向证券交易所申请设立交易单元。所谓交易单元，是指会员向证券交易所申请设立的、参与证券交易与接受监管及服务的基本业务单位。会员可以根据需要，申请设立一个或多个交易单元，不同的会员不得使用同一交易单元。经证券交易所同意，会员将交易单元提供给他人使用的，会员应当对其进行管理。会员不得允许他人以其名义直接参与证券的集中交易。

4. 对会员的内控制度的监管

证券交易所应当建立会员客户交易行为管理制度，要求会员了解客户并在协议中约定对委托交易指令的核查和对异常交易指令的拒绝等内容，指导和督促会员完善客户交易行为监控系统，并定期进行考核评价。会员管理的客户出现严重异常交易行为或者在一定时期内多次出现异常交易行为的，证券交易所应当对会员客户交易行为管理情况进行现场或者非现场检查，并将检查结果报告中国证监会。会员未按规定履行客户管理职责的，证券交易所可以采取自律监管措施或者纪律处分。会员出现违法违规行为的，证券交易所可以按照章程、业务规则的规定采取暂停受理或者办理相关业务、限制交易权限、收取惩罚性违约金、取消会员资格等自律监管措施或者纪律处分。证券交易所会员应当接受证券交易所的监管，并主动报告有关问题。

（三）证券交易所对上市公司的监管

1. 制定上市规则

证券交易所应当制定证券上市规则。其内容包括：(1) 证券上市的条件、程序和披露要求；(2) 信息披露的主体、内容及具体要求；(3) 证券停牌、复牌的标准和程序；(4) 终止上市、重新上市的条件和程序；(5) 对违反上市规则行为的处理规定；(6) 其他需要在上市规则中规定的事项。

2. 订立上市协议

证券交易所应当与申请证券上市交易的公司订立上市协议，确定相互间的权利义务关系。上市协议的内容与格式应当符合法律、行政法规、部门规章的规定。上市协议应当包括下列内容：(1) 上市证券的品种、名称、代码、数量和上市时间；(2) 上市费用的收取；(3) 证券交易所对证券上市交易公司及相关主体进行自律管理的主要手段和方式，包括现场和非现场检查等内容；(4) 违反上市协议的处理，包括惩罚性违约金等内容；(5) 上市协议的终止情形；(6) 争议解决方式；(7) 证券交易所认为需要在上市协议中明确的其他内容。

3. 建立上市保荐人制度

证券交易所应当依法建立上市保荐制度。证券交易所应当监督保荐人及相关人员的业务行为，督促其切实履行法律、行政法规、部门规章以及业务规则中规定的相关职责。

4. 证券终止上市和退市

证券交易所按照章程、协议以及上市规则决定证券终止上市和重新上市。证券交易所按照业务规则对出现终止上市情形的证券实施退市，督促证券上市交易公司充分揭示终止上市风险，并应当及时公告，报中国证监会备案。

5. 暂停上市公司的股票交易

证券交易所应当加强对证券交易的风险监测，出现重大异常波动的，证券交易所可以按照业务规则采取限制交易、强制停牌等处置措施，并向国务院证券监督管理机构报告；严重影响证券市场稳定的，证券交易所可以按照业务规则采取临时停市等处置措施并公告。

6. 督促上市公司履行信息披露义务

证券交易所应当按照章程、协议以及业务规则，督促证券上市交易公司及相关信息披露义务人依法披露上市公告书、定期报告、临时报告等信息披露文件。证券交易所对信息披露文件进行审核，可以要求证券上市交易公司及相关信息披露义务人、上市保荐人、证券服务机构等作出补充说明并予以公布，发现问题应当按照有关规定及时处理，情节严重的，报告中国证监会。

7. 上市交易证券的停牌与复牌

证券交易所应当依据业务规则和证券上市交易公司的申请，决定上市交易证券的停牌或者复牌。证券上市交易的公司不得滥用停牌或复牌损害投资者合法权益。证券交易所为维护市场秩序可以根据业务规则拒绝证券上市交易公司的停复牌申请，或者决定证券强制停复牌。中国证监会为维护市场秩序可以要求证券交易所对证券实施停复牌。

第三节　证券公司

一、证券公司的设立条件与程序

根据我国《证券法》第118条的规定，设立证券公司，应当具备下列条件，并经国务院证券监督管理机构批准。

1. 有符合法律、行政法规规定的公司章程。

2. 主要股东及公司的实际控制人具有良好的财务状况和诚信记录，最近 3 年无重大违法违规记录。

3. 有符合《证券法》规定的注册资本。证券公司经营证券经纪、证券投资咨询、与证券交易、证券投资活动有关的财务顾问业务的，注册资本最低限额为人民币 5 000 万元；经营证券承销与保荐、证券融资融券、证券做市交易、证券自营和其他证券业务等五项之一的，注册资本最低限额为人民币 1 亿元；经营前述五项业务中两项以上的，注册资本最低限额为人民币 5 亿元。证券公司的注册资本应当是实缴资本。国务院证券监督管理机构根据审慎监管原则和各项业务的风险程度，可以调整注册资本最低限额，但不得少于前款规定的限额。

4. 董事、监事、高级管理人员、从业人员符合《证券法》规定的条件。证券公司的董事、监事、高级管理人员，应当正直诚实、品行良好，熟悉证券法律、行政法规，具有履行职责所需的经营管理能力。证券公司任免董事、监事、高级管理人员，应当报国务院证券监督管理机构备案。证券公司从事证券业务的人员应当品行良好，具备从事证券业务所需的专业能力。因违法行为或者违纪行为被开除的证券交易场所、证券公司、证券登记结算机构、证券服务机构的从业人员和被开除的国家机关工作人员，不得招聘为证券公司的从业人员。国家机关工作人员和法律、行政法规规定的禁止在公司中兼职的其他人员，不得在证券公司中兼任职务。

5. 有完善的风险管理与内部控制制度。证券公司应当建立健全内部控制制度，采取有效隔离措施，防范公司与客户之间、不同客户之间的利益冲突。证券公司必须将其证券经纪业务、证券承销业务、证券自营业务和证券资产管理业务分开办理，不得混合操作。

6. 有合格的经营场所、业务设施和信息技术系统。

7. 法律、行政法规和经国务院批准的国务院证券监督管理机构规定的其他条件。国务院证券监督管理机构应当自受理证券公司设立申请之日起 6 个月内，依照法定条件和法定程序并根据审慎监管原则进行审查，作出批准或者不予批准的决定，并通知申请人；不予批准的，应当说明理由。证券公司设立申请获得批准的，申请人应当在规定的期限内向公司登记机关申请设立登记，领取营业执照。证券公司应当自领取营业执照之日起 15 日内，向国务院证券监督管理机构申请经营证券业务许可证。未取得经营证券业务许可证，证券公司不得经营证券业务。

我国证券公司的设立采取审批制，即由申请人向审批机构提出申请，由审批机构依法进行审查并作出决定。如果获得批准设立，申请人可以在规定期限内向公司登记机关申请设立登记。我国《证券法》第 119 条规定：国务院证券监督管理机构应当自受理证券公司设立申请之日起 6 个月内，依照法定条件和法定程序并根据审慎监管原则进行审查，作出批准或者不予批准的决定，并通知申请人；不予批准的，应当说明理由。证券公司设立申请获得批准的，申请人应当在规定的期限内向公司登记机关申请设立登记，领取营业执照。证券公司应当自领取营业执照之日起 15 日内，向国务院证券监督管理机构申请经营证券业务许可证。未取得经营证券业务许可证，证券公司不得经营证券业务。

二、证券公司的业务范围

根据我国《证券法》第 120 条的规定，经国务院证券监督管理机构核准，取得经营证券业务许可证，证券公司可以经营下列部分或者全部证券业务。

1. 证券经纪

证券经纪业务是指证券公司根据投资者证券买卖指令，以投资者的名义和账户进行证券买卖和其他证券投资的业务活动。投资者不能直接进入证券交易所进行证券投资，必须借助证券公司提供的经纪服务，才能最终完成证券交易活动。

2. 证券投资咨询。证券公司对证券、期货市场行情进行分析、预测和提出投资建议。

3. 与证券交易、证券投资活动有关的财务顾问。

4. 证券承销与保荐。证券承销是指证券公司根据发行人的委托，为了发行人利益向投资者销售、促成销售或者代为销售拟发行证券的行为。证券包销是指证券公司将发行人的证券按照协议全部购入或者在承销期结束时将售后剩余证券全部自行购入的承销方式。证券保荐业务，是指有资格的证券保荐人推荐符合条件的公司公开发行和上市证券，并对所推荐的发行人披露的信息质量和所作承诺提供持续训示、督促、辅导、指导和信用担保等业务。

5. 证券融资融券。所谓融资融券，是指证券公司向客户出借资金供其买入证券或者出借证券供其卖出，并收取担保物的经营活动。

6. 证券做市交易。所谓做市交易，是指在证券市场上，由具备一定实力和信誉的特许交易商，不断向公众投资者报出某些特定证券的买卖价格（即双向报价），并在该价位上接受公众投资者的买卖要求，以其自有资金和证券与投资者进行证券交易。

7. 证券自营。证券自营业务是指证券公司以其合法资金和名义从事的证券买卖业务。证券公司进行自营业务，应当开设专门的自营账户，并与经纪业务账户分开管理，不得混合操作。根据自营业务规则，证券公司对自营业务中的损失，要独立承担全部责任。

8. 其他证券业务。

国务院证券监督管理机构应当自受理前款规定事项申请之日起 3 个月内，依照法定条件和程序进行审查，作出核准或者不予核准的决定，并通知申请人；不予核准的，应当说明理由。证券公司经营证券资产管理业务的，应当符合我国《证券投资基金法》等法律、行政法规的规定。除证券公司外，任何单位和个人不得从事证券承销、证券保荐、证券经纪和证券融资融券业务。证券公司从事证券融资融券业务，应当采取措施，严格防范和控制风险，不得违反规定向客户出借资金或者证券。

三、证券公司的变更与终止

（一）证券公司的变更

证券公司变更证券业务范围，变更主要股东或者公司的实际控制人，合并、分立、停业、解散、破产，应当经国务院证券监督管理机构核准。

证券公司的董事、监事、高级管理人员未能勤勉尽责，致使证券公司存在重大违法违规行为或者重大风险的，国务院证券监督管理机构可以责令证券公司予以更换。

（二）证券公司的终止

证券公司违法经营或者出现重大风险，严重危害证券市场秩序、损害投资者利益的，国务院证券监督管理机构可以对该证券公司采取责令停业整顿、指定其他机构托管、接管或者撤销等监管措施。在证券公司被责令停业整顿、被依法指定托管、接管或者清算期间，或者出现重大风险时，经国务院证券监督管理机构批准，可以对该证券公司直接负责的董事、监事、高级管理人员和其他直接责任人员采取以下措施：（1）通知出境入境管理机关依法阻止其出境；（2）申请司法机关禁止其转移、转让或者以其他方式处分财产，或者在财产上设定其他权利。

四、证券公司与投资者关系

投资者应当与证券公司签订证券交易委托协议，并在证券公司实名开立账户，以书面、电话、自助终端、网络等方式，委托该证券公司代其买卖证券。证券公司为投资者开立账户，应当按照规定对投资者提供的身份信息进行核对。证券公司不得将投资者的账户提供给他人使用。投资者应当使用实名开立的账户进行交易。证券公司根据投资者的委托，按照证券交易规则提出交易申报，参与证券交易所场内的集中交易，并根据成交结果承担相应的清算交收责任。证券登记结算机构根据成交结果，按照清算交收规则，与证券公司进行证券和资金的清算交收，并为证券公司客户办理证券的登记过户手续。

第四节　证券登记结算机构

一、证券登记结算机构的概念与特征

证券登记结算机构是指为证券交易提供集中登记、存管与结算服务，不以营利为目的，依法登记，取得法人资格的机构。设立证券登记结算机构必须经国务院证券监督管理机构批准。

证券登记结算机构具有以下特征。

1. 经批准成立的法人。证券登记结算机构的设立，必须经证券监督管理机构批准，证券监督管理机构依法对证券登记结算机构及证券登记结算活动进行监督、管理。

2. 不以营利为目的。证券登记结算机构设立的目的在于保护投资者的合法权益，维护证券登记结算秩序，防范证券登记结算风险，保障证券市场安全、高效运行，故其设立不以营利为目的。

3. 为证券交易提供服务。证券登记结算机构对在证券交易所上市的股票、债券、证券投资基金份额等证券及证券衍生品种提供集中登记、存管与结算服务。

二、证券登记结算机构的组织形式

证券登记结算机构设立的目的在于规范证券登记结算行为，保护投资者的合法权益，维护证券登记结算秩序，防范证券登记结算风险，保障证券市场安全高效运行。在证券交易所上市的股票、债券、证券投资基金份额等证券及证券衍生品种的登记结算，都需要由证券登记结算机构提供登记结算服务。证券登记结算机构实行行业自律管理。我国内地的证券登记结算机构是经中国证监会批准于2001年3月30日设立的中国证券登记结算有限责任公司，是不以营利为目的的企业法人，负责全国集中统一运营的证券登记结算。上海、深圳证券交易所分别持有该公司50%的股份。根据《公司法》和该公司《章程》，公司设立股东会、董事会、监事会和经营管理层。截至2020年年初，公司总部内设16个部门（含1个工作组），公司下设上海、深圳、北京三家分公司及中国证券登记结算（香港）有限公司、中证证券期货业信息基地建设公司两家全资子公司。

三、证券登记结算机构的设立、变更与终止

（一）证券登记结算机构的设立条件

证券登记结算机构的设立和解散，应当经国务院证券监督管理机构批准。根据《证券法》第146条的规定，设立证券登记结算机构，应当具备下列条件：（1）自有资金不少于人民币2亿元；（2）具有证券登记、存管和结算服务所必需的场所和设施；（3）国务院证券监督管理机

构规定的其他条件。证券登记结算机构的名称中应当标明证券登记结算字样。

（二）证券登记结算机构的变更与终止

从保护投资者的合法权益出发，基于维护证券登记结算秩序，防范证券登记结算风险，保障证券市场安全、高效运行，证券登记结算机构的变更与终止必须经证监会批准。我国《证券法》第156条规定，证券登记结算机构申请解散，应当经国务院证券监督管理机构批准。

四、证券登记结算机构的职能与业务范围

（一）证券登记结算机构的职能

我国《证券法》第147条规定，证券登记结算机构履行下列职能：（1）证券账户、结算账户的设立；（2）证券的存管和过户；（3）证券持有人名册登记；（4）证券交易的清算和交收；（5）受发行人的委托派发证券权益；（6）办理与上述业务有关的查询、信息服务；（7）国务院证券监督管理机构批准的其他业务。

（二）证券登记结算机构的业务范围

我国《证券法》第148条规定，在证券交易所和国务院批准的其他全国性证券交易场所交易的证券的登记结算，应当采取全国集中统一的运营方式；除此以外的证券，其登记、结算可以委托证券登记结算机构或者其他依法从事证券登记、结算业务的机构办理。

五、证券登记结算机构的业务规则

证券登记结算活动应当实行公开、公平、公正、安全、高效的原则。我国《证券法》第149条规定，证券登记结算机构应当依法制定章程和业务规则，并经国务院证券监督管理机构批准。证券登记结算业务参与人应当遵守证券登记结算机构制定的业务规则。证券登记结算活动必须遵守法律、行政法规、国务院证券监管机构的规定以及证券登记结算机构依法制定的业务规则。

根据《证券登记结算管理办法》，证券登记结算机构不得从事下列活动：（1）与证券登记结算业务无关的投资；（2）购置非自用不动产；（3）违反证监会的规定买卖证券；（4）法律、行政法规和中国证监会禁止的其他行为。证券登记结算机构的下列事项，应当报中国证监会批准：（1）章程、业务规则的制定和修改；（2）董事长、副董事长、总经理和副总经理的任免；（3）依法应当报中国证监会批准的其他事项。

根据《证券法》和《证券登记结算管理办法》，证券登记结算活动必须遵守法律、行政法规、国务院证券监督管理机构的监管规定以及证券登记结算机构依法制定的业务规则。

1. 证券账户管理规则

证券登记结算采取全国集中统一的运营方式。证券登记结算机构的章程、业务规则应当依法制定，并须经国务院证券监督管理机构批准。投资者通过证券账户持有证券，证券账户用于记录投资者持有证券的余额及其变动情况。在证券交易所或者国务院批准的其他全国性证券交易场所交易的证券，应当全部存管在证券登记结算机构。证券登记结算机构不得挪用客户的证券。证券登记结算机构按照业务规则收取的各类结算资金和证券，必须存放于专门的清算交收账户，只能按业务规则用于已成交的证券交易的清算交收，不得被强制执行。

2. 证券账户登记规则

我国《证券法》第151条规定，证券登记结算机构应当向证券发行人提供证券持有人名册

及有关资料。证券登记结算机构应当根据证券登记结算的结果，确认证券持有人持有证券的事实，提供证券持有人登记资料。证券登记结算机构应当保证证券持有人名册和登记过户记录真实、准确、完整，不得隐匿、伪造、篡改或者毁损。

3. 证券托管与存管规则

投资者应当委托证券公司托管其持有的证券，证券公司应当将其自有证券和所托管的客户证券交由证券登记结算机构存管，但法律、行政法规和中国证监会另有规定的除外。证券登记结算机构为证券公司设立客户证券总账和自有证券总账，用以统计证券公司交存的客户证券和自有证券。证券公司应当委托证券登记结算机构维护其客户及自有证券账户，但法律、行政法规和中国证监会另有规定的除外。投资者买卖证券，应当与证券公司签订证券交易、托管与结算协议。

证券登记结算机构应当采取下列措施保证业务的正常进行：（1）具有必备的服务设备和完善的数据安全保护措施；（2）建立完善的业务、财务和安全防范等管理制度；（3）建立完善的风险管理系统。

证券登记结算机构应当妥善保存登记、存管和结算的原始凭证及有关文件和资料，其保存期限不得少于20年。

4. 结算风险基金提取规则

证券登记结算机构应当设立证券结算风险基金，用于垫付或者弥补因违约交收、技术故障、操作失误、不可抗力造成的证券登记结算机构的损失。证券结算风险基金从证券登记结算机构的业务收入和收益中提取，并可以由结算参与人按照证券交易业务量的一定比例缴纳。证券结算风险基金的筹集、管理办法，由国务院证券监督管理机构会同国务院财政部门规定。证券结算风险基金应当存入指定银行的专门账户，实行专项管理。证券登记结算机构以证券结算风险基金赔偿后，应当向有关责任人追偿。

5. 投资者开户规则

投资者委托证券公司进行证券交易，应当通过证券公司申请在证券登记结算机构开立证券账户。证券登记结算机构应当按照规定为投资者开立证券账户。投资者申请开立账户，应当持有证明中华人民共和国公民、法人、合伙企业身份的合法证件。国家另有规定的除外。

6. 结算参与人管理规则

证券登记结算机构作为中央对手方提供证券结算服务的，是结算参与人共同的清算交收对手，进行净额结算，为证券交易提供集中履约保障。证券登记结算机构为证券交易提供净额结算服务时，应当要求结算参与人按照货银对付的原则，足额交付证券和资金，并提供交收担保。在交收完成之前，任何人不得动用用于交收的证券、资金和担保物。结算参与人未按时履行交收义务的，证券登记结算机构有权按照业务规则处理前款所述财产。

第五节 证券服务机构

证券服务机构，是指依法设立的从事证券服务业务的法人机构，包括证券投资咨询机构、会计师事务所、律师事务所以及从事资产评估、资信评级、信息技术系统服务的证券服务机构。我国对证券服务机构实行核准制和备案制的分类管理。从事证券投资咨询服务业务，应当经国务院证券监督管理机构核准；未经核准，不得为证券的交易及相关活动提供服务。

从事其他证券服务业务，应当报国务院证券监督管理机构和国务院有关主管部门备案。证券服务机构应当妥善保存客户委托文件、核查和验证资料、工作底稿以及与质量控制、内部管理、业务经营有关的信息和资料，任何人不得泄露、隐匿、伪造、篡改或者毁损。上述信息和资料的保存期限不得少于10年，自业务委托结束之日起算。证券服务机构为证券的发行、上市、交易等证券业务活动制作、出具审计报告及其他鉴证报告、资产评估报告、财务顾问报告、资信评级报告或者法律意见书等文件，应当勤勉尽责，对所依据的文件资料内容的真实性、准确性、完整性进行核查和验证。其制作、出具的文件有虚假记载、误导性陈述或者重大遗漏，给他人造成损失的，应当与委托人承担连带赔偿责任，但是能够证明自己没有过错的除外。

一、证券投资咨询机构

投资咨询机构是指依法成立，并经证券监督管理机构批准，从事证券投资咨询业务的机构。为了防止证券投资咨询机构及其执业人员在业务活动中因利益冲突而可能导致的欺诈客户、操纵市场、误导投资者等违法行为的发生，更好地保护投资者的合法权益，我国《证券法》规定，证券投资咨询机构及其从业人员从事证券服务业务不得有下列行为：（1）代理委托人从事证券投资；（2）与委托人约定分享证券投资收益或者分担证券投资损失；（3）买卖本证券投资咨询机构提供服务的证券；（4）法律、行政法规禁止的其他行为。有前述行为之一，给投资者造成损失的，应当依法承担赔偿责任。

投资咨询机构从事证券服务业务的人员，必须具备证券专业知识和从事证券业务或者证券服务业务2年以上经验。认定其证券从业资格的标准和管理办法，由国务院证券监督管理机构制定。

投资咨询机构及其执业人员从事证券投资咨询活动必须客观公正、诚实信用，不得以虚假信息、内幕信息或者市场传言为依据向客户或投资者提供分析、预测或建议；预测证券市场、证券品种的走势或者就投资证券的可行性进行建议时需有充分的理由和依据，不得主观臆断；证券投资分析报告、投资分析文章等形式的咨询服务产品，不得有建议投资者在具体证券品种上进行具体价位买卖等方面的内容。

二、其他证券服务机构

2019年修订的《证券法》规定，对从事证券投资咨询服务业务的机构实行核准制；对从事其他证券服务业务的机构，实行备案制。因此，会计师事务所、律师事务所以及从事资产评估、资信评级、信息技术系统服务的证券服务机构，从事证券服务业务应当依规向中国证监会备案。

由于修订后的《证券法》自2020年3月1日起施行，此前的相关规定已经与证券法不相符合。为落实新《证券法》关于证券服务机构从事证券服务业务向国务院证券监管机构备案的新要求，中国证监会于2020年2月29日发布了《证券服务机构从事证券服务业务备案管理规定（征求意见稿）》。

会计师事务所从事下列证券服务业务，应当进行备案：（1）为证券的发行、上市、挂牌、交易等证券业务活动制作、出具财务报表审计报告、内部控制审计报告、内部控制鉴证报告以及中国证监会规定的其他文件；（2）为证券基金期货经营机构及其资产管理产品、证券服务机构、基金托管机构制作、出具财务报表审计报告、内部控制审计报告、内部控制鉴证报告以及中国证监会规定的其他文件。

律师事务所为下列证券活动从事证券服务业务，制作、出具法律意见书，应当进行备案：（1）首次公开发行股票、存托凭证及上市；（2）上市公司发行证券及上市；（3）上市公司收购、重大资产重组及股份回购；（4）上市公司合并、分立及分拆；（5）上市公司及非上市公众公司实行股权激励计划或员工持股计划；（6）公开发行公司债券及上市交易；（7）境内企业直接或者间接到境外发行证券、将其证券在境外上市交易（包括后续增发股份）；（8）股份有限公司向特定对象转让股票导致股东累计超过200人，以及申请股票在全国中小企业股份转让系统（以下简称“全国股转系统”）挂牌并公开转让；（9）股份有限公司向特定对象发行股票导致股东累计超过200人、非上市公众公司向特定对象发行股票后股东累计超过200人，以及股票公开转让的公众公司向全国股转系统不特定合格投资者公开发行股票。

资产评估机构从事下列证券服务业务，应当按照本规定进行备案：（1）为证券发行、上市、挂牌、交易的主体及其控制的主体、并购标的等制作、出具资产评估报告或估值报告，以及中国证监会规定的其他文件；（2）为证券基金期货经营机构及其资产管理产品制作、出具资产评估报告或估值报告，以及中国证监会规定的其他文件。

资信评级机构从事下列证券服务业务，应当进行备案：（1）为经中国证监会依法注册发行的债券、资产支持证券以及其他固定收益或者债务型结构性融资证券制作、出具资信评级报告及提供相关评级服务；（2）为在证券交易所上市交易的债券、资产支持证券以及其他固定收益或者债务型结构性融资证券（国债除外）制作、出具资信评级报告及提供相关评级服务；（3）为相关的证券的发行人、发起机构、上市公司、非上市公众公司、证券基金经营机构制作、出具资信评级报告及提供相关评级服务；（4）为中国证监会规定的其他评级对象制作、出具资信评级报告及提供相关评级服务。

信息技术系统服务机构从事下列证券服务业务，应当进行备案：（1）重要信息系统的开发、测试、集成及测评；（2）重要信息系统的运营及日常安全管理。所谓重要信息系统，是指支撑证券经营机构和证券专项业务服务机构关键业务系统，出现异常将对证券市场和投资者产生重大影响的信息系统。

法律应用

1. 证券公司的业务不得混合操作。《证券法》第125条列举了证券公司可以从事的证券业务，但需要明确的是，证券公司在经营中，必须将其证券经纪业务、证券承销业务、证券自营业务和证券资产管理业务分开办理，不得混合操作。要采取有效隔离措施，防范公司与客户之间、不同客户之间的利益冲突。特别是证券公司的自营业务，更应与其他业务分开操作，以维护客户的合法权益。这要求证券公司的自营业务必须以自己的名义进行，不得假借他人名义或者以个人名义进行。证券公司的自营业务必须使用自有资金和依法筹集的资金。

2. 进入证券交易所参与集中交易的，必须是证券交易所的会员。投资者应当与证券公司签订证券交易委托协议，并在证券公司开立证券交易账户，以书面、电话以及其他方式，委托该证券公司代其买卖证券。证券公司根据投资者的委托，按照证券交易规则提出交易申报，参与证券交易所场内的集中交易，并根据成交结果承担相应的清算交收责任；证券登记结算机构根据成交结果，按照清算交收规则，与证券公司进行证券和资金的清算交收，并为证券公司客户办理证券的登记过户手续。

3. 证券登记结算机构是不以营利为目的的法人。证券登记结算机构履行下列职能：证券账户、结算账户的设立；证券的存管和过户；证券持有人名册登记；证券交易所上市证券交易的清算和交收；受发行人的委托派发证券权益；办理与上述业务有关的查询；国务院证券监督管理机构批准的其他业务。根据《证券登记结算管理办法》的规定，证券登记结算机构不得：从事与证券登记结算业务无关的投资；购置非自用不动产；在规定之外买卖证券；法律、行政法规和证监会禁止的其他行为。

思考题

1. 我国《证券法》规定，设立证券公司应当具备哪些条件？
2. 我国《证券法》规定，经国务院证券监督管理机构批准，证券公司可以经营哪些业务？
3. 简述证券交易所的组织形式。
4. 简述证券交易所的设立体制。
5. 证券交易所对证券交易活动实施哪些监管？
6. 简述证券交易所对会员的监管。
7. 简述证券交易所对上市公司的监管。
8. 根据我国《证券法》的规定，证券登记结算机构的业务范围和职能有哪些？
9. 简述证券登记结算机构的业务规则。

历年司法考试题

1. 依据我国《证券法》的相关规定，关于证券发行的表述，下列哪一选项是正确的？（　　）（2013年）

A. 所有证券必须公开发行，而不得采用非公开发行的方式

B. 发行人可通过证券承销方式发行，也可由发行人直接向投资者发行

C. 只有依法正式成立的股份公司才可发行股票

D. 国有独资公司均可申请发行公司债券

答案及解析：D项。选项A错误。《证券法》第10条第3款规定，非公开发行证券，不得采用广告、公开劝诱和变相公开方式。据此可知，证券可以公开发行，也可以依法非公开发行。选项B错误。《证券法》第11条第1款规定，发行人申请公开发行股票、可转换为股票的公司债券，依法采取承销方式的，或者公开发行法律、行政法规规定实行保荐制度的其他证券的，应当聘请具有保荐资格的机构担任保荐人。据此可知，发行人不能直接向投资者发行证券，必须聘请保荐人。选项C错误。采用募集方式设立的股份公司，公司在设立过程中就可以向社会发行股票了，在公司成立之后向投资者交付股票。选项D正确。国有独资公司是有限责任公司，可以依法发行公司债券。

2. 张某手头有一笔闲钱欲炒股，因对炒股不熟便购买了某证券投资基金。关于张某作为基金份额持有人所享有的权利，下列哪些表述是正确的？（　　）（2015年）

A. 按份额享有基金财产收益

B. 参与分配清算后的剩余基金财产

C. 可回赎但不能转让所持有的基金份额

D. 可通过基金份额持有人大会来更换基金管理人

答案及解析：A、B、D项。《证券投资基金法》第47条第1款规定，基金份额持有人享有下列权利：（1）分享基金财产收益；（2）参与分配清算后的剩余基金财产；（3）依法转让或者

申请赎回其持有的基金份额；(4) 按照规定要求召开基金份额持有人大会或者召集基金份额持有人大会；(5) 对基金份额持有人大会审议事项行使表决权；(6) 对基金管理人、基金托管人、基金服务机构损害其合法权益的行为依法提起诉讼；(7) 基金合同约定的其他权利，故选项A、B正确，选项C错误。《证券投资基金法》第48条规定，基金份额持有人大会由全体基金份额持有人组成，行使下列职权：(1) 决定基金扩募或者延长基金合同期限；(2) 决定修改基金合同的重要内容或者提前终止基金合同；(3) 决定更换基金管理人、基金托管人；(4) 决定调整基金管理人、基金托管人的报酬标准；(5) 基金合同约定的其他职权，故选项D正确。

3. 赢鑫投资公司业绩骄人。公司拟开展非公开募集基金业务，首期募集1 000万元。李某等老客户知悉后纷纷表示支持，愿意将自己的资金继续交其运作。关于此事，下列哪一选项是正确的？(　　)(2016年)

A. 李某等合格投资者的人数可以超过200人

B. 赢鑫公司可在全国性报纸上推介其业绩及拟募集的基金

C. 赢鑫公司可用所募集的基金购买其他的基金份额

D. 赢鑫公司就其非公开募集基金业务应向中国证监会备案

答案及解析：C项。选项A错误。《证券投资基金法》第87条第1款规定，非公开募集基金应当向合格投资者募集，合格投资者累计不得超过200人。据此可知，非公开募集基金的合格投资者的人数不得超过200人。选项B错误。《证券投资基金法》第91条规定，非公开募集基金，不得向合格投资者之外的单位和个人募集资金，不得通过报刊、电台、电视台、互联网等公众传播媒体或者讲座、报告会、分析会等方式向不特定对象宣传推介。选项C正确。《证券投资基金法》第94条第2款规定，非公开募集基金财产的证券投资，包括买卖公开发行的股份有限公司股票、债券、基金份额，以及国务院证券监督管理机构规定的其他证券及其衍生品种。选项D错误。《证券投资基金法》第89条规定，担任非公开募集基金的基金管理人，应当按照规定向基金行业协会履行登记手续，报送基本情况。该法第94条第1款规定，非公开募集基金募集完毕，基金管理人应当向基金行业协会备案。对募集的资金总额或者基金份额持有人的人数达到规定标准的基金，基金行业协会应当向国务院证券监督管理机构报告。

4. 吉达公司是一家上市公司，公告称其已获得某地块的国有土地使用权。嘉豪公司资本雄厚，看中了该地块的潜在市场价值，经过细致财务分析后，拟在证券市场上对吉达公司进行收购。下列哪些说法是正确的？(　　)(2016年)

A. 若收购成功，吉达公司即丧失上市资格

B. 若收购失败，嘉豪公司仍有权继续购买吉达公司的股份

C. 嘉豪公司若采用要约收购则不得再与吉达公司的大股东协议购买其股份

D. 待嘉豪公司持有吉达公司已发行股份30%时，应向其全体股东发出不得变更的收购要约

答案及解析：B、C项。《股票发行与交易管理暂行条例》第51条第1、2款规定，收购要约期满，收购要约人持有的普通股未达到该公司发行在外的普通股总数的50%的，为收购失败；收购要约人除发出新的收购要约外，其以后每年购买的该公司发行在外的普通股，不得超过该公司发行在外的普通股总数的5%。收购要约期满，收购要约人持有的普通股达到该公司发行在外的普通股总数的75%以上的，该公司应当在证券交易所终止交易。选项A错误。根据上述规定可知，嘉豪公司收购吉达公司发行在外的普通股总数50%以上的，即为收购成功，而嘉豪公司持有的普通股达到吉达公司发行在外的普通股总数的75%以上的，吉达公司才应当在证券交易所终止交易。因此，收购成功，并不必然导致吉达公司丧失上市资格。选项B正

确。若收购失败，嘉豪公司仍有权继续购买吉达公司的股份，但其每年购买的吉达公司发行在外的普通股，不得超过吉达公司发行在外的普通股总数的5%。选项C正确。《证券法》第93条规定，采取要约收购方式的，收购人在收购期限内，不得卖出被收购公司的股票，也不得采取要约规定以外的形式和超出要约的条件买入被收购公司的股票。据此可知，嘉豪公司若采用要约收购，则不得再采取协议收购的方式。选项D错误。《证券法》第91条规定，在收购要约确定的承诺期限内，收购人不得撤销其收购要约。收购人需要变更收购要约的，必须及时公告，载明具体变更事项。据此可知，收购要约可以变更。

5. 某基金管理公司在2003年曾公开发售一只名为"基金利达"的封闭式基金。该基金原定封闭期15年，现即将到期，拟转换为开放式基金继续运行。关于该基金的转换，下列哪一选项是正确的？(　　)(2017年)

A. 须经国务院证券监督管理机构核准

B. 转换后该基金应保持一定比例的现金或政府债券

C. 基金份额持有人大会就该转换事宜的决定应经有效表决权的1/2以上通过

D. 转换后基金份额持有人有权查阅或复制该基金的相关会计账簿等财务资料

答案及解析：B项。《证券投资基金法》第79条规定，按照基金合同的约定或者基金份额持有人大会的决议，基金可以转换运作方式或者与其他基金合并。选项A错误。选择封闭式基金的，须经国务院证券监督管理机构核准。而转换为开放式基金，不需要经国务院证券监督管理机构核准。选项B正确。《证券投资基金法》第69条规定，开放式基金应当保持足够的现金或者政府债券，以备支付基金份额持有人的赎回款项。基金财产中应当保持的现金或者政府债券的具体比例，由国务院证券监督管理机构规定。选项C错误。《证券投资基金法》第87条第3款规定，基金份额持有人大会就审议事项作出决定，应当经参加大会的基金份额持有人所持表决权的1/2以上通过；但是，转换基金的运作方式、更换基金管理人或者基金托管人、提前终止基金合同、与其他基金合并，应当经参加大会的基金份额持有人所持表决权的2/3以上通过。选项D错误。《证券投资基金法》第47条第2款规定，公开募集基金的基金份额持有人有权查阅或者复制公开披露的基金信息资料；非公开募集基金的基金份额持有人对涉及自身利益的情况，有权查阅基金的财务会计账簿等财务资料。

第八章
其他金融机构法律制度

重点问题

1. 金融机构的概念
2. 金融机构的产生、发展和分类
3. 非银行类金融机构的特征
4. 农村信用合作社、金融资产管理公司、信托公司的法律制度
5. 企业集团财务公司、金融租赁公司、汽车金融公司的法律制度
6. 小额贷款公司、融资性担保公司法律制度
7. 外资金融机构的法律制度

第一节　其他金融机构法律制度概述

一、金融机构的分类

金融机构是指依法成立的从事金融业务和金融监管活动的组织。金融机构是金融活动的主体，是金融关系的参加者。

金融机构是随着商品经济的发展而产生的。在自给自足的小农经济时代，商品交换形式简单。随着商品经济的发展，商品生产和交换大量出现、货币随之产生，就出现了金融活动。只有存在金融活动，才产生专门从事金融活动的金融机构。

金融机构的种类众多，依据不同的标准可以作不同的分类：

1. 根据在金融监管活动中的角色不同分为监管主体和被监管主体。不同的国家或地区有不同的监管主体，我国的金融监管主体主要是中国人民银行与和国务院银行保险业监督管理机构、国务院证券监管机构，此外还有各地政府设立的地方金融监管机构。被监管主体有各种银行金融机构和非银行金融机构。

2. 根据从事金融业务的不同分为银行类金融机构和非银行类金融机构。其中，银行类金融机构包括商业银行和政策性银行以及外资银行，非银行类金融机构包括证券业机构、信托业机构、保险业机构和其他非银行金融机构。

3. 根据金融机构业务的地域范围不同分为全国性金融机构和地域性金融机构。全国性金融机构有中国人民银行、银行业监管机构及其派出机关，四大国有商业银行及其分支机构，政策性银行及其分支机构，股份制银行及其分支机构；地域性银行是指机构设置及业务范围主要在某一地域内的银行类金融机构。

4. 根据金融机构的产权构成形式可分为独资、合伙和股份制金融机构。在我国的金融机构，只有独资和股份制金融机构而没有合伙制金融机构。

5. 根据金融机构的国籍可分为本国金融机构和外国金融机构。按照我国法律规定，外国金融机构，是指在中华人民共和国境外注册并经所在国家或者地区金融监管当局批准或者许可的金融机构。而本国金融机构是指依照中华人民共和国有关法律、法规，经批准在中华人民共和国境内设立的金融机构。

6. 按照金融机构所依赖的营业场所和科技手段，还可分为实体金融机构和非实体金融机构。所谓实体金融机构，是指依赖于具有物理实体的营业场所开展金融业务的金融机构，即通常可以看到营业网站的金融机构。非实体金融机构，主要表现为互联网金融。互联网金融是传统金融机构与互联网企业利用互联网技术和信息通信技术实现资金融通、支付、投资和信息中介服务的新型金融业务模式。这种金融模式一般没有实物意义上的业务经营场所，而是通过互联网技术，在互联网终端设备面向客户开展业务，例如股权众筹融资、P2P网络借贷、第三方支付、互联网基金销售、互联网保险、互联网信托和互联网消费金融、电子银行、数字货币交易、大数据金融等。目前，此类金融机构一般被视为金融信息服务中介机构。

二、银行类金融机构与非银行类金融机构

银行类金融机构是指依法设立的、名称冠以“银行”字样的，从事金融业务和金融监管活动的组织，如中央银行、政策性银行、国有商业银行、股份制商业银行、城市商业银行、邮政储蓄银行、外资银行等。非银行类金融机构是指未冠以“银行”字样的，从事货币信用业务和金融服务业务的金融机构，也称其他金融机构。非银行类金融机构主要经营各种非银行性金融业务，如信托、融资租赁、证券承销与经纪、保险等。一般认为，非银行类金融机构包括信用合作社、财务公司、金融租赁公司、信托公司、证券公司、保险公司、小额贷款公司和融资担保公司等。

非银行类金融机构是国家金融体系的重要组成部分，其特征如下：

1. 未冠以“银行”名称。一般公司的名称包含四部分：地域名称、字号、组织形式和行业特征，金融机构名称中的“银行”可以看做是行业特征，非银行类金融机构的名称中所包含的“证券”“保险”“信托”“信用合作社”等，也可以看做是非银行类金融机构的行业特征，所以，法律规定非银行类金融机构的名称不能冠以“银行”字样，也与公司名称的要求相一致。非银行类金融机构只能具有与本机构经营业务相对应的名称，如保险公司、证券公司、信托公司、信用合作社等。

2. 业务范围较为单一。非银行类金融机构从事的主营业务一般较为单一，大多数非银行类金融机构不能吸收公众存款和发放贷款，其主要从事的经营活动受到相应法规的严格限制。

3. 由单行法调整。非银行类金融机构各自的性质、组织形式、管理体制、业务范围和经营规则差别较大，难以通过统一的立法加以规范。我国采用单独立法的形式，实行分别立法、分业管理，由单独的法律规范调整，如《保险法》《证券法》《金融资产管理公司条例》《农村信用合作社管理规定》《信托公司管理办法》等。

非银行类金融机构在我国的发展是经济体制改革所取得的显著成绩之一。非银行类金融机构法律制度是关于非银行类金融机构的设置、性质、组织形式、业务范围与金融活动的规范和制度的总称。证券机构法律制度和保险法律制度在前面已作专章介绍，故本章所讲的非银行类金融机构仅指农村信用社及其联社、金融资产管理公司、信托公司、企业集团财务公司、金融租赁公司、汽车金融公司、小额贷款公司和融资担保公司。同时，外资金融机构作为银行类金

融机构，在本书前面没有涉及，故作为其他金融机构放入本章。

第二节　信用合作机构法律制度

信用合作机构是指依法设立的，以社员集体投资为基础的合作性金融机构，包括城市信用合作社和农村信用合作社。根据金融体制改革决定的精神，我国的城市信用合作社正有计划、有步骤地组建为城市商业银行。1995 年 3 月，中国人民银行下发《关于进一步加强城市信用社管理的通知》："在全国的城市合作银行组建工作过程中，不再批准设立新的城市信用社"。至此全国基本上停止城市信用社的审批工作。根据银监会于 2007 年 7 月 3 日发布的《关于制定、修改、废止、不适用部分规章和规范性文件的公告》，银行业监管机构在履行监管职责和行使监管职权时，不再适用《城市信用合作社管理办法》，所以，本节只介绍农村信用合作社的相关内容。

为加强对农村信用合作社的监督、管理，规范其金融活动，我国先后颁布了一系列相应的规范性文件，如中国人民银行 1997 年 9 月 15 日颁布《农村信用合作社管理规定》，1997 年 11 月 24 日颁布《农村信用合作社县级联合社管理规定》，1999 年发布《关于组建农村信用合作社市（地）联合社的试点工作方案》《农村信用合作社市（地）联合社管理规定（暂行）》《农村信用合作社市（地）联合社示范章程》。2001 年开始改组创办农村商业银行。2003 年 6 月 27 日，国务院印发了《深化农村信用社改革试点方案》的通知，明确提出了"明晰产权关系、强化约束机制、增强服务功能、国家适当支持、地方政府负责"的总体要求。2003 年银监会发布《农村信用社省（自治区、直辖市）联合社管理暂行规定》等。

一、农村信用合作社

农村信用合作社，简称农村信用社、农信社，是指经中国人民银行批准设立，由社员入股组成，实行社员民主管理，主要为社员提供金融服务的农村合作金融机构，是独立的企业法人。与一般的商业银行不同，农村信用合作社"主要为社员提供金融服务"。农村信用社的社员，是指向农村信用社入股的农户以及农村各类具有法人资格的经济组织，社员以其出资额为限承担风险和民事责任。农村信用社应当向所在县（市）农村信用社联合社（以下简称县联社）入股，并接受县联社的管理。

（一）农村信用社的机构设立和变更

农村信用合作社实行自主经营、独立核算、按股分红、民主管理。可以根据业务需要下设分社、储蓄所，分社、储蓄所不具备法人资格。设立农村信用社应当具备下列条件：有完备的组织章程；社员一般不少于 500 个；注册资本金一般不少于 100 万元人民币；有具备任职资格的管理人员和业务操作人员；有符合要求的营业场所、安全防范措施和办理业务必需的设施。

设立农村信用社，申请人应当向金融监管机构提交申请书和可行性分析报告以及规定的其他文件资料，经批准合法成立，方能营业。经批准设立的农村信用社，取得"金融机构法人许可证"，并凭该许可证向工商行政管理部门登记，领取营业执照。开业后，如出现变更名称、注册资本、营业场所，调整业务范围、理事长、副理事长和主任、副主任以及农村信用社的分立、合并，需经金融监管机构批准。

（二）农村信用社的股权设置

农村信用社的注册资本金是农村信用社社员缴纳的股本金和农村信用社公积金转增形成的

资本总额。农村信用社所有社员必须用货币资金入股，单个社员的最高持股比例不得超过该农村信用社股本金总额的2%。农村信用社向社员发记名式股金证书，作为入股者所有权凭证和分红依据，股本金经向本社办理登记手续后可以转让。农村信用社社员，经本社理事会同意后，可以退股。

（三）农村信用社的组织机构

农村信用社实行民主管理，其权力机构是社员代表大会。社员代表大会由本社社员代表组成。选举社员代表时每个社员一票。社员代表每届任期3年。社员代表大会的决议必须过半数通过；于修改章程、分立、合并、解散和清盘时，要以全体代表的2/3以上多数通过。

理事会是社员代表大会的常设执行机构，由5名以上（奇数）理事组成。理事均由社员担任，由社员代表大会选举和更换。理事长、副理事长的选举和更换，要经全体理事的2/3以上多数通过，其他议案必须过半数通过。

监事会是农村信用社的监督机构，由3名以上（奇数）监事组成。监事由社员代表大会选举和更换，监事会应由社员代表、职工代表组成，理事、主任、副主任和财务负责人不得兼任监事。监事长的选举和更换要经全体监事的2/3以上多数通过，其他议案须过半数通过。

农村信用社实行理事会领导下的主任负责制。农村信用社设主任1人，为法定代表人。农村信用社规模较小的，其主任、副主任可由理事长、副理事长兼任。农村信用社的主要管理人员不得在党政机关任职，不得兼任其他企事业单位的高级管理人员，不得从事除本职工作以外的其他任何以营利为目的的经营活动。

（四）农村信用社的业务管理

经批准，农村信用社可经营以下人民币业务：办理存款、贷款、票据贴现、国内结算业务；办理个人储蓄业务；代理其他银行的金融业务；代理收付款项及受托代办保险业务；买卖政府债券；代理发行，代理兑付，承销政府债券；提供保险箱业务；由县联社统一办理资金融通调剂业务；办理经银行业监管机构批准的其他业务。

农村信用社开展金融业务活动必须遵守下列规定：必须按规定缴纳存款准备金；对本社社员的贷款不得低于贷款总额的50%，其贷款应优先满足种养业和农户生产资金需要，资金有余，再支持非社员和农村其他产业；坚持多存多贷、自求平衡的原则，实行资产负债比例管理，资本充足率不得低于8%；年末贷款余额与存款余额的比例不得超过80%；流动性资产余额与流动性负债余额的比例不得低于25%；对同一借款人的贷款余额不得超过本农村信用社资本总额的30%。

（五）农村信用社的接管与终止

在农村信用社已经或可能出现信用危机、严重影响存款人利益时，可以按有关规定对该信用社实行接管，对其进行整顿。接管期限不得超过12个月。接管期限届满，接管机构可视情况决定延期，但接管期限最长不超过2年。

农村信用社因解散、被撤销或被宣告破产而终止。

二、农村信用合作社县级联合社

农村信用合作社县级联合社（县联社）是指经银行业监管机构批准设立，由所在县（市）农村信用合作社入股组成，实行民主管理，主要为农村信用社服务的联合经济组织。县联社是企业法人。县联社的社员，是指向县联社入股的辖内农村信用社。县联社职工可以集中资金向县联社入股，其他法人和自然人不得向县联社入股。

申请设立县联社必须有社员即本县（市）内农村信用社达8家以上，每个社员入股金额不得低于5万元，不得高于县联社股金总额的20%，并且必须用货币资金入股；注册资本金一般不低于100万元人民币。县联社的主要任务是对本县（市）内的农村信用社进行管理和服务，坚持不与农村信用社竞争的原则。

县联社实行民主管理，其权力机构是社员大会。社员大会由理事会负责召集，表决时每个社员一票。县联社设理事会，理事会是县联社社员大会的执行机构，由5名至11名理事组成。监事会是县联社的监督机构，由3名至9名监事组成，监事由社员代表大会选举和罢免。监事应由社员代表、职工代表组成。县联社实行理事会领导下的主任负责制，设主任1人，为法定代表人，副主任1人至2人。理事、主任、副主任和财务负责人不得兼任监事。

县联社已经或可能出现信用危机，严重影响存款人利益时，金融监管机构可以按有关规定对该县联社实行接管。县联社因解散、被撤销和被宣告破产而终止。

三、农村信用合作社市（地）联合社

农村信用合作社市（地）联合社［以下简称市（地）联社］是指经金融监管机构批准设立，由所在市（地）县联社自愿出资入股组成，实行民主管理，履行行业管理和服务职能，具有独立法人地位的合作金融组织，其名称根据所在市（地）名称命名为“××市（地、盟）农村信用合作社联合社”。市（地）联社主要从事行业管理，向县联社提供资金清算和调剂服务，不对居民和企业办理存贷款业务，不设立分支机构。

申请设立市（地）联社必须具备下列条件：有符合法律规定的章程；入股县联社达到4家（含4家）以上；注册资本金不低于200万元人民币；有具备任职资格的管理人员和业务操作人员；有健全的组织机构和管理制度；有符合要求的经营场所、安全防范措施和与业务有关的其他设施。

凡承认市（地）联社章程，按规定交纳股金的辖内县联社均可申请加入市（地）联社，为社员社。市（地）联社吸纳市（地）范围内县联社的入股资金，不吸收市（地）联社职工、其他法人和自然人入股。未经市（地）联社理事会同意，社员社不能退股或转让股金。每个社员社入股金额不得低于10万元并不得超过其实有资本金的50%，出资比例不得高于市（地）联社股金总额的30%。社员社必须用货币资金入股。

市（地）联社实行民主管理，其权力机构是社员大会。社员大会由每个社员社的社员大会选举5名至11名代表参加，每个社员社的代表数量相同。理事会是市（地）联社社员大会的执行机构，由5名至11名（奇数）理事组成。市（地）联社职工代表担任理事的人数不超过理事会人数的20%。监事会是市（地）联社的监督机构，由市（地）联社社员代表和职工代表组成，人数为3名至9名（奇数）。市（地）联社实行理事会领导下的主任负责制，主任、副主任由理事会聘任，主任不得由理事长兼任。

四、农村信用社省（自治区、直辖市）联合社

农村信用社省（自治区、直辖市）联合社（以下简称省联社）是由所在省（自治区、直辖市）内的农村信用合作社市（地）联合社、县联合社、县农村信用合作联社、农村合作银行自愿入股组成，实行民主管理，主要履行行业自律管理和服务职能，具有独立企业法人资格的地方性金融机构。省联社以所在省（自治区、直辖市）名称命名为“××省（自治区、市）农村信用合作社联合社”。

省联社以发起方式设立，发起人认购省联社发行的全部股份。设立省联社，应当具备下列条件：有符合法律规定的章程；注册资本金不低于500万元人民币；有符合任职资格条件的高级管理人员和符合要求的从业人员；具有健全的组织机构和管理制度；银监会规定的其他条件。经批准，省联社可在辖内设立办事处，办事处是省联社的派出机构，不具有法人资格。

市（地）联社、县联社、县（市、区）农村信用合作联社、农村合作银行和农村商业银行可向省联社入股，省联社不吸收其他法人和自然人入股。省联社每股股金10万元人民币。单个社员社出资比例不得超过省联社股本总额的10%，社员社入股金额不得超过其实收资本的30%。社员社必须以货币资金入股，股金必须一次募足。

社员大会是省联社权力机构，由社员社代表组成。每个社员社的代表数量相同。省联社设理事会，理事会是社员大会的执行和监督机构，由9名至15名（奇数）理事组成。每个社员社担任理事的人数不得超过1人，省联社职工中担任理事的人数不得超过理事人数的20%。省联社高级管理层由主任和副主任组成，主任不得由理事长兼任。

第三节　金融资产管理公司法律制度

一、金融资产管理公司的概念和法律地位

在国际金融市场上，金融资产管理公司（Asset Management Corporation，简称AMC）有两类：一类是从事“优良”资产管理业务；另一类是从事“不良”资产管理业务。前者外延较广，涵盖诸如商业银行、投资银行以及证券公司设立的资产管理部或资产管理方面的子公司，主要面向个人、企业和机构等，提供的服务主要有账户分立、合伙投资、单位信托等；后者是专门处置银行剥离的不良资产的金融资产管理公司。

我国金融资产管理公司诞生于亚洲金融危机爆发之时。1999年4月至10月，我国先后建立了四家金融资产管理公司，即中国华融资产管理公司、中国长城资产管理公司、中国东方资产管理公司、中国信达资产管理公司，分别接收从中国工商银行、中国农业银行、中国银行、中国建设银行剥离出来的不良资产。2000年11月1日，国务院发布的《金融资产管理公司条例》第2条规定，金融资产管理公司是指经国务院决定设立的，收购国有银行不良贷款、管理和处置因收购国有银行不良贷款形成的资产的国有独资非银行金融机构。金融资产管理公司以最大限度保全资产、减少损失为主要经营目标，依法独立承担民事责任。2012年1月，财政部、银监会联合发布《金融企业不良资产批量转让管理办法》。作为地方资产管理公司设立的政策依据，该办法规定各省级政府原则上只可设立或授权一家资产管理或经营公司。例如，2014年12月成立的山东省金融资产管理股份有限公司，注册资本101.1亿元，公司是由山东省人民政府批准设立的省级金融资产管理公司，经中国银监会公布具备省内金融企业不良资产批量经营资质。

金融资产管理公司的成立实质上是一种以金融资产管理公司为中介的产融结合过程，是一种以政府为主导的金融创新，它实际上是在由法律分离开的两类——银行与非银行金融机构之间架设的一座桥梁。金融资产管理公司作为国有独资非银行金融机构，是由国家全资投资的特定政策性金融机构，其主要任务是运用投资银行手段收购、管理和处置由银行剥离出来的不良资产，最大限度地保全资产，减少损失；同时，还担负着支持国有企业摆脱困境的重大历史使命。

我国成立金融资产管理公司后，在不良资产的管理和处置方面取得了一些成绩，但还存在以下突出问题：一是剥离过程中的违法、违规现象严重；二是资产处置过程中的违法、违规现象严重；三是处置资产过程不透明，内部交易和关联交易多，评估随意性大，存在假招标和假拍卖等问题；四是不良资产处置外部环境方面，存在法律法规不完善、地方政府行政干预和企业逃废债务问题突出等。[①] 究其原因，关键是目前金融资产管理公司的性质和地位不明，虽然规定金融资产管理公司依法独立承担民事责任，但同时又规定金融资产管理公司处置不良贷款形成的最终损失，由财政部提出解决方案，报国务院批准执行，也就是说处置不良资产的最终风险是由国家财政承担的，这就出现了矛盾性规定。所以，要发挥金融资产管理公司的作用，就必须尽快从法律上明确其独立的企业法人地位，以保证公司财产独立、利益独立、责任独立，保障其受益权、管理权、监督权的有效行使。

二、金融资产管理公司的设立与组织机构

设立金融资产管理公司是为了处理国有银行不良贷款，促进国有银行和国有企业的改革、发展。金融资产管理公司的主要经营目标是最大限度地保全资产，减少损失。其成立的注册资本为人民币100亿元，由财政部核拨。金融资产管理公司如果设立分支机构，须经财政部同意，并报金融监管机构批准。

金融资产管理公司设总裁1人、副总裁若干人，总裁、副总裁由国务院任命，总裁对外代表金融资产管理公司行使职权，负责金融资产管理公司的经营管理。金融资产管理公司监事会的组成、职责和工作程序，依照《国有重点金融机构监事会暂行条例》执行。

三、金融资产管理公司的业务范围和经营管理

金融资产管理公司在其收购的国有银行不良贷款范围内，管理和处置因收购国有银行不良贷款形成的资产时，可以从事下列业务活动：追偿债务；对所收购的不良贷款形成的资产进行租赁或者以其他形式转让、重组；债权转股权，并对企业阶段性持股；资产管理范围内公司的上市推荐及债券、股票承销；发行金融债券，向金融机构借款；财务及法律咨询，资产及项目评估；中国人民银行、证监会批准的其他业务活动。

金融资产管理公司的任务是在国务院指定的范围和额度内收购、处置国有商业银行的不良贷款，处置不良资产主要是通过债权转股权的方式。收购不良贷款的资产来源：一是从中国人民银行发放给国有独资商业银行的部分再贷款划转而来的资金；二是经中国人民银行会同财政部审批的由金融资产管理公司发行的金融债券。

金融资产管理公司实行经营目标责任制，应当根据不良贷款的特点，完善内部治理结构，建立内部约束机制和激励机制。金融资产管理公司在管理、处置收购国有银行不良贷款过程中形成的资产时，应当按照公开、竞争、择优的原则运作，在转让资产时，主要采取招标、拍卖等方式。

金融资产管理公司免交在收购国有银行不良贷款和承接、处置因收购国有银行不良贷款而形成的资产的业务活动中的税收，并且免交工商登记注册费等行政性收费。

金融资产管理公司终止时，由财政部组织清算组，进行清算。

---

① 朱大旗．金融法．2版．北京：中国人民大学出版社，2007：290.

第四节　信托公司法律制度

一、信托公司的概念和地位

信托是指委托人基于对受托人的信任，将其财产权委托给受托人，由受托人按委托人的意愿以自己的名义，为受益人的利益或者特定目的，进行管理或者处分的行为。为了调整信托关系，规范信托行为，2001年4月28日，第九届全国人大常委会通过了《中华人民共和国信托法》，并于同年10月1日起施行。《信托法》公布时，全国已有信托投资公司60家。目前，规范信托公司的法律规范主要是银监会于2006年12月28日通过的《信托公司管理办法》，该办法自2007年3月1日起施行。

信托公司，是指依照《中华人民共和国公司法》和《信托公司管理办法》设立的主要经营信托业务的金融机构。所谓信托业务，是指信托公司以营业和收取报酬为目的，以受托人身份承诺信托和处理信托事务的经营行为。信托财产不属于信托公司的固有财产，也不属于信托公司对受益人的负债。信托公司终止时，信托财产不属于其清算财产。

二、信托公司的设立、变更和终止

设立信托公司，应当采取有限责任公司或者股份有限公司的形式，并应当经银监会批准，领取金融许可证。除法律、法规另有规定外，未经银监会批准，任何单位和个人不得经营信托业务，任何经营单位不得在其名称中使用“信托公司”字样，信托公司不得设立或变相设立分支机构。

设立信托公司，应当具备下列条件：有符合《公司法》和银监会规定的公司章程；有具备银监会规定的入股资格的股东；具有法定的最低限额的注册资本，注册资本最低限额为3亿元人民币或等值的可自由兑换货币，注册资本为实缴货币资本；有具备银监会规定任职资格的董事、高级管理人员和与其业务相适应的信托从业人员；具有健全的组织机构、信托业务操作规程和风险控制制度；有符合要求的营业场所、安全防范措施和与业务有关的其他设施；银监会规定的其他条件。

信托公司成立后，根据市场变化，结合自身的经营状况可以对许多事项进行适当调整，以便更好更快地实现公司目标。信托公司有下列情形之一的，应当经银监会批准：变更名称、注册资本、公司住所；改变组织形式；调整业务范围；更换董事或高级管理人员；变更股东或者调整股权结构，但持有上市公司流通股份未达到公司总股份5%的除外；修改公司章程；合并或者分立以及银监会规定的其他情形。

信托公司可因解散、被撤销和被宣告破产而终止，并应依法组织清算组进行清算。清算结束后，清算组应当制作清算报告、清算期内收支报表和各种财务账册，报银监会确认。随后向工商行政管理机关办理注销登记手续并公告。

信托公司终止时，其管理信托事务的职责同时终止。清算组应当妥善保管信托财产，作出处理信托事务的报告并向新受托人办理信托财产的移交；信托文件另有约定的，从其约定。

三、信托公司的业务范围

信托公司可以申请经营下列部分或者全部本、外币业务：资金信托；动产信托；不动产信托；有价证券信托；其他财产或财产权信托；作为投资基金或者基金管理公司的发起人从事投资基金业务；经营企业资产的重组、并购及项目融资、公司理财、财务顾问等业务；受托经营国务院有关部门批准的证券承销业务；办理居间、咨询、资信调查等业务；代保管及保管箱业务；法律、法规规定或银监会批准的其他业务。

信托公司可以根据《信托法》等法律、法规的有关规定开展公益信托活动。信托公司可以根据市场需要，按照信托目的、信托财产的种类或者对信托财产管理方式的不同设置信托业务品种。

信托公司固有业务项下可以开展同业拆放贷款、融资租赁、投资等业务。投资业务限定为金融类公司股权投资、金融产品投资和自用固定资产投资。信托公司不得以固有财产进行实业投资，但银监会另有规定的除外。

信托公司不得开展除同业拆入业务以外的其他负债业务，且同业拆入余额不得超过其净资产的20%，银监会另有规定的除外。信托公司可以开展对外担保业务，但对外担保余额不得超过其净资产的50%。

四、信托公司的经营规则

信托公司管理、运用或者处分信托财产，必须恪尽职守，履行诚实、信用、谨慎、有效管理的义务，维护受益人的最大利益。信托公司管理、运用或处分信托财产时，可以依照信托文件的约定，采取投资、出售、存放同业、买入返售、租赁、贷款等方式进行。信托公司不得以卖出回购方式管理、运用信托财产。

信托公司应当建立以股东（大）会、董事会、监事会、高级管理层等为主体的组织架构，形成科学、高效的决策、激励与约束机制。信托公司对委托人、受益人以及所处理信托事务的情况和资料负有依法保密的义务，但法律、法规另有规定或者信托文件另有约定的除外。信托公司应当妥善保存处理信托事务的完整记录，定期向委托人、受益人报告信托财产及其管理、运用、处分及收支的情况。委托人、受益人有权向信托公司了解对其信托财产的管理、运用、处分及收支情况，并要求信托公司作出说明。

信托公司应当将信托财产与其固有财产分别管理、分别记账，并将不同委托人的信托财产分别管理、分别记账。信托公司每年应当从税后利润中提取5%作为信托赔偿准备金，但该赔偿准备金累计总额达到公司注册资本的20%时，可不再提取。

信托公司的信托业务部门应当独立于公司的其他部门，其人员不得与公司其他部门的人员相互兼职，业务信息不得与公司的其他部门共享。

信托公司经营信托业务，应依照信托文件的约定以手续费或者佣金的方式收取报酬，银监会另有规定的除外。信托公司违反信托目的处分信托财产，或者因违背管理职责、处理信托事务不当致使信托财产受到损失的，在恢复信托财产的原状或者予以赔偿前，信托公司不得请求给付报酬。

信托公司因处理信托事务而支出的费用、负担的债务，以信托财产承担，但应在信托合同中列明或明确告知受益人。信托公司以其固有财产先行支付的，对信托财产享有优先受偿的权利。因信托公司违背管理职责或者管理信托事务不当所负债务及所受到的损害，以其固有财产承担。信托公司违反信托目的处分信托财产，或者管理、运用、处分信托财产有重大过失的，委托人或受益人有权依照信托文件的约定解任该信托公司，或者申请人民法院解任该信托公司。

信托终止的，信托公司应当依照信托文件的约定作出处理信托事务的清算报告。受益人或者信托财产的权利归属人对清算报告无异议的，信托公司就清算报告所列事项解除责任，但信托公司有不当行为的除外。

第五节　企业集团财务公司法律制度

一、企业集团财务公司的性质和法律地位

财务公司又称财务有限公司，是指经营部分金融业务的金融机构，主要承办有存款期限的大额存款、发放贷款、经销证券、买卖外汇、代理保险、财务咨询等金融业务。其服务对象主要是大企业和企业集团，不开立私人账户，不办理小宗存款、贷款和储蓄，以此与商业银行相区别。

西方国家的财务公司一般是独立的金融机构，主要经营批发性金融业务。目前，我国的财务公司主要有两类：一类是企业集团财务公司（主要是中资企业集团财务公司），是为企业集团成员单位提供金融服务的非银行金融机构；另一类是外资投资性公司为其在中国境内的投资企业提供财务管理服务而设立的财务公司。现行对企业集团财务公司的规范性文件是银监会2004年7月27日发布并于2006年12月28日修订的《企业集团财务公司管理办法》。

企业集团财务公司，是指以加强企业集团资金集中管理和提高企业集团资金使用效率为目的，为企业集团成员单位（以下简称成员单位）提供财务管理服务的非银行金融机构。企业集团是指在中华人民共和国境内依法登记，以资本为联结纽带、以母子公司为主体、以集团章程为共同行为规范，由母公司、子公司、参股公司及其他成员企业或机构共同组成的企业法人联合体。

财务公司的公司性质、组织形式及组织机构应当符合《公司法》及其他有关法律、法规的规定，并应当在公司章程中载明。

二、企业集团财务公司的设立、变更和终止

设立财务公司，应当报经银监会审查批准。财务公司名称应当经工商行政管理机关核准，并标明“财务有限公司”或“财务有限责任公司”字样，名称中应包含其所属企业集团的全称或者简称。未经银监会批准，任何单位不得在其名称中使用“财务公司”字样。

设立财务公司，除作为申请者的企业集团应当具备法定条件外，还应具备下列条件：确属集中管理企业集团资金的需要，经合理预测能够达到一定的业务规模；有符合《公司法》和《企业集团财务公司管理办法》规定的章程；有符合《企业集团财务公司管理办法》规定的最低限额注册资本金，即设立财务公司的注册资本金最低为1亿元人民币，经营外汇业务的财务公司，其注册资本金中应当包括不低于500万美元或者等值的可自由兑换货币；有符合银监会规定的任职资格的董事、高级管理人员和规定比例的从业人员；在法人治理、内部控制、业务操作、风险防范等方面具有完善的制度；有符合要求的营业场所、安全防范措施和其他设施；银监会规定的其他条件。

财务公司根据业务需要，经银监会审查批准，可以设立分公司，分公司不具有法人资格。财务公司根据业务管理需要，可以设立代表处，并报银监会备案，代表处不得经营业务，只限于从事业务推介、客户服务、债权催收以及信息的收集、反馈等相关工作。

财务公司变更名称，调整业务范围，变更注册资本金，变更股东或者调整股权结构，修改章程，更换董事、高级管理人员，变更营业场所，银监会规定的其他变更事项，应当报经银监会批准。财务公司的分公司变更名称、营运资金、营业场所或者更换高级管理人员，应当由财务公司报银监会批准。

财务公司因解散、被撤销或被宣告破产而终止。财务公司解散或者被撤销，应当依法成立清算组，按照法定程序进行清算，并由银监会公告。银监会可以直接委派清算组成员并监督清算过程。清算组在清算中发现财务公司的资产不足以清偿其债务时，应当立即停止清算，并向银监会报告，经银监会核准，依法向人民法院申请该财务公司破产。

三、企业集团财务公司的业务范围和风险控制

财务公司可以经营下列部分或者全部业务：对成员单位办理财务和融资顾问、信用鉴证及相关的咨询、代理业务；协助成员单位实现交易款项的收付；经批准的保险代理业务；对成员单位提供担保；办理成员单位之间的委托贷款及委托投资；对成员单位办理票据承兑与贴现；办理成员单位之间的内部转账结算及相应的结算、清算方案设计；吸收成员单位的存款；对成员单位办理贷款及融资租赁；从事同业拆借；银监会批准的其他业务。符合条件的财务公司，可以向银监会申请从事下列业务：经批准发行财务公司债券；承销成员单位的企业债券；对金融机构的股权投资；有价证券投资；成员单位产品的消费信贷、买方信贷及融资租赁。财务公司的业务范围经银监会批准后，应当在财务公司章程中载明。财务公司不得办理实业投资、贸易等非金融业务。财务公司在经批准的业务范围内细分业务品种，应当报银监会备案，但不涉及债权或者债务的中间业务除外。

财务公司应当按照审慎经营的原则，制订各项业务规则和程序，建立、健全内部控制制度，应当分别设立对董事会负责的风险管理、业务稽核部门，制定对各项业务的风险控制和业务稽核制度，每年定期向董事会报告工作，并向银监会报告。财务公司经营业务，应当遵守下列资产负债比例的要求：资本充足率不得低于10%；拆入资金余额不得高于资本总额；担保余额不得高于资本总额；短期证券投资与资本总额的比例不得高于40%；长期投资与资本总额的比例不得高于30%；自有固定资产与资本总额的比例不得高于20%。财务公司对单一股东发放贷款余额超过财务公司注册资本金50%或者该股东对财务公司的出资额的，应当及时向银监会报告。

财务公司应当按规定向银监会报送资产负债表、损益表、现金流量表、非现场监管指标考核表及银监会要求报送的其他报表。法定代表人应当对经其签署报送的上述报表的真实性承担责任。财务公司应当报送其所属企业集团的成员单位名录，并提供其所属企业集团上年度的业务经营状况及有关数据。对新成员单位开展业务前，应当向银监会及时备案，并提供该成员单位的有关资料；与财务公司有业务往来的成员单位由于产权变化而脱离企业集团的，财务公司应当及时向银监会备案，存有遗留业务的，应当同时提交遗留业务的处理方案。

财务公司的董事、高级管理人员应当具有财务公司资金集中管理经验，并在任职前应当按规定报银监会进行任职资格审查。财务公司的董事、高级管理人员离任，应当由母公司依照有关规定进行离任审计，并将离任审计报告报银监会。

第六节　金融租赁公司法律制度

一、金融租赁公司的概念和特征

（一）金融租赁公司的概念

金融租赁也称为融资租赁，是指出租人根据承租人对租赁物和供货人的选择或认可，将其

从供货人处取得的租赁物按合同约定出租给承租人占有、使用，向承租人收取租金的交易活动。适用于融资租赁交易的租赁物为固定资产。

金融租赁公司是指经银监会批准，以经营融资租赁业务为主的非银行金融机构。金融租赁公司的组织形式、组织机构适用《公司法》的规定，并应在其名称中标明“金融租赁”字样。未经银监会批准，任何单位和个人不得经营融资租赁业务或在其名称中使用“金融租赁”字样，但法律、法规另有规定的除外。金融租赁公司依法接受银监会的监督管理。目前，规范金融租赁公司的法律规范主要是银监会于2006年12月28日通过的《金融租赁公司管理办法》，该办法自2007年3月1日起施行。

（二）金融租赁公司的特征

金融租赁公司与其他金融机构相比，具有以下特征：

1. 金融租赁公司的业务集金融业务和租赁业务于一体。而其他金融机构只从事单一的金融业务，而不能从事其他生产经营业务。

2. 金融租赁公司在业务活动中具有出租人和买受人的双重身份。而其他金融业务中，金融机构只能是债权人或债务人的身份。

3. 金融租赁公司业务活动的标的物大多是固定资产。《金融租赁公司管理办法》规定，融资租赁交易的租赁物为固定资产。而其他金融机构业务活动的标的物通常不能是固定资产，如货币、证券等。

4. 金融租赁公司的某一具体业务结束后，承租人将租赁物退还给公司，公司可以对租赁物进行残值变卖及处理。

二、金融租赁公司的设立、变更与终止

申请设立金融租赁公司应具备下列条件：具有符合法定要求的出资人；具有符合法定最低限额注册资本即1亿元人民币或等值的自由兑换货币，注册资本为实缴货币资本；具有符合《公司法》和《金融租赁公司管理办法》规定的章程；具有符合银监会规定的任职资格条件的董事、高级管理人员和熟悉融资租赁业务的合格从业人员；具有完善的公司治理、内部控制、业务操作、风险防范等制度；具有合格的营业场所、安全防范措施和与业务有关的其他设施；银监会规定的其他条件。

金融租赁公司的出资人分为主要出资人和一般出资人：主要出资人是指出资额占拟设金融租赁公司注册资本50%以上的出资人。一般出资人是指除主要出资人以外的其他出资人。设立金融租赁公司，应由主要出资人作为申请人向银监会提出申请。

金融租赁公司变更名称、注册资本、股权、注册地或营业场所、董事及高级管理人员，改变组织形式，调整业务范围，修改章程，合并与分立以及银监会规定的其他变更事项，须报经银监会批准。金融租赁公司经金融监管机构批准变更“金融许可证”上有关内容后，需按规定到金融监管机构更换许可证，并应到工商行政管理机关办理变更登记。

金融租赁公司因解散、依法被撤销或被宣告破产而终止。

三、金融租赁公司的业务范围及监督管理

经银行监管机关批准，金融租赁公司可经营下列部分或全部本、外币业务：融资租赁业务；吸收股东1年期（含）以上定期存款；接受承租人的租赁保证金；向商业银行转让应收租赁款；经批准发行金融债券；同业拆借；向金融机构借款；境外外汇借款；租赁物品残值变卖

及处理业务；经济咨询；银监会批准的其他业务。

金融租赁公司不得吸收银行股东的存款。金融租赁公司经营业务中涉及外汇管理事项的，需遵守国家有关外汇管理的规定。

金融租赁公司的公司治理应当建立以股东（大）会、董事会、监事会、高级管理层等为主体的组织架构，形成科学、高效的决策、激励和约束机制。

金融租赁公司应遵守以下监管指标：资本净额不得低于风险加权资产的8%；对单一承租人的融资余额不得超过资本净额的30%；对一个关联方的融资余额不得超过金融租赁公司资本净额的30%；对全部关联方的融资余额不得超过金融租赁公司资本净额的50%；同业拆入资金余额不得超过金融租赁公司资本净额的100%。银监会视监管工作需要，可对上述指标作出适当调整。

金融租赁公司应实行风险资产五级分类制度。金融租赁公司应当按照有关规定制定呆账准备制度，及时足额计提呆账准备。未提足呆账准备的，不得进行利润分配。

第七节　汽车金融公司法律制度

一、汽车金融公司的性质和法律地位

汽车金融，是指消费者在购买汽车需要贷款时，可以直接向汽车金融公司申请优惠的支付方式，可以按照自身的个性化需求，来选择不同的车型和不同的支付方法。2003 年 12 月，首批三家汽车金融公司，即上汽通用汽车金融有限责任公司、丰田汽车金融（中国）有限公司、大众汽车金融（中国）有限公司已获准在北京、上海筹设。到 2004 年 10 月，三家汽车金融公司先后正式成立。为加强对汽车金融公司的监督、管理，促进我国汽车金融业的健康发展，银监会于 2007 年 12 月 27 日通过了《汽车金融公司管理办法》，自 2008 年 1 月 24 日公布之日起施行。

汽车金融公司，是指经银行业监督管理机关批准设立的，为中国境内的汽车购买者及销售者提供金融服务的非银行金融企业法人，是专业金融机构。汽车金融公司不得设立分支机构。汽车金融公司名称中应标明“汽车金融”字样。未经中国银监会批准，任何单位和个人不得从事汽车金融业务，不得在机构名称中使用“汽车金融”“汽车信贷”等字样。

二、汽车金融公司的设立、变更和终止

设立汽车金融公司应具备下列条件：具有合法的出资人，主要出资人须为生产或销售汽车整车的企业或非银行金融机构，并具备相应的法定条件；具有法定的最低限额注册资本，汽车金融公司注册资本的最低限额为 5 亿元人民币或等值的可自由兑换货币，并且注册资本为一次性实缴货币资本；具有符合《公司法》和银监会相关规定的公司章程；具有符合任职资格条件的董事、高级管理人员和熟悉汽车金融业务的合格从业人员；具有健全的公司治理、内部控制、业务操作、风险管理等制度；具有与业务经营相适应的营业场所、安全防范措施和其他设施；银监会规定的其他审慎性条件。

汽车金融公司的出资人为中国境内外依法设立的企业法人，其中主要出资人须为生产或销售汽车整车的企业或非银行金融机构。非银行金融机构作为汽车金融公司出资人，应当具备相应条件。

汽车金融公司变更公司名称、注册资本、住所或营业场所、董事及高级管理人员，调整业务范围，改变组织形式，变更股权或调整股权结构，修改章程，合并或分立以及银监会规定的其他变更事项，应报经银监会批准。

汽车金融公司因解散、依法被撤销或被宣告破产而终止的，其清算事宜，按照有关法律、法规的规定办理。

三、汽车金融公司的业务范围和风险控制

经银监会批准，汽车金融公司可从事下列部分或全部人民币业务：接受境外股东及其所在集团在华全资子公司和境内股东3个月（含）以上定期存款；接受汽车经销商采购车辆贷款保证金和承租人汽车租赁保证金；经批准，发行金融债券；从事同业拆借；向金融机构借款；提供购车贷款业务；提供汽车经销商采购车辆贷款和营运设备贷款，包括展示厅建设贷款和零配件贷款以及维修设备贷款等；提供汽车融资租赁业务（售后回租业务除外）；向金融机构出售或回购汽车贷款应收款和汽车融资租赁应收款业务；办理租赁汽车残值变卖及处理业务；从事与购车融资活动相关的咨询、代理业务；经批准，从事与汽车金融业务相关的金融机构股权投资业务；经银监会批准的其他业务。

汽车金融公司应按照银监会有关银行业金融机构内控指引和风险管理指引的要求，建立、健全公司治理和内部控制制度，建立全面、有效的风险管理体系。汽车金融公司应遵守以下监管要求：资本充足率不低于8%，核心资本充足率不低于4%；对单一借款人的授信余额不得超过资本净额的15%；对单一集团客户的授信余额不得超过资本净额的50%；对单一股东及其关联方的授信余额不得超过该股东在汽车金融公司的出资额；自用固定资产比例不得超过资本净额的40%。银监会可根据监管需要对上述指标作出适当调整。汽车金融公司应按照有关规定实行信用风险资产五级分类制度，并应建立审慎的资产减值损失准备制度，及时足额计提资产减值损失准备。

汽车金融公司依法接受银监会的监督、管理。同时，汽车金融公司可成立行业性自律组织，实行自律管理。自律组织开展活动，应当接受银监会的指导和监督。

第八节　小额贷款公司法律制度

一、小额贷款公司的性质

小额贷款公司是由自然人、企业法人与其他社会组织投资设立，不吸收公众存款，经营小额贷款业务的有限责任公司或股份有限公司。为有效配置金融资源，引导资金流向农村和欠发达地区，改善农村地区金融服务，促进农业、农民和农村经济发展，支持社会主义新农村建设。小额贷款公司是企业法人，有独立的法人财产，享有法人财产权，以全部财产对其债务承担民事责任。小额贷款公司股东依法享有资产收益、参与重大决策和选择管理者等权利，以其认缴的出资额或认购的股份为限对公司承担责任。2008年5月4日，中国银行业监督管理委员会、中国人民银行发布了《关于小额贷款公司试点的指导意见》。

上述《指导意见》指出中国银行业监督管理委员会派出机构和中国人民银行分支机构，要密切配合当地政府，创造性地开展工作，加强对小额贷款公司工作的政策宣传。同时，积极开展小额贷款培训工作，有针对性地对小额贷款公司及其客户进行相关培训。2013年，国务院

办公厅下发《关于加强影子银行监管有关问题的通知》，要求原银监会会同中国人民银行针对小额贷款公司尽快制定统一的监管制度和经营规则，并建立全国性的行业自律组织。2014 年，原银监会会同中国人民银行起草了小额贷款公司管理办法并征求相关部委意见，后因行政许可须由法律法规或者国务院决定设定问题、相关行政法规和部门规章出台先后顺序问题等，小额贷款公司管理办法的出台暂时搁置。此后，全国多个省份据此陆续出台规范本地区小额贷款公司行业的地方性法规、规章等。例如，2016 年 7 月，《山东省地方金融条例》明确将小额贷款公司归属为“地方金融组织”。

二、小额贷款公司的设立

小额贷款公司的名称应由行政区划、字号、行业、组织形式依次组成，其中行政区划指县级行政区划的名称，组织形式为有限责任公司或股份有限公司。

小额贷款公司的股东需符合法定人数规定。有限责任公司应由 50 个以下股东出资设立；股份有限公司应有 2 名至 200 名发起人，其中须有半数以上的发起人在中国境内有住所。

小额贷款公司的注册资本来源应真实合法，全部为实收货币资本，由出资人或发起人一次足额缴纳。有限责任公司的注册资本不得低于 500 万元，股份有限公司的注册资本不得低于 1 000 万元。单一自然人、企业法人、其他社会组织及其关联方持有的股份，不得超过小额贷款公司注册资本总额的 10%。

申请设立小额贷款公司，应向省级政府主管部门即省金融办公室提出正式申请，经批准后，到当地工商行政管理部门申请办理注册登记手续并领取营业执照。此外，还应在 5 个工作日内向当地公安机关、中国银行业监督管理委员会派出机构和中国人民银行分支机构报送相关资料。

小额贷款公司应有符合规定的章程和管理制度，应有必要的营业场所、组织机构、具备相应专业知识和从业经验的工作人员。

出资设立小额贷款公司的自然人、企业法人和其他社会组织，拟任小额贷款公司董事、监事和高级管理人员的自然人，应无犯罪记录和不良信用记录。

小额贷款公司在当地税务部门办理税务登记，并依法缴纳各类税费。

三、小额贷款公司的资金来源

小额贷款公司的主要资金来源为股东缴纳的资本金、捐赠资金，以及来自不超过两个银行业金融机构的融入资金。

在法律、法规规定的范围内，小额贷款公司从银行业金融机构获得融入资金的余额，不得超过资本净额的 50%。融入资金的利率、期限由小额贷款公司与相应银行业金融机构自主协商确定，利率以同期“上海银行间同业拆放利率”为基准加点确定。

小额贷款公司应向注册地中国人民银行分支机构申领贷款卡。向小额贷款公司提供融资的银行业金融机构，应将融资信息及时报送所在地中国人民银行分支机构和中国银行业监督管理委员会派出机构，并应跟踪监督小额贷款公司融资的使用情况。

四、小额贷款公司的资金运用

小额贷款公司在坚持为农民、农业和农村经济发展服务的原则下自主选择贷款对象。小额贷款公司发放贷款，应坚持“小额、分散”的原则，鼓励小额贷款公司面向农户和微型企业提供信贷服务，着力扩大客户数量和服务覆盖面。同一借款人的贷款余额不得超过小额贷款公司资本净额的5%。在此标准内，可以参考小额贷款公司所在地经济状况和人均GDP水平，制定最高贷款额度限制。

小额贷款公司按照市场化原则进行经营，贷款利率上限放开，但不得超过司法部门规定的上限，下限为人民银行公布的贷款基准利率的0.9倍，具体浮动幅度按照市场原则自主确定。有关贷款期限和贷款偿还条款等合同内容，均由借贷双方在公平自愿的原则下依法协商确定。

五、小额贷款公司的监督管理

凡是省级政府能明确一个主管部门（金融办或相关机构）负责对小额贷款公司的监督管理，并愿意承担小额贷款公司风险处置责任的，方可在本省（区、市）的县域范围内开展组建小额贷款公司试点。

小额贷款公司应建立发起人承诺制度，公司股东应与小额贷款公司签订承诺书，承诺自觉遵守公司章程，参与管理并承担风险。

小额贷款公司应按照《公司法》要求建立健全公司治理结构，明确股东、董事、监事和经理之间的权责关系，制定稳健有效的议事规则、决策程序和内审制度，提高公司治理的有效性。小额贷款公司应建立健全贷款管理制度，明确贷前调查、贷时审查和贷后检查业务流程和操作规范，切实加强贷款管理。小额贷款公司应加强内部控制，按照国家有关规定建立健全企业财务会计制度，真实记录和全面反映其业务活动和财务活动。

小额贷款公司应按照有关规定，建立审慎规范的资产分类制度和拨备制度，准确进行资产分类，充分计提呆账准备金，确保资产损失准备充足率始终保持在100%以上，全面覆盖风险。

小额贷款公司应建立信息披露制度，按要求向公司股东、主管部门、向其提供融资的银行业金融机构、有关捐赠机构披露经中介机构审计的财务报表和年度业务经营情况、融资情况、重大事项等信息，必要时应向社会披露。

小额贷款公司应接受社会监督，不得进行任何形式的非法集资。从事非法集资活动的，按照国务院有关规定，由省级人民政府负责处置。对于跨省份非法集资活动的处置，需要由处置非法集资部际联席会议协调的，可由省级人民政府请求处置非法集资部际联席会议协调处置。其他违反国家法律、法规的行为，由当地主管部门依据有关法律、法规实施处罚；构成犯罪的，依法追究刑事责任。

中国人民银行对小额贷款公司的利率、资金流向进行跟踪监测，并将小额贷款公司纳入信贷征信系统。小额贷款公司应定期向信贷征信系统提供借款人、贷款金额、贷款担保和贷款偿还等业务信息。

六、小额贷款公司的终止

小额贷款公司法人资格的终止包括解散和破产两种情况。小额贷款公司可因下列原因解散：公司章程规定的解散事由出现；股东大会决议解散；因公司合并或者分立需要解散；依法被吊销营业执照、责令关闭或者被撤销；人民法院依法宣布公司解散。小额贷款公司解散，依照《公司法》进行清算和注销。

小额贷款公司被依法宣告破产的，依照有关企业破产的法律实施破产清算。

第九节　融资担保公司法律制度

融资担保，是指担保人为被担保人借款、发行债券等债务融资提供担保的行为。融资担保公司是指依法设立、经营融资担保业务的有限责任公司和股份有限公司。融资担保是指担保人与银行业金融机构等债权人约定，当被担保人不履行对债权人负有的融资性债务时，由担保人依法承担合同约定的担保责任的行为。

融资担保公司由省、自治区、直辖市人民政府实施属地管理。省、自治区、直辖市人民政府确定的监管部门具体负责本辖区融资担保公司的准入、退出、日常监管和风险处置，并向国务院建立的融资性担保业务监管部际联席会议报告工作。

为加强对融资担保公司的监督管理，规范融资性担保行为，促进融资性担保行业健康发展，2010 年 3 月 8 日，中国银行业监督管理委员会、中华人民共和国国家发展和改革委员会、中华人民共和国工业和信息化部、中华人民共和国财政部、中华人民共和国商务部、中国人民银行、国家工商行政管理总局制定并公布了《融资性担保公司管理暂行办法》。该《办法》自公布之日起施行。为主动适应融资担保行业改革转型要求，促进行业加快发展，更好地服务经济社会发展大局，国务院发布了《关于促进融资担保行业加快发展的意见》（国发〔2015〕43 号）。2017 年 6 月 21 日国务院第 177 次常务会议通过《融资担保公司监督管理条例》，自 2017 年 10 月 1 日起施行。

一、融资担保公司设立、变更和终止

设立融资担保公司，应当经监督管理部门批准，取得融资担保业务经营许可证，融资担保公司名称中应当标明融资担保字样。未经监督管理部门批准，任何单位和个人不得经营融资担保业务，任何单位不得在名称中使用融资担保字样，国家另有规定的除外。设立融资担保公司，应当符合《公司法》的规定，并具备下列条件：(1) 股东信誉良好，最近 3 年无重大违法违规记录；(2) 注册资本不低于人民币 2 000 万元，且为实缴货币资本；(3) 拟任董事、监事、高级管理人员熟悉与融资担保业务相关的法律法规，具有履行职责所需的从业经验和管理能力；(4) 有健全的业务规范和风险控制等内部管理制度。省、自治区、直辖市根据本地区经济发展水平和融资担保行业发展的实际情况，可以提高前款规定的注册资本最低限额。

融资担保公司合并、分立或者减少注册资本，应当经监督管理部门批准。融资担保公司在住所地所在省、自治区、直辖市范围内设立分支机构，变更名称，变更持有 5%以上股权的股东或者变更董事、监事、高级管理人员，应当自分支机构设立之日起或者变更相关事项之日起 30 日内向监督管理部门备案；变更后的相关事项应当符合融资担保公司设立的规定。

融资担保公司跨省、自治区、直辖市设立分支机构，应当具备下列条件，并经拟设分支机构所在地监督管理部门批准：(1) 注册资本不低于人民币 10 亿元；(2) 经营融资担保业务 3 年以上，且最近 2 个会计年度连续盈利；(3) 最近 2 年无重大违法违规记录。拟设分支机构所在地监督管理部门审批的程序和期限，适用申请设立融资担保公司的规定。融资担保公司应当自分支机构设立之日起 30 日内，将有关情况报告公司住所地监督管理部门。融资担保公司跨省、自治区、直辖市设立的分支机构的日常监督管理，由分支机构所在地监督管理部门负责，融资担保公司住所地监督管理部门应当予以配合。

融资担保公司解散的，应当依法成立清算组进行清算，并对未到期融资担保责任的承接作

出明确安排。清算过程应当接受监督管理部门的监督。融资担保公司解散或者被依法宣告破产的，应当将融资担保业务经营许可证交监督管理部门注销，并由监督管理部门予以公告。

二、融资担保公司的经营规则

除经营借款担保、发行债券担保等融资担保业务外，经营稳健、财务状况良好的融资担保公司还可以经营投标担保、工程履约担保、诉讼保全担保等非融资担保业务以及与担保业务有关的咨询等服务业务。融资担保业务，包括借款类担保业务、发行债券担保业务和其他融资担保业务。借款类担保，是指担保人为被担保人贷款、互联网借贷、融资租赁、商业保理、票据承兑、信用证等债务融资提供担保的行为。发行债券担保，是指担保人为被担保人发行债券等债务融资提供担保的行为。其他融资担保，是指担保人为被担保人发行基金产品、信托产品、资产管理计划、资产支持证券等提供担保的行为。

融资担保公司应当按照审慎经营原则，建立健全融资担保项目评审、担保后管理、代偿责任追偿等方面的业务规范以及风险管理等内部控制制度。

融资担保公司应当按照国家规定的风险权重，计量担保责任余额。融资担保公司的担保责任余额不得超过其净资产的10倍。对主要为小微企业和农业、农村、农民服务的融资担保公司，前款规定的倍数上限可以提高至15倍。根据2018年中国银行保险监督管理委员会等6部委发布的《融资担保责任余额计量办法》，融资担保责任余额，是指各项融资担保业务在保余额，按照本办法规定的对应权重加权之和。

融资担保公司对同一被担保人的担保责任余额与融资担保公司净资产的比例不得超过10%，对同一被担保人及其关联方的担保责任余额与融资担保公司净资产的比例不得超过15%。

融资担保公司不得为其控股股东、实际控制人提供融资担保，为其他关联方提供融资担保的条件不得优于为非关联方提供同类担保的条件。融资担保公司为关联方提供融资担保的，应当自提供担保之日起30日内向监督管理部门报告，并在会计报表附注中予以披露。

融资担保公司应当按照国家有关规定提取相应的准备金。

融资担保公司开展业务，应当遵守法律法规，审慎经营，诚实守信，不得损害国家利益、社会公共利益和他人合法权益。融资担保公司不得从事下列活动：（1）吸收存款或者变相吸收存款；（2）自营贷款或者受托贷款；（3）受托投资。

三、融资担保公司资产安全性、流动性

根据《融资担保公司监督管理条例》的规定，融资担保公司自有资金的运用，应当符合国家有关融资担保公司资产安全性、流动性的规定。2018年中国银行保险监督管理委员会等6部委发布的《融资担保公司资产比例管理办法》规定，融资担保公司主要资产按照形态分为Ⅰ、Ⅱ、Ⅲ级。

Ⅰ级资产包括：（1）现金；（2）银行存款；（3）存储保证金；（4）货币市场基金；（5）国债、金融债券；（6）可随时赎回或3个月内到期的商业银行理财产品；（7）债券信用评级AAA级的债券；（8）其他货币资金。

Ⅱ级资产包括：（1）商业银行理财产品（不含第5条第6项）；（2）债券信用评级AA级、AA+级的债券；（3）对其他融资担保公司或再担保公司的股权投资；（4）对在保客户股权投资20%部分（包括但不限于优先股和普通股）；（5）对在保客户且合同期限6个月以内的委托

贷款 40％部分；（6）不超过净资产 30％的自用型房产。

Ⅲ级资产包括：（1）对在保客户股权投资 80％部分以及其他股权类资产（包括但不限于优先股和普通股）；（2）债券信用评级 AA－级以下或无债券信用评级的债券；（3）投资购买的信托产品、资产管理计划、基金产品、资产支持证券等；（4）对在保客户且合同期限 6 个月以内的委托贷款 60％部分，以及其他委托贷款；（5）非自用型房产；（6）自用型房产超出净资产 30％的部分；（7）其他应收款。

融资担保公司净资产与未到期责任准备金、担保赔偿准备金之和不得低于资产总额的 60％。

融资担保公司Ⅰ级资产、Ⅱ级资产之和不得低于资产总额扣除应收代偿款后的 70％；Ⅰ级资产不得低于资产总额扣除应收代偿款后的 20％；Ⅲ级资产不得高于资产总额扣除应收代偿款后的 30％。

融资担保公司受托管理的政府性或财政专项资金在计算Ⅰ级资产、Ⅱ级资产、Ⅲ级资产、资产总额以及资产比例时应予扣除。

融资担保公司应当建立动态的资产比例管理机制，确保资产等各项风险指标符合规定比例。

四、融资担保公司的监督管理

监督管理部门应当建立健全监督管理工作制度，运用大数据等现代信息技术手段实时监测风险，加强对融资担保公司的非现场监管和现场检查，并与有关部门建立监督管理协调机制和信息共享机制。融资担保公司对监督管理部门依法实施的监督检查应当予以配合，不得拒绝、阻碍。

监督管理部门进行现场检查，可以采取下列措施：（1）进入融资担保公司进行检查；（2）询问融资担保公司的工作人员，要求其对有关检查事项作出说明；（3）检查融资担保公司的计算机信息管理系统；（4）查阅、复制与检查事项有关的文件、资料，对可能被转移、隐匿或者毁损的文件、资料、电子设备予以封存。进行现场检查，应当经监督管理部门负责人批准。检查人员不得少于 2 人，并应当出示合法证件和检查通知书。

监督管理部门根据履行职责的需要，可以与融资担保公司的董事、监事、高级管理人员进行监督管理谈话，要求其就融资担保公司业务活动和风险管理的重大事项作出说明。监督管理部门可以向被担保人的债权人通报融资担保公司的违法违规行为或者风险情况。

监督管理部门发现融资担保公司的经营活动可能形成重大风险的，经监督管理部门主要负责人批准，可以区别情形，采取下列措施：（1）责令其暂停部分业务；（2）限制其自有资金运用的规模和方式；（3）责令其停止增设分支机构。融资担保公司应当及时采取措施，消除重大风险隐患，并向监督管理部门报告有关情况。经监督管理部门验收，确认重大风险隐患已经消除的，监督管理部门应当自验收完毕之日起 3 日内解除前款规定的措施。

融资担保公司应当按照要求向监督管理部门报送经营报告、财务报告以及注册会计师出具的年度审计报告等文件和资料。融资担保公司跨省、自治区、直辖市开展业务的，应当按季度向住所地监督管理部门和业务发生地监督管理部门报告业务开展情况。

监督管理部门应当会同有关部门建立融资担保公司重大风险事件的预警、防范和处置机制，制定融资担保公司重大风险事件应急预案。融资担保公司发生重大风险事件的，应当立即采取应急措施，并及时向监督管理部门报告。监督管理部门应当及时处置，并向本级人民政府、国务院银行业监督管理机构和中国人民银行报告。

监督管理部门及其工作人员对监督管理工作中知悉的商业秘密，应当予以保密。

第十节　外资金融机构法律制度

一、外资金融机构的概念

外资金融机构是指依法在我国设立和营业的外国独资或合资的外资银行及其代表机构。外资金融机构包括：外国银行单独出资或者与其他外国金融机构共同出资设立的外商独资银行；外国金融机构与中国的公司、企业共同出资设立的中外合资银行；外国银行分行；外国银行代表处。这些外资金融机构可分为两类：一是营业性的外资金融机构，它是指外国金融机构依照我国法律的规定，独资或参与部分股本，经我国金融主管部门批准，在我国境内设立的从事营利性金融业务的金融机构；二是非营业性的外资金融机构，即外资金融机构的代表机构。调整外资金融机构的法律规范主要有 2006 年 12 月 11 日起施行的《中华人民共和国外资银行管理条例》《中华人民共和国外资银行管理条例实施细则》。

二、外资银行营业性机构法律制度

（一）外资银行营业性金融机构的设立

外商独资银行、中外合资银行的注册资本最低限额为 10 亿元人民币或者等值的自由兑换货币。注册资本应当是实缴资本。外商独资银行、中外合资银行在中华人民共和国境内设立的分行，应当由其总行无偿拨给不少于 1 亿元人民币或者等值的自由兑换货币的营运资金。外商独资银行、中外合资银行拨给各分支机构营运资金的总和，不得超过总行资本金总额的 60%；外国银行分行应当由其总行无偿拨给不少于 2 亿元人民币或者等值的自由兑换货币的营运资金。国务院银行业监督管理机构根据外资银行营业性机构的业务范围和审慎监管的需要，可以提高注册资本或者营运资金的最低限额，并规定其中的人民币份额。

拟设营业性外资金融机构的申请人应当具备下列条件：具有持续盈利能力，信誉良好，无重大违法违规记录；具有从事国际金融活动的经验；具有有效的反洗钱制度；拟设营业性外资金融机构的申请人受到所在国家或者地区金融监管当局的有效监管，并且其申请经所在国家或者地区金融监管当局同意；银监会规定的其他审慎性条件。拟设营业性外资金融机构的申请人所在国家或者地区应当具有完善的金融监督管理制度，并且其金融监管当局已经与国务院银行业监督管理机构建立良好的监督管理合作机制。

拟设外商独资银行的股东应当为金融机构，其中唯一或者控股股东还必须为商业银行，在我国境内已经设立代表处 2 年以上，提出设立申请前一年年末总资产不少于 100 亿美元，资本充足率符合所在国家或者地区金融监管当局以及银监会的规定。

拟设中外合资银行的外方股东及中方唯一或者主要股东应当为金融机构，且外方唯一或者主要股东还必须为商业银行，在我国境内已经设立代表处，提出设立申请前一年年末总资产不少于 100 亿美元，资本充足率符合所在国家或者地区金融监管当局以及银监会的规定。

拟设分行的外国银行还应当具备下列条件：提出设立申请前一年年末总资产不少于 200 亿美元；资本充足率符合所在国家或者地区金融监管当局以及银监会的规定；初次设立分行的，应在我国境内已经设立代表处 2 年以上。

（二）业务范围

外商独资银行、中外合资银行按照国务院银行业监督管理机构批准的业务范围，可以经营下列部分或者全部外汇业务和人民币业务：吸收公众存款；发放短期、中期和长期贷款；办理票据承兑与贴现；买卖政府债券、金融债券，买卖股票以外的其他外币有价证券；提供信用证服务及担保；办理国内外结算；买卖、代理买卖外汇；代理保险；从事同业拆借；从事银行卡业务；提供保管箱服务；提供资信调查和咨询服务；经国务院银行业监督管理机构批准的其他业务。外商独资银行、中外合资银行经中国人民银行批准，可以经营结汇、售汇业务。

外国银行分行按照国务院银行业监督管理机构批准的业务范围，可以经营下列部分或者全部外汇业务以及对除中国境内公民以外客户的人民币业务：吸收公众存款；发放短期、中期和长期贷款；办理票据承兑与贴现；买卖政府债券、金融债券，买卖股票以外的其他外币有价证券；提供信用证服务及担保；办理国内外结算；买卖、代理买卖外汇；代理保险；从事同业拆借；提供保管箱服务；提供资信调查和咨询服务；经国务院银行业监督管理机构批准的其他业务。

外国银行分行可以吸收中国境内公民每笔不少于100万元人民币的定期存款。外国银行分行经中国人民银行批准，可以经营结汇、售汇业务。

外资银行营业性机构经营规定业务范围内的人民币业务的，应当具备下列条件，并经国务院银行业监督管理机构批准：提出申请前在中华人民共和国境内开业3年以上；提出申请前2年连续盈利；国务院银行业监督管理机构规定的其他审慎性条件。外国银行分行改制为由其总行单独出资的外商独资银行的，期限自外国银行分行设立之日起计算。

（三）业务监管

外资银行营业性机构应当建立与其中国业务发展相适应的内部控制制度和业务操作规程，并于每年3月末前将内部控制制度和业务操作规程的修订内容报送所在地银监会派出机构。外商独资银行、中外合资银行应当设置独立的风险管理部门、合规管理部门和内部审计部门。外国银行分行应当指定专门部门或者人员负责合规工作。

外资银行营业性机构应当按照有关规定确定存款、贷款利率及各种手续费率；经营存款业务的，应当按照中国人民银行的规定交存存款准备金；应当遵守《商业银行法》关于资产负债比例管理的规定；应当按照规定计提呆账准备金；应当遵守国务院银行业监督管理机构有关公司治理和关联交易的规定；外国银行分行营运资金的30%应当以国务院银行业监督管理机构指定的生息资产形式存在，营运资金加准备金等项之和中的人民币份额与其人民币风险资产的比例不得低于8%；外国银行分行应当确保其资产的流动性，流动性资产余额与流动性负债余额的比例不得低于25%；外国银行分行境内本、外币资产余额不得低于境内本、外币负债余额。

（四）解散与清算

外资银行营业性机构因解散、关闭、依法被撤销或者被宣告破产而终止的，其清算的具体事宜，依照中华人民共和国有关法律、法规的规定办理。外资银行营业性机构清算终结，应当在法定期限内向原登记机关办理注销登记。

自外国银行分行清算结束之日起2年内，银监会及其派出机构不受理该外国银行在中国境内同一城市设立营业性机构的申请。

三、外资银行的代表机构法律制度

外资银行的代表机构即非营业性的外资金融机构，包括外资银行在中国境内设立并从事咨询、联络和市场调查等非营业性活动的代表处、总代表处。外国银行代表处的行为所产生的民事责任，由其所代表的外国银行承担。

拟设代表处的外国银行应当具备与拟设营业性外资金融机构的申请人相同的条件。设立外国银行代表处，应当向拟设代表处所在地的银行业监督管理机构报送符合要求的申请资料。初次设立代表处的，应当报送由在中国境内注册的银行业金融机构出具的与该外国银行已经建立代理行关系的证明。外国银行在中国境内增设代表处，除应当具备规定的条件外，其在中国境内已设代表处应当无重大违法违规记录。在中国境内已设立5个或5个以上分支机构的外国金融机构，可申请设立总代表处。

拟设代表处所在地的银行业监督管理机构应当将申请资料连同审核意见，及时报送国务院银行业监督管理机构，由国务院银行业监督管理机构作出批准或者不批准设立的决定，并书面通知申请人。决定不批准的，应当说明理由。

经批准设立的外国银行代表处，应当凭批准文件向工商行政管理机关办理登记，领取工商登记证。外国银行代表处应当在办理注册登记手续后，在银监会指定的全国性报纸以及所在地银监会派出机构指定的地方性报纸上公告。

外国银行代表处发生更名、变更办公场所等变更事项，应当在办理变更工商登记手续后在所在地银监会派出机构指定的地方性报纸上公告。外国银行代表处应当及时向所在地银监会派出机构报告其所代表的外国银行发生的下列重大事项：章程、注册资本或者注册地址变更；外国银行的合并、分立等重组事项以及董事长或者行长（首席执行官、总经理）变更；财务状况或者经营活动出现重大问题；发生重大案件；所在国家或者地区金融监管当局对其实施的重大监管措施；其他对外国银行经营产生重大影响的事项。

外国银行代表处可以从事与其代表的外国银行业务相关的联络、市场调查、咨询等非经营性活动。外国银行代表处及其工作人员，不得从事任何形式的经营性活动。外国银行代表处应当建立会计账簿，真实反映财务收支情况，其成本以及费用开支应当符合代表处的工作职责。外国银行代表处不得使用其他企业、组织或者个人的账户。

外国银行代表处自行终止活动的，应当经银监会批准予以关闭，并在法定期限内向原登记机关办理注销登记。外国银行代表处违反规定，从事经营性活动的，由银监会责令改正，给予警告，没收违法所得，并处罚款；情节严重的，由银监会予以撤销；构成犯罪的，依法追究刑事责任。外国银行代表处未经批准变更办公场所的，未按照规定向银监会报送资料及违反其他规定的，由银监会责令改正，给予警告，并处罚款；情节严重的，取消首席代表一定期限在中华人民共和国境内的任职资格，或者要求其代表的外国银行撤换首席代表；情节特别严重的，由银监会予以撤销。

法律应用

1. 农村信用合作社的组织机构及其议事规则。农村信用合作社的权力机构是社员大会，社员大会由本社社员代表组成，选举社员代表时每个社员一票。章程的修改，农村信用合作社的分立、合并、解散和清盘，要经社员大会以全体代表的2/3以上多数通过；其他议案必须经社员大会以全体代表的1/2以上多数通过。理事会是社员大会的常设执行机构，由5名以上（奇数）理事组成。理事长、副理事长的选举和更换，要经理事会全体理事的2/3以上多数通过，其他议案必须经理事会全体理事的1/2以上多数通过。监事会是农村信用合作社的监督机构，由3名以上（奇数）监事组成。理事、主任、副主任和财务负责人不得兼任监事。监事长的选举和更换要经监事会全体监事的2/3以上多数通过，其他议案须经监事会全体监事的1/2以上多数通过。农村信用合作社实行理事会领导下的主任负责制，农村信用合作社主任为法定代表人。

2. 金融租赁和融资租赁的区别。2018年，银监会有关部门负责人就贯彻落实《国务院办公厅关于促进金融租赁行业健康发展的指导意见》答记者问中，面对记者关于“金融租赁公司和融资租赁公司两类机构有哪些主要区别?”问题作出以下回答：

一是机构性质不同。融资租赁公司是一般工商企业，金融租赁公司是金融机构。打个简单比方，融资租赁公司与金融租赁公司的区别，类似于小额贷款公司和商业银行的区别。

二是商事属性不同。融资租赁公司注册资本是认缴制，金融租赁公司注册资本是实缴制，先证后照。

三是业务性质不同。融资租赁公司资金来源除了资本金以外主要是银行借款，其与商业银行是一般企业和商业银行的关系。金融租赁公司资金来源除资本金外，还能吸收股东存款、同业拆借、同业借款、发行金融债券等，融资成本低，资金吸纳能力强，其与商业银行属于金融同业的关系。

四是监管主体不同。融资租赁公司由地方政府监管，金融租赁公司是由国务院银行业监督管理机构依据银监法实施监管。

3. 外资金融机构持股限制如何突破20%。

2019年7月2日，国务院总理李克强在大连出席2019年夏季达沃斯论坛开幕式并发表特别致辞中提出：“我们将深化金融等现代服务业开放举措，将原来规定的2021年取消证券、期货、寿险外资股比限制提前至2020年。”此前，信托业、银行业的持股比例限制此前已经放开。中国对外资金融机构的持股比例限制有一定的历史原因。改革开放初期，为吸引外资，一些经济特区和地方政府纷纷给予外资金融机构和中外合资机构“超国民待遇”，突出表现为税收优惠政策。在此背景下，一些中资金融机构也希望通过引入外资“变身”为中外合资机构。而根据《中外合资经营企业法》，被认定为“中外合资机构”的条件之一是外国投资者注资比例不低于25%。换言之，外资注资比例必须达到25%，才有资格享受中外合资机构的税收优惠。中国加入WTO以来，招商引资政策朝着更加规范化、法制化的方向发展，外资金融机构和中外合资机构的“超国民待遇”逐渐取消，但“25%”这一属性的临界点却一直被保留下来。2003年，原银监会颁布的《中资商业银行行政许可事项实施办法》规定：单个境外金融机构及被其控制或共同控制的关联方作为发起人或战略投资者向单个中资商业银行投资入股比例不得超过20%，多个境外金融机构及被其控制或共同控制的关联方作为发起人或战略投资者投资入股比例合计不得超过25%。随后，多家外资机构以战略投资者的身份入股中资银行，持股比例上限继续放开的呼声也不断出现。在新一轮扩大开放中，金融业股比限制的取消也提上日程。2018年4月，央行行长易纲在博鳌论坛上宣布，取消银行外资持股比例限制，内外资一视同仁。在2018年的博鳌论坛上，易纲代表中国政府宣布了金融业对外开放的11项具体措施并给出了具体时间，这些措施主要涉及机构开放。其中一条是，将证券公司、基金管理公司、期货公司、人身险公司的外资持股比例上限放宽至51%，三年后不再设限。

思考题

1. 金融资产管理公司的职能有哪些?
2. 如何完善农村信用合作社的治理机构?
3. 信托公司设立的条件有哪些?
4. 金融租赁和融资租赁有何区别?

第三篇

金融市场业务法

第九章 货币市场法律制度

重点问题

1. 货币市场的概念与特征
2. 票据市场
3. 银行间债券市场
4. 同业拆借市场

第一节 货币市场法律制度概述

一、货币市场的概念与特征

货币市场（英语：Money Market），又称短期金融市场，是指资金的借贷期一般在 1 年以内的短期金融资产交易市场，是短期信用工具的发行与转让市场，但不包括某些存续期在 1 年以下的商品期货以及金融衍生工具。该市场所容纳的金融工具主要是政府、银行及工商企业发行的短期信用工具，具有期限短、流动性强和风险小等特点。货币市场就其结构而言，包括同业拆借市场、票据市场、短期政府债券市场、证券回购市场等。相对于资本市场为中长期资金提供服务，货币市场则主要为季节性、临时性资金需求提供服务。

作为短期信用工具发行和转让市场，货币市场具有短期信用工具发行和转让的共性特征：第一，期限短。在货币市场上发行和转让的信用工具的期限比较短，一般在 3～6 个月之间，最长不超过 1 年。如国库券期限为 3 个月、6 个月、9 个月和 12 个月；商业票据、银行票据期限最长不超过 270 天；同业拆借期限通常为 3 天～5 天，最长不超过 1 个月，最短为 1 天，即隔夜拆借。第二，流动性强，容易变现。在货币市场上发行和转让的各种信用工具都具有比较活跃的二级市场，持有者需要变现时，很容易将手中的短期信用工具售出。第三，风险小。货币市场上的信用工具主要由政府和商业银行发行，信誉好，具有很高的安全性。而且，这些短期信用工具因期限短、变现快，比较容易转移经济因素和政治因素带来的风险。

二、外国货币市场的历史发展

从世界各国金融市场发展来看，包括银行同业拆借市场、商业票据市场、债券市场、贴现市场等在内的众多货币子市场平衡发展，货币市场结构的发展已经比较完整。相对而言，英国、美国、日本的货币市场是世界上三个最发达的货币市场。

英国货币市场的发展有二百多年的历史。货币市场分为贴现市场和平行市场两个主要组成部分。在贴现市场上，金融机构以折价形式买卖未到期债券和票据。在西方大多数国家的货币市场上，都是工商企业向银行贴现，银行向中央银行再贴现。在英国则不然，各种票据的贴现和再贴现都在贴现市场通过贴现公司进行。英国贴现市场的主要职能是集中银行的暂时剩余资金，在最大限度内加以运用，同时消化国库券和公债，达到相互融通资金的目的。平行市场主要是银行同业拆借市场，大额可转让存单市场，回购协议市场等。

美国货币市场的建立晚于英国，但发展迅速，在市场规模、市场结构、市场自由度、信用工具创新、货币政策传导等方面都较其他国家更为成熟和完善，因而美国货币市场成为世界上最发达的货币市场。美国货币市场实际是一个无形市场，由市场的参与者通过电话、电传联系成交。它是一个竞争性很强的市场，成交金额也很大，属批发市场。

三、我国的货币市场

我国的货币市场主要包括同业拆借市场、银行间债券市场和票据市场。

在改革初期，专业银行间的同业拆借市场的发展首先受到中央银行的关注。20 世纪 80 年代中期，商业票据承兑与贴现市场、企业短期融资债券市场、外汇调剂市场等均有发展。1992 年，国债回购市场发展起来（1995 年被暂时取消）。1996 年 1 月，国家建立了全国统一的同业拆借市场，并第一次形成了全国统一的同业拆借市场利率（CHIBOR）。统一拆借市场的形成，结束了市场分割、多头拆借的局面，规范了各金融机构的拆借行为，提高了银行之间融通资金的效率，推进了利率市场化，并为中央银行加强宏观调控提供了条件。1997 年下半年，中央银行对融资中心进行清理，融资中心淡出货币市场，同业拆借市场成为银行调整其资金头寸、管理其流动性的基本场所。全国银行间外汇市场和同业拆借市场的建立，初步形成了目前中国货币市场的框架。

1997 年 6 月，中国建立了银行间债券市场，允许商业银行等金融机构进行国债和政策性金融债的回购与现券买卖。目前，银行间债券市场已成为发展最快、规模最大的货币资金市场，并成为中央银行公开市场操作的重要平台。1998 年，中国人民银行下发《关于商业银行授权分行进入全国同业拆借市场有关问题的通知》和《关于加强商业票据管理促进商业汇票发展的通知》等政策措施，在一定程度上促进了我国货币市场的发展。2000 年中国人民银行发布《全国银行间债券市场债券交易管理办法》，用以规范全国银行间债券市场债券交易行为，防范交易风险，维护交易各方合法权益，促进全国银行间债券市场健康发展。债券交易品种包括回购和现券买卖两种。2005 年中国人民银行发布《全国银行间债券市场金融债券发行管理办法》，其中规定，中国人民银行依法对金融债券的发行进行监督管理；未经中国人民银行核准，任何金融机构不得擅自发行金融债券。2018 年 11 月 10 日，中国人民银行、财政部、银保监会联合发布《关于在全国银行间债券市场开展地方政府债券柜台业务的通知》，明确经发行人认可的已发行地方政府债券和发行对象包括柜台业务投资者的新发行地方政府债券可在银行间债券市场开展柜台业务，同时对定向承销方式发行的地方政府债券开展柜台业务的方式进行了规范。

第二节　票据市场法律制度

一、票据市场的概念与特征

票据市场是指在商品交易和资金往来过程中产生的，以汇票、本票和支票的发行、担保、承兑、贴现、转贴现、再贴现来实现短期资金融通的市场。票据市场是各类票据的发行、流通及转让活动所形成的市场，主要由承兑市场和贴现市场，以及融资性票据市场和中央银行票据市场构成。中国人民银行的《货币政策执行报告》中的票据市场是指：记录在全国商业银行的业务中发生承兑的贴现、转贴现的实际数之和，并有余额和累计发生额的具体信息。在金融实践中，票据市场是指在中国人民银行总行领导下，中国外汇交易中心暨中国银行业资金拆借中心其发行“中央银行票据”和“企业短期融资券”的中心交易场所和各商业银行之间经常操作票据交易并交割的场所。

票据市场同时也意味着一套有关票据交易规则、惯例和组织安排，它通过提供这些规则和组织安排界定交易主体在票据交易过程中的选择空间，约束和激励交易主体的交易行为，降低交易费用和控制市场竞争中不确定性引起的金融风险，最终确保各种票据交易与交易关系顺畅运行。在票据市场中，资金融通的特点是期限短、数额小、交易灵活、参与者众多、风险易于控制。对于票据市场，按票据发行主体划分，有银行票据市场、商业票据市场；按资金属性来划分，有商业票据市场和融资票据市场；按交易方式来划分，有票据发行市场、票据承兑市场和票据贴现市场。为建立全国统一的票据市场，中国人民银行于2017年10月7日将电子商业汇票系统移交上海票据交易所股份有限公司运营，并修订《电子商业汇票系统管理办法》、《电子商业汇票系统运行管理办法》、《电子商业汇票系统数字证书管理办法》和《电子商业汇票系统危机处置预案》。

二、票据承兑的法律规定

票据承兑是承诺兑付的简称，指票据到期前其付款人或指定银行确认票据载明事项，在票面上作出付款承诺并签章的业务。承兑为汇票所独有。汇票的发票人和付款人之间是一种委托关系，发票人签发汇票，并不等于付款人就一定付款，持票人为确定汇票到期时能得到付款，在汇票到期前向付款人进行承兑提示。如果付款人签字承兑，那么他就对汇票的到期付款承担责任，否则，持票人有权对其提起诉讼。承兑的本质是经营信用，由出票人通过申请银行开具由银行或者企业自身承兑后的商业汇票给收款人。在承兑的过程中，商业承兑汇票基于企业自身经营和信用状况的好坏，银行承兑汇票实现了商业信用增信为银行信用。

我国《票据法》对于票据承兑有如下规定：第一，承兑提示。汇票在承兑前必须提示。因为汇票一般由债权人执存，在票据流通转让的情况下，付款人通常不知道票据在谁手中，只有持票人出示汇票才能办理承兑。要付款，必须先由执票人在票据到期前向付款人提示，同时也证明其债权人身份。第二，接受承兑。票据承兑人在承兑后，必须遵循汇票上的付款要求，不能附加任何条件，不能改变承兑日期，因为汇票上所记载的事项，都是由商品交易双方协商达成，具有法律效力，不可随意变更。而且，在承兑后，还须在汇票正面标明“同意按汇票要求到期支付票款”的字样，注明承兑日期并签章。票据一经承兑，即具有法律效力，承兑人不能撤销承兑。第三，拒绝承兑。执票人向付款人提示票据，如果付款人不予承兑或无法承兑的，都属于拒绝承兑行为。汇票被拒绝承兑后，除事先说明且作拒绝证书外，汇票的执票人应让付款人所在地的公证机关写出“拒绝证书”，拒绝证书上要写明拒绝理由、金额、年月日等内容并签章。执票人持“拒绝证书”可向汇票转让的前背书人或其他债务人行使追索权。

三、票据贴现的法律规定

票据贴现，是指商业汇票的合法持票人（即贴现申请人）在汇票到期日前为了取得资金，贴付一定利息并将票据权利转让给银行的票据行为，是银行向持票人融通资金的一种方式。票据贴现的实质，是票据到期前持有人为获取现款，向金融机构贴付一定的利息而作的票据转让。对于贴现银行来说，就是收购没有到期的票据。典型的商业票据是有商品交易背景的商业汇票。商业票据贴现的贴现期限都较短，一般不会超过6个月，而且可以办理贴现的票据也仅限于已经承兑的并且尚未到期的商业汇票。融资性票据没有商品交易背景，而只是为了融通资金所签发，一般由资金紧缺的大工商企业及金融公司签发，银行或专门的承兑机构对其承兑后，出票人即可去贴现以实现融资目的。

《商业汇票承兑、贴现与再贴现管理暂行办法》以及中国人民银行在2001年下发的《关于切实加强商业汇票承兑贴现和再贴现业务管理的通知》，对于票据贴现作了如下规定：第一，贴现票据必须具有真实的贸易背景。商业汇票是交易性票据，必须具有真实贸易背景。严禁签发、承兑、贴现不具有贸易背景的商业汇票。各金融机构必须严格按照规定条件办理贴现业务。所办理的每笔票据贴现，必须要求贴现申请人提交增值税发票、贸易合同复印件等足以证明该票据具有真实贸易背景的书面材料；必要时，贴现银行要查验贴现申请人的增值税发票原件。对不具有贸易背景的商业汇票，不得办理贴现。第二，贴现人选择贴现票据应当遵循效益性、安全性和流动性的原则，贴现资金投向应符合国家产业政策和信贷政策。第三，票据贴现单独考核制度。前述通知要求，从2001年9月起，各金融机构要设立相应的会计科目，单独核算和反映票据贴现、转贴现、再贴现业务。

四、票据再贴现的法律规定

票据再贴现是商业银行将其贴现收进的未到期票据向中央银行所作的票据转让行为，也称重贴现。它既是中央银行对商业银行及其他金融机构融通资金的一种形式和融资业务，又可以作为中央银行调节市场银根松紧及货币供应量的重要手段。在我国，票据再贴现是中国人民银行传统的三大货币政策工具（公开市场操作、再贴现、存款准备金）之一，它不仅影响商业银行筹资成本，限制商业银行的信用扩张，控制货币供应总量，而且可以按国家产业政策的要求，有选择地对不同种类的票据进行融资，促进结构调整。

根据《商业汇票承兑、贴现与再贴现管理暂行办法》等有关票据再贴现法律文件的规定，商业银行办理再贴现业务需要符合如下条件：第一，办理再贴现的票据应具有真实的贸易背景。第二，属于再贴现的对象。再贴现的对象是在中国人民银行及其分支机构开立存款账户的商业银行、政策性银行及其分支机构。对非银行金融机构再贴现，须经中国人民银行总行批准。第三，提交再贴现申请材料。商业银行应当向中国人民银行的分支机构提交下列材料：再贴现申请一览表或大额再贴现申请书；再贴现凭证；申请再贴现银行已贴现、背书的商业汇票；银行或商业承兑汇票查询书（异地商业汇票查询书按统一格式）；盖有转讫章的贴现凭证复印件；贴现申请人与出票人或其前手之间的商品交易合同、增值税发票和提货单或其他证明材料复印件；中国人民银行要求提供的其他资料。第四，总量控制。中国人民银行对各授权窗口的再贴现实行总量控制，并根据金融宏观调控的需要适时调增或调减各授权窗口的再贴现限额。各授权窗口对再贴现限额实行集中管理和统一调度，不得逐级分配再贴现限额。

第三节　银行间债券市场法律制度

一、银行间债券市场的概念

目前，我国的债券市场形成了交易所（上交所、深交所）市场、银行间市场和商业银行柜台市场三个子市场在内的统一分层的市场体系。银行间市场由同业拆借市场、票据市场、债券市场等构成。全国银行间债券市场成立于 1997 年 6 月 6 日，是依托于中国外汇交易中心暨全国银行间同业拆借中心（以下简称同业中心）和中央国债登记结算公司（以下简称中央结算公司），包括商业银行、农村信用联社、保险公司、证券公司等金融机构进行债券买卖和回购的市场，其主要职能是：提供银行间外汇交易、人民币同业拆借、债券交易系统并组织市场交易；办理外汇交易的资金清算、交割，负责人民币同业拆借及债券交易的清算监督；提供网上票据报价系统；提供外汇市场、债券市场和货币市场的信息服务等。根据《全国银行间债券市场债券交易管理办法》的规定，银行间债券市场债券交易是指以商业银行等金融机构为主的机构投资者之间以询价方式进行的债券交易行为。

2018 年 10 月 16 日，中国人民银行发布（2018）第 1 号公告称，为促进银行间债券市场平稳健康发展，强化货币市场风险防控，助力打赢防范化解重大风险攻坚战，在银行间债券市场正式推出三方回购交易。所谓三方回购交易，是指银行间债券市场投资者自愿委托中国人民银行认可的债券登记托管结算机构作为第三方，对担保品进行选取、估值、替换、调整等集中管理的回购交易。三方回购交易是国际成熟市场常见的一种回购业务模式。交易双方仅需讨论融通资金的金额、利率及期限，而担保品选取、估值等管理由第三方机构根据约定负责执行。

目前，关于银行间债券市场的规范，主要有中国人民银行制定并发布的《全国银行间债券市场债券交易管理办法》（中国人民银行令〔2000〕第 2 号），《银行间债券市场债券登记托管结算管理办法》（中国人民银行令〔2009〕第 1 号），《全国银行间债券市场债券预发行业务管理办法》（中国人民银行公告〔2014〕第 29 号），《关于在银行间债券市场发行绿色金融债券有关事宜的公告》（中国人民银行公告〔2015〕第 39 号），《全国银行间债券市场柜台业务管理办法》（中国人民银行公告〔2016〕第 2 号），中国人民银行、财政部制定并公布的《全国银行间债券市场境外机构债券发行管理暂行办法》（〔2018〕第 16 号）等。

二、银行间债券市场的主体

1. 管理主体。中国人民银行是全国银行间债券市场的主管部门。中国人民银行各分支机构对辖内金融机构的债券交易活动进行日常监督。

2. 发行主体。《全国银行间债券市场债券交易管理办法》所称的债券，是指经中国人民银行批准，可用于在全国银行间债券市场进行交易的政府债券、中央银行债券和金融债券等记账式债券。债券发行主体包括财政部、中国人民银行、地方政府、政策性银行、商业银行、财务公司等非银行金融机构、证券公司、非金融企业或公司等。发行的债券产品包括政府债券（国债、地方政府债）、中央银行债（即央行票据）、金融债券（政策性金融债、商业银行债券、特种金融债券、非银行金融机构债券、证券公司债、证券公司短期融资券等）。此外，根据 2018 年《全国银行间债券市场境外机构债券发行管理暂行办法》的规定，应经中国人民银行核准的境外金融机构法人，可以在全国银行间债券市场发行债券。

3. 交易主体。根据《全国银行间债券市场交易管理办法》的规定，下列机构可成为全国银行间债券市场参与者：（1）在中国境内具有法人资格的商业银行及其授权分支机构；（2）在中国境内具有法人资格的非银行金融机构和非金融机构；（3）经中国人民银行批准经营人民币业务的外国银行分行。上述机构进入全国银行间债券市场，应签署债券回购主协议。

4. 交易中介组织。（1）中央国债登记结算有限责任公司（简称中央结算公司）。中央结算公司为市场参与者提供债券托管、结算和信息服务。（2）全国银行间同业拆借中心（简称同业中心）。同业中心为参与者的报价、交易提供中介及信息服务，中央结算公司为参与者提供托管、结算和信息服务。(3) 债券交易的资金清算银行为参与者提供资金清算服务。

2018年，我国在银行间债券市场发行方面，在中央结算公司发行记账式国债3.33万亿元，同比下降9.21%；发行地方政府债4.17万亿元，同比下降4.43%；发行政策性银行债3.43万亿元，同比增长7.26%；发行商业银行债0.92万亿元，同比增长6.28%；发行信贷资产支持证券0.93万亿元，同比增长56.04%。在上清所发行中期票据1.68万亿元，同比增加63.20%；发行短期融资券（含超短融）3.13万亿元，同比增加33.79%；发行非公开定向债务融资工具0.54万亿元，同比增加10.19%。①

三、银行间债券市场债券交易类型

银行间债券市场的债券交易包括债券的回购交易和现货交易，其中债券回购交易分为质押式回购交易和买断式回购交易两种。债券质押式回购交易是指融资方（正回购方、卖出回购方、资金融入方）在将债券质押给融券方（逆回购方、买入反售方、资金融出方）融入资金的同时，双方约定在将来某一指定日期，由融资方按约定回购利率计算的资金额向融券方返回资金，融券方向融资方返回原出质债券的融资行为。债券买断式回购交易（亦称“开放式回购”，简称“买断式回购”），是指债券持有人（正回购方）将一笔债券卖给债券购买方（逆回购方）的同时，交易双方约定在未来某一日期，再由卖方（正回购方）以约定的价格从买方（逆回购方）购回相等数量同种债券的交易行为。

现券买卖是指在全国银行间市场上进行债券交易的交易双方以约定的价格在当日或次日转让债券所有权的交易行为。主要买卖对象包括：国债、金融债、企业债、中期票据、短期融资券、超级短期融资券等。

四、银行间债券市场的交易规则

根据《全国银行间债券市场交易管理办法》的规定，银行间债券市场的债券交易应当遵循如下规则。

1. 自主交易规则。债券交易以询价方式进行，自主谈判，逐笔成交。

2. 交易合同规则。根据《全国银行间债券市场交易管理办法》的规定，进行债券交易，应订立书面形式的合同。合同应对交易日期、交易方向、债券品种、债券数量、交易价格或利率、账户与结算方式、交割金额和交割时间等要素作出明确的约定。其书面形式包括同业中心交易系统生成的成交单、电报、电传、传真、合同书和信件等。债券回购主协议和上述书面形式的回购合同构成回购交易的完整合同。合同一经成立，交易双方应全面履行合同约定的义务，不得擅自变更或解除合同。

3. 交易登记规则。以债券为质押进行回购交易，应办理登记；回购合同在办理质押登记后生效。

4. 交易托管规则。参与者应在中央结算公司开立债券托管账户，并将持有的债券托管于其账户。债券托管账户按功能实行分类管理，其管理规定另行制定。

5. 交易结算规则。债券交易的债券结算通过中央结算公司的中央债券簿记系统进行。债券交易的资金结算以转账方式进行。商业银行之间应通过其准备金存款账户和中国人民银行资

---

① 中央结算公司．2018年债券市场统计分析报告，http：//www.psbc.com/data/tosend/resource/upload/2018zqfxbg.pdf.

金划拨清算系统进行债券交易的资金结算；商业银行和其他参与者之间、其他参与者相互之间债券交易的资金结算途径由双方自行商定。债券交易结算方式包括券款对付、见款付券、见券付款和纯券过户四种，具体方式由交易双方协商选择。中央结算公司应按照交易双方发送的诸要素相匹配的指令按时办理债券交割。资金清算银行应及时为参与者办理债券交易的资金划拨和转账。中央结算公司应定期向中国人民银行报告债券托管、结算有关情况，及时为参与者提供债券托管、债券结算、本息兑付和账务查询等服务；应建立严格的内部稽核制度，对债券账务数据的真实性、准确性和完整性负责，并为账户所有人保密。

五、非银行金融机构参与银行间债券市场交易

根据《全国银行间债券市场交易管理办法》的规定，非银行金融机构参与银行间债券市场交易，应委托结算代理人进行债券交易和结算。结算代理人系指经中国人民银行批准代理其他参与者办理债券交易、结算等业务的金融机构。债券结算代理系指吸收公众存款的金融机构法人（以下简称金融机构法人）受市场其他参与者的委托，为其办理债券结算等业务的行为。

债券结算代理业务是：(1) 以委托人名义为委托人在中央结算公司办理债券托管账户开户、销户等手续；(2) 根据委托人的指令，为其办理有关结算手续；(3) 在债券利息支付和本金兑付中，为委托人办理相关事宜。

结算代理人的条件是：金融机构法人开办债券结算代理业务须经中国人民银行总行批准。申请成为结算代理人的金融机构法人应具备下列条件：(1) 申请前两年在全国银行间债券市场的债券交易量和承销量均居前列；(2) 内控机制健全，并具有合格的从事结算代理业务的专职人员；(3) 具备良好的债券结算和资金清算能力；(4) 申请前两年在全国银行间债券市场无违规、违约行为；(5) 中国人民银行要求的其他条件。

在开办结算代理业务前，结算代理人应与委托人按照有关法律、规章签订代理协议，未签订代理协议的不得为委托人提供代理服务。结算代理人在签订代理协议前，应要求委托人提供身份及授权情况，确保其真实性和合法性。结算代理人和委托人应在平等、自愿、协商一致的基础上签订代理协议，在全国范围内自主选择代理客户或结算代理人，自行承担风险。委托人只能选择一家结算代理人为其办理债券结算业务。委托人可以更换结算代理人。代理协议应对以下主要事项作出明确约定：(1) 结算代理人受托办理的业务内容；(2) 双方的权利、义务；(3) 书面委托指令的形式及确认方式；(4) 代理费的标准及支付方式；(5) 结算代理关系的终止条件；(6) 违约责任及违约处理。

第四节　同业拆借市场法律制度

一、同业拆借市场的概念与特征

同业拆借市场亦称“同业拆放市场”，是金融机构之间进行短期、临时性头寸调剂的市场。而同业拆借是指银行、非银行金融机构之间相互融通短期资金的行为，主要是银行或非银行金融机构之间为解决短期资金余缺，调剂法定准备金头寸而进行的资金融通。我国2007年《同业拆借管理办法》第3条规定：“本办法所称同业拆借，是指经中国人民银行批准进入全国银行间同业拆借市场（以下简称同业拆借市场）的金融机构之间，通过全国统一的同业拆借网络进行的无担保资金融通行为。全国统一的同业拆借网络包括：(1) 全国银行间同业拆借中心的

电子交易系统；(2) 中国人民银行分支机构的拆借备案系统；(3) 中国人民银行认可的其他交易系统。”

通过同业拆借市场，金融机构之间可以相互进行资金调剂。对于拆出方来说，可以将闲散资金拆借出去获得利息收入，减少资金过多积压带来的利息负担。对于拆入资金方来说，通过同业拆借可以以较低成本获得短期周转资金，解决短期内资金短缺的问题。同业拆借市场可以优化金融机构间的资产负债结构。

与其他借贷关系相比较，同业拆借具有以下几个显著的特点：第一，拆借是一种资金借贷关系，基本上是信用拆借，金融机构通过拆借从其他金融机构取得短期融资，以解决短期周转资金的不足。第二，同业拆借双方都必须是金融机构，非金融机构企业或个人不能参与同业拆借。根据我国《同业拆借管理办法》(中国人民银行〔2007〕第3号) 的规定，“金融机构进入同业拆借市场必须经中国人民银行批准，从事同业拆借交易接受中国人民银行的监督和检查”。第三，同业拆借只能是短期借款，拆借期限受到严格限制。参与拆借的机构是在中央银行开立存款账户，交易资金主要是该账户上的多余资金。第四，同业拆借资金主要用于短期、临时性需要；同业拆借的主要目的是解决金融机构之间资金周转上的困难，通过金融机构之间资金头寸的相互调剂，最大限度地实现金融机构资金的流动性和盈利性。因此，拆借期限受到严格限制，只能限于短期。

二、同业拆借市场的主体

同业拆借是银行与非银行金融机构之间相互进行的短期借贷，拆入方和拆出方都应遵循自愿、平等互利、守信用、短期融资的原则。在同业拆借中，拆借双方都是形式上平等的法律主体，拆借金额、期限、利率、资金用途和双方的权利、义务等，都由双方自行协商并通过合同加以约定。同业拆借市场的主体是参与到同业拆借活动中，从事拆借行为和监管行为的金融机构和管理机关。根据我国《同业拆借管理办法》的规定，我国同业拆借市场的主体主要包括监管主体和拆借主体，后者又可分为一般拆借主体和特殊拆借主体。

(一) 监管主体

同业拆借的监管主体是对同业拆借市场、同业拆借主体及其同业拆借行为进行监督、管理的行政机关。《同业拆借管理办法》第4条规定：中国人民银行依法对同业拆借市场进行监督管理。金融机构进入同业拆借市场必须经中国人民银行批准，从事同业拆借交易接受中国人民银行的监督和检查。中国人民银行依法对同业拆借交易实施非现场监管和现场检查，并对同业拆借市场的行业自律组织进行指导和监督。中国人民银行省一级分支机构负责拟定辖区同业拆借备案管理实施办法，并对辖区内金融机构通过拆借备案系统进行的同业拆借交易进行监管。

(二) 拆借主体及其条件

一般拆借主体是指具有法律规定的一般条件即可经中国人民银行批准从事同业拆借行为的金融机构。根据我国《同业拆借管理办法》的规定，这些金融机构包括：(1) 政策性银行；(2) 中资商业银行；(3) 外商独资银行、中外合资银行；(4) 城市信用合作社；(5) 农村信用合作社县级联合社；(6) 企业集团财务公司；(7) 信托公司；(8) 金融资产管理公司；(9) 金融租赁公司；(10) 汽车金融公司；(11) 证券公司；(12) 保险公司；(13) 保险资产管理公司；(14) 中资商业银行（不包括城市商业银行、农村商业银行和农村合作银行）授权的一级分支机构；(15) 外国银行分行；(16) 中国人民银行确定的其他机构。

(三) 拆借主体的条件

1. 一般条件。《同业拆借管理办法》第7条规定，申请进入同业拆借市场的金融机构应当具备以下条件：(1) 在中华人民共和国境内依法设立；(2) 有健全的同业拆借交易组织机构、风险管理制度和内部控制制度；(3) 有专门从事同业拆借交易的人员；(4) 主要监管指标符合中国人民银行和有关监管部门的规定；(5) 最近2年未因违法、违规行为受到中国人民银行和有关监管部门处罚；(6) 最近2年未出现资不抵债情况；(7) 中国人民银行规定的其他条件。

2. 特殊条件。下列金融机构申请进入同业拆借市场，除具备《同业拆借管理办法》第7条规定的条件外，还应具备以下条件：(1) 外商独资银行、中外合资银行、外国银行分行经国务院银行业监督管理机构批准获得经营人民币业务资格；(2) 企业集团财务公司、信托公司、金融资产管理公司、金融租赁公司、汽车金融公司、保险资产管理公司在申请进入同业拆借市场前最近两个年度连续盈利；(3) 证券公司应在申请进入同业拆借市场前最近两个年度连续盈利，同期未出现净资本低于2亿元的情况；(4) 保险公司应在申请进入同业拆借市场前最近四个季度连续的偿付能力充足率在120%以上。

三、同业拆借市场的行为规则

金融机构进入同业拆借市场，从事同业拆借行为必须遵守相应的行为规则。根据我国《同业拆借管理办法》的规定，我国同业拆借市场的行为规则主要包括以下几个方面：第一，市场准入规则。参与拆借的主体必须是金融机构法人。非金融机构和非法人的金融机构不得进入拆借市场。第二，拆借资金规则。拆借资金必须符合国家政策，并用于短期周转。各金融机构拆出的资金，只限于交足法定准备金后的余额，严禁占用联行汇差资金和中央银行借款进行拆放。所有金融机构均可通过拆借市场拆借清算头寸资金，但拆借期限不能超过7天。拆入资金只能用于弥补清算头寸、联行汇差的不足和解决临时性周转资金的需要，严禁用拆入资金弥补信贷资金缺口和发放固定资产贷款，更不允许把资金变相拆给企业长期使用。第三，科学、合理地确定拆借数额。在拆借活动中，拆借双方都应在科学预测的基础上，准确测算资金融通的数量，然后根据需要与可能，进行资金的余缺调剂。第四，拆借利率规则。拆借利率由拆借双方协商议定。第五，拆借资金应自由流动，不受地区和系统的限制。第六，信息披露规则。进入同业拆借市场的金融机构承担向同业拆借市场披露信息的义务。金融机构的董事或法定代表人应当保证所披露的信息真实、准确、完整、及时。第七，拆借合同规则。参加同业拆借的双方必须签订拆借合同，合同内容包括拆借金额、期限、利率、资金用途和双方的权利、义务等。无论是拆出方还是拆入方，都要严守信用，履行合同。

四、商业银行分行同业拆借的规定

中国人民银行于1998年下发了《关于商业银行授权分行进入全国同业拆借市场有关问题的通知》(银发〔1998〕137号)，对于商业银行分行从事同业拆借活动进行规定。

该通知规定：第一，各商业银行总行可以根据本行资金管理的实际情况，决定授权省级分行加入全国一级拆借市场，从事信用拆借、债券回购和现券交易。第二，在中国人民银行核定的最高信用拆借资金余额内，由各行自行决定其授权分行的最高信用拆借资金余额。中国人民银行仍对各商业银行以法人为单位考核最高信用拆借资金余额。第三，加入全国同业拆借市场的商业银行分行进行信用拆借、债券回购和现券交易的民事责任由各商业银行总行承担，商业银行法人内部机构之间不得进行信用拆借、债券回购与现券交易。第四，准备进行授权的商业银行总行要将授权分行的名单、授予的最高信用拆借资金余额、债券回购与现券交易权限报送中国人民银行总行。第五，各商业银行要加强对授权分行的管理，建立严格的内部授权和外部授信制度，有效控制拆借风险。

法律应用

人民法院审理票据纠纷案件，适用《票据法》的规定；《票据法》没有规定的，适用《民法总则》《合同法》《担保法》等民商事法律以及国务院制定的行政法规。中国人民银行制定并公布施行的有关行政规章与法律、行政法规不抵触的，可以参照适用。

思考题

1. 简述票据承兑的法律规定。
2. 试述银行间债券市场的交易规则。
3. 试述同业拆借市场的行为规则。

历年司法考试题

1. 关于票据丧失时的法律救济方式，下列哪一说法是错误的？（　　）（2012 年）

A. 通知票据付款人挂失止付

B. 申请法院公示催告

C. 向法院提起诉讼

D. 不经挂失止付不能申请公示催告或者提起诉讼

答案及解析：D 项。本题考核票据丧失时的法律救济方式。《票据法》第 15 条规定，票据丧失，失票人可以及时通知票据的付款人挂失止付，但是，未记载付款人或者无法确定付款人及其代理付款人的票据除外。收到挂失止付通知的付款人，应当暂停支付。失票人应当在通知挂失止付后 3 日内，也可以在票据丧失后，依法向人民法院申请公示催告，或者向人民法院提起诉讼。据此可知，挂失止付不是申请公示催告或提起诉讼的必经程序。

2. 甲公司签发一张汇票给乙，票面记载金额为 10 万元，乙取得汇票后背书转让给丙，丙取得该汇票后又背书转让给丁，但将汇票的记载金额由 10 万元变更为 20 万元。之后，丁又将汇票最终背书转让给戊。其中，乙的背书签章已不能辨别是在记载金额变更之前，还是在变更之后。下列哪些选项是正确的？（　　）（2012 年）

A. 甲应对戊承担 10 万元的票据责任

B. 乙应对戊承担 20 万元的票据责任

C. 丙应对戊承担 20 万元的票据责任

D. 丁应对戊承担 10 万元的票据责任

答案及解析：A、C 项。《票据法》第 14 条第 3 款规定，票据上其他记载事项被变造的，在变造之前签章的人，对原记载事项负责；在变造之后签章的人，对变造之后的记载事项负责；不能辨别是在票据被变造之前或者之后签章的，视同在变造之前签章。选项 A 正确。出票人甲是在票据被变造之前签章的人，对戊承担 10 万元的票据责任。选项 B 错误。乙的背书签章已不能辨别是在记载金额变更之前，还是在变更之后，则视同为在变造之前签章，其应对戊承担 10 万元的票据责任，而非 20 万元的票据责任。选项 C 正确。丙将汇票上的 10 万元金额变造为 20 万元，并在变造后背书给丁，属于在变造后签章的人，对戊承担 20 万元的票据责任。选项D错误。背书人丁是在票据被变造之后签章的人，对戊承担20万元的票据责任。

3. 关于汇票的表述，下列哪些选项是正确的？（　　）（2013年）

A. 汇票可以质押，当持票人将汇票交付给债权人时质押生效

B. 如汇票上记载的付款人在承兑之前即已破产，出票人仍须承担付款责任

C. 汇票的出票人既可以是银行、公司，也可以是自然人

D. 如汇票上未记载出票日期，该汇票无效

答案及解析：B、C、D项。本题考核汇票的质押、汇票上的记载事项、汇票的无效。选项A错误。《票据法》第35条第2款规定，汇票可以设定质押；质押时应当以背书记载“质押”字样。被背书人依法实现其质权时，可以行使汇票权利。据此可知，汇票可以质押，但是质权并非自汇票交付给债权人时生效。选项B正确。根据《票据法》第61条第2款第3项的规定，承兑人或者付款人被依法宣告破产的或者因违法被责令终止业务活动的，持票人也可以对背书人、出票人以及汇票的其他债务人行使追索权。选项C正确。汇票的出票人可以是任何人，只有本票的出票人有限定，只能是银行。选项D正确。《票据法》第22条规定，汇票必须记载下列事项：(1) 表明“汇票”的字样；(2) 无条件支付的委托；(3) 确定的金额；(4) 付款人名称；(5) 收款人名称；(6) 出票日期；(7) 出票人签章。汇票上未记载前款规定事项之一的，汇票无效。

4. 某商业银行通过同业拆借获得一笔资金。关于该拆入资金的用途，下列哪一选项是违法的？（　　）（2014年）

A. 弥补票据结算的不足　　B. 弥补联行汇差头寸的不足

C. 发放有担保的短期固定资产贷款　　D. 解决临时性周转资金的需要

答案及解析：C项。同业拆借是指金融机构（主要是商业银行）之间为了调剂资金余缺，利用资金融通过程的时间差、空间差、行际差来调剂资金而进行的短期借贷。同业拆借由中国人民银行统一负责管理、组织、监督和稽核。《商业银行法》第46条规定，同业拆借，应当遵守中国人民银行的规定。禁止利用拆入资金发放固定资产贷款或者用于投资。拆出资金限于交足存款准备金、留足备付金和归还中国人民银行到期贷款之后的闲置资金。拆入资金用于弥补票据结算、联行汇差头寸的不足和解决临时性周转资金的需要。由此可知，C选项的行为是违反同业拆借的拆入资金用途，所以，本题正确答案为C。

5. 依票据法原理，票据具有无因性、设权性、流通性、文义性、要式性等特征。关于票据特征的表述，下列哪一选项是错误的？（　　）（2014年）

A. 没有票据，就没有票据权利

B. 任何类型的票据都必须能够进行转让

C. 票据的效力不受票据赖以发生的原因行为的影响

D. 票据行为的方式若存在瑕疵，不影响票据的效力

答案及解析：D项。A项，票据具有设权性，票据权利的产生必须首先做成证券。在票据做成之前，票据权利是不存在的。票据权利是随着票据的做成同时发生的。没有票据，就没有票据权利。B项，票据具有流通性，票据的一个基本功能就是流通。票据上的权利，经背书或单纯交付即可让与他人，无须依民法有关债权让与的有关规定。一般说来，无记名票据，可依单纯交付而转让；记名票据，须经背书交付才能转让。但是，并非所有的票据都能够转让，《票据法》第27条第2款规定，出票人在汇票上记载“不得转让”字样的，汇票不得转让。C项，票据是无因证券。票据法律关系是一种单纯的金钱支付关系，不受基础关系是否存在及其效力的影响。权利人享有票据权利只以持有符合票据法规定的有效票据为必要。至于票据赖

以发生的原因则在所不问。即使原因关系无效或有瑕疵，均不影响票据的效力。即票据行为的原因行为不成立、无效或者被撤销，票据效力也不受影响。所以，票据权利人在行使票据权利时，无须证明给付原因，票据债务人也不得以原因关系对抗善意第三人。D项，票据是要式证券，《票据法》严格地规定了票据的制作格式和记载事项。不按《票据法》及相关法规的规定进行票据事项的记载，就会影响票据的效力甚至会导致票据的无效。此外，在票据上所为的一切行为，如出票、背书、承兑、保证都必须严格按照《票据法》规定的程序与方式进行，否则会导致票据行为无效，甚至导致票据无效。如《票据法》第9条第2款规定，票据金额、日期、收款人名称不得更改，更改的票据无效。

6. 甲从乙处购置一批家具，给乙签发一张金额为40万元的汇票。乙将该汇票背书转让给丙。丙请丁在该汇票上为“保证”记载并签章，随后又将其背书转让给戊。戊请求银行承兑时，被银行拒绝。对此，下列哪一选项是正确的？（　　）（2015年）

A. 丁可以采取附条件保证方式

B. 若丁在其保证中未记载保证日期，则以出票日期为保证日期

C. 戊只有在向丙行使追索权遭拒绝后，才能向丁请求付款

D. 在丁对戊付款后，丁只能向丙行使追索权

答案及解析：B项。根据《票据法》第46条规定，保证人必须在汇票或者粘单上记载下列事项：(1) 表明“保证”的字样；(2) 保证人名称和住所；(3) 被保证人的名称；(4) 保证日期；(5) 保证人签章。《票据法》第47条第2款规定，保证人在汇票或者粘单上未记载前条第(4)项的，出票日期为保证日期。所以，若丁在其保证中未记载保证日期，则以出票日期为保证日期。《票据法》第48条规定，保证不得附有条件；附有条件的，不影响对汇票的保证责任。据此，丁为保证时不能附条件。《票据法》第50条规定，被保证的汇票，保证人应当与被保证人对持票人承担连带责任。汇票到期后得不到付款的，持票人有权向保证人请求付款，保证人应当足额付款。所以，保证人丁应当与被保证人丙对持票人承担连带责任，且没有顺序限制。《票据法》第52条规定，保证人清偿汇票债务后，可以行使持票人对被保证人及其前手的追索权。所以，丁可以向被保证人丙及其前手甲、乙进行追索。

7. 甲公司为履行与乙公司的箱包买卖合同，签发一张以乙公司为收款人、某银行为付款人的汇票，银行也予以了承兑。后乙公司将该汇票背书赠与给丙。此时，甲公司发现乙公司的箱包为假冒伪劣产品。关于本案，下列哪一选项是正确的？（　　）（2016年）

A. 该票据无效

B. 甲公司不能拒绝乙公司的票据权利请求

C. 丙应享有票据权利

D. 银行应承担票据责任

答案及解析：D项。选项A错误。票据是无因证券，权利人享有票据权利只以持有符合票据法规定的有效票据为必要，至于票据赖以发生的原因则在所不问。即使原因关系无效或有瑕疵，均不影响票据的效力。据此可知，该票据不会因乙公司的箱包为假冒伪劣产品而无效。选项B错误。《票据法》第12条第1款规定，以欺诈、偷盗或者胁迫等手段取得票据的，或者明知有前列情形，出于恶意取得票据的，不得享有票据权利。本案中，乙公司提供的箱包系假冒伪劣产品，属于以欺诈手段取得票据的情形，不能享有票据权利，故甲公司有权拒绝乙公司的票据权利请求。选项C错误。《票据法》第11条规定，因税收、继承、赠与可以依法无偿取得票据的，不受给付对价的限制。但是，所享有的票据权利不得优于其前手的权利。前手是指在票据签章人或者持票人之前签章的其他票据债务人。据此可知，丙的票据权利不得优于其前手

乙公司。本案中，乙公司不得享有票据权利，故丙也不得享有票据权利。选项D正确。《票据法》第4条第5款规定，本法所称票据责任，是指票据债务人向持票人支付票据金额的义务。票据责任的承担者，即票据债务人，具有付款和担保的双重责任。票据的主债务人，即直接承担票据付款责任的人，例如汇票的主债务人，即汇票的承兑人、本票的出票人，其对票据持票人的付款责任是绝对的，不可免除的。只有在主债务人付款后，债务人的责任才宣告解除，票据上的债权债务关系也才归于消灭。票据的次债务人，即对票据查对和付款负担保责任的人，例如汇票的出票人、背书人、保证人、本票的背书人、支票的出票人、背书人等，其在票据不获查对或者不获付款时，承担票据责任。次债务人在向持票人支付了票据金额后，便解除自己的票据责任，从而获得向其前手进行追索的权利，直至票据上的债权债务关系归于消灭。据此可知，本案中银行应承担票据责任。

8. 甲公司为清偿对乙公司的欠款，开出一张收款人是乙公司财务部长李某的汇票。李某不慎将汇票丢失，王某拾得后在汇票上伪造了李某的签章，并将汇票背书转让给外地的丙公司，用来支付购买丙公司电缆的货款，王某收到电缆后转卖得款，之后不知所踪。关于本案，下列哪些说法是正确的？(　　)(2016年)

A. 甲公司应当承担票据责任　　B. 李某不承担票据责任

C. 王某应当承担票据责任　　D. 丙公司应当享有票据权利

答案及解析：A、B、D项。《票据法》第14条第2款规定，票据上有伪造、变造的签章的，不影响票据上其他真实签章的效力。本案中，甲公司在票据上进行了真实的签章，故甲公司应承担票据责任。李某是被伪造签章之人，王某是伪造签章之人，两人均未在票据上进行真实的签章，故李某和王某均不承担票据责任。王某将伪造的汇票背书转让给丙公司，丙公司为不知情的善意第三人，丙公司应享有票据权利。

9. 亿凡公司与五悦公司签订了一份买卖合同，由亿凡公司向五悦公司供货；五悦公司经连续背书，交付给亿凡公司一张已由银行承兑的汇票。亿凡公司持该汇票请求银行付款时，得知该汇票已被五悦公司申请公示催告，但法院尚未作出除权判决。关于本案，下列哪一选项是正确的？(　　)(2017年)

A. 银行对该汇票不再承担付款责任

B. 五悦公司因公示催告可行使票据权利

C. 亿凡公司仍享有该汇票的票据权利

D. 法院应作出判决宣告票据无效

答案及解析：C项。选项C正确。公示催告期间票据权利仍由票据持有人享有。选项A错误。《票据法》第44条规定，付款人承兑汇票后，应当承担到期付款的责任。本案中，汇票已由银行承兑，因此银行应当承担付款责任。公示催告期间，银行应当暂停支付，而不是不再承担付款责任。选项B错误。《民事诉讼法》第222条规定，没有人申报的，人民法院应当根据申请人的申请，作出判决，宣告票据无效。判决应当公告，并通知支付人。自判决公告之日起，申请人有权向支付人请求支付。据此可知，法院在作出除权判决之前，五悦公司不能行使票据权利。选项D错误。公示催告期间，人民法院收到利害关系人申报权利的，应当裁定终结公示催告程序。没有人申报权利的，人民法院应当根据申请人的申请，作出判决，宣告票据无效。

10. 东霖公司向忠谙公司购买一个元器件，应付价款960元。东霖公司为付款开出一张支票，因金额较小，财务人员不小心将票据金额仅填写了数码的“￥960元”，没有记载票据金额的中文大写。忠谙公司业务员也没细看，拿到支票后就放入文件袋。关于该支票，下列哪些

选项是正确的？（　　）（2017 年）

A. 该支票出票行为无效

B. 忠谙公司不享有票据权利

C. 东霖公司应承担票据责任

D. 该支票在使用前应补记票据金额的中文大写

答案及解析：C、D 项。《票据法》第 85 条规定，支票上的金额可以由出票人授权补记，未补记前的支票，不得使用。票据法要求出票人就支票的金额填写清楚、准确。但实际生活中，出票人在出票时出于某种需要，往往将金额空白，待日后再填写。《票据法》第 85 条亦允许这种做法，但在提示付款时，金额的填写必须符合法律规定，否则无效。据此可知，该支票的出票行为是有效的，东霖公司应当承担票据责任，该支票在使用前必须补记票据金额的中文大写，否则无效。

第十章 外汇市场法律制度

重点问题

1. 外汇种类与外汇形态
2. 外汇市场的分类与构成要素
3. 中国外汇市场结售汇及其监管制度
4. 中国外汇市场掉期交易制度
5. 中国银行间外汇市场主体制度、“做市商”制度
6. 中国银行间外汇市场汇率与汇价制度、双向交易制度

第一节 外汇市场概述

一、外汇的概念与特点

外汇（Foreign Exchange），是国际汇兑的简称，通常指以外国货币表示的可用于国际间债权债务结算的各种支付手段。它是国际贸易的产物，是国际贸易清偿的支付手段。外汇有动态与静态双重含义，外汇的静态含义是动态含义的抽象和发展。

动态意义的外汇是指包含“汇”和“兑”两方面的货币交换活动。“汇兑”主要是指一国或地区的货币，通过“汇进汇出”或“互相兑换”的金融活动，转换成另一国或地区的货币的过程。确切地说，是指将一国或地区的货币兑换成另一国或地区的货币，并利用国际信用工具汇往另一国或地区，借以清偿两国或地区间因经济贸易往来等而产生的债权债务关系这一动态的交易过程。[①] 其实质是国际资本的流动。

静态意义的外汇，还可分为狭义的外汇和广义的外汇。狭义的外汇指的是以外国货币表示的，为各国普遍接受的，可用于国际间债权债务结算的各种支付手段。它必须具备三个特点：可支付性（必须以外国货币表示的资产）、可获得性（必须是在国外能够得到补偿的债权）和可换性（必须是可以自由兑换为其他支付手段的外币资产）。广义的外汇指的是一国拥有的一切以外币表示的资产。国际货币基金组织（IMF）的定义是：“外汇是货币行政当局（中央银行、货币管理机构、外汇平准基金及财政部）以银行存款、财政部库券、长短期政府证券等形式保有的在国际收支逆差时可以使用的债权。”

---

① 贺小勇．金融全球化趋势下金融监管的法律问题．北京：法律出版社，2002：244；朱崇实主编．金融法教程．2版．北京：法律出版社，2005：185；逄锦聚等主编．政治经济学．北京：高等教育出版社，2003：58－60.

我国于2008年修正的《中华人民共和国外汇管理条例》（国务院令第532号）规定：本条例所称外汇，是指下列以外币表示的可以用作国际清偿的支付手段和资产：（1）外币现钞，包括纸币、铸币；（2）外币支付凭证或者支付工具，包括票据、银行存款凭证、银行卡等；（3）外币有价证券，包括债券、股票等；（4）特别提款权；（5）其他外汇资产。

由于外汇是用于国际结算，清偿不同国家间的债权债务，便于国家间资金的转移和实现各国货币购买力的工具和手段。外汇具有以下特点：第一，外汇是以外币表示的资产。任何以本国货币表示的信用工具、支付手段、有价证券等对于本国人来说都不是外汇。第二，外汇必须是在国外能够得到补偿的债权，空头支票和遭到拒付的汇票不能视为外汇。第三，外汇必须是可以自由兑换为其他支付手段的外币资产，如果某种资产在国家间的自由兑换受到限制，就不能作为外汇。

二、外汇市场的概念与分类

从金融经济学和金融法学这两个角度来看，人们对外汇市场主要有以下几种理解：其一，外汇市场就是货币兑换的场所，不仅是跨国资金转移的中介市场，而且是汇率决定的场所。[①] 其二，外汇市场是一个进行两种货币间交易的单一的市场。交易发生在世界上不同的地方。[②] 其三，从功能上讲，外汇市场是进行外汇买卖（交易）的场所。[③] 其四，外汇市场是进行货币买卖、兑换的市场，是由外汇需求者、供给者和中介机构组成的买卖外汇的交易场所或网络。[④] 简言之，外汇市场（Foreign exchange market，简称Forex、FX或currency market）是一个分散于全球各地用于交易货币的金融市场。外汇市场是世界上流动性最好的金融市场。交易方包括大型银行、中央银行、机构投资者、货币投机者、公司、政府、其他金融机构和散户投资者。

依据不同的分类标准，外汇市场可作不同的分类。

（1）按照外汇市场的组织形式，分为有形外汇市场和无形外汇市场。有形外汇市场，也称为具体的外汇市场，是指有具体的固定场所的外汇市场。这种市场最初流行于欧洲大陆，故其组织形式被称为大陆方式。其主要特点是：第一，固定场所一般指外汇交易所，通常位于世界各国金融中心。如巴黎、布鲁塞尔、法兰克福等市场。第二，从事外汇业务经营的双方都在每个交易日的规定时间内集中进行外汇交易。在自由竞争时期，西方各国的外汇买卖主要集中在外汇交易所。但进入垄断阶段后，银行垄断了外汇交易，致使外汇交易所日渐衰落。

无形外汇市场，也称为抽象的外汇市场，是指没有固定、具体场所的外汇市场。这种市场最初流行于英国和美国，故其组织形式被称为英美方式。现在，这种组织形式不仅从纽约、伦敦扩展到加拿大、东京、新加坡、香港等主要金融地区，而且也渗入到欧洲大陆。无形外汇市场的主要特点是：第一，没有确定的开盘与收盘时间。第二，外汇买卖双方无须进行面对面的交易，外汇供给者和需求者凭借电传、电报和电话等通信设备进行与外汇机构的联系，可以随时向世界各地通报市场行情，并随时承接来自世界各地的交易。[⑤] 第三，各主体之间有较好的

---

① 弗雷德里克·S. 米什金. 货币金融学. 郑艳文译. 北京：中国人民大学出版社，2006：6.

② 托马斯·A. 普格尔，彼得·H. 林德特. 国际经济学. 11版. 李克宁等，译. 北京：经济科学出版社，2001：267-268.

③ 黄达主编. 金融学. 北京：中国人民大学出版社，2003：215.

④ 甘功仁，黄欣主编. 金融法. 北京：中国金融出版社，2003：142.

⑤ 黄达主编. 金融学. 北京：中国人民大学出版社，2003：215-216；甘功仁，黄欣主编. 金融法. 北京：中国金融出版社，2003：142.

信任关系，否则，这种交易难以完成。目前，除了个别欧洲大陆国家的一部分银行与顾客之间的外汇交易还在外汇交易所进行外，世界各国的外汇交易均通过现代通信网络进行。无形外汇市场已成为今日外汇市场的主导形式。

（2）按照外汇交易的交割时间，分为即期外汇市场、远期外汇市场和掉期外汇市场。即期交易是在买卖契约成立的当天或次日交割的外汇交易；远期交易是按商定的汇价订立买卖合约，在约定的将来日期进行交割的外汇交易。即期交易和远期交易都属于现汇交易。① 亚洲地区外汇银行间的即期交易多在第二个营业日收付；欧美各国的即期交易通常在交易后的两个营业日以内收付。即期外汇市场占据主导地位，其基本功能是进行货币兑换，在最短的时间内实现购买力的国际转移。远期外汇交易是指买卖双方先订立合同，在规定的时间按合同办理收付的外汇业务。其基本功能是让交易者转让、回避汇率变动的风险，固定进出口贸易和国家借款贷款的成本。掉期交易，或称“调期交易”，是即期交易和远期交易的结合物。在这种交易中，银行将手头多余的外汇按照即期交易方式卖给其他银行，同时以远期交易方式在需要时将其买回。有的将外汇市场分为现汇外汇市场和期货外汇市场，并将远期外汇市场视为期货市场。

（3）按照外汇交易的范围，分为外汇批发市场和外汇零售市场。外汇批发市场是银行间交易的外汇买卖市场，又称“同业交易”市场，包括同一市场各银行之间、不同市场各银行之间、中央银行与外汇银行之间，以及各国中央银行之间的外汇买卖。外汇批发市场的特点是交易标的较大。而外汇零售市场是银行与一般客户之间的外汇买卖，其中某些交易是与个人进行的交易。

三、全球外汇市场

全球外汇市场是由各国际金融中心的外汇市场构成的统一市场体系。目前，世界上约有外汇市场30多个，其中最重要的有伦敦、纽约、巴黎、东京、瑞士、新加坡、香港等，它们各具特色并分布在世界的每一个角落，并相互联系，形成了全球的统一外汇市场。外汇交易除周末外24小时不间断，每天凌晨，从惠灵顿、悉尼开始，直到美国西海岸市场闭市，当亚洲交易时段结束时，欧洲交易时段开始，然后接着是北美交易时段，接着又回到亚洲时段。在无形市场中，交易时间并不受传统的开市、闭市时间限制，外汇交易商往往在一个市场闭市后，将交易指令转入下一个市场执行。外汇市场的主要目的是允许企业通过转换不同的币种来促进国际间的贸易和投资。典型的外汇交易是一方通过支付一定数量的一种货币来买入一定数量的另一种货币。世界上主要的外汇交易市场包括伦敦外汇市场、纽约外汇市场、东京外汇市场、新加坡外汇市场、香港外汇市场、苏黎世外汇市场、法兰克福外汇市场、巴黎外汇市场、瑞士外汇市场等。

四、中国外汇市场

外汇市场是我国金融市场的重要组成部分，也是我国改革开放和对外交往的窗口，联系国际国内两个市场、两种资源。我国外汇管理体制建立于计划经济时期，当时实行严格的外汇集中计划管理，国家对外贸和外汇实行统一经营，外汇收支实行指令性计划管理。所有外汇收入必须售给国家，用汇实行计划分配；对外基本不举借外债，不接受外国来华投资；人民币汇率仅作为核算工具。改革开放后的外汇市场的发展历程大致可以分为四个阶段：第一阶段

① 吴志攀主编．金融法概论．4版．北京：北京大学出版社，2000：186.

（1979—1993 年）：官方汇率和外汇调剂市场汇率并存的双重汇率制度阶段；第二阶段（1994—2000 年）：社会主义市场经济条件下的外汇管理体制框架初步确定阶段；第三阶段（2001—2012 年）：以市场调节为主的外汇管理体制进一步完善阶段；第四阶段（2013 年至今）：人民币国际化背景下的发展新阶段。

从中国外汇交易中心公布的产品来看，目前，我国的外汇交易品种包括人民币外汇即期、人民币外汇远期、人民币外汇掉期、人民币外汇货币掉期、人民币外汇期权、外币拆借、外币对等。丰富的交易品种，有利于为投资者提供多样化的服务，满足差异性的汇率风险管理需求。1994 年外汇交易中心成立之初，银行间外汇市场上仅有美元和港币交易。随着市场发展，为降低跨境贸易和投资的汇兑成本，交易币种开始不断增加。截至目前，已有美元、欧元、日元、港元、英镑、澳大利亚元、新西兰元、新加坡元、加拿大元、林吉特、俄罗斯卢布、泰铢等十三种交易币种，基本涵盖了我国跨境收支的结算货币。

随着人民币的国际化以及改革开放的不断发展，以及中国海外市场的不断发展，中国外汇市场会呈现出明显上升的趋势。2017 年，国内外汇市场人民币对外汇交易量 24.1 万亿美元，较 1994 年增长 134 倍，其中：即期和衍生品分别为 3.8 万亿和 20.3 万亿美元，银行对客户市场和银行间市场分别为 9.5 万亿和 14.6 万亿美元。根据国际清算银行（BIS）的调查，2016 年，中国外汇市场交易量占全球外汇市场交易量的比重为 1.1%，为历史最高水平。

第二节　外汇市场主体制度

外汇市场主体，又称外汇市场的参与者。纵观世界各国外汇市场，银行间市场与零售市场这两个层次市场的外汇交易主体主要由外汇银行、外汇经纪人、中央银行，以及众多的进出口商、非贸易外汇供求者和外汇投机者等组成。中国外汇市场参与主体主要包括外汇指定银行、经营外汇业务的其他金融机构（包括农村合作金融机构、农村信用联社）、进出口商、国际投资者、旅游者等。银行间外汇市场的合格交易者是外汇指定银行（包括“做市商”）、非银行金融机构以及符合法定条件的非金融企业。

一、银行业金融机构即期结售汇业务主体资格

我国银行业金融机构经营即期结售汇业务实行许可制度，现行银行结售汇业务市场准入管理方式为：（1）政策性银行总行、全国性商业银行（国有商业银行和股份制商业银行）总行经营结售汇业务，实行核准制准入管理，由国家外汇管理局审核批准。（2）城市商业银行总行、农村商业银行总行、外商独资银行总行、中外合资银行总行、外国银行分行、农村合作金融机构（农村信用合作社、农村信用合作联社、农村信用合作社联合社和农村合作银行）总行经营结售汇业务实行核准制准入管理，由所在地国家外汇管理局分局审核批准。以上银行机构如处于市（地）、县，应经所在地国家外汇管理局中心支局或支局向上级分局提出申请。其中，农村信用合作社应以县联社或者市（地）联社为单位申请。（3）上述以外的银行分支机构（含农村信用合作社联合社辖内的农村信用合作社，下同）经营结售汇业务实行备案制准入管理，由其向所在地国家外汇管理局分（支）局备案。此外，银行可以根据自身经营需要分别或者一并申请对公和对私结售汇业务经营资格。

二、外汇指定银行申请银行间外汇市场“做市商”的资格

银行间外汇市场做市商，是指经国家外汇管理局核准，在我国银行间外汇市场进行人民币与外币交易时，承担向市场会员持续提供买、卖价格义务的银行间外汇市场会员。

申请银行间外汇市场做市商资格须首先申请相应做市品种的尝试做市资格。根据《银行间外汇市场做市商指引》的规定，申请尝试做市资格应具备以下基本条件：(1) 取得银行间外汇市场会员资格两年（含）以上的银行类金融机构；(2) 最近一个年度全行资本充足率达到8%以上；(3) 集中管理结售汇综合头寸，外汇局核定的银行结售汇综合头寸上限在2亿美元（含）以上；(4) 遵守人民银行和外汇局的有关规定，在提交申请的前两年内，结售汇业务和外汇市场交易没有重大违法、违规记录。

根据《银行间外汇市场做市商指引》的规定，银行间外汇市场即期做市商和远期掉期做市商的“做市商”应具备以下基本条件：(1) 在申请做市的交易品种上尝试做市两年以上，具备必要的经验和能力；(2) 最近两个年度全行资本充足率达到9%以上；(3) 最近两个年度全行境内代客跨境收支规模排名在前50名（含）以内；(4) 申请即期做市商的，最近一个年度全行在银行间即期外汇市场本外币交易规模排名在前30名（含）以内；申请远期掉期做市商的，最近一个年度全行在银行间远期、外汇掉期和货币掉期外汇市场总交易规模排名在前30名（含）以内；(5) 遵守人民银行和外汇局的有关规定，在提交申请的前两年内，结售汇业务和外汇市场交易没有重大违法、违规记录；(6) 具备健全的外汇业务风险管理系统、内部控制制度、内部资金和结售汇转移定价机制和较强的本外币融资能力；(7) 集中管理结售汇综合头寸，外汇局核定的银行结售汇综合头寸上限5亿美元（含）以上；(8) 外汇局规定的其他条件。

三、非银行金融机构申请银行间即期外汇市场会员资格

非银行金融机构符合以下条件的，可以向中国外汇交易中心申请会员资格，进入银行间即期外汇市场交易：(1) 具有主管部门批准的外汇业务经营资格；(2) 具有经国家外汇管理局批准的结售汇业务经营资格；(3) 保险公司注册资本金不低于10亿元人民币或等值外汇，证券公司、信托公司、财务公司等注册资本金不低于5亿元人民币或等值外汇，基金管理公司注册资本金不低于1.5亿元人民币或等值外汇；(4) 具有2名以上从事外汇交易的专业人员；(5) 具备与银行间外汇市场联网的电子交易系统；(6) 自申请日起前两年内没有重大违反外汇管理法规的行为。

第三节　外汇市场交易制度

一、外汇市场的汇率（汇价）制度

汇率（汇价）是外汇市场的制度基础，其形成机制一般是市场与政府双重力量作用的结果。外汇交易导致外汇市场供求的变化。供给与需求在一定的约束条件下决定了汇率。人民币汇率形成机制改革坚持主动性、可控性、渐进性的原则。自2005年7月21日起，我国开始实行以市场供求为基础、参考一揽子货币进行调节、有管理的浮动汇率制度。人民币汇率不再盯住单一美元，而是按照我国对外经济发展的实际情况，选择若干种主要货币，赋予相应的权

重，组成一个货币篮子。同时，根据国内外经济金融形势，以市场供求为基础，参考一篮子货币计算人民币多边汇率指数的变化，对人民币汇率进行管理和调节，维护人民币汇率在合理均衡水平上的基本稳定。参考一揽子货币表明外币之间的汇率变化会影响人民币汇率，但参考一揽子货币不等于盯住一篮子货币，它还需要将市场供求关系作为另一重要依据，据此形成有管理的浮动汇率。

为进一步发展外汇市场，增强外汇指定银行制定挂牌汇价的自主性和灵活性，满足企业和外汇指定银行规避汇率风险的需要，加强对人民币汇价的监测，我国改革和完善了银行间外汇市场交易汇价和外汇指定银行挂牌汇价管理制度。在人民币汇价的管理方面，中国人民银行于每个工作日闭市后公布当日银行间外汇市场美元等交易货币对人民币汇率的收盘价，作为下一个工作日该货币对人民币交易的中间价格。银行间即期外汇市场人民币对美元买卖价在中国人民银行公布的交易中间价上下0.3%的幅度内浮动，欧元、日元、港币等非美元货币对人民币交易价在中国人民银行公布的该货币当日中间价上下3%的幅度内浮动。外汇指定银行在规定的浮动范围内确定挂牌汇价，对客户买卖外汇。中央银行对客户美元挂牌汇价实行价差幅度管理，外汇指定银行对客户挂牌的美元对人民币现汇卖出价与买入价之差不得超过中国人民银行公布的美元交易中间价（上一日银行间市场美元收盘价，下同）的1%［（现汇卖出价－现汇买入价）/美元交易中间价×100%≤1%］，现钞卖出价与买入价之差不得超过美元交易中间价的4%［(现钞卖出价－现钞买入价）/美元交易中间价×100%≤4%］。在上述规定的价差幅度范围内，外汇指定银行可自行调整当日美元现汇和现钞买卖价。我国取消了非美元货币对人民币现汇和现钞挂牌买卖价差幅度的限制，外汇指定银行可自行决定对客户挂牌的非美元货币对人民币现汇和现钞买卖价。外汇指定银行可与客户议定现汇和现钞的买卖价。美元对人民币现汇和现钞的议定价格不得超过规定的价差范围。

二、外汇零售市场交易制度

中国的外汇零售市场是指外汇指定银行和经营外汇业务的其他金融机构，根据中央银行公布的汇率和规定的浮动幅度，确定对客户的外汇买卖价格，办理外汇买卖业务的市场。外汇零售市场业务主要是通过结汇和售汇进行的。

（一）结汇、售汇和付汇制度

结汇、售汇和付汇制度是对经常项目和资本项目的外汇收支的管理制度。经常项目下的外汇管理可以归纳为人民币在经常项目下的可自由兑换，国家对经常性国际支付和转移不予限制，具体包括境内机构经常项目的管理、个人外汇管理以及外国驻华外交机构和来华人员的人民币兑换。① 资本项目外汇管理包括境内机构的资本项目管理、从境外借款、境外发行债券和对外提供担保以及外债登记的管理。

1. 结汇制度

结汇是指企业和个人通过银行或其他交易中介卖出外汇换取本币。② 各国的结汇制度因各自外汇管理的需要而有不同的选择，目前全球外汇收支管理形成了三种基本结汇制度，即强制结汇、意愿结汇和限额结汇。强制结汇是指所有外汇必须卖给外汇指定银行，不允许保留外汇；意愿结汇是指外汇收入所有者可以选择把外汇卖给外汇指定银行，也可以开立外汇账户保留外汇；限额结汇是指外汇收入在外汇当局核定的数额内可以不结汇，超过限额的部分必须卖

① “个人”是指中国公民和在中国境内居住满1年的外国人。

② 黄达主编．金融学．北京：中国人民大学出版社，2003：218.

给外汇指定银行。

目前，我国对不同的外汇管理对象和不同性质的外汇资金实行差别结汇制度：(1) 对一般中资企业经常项目外汇收入实行强制结汇制度，除国家规定可以开立外汇账户保留的之外，必须卖给外汇指定银行。资本项目外汇，未经国家外汇管理部门批准，不得结汇。(2) 对于年度进出口总额和注册资本达到一定规模、财务状况良好的中资企业开立外汇账户，实行限额结汇制度。中资企业外汇结算账户的最高限额为其年度进出口总额的一定比例，最高限额内的出口收汇，可以保留外汇，也可以卖给外汇指定银行；超过最高限额的外汇，必须卖给外汇指定银行。(3) 对外商投资企业，实行限额结汇制。国家外汇管理部门根据外商投资企业实际投资和经常项目外汇资金周转需要，核定外汇结算账户的最高限额，在最高限额内的经常项目外汇收入可以保留，也可以卖给外汇指定银行；超出最高限额的部分，必须卖给外汇指定银行和通过外汇交易中心卖出。外商投资企业资本项目外汇转换为人民币，必须经过国家外汇当局批准。可以说，在结汇制度方面，中、外资企业基本享受了同等待遇。

2. 售汇制度

所谓售汇，是指外汇指定银行将外汇卖给用汇单位和个人，按一定的汇率收取本币的行为。对于用汇单位和个人来说，就是购汇，即企业和个人通过银行或其他交易中介用本币买入外汇。目前，中国实现了人民币经常项目的可兑换，用汇单位和个人持规定的有效凭证和有效商业票据、按照中央银行公布的汇率和浮动幅度折算的人民币在外汇指定银行购汇。

外商投资企业可以在外汇指定银行办理结售汇，也可以在外汇交易中心买卖外汇。其他境内机构、居民个人、驻华机构以及来华人员只能在外汇指定银行办理结售汇。除用于还本付息、信用证和保函保证金外，不得提前购汇。易货贸易项下、来料加工贸易项下、捐赠进口项下以及非居民、非银行金融机构，未经外汇主管部门批准，不得购汇。财政预算内的机关、事业单位和社会团体的非贸易非经营性用汇，实行人民币预算限额控制购汇，用汇单位不得超过限额购汇。

3. 付汇制度

所谓付汇，是指经营外汇业务的金融机构根据用汇单位和个人提供的贸易、非贸易经营性合同或协议，或投资合同或协议，从其外汇账户或将买入的外汇支付境外的行为。简单来讲，付汇是指企业和个人通过金融机构对外支付外汇。目前，经常项目对外支付，持规定的有效凭证和有效商业票据，从其外汇账户中支付或到外汇指定银行兑付。资本项目外汇支付，持国家外汇主管部门的核准文件从其外汇账户中支付或到外汇指定银行兑付。无法确定是经常项目的，视为资本项目外汇支付，凭国家外汇管理部门的核准文件办理。

(二) 远期结售汇制度

所谓远期结售汇，是指外汇指定银行与境内机构协商签订远期结售汇合同，约定将来办理结汇或售汇的外币币种、金额、汇率和期限，到期外汇收入或支出发生时，即按照该远期结售汇合同订明的币种、金额、汇率办理结汇或售汇。目前，我国境内所有银行均有资格办理远期结售汇。远期结售汇制度主要包括基本制度、合同管理制度和业务管理制度。

远期结售汇业务基本制度的内容包括：(1) 按照外汇管理规定可办理即期结售汇的外汇收支，均可办理远期结售汇业务。(2) 远期结售汇业务实行履约审核。银行可根据自身经营和风险管理需要决定与客户办理远期合约。远期合约到期时，银行凭客户提供的相应有效凭证为其办理结售汇。(3) 远期结售汇履约应以约定远期交易价格的合约本金全额交割，不得进行差额交割。(4) 远期合约到期时客户如违约，按照商业原则处理。(5) 客户可以通过掉期业务调整远期合约的履约期限（提前履约或展期）。合约金额、展期次数和期限由客户与银行自行协商。

远期结售汇合同管理制度的内容主要包括：（1）银行与境内机构签订的远期结售汇合同的内容管理。这包括远期结汇或售汇所依据的外汇收入来源或外汇支出的用途；远期结汇或售汇的币种、金额、汇率和期限。（2）远期结售汇必须依据的实际需要原则，即只有根据结售汇管理规定应当办理结售汇的外汇收支才可以办理远期结售汇。（3）由于某些原因致使远期结售汇合同不能履约的，银行可以要求境内机构承担由此造成的损失。这类原因主要包括：境内机构未按规定按时提交全部有效凭证的；境内机构外汇收支期限、金额与远期结售汇合同不一致的。

远期结售汇业务管理制度的内容主要包括：（1）银行结售汇外汇周转头寸由即期结售汇头寸和远期结售汇敞口头寸加总计算，应当符合国家外汇主管部门核定的限额。（2）银行应当向国家外汇主管部门及其分支机构报送有关远期结售汇报表，到期未履约的远期结售汇情况应当报送同级外汇管理部门备案。（3）对于违法行为，国家外汇主管部门依法给予处罚。这包括：境内机构向银行提供虚假或者无效的凭证，骗取银行办理远期结售汇的；银行违反规定未严格审核境内机构有效凭证的；银行未经国家外汇主管部门批准，擅自开办远期结售汇业务的。

（三）外汇指定银行对客户的人民币与外币掉期业务制度

外汇指定银行对客户的人民币与外币掉期业务主要包括以下几个方面：（1）客户掉期近端（指掉期中的前一次资金交换）换出的外汇资金，限于按照外汇管理规定可以办理即期结汇的外汇资金；掉期远端（指掉期中的后一次资金交换，以下同）换出的外汇资金，限于近端换入的外汇资金。银行应参照远期结售汇业务的履约审核管理，在客户掉期履约换出外汇资金时，按照即期结汇的管理规定审核客户交付的资金和凭证。（2）客户可以通过掉期业务直接以人民币换入外汇，换入外汇资金的支付、使用应符合外汇管理规定。（3）客户掉期远端换入外汇资金原则上应进入原换出外汇资金账户；对于近端来自外商投资企业资本金账户、外债专户、外债转贷款专户的外汇资金，远端换入时可以进入经常项目外汇账户，不得再进入上述三类资本项目外汇账户。（4）因客户掉期业务违约形成的银行外汇或人民币敞口，银行可以自行纳入本行结售汇综合头寸进行平盘，由此产生的损益由银行自行与客户处理。（5）客户可以对掉期合约全额或部分金额进行履约期限调整（提前履约或展期），展期次数和期限由客户与银行自行协商。

三、银行间外汇市场交易制度

银行间交易有多种功能[①]：（1）参加银行间交易可以使各银行的交易员通过与其他银行的交易员的交流，以及通过观察汇率价格而源源不断地得到有关外汇市场的信息。（2）银行间交易可以使银行在其单独地与某一用户进行一笔大额交易时，迅速地以低成本调整其头寸。（3）银行间交易还可以使各银行及其交易员在对汇率的近期走势进行投机时迅速地获得某种货币，这种投机性头寸通常只被持有很短的时间，一般在当日交易结束前被售出。

中国银行间外汇市场，是指经国家外汇主管部门批准，具有经营银行间外汇业务资格的境内金融机构（包括银行、非银行金融机构和外资金融机构）、非金融企业之间，通过中国外汇交易中心进行人民币与外币之间交易的市场。外汇交易市场是依法建立的市场，由中国人民银行授权国家外汇管理局进行监管。中国外汇交易中心在国家外汇管理局的监管下，负责外汇市场的组织和日常业务管理。任何境内交易主体之间不得在中国外汇交易中心之外进行非法交

① 托马斯·A. 普格尔，彼得·H. 林德特. 国际经济学. 11版. 李克宁等，译. 北京：经济科学出版社，2001：269.

易。中国银行间外汇市场采取有固定交易场所的有形市场的组织形式，即中国外汇交易中心系统。以中国外汇交易中心为运作机构的银行间外汇交易市场，是生成人民币市场汇率的批发市场，也是中央银行进行公开市场操作来实现货币政策目标的场所。

（一）银行间外汇市场业务制度

银行间外汇市场业务主要包括即期外汇市场交易、远期外汇市场交易和人民币外汇货币掉期业务。银行间远期外汇市场交易是指交易双方以约定的外汇币种、金额、汇率，在约定的未来某一日期交割的人民币对外汇的交易。人民币外汇货币掉期，是指在约定期限内交换约定数量人民币与外币本金，同时定期交换两种货币利息的交易协议：（1）本金交换形式包括：其一，在协议生效日双方按约定汇率交换人民币与外币的本金，在协议到期日双方再以相同的汇率、相同金额进行一次本金的反向交换；其二，中国人民银行和国家外汇管理局规定的其他形式。利息交换指双方定期向对方支付以换入货币计算的利息金额，可以固定利率计算利息，也可以浮动利率计算利息。（2）银行间外汇市场开办人民币兑美元、欧元、日元、港币、英镑五个货币等的货币掉期交易。（3）具备银行间远期外汇市场会员资格的境内机构可以在银行间外汇市场开展人民币外汇货币掉期业务。（4）国家外汇管理局对人民币外汇货币掉期业务实行备案制管理。

此外，中国外汇交易中心还按规定开办了银行外币买卖业务、外币拆借中介业务等。作为外币拆借中介机构，负责提供拆入、拆出报价等信息咨询和服务，自身不得从事自营性外币拆借业务，不承担拆入、拆出双方的资金清算业务；同时，按规定健全对市场会员的信息披露机制，并按日将拆借会员名称、交易量及报价等有关信息报送国家外汇管理局。

（二）银行间即期外汇市场交易制度

人民币外汇即期交易（以下简称即期交易）指会员以约定的外汇币种、金额、汇率，在成交日后第二个工作日或第二个工作日以内交割的外汇对人民币的交易。银行间即期交易可以采取竞价交易和询价交易两种交易方式。会员单位可以进行双向交易。

1. 会员制

银行间外汇市场实行会员制管理，中国外汇交易中心（以下简称交易中心）为会员之间的即期交易提供电子交易系统（以下简称交易系统）和其他相关服务。会员是指符合相关条件，向交易中心提交书面申请并获得批准，可在交易中心提供的交易系统内从事即期交易的银行、非银行金融机构或非金融企业。依法设立、具有国家外汇主管部门批准的外汇业务经营资格的银行及其分支机构可向交易中心提出会员资格申请。符合规定条件的非金融企业和非银行金融机构可按规定的程序向交易中心提出会员资格申请。会员应遵守银行间外汇市场其他有关规定。会员分为自营会员和代理会员，自营会员可以兼营代理业务；代理会员只能从事代理业务，不得从事自营业务。所谓自营业务，是指会员为了自己外汇业务的正常进行而从事的外汇交易。所谓代理业务，是指会员为企业提供经纪服务而从事的外汇交易。会员应当指派经交易中心认可的交易员以代表身份从事交易活动，并对其在交易市场的交易行为负责。交易员应当对其交易代码保密并承担全部责任。

中央银行作为会员参加市场交易，根据货币政策的要求和外汇市场的变化，依法对外汇市场进行调控。

2. 交易方式

银行间即期外汇市场在竞价交易的基础上引入询价交易方式（以下简称OTC方式），同时保留撮合方式。银行间外汇市场交易主体既可选择以集中授信、集中竞价的方式交易，也可选择以双边授信、双边清算的方式进行询价交易。同时，在银行间外汇市场引入“做市商”制度，为市场提供流动性。交易可以在现场进行，也可以远程进行交易。经交易中心批准，交易员在会员自行选定的场所进行交易。

（1）竞价交易及资金清算

竞价交易采取会员自主分别报价、撮合成交方式。交易系统对买入报价和卖出报价分别排序，按照价格优先、时间优先的原则撮合成交。当买入报价和卖出报价相同时，成交价即为买入价或卖出价；当买入价高于卖出价时，成交价为买入价和卖出价中报价时间较早的一方所报的价格；当两笔报价中一笔为市价时，以有价格的一方的报价为成交价；当两笔报价均为市价时，以前一笔最新成交价为成交价；当一笔报价仅成交了部分金额时，剩余的金额继续参加撮合排序。交易员应在规定的交易时间和价格浮动范围内进行报价。报价尚未成交前，交易员有权对原报价变更或撤销。

竞价交易通过交易中心集中清算。用于清算的外汇和人民币资金应在规定的时间内办理交割入账。外汇资金清算通过境外商业银行办理，人民币资金清算通过中国人民银行的“中国现代化支付系统”办理。外汇与人民币的资金清算速度为T+1，即当日交易，第二个工作日交割，同步到位。交易市场实行清算基金制度，会员应根据交易中心的规定缴纳清算基金。清算基金由交易中心实行专项管理，用于资金清算发生差额时的垫付和出现风险时的支付。清算基金在会员资格终止后按其原缴币种予以退还。清算资金迟延到账的，交易中心有权提出警告、通报、直至暂停交易，同时要求迟延方支付逾期息。

（2）询价交易

询价交易的币种、金额、汇率等由交易双方协商议定，但双方的协定不应与国家规定相冲突。询价交易达成后，交易员必须将有关交易要素录入交易系统，由交易系统生成成交单。交易双方在交易系统中已确认的成交单等同于成交合同，具有法律约束力，交易双方不得擅自变更或者解除。交易双方也可视实际情况需要，就违约条款、债权债务抵销、不可抗力条款以及其他需进一步明确的事项签订补充合同。询价交易的交割与结算由交易双方协商议定，但双方的协定不应与国家规定相冲突。

（3）双向交易

交易中心在银行间外汇市场实行双向交易，即允许各会员单位通过银行间外汇市场交易系统在同场交易中进行买卖双向交易。交易中心对会员交易按同币种买卖轧差净额收取手续费。各外汇指定银行可在规定的头寸限额内自行调整结售汇周转头寸。在银行间外汇市场进行买卖交易时，应遵守相关法规和制度。实行双向交易后，交易中心应健全对市场会员的信息披露机制，并通过银行间外汇市场交易系统每日按时向国家外汇管理局报送规定的交易资料。

3. 人民币汇率中间价制度

为完善以市场供求为基础、参考一揽子货币进行调节、有管理的浮动汇率制度，促进外汇市场发展，丰富外汇交易方式，提高金融机构自主定价能力，我国对银行间即期外汇市场进行完善，改进人民币汇率中间价形成方式。

中国人民银行授权交易中心于每个工作日的固定时间对外公布当日人民币对美元、欧元、日元和港币汇率中间价，作为当日银行间即期外汇市场（含OTC方式和撮合方式）以及银行柜台交易汇率的中间价。

引入OTC方式后，人民币兑美元汇率中间价的形成方式将由此前根据银行间外汇市场以撮合方式产生的收盘价确定的方式，改进为：交易中心于每日银行间外汇市场开盘前向所有银行间外汇市场“做市商”询价，并将全部“做市商”报价作为人民币兑美元汇率中间价的计算样本，去掉最高和最低报价后，将剩余“做市商”报价加权平均，得到当日人民币兑美元汇率中间价，权重由交易中心根据报价方在银行间外汇市场的交易量及报价情况等指标综合确定。

人民币兑欧元、日元和港币汇率中间价由交易中心分别根据当日人民币兑美元汇率中间价与规定时间的国际外汇市场欧元、日元和港币兑美元汇率套算确定。

4. 信息披露

交易中心根据外汇市场主管机构的授权负责即期交易的日常统计、市场监控和相关信息披露。会员可通过交易系统查询竞价交易和询价交易的相关信息。交易中心可通过主管机构授权的官方媒体向社会发布即期交易相关信息。交易双方恶意串通，为达到其不正当目的而故意违约的，由交易中心予以公告。

法律应用

1. 外汇是指以下列表示的可以用作国际清偿的支付手段和资产：(1) 外币现钞，包括纸币、铸币；(2) 外币支付凭证或者支付工具，包括票据、银行存款凭证、银行卡等；(3) 外币有价证券，包括债券、股票等；(4) 特别提款权；(5) 其他外汇资产。

2. 外汇指定银行是指经中国人民银行批准经营结汇、售汇业务的金融机构，包括中资金融机构和外资金融机构。中资金融机构是指政策性银行、国有独资商业银行、股份制商业银行及其分支机构，城市、农村商业银行以及其他经批准的金融机构；外资金融机构是指《中华人民共和国外资金融机构管理条例》中所称外资银行、外国银行分行、合资银行以及其他经批准的金融机构。

3. 银行间外汇市场做市商分为即期做市商、远期掉期做市商和综合做市商。即期做市商是指在银行间即期竞价和询价外汇市场上做市的银行。远期掉期做市商是指在银行间远期、外汇掉期和货币掉期市场做市的银行。综合做市商是指在即期、远期、外汇掉期和货币掉期等各外汇市场开展做市的银行。

思考题

1. 试述中国外汇市场的构成。
2. 试述银行间外汇市场“做市商”资格。
3. 试述我国外汇市场汇率形成机制。
4. 试述银行间外汇市场双向交易机制。
5. 试述外汇管理机构的监管措施。

第十一章
信贷法律制度

重点问题

1. 存款与存款合同
2. 储蓄存款法律制度
3. 单位存款法律制度
4. 贷款与贷款法
5. 贷款的主体规则
6. 贷款的种类、期限和利率规则

第一节　存款法律制度

一、存款与存款法

存款，在其动态意义上，是指存款人向其开立存款账户的金融机构账户上存入货币资金的行为；在其静态意义上，是指存款人存留在金融机构存款账户上的属于存款人所有并随时或按约定还本付息的货币资金。而对于金融机构而言，存款则是接受存款人存入资金，负有即期或定期偿付义务的一项负债业务。简言之，存款是指存款人在保留所有权的条件下，把使用权暂时转让给银行的资金或货币，是银行最重要的信贷资金来源。

以不同的标准为依据，存款可进行多种分类。以存款主体为标准，存款可分为单位存款和个人储蓄存款；以存款的期限为标准，存款可分为活期存款和定期存款；以存款的货币种类为标准，存款可分为人民币存款和外币存款；以支取存款的方式为标准，存款可分为支票存款、存（折）单存款、银行卡存款、通知存款、透支存款、存贷合一存款、特种存款等。

存款是银行最基本的业务之一，没有存款就没有贷款，也就没有银行。从产生时间来看，存款早于银行。中国在唐代就出现了专门收受和保管钱财的柜坊，存户可凭类似支票的“贴”或其他信物支钱。中世纪在欧洲出现的钱币兑换商也接受顾客存钱，属钱财保管性质，不支付利息，是外国银行存款业务的萌芽。随着银行和其他金融机构的出现，银行的存款业务得到了迅速发展。

存款法是调整存款关系和存款管理关系的法律规范的总称。各国银行法对存款制度多有明确的规定。存款法的主要内容包括：存款的性质、种类，存款机构，存款合同，存款业务规则，存款保险等。我国《宪法》《民法总则》《物权法》《商业银行法》《储蓄管理条例》等法律、法规中，均规定存款及其保护的内容。中国人民银行制定的有关存款的行政规章、最高人民法院关于审理存单纠纷的司法解释等都是存款法的组成部分。

二、存款合同

存款合同，是指存款人将其所有或合法持有的货币资金存入银行或非银行金融机构，存款银行或非银行金融机构在存款人取出存款时按约定给付本金及其利息的协议。从合同法上看，存款合同是一种单务合同，即接受存款的银行或非银行金融机构对储户负有给付存款的主合同义务，而不存在储户对存款机构负有对价的义务。存款合同为实践性合同，即存款人只有将货币资金实际交付给存款机构后存款合同才能成立。货币资金的交付完成通常就是存款行为的完成。银行存款业务实践中，存款交付及合同成立有以下四种情况：(1) 存款人以现金存款，自银行储蓄柜台业务员收取钱款确认金额时完成交付，合同成立；(2) 存款人以转账方式存款，自金融机构收到款项并记入存款人账户时完成交付，合同成立；(3) 银行业务人员上门服务收取存款，自其受领款项时合同成立；(4) 存款人通过自动柜员机存入现金，自存款人按下“确认键”时完成交付，合同成立。另外，在一般情况下，存款合同是格式合同，必须按照一定的格式订立。

三、存款业务基本规则

为了维护金融秩序，保护存款人的合法利益，根据《中国人民银行法》和《商业银行法》及有关行政法规的规定，金融机构吸纳存款、从事存款业务应当遵循存款业务的规则，其主要内容包括：存款业务经营特许制度、存款准备金制度、备付金制度、存款利率制度、财政性存款专营制度和保护存款人利益制度。

1. 存款业务经营特许制度。我国对存款业务经营实行许可制，即必须是经中国银监会审核批准，具有存款业务经营范围的金融机构才能开展存款业务。《商业银行法》第 11 条第 2 款规定，“未经国务院银行业监督管理机构批准，任何单位和个人不得从事吸收公众存款等商业银行业务，任何单位不得在名称中使用‘银行’字样”。

2. 存款准备金制度。凡从事存款业务的存款机构应当依法向中国人民银行交存存款准备金。其目的是确保商业银行在遇到突然大量提取银行存款时，能有相当充足的清偿能力。

3. 备付金制度。商业银行等存款机构必须留足备付金。备付金又称支付准备金，它是商业银行和其他金融机构为保证存款支付和资金清算的清偿资金，主要表现为商业银行的库存现金和在中央银行的存款。

4. 存款利率制度。存款机构应按照中国人民银行规定的存款利率的上下限确定存款利率，并予以公告。

5. 财政性存款专营制度。财政性存款，是指财政部门存放在银行业金融机构的各项财政资金。根据中国人民银行 2012 年《存款数据元》的分类，金融机构存款资金来源中，财政性存款分为国库存款和其他财政存款两类。

6. 保护存款人利益制度。存款机构保证存款本金和利息的支付，不得拖延、拒绝支付存款本息。除法律、法规另有规定外，存款机构不得代任何单位或者个人查询、冻结、扣划存款。存款机构破产时，先于国家税款清偿个人储蓄的存款债务。

四、储蓄存款法律制度

(一) 储蓄存款及其法律渊源

储蓄是指个人将其所有或合法持有的人民币或外币，自愿存入储蓄机构而形成的存款。根据1993年3月1日开始实施的《储蓄管理条例》之规定，银行储蓄是指个人将属于其所有的人民币或者外币存入银行，银行开具存折或存单作为凭证，个人凭存折或存单可以支取存款本金和利息，银行依照规定支付存款本金和利息的活动。

我国现行的规范储蓄存款关系的法律、法规主要有《民法总则》《物权法》《合同法》《商业银行法》《储蓄管理条例》《中国人民银行关于执行〈储蓄管理条例〉的若干规定》等。

（二）储蓄存款的原则

《商业银行法》和《储蓄管理条例》规定了储蓄机构办理个人储蓄业务应遵循的原则。《储蓄管理条例》第5条规定："国家保护个人合法储蓄存款的所有权及其他合法权益，鼓励个人参加储蓄。储蓄机构办理储蓄业务，必须遵循'存款自愿，取款自由，存款有息，为储户保密'的原则。"规定储蓄原则的目的是保护个人存款的所有权，鼓励个人参加储蓄。

（三）储蓄机构的设立条件

储蓄机构是指经中国人民银行或其分支机构批准，具有储蓄业务经营资格的金融机构，包括各商业银行、信用合作社及邮政企业办理储蓄业务的机构。设立储蓄机构必须经中国人民银行批准，并领取"金融机构营业许可证"。

根据《储蓄管理条例》的规定，储蓄机构的设置必须具有以下三个条件：（1）有机构名称、组织机构和营业场所；（2）熟悉储蓄业务的工作人员不少于4人，保证营业时间内双人临柜；（3）有必要的安全防范设施。储蓄机构经中国人民银行分支机构批准，可以在企业、机关、学校、部队等单位设立代办网点。

（四）储蓄机构的业务范围

根据《储蓄管理条例》的规定，储蓄机构可办理下列储蓄业务：（1）人民币储蓄业务。该业务包括：1）活期储蓄存款；2）整存整取定期储蓄存款；3）零存整取定期储蓄存款；4）存本取息定期储蓄存款；5）整存零取定期储蓄存款；6）定活两便储蓄存款；7）华侨（人民币）整存整取定期储蓄存款；8）经中国人民银行批准开办的其他种类的储蓄存款。（2）外币储蓄业务。经国家外汇管理部门批准，储蓄机构可以办理外币储蓄业务。办理外币储蓄业务，存款本金和利息应当用外币支付。该项业务包括：1）活期储蓄存款；2）整存整取定期储蓄存款；3）经中国人民银行批准开办的其他种类的外币储蓄存款。（3）个人住房储蓄业务。根据国家住房改革的有关政策和实际需要，经当地中国人民银行分支机构批准，储蓄机构可以办理个人住房储蓄业务。（4）服务性业务。储蓄机构可以办理代发工资和代收房租、水电费等服务性业务。（5）其他业务。经中国人民银行或其分支机构批准，储蓄机构可以办理下列金融业务：1）发售和兑付以居民个人为发行对象的国库券、金融债券、企业债券等有价证券；2）个人定期储蓄存款存单小额抵押贷款业务；3）其他金融业务。

（五）储蓄业务基本规则

根据《商业银行法》和《储蓄管理条例》的规定，储蓄机构开展业务应遵循以下基本规则。

1. 储蓄存款利率及计息规则。储蓄存款利率由中国人民银行拟定，经国务院批准后公布，或者由国务院授权中国人民银行制定、公布。储蓄机构必须挂牌公告储蓄存款利率，不得擅自变动。未到期的定期储蓄存款，全部提前支取的，按支取日挂牌公告的活期储蓄存款利率计付利息；部分提前支取的，提前支取的部分按支取日挂牌公告的活期储蓄存款利率计付利息，其余部分到期时按存单开户日挂牌公告的定期储蓄存款利率计付利息。逾期支取的定期储蓄存款，其超过原定存期的部分，除约定自动转存的外，按支取日挂牌公告的活期储蓄存款利率计付利息。定期储蓄存款在存期内遇有利率调整的，按存单开户日挂牌公告的相应的定期储蓄存款利率计付利息。活期储蓄存款在存入期间遇有利率调整的，按结息日挂牌公告的活期储蓄存款利率计付利息。活期储蓄每年 6 月 30 日为结息日，结算利息一次，并入本金起息：元以下尾数不计利息。全部支取活期储蓄存款，按清户日挂牌公告的活期储蓄存款利率计付利息。储户认为储蓄存款利息支付有错误时，有权向经办的储蓄机构申请复核；经办的储蓄机构应当及时受理、复核。

2. 提前支取规则。未到期的定期储蓄存款，储户提前支取的，必须持存单和存款人的身份证明办理；代储户支取的，代支取人还必须持本人身份证明。

3. 挂失规则。存单、存折分为记名式和不记名式。记名式的存单、存折可以挂失，不记名式的存单、存折不能挂失。储户遗失存单、存折或者预留印鉴的印章的，必须立即持本人身份证明，并提供储户的姓名、开户时间、储蓄种类、金额、账号及住址等有关情况，向其开户的储蓄机构书面申请挂失。在特殊情况下，储户可以用口头或者函电形式申请挂失，但必须在 5 天内补办书面申请挂失手续。储蓄机构在确认该笔存款未被支取的前提下，可受理挂失手续。挂失 7 天后，储户需与储蓄机构约定时间，办理补领存单（折）或支取存款手续。受理挂失前该储蓄存款已被他人支取的，储蓄机构不负赔偿责任。

4. 查询、冻结、扣划个人储蓄存款规则。储蓄机构及其工作人员对储户的储蓄情况负有保密责任。储蓄机构不代任何单位和个人查询、冻结或者扣划个人储蓄存款，但法律另有规定的除外。

五、单位存款法律制度

（一）单位存款及其类型

单位存款是指企事业单位、国家机关和社会团体等将暂时闲置的货币资金存入银行的法律行为。《人民币单位存款管理办法》对单位存款的界定为：企业、事业、机关、部队和社会团体等单位在金融机构办理的人民币存款。我国调整单位存款关系的法律规范主要有：《中国人民银行法》、《商业银行法》以及中国人民银行发布的《人民币单位存款管理办法》，后者是单位存款法的直接渊源。

依据不同的分类标准，单位存款可分为不同的种类。

以单位存款的主体为标准，单位存款可分为企业存款和财政性存款。企业存款是指企业将经济运行中暂时闲置的货币资金和结余资金存入银行所形成的存款，包括工商企业存款、营利性的事业单位存款和个体工商户存款三种。财政性存款是指国家将其集中起来待分配的或待使用的资金存入银行所形成的存款，包括国库存款和机关、事业单位经费存款。因其具有先收后支的特点，故可为银行所运用。

以存款期限和支取方式为标准，单位存款可分为定期存款、活期存款、通知存款、协定存款等。定期存款是双方约定到期才能支取的存款。活期存款又称往来存款，是单位存放在基本存款账户中，可自由支取的存款。通知存款是存款人在存入款项时不约定存期，支取时需提前通知金融机构，约定支取存款日期和金额方能支取的存款。协定存款则是指单位与商业银行个别磋商后达成的协议存款，一般是指单位与银行签订人民币单位协定存款合同，在基本存款账户或一般存款账户之上开立具有结算和协定存款双重功能的协定存款账户，并约定基本存款额度，由银行将协定存款账户中超过该额度的部分按协定存款利率单独计息的一种存款方式。

（二）单位存款的基本制度

根据《中国人民银行法》、《商业银行法》以及《人民币单位存款管理办法》的规定，单位存款必须遵循如下基本制度：(1) 财政性存款由中国人民银行专营制度。《人民币单位存款管理办法》第7条规定，财政拨款、预算内资金及银行贷款不得作为单位定期存款存入金融机构。此种存款按规定金额划缴的，应及时全额划缴，不计利息，不划缴的部分按单位存款利率计息。(2) 强制交存制度。我国《现金管理暂行条例》规定，各单位必须将其所有或持有的超过核定库存现金限额的货币资金存入银行，不得自行保存。(3) 存款实名制度。包括任何单位和个人不得将公款以个人名义转为储蓄存款，不得将个人或其他单位的款项以本单位名义存入金融机构；任何个人不得将私款以单位名义存入金融机构。(4) 限制支出制度。根据有关法规的规定，单位存款的使用除在规定范围可支出现金外，其余结算起点金额以上的应通过银行办理支付结算。(5) 监督使用制度。各存款机构对单位存款人的资金使用负有监督权，各机构支取存款，必须在有关凭证上注明用途。存款银行对违反国家法律、法规和规章的存款使用，应不予支取，发现违法使用者可以给予制裁。

（三）单位定期存款及利息规则

1. 单位定期存款的期限。单位定期存款的期限分3个月、半年、1年三个档次。起存金额1万元，多存不限。

2. 单位定期存款的账户管理。金融机构对单位定期存款实行账户管理（大额可转让定期存款除外）。存款时单位须提交开户申请书、营业执照正本等，并预留印鉴，印鉴应包括单位财务专用章、单位法定代表人章（或主要负责人印章）和财会人员章。由接受存款的金融机构向存款单位开出"单位定期存款开户证实书"（以下简称证实书），证实书仅对存款单位开户证实，不得作为质押的权利凭证。

3. 单位定期存款的支取。存款单位支取定期存款只能以转账方式将存款转入其基本存款账户，不得将定期存款用于结算或从定期存款账户中提取现金。支取定期存款时，须出具证实书并提供预留印鉴，存款所在金融机构审核无误后为其办理支取手续，同时收回证实书。

4. 单位定期存款的利息。单位定期存款在存期内按存款存入日挂牌公告的定期存款利率计付利息，遇利率调整，不分段计息。

（四）单位存款的变更、挂失及查询规则

1. 单位存款的变更规则。单位存款的变更分为两种情形：存款单位变更和存款单位人事变更。存款单位变更是指存款单位机构合并或分立。因存款单位机构合并或分立的，其定期存款需要过户或分户，必须持原单位公函、工商行政管理部门的变更、注销或设立登记证明及新印鉴（分户时还需提供双方同意的存款分户协定）等有关证件向存款所在金融机构办理过户或分户手续，由金融机构换发新证实书。存款单位人事变更是指存款单位人事变动。因存款单位人事变动，需要更换单位法定代表人章（或单位负责人章）或财会人员印章时，必须持单位公函及经办人身份证件向存款所在金融机构办理更换印鉴手续，如为单位定期存款，应同时出示金融机构为其开具的证实书。

2. 单位存款的挂失规则。存款单位的密码失密或印鉴遗失、损毁，必须持单位公函，向存款所在金融机构申请挂失。金融机构受理挂失后，挂失生效。如存款在挂失生效前已被人按规定手续支取，金融机构不负赔偿责任。

3. 单位存款的查询规则。金融机构应对存款单位的存款保密，有权拒绝除法律、行政法规另有规定以外的任何单位或个人查询；有权拒绝除法律另有规定以外的任何单位冻结、扣划。

第二节　贷款法律制度

一、贷款与贷款法

（一）贷款及其法律属性

贷款，在一般意义上，有两种含义：在静态意义上，贷款是指贷款人对借款人提供的并按约定的利率和期限还本付息的货币资金；在动态意义上，贷款则是指金融机构依法把货币资金按约定的利率贷放给客户，并约定期限由客户偿还本息的一种信用活动。

贷款反映的是贷款人与借款人之间的债权债务关系。在贷款关系的主体方面，贷款人是债权人，借款人是债务人；在贷款关系的客体方面，是指贷款人向借款人提供的、按约定的利率和期限还本付息的货币资金；在贷款关系的内容方面，贷款人对借款人享有债权，即依法到期收回贷款本息的请求权，借款人对贷款人负有债务，即按期向贷款人归还贷款本金和利息的义务。贷款关系是合同关系之一，贷款之债是合同之债，即贷款人与借款人作为平等主体之间的权利义务关系依借款合同来确定。

（二）贷款法及其渊源

贷款法是调整贷款活动关系与贷款管理关系的法律规范的总称。它主要规定贷款双方的主体资格和条件，贷款种类、期限和利率，贷款程序，贷款债权的保全与清偿，贷款管理制度，借款合同管理及其担保等方面的内容。

我国现行调整贷款关系的法律、法规、规章比较多，分为一般规范和特别规范。一般规范主要有：《民法总则》《物权法》《合同法》《中国人民银行法》《商业银行法》《担保法》等；特别规范主要有：《贷款通则》《主办银行管理暂行办法》《银团贷款暂行办法》《贷款风险分类指导原则（试行）》《个人住房贷款管理办法》《经济适用住房开发贷款管理暂行规定》等。其中，《商业银行法》第四章就贷款的基本规则作了规定，《合同法》第十二章就借款合同作了原则规定，《贷款通则》则是1996年6月中国人民银行依法发布的有关贷款业务的专门性金融规章，是中资金融机构开展贷款业务的基本依据。

二、贷款的主体规则

贷款主体是参与贷款关系并从事贷款行为的当事人，即借款人和贷款人。而贷款主体规则，就是法律规定对贷款双方的资格、条件、权利、义务以及各自业务活动的限制的规则。

（一）借款人的资格、借款条件及相应权利、义务

根据《贷款通则》的规定，借款人是经工商行政管理机关（或主管机关）核准登记的企（事）业法人、其他经济组织、个体工商户，或具有中华人民共和国国籍的具有完全民事行为能力的自然人。

借款人申请贷款，应当具备产品有市场、生产经营有效益、不挤占挪用信贷资金、恪守信用等基本条件，并且应当符合以下要求：（1）有按期还本付息的能力，原应付贷款利息和到期贷款已清偿；没有清偿的，已经做了贷款人认可的偿还计划；（2）除自然人和不需要经工商行政管理部门核准登记的事业法人外，应当经过工商行政管理部门办理年检手续；（3）已开立基本账户或一般存款账户；（4）除国务院另有规定外，有限责任公司和股份有限公司对外股本权益性投资累计额未超过其净资产总额的50%；（5）借款人的资产负债率符合贷款人的要求；

(6) 申请中期、长期贷款的，新建项目的企业法人所有者权益与项目所需总投资的比例不低于国家规定的投资项目的资本金比例。目前，根据国家有关部门的规定，一般应是25%。

我国《贷款通则》规定的借款人的权利主要有：(1) 可以自主向主办银行或者其他银行的经办机构申请贷款并依条件取得贷款；(2) 有权按合同约定提取和使用全部贷款；(3) 有权拒绝借款以外的附加条件；(4) 有权向贷款人的上级和中国人民银行反映、举报有关情况；(5) 在征得贷款人同意后，有权向第三人转让债务。

我国《贷款通则》规定的借款人的义务包括：(1) 应当如实提供贷款人要求的资料（法律规定不能提供者除外），应当向贷款人如实提供所有开户行、账号及存贷款余额情况，配合贷款人的调查、审查和检查；(2) 应当接受贷款人对其使用信贷资金情况和有关生产经营、财务活动的监督；(3) 应当按借款合同约定用途使用贷款；(4) 应当按借款合同约定及时清偿贷款本息；(5) 将债务全部或部分转让给第三人的，应当取得贷款人的同意；(6) 有危及贷款人债权安全的情况时，应当及时通知贷款人，同时采取保全措施。

借款人除了应当履行上述义务外，《贷款通则》第20条还规定了借款人应受到的下列限制：(1) 不得在一个贷款人同一辖区内的两个或两个以上同级分支机构取得贷款；(2) 不得向贷款人提供虚假的或者隐瞒重要事实的资产负债表、损益表等；(3) 不得用贷款从事股本权益性投资，国家另有规定的除外；(4) 不得用贷款在有价证券、期货等方面从事投机经营；(5) 除依法取得经营房地产资格的借款人以外，不得用贷款经营房地产业务；依法取得经营房地产资格的借款人，不得用贷款从事房地产投机；(6) 不得套取贷款用于借贷以牟取非法收入；(7) 不得违反国家外汇管理规定使用外币贷款；(8) 不得采取欺诈手段骗取贷款。

（二）贷款人及其权利、义务

贷款人是指在中国境内依法设立的经营贷款业务的中资金融机构，不包括国家政策性银行、外资金融机构（含外资、中外合资、外国金融机构的分支机构等）。

贷款人必须经中国人民银行批准，持有中国人民银行颁发的“金融机构法人许可证”或“金融机构营业许可证”，并经工商行政管理部门核准登记，才能经营贷款业务。

贷款人根据贷款条件和贷款程序自主审查和决定贷款，除国务院批准的特定贷款外，有权拒绝任何单位和个人强令其发放贷款或者提供担保。而且，根据《贷款通则》的规定，贷款人在贷款时拥有下列权利：(1) 要求借款人提供与借款有关的资料；(2) 根据借款人的条件，决定贷与不贷、贷款金额、期限和利率等；(3) 了解借款人的生产经营活动和财务活动；(4) 依合同约定从借款人账户上划收贷款本金和利息；(5) 借款人未履行借款合同规定义务的，贷款人有权依合同约定要求借款人提前归还贷款或停止支付借款人尚未使用的贷款；(6) 在贷款将受或已受损失时，可依据合同约定，采取使贷款免受损失的措施。

贷款人在贷款活动中享有权利时，也应当承担相应的义务：(1) 应当公布所经营的贷款的种类、期限和利率，并向借款人提供咨询。(2) 应当公开贷款审查的资信内容和发放贷款的条件。(3) 贷款人应当审议借款人的借款申请，并及时答复贷与不贷。短期贷款答复时间不得超过1个月，中期、长期贷款答复时间不得超过6个月；国家另有规定者除外。(4) 应当对借款人的债务、财务、生产、经营情况保密，但依法查询者除外。

与此同时，《贷款通则》为贷款人的贷款行为也设定了相应的限制措施：(1) 贷款的发放必须严格执行《商业银行法》第39条关于资产负债比例管理的有关规定，第40条关于不得向关系人发放信用贷款、向关系人发放担保贷款的条件不得优于其他借款人同类贷款条件的规定。(2) 借款人有下列情形之一者，不得对其发放贷款：1) 不具备《贷款通则》第四章第17条所规定的资格和条件的；2) 生产、经营或投资国家明文禁止产品、项目的；3) 违反国家外汇管理规定的；4）建设项目按国家规定应当报有关部门批准而未取得批准文件的；5）生产、经营或投资项目未取得环境保护行政部门许可的；6）在实行承包、租赁、联营、合并（兼并）、合作、分立、产权有偿转让、股份制改革等体制变更过程中，未清偿原有贷款债务、落实原有贷款债务或提供相应担保的；7）有其他严重违法经营行为的。（3）未经中国人民银行批准，不得对自然人发放外币币种的贷款。（4）自营贷款和特定贷款，除按中国人民银行规定计收利息之外，不得收取其他任何费用；委托贷款，除按中国人民银行规定计收手续费之外，不得收取其他任何费用。（5）不得给委托人垫付资金，国家另有规定的除外。（6）严格控制信用贷款，积极推广担保贷款。

三、贷款的种类、期限和利率规则

（一）贷款的种类

贷款，包括人民币贷款和外币贷款。根据划分的标准的不同，贷款可作多种分类。

以贷款人自己是否承担贷款风险为标准，贷款可分为自营贷款、委托贷款和特定贷款。自营贷款是指贷款人以合法方式筹集的资金自主发放的贷款，其风险由贷款人承担，并由贷款人收回本金和利息。委托贷款是指由政府部门、企事业单位及个人等委托人提供资金，由贷款人（即受托人）根据委托人确定的贷款对象、用途、金额期限、利率等代为发放、监督使用并协助收回的贷款。贷款人（受托人）只收取手续费，不承担贷款风险。特定贷款是指经国务院批准并对贷款可能造成的损失采取相应补救措施后责成国有独资商业银行发放的贷款。

以贷款期限长短为标准，贷款可分为短期贷款、中期贷款和长期贷款。短期贷款是指贷款期限在1年以内（含1年）的贷款。中期贷款是指贷款期限在1年以上（不含1年）5年以下（含5年）的贷款。长期贷款是指贷款期限在5年以上（不含5年）的贷款。

以贷款有无担保及担保的形式为标准，贷款可分为信用贷款、担保贷款和票据贴现贷款。信用贷款是指以借款人的信誉发放的贷款。担保贷款是指以一定的担保为条件的贷款，又包括保证贷款、抵押贷款、质押贷款。保证贷款是指第三人以保证方式承诺在借款人不能偿还贷款时，按约定承担一般保证责任或者连带责任而发放的贷款。抵押贷款是指以借款人抵押方式或第三人的财产作为抵押物发放的贷款。质押贷款是指以借款人质押方式或第三人的动产或权利作为质物发放的贷款。票据贴现贷款，指贷款人以购买借款人未到期商业票据的方式发放的贷款。根据《贷款通则》的规定，我国可贴现的票据实际上仅有商业汇票。

（二）贷款的期限规则

根据《贷款通则》的规定，贷款的期限规则包括两部分内容：贷款最长期限规则和贷款展期规则。

贷款最长期限规则设定了各种贷款的最长期限。《贷款通则》规定：自营贷款期限最长一般不得超过10年，超过10年应当报中国人民银行备案；票据贴现的贴现期限最长不得超过6个月，贴现期限为从贴现之日起到票据到期日止。

贷款展期规则是指借款人不能按期归还贷款的，应当在贷款到期日之前，向贷款人申请贷款展期，是否展期由贷款人决定；申请保证贷款、抵押贷款、质押贷款展期的，还应当由保证人、抵押人、出质人出具同意的书面证明；已有约定的，按照约定执行。但是，对于贷款展期的最长期限，《贷款通则》同样作了规定：短期贷款展期期限累计不得超过原贷款期限；中期贷款展期期限累计不得超过原贷款期限的一半；长期贷款展期期限累计不得超过3年，国家另有规定的除外；借款人未申请展期或申请展期未得到批准的，其贷款从到期日次日起，转入逾期贷款账户。

（三）贷款的利率规则

贷款的利率规则包括贷款利率的确定规则、利息的计收规则、贷款贴息规则，以及贷款的停息、减息、缓息和免息规则。

1. 贷款利率的确定规则。贷款人应按照中国人民银行规定的贷款利率的上下限，确定每笔贷款利率，并在借款合同中载明。

2. 贷款利息的计收规则。贷、借双方应按借款合同和中国人民银行有关计息的规定按期计收或交付利息。贷款的展期期限加上原期限达到新的利率期限档次时，从展期之日起，贷款利息按新的期限档次利率计收。逾期贷款按规定计收罚息。

3. 贷款的贴息规则。根据国家政策，为了促进某些产业和地区经济的发展，有关部门可以对贷款补贴利息。对有关部门贴息的贷款，承办银行应当自主审查发放，并根据《贷款通则》的有关规定严格管理。

4. 贷款停息、减息、缓息和免息规则。贷款人应当依国务院决定，按照职责权限范围具体办理停息、减息、缓息和免息。除国务院决定外，任何单位和个人无权决定停息、减息、缓息和免息。

法律应用

1. 对于委托理财案件，若当事人双方在合同中约定，委托人将资产交由受托人进行投资管理，受托人无论盈亏均保证委托人获得固定本息回报，超额投资收益均归受托人所有的（即约定保证本息固定回报条款），属于“名为委托理财、实为借贷关系”之情形，应认定双方成立借款合同关系，以借款合同纠纷确定案由，并适用相关法律、行政法规和司法解释的规定。

2. 存单可以质押。存单持有人以伪造、变造的虚假存单质押的，质押合同无效。接受虚假存单质押的当事人如以该存单质押为由起诉金融机构，要求兑付存款优先受偿的，人民法院应当判决驳回其诉讼请求，并告知其可另案起诉出质人。存单持有人以金融机构开具的、未有实际存款或与实际存款不符的存单进行质押，以骗取或占用他人财产的，该质押关系无效。接受存单质押的人起诉的，该存单持有人与开具存单的金融机构为共同被告。利用存单骗取或占用他人财产的存单持有人对侵犯他人财产权承担赔偿责任，开具存单的金融机构因其过错致他人财产权受损，对所造成的损失承担连带赔偿责任。接受存单质押的人在审查存单的真实性上有重大过失的，开具存单的金融机构仅对所造成的损失承担补充赔偿责任。明知存单虚假而接受存单质押的，开具存单的金融机构不承担民事赔偿责任。

3. 存单纠纷案件中，出资人与金融机构、用资人之间按有关委托贷款的要求签订了委托贷款协议的，人民法院应认定出资人与金融机构间成立委托贷款关系。金融机构向出资人出具的存单或进账单、对账单或与出资人签订的存款合同，均不影响金融机构与出资人间委托贷款关系的成立。出资人与金融机构间签订委托贷款协议后，由金融机构自行确定用资人，人民法院应认定出资人与金融机构间成立信托贷款关系。

思考题

1. 试述存款业务的基本规则。

2. 试述储蓄存款的法律规定。

3. 试述单位存款的法律规定。

4. 试述贷款的种类、期限和利率规则。

历年司法考试题

1. 李大伟是M城市商业银行的董事，其妻张霞为S公司的总经理，其子李小武为L公司的董事长。2009年9月，L公司向M银行的下属分行申请贷款1 000万元。其间，李大伟对分行负责人谢二宝施加压力，令其按低于同类贷款的优惠利息发放此笔贷款。L公司提供了由保证人陈富提供的一张面额为2 000万元的个人储蓄存单作为贷款质押。贷款到期后，L公司无力偿还，双方发生纠纷。根据《商业银行法》的规定，请回答第（1）～（3）题。（2011年）

（1）关于M银行向L公司发放贷款的行为，下列判断正确的是（　　）。

A. L公司为M银行的关系人，依照法律规定，M银行不得向L公司发放任何贷款

B. L公司为M银行的关系人，依照法律规定，M银行可以向L公司发放担保贷款，但不得提供优于其他借款人同类贷款的条件

C. 该贷款合同无效

D. 该贷款合同有效

答案及解析：B、D项。《商业银行法》第40条第1款规定，商业银行不得向关系人发放信用贷款；向关系人发放担保贷款的条件不得优于其他借款人同类贷款的条件。据此可知，商业银行可以向关系人发放担保贷款，但放贷条件不得优于其他同类借款人。根据《商业银行法》的规定可知，M银行可以向L公司发放担保贷款，故该贷款合同有效。

（2）关于李大伟在此项贷款交易中的行为，下列判断正确的是（　　）。

A. 李大伟强令下属机构发放贷款，是《商业银行法》禁止的行为

B. 该贷款合同无效，李大伟应当承担由合同无效引起的一切损失

C. 该贷款合同有效，李大伟应当承担因不正当优惠条件给银行造成的包括利息差额在内的损失

D. 分行负责人谢二宝也应当承担相应的赔偿责任

答案及解析：A、C、D项。《商业银行法》第52条第3项规定，商业银行的工作人员不得违反规定徇私向亲属、朋友发放贷款或者提供担保。本案中，李大伟强令下属机构发放贷款，违反了《商业银行法》的禁止性规定。《商业银行法》第40条第1款规定，商业银行不得向关系人发放信用贷款；向关系人发放担保贷款的条件不得优于其他借款人同类贷款的条件。据此可知，M银行可以向L公司发放贷款，该贷款合同有效，但不得提供优于同类贷款人的便利条件。因此，李大伟应当承担因提供不正当优惠条件给银行带来的损失。《商业银行法》第88条第2款规定，商业银行的工作人员对单位或者个人强令其发放贷款或者提供担保未予拒绝的，应当给予纪律处分；造成损失的，应当承担相应的赔偿责任。本案中，谢二宝明知此项贷款违法却未拒绝，且贷款到期后，L公司无力偿还，因此，其应当承担相应责任。

（3）现查明，保证人陈富为S公司财务总监，其用于质押的存单是以S公司的资金办理的存储。并查明，L公司取得贷款后，曾向S公司管理层支付50万元报酬。对此，下列判断正确的是（　　）。

A. S公司公款私存，是我国银行法禁止的行为

B. S公司公款私存，只是一般的财务违纪行为

C. S公司管理层获取的50万元报酬应当由银监会予以收缴

D. S公司管理层获取的50万元报酬应当归S公司所有

答案及解析：A、C项。《商业银行法》第48条第2款规定，任何单位和个人不得将单位的资金以个人名义开立账户存储。据此可知，公款私存行为是商业银行法禁止的违法行为，应承担法律责任，并非一般财务违纪行为。《商业银行法》第79条第3项规定，将单位的资金以个人名义开立账户存储的，由国务院银行业监督管理机构责令改正，有违法所得的，没收违法所得，违法所得5万元以上的，并处违法所得1倍以上5倍以下罚款；没有违法所得或者违法所得不足5万元的，处5万元以上50万元以下罚款。本题中，保证人陈富提供的是名为个人储蓄实为公司资金的质押，属于将单位资金以个人名义开立账户储蓄的情形，应当由银监会予以收缴。

2. 根据现行银行贷款制度，关于商业银行贷款，下列哪一说法是正确的？（　　）（2013年）

A. 商业银行与借款人订立贷款合同，可采取口头、书面或其他形式

B. 借款合同到期未偿还，经展期后到期仍未偿还的贷款，为呆账贷款

C. 政府部门强令商业银行向市政建设项目发放贷款的，商业银行有权拒绝

D. 商业银行对关系人提出的贷款申请，无论是信用贷款还是担保贷款，均应予拒绝

答案及解析：C项。本题考核商业银行贷款制度。《商业银行法》第37条规定，商业银行贷款，应当与借款人订立书面合同，选项A错误。选项B错误。《贷款通则》第34条第3款规定，呆账贷款，系指按财政部有关规定列为呆账的贷款。逾期贷款，系指借款合同约定到期（含展期后到期）未归还的贷款（不含呆滞贷款和呆账贷款），该选项应该是逾期贷款，而不是呆账贷款。选项C正确。《商业银行法》第41条规定，任何单位和个人不得强令商业银行发放贷款或者提供担保。商业银行有权拒绝任何单位和个人强令要求其发放贷款或者提供担保。选项D错误。《商业银行法》第40条第1款规定，商业银行不得向关系人发放信用贷款；向关系人发放担保贷款的条件不得优于其他借款人同类贷款的条件。商业银行对关系人不能发放信用贷款，但可以发放不优于其他借款人同类贷款条件的担保贷款。

3. 某商业银行推出“校园贷”业务，旨在向在校大学生提供额度不等的消费贷款。对此，下列哪些说法是错误的？（　　）（2017年）

A. 银行向在校大学生提供“校园贷”业务，须经国务院银监机构审批或备案

B. 在校大学生向银行申请“校园贷”业务，无论资信如何，都必须提供担保

C. 银行应对借款大学生的学习、恋爱经历、父母工作等情况进行严格审查

D. 银行为提高“校园贷”业务发放效率，审查人员和放贷人员可同为一人

答案及解析：B、C、D项。选项A说法正确。《商业银行法》第3条第1款规定，商业银行可以经营下列部分或者全部业务：（1）吸收公众存款；（2）发放短期、中期和长期贷款；（3）办理国内外结算；（4）办理票据承兑与贴现；（5）发行金融债券；（6）代理发行、代理兑付、承销政府债券；（7）买卖政府债券、金融债券；（8）从事同业拆借；（9）买卖、代理买卖外汇；（10）从事银行卡业务；（11）提供信用证服务及担保；（12）代理收付款项及代理保险业务；（13）提供保管箱服务；（14）经国务院银行业监督管理机构批准的其他业务。该条第2款规定，经营范围由商业银行章程规定，报国务院银行业监督管理机构批准。选项B说法错误。《商业银行法》第36条第2款规定，经商业银行审查、评估，确认借款人资信良好，确能偿还贷款的，可以不提供担保。选项C说法错误。《商业银行法》第35条第1款规定，商业银行贷款，应当对借款人的借款用途、偿还能力、还款方式等情况进行严格审查。选项D说法错误。《商业银行法》第35条第2款规定，商业银行贷款，应当实行审贷分离、分级审批的制度。

第十二章
支付结算法律制度

重点问题

1. 支付结算的概念和特征
2. 结算的分类
3. 支付结算的原则
4. 银行结算账户的概念和种类
5. 银行结算账户的开立、使用、变更与撤销、管理
6. 汇兑、托收承付、委托收款、银行卡

第一节 支付结算法概述

一、支付结算的概念和特征

（一）支付结算的概念

在商品货币经济中，商品、劳务的交换都必须借助于货币这一媒介来实现，支付结算是在商业信用和银行信用基础上实现的货币给付和资金清算行为。通过法定的支付结算工具完成支付结算，其实质就是以法定的支付结算工具代替现金流通，以银行为中介完成各项资金的支付清算，从而便利经济交往，促进商品流通。支付结算本质是货币的转移和债权债务关系的变更，是一切经济活动的最终目标和结果。

根据我国有关立法，支付结算是指单位、个人在社会经济活动中使用票据、银行卡、汇兑、托收承付、委托收款、信用证等结算方式进行货币给付及资金清算的行为。随着科技的发展，出现了网络支付。网络支付，是指依托公共网络或专用网络在收付款人之间转移货币资金的行为，包括货币汇兑、互联网支付、移动电话支付、固定电话支付、数字电视支付等。

（二）支付结算的特征

1. 支付结算是对金钱债务的清偿行为。自货币产生后，支付货币是商品交换的基本形式。因此，金钱之债是常见的债的种类，支付违约金、赔偿金是通常的债务不履行的责任形式。

2. 支付结算是以银行为中介的货币收付和资金清算行为。商业银行是吸收公众存款、发放贷款、办理支付结算等业务的金融企业，商业银行利用活期存款账户为客户办理各种货币兑换、收付、结算和存款转移等业务，商业银行的经营网络使货币收付、资金清算安全、高效地进行，大大便利了商品流通。

3. 支付结算以票据和结算凭证为工具。票据和结算凭证可以代替现金的使用，节约通货，也使资金的输送、收付变得安全、高效；票据和结算凭证还具有债务抵消的功能。因此，各国立法鼓励以票据和结算凭证为工具进行转账结算，对现金的使用进行严格限制。

二、结算的分类

1. 按照结算是否使用现金，结算分为现金结算和非现金结算。现金结算是直接用现金进行货币收付，清结债权债务关系的行为。非现金结算，又称转账结算，是指单位、个人在社会经济活动中不直接使用现金，而使用票据、银行卡、信用证和汇兑、托收承付、委托收款等结算方式，通过银行将款项从付款人账户划拨到收款人账户，以清结债权债务的货币收付和资金清算行为。

2. 按照结算使用的工具不同，结算可分为票据结算和非票据结算。票据结算是以票据作为支付结算工具来进行货币收付和资金清算，以清结债权债务关系的行为。票据主要有汇票、本票、支票。非票据结算是指以现金或者结算凭证为依据进行货币收付和资金清算，以清结债权债务关系的行为。

3. 按照结算发生的区域不同，结算分为国内结算和国际结算。国内结算是指国内客户之间进行货币收付和资金清算，以清结因经济往来而发生的债权债务的行为。国内结算分为同城结算和异地结算。国际清算是指国际上进行货币收付和资金清算，以清结国家之间因经济、文化、政治等活动而发生的债权债务关系。主要采用信用证、托收、汇款三种方式。

三、支付结算的原则

1. 恪守信用，履约付款原则。这一原则是民法的诚实信用原则和合同法的合同信守原则在支付结算中的具体体现，该原则要求支付结算当事人应当严格履行合同条款，全面、适当履行合同约定的付款义务。

2. 谁的钱进谁的账，由谁支配原则。银行作为支付结算的中介机构，在支付结算过程中为客户的资金转移、收付提供服务，应当严格按照客户的委托转移资金、收款付款。客户对自己账户的资金拥有合法权益，除有关国家机关依法冻结以外，有权自主支配、使用。

3. 银行不垫款原则。银行在办理支付结算过程中只是为客户的资金转移、收付提供服务，在客户不能履约付款时，不能为客户垫付资金。

四、我国支付结算立法

目前，我国关于支付结算的法律主要有：1995 年 3 月 18 日第八届全国人大第三次会议通过，2003 年 12 月 27 日第十届全国人大常委会第六次会议修正的《中国人民银行法》；1995 年 5 月 10 日第八届全国人大常委会第十三次会议通过，2003 年 12 月 27 日第十届全国人大常委会第六次会议修正的《商业银行法》；1995 年 5 月 10 日第八届全国人大常委会第十三次会议通过，2004 年 8 月 28 日第十届全国人大常委会第十一次会议修正的《票据法》等。中国人民银行公布的关于支付结算的规章主要有：1997 年 5 月 22 日公布的《商业汇票承兑、贴现与再贴现管理暂行办法》；1997 年 5 月 22 日公布的《票据管理实施办法》；1997 年 7 月 16 日公布的《国内信用证结算办法》；1997 年 9 月 19 日公布的《支付结算办法》；1999 年 1 月 5 日公布的《银行卡业务管理办法》（相应废止 1996 年 4 月 1 日起施行的《信用卡业务管理办法》）；2003 年 4 月 10 日公布的《人民币银行结算账户管理办法》；2010 年《非金融机构支付服务管理办法》等。关于支付结算的司法解释主要有最高人民法院于 2000 年 11 月 14 日公布的《关于审理票据纠纷案件若干问题的规定》等。

第二节　银行结算账户管理制度

一、银行结算账户的概念、种类

（一）银行结算账户的概念

银行结算账户是指银行为存款人开立的办理资金收付结算的人民币活期存款账户。存款人是指在中国境内开立银行结算账户的机关、团体、部队、企业、事业单位、其他组织（以下统称单位）、个体工商户和自然人。银行是指在中国境内经批准经营支付结算业务的政策性银行、商业银行（含外资独资银行、中外合资银行、外国银行分行）、城市信用合作社、农村信用合作社。

（二）银行结算账户的种类

1. 银行结算账户按存款人分为单位银行结算账户和个人银行结算账户。存款人以单位名称开立的银行结算账户为单位银行结算账户。个体工商户凭营业执照以字号或经营者姓名开立的银行结算账户纳入单位银行结算账户管理。存款人凭个人身份证件以自然人名称开立的银行结算账户为个人银行结算账户。邮政储蓄机构办理银行卡业务开立的账户纳入个人银行结算账户管理。

2. 单位银行结算账户按用途分为基本存款账户、一般存款账户、专用存款账户、临时存款账户。基本存款账户是存款人因办理日常转账结算和现金收付需要开立的银行结算账户。一般存款账户是存款人因借款或其他结算需要，在基本存款账户开户银行以外的银行营业机构开立的银行结算账户。专用存款账户是指为保证特定用途资金的专款专用，存款人依法律、行政法规、规章，对其特定用途资金进行专项管理和使用而开立的银行结算账户。临时存款账户是存款人因临时需要并在规定期限内使用而开立的银行结算账户。

二、银行结算账户的开立

（一）银行结算账户开立的条件

1. 基本存款账户开立的条件。下列存款人，可以申请开立基本存款账户：企业法人；非法人企业；机关、事业单位；团级（含）以上军队、武警部队及分散执勤的支（分）队；社会团体；民办非企业组织；异地常设机构；外国驻华机构；个体工商户；居民委员会、村民委员会、社区委员会；单位设立的独立核算的附属机构；其他组织。

2. 一般存款账户开立的条件。存款人因借款或其他结算需要，可以在基本存款账户开户银行以外的银行营业机构开立一般存款账户。

3. 专用存款账户开立的条件。对下列资金的管理与使用，存款人可以申请开立专用存款账户：基本建设资金；更新改造资金；财政预算外资金；粮、棉、油收购资金；证券交易结算资金；期货交易保证金；信托基金；金融机构存放同业资金；政策性房地产开发资金；单位银行卡备用金；住房基金；社会保障基金；收入汇缴资金和业务支出资金；党、团、工会设在单位的组织机构经费；其他需要专项管理和使用的资金。

4. 临时存款账户开立的条件。有下列情况的，存款人可以申请开立临时存款账户：设立临时机构；异地临时经营活动；注册验资。

5. 个人银行结算账户开立的条件。有下列情况的，可以申请开立个人银行结算账户：使用支票、信用卡等信用支付工具的；办理汇兑、定期借记、定期贷记、借记卡等结算业务的。

6. 异地开立银行结算账户的条件。存款人有下列情形之一的，可以在异地开立有关银行结算账户：营业执照注册地与经营地不在同一行政区域（跨省、市、县）需要开立基本存款账户的；办理异地借款和其他结算需要开立一般存款账户的；存款人因附属的非独立核算单位或派出机构发生的收入汇缴或业务支出需要开立专用存款账户的；异地临时经营活动需要开立临时存款账户的；自然人根据需要在异地开立个人银行结算账户的。

（二）银行结算账户开立的程序

1. 存款人申请开立银行结算账户时，应填制开户申请书。开户申请书按照中国人民银行的规定记载有关事项。

2. 银行应对存款人的开户申请书填写的事项和证明文件的真实性、完整性、合规性进行认真审查。

3. 开户申请书填写的事项齐全，符合开立基本存款账户、临时存款账户和预算单位专用存款账户条件的，银行应将存款人的开户申请书、相关的证明文件和银行审核意见等开户资料报送中国人民银行当地分支行；中国人民银行应于2个工作日内对银行报送的基本存款账户、临时存款账户和预算单位专用存款账户的开户资料的合规性予以审核：符合开户条件的，予以核准；不符合开户条件的，应在开户申请书上签署意见，连同有关证明文件一并退回报送银行。经中国人民银行核准后办理开户手续。

4. 符合开立一般存款账户、其他专用存款账户和个人银行结算账户条件的，银行应办理开户手续，并于开户之日起5个工作日内向中国人民银行当地分支行备案。

三、银行结算账户的使用

（一）银行结算账户的用途

1. 基本存款账户是存款人的主办账户。存款人日常经营活动的资金收付及工资、奖金和现金的支取，应通过该账户办理。

2. 一般存款账户用于办理存款人借款转存、借款归还和其他结算的资金收付。

3. 专用存款账户用于办理各项专用资金的收付。

4. 临时存款账户用于办理临时机构以及存款人临时经营活动发生的资金收付。注册验资的临时存款账户在验资期间只收不付，注册验资资金的汇缴人应与出资人的名称一致。

5. 个人银行结算账户用于办理个人转账收付和现金存取。

（二）银行结算账户使用的限制

1. 一般存款账户可以办理现金缴存，但不得办理现金支取。

2. 单位银行卡账户的资金必须由其基本存款账户转账存入。该账户不得办理现金收付业务。

3. 临时存款账户应根据有关开户证明文件确定的期限或存款人的需要确定其有效期限。

4. 单位从其银行结算账户支付给个人银行结算账户的款项，每笔超过5万元的，应向其开户银行提供规定的付款依据。

5. 储蓄账户仅限于办理现金存取业务，不得办理转账结算。

6. 存款人不得出租、出借银行结算账户，不得利用银行结算账户套取银行信用。

四、银行结算账户的变更与撤销

（一）银行结算账户的变更

1. 银行结算账户变更的概念。银行结算账户变更是指存款人名称、单位的法定代表人或主要负责人、住址以及其他开户资料发生变更。

2. 银行结算账户变更的程序。存款人更改名称，但不改变开户银行及账号的，应于5个工作日内向开户银行提出银行结算账户的变更申请，并出具有关部门的证明文件。单位的法定代表人或主要负责人、住址以及其他开户资料发生变更时，应于5个工作日内书面通知开户银行并提供有关证明。银行接到存款人的变更通知后，应及时办理变更手续，并于2个工作日内向中国人民银行报告。

（二）银行结算账户的撤销

1. 银行结算账户撤销的概念。银行结算账户撤销是指存款人因开户资格或其他原因终止银行结算账户使用的行为。

2. 银行结算账户撤销的事由。根据《人民币银行结算账户管理办法》第49条的规定，有下列情形之一的，存款人应向开户银行提出撤销银行结算账户的申请：被撤并、解散、宣告破产或关闭的；注销、被吊销营业执照的；因迁址需要变更开户银行的；其他原因需要撤销银行结算账户的。

五、银行结算账户的管理

（一）中国人民银行对银行结算账户的监督管理

1. 中国人民银行负责监督、检查银行结算账户的开立和使用，对存款人、银行违反银行结算账户管理规定的行为予以处罚。中国人民银行对银行结算账户的开立和使用实施监控和管理。

2. 中国人民银行负责基本存款账户、临时存款账户和预算单位专用存款账户开户登记证的管理。任何单位及个人不得伪造、变造及私自印制开户登记证。

（二）开户银行对银行结算账户的监督管理

1. 银行负责下属营业机构银行结算账户开立和使用的管理，监督和检查其执行《人民币银行结算账户管理办法》的情况，纠正违规开立和使用银行结算账户的行为。

2. 银行应明确专人负责银行结算账户的开立、使用和撤销的审查和管理，负责对存款人开户申请资料的审查，并按照《人民币银行结算账户管理办法》的规定及时报送存款人开销户信息资料，建立健全开销户登记制度，建立银行结算账户管理档案，按会计档案进行管理。

3. 银行应对已开立的单位银行结算账户实行年检制度，检查开立的银行结算账户的合规性，核实开户资料的真实性；对不符合《人民币银行结算账户管理办法》的规定开立的单位银行结算账户，应予以撤销。对经核实的各类银行结算账户的资料变动情况，应及时报告中国人民银行当地分支行。

4. 银行应对存款人使用银行结算账户的情况进行监督，对存款人的可疑支付应按照中国人民银行规定的程序及时报告。

第三节　非票据支付结算方式及结算规则

一、汇兑

（一）汇兑的概念和种类

汇兑是汇款人委托银行将其款项支付给收款人的结算方式。单位和个人的各种款项的结算，均可使用汇兑结算方式。汇兑分为信汇、电汇两种，由汇款人选择使用。信汇是汇款人将款项委托给银行，由银行通过邮寄方式将款项汇入汇款人指定的收款人的当地银行转入收款人手中。电汇是汇款人将一定款项交存汇款银行，汇款银行通过电报或电传通知目的地的分行或代理行（汇入行），指示汇入行向收款人支付一定金额的汇款方式。

（二）汇兑凭证的签发与受理

1. 汇兑凭证的签发。签发汇兑凭证必须记载下列事项：表明“信汇”或“电汇”的字样；无条件支付的委托；确定的金额；收款人名称；汇款人名称；汇入地点、汇入行名称；汇出地点、汇出行名称；委托日期；汇款人签章。汇兑凭证上欠缺上列记载事项之一的，银行不予受理。

2. 汇兑凭证的受理。汇出银行受理汇款人签发的汇兑凭证，经审查无误后，应及时向汇入银行办理汇款，并向汇款人签发汇款回单。汇款回单只能作为汇出银行受理汇款的依据，不能作为该笔汇款已转入收款人账户的证明。

（三）汇入款项的收取

1. 汇入银行对开立存款账户的收款人，应将汇给他的款项直接转入收款人账户，并向其发出收账通知。收账通知是银行将款项确已收入收款人账户的凭据。

2. 未在银行开立存款账户的收款人，凭信、电汇的取款通知或“留行待取”的，向汇入银行支取款项，必须交验本人的身份证件，在信、电汇凭证上注明证件名称、号码及发证机关，并在“收款人签盖章”处签章；信汇凭签章支取的，收款人的签章必须与预留信汇凭证上的签章相符。银行审查无误后，以收款人的姓名开立应解汇款及临时存款账户，该账户只付不收，付完清户，不计付利息。

二、托收承付

（一）托收承付的概念、适用范围

1. 托收承付的概念。托收承付是根据购销合同由收款人发货后委托银行向异地付款人收取款项，由付款人向银行承认付款的结算方式。

2. 托收承付的适用范围。使用托收承付结算方式的收款单位和付款单位，必须是国有企业、供销合作社以及经营管理较好，并经开户银行审查同意的城乡集体所有制工业企业。办理托收承付结算的款项，必须是商品交易，以及因商品交易而产生的劳务供应的款项。代销、寄销、赊销商品的款项，不得办理托收承付结算。

（二）托收承付的程序

1. 托收凭证的签发。签发托收凭证必须记载下列事项：表明“托收”的字样；确定的金额；付款人名称及账号；收款人名称及账号；付款人开户银行名称；收款人开户银行名称；托收附寄单证张数或册数；合同名称、号码；委托日期；收款人签章。托收凭证上欠缺记载上列事项之一的，银行不予受理。

2. 托收。(1) 收款人应将托收凭证并附发运证件或其他符合托收承付结算的有关证明和交易单证送交银行。(2) 收款人开户银行接到托收凭证及其附件后，应当按照托收的范围、条件和托收凭证记载的要求认真进行审查，必要时，还应查验收付款人签订的购销合同。凡不符合要求或违反购销合同发货的，不能办理。

3. 承付。付款人开户银行收到托收凭证及其附件后，应当及时通知付款人。付款人应在承付期内审查核对，安排资金。承付货款分为验单付款和验货付款两种，由收付双方商量选用，并在合同中明确规定。

4. 逾期付款。付款人在承付期满日银行营业终了时，如无足够资金支付，其不足部分，即为逾期未付款项，按逾期付款处理。付款人开户银行对付款人逾期未能付款的情况，应当及时通知收款人开户银行，由其转知收款人。

5. 拒绝付款。对规定的情况，付款人在承付期内，可向银行提出全部或部分拒绝付款。

6. 重办托收。收款人对被无理拒绝付款的托收款项，在收到退回的结算凭证及其所附单证后，经开户银行审查，确属无理拒绝付款的，可以重办托收。

三、委托收款

(一) 委托收款的概念和适用范围

1. 委托收款的概念。委托收款是收款人委托银行向付款人收取款项的结算方式。

2. 委托收款的适用范围。单位和个人凭已承兑商业汇票、债券、存单等付款人债务证明办理款项的结算，均可以使用委托收款结算方式。委托收款在同城、异地均可以使用。

(二) 委托收款的程序

1. 签发委托收款凭证。签发委托收款凭证必须记载下列事项：表明“委托收款”的字样；确定的金额；付款人名称；收款人名称；委托收款凭据名称及附寄单证张数；委托日期；收款人签章。

2. 委托。收款人办理委托收款应向银行提交委托收款凭证和有关的债务证明。

3. 付款。银行接到寄来的委托收款凭证及债务证明后，审查无误办理付款。

4. 拒绝付款。付款人审查有关债务证明后，对收款人委托收取的款项需要拒绝付款的，可以办理拒绝付款。

四、银行卡

(一) 银行卡的概念和分类

1. 银行卡的概念。银行卡是指由商业银行（含邮政金融机构，下同）向社会发行的，具有消费信用、转账结算、存取现金等全部或部分功能的信用支付工具。

2. 银行卡的分类。银行卡包括信用卡和借记卡。信用卡按是否向发卡银行交存备用金分为贷记卡、准贷记卡两类。贷记卡是指发卡银行给予持卡人一定的信用额度，持卡人可在信用额度内先消费、后还款的信用卡。准贷记卡是指持卡人须先按发卡银行的要求交存一定金额的备用金，当备用金账户余额不足支付时，可在发卡银行规定的信用额度内透支的信用卡。借记卡按功能不同分为转账卡（含储蓄卡，下同）、专用卡、储值卡。借记卡不具备透支功能。转账卡是实时扣账的借记卡，具有转账结算、存取现金和消费功能。专用卡是具有专门用途，在特定区域使用的借记卡，具有转账结算、存取现金功能。专门用途是指在百货、餐饮、饭店、娱乐行业以外的用途。储值卡是发卡银行根据持卡人的要求，将其资金转至卡内储存，交易时直接从卡内扣款的预付钱包式借记卡。银行卡按币种不同分为人民币卡、外币卡；按发行对象不同分为单位卡（商务卡）、个人卡；按信息载体不同分为磁条卡、芯片（IC）卡。

（二）银行卡发卡银行的权利与义务

1. 发卡银行的权利。(1) 发卡银行有权审查申请人的资信状况、索取申请人的个人资料，并有权决定是否向申请人发卡及确定信用卡持卡人的透支额度。(2) 发卡银行对持卡人透支有追偿权。对持卡人不在规定期限内归还透支款项的，发卡银行有权申请法律保护并依法追究持卡人或有关当事人的法律责任。(3) 发卡银行对不遵守其章程规定的持卡人，有权取消其持卡人资格，并可授权有关单位收回其银行卡。(4) 发卡银行对储值卡和IC卡内的电子钱包可不予挂失。

2. 发卡银行的义务。(1) 发卡银行应当向银行卡申请人提供有关银行卡的使用说明资料，包括章程、使用说明及收费标准。现有持卡人亦可索取上述资料。(2) 发卡银行应当设立针对银行卡服务的公平、有效的投诉制度，并公开投诉程序和投诉电话。(3) 发卡银行应当向持卡人提供对账服务。(4) 发卡银行应当向持卡人提供银行卡挂失服务。(5) 发卡银行应当在有关卡的章程或使用说明中向持卡人说明密码的重要性及丢失的责任。(6) 发卡银行对持卡人的资信资料负有保密的责任。

（三）银行卡持卡人的权利与义务

1. 持卡人的权利。(1) 持卡人享有发卡银行对其银行卡所承诺的各项服务的权利，有权监督服务质量并对不符服务质量进行投诉。(2) 申请人、持卡人有权知悉其选用的银行卡的功能、使用方法、收费项目、收费标准、适用利率及有关的计算公式。(3) 持卡人有权在规定时间内向发卡银行索取对账单，并有权要求对不符账务的内容进行查询或改正。(4) 借记卡的挂失手续办妥后，持卡人不再承担相应卡账户资金变动的责任，司法机关、仲裁机关另有判决的除外。(5) 持卡人有权索取信用卡“领用合约”，并应妥善保管。

2. 持卡人的义务。(1) 申请人应当向发卡银行提供真实的申请资料并按照发卡银行的规定向其提供符合条件的担保。(2) 持卡人应当遵守发卡银行的章程及“领用合约”的有关条款。(3) 持卡人或保证人的通信地址、职业等发生变化，应当及时书面通知发卡银行。(4) 持卡人不得以和商户发生纠纷为由拒绝支付所欠银行款项。

法律应用

1. 个人申领银行卡（储值卡除外），应当向发卡银行提供公安部门规定的本人有效身份证件，经发卡银行审查合格后，为其开立记名账户；凡在中国境内金融机构开立基本存款账户的单位，应当凭中国人民银行核发的开户许可证申领单位卡；银行卡及其账户只限经发卡银行批准的持卡人本人使用，不得出租和转借。

2. 银行在银行结算账户的开立中，不得有下列行为：违反《人民币银行结算账户管理办法》规定为存款人多头开立银行结算账户；明知或应知是单位资金，而允许以自然人名称开立账户存储。银行有上述所列行为之一的，给予警告，并处以5万元以上30万元以下的罚款；对该银行直接负责的高级管理人员、其他直接负责的主管人员、直接责任人员按规定给予纪律处分；情节严重的，中国人民银行有权停止对其开立基本存款账户的核准，责令该银行停业整顿或者吊销经营金融业务许可证；构成犯罪的，移交司法机关依法追究刑事责任。

思考题

1. 支付结算的特征有哪些?
2. 结算的种类有哪些?
3. 银行结算账户开立的条件和程序有哪些?
4. 委托收款的程序具体有哪些?
5. 银行卡当事人的权利与义务有哪些?

历年司法考试题

1. 朱某持一张载明金额为人民币50万元的承兑汇票,向票据所载明的付款人某银行提示付款。但该银行以持票人朱某拖欠银行贷款60万元尚未清偿为由拒绝付款,并以该汇票票面金额冲抵了部分届期贷款金额。对付款人(即某银行)行为的定性,下列哪一选项是正确的?( )(2007年)

A. 违反票据无因性原则的行为

B. 违反票据独立性原则的行为

C. 行使票据抗辩之对人抗辩的行为

D. 行使票据抗辩之对物抗辩的行为

答案及解析:C项。《票据法》第13条第2款规定:票据债务人可以对不履行约定义务的与自己有直接债权债务关系的持票人,进行抗辩。本题中,因为朱某是没有履行约定义务的与银行有直接债权债务关系的持票人,所以银行可以对朱某进行抗辩。另外,这里注意区分对人抗辩和对物抗辩。所谓对人抗辩,是指因票据债务人与特定的票据权利人之间存在一定关系而发生的抗辩;所谓对物抗辩,是指因票据本身所存在的事由而发生的抗辩。本题中,朱某跟银行之间有贷款纠纷,跟票据本身没有关系,所以,银行行使的抗辩权是对人抗辩而不是对物抗辩。

2. 甲的汇票遗失,向法院申请公示催告。公告期满后无人申报权利,甲申请法院作出了除权判决。后乙主张对该票据享有票据权利,只是因为客观原因而没能在判决前向法院申报权利。乙可以采取哪种法律对策?( )(2007年)

A. 申请法院撤销该除权判决

B. 在知道或者应当知道判决公告之日起1年内,向作出除权判决的法院起诉

C. 依照审判监督程序的规定,申请法院对该案件进行再审

D. 在2年的诉讼时效期间之内,向作出除权判决的法院起诉

答案及解析:B项。《民事诉讼法》第199条规定:(票据的利害关系人)没有人申报的,人民法院应当根据申请人的申请,作出判决,宣告票据无效。判决应当公告,并通知支付人。自判决公告之日起,申请人有权向支付人请求支付。第200条规定:利害关系人因正当理由不能在判决前向人民法院申报的,自知道或者应当知道判决公告之日起1年内,可以向作出判决的人民法院起诉。

3. 熊某因出差借款。财务部门按规定给熊某开具了一张载明金额1万元的现金支票。熊某持支票到银行取款,银行实习生马某向熊某提出了下列问题:你真的是熊某吗?为什么要借1万元?熊某拒绝回答,马某遂拒绝付款。根据票据法原理,关于马某的行为,下列哪些选项

是正确的？（　　）（2007 年）

A. 侵犯熊某人格尊严　　B. 违反票据无因性原理

C. 侵犯持票人权利　　D. 违反现金支票见票即付规则

答案及解析：B、C、D 项。所谓人格尊严是指民事主体作为“人”所应有的最基本的社会地位、社会评价，并得到起码尊重的权利。本题中，实习生的行为跟侵犯马某的人格尊严没有关系，所以 A 项是错误的。《票据法》第 90 条规定：支票限于见票即付。本题中，实习生问马某：“你真的是熊某吗？为什么要借 1 万元？”这违反了票据无因性原则和现金支票见票即付的原则，所以 B、D 项是正确的。同时，实习生拒绝付款，侵犯了持票人马某的票据权利，所以 C 项也是正确的。

4. 甲公司在交易中取得汇票一张，金额 10 万元，汇票签发人为乙公司，甲公司在承兑时被拒绝。其后，甲公司在一次交易中需支付丙公司 10 万元货款，于是甲公司将该汇票背书转让给丙公司，丙公司承兑时亦被拒绝。下列哪一选项是正确的？（　　）（2008 年）

A. 丙公司有权要求甲公司给付汇票上的金额

B. 丙公司有权要求甲公司返还交易中的对价

C. 丙公司有权向乙公司行使追索权要求其给付汇票上的金额

D. 丙公司应当请求甲公司承担侵权赔偿责任

答案及解析：A 项。《票据法》第 36 条规定：汇票被拒绝承兑、被拒绝付款或者超过付款提示期限的，不得背书转让；背书转让的，背书人应当承担汇票责任。所以本题中，丙公司有权要求甲公司给付汇票上的金额，承担汇票责任。

5. 甲向乙开具金额为 100 万元的汇票以支付货款。乙取得该汇票后背书转让给丙，丙又背书转让给丁，丁再背书转让给戊。现查明，甲、乙之间并无真实交易关系，丙为未成年人，票据金额被丁变造。下列哪些选项是正确的？（　　）（2008 年）

A. 尽管甲、乙之间没有真实交易，但该汇票仍然有效

B. 尽管丙为未成年人，但其在票据上的签章仍然有效

C. 尽管票据金额已被丁变造，但该汇票仍然有效

D. 戊不能向甲、乙行使票据上的追索权

答案及解析：A、C 项。《票据法》第 10 条规定：票据的签发、取得和转让，应当遵循诚实信用的原则，具有真实的交易关系和债权债务关系。票据的取得，必须给付对价，即应当给付票据双方当事人认可的相对应的代价。第 21 条规定：汇票的出票人必须与付款人具有真实的委托付款关系，并且具有支付汇票金额的可靠资金来源。不得签发无对价的汇票用以骗取银行或者其他票据当事人的资金。最高人民法院《关于审理票据纠纷案件若干问题的规定》第 14 条规定：票据债务人以《票据法》第 10 条、第 21 条的规定为由，对业经背书转让票据的持票人进行抗辩的，人民法院不予支持。因此，尽管甲、乙之间没有真实的交易，但是该汇票已经背书转让，根据最高人民法院前述司法解释第 14 条的规定，该汇票仍然有效，因此，A 项说法正确。《票据法》第 6 条规定，无民事行为能力人或者限制民事行为能力人在票据上签章的，其签章无效，但是不影响其他签章的效力，由此，B 项错误。《票据法》第 14 条规定，票据上的记载事项应当真实，不得伪造、变造。伪造、变造票据上的签章和其他记载事项的，应当承担法律责任。票据上有伪造、变造的签章的，不影响票据上其他真实签章的效力。票据上其他记载事项被变造的，在变造之前签章的人，对原记载事项负责；在变造之后签章的人，对变造之后的记载事项负责；不能辨别是在票据被变造之前或者之后签章的，视同在变造之前签章。根据上述规定可知，票据的变造并不影响票据的效力，因此，C 项正确。甲、乙是在票据

变造之前签章的票据债务人，因此，甲、乙应该对变造之前的记载事项承担票据责任，而非不承担票据责任，故D项说法错误。

6. 甲公司在与乙公司交易中获得由乙公司签发的面额50万元的汇票一张，付款人为丙银行。甲公司向丁某购买了一批货物，将汇票背书转让给丁某以支付货款，并记载“不得转让”字样。后丁某又将此汇票背书给戊某。如戊某在向丙银行提示承兑时遭拒绝，戊某可向谁行使追索权？（　　）（2009年）

A. 丁某　　B. 乙公司　　C. 甲公司　　D. 丙公司

答案：A、B项

7. 2005年10月5日，甲、乙签订房屋买卖合同，约定年底前办理房屋过户登记。乙签发一张面额80万元的转账支票给甲以支付房款。一星期后，甲提示银行付款。2006年1月中旬，甲到银行要求支付支票金额，但此时甲尚未将房屋登记过户给乙。对此，下列哪些说法是正确的？（　　）（2010年）

A. 尽管甲尚未履行房屋过户登记义务，但银行无权拒绝支付票据金额

B. 如甲向乙主张票据权利，因甲尚未办理房屋的过户登记，乙可拒付票据金额

C. 如被银行拒付，甲可根据房屋买卖合同要求乙支付房款

D. 如该支票遗失，甲即丧失票据权利

答案：A、C项

8. 潇湘公司为支付货款向楚天公司开具一张金额为20万元的银行承兑汇票，付款银行为甲银行。潇湘公司收到楚天公司货物后发现有质量问题，立即通知甲银行停止付款。另外，楚天公司尚欠甲银行贷款30万元未清偿。下列哪些说法是错误的？（　　）（2011年）

A. 该汇票须经甲银行承兑后才发生付款效力

B. 根据票据的无因性原理，甲银行不得以楚天公司尚欠其贷款未还为由拒绝付款

C. 如甲银行在接到潇湘公司通知后仍向楚天公司付款，由此造成的损失甲银行应承担责任

D. 潇湘公司有权以货物质量瑕疵为由请求甲银行停止付款

答案及解析：B、C、D项。选项A说法正确。《票据法》第44条规定，付款人承兑汇票后，应当承担到期付款的责任。银行承兑汇票中，付款行承兑前仅是票据关系人，承兑后成为票据债务人，负有见票或者到期付款的义务。选项B说法错误。《票据法》第13条第2款规定，票据债务人可以对不履行约定义务的与自己有直接债权债务关系的持票人，进行抗辩。此为票据无因性的例外。本题中，甲银行作为票据债务人，可以以与自己有借贷关系的持票人楚天公司，以其对自己没有履行还款义务为由进行抗辩。选项C、D说法错误。根据票据的无因性，票据权利人行使票据权利时，票据债务人不得以原因关系对抗善意持票人。潇湘公司与楚天公司的买卖合同属于票据的原因关系，楚天公司与甲银行的关系属于票据关系，潇湘公司无权以票据原因关系为由请求承兑行止付。甲银行接到潇湘公司的止付通知后仍有付款义务，由此造成的损失，甲银行不需要承担责任。

9. 甲未经乙同意而以乙的名义签发一张商业汇票，汇票上记载的付款人为丙银行。丁取得该汇票后将其背书转让给戊。下列哪一说法是正确的？（　　）（2013年）

A. 乙可以无权代理为由拒绝承担该汇票上的责任

B. 丙银行可以该汇票是无权代理为由而拒绝付款

C. 丁对甲的无权代理行为不知情时，丁对戊不承担责任

D. 甲未在该汇票上签章，故甲不承担责任

答案及解析：A项。本题考查票据的伪造、无权代理、票据行为的独立性。《票据法》第5条规定：票据当事人可以委托其代理人在票据上签章，并应当在票据上表明其代理关系。没有代理权而以代理人名义在票据上签章的，应当由签章人承担票据责任；代理人超越代理权限的，应当就其超越权限的部分承担票据责任。A选项，本题中甲未经乙同意而以乙的名义签发一张商业汇票属于无权代理，在乙拒绝追认的情况下应当对该签章承担票据责任，乙是被代理人，没有在票据上真实签章，根据无章无责任的原则不承担票据责任，所以A选项说法正确，当选。B选项，丙银行为汇票的债务人，如果对该汇票进行了承兑，根据票据的无因性，就应当承担绝对的付款义务，持票人戊享有票据权利，付款人丙无权以汇票是无权代理为由拒绝付款，故B选项说法错误。C选项，丁接受票据后又背书转让给戊，显然，丁背书时的签章真实，票据行为合法有效，不受其他票据行为的影响（此为票据行为的独立性），丁应当向后手戊承担票据责任，无权以对甲的无权代理不知情免除责任，故C选项说法错误，不选。D选项，甲由于没有记载自己的签章，根据无章无责任的原则不承担票据责任，但甲应当承担无权代理的责任，即向丁承担民事赔偿责任并可能被追究刑事责任，故D选项说法错误，不选。本题答案为A。

10. 甲向乙购买原材料，为支付货款，甲向乙出具金额为50万元的商业汇票一张，丙银行对该汇票进行了承兑。后乙不慎将该汇票丢失，被丁拾到。乙立即向付款人丙银行办理了挂失止付手续。下列哪些选项是正确的？（　　）（2014年）

A. 乙因丢失票据而确定性地丧失了票据权利

B. 乙在遗失汇票后，可直接提起诉讼要求丙银行付款

C. 如果丙银行向丁支付了票据上的款项，则丙应向乙承担赔偿责任

D. 乙在通知挂失止付后15日内，应向法院申请公示催告

答案及解析：B、C项。选项A、D错误，选项B正确。《票据法》第15条第3款规定，失票人应当在通知挂失止付后3日内，也可以在票据丧失后，依法向人民法院申请公示催告，或者向人民法院提起诉讼。据此可知，乙丢失票据后并非确定性地丧失了票据权利。另外，挂失止付不是公示催告程序和诉讼程序的必经程序。因此，失票人在丧失票据后，可以直接向法院提起民事诉讼，请求法院判令票据债务人向其支付票据金额。如果失票人已经向付款人发出挂失止付通知，则应在通知挂失止付后3日内（而非15日内）申请公示催告。选项C正确。《票据法》第15条第2款规定，收到挂失止付通知的付款人，应当暂停支付。据此可知，付款人在接到支付通知后，应停止对票据的付款。如果其仍对票据进行付款，则无论善意与否，都应该承担赔偿责任。

11. 甲从乙处购置一批家具，给乙签发一张金额为40万元的汇票。乙将该汇票背书转让给丙。丙请丁在该汇票上为“保证”记载并签章，随后又将其背书转让给戊。戊请求银行承兑时，被银行拒绝。对此，下列哪一选项是正确的？（　　）（2015年）

A. 丁可以采取附条件保证方式

B. 若丁在其保证中未记载保证日期，则以出票日期为保证日期

C. 戊只有在向丙行使追索权遭拒绝后，才能向丁请求付款

D. 在丁对戊付款后，丁只能向丙行使追索权

答案及解析：B项。选项A错误。《票据法》第48条规定，保证不得附有条件；附有条件的，不影响对汇票的保证责任。据此可知，丁的保证不能附条件。选项B正确。《票据法》第47条第2款规定，保证人在汇票或者粘单上未记载前条第4项（保证日期）的，出票日期为保证日期。选项C错误。《票据法》第50条规定，被保证的汇票，保证人应当与被保证人对持票

人承担连带责任。汇票到期后得不到付款的，持票人有权向保证人请求付款，保证人应当足额付款。据此可知，丁与丙对持票人承担连带责任，戊可直接向丁请求付款。选项D错误。《票据法》第52条规定，保证人清偿汇票债务后，可以行使持票人对被保证人及其前手的追索权。据此可知，丁对戊付款后，可向甲、乙、丙行使追索权。

12. 关于支票的表述，下列哪些选项是正确的？（　　）（2015年）

A. 现金支票在其正面注明后，可用于转账

B. 支票出票人所签发的支票金额不得超过其付款时在付款人处实有的存款金额

C. 支票上不得另行记载付款日期，否则该记载无效

D. 支票上未记载收款人名称的，该支票无效

答案及解析：B、C项。选项A错误。《票据法》第83条第2款规定，支票中专门用于支取现金的，可以另行制作现金支票，现金支票只能用于支取现金。据此可知，现金支票只能用于支取现金，而不能用于转账。选项B正确。《票据法》第87条规定，支票的出票人所签发的支票金额不得超过其付款时在付款人处实有的存款金额。出票人签发的支票金额超过其付款时在付款人处实有的存款金额的，为空头支票。禁止签发空头支票。选项C正确。《票据法》第90条规定，支票限于见票即付，不得另行记载付款日期。另行记载付款日期的，该记载无效。选项D错误。《票据法》第86条第1款规定，支票上未记载收款人名称的，经出票人授权，可以补记。

第十三章 金融担保法律制度

重点问题

1. 担保、担保法的概念
2. 担保的分类
3. 金融担保的意义
4. 保证的概念、法律特征
5. 保证合同、保证方式、保证责任
6. 抵押、抵押权的概念和特征
7. 抵押权的设立、效力、实现
8. 质押、质权的概念及质押的种类
9. 动产质押和权利质押
10. 银行保函
11. 备用信用证

第一节 金融担保法概述

一、担保与担保法的概念

（一）担保的概念

法律上的担保通常是指债的担保，债的担保有广义担保和狭义担保之分。广义的债的担保包括债的一般担保和债的特别担保。债的一般担保是指债务人必须以其所有的全部财产清偿债务。债务人的全部财产即是清偿债务的“责任财产”，是其履行债务的一般担保。债的特别担保是根据法律的直接规定或者当事人约定，以债务人或者第三人的特定财产或者第三人的一般财产保障债务人履行债务、债权人实现债权的法律制度。一般而言，债的担保仅指狭义的债的担保，即担保法所称的担保。

（二）担保法的概念

担保法有实质意义的担保法与形式意义的担保法之分。形式意义上的担保法是指以担保法命名的法律，如我国《担保法》。实质意义的担保法是指调整担保关系的法律规范的总称，不仅包括形式意义的担保法，也包括其他法律、法规中有关担保的法律规范。担保法又有普通担保法与特别担保法之分。普通担保法是指民法或担保法中规定的担保制度，特别担保法是指其他特别法中所规定的担保制度。后者如《票据法》中规定的票据保证，《海商法》中规定的担保物权等。①

1986年4月12日，第六届全国人大第四次会议通过的《民法通则》第89条第一次系统规定了债的担保。1995年6月30日，第八届全国人大常委会第十四次会议通过《担保法》，这是我国专门调整担保关系的民事单行法。2000年9月29日，最高人民法院审判委员会第1133次会议通过《关于适用〈中华人民共和国担保法〉若干问题的解释》。2007年3月16日第十届全国人大第五次会议通过《物权法》，《物权法》第四编为"担保物权"，规定了抵押权、质权、留置权。2017年颁布的《民法总则》第114条第2款规定：物权是权利人依法对特定的物享有直接支配和排他的权利，包括所有权、用益物权和担保物权。

二、担保的分类

1. 根据担保的标的不同，担保可以分为人的担保、物的担保和金钱担保。人的担保是指债务人之外的第三人以自己的全部财产担保债的履行的担保。物的担保是指债务人或第三人以特定的不动产、动产或者其他财产权利担保债的履行的担保。金钱担保是指以金钱为标的的担保，即定金担保。

2. 根据担保发生的依据，担保可以分为约定担保和法定担保。约定担保是基于当事人双方的法律行为而设定的担保。法定担保是根据法律的直接规定在特定财产上发生的担保，如留置权、法定抵押权等。

3. 根据担保设定的目的不同，担保可以分为本担保和反担保。本担保是指以保障主债权的实现为目的设定的担保。反担保是相对于本担保而言的，它是指在本担保设定后，为了保障担保人在承担担保责任后，其对被担保人的追偿权得以实现而设定的担保。②

三、金融担保的意义

（一）保障金融债权的安全

金融行业是高负债、高风险行业，金融安全关系到整个国民经济的稳健运行，商业银行应当以安全性为首要经营原则。为了保障金融债权的安全，实行担保就必不可少。金融担保(Financial Guarantee)就是为了保证金融合同的履行，保障债权人实现债权，以第三人的信用或特定财产保障债务人履行债务的行为。我国《商业银行法》第7条规定："商业银行开展信贷业务，应当严格审查借款人的资信，实行担保，保障按期收回贷款。"中国人民银行发布的《贷款通则》第10条第1款规定："除委托贷款以外，贷款人发放贷款，借款人应当提供担保。贷款人应当对保证人的偿还能力，抵押物、质物的权属和价值以及实现抵押权、质权的可行性进行严格审查。"

（二）促进资金融通和商品流通

商业银行是信用的中介，商业银行通过吸收存款等业务将社会上的闲散资金集聚起来，再通过贷款等业务将所集聚的资金运用到国民经济的各个部门。商业银行充当了资金供应者和资金需求者的中介，开辟了间接融资的渠道，实现了资金的顺利融通。而担保制度的采用，使银行具有控制信贷风险的手段，从而使银行信贷能够顺利、广泛开展，并能够实现银行的安全经营，保障存款人的利益。银行等金融机构也可以基于自身的雄厚资本实力，为工商企业提供担

① 郭明瑞．担保法．北京：法律出版社，2010：3.

② 陈本寒主编．担保法通论．武汉：武汉大学出版社，1998：57.

保，从而促成商品交易的达成，促进商品的流通。

第二节 保 证

一、保证概述

（一）保证的概念

在民法上，保证是一项债的担保制度。关于保证的概念，《担保法》作出了明确的定义，于第6条规定："本法所称保证，是指保证人和债权人约定，当债务人不履行债务时，保证人按照约定履行债务或者承担责任的行为。"

（二）保证的法律特征

1. 保证具有债权性。主债权人基于保证合同对保证人所享有的权利是一种请求权，在债务人不履行债务时，债权人可请求保证人代为履行或者承担赔偿责任，债权人不能就保证人的特定财产要求优先受偿。

2. 保证具有从属性。保证与所担保的债权形成主从关系，保证之债是一种从债，保证合同是主合同的从合同，保证债务是主债务的从债务。保证的从属性主要表现在：保证的存在从属于主债；保证的范围与强度从属于主债；保证债务随主债权的转移而转移；保证债务随主债务的存在而于保证期限内存在；保证债务随主债务的消灭而消灭。①

3. 保证具有相对独立性。保证债务相对于主债务而言，具有从属性，但保证债务与主债务是两个不同的债务，两者具有相对独立性。保证的相对独立性体现在：保证人可就主债的一部分设立保证；主债务不附条件的，保证债务可以附条件；保证债务因混同或免除而消灭时，主债务依然存在；保证债务无效或被撤销或被解除时，主债务的效力不受影响等。

4. 保证具有补充性。保证的补充性体现在只有当主债务人不履行债务时，保证人才按照约定承担保证责任。债权人要求保证人承担保证责任，需证明主债务人未履行主债务的事实。除有特别约定外，只有在债权人向保证人提出请求时，保证人才履行保证债务。

二、信贷保证

信贷是贷款人依法对借款人提供按约定的利率和期限还本付息的货币资金的行为。为了保障按期收回贷款本息，实行信贷担保是基本的手段，信贷保证是信贷担保的一种重要方式。下文就信贷保证具体适用中的法律问题分别进行阐述。

（一）保证合同

1. 保证合同的当事人。保证合同是保证人与主债权人订立的，在主债务人不履行债务时，由保证人代为履行或者承担赔偿责任的协议。因此，保证合同的当事人为主债权人和保证人。

第一，主债权人。保证合同的当事人一方是主债的债权人。信贷保证合同的主债权人是借款合同的借款人，因此，信贷保证合同的主债权人必须符合借款人资格。

第二，保证人。我国《担保法》第7条规定："具有代为清偿债务能力的法人、其他组织或者公民，可以作保证人。"根据我国《担保法》第8条，国家机关不得为保证人，但经国务

① 郭明瑞．担保法．北京：法律出版社，2010：26-28.

院批准为使用外国政府或者国际经济组织贷款进行转贷的除外。根据我国《担保法》第 9 条，学校、幼儿园、医院等以公益为目的的事业单位、社会团体不得为保证人。根据我国《担保法》第 10 条，企业法人的分支机构、职能部门不得为保证人。企业法人的分支机构有法人书面授权的，可以在授权范围内提供保证。

2. 保证合同的形式。我国《担保法》第 13 条规定："保证人与债权人应当以书面形式订立保证合同。"我国《合同法》第 36 条规定："法律、行政法规规定或者当事人约定采用书面形式订立合同，当事人未采用书面形式但一方已经履行主要义务，对方接受的，该合同成立。"因此，保证人自愿履行保证合同所约定的保证义务的，口头保证合同也可以成立。

3. 保证合同的内容。根据我国《担保法》第 15 条的规定，保证合同应当包括以下内容：被保证的主债权种类、数额；债务人履行债务的期限；保证的方式；保证担保的范围；保证的期间；双方认为需要约定的其他事项。

（二）保证方式

保证方式是保证人承担保证责任的方式，有一般保证和连带责任保证两种。

1. 一般保证。一般保证是指保证人仅在债务人不能履行债务时承担保证责任的保证。一般保证的债权人在一般情况下仅在主债权纠纷经过司法审判或者仲裁，并就主债务人的财产强制执行而仍然不足清偿时，才可向保证人请求履行保证债务。

2. 连带责任保证。连带责任保证是指保证人在主债务人不履行主债务时与主债务人承担连带责任的保证。只要主债务人在主债务履行期满没有履行债务，连带责任保证的主债权人即可要求保证人履行保证债务。

3. 保证方式的确定。保证方式可以由当事人在保证合同中加以约定，在当事人没有约定或者约定不明确的情况下，如何确定保证方式？我国《担保法》第 19 条规定："当事人对保证方式没有约定或者约定不明确的，按照连带责任保证承担保证责任。"这种法律推定对于债权人比较有利。

（三）保证责任

1. 保证责任的类型。保证责任是指在主债务人不履行或者不能履行债务时，保证人根据保证合同负担的义务。根据我国《担保法》第 6 条的规定，保证责任根据当事人的约定，分为两种：其一是代为履行，即主债务人不履行债务时，保证人负有实际履行主债务的义务，只有在保证人也不能实际履行主债务时，保证人才负有债务不履行的赔偿责任；其二是承担赔偿责任，即在主债务人不履行债务时，保证人不负有代债务人实际履行的义务，仅负担主债务人因不履行主债务而应当承担的赔偿责任。

2. 保证责任的范围。保证责任的范围，即保证担保的范围，也就是保证人承担的保证债务的范围。我国《担保法》第 21 条第 1 款规定："保证担保的范围包括主债权及利息、违约金、损害赔偿金和实现债权的费用。保证合同另有约定的，按照约定。"第 2 款规定："当事人对保证担保的范围没有约定或者约定不明确的，保证人应当对全部债务承担责任。"据此规定，当事人可以约定保证责任的范围，在当事人对保证责任的范围没有约定或者约定不明确的情况下，保证人承担法定的最大范围的保证责任。

3. 保证责任的期间。保证责任期间是保证人承担保证责任的期间，在保证期间内，债权人没有行使保证债权的，保证人的保证责任即告消灭。关于一般保证的保证责任期间，我国《担保法》第 25 条第 1 款规定："一般保证的保证人与债权人未约定保证期间的，保证期间为主债务履行期届满之日起六个月。"关于连带责任保证的保证责任期间，我国《担保法》第 26 条第 1 款规定："连带责任保证的保证人与债权人未约定保证期间的，债权人有权自主债务履行期届满之日起六个月内要求保证人承担保证责任。”

第三节　抵　押

一、抵押概述

（一）抵押、抵押权的概念

1. 抵押的概念。抵押是债务人或者第三人不转移对特定财产的占有，而以该特定财产为自己或者他人的债务提供担保，在债务人不履行债务时或者当事人约定的情形发生时，债权人有权以该特定财产优先受偿的行为。

2. 抵押权的概念。在抵押法律关系中，提供担保的财产为抵押财产，提供抵押财产的债务人或者第三人为抵押人，债权人为抵押权人。抵押权是受抵押担保的债权的债权人在债务人不履行债务时或者当事人约定的情形发生时，可以就抵押财产优先受偿的权利。

（二）抵押权的特征

1. 从属性。抵押权是为担保债权的实现而产生的物权，具有从属于被担保债权的属性。被担保的债权为主权利，抵押权为从权利。根据从权利从属于主权利的原则，抵押权的产生、转移和消灭，从属于被担保的债权。

2. 不可分性。抵押权的不可分性是指抵押权担保主债权的全部，抵押权人可以就抵押财产的全部行使权利。抵押权的效力不因抵押财产的分割、让与或者价值增减以及被担保债权的部分清偿、分割或者让与而受到影响，抵押权人仍然可以就抵押财产的全部行使权利以担保债权的全部。

3. 物上代位性。抵押权的物上代位性是指抵押财产发生毁损、灭失或者被征收等而可获赔偿金、保险金或者补偿金等时，抵押权人可就该赔偿金、保险金或者补偿金等行使权利。

二、信贷抵押

抵押是信贷合同中最常见的担保方式，下文就信贷抵押适用中的具体法律问题进行阐述。

（一）抵押权的设立

1. 订立抵押合同。依照法律的直接规定而取得的抵押权，为法定抵押权；依照当事人的法律行为而取得的抵押权，为意定抵押权。我国民法尚无法定抵押权的规定，我国民法上的抵押权是由当事人订立抵押合同而设立。抵押合同是当事人一方以其特定的财产，为另一方的债权提供担保而设立抵押权的协议。抵押合同的当事人是抵押人和抵押权人。我国《物权法》第185条第1款规定：“设立抵押权，当事人应当采取书面形式订立抵押合同。”

2. 抵押权登记。抵押权登记是指法定登记机关依法在登记簿上就抵押财产的抵押权状态所作的记载。关于抵押权登记的效力，各国大体上有两种立法例：其一是登记生效主义；其二是登记对抗主义。按照登记生效主义，抵押权登记是抵押权生效的要件，未经登记，抵押权不能有效设立。按照登记对抗主义，不经登记，抵押权可以生效，但是，不能对抗第三人。我国《物权法》对不动产抵押采登记生效主义，对动产抵押采登记对抗主义。

（二）抵押权的效力

1. 抵押权所担保的债权范围。抵押权所担保的债权范围，实际上就是抵押权人可以就哪些债权来对抵押财产的价值行使优先受偿权。我国《物权法》第173条规定：“担保物权的担保范围包括主债权及其利息、违约金、损害赔偿金、保管担保财产和实现担保物权的费用。当事人另有约定的，按照约定。”

2. 抵押权效力及于标的物的范围。抵押权效力及于标的物的范围，是指抵押权人于实现抵押权时可依法予以变价的标的物的范围，是抵押权人可以控制其交换价值的标的物的范围，通说认为包括抵押物、从物、从权利、孳息、添附物、代位物等。①

3. 抵押人的权利。抵押人的权利是抵押对抵押人的效力。抵押人通常享有以下权利：

(1) 经抵押权人同意对抵押财产的转让权。抵押权具有追及效力，其效力及于已转让的抵押财产，因此，传统民法承认抵押人对抵押财产的转让权。但是，我国《物权法》规定，只有经过抵押权人的同意，才能转让抵押财产。我国《物权法》第 191 条第 2 款规定：“抵押期间，抵押人未经抵押权人同意，不得转让抵押财产，但受让人代为清偿债务消灭抵押权的除外。”

(2) 再设定抵押的权利。抵押人设定抵押权后，可以就同一抵押财产再次设定抵押。

(3) 抵押财产的出租权。抵押财产的出租权是指抵押人在抵押权设立后可将抵押财产出租给他人的权利。

(4) 在抵押财产上设定用益物权的权利。用益物权是对物的占有、使用、收益的权利，抵押是以抵押财产的交换价值来担保债权的实现，二者并不冲突。因此，在抵押设立后，抵押人仍然享有在抵押财产上设定用益物权的权利。

(5) 抵押财产的占有权。抵押不转移对抵押财产的占有，因此，抵押人对于抵押财产享有占有权。在抵押财产遭受不法侵害时，抵押人有权请求排除妨害、停止侵害，并得请求不法占有人返还抵押财产。

4. 抵押权人的权利。抵押权人的权利是抵押对抵押权人的效力，抵押权人的权利主要有以下方面：

(1) 抵押权人的保全权。抵押权人的保全权是指在抵押期间在抵押财产的价值受到侵害时，抵押权人得享有的保全其抵押权益的权利，抵押权人的保全权主要包括以下权利：停止侵害和排除妨害请求权；恢复原状请求权；提供相当担保请求权；损害赔偿请求权。②

(2) 抵押权人的处分权。抵押权人的处分权是指抵押权人处分其抵押权的权利。抵押权是一种民事财产性权利，权利人有处分权，具体包括抵押权的抛弃、抵押权的转让、将抵押权作为其他债权的担保。

(3) 抵押权人的顺位处分权。同一财产之上设有数个抵押权时，各抵押权人按照法定的顺序受偿，此即抵押权人的顺位权。抵押权人享有对抵押权顺位的处分权，具体包括抵押权顺位的转让、抛弃和变更的权利。

(4) 优先受偿权。优先受偿权是指在债务人不履行债务或者发生当事人约定的实现抵押权的情形时，抵押权人就抵押财产折价或者拍卖、变卖抵押财产优先受偿的权利。

(三) 抵押权的实现

1. 抵押权实现的条件。抵押权的实现，又称抵押权的实行，是指抵押权人在法定或者约定的条件下处分抵押财产，从中优先受偿其债权的行为。抵押权实现的条件有以下几个方面：(1) 抵押权有效存在并且不受限制；(2) 债务人不履行到期债务或者发生当事人约定的实现抵押权的情形；(3) 债务人没有履行债务，抵押权人没有过失。

2. 抵押权实现的方式。抵押权实现方式主要有抵押财产折价、拍卖或者变卖抵押财产：

① 叶金强．担保法原理．北京：科学出版社，2002：127.

② 郭明瑞．担保法．北京：法律出版社，2010：118－122.

(1) 抵押财产折价。抵押财产折价是指抵押权人和抵押人协商由抵押权人以一定的价格取得抵押财产的所有权，从而以抵押财产抵偿受担保的债权。(2) 拍卖抵押财产。拍卖抵押财产是指按照法定的拍卖程序拍卖抵押财产，以拍卖所得价款清偿受担保的债权。(3) 变卖抵押财产。变卖抵押财产是指以拍卖以外的方式有偿转让抵押财产，以出卖所得价款清偿受担保的债权。

3. 抵押权实现的程序。抵押权的实现有两种立法主义：一为自救主义，主要通过抵押权人与抵押人协商决定抵押权的实现，国家在通常情况下不予强制性干预；二为司法保护主义，要求抵押权的实现采取公法上的方法，抵押权人实现抵押权之前通常需要获得法院或者其他国家机关签发的裁判或决定，而不能私自实现抵押权。[①] 我国《物权法》第 195 条第 1 款规定："债务人不履行到期债务或者发生当事人约定的实现抵押权的情形，抵押权人可以与抵押人协议以抵押财产折价或者以拍卖、变卖该抵押财产所得的价款优先受偿。协议损害其他债权人利益的，其他债权人可以在知道或者应当知道撤销事由之日起一年内请求人民法院撤销该协议。"第 2 款规定："抵押权人与抵押人未就抵押权实现方式达成协议的，抵押权人可以请求人民法院拍卖、变卖抵押财产。"可见，我国《物权法》允许抵押权人和抵押人协商实现抵押权，在协商不成时请求法院裁判拍卖、变卖抵押财产。

第四节　质　押

一、质押概述

（一）质押、质权的概念

1. 质押的概念。质押是指债务人或者第三人将其财产交付给债权人占有或者在自己的可转让的财产权利上设质，在债务人不履行债务或者当事人约定的情形出现时，债权人可以该财产或者该财产权利优先受偿的行为。在质押法律关系中，提供财产或者财产权利的是出质人，或者称为质押人，主债权人是质权人。

2. 质权的概念。质权是指债务人或者第三人将其财产交付给债权人占有或者在自己的可转让的财产权利上设质，在债务人不履行债务或者当事人约定的情形出现时，债权人可以该财产或者该财产权利优先受偿的权利。质权是担保物权的一种，具有担保物权的一般特性，包括从属性、不可分性、物上代位性、优先受偿性等。

（二）质押的种类

1. 根据质权标的的类别，质押可以分为动产质押、不动产质押和权利质押。动产质押是以动产为标的物的质押。不动产质押是以不动产为标的物的质押，绝大多数国家已经不承认不动产质押，我国也不承认不动产质押，以不动产提供担保只能设定抵押。权利质押是以物的所有权、用益物权以外的可转让的财产权利为标的的质押。

2. 根据质权所适用的法律的属性，质押可以分为民事质押和营业质押。民事质押是适用民法的质押。营业质押是适用当铺业管理规则的当铺业质押。营业质押的质权人只能是经行政机关批准从事营业质押业务的法人，营业质押不适用流质禁止的规定，在出质人不履行到期债务时，质物的所有权即移转于质权人。

3. 根据质权的内容，质押分为占有质押、收益质押、归属质押。占有质押是质权人对于

① 许明月．抵押权制度研究．北京：法律出版社，1998：328－329.

质物仅能占有，原则上不能使用、收益的质押。收益质押是质权人对于质物不仅能够占有，而且能够使用、收益的质押。归属质押是质权人可以取得质物的所有权以抵偿债权的质押。近现代民法规定的质押基本上为占有质押，而归属质押则被禁止。

二、信贷质押

下文就信贷质押具体适用中的法律问题进行阐述。

（一）动产质押

1. 动产质权的设立

（1）订立动产质押合同。动产质押基于法律行为而设立，设立动产质押的法律行为就是动产质押合同。我国《物权法》第 210 条第 1 款规定："设立质权，当事人应当采取书面形式订立质权合同。"

（2）质物的交付。动产质押须由债权人占有质物，动产质权以出质人交付质物给债权人占有为生效要件。交付有多种方式，如现实交付、简易交付等，但是，出质人不得以占有改定的方式代替交付。我国《物权法》第 212 条规定："质权自出质人交付质押财产时设立。"

2. 动产质押当事人的权利和义务

（1）动产质权人的权利和义务。动产质权人的权利主要有占有质物的权利、收取质物孳息的权利、质物保管费用给付请求权、优先受偿权、预先拍卖质物权、转质权、质权处分权、物权处分权、物权请求权等，动产质权人的义务主要有质物保管义务、及时行使质权的义务、返还质物的义务等。①

（2）动产出质人的权利和义务。动产出质人的权利主要有质物孳息收取权、质物处分权、请求提存质物的权利、求偿权和代位权等，动产出质人的义务主要有质物隐蔽瑕疵告知义务等。②

（二）权利质押

1. 权利质押的种类。权利质押的种类主要有一般债权质押、证券债权质押、股权质押、基金份额质押、知识产权的财产权质押等。

2. 权利质权的设立。权利质权基于法律行为而设立，当事人双方应当订立权利质押合同、进行证券背书，证券债权质押应当交付证券，基金份额质押、股权质押、知识产权的财产权质押应当进行登记，权利质权才能有效成立。根据我国《物权法》，应收账款质权也以登记为生效要件。

第五节　银行的对外担保

1996 年 9 月 25 日，中国人民银行公布了《境内机构对外担保管理办法》，该办法规定了保函、备用信用证等对外担保形式。下文将对银行保函、备用信用证作基本介绍。

一、银行保函

（一）银行保函的概念、种类

1. 银行保函的概念。保函是指保证人与债权人之间的保证合同的书面表现形式，银行保

① 叶金强．担保法原理．北京：科学出版社，2002：195－200.

② 叶金强．担保法原理．北京：科学出版社，2002：192－195.

函，又称“银行保证书”“银行信用保证书”，是指以银行为保证人的保证文书，银行保证的被保证人未向受益人尽到某项义务时，则由银行承担保函中所规定的付款责任。

2. 银行保函的种类。自20世纪60年代以来，随着国际商事交往的频繁开展，跨国商业交易的信用危机越来越凸显，传统的保证制度由于其从属性的本质很不利于债权人债权的实现，因而在克服跨国信用危机方面显得无能为力。鉴于此，在国际商事交易实践中逐渐创立了一种完全不同于传统从属保证制度的独立保证制度，并取代传统从属保证制度在国际商事交易担保中占据了主导地位。[①] 银行保函可以分为从属保函和独立保函。

（1）从属保函。从属保函是指从属于主合同的保函。从属保函在成立、范围、转移、消灭等方面都从属于主合同。

（2）独立保函。独立保函是为了担保债务的履行，保证人应基础交易债务人的委托，向基础交易债权人作出的只要该债权人提出索款要求并提交符合规定的单据，保证人不得援引源于基础交易的任何抗辩就向其支付约定金额或约定金额以内的款项的承诺。[②]

（二）银行独立保函的独立性原则内涵

根据有关国际惯例及有关判例，独立性原则的含义可以概括为以下几个方面[③]：

第一，就保证人与受益人之间的关系来说，独立性原则包括两方面的含义：其一，该关系不受保证人与申请人之间的委托关系的影响。其二，保证人的付款义务和受益人要求付款的权利都由保函中规定的条件和条款决定，而不是由保函提及的基础交易关系来决定。

第二，就申请人与保证人之间的关系而言，独立性意味着付款义务和赔偿权利不受来源于基础合同的权利和义务或来自基础合同的有关赔偿的抗辩的影响。因此，保证人不能牵涉进可能发生在基础交易关系当事方的争端中。

第三，就基础交易当事人之间的关系而言，独立性常被发现在他们的协议“先付款，后争论”的表述中，即基础交易当事人经常在协议中规定，一旦保证协议中的条款得到满足，他们通过补偿方式获得付款的协议必须实施。

独立性原则也存在例外情形，从已经作出的法院判例来看，独立性原则的例外主要有三种情形：（1）违反国际义务；（2）欺诈；（3）当事人通过合同明确排除独立性原则。

二、备用信用证

（一）备用信用证的概念

备用信用证作为银行独立保函的替代形式，于20世纪70年代在美国正式获得法律认可之后，在许多国家都得到广泛运用。备用信用证在实践中的广泛运用引起了法律界对其定义和性质的讨论，但是各国很少在立法中对备用信用证下定义，只有1977年美国联邦储备银行管理委员会对备用信用证下了一个定义，即：“备用信用证，不论其名称和描述如何，是一种信用证或类似安排，构成开证行对受益人的下列担保义务：（a）偿还债务人的借款或预支给债务人的款项；（b）支付由债务人所承担的负债；（c）对债务人不履行契约而付款。”[④] 我国有学者将备用信用证定义为：应第三方（申请人）的请求，由担保人或开证人开给另一方（受益人）的，规定在申请人不切实履行有关合同的情况下，开证行或担保人有代为支付有关合同金额的

① 周辉斌．银行保函与备用信用证法律实务．北京：中信出版社，2003：前言．

② 周辉斌．银行保函与备用信用证法律实务．北京：中信出版社，2003：35．

③ 周辉斌．银行保函与备用信用证法律实务．北京：中信出版社，2003：123－130．

④ 转引自李双元，周辉斌．备用信用证法律特征之考察．法律科学，2001（3）．

义务的信用证。[1]

（二）备用信用证与银行独立保函的区别[2]

备用信用证具有不可撤销性、独立性等特点，与银行独立保函有着共性，但是二者还是有一定的区别，具体表现在以下方面：

1. 兑付方式不同。备用信用证可以在即期付款、延期付款、承兑、议付四种方式中规定一种作为兑付方式，而银行独立保函的兑付方式只能是付款。

2. 开立方式和生效的条件不同。于备用信用证的开立，开证行通过受益人当地的代理行（即通知行）转告受益人，通知行需审核信用证表面真实性，如不能确定其真实性，有责任不延误地告知开证行受益人。银行独立保函的开立可以采取直接保证和间接保证两种方式。按照英美法的传统理论，提供银行独立保函必须要有对价才能生效，但开立备用信用证则不需要对价即可生效。

3. 融资作用不同。备用信用证适用于各种用途的融资：申请人以其为担保取得信贷；受益人在备用信用证名下的汇票可以议付；以备用信用证作为抵押取得打包贷款；另外，银行可以没有申请人而自行开立备用信用证，供受益人在需要时取得所需款项。而银行独立保函除了借款保函的目的是以银行信用帮助申请人取得借款外，不具有融资功能，而且不能在没有申请人（委托人或指示方）的情况下由银行自行开立。

4. 单据要求不同。备用信用证一般要求受益人在索赔时提交即期汇票和证明申请人违约的书面文件。银行独立保函则不要求受益人提交汇票，但对于表明申请人违约的证明单据的要求比备用信用证下要严格一些。

5. 付款依据不同。银行独立保函与履约相联系，其付款依据是有关合同或某项承诺是否被履行，因此，保函赔付的审查较为复杂，往往易使担保人被牵扯到申请人与受益人的基础交易纠纷中去。而备用信用证与单据相联系，只要受益人能够提供符合信用证规定的文件或单据，开证行即验单付款，而不理会基础交易是否履行。正因为如此，银行独立保函担保人的风险较大且不易控制，而备用信用证开证人的风险较小且易于控制。

6. 遵循的规则不同。目前，可适用于备用信用证的国际规则主要有三个：一是《国际备用信用证惯例》；二是《跟单商业信用证统一惯例》；三是《联合国独立保证和备用信用证公约》。银行独立保函可适用的国际规则主要有：国际商会制定的《见索即付保函统一规则》，以及联合国国际贸易法委员会制定的《联合国独立保证和备用信用证公约》。但前者尚未被世界各国广泛承认和采纳，后者也只对参加公约的国家生效。

法律应用

1. 主合同有效而担保合同无效，债权人无过错的，担保人与债务人对主合同债权人的经济损失，承担连带赔偿责任；债权人、担保人有过错的，担保人承担民事责任的部分，不应超过债务人不能清偿部分的1/2。主合同无效而导致担保合同无效，担保人无过错的，担保人不承担民事责任；担保人有过错的，担保人承担民事责任的部分，不应超过债务人不能清偿部分的1/3。

2. 一般保证的债权人在保证期间届满前对债务人提起诉讼或者申请仲裁的，从判决或者

[1] 周辉斌．银行保函与备用信用证法律实务．北京：中信出版社，2003：72.

[2] 李双元，周辉斌．备用信用证法律特征之考察．法律科学，2001（3）.

仲裁裁决生效之日起，开始计算保证合同的诉讼时效。连带责任保证的债权人在保证期间届满前要求保证人承担保证责任的，从债权人要求保证人承担保证责任之日起，开始计算保证合同的诉讼时效。

3. 同一财产向两个以上债权人抵押的，拍卖、变卖抵押财产所得的价款依照下列规定清偿：(1) 抵押权已登记的，按照登记的先后顺序清偿；顺序相同的，按照债权比例清偿。(2) 抵押权已登记的先于未登记的受偿。(3) 抵押权未登记的，按照债权比例清偿。

思考题

1. 金融担保的意义有哪些?
2. 保证方式有哪两种?
3. 抵押权如何设立?
4. 抵押权的效力有哪些?
5. 权利质押的种类有哪些?
6. 银行独立保函和备用信用证有哪些区别?

历年司法考试题

1. 黄河公司以其房屋作抵押，先后向甲银行借款100万元、向乙银行借款300万元、向丙银行借款500万元，并依次办理了抵押登记。后丙银行与甲银行商定交换各自抵押权的顺位，并办理了变更登记，但乙银行并不知情。因黄河公司无力偿还三家银行的到期债务，银行拍卖其房屋，仅得价款600万元。关于三家银行对该价款的分配，下列哪一选项是正确的?（　　）(2008年)

A. 甲银行100万元、乙银行300万元、丙银行200万元

B. 甲银行得不到清偿、乙银行100万元、丙银行500万元

C. 甲银行得不到清偿、乙银行300万元、丙银行300万元

D. 甲银行100万元、乙银行200万元、丙银行300万元

答案及解析：C项。《物权法》第194条规定：抵押权人可以放弃抵押权或者抵押权的顺位。抵押权人与抵押人可以协议变更抵押权顺位以及被担保的债权数额等内容，但抵押权的变更，未经其他抵押权人书面同意，不得对其他抵押权人产生不利影响。本题中，甲银行和丙银行协议变更抵押权的顺位，未经抵押权人乙银行的书面同意，不得对其产生不利影响。因此，虽然排在第一位的抵押权人丙银行有500万元的债权，但是其中只有100万元可以先于乙银行受偿，否则就对乙银行造成了不利影响，这是法律所不允许的。至于丙银行的其余200万元债权，只有乙银行受偿300万元之后，才可以受偿，所以最终受偿顺序如下：丙银行的100万元债权——乙银行的300万元债权——丙银行的200万元债权——甲银行的100万元债权。因为黄河公司的房产只有600万元，所以最终实际上甲银行的100万元债权无法得到清偿。

2. 个体工商户甲将其现有的以及将有的生产设备、原材料、半成品、产品一并抵押给乙银行，但未办理抵押登记。抵押期间，甲未经乙同意以合理价格将一台生产设备出卖给丙。后甲不能向乙履行到期债务。对此，下列哪一选项是正确的?（　　）(2008年)

A. 该抵押权因抵押物不特定而不能成立

B. 该抵押权因未办理抵押登记而不能成立

C. 该抵押权虽已成立但不能对抗善意第三人

D. 乙有权对丙从甲处购买的生产设备行使抵押权

答案及解析：C项。《物权法》第189条第1款规定：企业、个体工商户、农业生产经营者以本法第181条规定的动产抵押的，应当向抵押人住所地的工商行政管理部门办理登记。抵押权自抵押合同生效时设立；未经登记，不得对抗善意第三人。由此，本题中C项正确，A、B项的说法错误。第189条第2款规定，依照本法第181条规定抵押的，不得对抗正常经营活动中已支付合理价款并取得抵押财产的买受人。由于丙是以合理价格取得抵押财产的买受人，乙无权对现在已经归丙所有的生产设备行使抵押权，所以D项错误。

3. 甲公司向乙银行贷款100万元，由A公司和B公司作为共同保证人，并以甲公司的厂房作抵押担保。其后，甲公司因严重资不抵债而向法院申请破产。法院裁定受理破产申请，并指定了破产管理人。下列哪些选项是正确的？（　　）（2008年）

A. 管理人可以优先清偿乙银行的债务

B. 如A公司已代甲公司偿还了乙银行贷款，则其可向管理人申报100万元债权

C. 如乙银行不申报债权，则A公司或B公司均可向管理人申报100万元债权

D. 如乙银行已申报债权并获40万元分配，则剩余60万债权因破产程序终结而消灭

答案及解析：B、C项。《企业破产法》第16条规定，人民法院受理破产申请后，债务人对个别债权人的债务清偿无效，因此，A项错误。第51条规定，债务人的保证人或者其他连带债务人已经代替债务人清偿债务的，以其对债务人的求偿权申报债权。债务人的保证人或者其他连带债务人尚未代替债务人清偿债务的，以其对债务人的将来求偿权申报债权。但是，债权人已经向管理人申报全部债权的除外，由此，B项和C项正确。第110条规定，享有本法第109条规定权利的债权人行使优先受偿权利未能完全受偿的，其未受偿的债权作为普通债权；放弃优先受偿权利的，其债权作为普通债权，由此，D项是错误的。

4. 根据《物权法》的规定，下列哪一类权利不能设定权利质权？（　　）（2009年）

A. 专利权　　B. 应收账款债权

C. 可以转让的股权　　D. 房屋所有权

答案及解析：D项。本题考核权利质权。《物权法》第223条规定，债务人或者第三人有权处分的下列权利可以出质：汇票、支票、本票；债券、存款单；仓单、提单；可以转让的基金份额、股权；可以转让的注册商标专用权、专利权、著作权等知识产权中的财产权；应收账款；法律、行政法规规定可以出质的其他财产权利。根据上述规定可知，本题的正确答案是D。

5. 甲公司开发写字楼一幢，于2008年5月5日将其中一层卖给乙公司，约定半年后交房，乙公司于2008年5月6日申请办理了预告登记。2008年6月2日甲公司因资金周转困难，在乙公司不知情的情况下，以该层楼向银行抵押借款并登记。现因甲公司不能清偿欠款，银行要求实现抵押权。下列哪一判断是正确的？（　　）（2009年）

A. 抵押合同有效，抵押权设立　　B. 抵押合同无效，但抵押权设立

C. 抵押合同有效，但抵押权不设立　　D. 抵押合同无效，抵押权不设立

答案及解析：C项。依据《物权法》第172条规定，设立担保物权，应当依照本法和其他法律的规定订立担保合同。担保合同是主债权债务合同的从合同。主债权债务合同无效，担保合同无效，但法律另有规定的除外。即一般而言，抵押合同自签订之日起生效，所以，本题中甲与银行之间的抵押合同已经生效。依据《物权法》第187条规定，不动产抵押权自登记时设立。本题中，甲与银行之间设立的抵押是不动产抵押，抵押权自办理抵押登记之日起设立。

6. 甲公司向某银行贷款 100 万元，乙公司以其所有的一栋房屋作抵押担保，并完成了抵押登记。现乙公司拟将房屋出售给丙公司，通知了银行并向丙公司告知了该房屋已经抵押的事实。乙、丙订立书面买卖合同后到房屋管理部门办理过户手续。下列哪些说法是正确的？（　　）(2009 年)

A. 不论银行是否同意转让，房屋管理部门应当准予过户，但银行仍然对该房屋享有抵押权

B. 如丙公司代为清偿了甲公司的银行债务，则不论银行是否同意转让，房屋管理部门均应当准予过户

C. 如丙公司向银行承诺代为清偿甲公司的银行债务，则不论银行是否同意转让，房屋管理部门均应当准予过户

D. 如甲公司清偿了银行债务，则不论银行是否同意，房屋管理部门均应当准予过户

答案及解析：B、D 项。本题考核对设定抵押的财产进行转让的相关规定。《物权法》第 191 条规定，抵押期间，抵押人经抵押权人同意转让抵押财产的，应当将转让所得的价款向抵押权人提前清偿债务或者提存。转让的价款超过债权数额的部分归抵押人所有，不足部分由债务人清偿。抵押期间，抵押人未经抵押权人同意，不得转让抵押财产，但受让人代为清偿债务消灭抵押权的除外。根据上述规定可知，如果抵押期间抵押人经过了抵押权人即银行的同意而转让房屋的，该转让行为有效，房屋办理了过户登记手续后，抵押权人对房屋则不再享有抵押权。A 项错误。根据《物权法》第 191 条第 2 款规定，如果受让人丙公司代为清偿了甲公司对银行的债务，那么该转让行为有效，房屋管理部门应当准予过户。B 项正确。根据《物权法》第 191 条第 2 款的规定，必须是受让人丙公司代为清偿了甲公司对银行的债务，该转让行为才有效，仅提出代为清偿承诺的则不可以。C 项错误。抵押的设定目的就是担保债权的实现，如果本案中甲公司已经清偿了银行的债务，那么甲公司与银行之间的债权债务关系就消灭了，因此而设定的担保也随之消灭，即此种情况下银行不再对房屋享有抵押权，那么乙公司可以对房屋进行自由买卖，不再受银行的限制。D 项正确。

7. 某房屋登记簿上所有权人为甲，但乙认为该房屋应当归己所有，遂申请仲裁。仲裁裁决争议房屋归乙所有，但裁决书生效后甲、乙未办理变更登记手续。一月后，乙将该房屋抵押给丙银行，签订了书面合同，但未办理抵押登记。对此，下列哪些说法是正确的？（　　）(2010 年)

A. 房屋应归甲所有　　　　B. 房屋应归乙所有

C. 抵押合同有效　　　　D. 抵押权未成立

答案及解析：B、C、D 项。《物权法》第 28 条规定，因人民法院、仲裁委员会的法律文书或者人民政府的征收决定等，导致物权设立、变更、转让或者消灭的，自法律文书或者人民政府的征收决定等生效时发生效力。因此，仲裁裁决争议房屋归乙所有且裁决书生效后，房屋的所有权即属于乙。所以 A 错误。《合同法》第 44 条规定，依法成立的合同，自成立时生效。《物权法》第 15 条：当事人之间设立有关设立、变更、转让和消灭不动产物权的合同，除法律另有规定或者合同另有约定外，自合同成立时生效；未办理物权登记的，不影响合同效力。本题中，所有权人乙将该房屋抵押给丙银行，签订了书面合同，虽未登记，但是不妨碍抵押合同自签订之日起生效。《物权法》第 31 条规定，依照本法第 28 条至第 30 条规定享有不动产物权的，处分该物权时，依照法律规定需要办理登记的，未经登记，不发生物权效力。乙将房屋抵押必须办理变更登记，否则不能发生相应的物权效力，故抵押权没有成立。

8. 甲国公司承担乙国某工程，与其签订工程建设合同。丙银行为该工程出具见索即付的保

函。后乙国发生内战，工程无法如期完工。对此，下列哪些选项是正确的？（　　）（2011年）

A. 丙银行对该合同因战乱而违约的事实进行实质审查后，方履行保函义务

B. 因该合同违约原因是乙国内战，丙银行可以此为由不履行保函义务

C. 丙银行出具的见索即付保函独立于该合同，只要违约事实出现即须履行保函义务

D. 保函被担保人无须对甲国公司采取各种救济方法，便可直接要求丙银行履行保函义务

答案及解析：C、D项。本题考核国际融资的信用担保。见索即付保函又称为见索即付担保，或独立保函，是指一旦主债务人违约，贷款人无须先向主债务人追索，即可无条件要求保证人承担第一偿付责任的保证。选项A错误。见索即付保函具有无条件性，保证人仅凭受益人提出的要求即应付款，而不问付款是否有合理依据。选项B错误、选项C正确。见索即付保函具有独立性，即担保人所承担的义务独立于基础合同，担保人不能以基础合同的履行、修改或无效等对抗受益人。只要违约事实出现，担保人就须履行保函义务。选项D正确。这里的保函被担保人可直接依据保函要求保证人履行保函义务，而不需要对债务人采取救济措施。

9. 根据《最高人民法院关于审理信用证纠纷案件若干问题的规定》，中国法院认定存在信用证欺诈的，应当裁定中止支付或者判决终止支付信用证项下款项，但存在除外情形。关于除外情形，下列哪些表述是正确的？（　　）（2012年）

A. 开证行的指定人、授权人已按照开证行的指令善意地进行了付款

B. 开证行或者其指定人、授权人已对信用证项下票据善意地作出了承兑

C. 保兑行善意地履行了付款义务

D. 议付行善意地进行了议付

答案及解析：A、B、C、D项。依据《最高人民法院关于审理信用证纠纷案件若干问题的规定》第10条规定，人民法院认定存在信用证欺诈的，应当裁定中止支付或者判决终止支付信用证项下款项，但有下列情形之一的除外：（1）开证行的指定人、授权人已按照开证行的指令善意地进行了付款；（2）开证行或者其指定人、授权人已对信用证项下票据善意地作出了承兑；（3）保兑行善意地履行了付款义务；（4）议付行善意地进行了议付。

10. 甲公司向乙银行借款100万元，丙、丁以各自房产分别向乙银行设定抵押，戊、己分别向乙银行出具承担全部责任的担保函，承担保证责任。下列哪些表述是正确的？（　　）（2012年）

A. 乙银行可以就丙或者丁的房产行使抵押权

B. 丙承担担保责任后，可向甲公司追偿，也可要求丁清偿其应承担的份额

C. 乙银行可以要求戊或者己承担全部保证责任

D. 戊承担保证责任后，可向甲公司追偿，也可要求己清偿其应承担的份额

答案及解析：A、B、C项。本题考点是连带共同抵押、连带共同保证。选项A正确。《担保法解释》第75条第2款规定，同一债权有两个以上抵押人的，当事人对其提供的抵押财产所担保的债权份额或者顺序没有约定或者约定不明的，抵押权人可以就其中任一或者各个财产行使抵押权。本案中，丙、丁对其提供的抵押财产所担保的债权份额和顺序没有约定，构成连带共同抵押。因此，乙银行行使抵押权时无份额和先后顺序的限制。选项B正确。《担保法解释》第75条第3款规定，抵押人承担担保责任后，可以向债务人追偿，也可以要求其他抵押人清偿其应当承担的份额。据此可知，丙承担担保责任后，可向甲公司追偿，也可要求丁清偿其应承担的份额。选项C正确。《担保法解释》第19条第1款规定，两个以上保证人对同一债务同时或者分别提供保证时，各保证人与债权人没有约定保证份额的，应当认定为连带共同保证。本案中，保证人戊、己与债权人没有约定保证份额，应当认定为连带共同保证。《担保法

解释》第 20 条第 1 款规定，连带共同保证的债务人在主合同规定的债务履行期届满没有履行债务的，债权人可以要求债务人履行债务，也可以要求任何一个保证人承担全部保证责任。据此可知，乙银行可以要求戊或者己承担全部保证责任。选项 D 错误。《担保法解释》第 20 条第 2 款规定，连带共同保证的保证人承担保证责任后，向债务人不能追偿的部分，由各连带保证人按其内部约定的比例分担。没有约定的，平均分担。据此可知，戊承担保证责任后应先向债务人进行追偿，向债务人不能追偿的部分，再向连带共同保证人己追偿。

11. 甲以自有房屋向乙银行抵押借款，办理了抵押登记。丙因甲欠钱不还，强行进入该房屋居住。借款到期后，甲无力偿还债务。该房屋由于丙的非法居住，难以拍卖，甲怠于行使对丙的返还请求权。乙银行可以行使下列哪些权利？（　　）（2012 年）

A. 请求甲行使对丙的返还请求权，防止抵押财产价值的减少

B. 请求甲将对丙的返还请求权转让给自己

C. 可以代位行使对丙的返还请求权

D. 可以依据抵押权直接对丙行使返还请求权

答案及解析：A、B 项。选项 A 正确。《物权法》第 193 条规定，抵押人的行为足以使抵押财产价值减少的，抵押权人有权要求抵押人停止其行为。抵押财产价值减少的，抵押权人有权要求恢复抵押财产的价值，或者提供与减少的价值相应的担保。抵押人不恢复抵押财产的价值也不提供担保的，抵押权人有权要求债务人提前清偿债务。本题中，甲怠于行使对丙的返还请求权，致抵押财产价值减少的，抵押权人乙银行可以行使保全请求权，请求甲停止其不作为的行为，对丙行使返还请求权。选项 B 正确。《物权法》第 195 条第 1 款规定，债务人不履行到期债务或者发生当事人约定的实现抵押权的情形，抵押权人可以与抵押人协议以抵押财产折价或者以拍卖、变卖该抵押财产所得的价款优先受偿。协议损害其他债权人利益的，其他债权人可以在知道或者应当知道撤销事由之日起 1 年内请求人民法院撤销该协议。据此可知，乙银行可以与甲签订合同，由乙银行取得抵押房屋的所有权，将房屋价值高于债权额的部分，返还给甲。乙银行取得房屋所有权后，就享有了对丙的返还请求权。达成这个协议后，除了办理房屋过户登记外，还需要交付房屋。而交付的方式可以采用指示交付的方式完成。因此乙银行可以请求甲将对丙的返还请求权转让给自己。选项 C 错误。《合同法》第 73 条第 1 款规定，因债务人怠于行使其到期债权，对债权人造成损害的，债权人可以向人民法院请求以自己的名义代位行使债务人的债权，但该债权专属于债务人自身的除外。据此可知，代位权行使的基础是债权请求权，而“返还原物请求权”是物权请求权，不能代位行使。另外，本题中，甲对丙不享有到期债权，相反丙对甲享有到期债权，因此，从此种角度讲，也不符合代位权的行使条件。选项 D 错误。根据《物权法》的规定，“返还原物请求权”行使的主体是物的所有权人及合法占有人。本题中，抵押权人乙银行既不是抵押房屋的所有权人，也不是抵押房屋的合法占有人，因此，其无权直接依据抵押权来对丙行使返还请求权。

12. 甲公司为乙公司向银行贷款 100 万元提供保证，乙公司将其基于与丙公司签订的供货合同而对丙公司享有的 100 万元债权出质给甲公司作反担保。下列哪一表述是正确的？（　　）（2013 年）

A. 如乙公司依约向银行清偿了贷款，甲公司的债权质权仍未消灭

B. 如甲公司、乙公司将出质债权转让给丁公司但未通知丙公司，则丁公司可向丙公司主张该债权

C. 甲公司在设立债权质权时可与乙公司约定，如乙公司届期不清偿银行贷款，则出质债权归甲公司所有

D. 如乙公司将债权出质的事实通知了丙公司，则丙公司可向甲公司主张其基于供货合同而对乙公司享有的抗辩

答案及解析：D项。本题考核反担保、债权转让。选项A错误。甲公司为乙公司提供保证担保，乙公司将自己对丙公司的债权出质给甲公司作为反担保，目的是担保甲公司对乙公司追偿权的实现。若乙公司依约向银行清偿了贷款，则甲公司就不会再承担保证责任，那么也就不存在对乙公司的追偿问题。因此，为担保该追偿权实现而设立的反担保也就随之消灭了。选项B错误。《合同法》第80条第1款规定，债权人转让权利的，应当通知债务人。未经通知，该转让对债务人不发生效力。据此可知，若甲公司、乙公司将出质债权转让给丁公司但未通知丙公司的话，丁公司不能向丙公司主张债权。选项C错误。《物权法》第211条规定，质权人在债务履行期届满前，不得与出质人约定债务人不履行到期债务时质押财产归债权人所有。据此可知，质押合同中的“流质”条款无效。选项D正确。在债权质权实现时，因债务人未清偿到期债务，质权人直接向第三债务人主张债权，但第三债务人能否以自己与债务人（出质人）之间的抗辩事由对抗质权人，法律并没有明确规定。主流观点认为，债权质押的情况下，债权关系的主体并没有发生变化，第三债务人对出质人的抗辩也可以向质权人主张。

13. 中国甲公司从某国乙公司进口一批货物，委托中国丙银行出具一份不可撤销信用证。乙公司发货后持单据向丙银行指定的丁银行请求付款，银行审单时发现单据上记载内容和信用证不完全一致。乙公司称甲公司接受此不符点，丙银行经与甲公司沟通，证实了该说法，即指示丁银行付款。后甲公司得知乙公司所发货物无价值，遂向有管辖权的中国法院申请中止支付信用证项下的款项。下列说法正确的是：（　　）（2013年）

A. 甲公司已接受不符点，丙银行必须承担付款责任

B. 乙公司行为构成信用证欺诈

C. 即使丁银行已付款，法院仍应裁定丙银行中止支付

D. 丙银行发现单证存在不符点，有义务联系甲公司征询是否接受不符点

答案及解析：B项。本题考核信用证欺诈。《最高人民法院关于审理信用证纠纷案件的若干规定》第7条第2、3款规定，开证行发现信用证项下存在不符点后，可以自行决定是否联系开证申请人接受不符点。开证申请人决定是否接受不符点，并不影响开证行最终决定是否接受不符点。开证行和开证申请人另有约定的除外。开证行向受益人明确表示接受不符点的，应当承担付款责任。据此可知，不符点的接受之最终决定权在于开证行丙银行，而不在于甲公司。另外，丙银行发现信用证项下存在不符点后，可以自行决定是否联系开证申请人接受不符点。此属于开证行的权利，而非义务。故A、D选项错误。《最高人民法院关于审理信用证纠纷案件的若干规定》第8条第2项规定，受益人恶意不交付货物或者交付的货物无价值的，应当认定存在信用证欺诈。本案中，乙公司所发货物无价值，构成信用证欺诈。故B选项正确。《最高人民法院关于审理信用证纠纷案件的若干规定》第10条第1项规定，开证行的指定人、授权人已按照开证行的指令善意地进行了付款的，法院不能再裁定中止支付。故C选项错误。

14. 甲公司通知乙公司将其对乙公司的10万元债权出质给了丙银行，担保其9万元贷款。出质前，乙公司对甲公司享有2万元到期债权。如乙公司提出抗辩，关于丙银行可向乙公司行使质权的最大数额，下列哪一选项是正确的？（　　）（2014年）

A. 10万元　　B. 9万元　　C. 8万元　　D. 7万元

答案及解析：C项。《合同法》第99条第1款规定，当事人互负到期债务，该债务的标的物种类、品质相同的，任何一方可以将自己的债务与对方的债务抵销，但依照法律规定或者按照合同性质不得抵销的除外。本案中，甲对于乙享有10万元的债权，同时乙对甲也享有2万

元的债权并且已经到期，而且两者都是普通的金钱债务，因此，乙可以向甲主张抵销。甲将债权出质于丙，应当参照适用债权让与的规定。《合同法》第85条规定，债务人转移义务的，新债务人可以主张原债务人对债权人的抗辩。《合同法》第83条规定，债务人接到债权转让通知时，债务人对让与人享有债权，并且债务人的债权先于转让的债权到期或者同时到期的，债务人可以向受让人主张抵销。因此，乙可以向质权人丙主张2万元的抵销权，如果乙主张，则丙主张的质权最大数额就是8万元。

15. 张某从甲银行分支机构乙支行借款20万元，李某提供保证担保。李某和甲银行又特别约定，如保证人不履行保证责任，债权人有权直接从保证人在甲银行及其支行处开立的任何账户内扣收。届期，张某、李某均未还款，甲银行直接从李某在甲银行下属的丙支行账户内扣划了18万元存款用于偿还张某的借款。下列哪一表述是正确的？（　　）（2014年）

A. 李某与甲银行关于直接在账户内扣划款项的约定无效

B. 李某无须承担保证责任

C. 乙支行收回20万元全部借款本金和利息之前，李某不得向张某追偿

D. 乙支行应以自己的名义向张某行使追索权

答案及解析：D项。选项A错误。根据民法理论，民事主体双方享有意思自由，在不违反法律规定的前提下，意思表示真实有效，达成合意的，应当认为合法有效。选项B错误。《担保法》第30条规定，有下列情形之一的，保证人不承担民事责任：(1) 主合同当事人双方串通，骗取保证人提供保证的；(2) 主合同债权人采取欺诈、胁迫等手段，使保证人在违背真实意思的情况下提供保证的。该法第26条第2款规定，在合同约定的保证期间和法定的保证期间内，债权人未要求保证人承担保证责任的，保证人免除保证责任。本题中，李某不存在免责事由，应当承担保证责任。选项C错误。《担保法》第31条规定，保证人承担保证责任后，有权向债务人追偿。据此可知，只要保证人李某向乙支行承担了保证责任，就有权向债务人张某追偿，而不必非要等到乙支行收回20万元的全部借款本息之后才能行使追偿权。选项D正确。根据《民事诉讼法》第48条和《民诉意见》第40条第6项的规定，中国人民银行、各专业银行设在各地的分支机构，可以作为民事诉讼的当事人。据此可知，乙支行应以自己的名义向张某行使追索权。

16. 甲向某银行贷款，甲、乙和银行三方签订抵押协议，由乙提供房产抵押担保。乙把房本交给银行，因登记部门原因导致银行无法办理抵押物登记。乙向登记部门申请挂失房本后换得新房本，将房屋卖给知情的丙并办理了过户手续。甲届期未还款，关于贷款、房屋抵押和买卖，下列哪些说法是正确的？（　　）（2015年）

A. 乙应向银行承担违约责任

B. 丙应代为向银行还款

C. 如丙代为向银行还款，可向甲主张相应款项

D. 因登记部门原因未办理抵押登记，但银行占有房本，故取得抵押权

答案及解析：A、C项。选项A正确。《担保法解释》第56条第2款规定，法律规定登记生效的抵押合同签订后，抵押人违背诚实信用原则拒绝办理抵押登记致使债权人受到损失的，抵押人应当承担赔偿责任。本案中，抵押合同有效，乙未依约为银行办理抵押登记，构成违约，应向银行承担违约责任。选项B错误、选项C正确。丙不负有代甲向银行清偿债务的义务，但丙可自愿代为清偿。若丙代为向银行还款的，可向甲主张相应款项。选项D错误。《物权法》第187条规定，以本法第180条第1款第1项至第3项规定的财产或者第5项规定的正在建造的建筑物抵押的，应当办理抵押登记。抵押权自登记时设立。据此可知，以房屋设定抵

押的，应当办理抵押登记，抵押权自登记时设立。本案中，乙未为银行办理抵押登记，因此，银行并未取得抵押权。《担保法解释》第59条规定，当事人办理抵押物登记手续时，因登记部门的原因致使其无法办理抵押物登记，抵押人向债权人交付权利凭证的，可以认定债权人对该财产有优先受偿权。但是，未办理抵押物登记的，不得对抗第三人。本案中，银行虽未取得抵押权，但乙将房本交给了银行，其对该房屋享有优先受偿权，但该优先受偿权不得对抗第三人。

17. 甲以某商铺作抵押向乙银行借款，抵押权已登记，借款到期后甲未偿还。甲提前得知乙银行将起诉自己，在乙银行起诉前将该商铺出租给不知情的丙，预收了1年租金。半年后经乙银行请求，该商铺被法院委托拍卖，由丁竞买取得。下列哪一选项是正确的？（　　）（2017年）

A. 甲与丙之间的租赁合同无效

B. 丁有权请求丙腾退商铺，丙有权要求丁退还剩余租金

C. 丁有权请求丙腾退商铺，丙无权要求丁退还剩余租金

D. 丙有权要求丁继续履行租赁合同

答案及解析：C项。《担保法解释》第66条规定，抵押人将已抵押的财产出租的，抵押权实现后，租赁合同对受让人不具有约束力。抵押人将已抵押的财产出租时，如果抵押人未书面告知承租人该财产已抵押的，抵押人对出租抵押物造成承租人的损失承担赔偿责任；如果抵押人已书面告知承租人该财产已抵押的，抵押权实现造成承租人的损失，由承租人自己承担。据此可知，抵押人有权出租其抵押物，只是已经登记的抵押权实现后，租赁合同对抵押物的受让人不具有约束力。因此，甲与丙之间的租赁合同有效，但是丁作为抵押物的受让人不受该租赁合同的约束，有权请求丙腾退商铺。丙作为不知情的承租人，有权请求甲赔偿自己的损失。

18. 甲服装公司与乙银行订立合同，约定甲公司向乙银行借款300万元，用于购买进口面料。同时，双方订立抵押合同，约定甲公司以其现有的以及将有的生产设备、原材料、产品为前述借款设立抵押。借款合同和抵押合同订立后，乙银行向甲公司发放了贷款，但未办理抵押登记。有关甲公司的抵押，下列说法正确的有？（　　）（2017年）

A. 该抵押合同为最高额抵押合同

B. 乙银行自抵押合同生效时取得抵押权

C. 乙银行自抵押登记完成时取得抵押权

D. 乙银行的抵押权不得对抗在正常经营活动中已支付合理价款并取得抵押财产的买受人

答案及解析：B、D项。本题中，甲服装公司与乙银行订立抵押合同，约定甲公司以其现有的以及将有的生产设备、原材料、产品为前述借款设立抵押。根据《物权法》第181条的规定，该抵押合同为动产浮动抵押，而非最高额抵押，故A项错误，不当选。根据该法第189条第1款的规定，动产浮动抵押权自合同生效时设立，不登记不得对抗善意第三人。故B项正确，当选；C项错误，不当选。根据该法第189条第2款的规定，乙银行不得对抗在正常经营活动中已支付合理价款并取得抵押财产的买受人。故D项正确，当选。

第十四章
信托法律制度

重点问题

1. 信托的概念与特征
2. 信托行为生效的要件
3. 委托人的权利与义务
4. 受托人的权利与义务
5. 公益信托的设立

第一节 信托概述

一、信托的概念与特征

（一）信托的概念

信托是一种财产转移和管理的制度设计，该制度始于古埃及、古罗马，绵延数千年。现代各国信托制度源于英国或由英国演化后的美国制度，再配合本国客观条件发展而成。[①] 根据我国2001年颁布的《信托法》的定义，信托是指委托人基于对受托人的信任，将其财产权委托给受托人，由受托人按委托人的意愿以自己的名义，为受益人的利益或者特定目的，进行管理或者处分的行为。

（二）信托的特征

信托作为一种财产管理制度，在现代经济活动中具有重要地位，其与银行业、证券业、保险业共同构成了现代金融业的框架。信托有以下法律特征：

1. 信托财产所有权的移转与分离。信托是由他人对信托财产进行管理、运用和处分的财产管理制度，委托人须将财产的所有权移转给受托人，使委托人的财产所有权转化为信托财产所有权，同时，信托财产所有权在受托人和受益人之间进行分离。

2. 信任是信托的前提。信托的本质是委托人将其财产所有权转移给受托人管理运用和处分，并由受益人享有信托财产的受益或将受益用于特定目的，所以，委托人与受托人之间具有充分的信任关系，这是信托的基本前提。

3. 信托财产的独立性。信托成立后，委托人须将财产所有权移转，使该财产成为独立运作的信托财产。委托人一旦将财产交付信托，就丧失对该财产的所有权，使信托财产完全独立

---

① 方嘉麟．信托法之理论与实务．北京：中国政法大学出版社，2004：53.

于委托人的其他财产，处于委托人和债权人的追及范围之外。

4. 信托民事责任的有限性。受托人按照信托文件或信托法律的规定，行使对信托财产的管理、运用和处分权，并承担民事责任。受托人因管理或处分信托财产而发生的与第三人之间的权利、义务仅归属于受托人，不直接归属于委托人或受益人。

5. 信托财产运用的受约束性。尽管受托人是信托财产的名义权利人，但在经济上和实质上，其行使管理或处分权时必须受信托目的的约束，信托财产在实际上仍然属于委托人和受益人。为保证实现委托人的意愿和受益人的利益，受托人必须依据信托目的管理或处分信托财产，不得利用信托财产为自己谋利。

二、信托的要素

信托的要素是指构成信托关系所必需的部分，构成信托关系的基本要素有信托当事人、信托目的、信托财产等方面。

（一）信托当事人

信托当事人是信托关系的主体，包括委托人、受托人和受益人。在我国，公民、法人和其他组织，只要具备信托法规定的主体资格，就可以成为信托当事人。受托人采取信托机构形式从事信托活动，其组织和管理还应当符合特别法律、法规的规定。

1. 委托人。委托人是指设立信托的人，即将自己的财产作为信托财产转移给委托人管理或处分的当事人。委托人包括具有完全民事行为能力的自然人、法人和其他组织。

2. 受托人。受托人是指与委托人订立书面信托合同而接受委托，或者被信托遗嘱指定而承诺接受指定，或者接受有关国家机关指定，以自己的名义，为受益人的利益或特定目的，而管理运用或处分信托财产的人。受托人应当具有完全民事行为能力，金融信托的受托人还要具备其他法定条件。

3. 受益人。受益人是指依据信托文件，在信托中享有信托利益的人。受益人可以是自然人、法人或者依法成立的其他组织。由于受益人是纯获利益的当事人，故其既可以是完全民事行为能力人，也可以是无民事行为能力人或限制民事行为能力人。在信托关系中，委托人可以是共同受益人，也可以是同一信托的唯一受益人；受托人也可以是受益人，但不得是同一信托的唯一受益人。

（二）信托目的

信托目的是指委托人希望通过信托达到的目的。委托人设立信托要出于“为受益人的利益或特定目的”，而受托人要遵循委托人确定的信托目的，对信托财产管理或处分。因此，对委托人而言，合法的信托目的是对设立信托所指明的基本目的；对受托人而言，其信托目的是对信托财产进行管理或处分。设立信托是委托人的自愿行为，但必须有合法的信托目的，缺少信托目的或信托目的违法，都不是有效的信托。信托目的是影响信托关系的产生、存续和消灭的基本要素，具有确定性、多样性和法律强制性等特征。

（三）信托财产

信托财产是指委托人移转给受托人的，作为信托法律关系标的的，由受托人以自己的名义，为受益人的利益和特定目的而管理运用或处分的财产。信托财产也被称为信托的对象物或信托客体，即原本由民法规范的财产权因信托的设立而发生质变，变成信托法调整的财产权。[①] 信托

---

① 中野正俊．信托法．张军建译．北京：中国方正出版社，2004：68.

财产是信托的必备要素之一，信托财产不仅是信托关系成立和存续的物质载体，也是信托关系各方当事人权利、义务的基础。根据《信托法》，受托人因承诺信托而取得的财产是信托财产；受托人因信托财产的管理运用、处分或者其他情形而取得的财产也归入信托财产；法律、行政法规禁止流通的财产，不得作为信托财产；法律、行政法规限制流通的财产，依法经有关主管部门批准后，可以作为信托财产。

三、信托的制度功能

现代信托不仅在金融业务上商品化，而且在功能上也逐渐多样化。有学者认为，将财产交由受托人管理、处分，相对于由委托人自行管理、处分财产，信托更具备财产价值、性质、数量等转换的优异功能。[①] 从信托的本质及现代发展趋势来看，信托的制度功能主要体现在以下几个方面。

1. 财产管理功能。依据信托的起源和定义，财产管理功能是信托的基本功能。委托人基于信托行为而将财产移转给受托人，受托人则运用自己的专业化理财能力，依据信托目的管理或处分信托财产。

2. 财产保全功能。传统的信托兼有对信托财产的保全和增值功能，现代信托则侧重于财产保全功能，其主要是为了特定人的抚养，而防止财产的丧失或减少，至于财产是否增值则不重要。[②]

3. 财产增值功能。在现代，民事信托具有财产保全的功能，但在商事信托领域，有些信托则不是以财产的安全性为首要目的，而是以追求利益为首要目的。这类信托在金融业较为普遍，例如，证券投资信托、信托投资公司业务等。

4. 物权担保功能。由于信托财产具有独立性特征，所以在大陆法系中，信托制度可以用来设立和执行物权担保。在德国，信托经常被用以作为动产物权的担保，其既可以代表动产财产的转移，也可以代表资金财产的转移。

5. 资金融通功能。信托的资金融通功能是通过依法设立的信托机构经营信托业务而实现的。信托机构作为经营信托业务的金融机构，在管理、运用信托财产时，可以依照信托文件的规定，采取出租、出售、贷款、投资、同业拆放等方式进行融资。

6. 实现公益功能。除了经济上的财产保全、增值和物权担保功能之外，现代信托还可以慈善、教育、科技、文化、艺术、体育、医疗卫生、环境保护，以及其他社会公益事业为目的而设立。这种信托不同于私益信托，而是被用来从事公益事业或者公益活动。

四、信托的分类

经过长期的实践，信托的范围几乎涵盖了民商事活动的诸多领域。在诸多信托业务中，依据不同的标准，可以分为不同的种类。

1. 任意信托与法定信托。依据信托成立的原因，可分为任意信托和法定信托。任意信托也称作意定信托，是指因当事人的意思表示而成立的信托；法定信托是指信托关系的成立不是基于委托人的意思表示，而是法律的明确规定。

2. 私益信托与公益信托。依据信托目的是否具有公益性，可分为私益信托与公益信托：

---

① 三菱日联信托银行．信托法务与实务．张军建译．北京：中国财政经济出版社，2010：7.

② 赖源河，王志诚．现代信托法论．北京：中国政法大学出版社，2002：33.

前者是指委托人为了自己或者其他特定受益人的利益设立的信托；后者是指委托人为了不特定社会公众的利益而设立的信托。

3. 自益信托与他益信托。依据信托利益是否归属于委托人本人，可以分为自益信托与他益信托：前者是指委托人为了自己的利益而设立信托，此时委托人和受益人是同一人；后者是指为了委托人之外的第三人的利益而设立信托，使信托上的利益归属于第三人。

4. 合同信托与遗嘱信托。依据信托设立行为的方式，可分为合同信托与遗嘱信托：前者是指信托依据委托人与受托人之间的意思表示合意而设立；后者是指委托人以订立遗嘱的方式设立，通过遗嘱的形式设立信托的，遗嘱的效力与信托的效力有关。

5. 营业信托与非营业信托。依据受托人是否承受信托为营业，可分为营业信托与非营业信托：前者也被称为商事信托，是指受托人以营利为目的的信托，其适用信托法及其他相关特别法的规定；后者又被称为民事信托，是指不以营利为目的的信托，其原则上适用信托法与民法的规定。

6. 个别信托与集团信托。依据受托人接受信托的方式，可分为个别信托与集团信托：前者是指受托人对各个委托人所信托的特定财产分别予以管理的信托；后者是指受托人受多个委托人的信托，集合多数委托人的资金并依特定目的而概括地加以管理、运用的信托。

7. 贸易信托与金融信托。依据信托涉及的行业，可分为贸易信托与金融信托：前者是指信托机构接受委托人的委托，对委托人所委托的商品、物资进行各种商业性质的管理、经营和处分的信托，其范围主要有商品交易信托和商品管理信托；后者是指信托机构通过签订信托合同接受委托人的委托，对委托人的财产进行各种金融业务性质的管理和运作，其主要包括资金信托、财产信托、融资租赁信托等。

此外，还可以按照信托财产的种类，分为动产信托、不动产信托、货币信托、企业年金信托、有价证券信托、证券投资信托、担保信托、私募股权投资信托、社会保障基金信托、家族信托等。

五、信托立法及其基本原则

（一）信托立法概况

新中国成立以来，我国的信托立法大致经历了从无到有、从分散立法到统一立法的发展过程。在《信托法》颁布之前，信托业务规则主要由中国人民银行发布的规定来规范。2001年通过了《信托法》，开创了我国信托法立法的新阶段。在金融信托业务发展实践的基础上，根据《信托法》，2002年中国人民银行发布了《信托投资公司管理办法》和《信托投资公司资金信托管理暂行办法》。2004年银监会发布了《信托投资公司信息披露管理暂行办法》，并且和证监会联合或者分别发布了规范信托业的一系列通知等规范性文件。2006年中国信托业协会公布了《信托产品登记公示与信托信息披露试行方案》。2007年银监会发布了《信托公司管理办法》《信托公司集合资金信托计划管理办法》；2017年《慈善信托管理办法》等。

（二）信托法的基本原则

信托法的基本原则是信托法本质特征的集中体现，《信托法》规定，信托当事人进行信托活动，必须遵守法律、行政法规，遵循自愿、公平和诚实信用原则，不得损害国家利益和社会公共利益。可以看出，我国信托法规定的主要原则有合法原则、自愿原则、公平原则、诚实信用原则和维护国家利益、社会公共利益原则，这些原则是在我国境内从事信托活动的各方当事人都必须遵循的行为准则，也是信托法执法和司法活动中需要遵守的原则。

第二节　信托行为

一、信托行为的概念

信托行为有广义和狭义之分，前者是指信托当事人之间基于信任和意思自治，依法进行设立、变更和终止信托权利、义务的行为；后者是指以设立信托为目的的行为，即特指信托的设立行为。我国台湾地区有学者认为，信托行为由两种行为复合而成，即一种是财产的转移和其他处分行为，一种是受托人管理或处分的行为，信托行为由负担行为和处分行为两者相结合而成。[①] 依据我国《信托法》的规定，信托行为主要是指信托设立行为。

二、信托行为的成立与效力

（一）信托行为的成立

信托行为合法是信托设立的前提条件。作为一种法律行为，信托行为的成立意味着该行为已经存在，表明行为人具有设立信托的主观目的，属于事实问题。根据《信托法》的规定，信托行为成立需要具备以下条件。

1. 信托目的合法。在设立信托时，必须有合法的信托目的，信托行为的成立必须以存在合法的信托目的为要件。没有信托目的或者信托目的违反法律、行政法规，或者违背国家利益、社会公共利益的，都不能使信托行为成立。

2. 信托财产确定。设立信托必须有确定的信托财产或者财产权利，并且该财产或财产权利必须是委托人合法所有的财产或财产权利。设立信托时，信托财产（权利）的范围必须确定，并且与委托人的其他财产分离，而且没有权利瑕疵。

3. 信托形式法定。设立信托应当采取书面形式，书面形式包括信托合同、遗嘱或者法律、行政法规规定的其他书面文件。采取信托合同形式设立信托的，信托合同签订时，信托成立；采取其他书面形式设立信托的，受托人承诺信托时，信托成立。

（二）信托行为的效力

依法设立的信托行为成立，并不意味着信托行为已经产生法律效力，要使该行为变为具有法律强制力，还必须具备信托行为的生效要件。作为一种民商事行为，信托行为的生效不仅应当具备民事基本法规定的法律行为生效的一般要件，还应当符合信托法律规定的特别要件。这些要件主要是设立信托的书面文件应当载明的事项和信托登记：（1）设立信托的书面文件应当载明的事项包括信托目的，委托人、受托人的姓名或者名称、住所，受益人或者受益人的范围，信托财产的范围、种类及状况，受益人取得信托利益的形式、方法。（2）信托登记是设立信托时当事人依法将信托财产向有关登记机构申请登记的行为。在我国，需要进行信托登记才能生效的信托行为，只针对少数特定信托财产，例如，不动产、船舶、航空器、知识产权、有价证券等财产或财产权利。

三、信托的变更与终止

（一）信托的变更

信托行为一经成立并生效，对信托当事人产生法律拘束力，当事人应当依法享有权利，履

① 赖源河，王志诚．现代信托法论．北京：中国政法大学出版社，2002：49.

行各自的义务，原则上不得随意变更，以防止发生妨碍信托目的实现或者损害受益人利益的现象。但是，社会生活复杂多变，当出现特定情形时，如果不适当变更信托关系，就会不利于信托目的的实现和维护受益人利益。因此，各国信托立法都确立了信托变更规则。信托变更，是指信托生效后出现法定或约定的事由时，信托当事人依法改变信托内容的行为。

1. 信托当事人的变更

(1) 委托人的变更。委托人的变更，是指委托人地位的继受。根据信托行为的一般原理，委托人的地位可因被继承、转让而发生变更。委托人的权利往往可分为财产属性的权利和人身属性的权利，前者可以变更，后者则不得变更。

(2) 受托人的变更。受托人的变更，是指因受托人无法继续执行信托事务，其职责终止后，由新任的受托人履行职责，原受托人处理信托事务的权利、义务由继任受托人承继。《信托法》第39条规定："受托人有下列情形之一的，其职责终止：（一）死亡或者被依法宣告死亡；（二）被依法宣告为无民事行为能力人或者限制民事行为能力人；（三）被依法撤销或者被宣告破产；（四）依法解散或者法定资格丧失；（五）辞任或者被解任；（六）法律、行政法规规定的其他情形。"

(3) 受益人的变更。受益人变更，是指委托人依法行使信托变更权，改变或解除信托关系中的受益人或者受益人的受益权。《信托法》规定，委托人可以变更受益人或者处分受益人的信托受益权。

2. 信托内容的变更

委托人、受托人、受益人经协商一致，在信托财产既定的情形下，可以对信托文件约定的事项进行变更，从而更有利于信托目的的实现。《信托法》第21条、第69条分别规定了两类信托内容的变更，即信托财产管理方式的变更和公益事业管理机构对信托文件有关条款的变更。

(二) 信托的终止

信托关系的终止，是指因法定或信托文件约定的事由出现，致使信托关系归于消灭。《信托法》规定，信托关系通常因下列情形之一而终止：信托文件规定的终止事由发生；信托的存续违反信托的目的；信托目的已经实现或不能实现；信托当事人协商同意；信托被撤销；信托被解除。

第三节　信托当事人的权利与义务

一、委托人的权利与义务

在信托关系中，英美信托法并未规定委托人的权利，随着信托制度被移植和继受，现代大陆法国家的信托法赋予了委托人多项权利。我国《信托法》规定了委托人的权利和义务。

(一) 委托人的权利

根据《信托法》的规定，委托人享有下列权利：

1. 知情权。知情权是指委托人依法知悉信托财产的管理运用、处分和信托事务的处理情况的权利，包括询问权和了解权，即委托人了解其信托财产的管理运用、处分及收支情况，并要求受托人就此作出说明的权利。委托人有查阅、抄录或者复制与其信托财产有关的信托账目以及处理信托事务的其他文件的权利。

2. 信托财产管理方法变更权。信托财产管理方法是指受托人管理运用、处分信托财产，使其保值、增值的方法。当出现设立信托时未能预见的特别事由，致使信托财产的管理方法不利于实现信托目的或者不符合受益人的利益时，委托人有权要求受托人调整该信托财产的管理方式。

3. 对受托人不当行为的撤销申请权。受托人违反信托目的处分信托财产，或者因违背管理职责、处理信托事务不当致使信托财产受到损失的，委托人有权申请人民法院撤销该处分行为。

4. 对受托人的求偿权。受托人的不当行为被撤销后，委托人有权要求受托人恢复信托财产的原状或者予以赔偿，该信托财产的受让人明知违反信托目的而接受该财产的，应当予以返还或者赔偿。

5. 对受托人的解任权。受托人违反信托目的处分信托财产或者管理运用、处分信托财产有重大过失的，委托人有权依照信托文件的规定解任受托人，或者申请人民法院解任受托人。

6. 其他权利。除了上述权利之外，《信托法》还规定了委托人享有的其他权利，例如，对信托财产强制执行的异议权，对受托人的同意交易权，处理信托事务的决定权，报酬数额决定权，受托人辞任同意权，新受托人选任权，对信托事务处理报告的认可权，信托解除权，对受益人的变更权或者受益权的处分权，信托终止权，信托财产归属权，起诉权等。

（二）委托人的义务

委托人的义务可分为信托设立人的义务和信托存续期间的义务，有以下几项：

1. 移转信托财产。信托设立后，信托财产完全独立于委托人的其他财产，委托人有义务按照法律规定或约定将信托财产转移给受托人占有、管理运用和处分，这是受托人管理运用信托财产的前提。

2. 向受托人支付报酬。受托人有权依照信托文件约定取得报酬，该权利的行使有两种途径，即直接对信托财产行使和对受益人或者委托人行使，所以，当受托人依法向委托人主张报酬时，委托人有支付报酬的义务。

3. 不得非法干涉受托人管理运用和处分信托财产。受托人依法和依据信托文件的规定，管理信托财产和处理信托事务时，委托人不得非法干涉，这是受托人行使权利的保障。

二、受托人的权利与义务

信托作为一种特殊的财产管理制度设计，其基本特征在于财产权利和财产利益的相互分离，受托人对信托财产享有实际的管理运用和处分的权利，但不享有信托财产的利益，而是为了受益人的利益或者特定的信托目的行使权利。

（一）受托人的权利

受托人权利的来源主要有两种途径：一是信托文件的授权，一是信托法律的明确规定。按照信托的基本原理，当信托文件中没有明确、具体的约定或者法律中也没有明确规定的，为了实现信托目的和执行信托事务必需的权利，可以推定由受托人享有。依据《信托法》，受托人主要有以下权利：

1. 信托财产名义上的所有权。根据《信托法》的规定，受托人有权以自己的名义管理运用或处分信托财产。为了实现信托目的，受托人享有占有、使用、处分信托财产的权利，并对信托财产可以实施出卖、出租、抵押、设质等。

2. 处理信托事务的权利。处理信托事务是管理、运用和处分信托财产的主要方面。我国

《信托法》对受托人处理信托事务的权利只作了原则性规定，《信托法》规定受托人的义务的同时，也相应地规定了受托人有依照信托文件为受益人的利益处理信托事务的权利。

3. 请求给付报酬的权利。受托人管理、运用和处分信托财产，以及处理信托事务，可以是有偿的，也可以是无偿的，收取报酬应当符合法定条件。《信托法》规定，受托人有权依照信托文件的约定取得报酬；信托文件未作事先约定的，经信托当事人协商同意，可以作出补充约定；未作事先约定和补充约定的，不得收取报酬。受托人违反信托目的处分信托财产，或者因违背管理职责、处理信托事务不当致使信托财产受到损失的，在未恢复信托财产的原状或者未予赔偿前，不得请求给付报酬。

4. 补偿费用请求权和优先受偿权。受托人请求补偿费用的权利，是指受托人为处理信托事务而支出的必要费用或者承担的必要债务，应当由信托财产承担。受托人因处理信托事务所支出的费用、对第三人所负债务，以信托财产承担；受托人以其固有财产先行支付的，对信托财产享有优先受偿的权利。

5. 请求辞任的权利。受托人请求辞任的权利，是指依据信托文件或法律的规定，受托人请求辞去受托人职务的权利。根据《信托法》，受托人行使辞任权，以得到受益人和委托人的同意为条件；公益信托的受托人辞任的，还必须经过公益事业管理机构的批准。

（二）受托人的义务

受托人的义务是受托人管理、运用和处分信托财产，以及处理信托事务时，为了实现委托人的信托目的和受益人的利益，应当履行的义务。

1. 忠实处理信托事务。受托人的忠实义务，是指受托人为了实现信托目的或者受益人利益而处理信托事务时，必须忠实于委托人和受益人。这也是受托人义务的根本，其他义务由此派生。忠实义务包括积极方面和消极方面：积极方面是指受托人只能以信托目的和受益人的利益作为处理信托事务的出发点和归宿；消极方面是指受托人不得在信托活动中作出有损于信托目的的实现或受益人利益的行为。

2. 谨慎处理信托事务。谨慎义务是指受托人在处理信托事务时，应当尽到谨慎人的合理注意义务。受托人管理信托财产，必须恪尽职守，履行诚实信用、谨慎、有效管理的义务。由于我国信托法没有具体规定谨慎义务的内容及认定办法，所以在实践中一般依据不同的信托类型确定谨慎义务的程度，其中营业性受托人的谨慎义务比非营业性受托人的谨慎义务更加严格。

3. 分别管理信托财产。信托财产分别管理义务，是指受托人应当将信托财产和其固有财产，以及不同委托人的信托财产分别管理。信托财产与属于受托人所有的财产（简称固有财产）相区别，不得归入受托人的固有财产或者成为固有财产的一部分。受托人死亡或者依法解散、被依法撤销、被宣告破产而终止，信托财产不属于其遗产或者清算财产。受托人必须将信托财产与其固有财产分别管理、分别记账，并将不同委托人的信托财产分别管理、分别记账。

4. 自己处理信托事务。受托人应当亲自处理信托事务，无法定或约定事由，不得由他人代为处理。这是基于委托人与受托人之间的特殊信任关系而衍生的义务。受托人应当自己处理信托事务，但信托文件另有规定或者有不得已事由的，可以委托他人代为处理；受托人依法将信托事务委托他人代理的，应当对他人处理信托事务的行为承担责任。

5. 向受益人支付信托利益。受托人管理、运用或处分信托财产的最终目的在于实现信托目的和受益人的利益，因此，受托人承担直接向受益人支付信托利益的义务。受托人以信托财产为限向受益人承担支付信托利益的义务。

6. 完整记录、报告和保密义务。受托人在处理信托事务过程中，还依法承担记录、报告和保密义务。受托人必须保存处理信托事务的完整记录。受托人应当每年定期将信托财产的管理运用、处分及收支情况，报告委托人和受益人。受托人对委托人、受益人以及处理信事务的情况和资料负有依法保密的义务。

7. 共同受托人的义务。同一信托的受托人有两个以上的，为共同受托人。共同受托人除了应履行受托人的义务外，还要承担特殊义务。共同受托人应当共同处理信托事务，但信托文件规定某些具体事务由受托人分别处理的，从其规定。共同受托人处理信托事务，意见不一致时，按信托文件的规定处理；信托文件未规定的，由委托人、受益人或者利害关系人决定。共同受托人之一违反信托目的处分信托财产或者因违背管理职责、处理信托事务不当致使信托财产受到损失的，其他受托人应当承担连带赔偿责任。共同受托人之一职责终止的，信托财产由其他受托人管理和处分。

三、受益人的权利与义务

受益人享有信托利益，是信托制度设计的基本出发点和归宿。受益人享有信托利益的基础是拥有信托的受益权。也有人认为，信托实质上是受托人与受益人之间的一种受信关系，受益人的利益需要重点加以保障。①

（一）受益人的权利

受益人的权利，主要是指信托利益受益权，其作为一项特殊民事权利，应当基于约定或法定原因而取得。在信托关系中，受益人享有下列权利：

1. 信托利益受益权。受益权是受益人享有的基本的权利。受益人享有信托利益的权利可分为两种情况：一是信托存续期间，基于受托人对信托财产管理运用而产生的利益；二是当信托终止后，信托文件未规定信托财产归属的，受益人或者其继承人优先享有信托财产的归属权。作为一项民事权利，受益人可以放弃信托受益权，除非信托文件有限制性规定，信托受益权也可以被依法转让和继承。

2. 信托事务监督权。为了实现受益人的利益，受益人享有为维护其利益及信托财产而对受托人管理运用、处分信托财产的情况进行监督的权利。当受托人处理信托事务与受益人利害相关时，受益人有权监督受托人的行为。根据《信托法》的规定，受益人的监督权与委托人的权利完全相同。

3. 信托利益请求权。受益人依法或依信托文件的约定，向受托人主张并取得信托利益，是实现信托利益的重要保障。当受托人不主动向受益人支付信托利益时，受益人可以向受托人主张权利，请求支付信托利益。

除了上述权利之外，受益人还享有基于受益权的其他权利，这些权利一般与受托人的变更或者信托终止有关，如受托人辞任的同意权、新受托人的选任权、对信托事务处理报告的认可权，以及在特定情形下的信托解除权等。

（二）受益人的义务

在信托关系中，受益人是纯粹获得利益的当事人。基于此，有人认为受益人只享有权利而不承担与受益权相对应的义务②；也有人认为，在信托关系存续期间，对《信托法》所授予或承认的受托人的权利，只要其能够对受益人行使，则受益人必须承担相应的义务。③《信托法》

① 徐卫．信托受益人利益保障机制研究．上海：上海交通大学出版社，2011：68.

② 霍玉芬．信托法要论．北京：中国政法大学出版社，2003：93.

③ 徐孟洲主编．信托法．北京：法律出版社，2006：129.

只规定了受益人的权利，没有明确规定其相应的义务，但从该法第 37 条第 1 款规定的受托人对信托财产的优先受偿权和第 57 条规定的受托人对信托财产权利归属人的请求权等条款可以看出，如果信托财产或收益最终归属人是受益人的，则受益人应该是义务主体。所以，信托关系中的受益人也要承担相应的义务，只是其承担义务应当以民商法和信托法等专门立法的特别规定为限。

第四节　公益信托

一、公益信托的概念

公益信托是指委托人为了特定公共利益目的，为未来不特定多数受益人的利益而设立的信托。公益信托的受益人必须为社会中的全体或部分公众，如贫困者、灾民、残疾人等。从各国立法和学者对公益信托的分类看，有以下几种类型：(1) 以作为信托财产的基本财产是否可以被使用，分为维护基本财产的公益信托和使用基本财产的公益信托；(2) 以信托设立的出资者的构成情况，分为单独出资公益信托和共同出资公益信托；(3) 以公益目的是否特定，分为一般目的公益信托和特定目的公益信托；(4) 以受托人的给付内容不同，分为事业经营型公益信托和奖励资助型公益信托。在我国，对公益信托没有详细分类，国家鼓励发展公益信托，并在税收等方面实行优惠措施。

二、公益信托的目的

根据公益信托的本质，其目的在于实现公共利益。《信托法》采用列举的方式规定了公益信托的目的，这与《公益事业捐赠法》规定的公益事业的范围是一致的，具体包括：(1) 救济贫困；(2) 救助灾民；(3) 扶助残疾人；(4) 发展教育、科技、文化、艺术、体育事业；(5) 发展医疗卫生事业；(6) 发展环境保护事业，维护生态环境；(7) 发展其他社会公益事业。

三、公益信托的设立

公益信托因其信托目的、受益人等方面的特殊性，在设立时也表现出比私益信托更加严格的实体和程序要件。公益信托的设立和确定其受托人，应当经有关公益事业管理机构批准；未经批准，不得以公益信托的名义进行活动。公益信托的信托财产及其收益，不得用于非公益目的。依据信托公司管理的有关规定，信托公司设立公益信托并担任受托人，应当经有关公益事业管理机构批准；应当订立公益信托文件，并报银监会和公益事业管理机构备案。

四、公益信托的变更与终止

(一) 信托的变更

依据《信托法》的规定，公益信托一经成立，就具有法律拘束力，不得擅自变更。但是，由于社会经济情势的变化，以及公益信托设立后的实际情况变化等原因，在公益信托存续期间，可以依法对公益信托有关事项进行变更，以便更有利于实现信托目的，增进公共利益。公益信托的变更主要包括信托文件内容、受托人和信托目的等信托要素的变更。公益信托的受托人违反信托义务或者无能力履行其职责的，由公益事业管理机构变更受托人；公益信托成立后，发生设立信托时不能预见的情形，公益事业管理机构可以根据信托目的，变更信托文件中的有关条款。

（二）公益信托的终止

根据信托的一般原理，公益信托终止的事由应当与私益信托终止的事由基本相同，但由于其设立时有更加严格的程序性要件，因而在终止时也应当具备一定的条件。[①] 我国信托法没有明确规定公益信托终止的事由。因而，私益信托终止的事由应当适用于公益信托终止。当然，公益信托终止的程序更加严格。公益信托终止的，受托人应当于终止事由发生之日起15日内，将终止事由和终止日期报告公益事业管理机构；受托人作出的处理信托事务的清算报告，应当经信托监察人认可后，报公益事业管理机构核准，并由受托人予以公告；没有信托财产权利归属人或者信托财产权利归属人是不特定的社会公众的，经公益事业管理机构批准，受托人应当将信托财产用于与原公益目的相近似的目的，或者将信托财产转移给具有近似目的的公益组织或者其他公益信托。

五、公益信托的管理与监察

（一）公益信托管理人

公益信托管理人，是指依法对公益信托进行管理和监督的国家公益事业管理机构。按照我国现行的公益事业管理制度，公益事业管理机构并非一个专门的管理机构，对公益信托实施管理也不是由一个机构负责，而是不同的行业对应不同的主管机构，不同的公益事业由不同机构管理，由此形成了多个公益事业管理机构并存的局面。例如，为了救济、救灾、救助、助残等目的而设立的公益信托，由国务院民政部和地方各级民政主管机构管理；教育公益事业的管理机构是教育部和地方教育主管机构；医疗卫生公益事业由卫生部和地方卫生行政主管机构管理；涉及环境保护和生态保护的公益事业，由各级环境行政主管部门管理。

（二）公益信托监察人

公益信托监察人，是指专门对受托人的信托行为进行监督、检查的公益信托关系人，其兼有委托人和受益人的代理人的身份。公益信托应当设置信托监察人。信托监察人由信托文件规定。信托文件未规定的，由公益事业管理机构指定。信托监察人有权以自己的名义，为维护受益人的利益，提起诉讼或者实施其他法律行为。受托人作出的信托处理情况及财务状况报告，以及公益信托终止后受托人作出的处理信托事务的清算报告，也应当经信托监察人认可后，才能报公益事业管理机构核准。

第五节　家族信托

一、家族信托的概念

由于中国富裕人群增速与财富管理需求的旺盛程度，家族信托正在成为国内高净值人士保护家庭财富的重要选项。根据《关于规范金融机构资产管理业务的指导意见》（银发〔2018〕106号）、中国银行保险监督管理委员会发布的《关于加强规范资产管理业务过渡期内信托监

① 能见善久．现代信托法．赵廉慧译．北京：中国法制出版社，2011：314-321.

管工作的通知》（信托函〔2018〕37 号，以下简称"37 号文"），首次界定家族信托（Family Trust）。所谓家族信托是指受托人（信托公司）接受单一个人或者家庭的委托，以家庭财富的保护、传承和管理为主要信托目的，提供财产规划、风险隔离、资产配置、子女教育、家族治理、公益（慈善）事业等定制化事务管理和金融服务的信托业务。家族信托财产金额或价值不低于 1 000 万元，受益人应包括委托人在内的家庭成员，但委托人不得为唯一受益人。单纯以追求信托财产保值增值为主要信托目的，具有专户理财性质和资产管理属性的信托业务不属于家族信托。家族信托不适用《关于规范金融机构资产管理业务的指导意见》的规定。

二、家族信托的目的与功能

一般而言，家族事业创始人即委托人设立信托的目的不是单纯使受托财产增值，更重要的目的是使受益人能够在生活上有所保障。家族信托是事务性信托的一种，与高净值人群过往所熟知的固定收益类信托产品区别很大，并不是严格意义上的信托产品，更多的是一类工具、一套私人财富的解决方案。根据我国《信托法》的规定，信托财产的独立性与闭锁性，使其具备了"准法人"的地位，因而拥有权益重构、风险隔离等多重功能。由于信托不会因为受托人的死亡、解散、破产、辞任或其他情形终止而终止，因此具有较高的稳定性和长期性，适合于长期规划的财富管理与传承。即使委托人或受托人破产，受益人仍然能够就信托财产保持其收益，并可以对抗委托人和受托人的债权人追索。委托人和受托人亦可通过制度设计将名下资产按照不同目的分为不同部分，这些资产彼此间的风险也相互隔离。这能更有效地满足高净值人群对财富管理的保密性、持续性与稳定性要求，尤其是私营企业主有效隔离企业资产与家庭资产，保障其财富安全。根据我国开展家族信托业务的机构，当前国内家族信托有生活保障型、财产保护型、事业发展型、家族传承型、特殊目的型等家族信托。

三、家族信托当事人的权利和义务

家族信托条款中涉及的当事人主要包括委托人、受托人、受益人以及监察人等主体。

1. 委托人。家族信托的委托人是整个家族信托的关键，委托人是指家族信托的设立人和家族财产的原始所有人。根据我国《信托法》以及银保监会"37 号文"的规定，家族信托的委托人可以是具有完全民事行为能力的单一个人或家庭，其中家庭一般是指配偶、父母、子女和其他共同生活的近亲属。委托人除享有信托法规定的权利外，还可享有知情权、信托财产管理方法调整权、撤销权与赔偿请求权、受托人解任权等法定权利和其他约定权利。

2. 受托人。家族信托的受托人是指按照委托人的信托意愿，管理被信托的信托财产及家族事务并承担受托义务的当事人。受托人应当具备《信托法》规定的条件。在实践中，家族信托受托人一般是具有完全民事行为能力的自然人、信托公司和律师事务所等。目前，我国有 60 多家财产管理公司、信托公司等开展国内家族信托业务。

3. 受益人。受益人是指由委托人指定的可以在特定条件下获得全部或部分信托财产分配的人。根据"37 号文"规定，受益人的范围包括委托人在内的家庭成员，但委托人不得为唯一受益人；而且，不符合"家庭成员"概念的人不能被设定为受益人。

4. 监察人。监察人并非家族信托法律关系中必需的主体。在欧美国家的家族信托中，监察人相当于"保护人"，其主要职责是保护受益人权利、监督受托人履责。在家族信托实践中，委托人通常安排自己信任的机构或自然人担任监察人，例如父母、配偶、自己信任的朋友等个人，或者会计师事务所、律师事务所等机构。委托人可以设置一个或多个监察人，并决定监察人的权利行使次序。此外，委托人可以选择授予监察人对信托财产的管理处分拥有否决、撤销权，甚至还可以赋予其更换受托人、增减受益人等重大的权利。

四、信托财产与受益权安排

信托财产是指家族信托中需要分配的财产。根据《信托法》规定，委托人不得以非法财产或者信托法规定不得设立信托的财产设立信托。因此，家族信托财产必须是委托人的个人财产，委托人不能以企业财产设立家族信托。委托人以夫妻共同财产设置家族信托时，需取得配偶的书面同意。从目前我国家族信托实践看，信托财产包括纯资金、股权、保险金、不动产、艺术品和文物等家族财产。其中，纯资金是最简单的，交付方式简单，交付规模容易确定。其他几种类型的信托财产，在交付方式和交付规模价值判定上均比较复杂。根据“37 号文”规定，家族信托的财产金额或价值不低于 1 000 万元，如果信托财产的类型为股权、保险金、艺术品和文物等，还需要进行估值。

在信托关系中，受益权是指受益人享有家族信托财产收益或利益的权利。根据《信托法》第 47 条的规定，受益人不能清偿到期债务的，其信托受益权可以用于清偿债务，但法律、行政法规以及信托文件有限制性规定的除外；如果委托人对受益人无特殊安排，受益人的信托受益权可以依法转让和继承，但信托文件有限制性规定的除外。因此，家族信托受益人的受益权无论是清偿债务，还是依法转让和继承，都取决于委托人是否在信托条款中明确规定，如果没有明确规定，则上述各项都可执行。

五、信托期限与分配规则

明确委托人、受益人、监察人以及信托财产后，委托人需要确定是否设置固定期限、保留信托解除权以及确定信托终止条件。在当前的实践中，家族信托的信托期限不低于 5 年，具体期限需要委托人和受托人协商一致；也可以是更长期限，甚至永续存在。委托人可以根据个人情况和意愿决定是否保留信托解除权，一旦委托人行使解除权，家族信托财产则重新归属委托人；而家族信托发生终止时，信托财产则属于信托文件规定的人，信托文件未规定的，按下列顺序确定归属：（1）受益人或者其继承人；（2）委托人或者其继承人。

在家族信托实践中，信托条款约定的家族信托财产的分配方式一般有定期分配、临时分配、附条件分配等。定期分配是指按照一定的时间进行分配，定期分配的资金往往是支付受益人的基本生活费用；临时分配是指遇到突发事件进行分配，例如流动资金紧张时进行一定的分配，以满足资金的流动性支持；附条件分配则是指受益人每实现、完成一个任务，受托人就按照约定分配一次家族财产，往往起到激励受益人的作用。在家族信托条款中，委托人可根据信托目的选择一种或者多种分配方式。

法律应用

1. 信托财产与受托人的固有财产虽然都是由受托人直接控制、支配的财产，但二者的性质不同：信托财产具有独立性；受托人的固有财产是属于受托人所有的财产，受托人对其拥有排他的、充分完整的支配权，除法律另有规定外，这种支配权是不应受到限制的，受托人可以按照自己的意志处置其固有财产。

2. 信托行为的生效要件要符合民事行为生效要件和信托法特别规定的要件。凡不符合信托行为生效要件的，信托无效。根据《信托法》，有下列情形之一的，信托无效：(1) 信托目的违反法律、行政法规或者损害社会公共利益；(2) 信托财产不能确定；(3) 委托人以非法财产或者《信托法》规定不得设立信托的财产设立信托；(4) 专以诉讼或者讨债为目的设立信托；(5) 受益人或者受益人范围不能确定；(6) 法律、行政法规规定的其他情形。信托行为被认定为无效的，该行为自始无效，在信托当事人之间不发生信托法律关系。

思考题

1. 简述信托的概念与特征。
2. 信托的制度功能主要有哪些?
3. 信托有哪些构成要素?
4. 委托人有哪些权利与义务?
5. 受托人有哪些权利与义务?
6. 公益信托有哪些主要目的?
7. 家族信托的当事人及其权利有哪些?

第十五章 融资租赁法律制度

重点问题

1. 融资租赁的概念与特征
2. 融资租赁的法律性质
3. 我国融资租赁立法及其趋势
4. 融资租赁合同的概念与特征
5. 融资租赁当事人的权利与义务

第一节 融资租赁法律制度概述

一、融资租赁的概念和特征

（一）融资租赁的概念

融资租赁（Financial Lease），是指出租人根据承租人对租赁物和供货人的选择或认可，将其从供货人处取得的租赁物按合同约定出租给承租人占有、使用，并向承租人收取租金的交易活动。融资租赁是集融资与融物、贸易与技术服务于一体的现代交易方式。一般认为，现代融资租赁制度起源于1952年美国人杰恩费尔创立的第一家融资租赁公司。作为一种成本相对较低、手续简便和条款灵活的新型交易和融资方式，融资租赁交易在世界范围内迅速发展。由于租赁物一般为机械、设备、飞机、船舶、石油钻井平台、人造卫星等非消耗性动产，所以在经济发展中发挥着重要作用。

（二）融资租赁的特征

与传统的租赁和融资不同，融资租赁是一种独立的交易方式，具有以下特征：

1. 融物与融资相结合。融资租赁是在租赁物的所有权与使用权分离基础上融资和融物相结合的特殊交易和信用形式。融资租赁将融资与融物结合起来，通过买受人和出资人身份的重合，在出租人、承租人、供货人之间形成了融资租赁交易关系，出租人既是买卖关系的买受人，又是租赁关系中的出租人和融资关系中的出资人，其首次租赁期限一般在1年以上。

2. 涉及三方当事人和两个合同。融资租赁交易关系涉及出租人（买受人、出资人）、承租人（使用受益人）、供货人（出卖人）三方当事人。在三方当事人之间形成买卖合同与租赁合同，即买受人（出租人、出资人）与出卖人（供货人）之间的货物买卖关系，出租人（买受人、出资人）与承租人（使用受益人）之间的租赁关系。各方当事人在不同的合同关系中享有权利并承担义务。

3. 承租人以支付租金的形式分期归还本息。融资租赁既不同于分期付款买卖，也不同于直接租赁。融资租赁中的租金不仅包含租赁物的价款，还包括购买租赁物所贷款的利息、营业费，以及融资租赁业务的合理利润，所以，承租人以支付租金的形式支付租赁物的价款，出租人经营融资租赁业务的费用及合理利润。

4. 承租人有权选择租赁物和供货人。传统租赁中，承租人可以选择出租人及其租赁物，无权选择租赁物的供货人；在融资租赁中，承租人可以先行选定租赁物和供货人，出租人根据承租人的选择意愿向其指定的供货人购买租赁物，并出租给承租人。

二、融资租赁的种类

经过长期的实践，融资租赁已经从直接购买融资租赁衍生出多种形式，如转融资租赁、回融资租赁、杠杆融资租赁、委托融资租赁、项目融资租赁、销售式租赁，以及联合融资租赁、抽成融资租赁、风险融资租赁、结构式参与融资租赁、捆绑式融资租赁、综合性租赁和主租赁等。其典型形式有以下几种：

1. 直接租赁。又称“自营租赁”，是指出租人根据承租人的选择，向其指定的出卖人购买所选定的租赁物后，出租给承租人，由承租人按照合同的约定支付租金。租赁期间届满，按双方对租赁物归属的约定，租赁物由出租人收回，或者由承租人支付象征性的价款购买而取得所有权。

2. 回租赁。又称“售后租赁”，是指出租人将从承租人作为供货人处取得的租赁物出租给承租人的租赁形式，即承租人将自有物出卖给出租人，同时与出租人订立融资租赁合同，再将该物租回的融资租赁。回租赁业务是承租人和供货人为同一人的融资租赁方式。

3. 转租赁。又称“再租赁”，是指融资租赁合同的承租人作为出租人，将同一租赁物进行再次融资租赁的形式，而租赁物的所有权归于第一出租人。在这种融资租赁中，转租人同时具有两个租赁合同中的承租人和出租人的身份和地位。

4. 杠杆租赁。又称“借贷租赁、衡平租赁”，是指出租人先行以租赁物及其将来的租金受益为担保，向金融机构借贷购买租赁物所需资金的一部分（通常为租赁物价款的60%～80%），并自付租赁物的其余价款（通常为租赁物价款的20%～40%），然后将所购租赁物出租给承租人，并以租金来偿还贷款和收回投资，并获利的融资租赁形式。

5. 委托租赁。委托租赁是指出租人（受托人）接受委托人的资金或租赁物，根据委托人的书面委托，向委托人指定的承租人办理融资租赁业务。在租赁期内租赁标的物的所有权归委托人，出租人根据与委托人的约定从租金收入中扣除手续费及代扣代缴的营业税后，将剩余所有租金返还委托人，出租人不承担风险。其实质是信托与融资租赁的结合。

6. 联合租赁。联合租赁是指多家有融资租赁资质的租赁公司作为出租人对同一个融资租赁项目提供租赁融资，由其中一个出租人作为牵头人，无论是相关的买卖合同还是融资租赁合同，都由牵头人出面订立。牵头人与其他出租人之间的关系是受托人和委托人的关系，各出租人按照所提供的租赁融资额的比例承担该融资租赁项目的风险和享有该融资租赁项目的收益。

7. 服务租赁，又称“经营租赁”。出租人以技术含量高、需要专业技术人员进行维修、管理和技术更新快的设备作为租赁物，负责租赁期间对租赁物的保养、维修和管理，并承担租赁物的意外风险。承租人在支付了一定的租金后，通过提前预约，可以中途解除租赁。出租人可以通过向多个承租人多次出租租赁物，收回投资并获利。该种租赁在国际上被普遍认为是一种新型的租赁形式。[①]

8. 项目融资租赁。是指承租人以项目本身的财产和未来收益为担保，与出租人订立项目融资租赁合同，出租人提供完成项目所需的设备，作为租赁物出租给承租人，承租人以该项目未来收益支付租金。

三、融资租赁的法律性质

由于融资租赁交易涉及融资、租赁和买卖等多种交易形式，其关系较为复杂，学者和立法机构对这种交易类型的法律性质有不同的认识，大致有以下几种：

1. 租赁说。该说认为，融资租赁本质上仍然属于租赁，但在具体认识上又分为一般租赁说和特殊租赁说：前者认为，传统租赁的本质特征是承租人以支付租金作为使用租赁物的对价，而融资租赁以物的使用为目的，租金也是租赁物使用的对价，不是租赁物本身的对价，因此，融资租赁与一般租赁没有区别。后者认为，融资租赁在形式和内容上都有别于一般租赁，在本质上仍然属于租赁，尤其在所有权与使用权分离上和传统租赁相同，只是融资租赁对租赁物所有权将来的归属作出了特殊约定。

2. 附条件买卖说。该说认为，融资租赁并非实质意义上的租赁，而是以借贷为形式的附条件买卖。因为，承租人以租金的形式分期付款，当租赁到期时租金已经全部支付，承租人可以选择是否购买，如果要购买，就可以通过支付一定的名义价金后，取得租赁物的所有权。但是，这种交易不同于保留所有权的分期付款买卖，保留所有权的分期付款买卖，是指出卖人保留标的物的所有权，直到买受人支付了最后一笔价款后，所有权才转移给买受人，是一种附条件买卖。

3. 借贷说。该说认为，融资租赁交易在名义上表现为租赁，但实质上是融资交易。融资租赁交易的实质在于以解决承租人资金不足为目的，出租人通过租赁物的买卖和出租，向承租人提供购买租赁物所需的资金，承租人支付的租金并非租赁物的使用对价，而是用以偿还出租人购买租赁物所支付的成本及其在租赁期间的利息，因而可以理解为借贷形式的融资。

4. 选择权决定说。该说认为，融资租赁的法律性质是租赁，还是买卖，要以承租人最后行使选择权而定。这一主张主要是受印度最高法院对一起涉及双方当事人的租购案件审判的影响而提出的。[②] 对于在融资租赁中存在的租赁和买卖选择权，大陆法系认为这两种因素并非对立的，而是有机统一的；而英美法系则认为租赁和买卖选择权是矛盾的。

5. 独立交易说。该说认为，融资租赁交易是适应市场经济发展而出现的交易现象，特别是在租赁交易的基础上发展起来的一种新型、独立的交易方式。这种交易方式既不同于传统的借贷融资，也不同于传统的买卖方式和租赁方式，而是在合同基础上形成的一种自成一类的三方交易方式。现代各国都将其纳入金融体系加以规范和监管。

对融资租赁的不同认识关系到对融资租赁业的监督管理体制；如果将融资租赁视为物的租赁关系，则属于贸易的范畴，由商务主管部门监管是可行的。但是，认为融资租赁属于借贷或融资关系，则属于金融业，应当由金融业监管机构监管。我们认为，随着《合同法》将融资租赁规定为有名合同，以及融资租赁在融资方面的优势，融资租赁已经成为一种独立的融资方式，属于金融业的范畴，应当由金融法律制度调整。

---

① 任先行．商法总论．北京：北京大学出版社，2007：416.

② 程卫东．国际融资租赁法律问题研究．北京：法律出版社，2002：40.

第二节　融资租赁立法

一、外国与国际融资租赁立法

（一）外国融资租赁立法概况

融资租赁集融物、融资于一体，其主要特征表现为一种资金借贷的运作方式，承租人取得租赁物的使用权，相当于获得了信贷资金，因此，融资租赁关系具有金融关系的性质。多数国家将调整融资租赁关系的法律制度纳入金融法体系。

目前，各国关于融资租赁的立法主要有两种模式：一是分散立法，即在民商事法律和金融法中对融资租赁关系加以规范，不制定专门的融资租赁法。例如，德国、日本在民法、商法中对融资租赁加以规范，英国、美国也没有制定融资租赁法律，而是通过判例确定融资租赁的法律适用。二是统一立法，即通过立法，对融资租赁进行集中、全面调整。例如，法国于1966年制定了《租赁业法》，并在1986年通过立法对商业营业资产的融资租赁作出专门规定。[①] 需要指出，在英美判例法国家，尽管可以通过判例确立适用于融资租赁的法律规则，但在判例之外，也对融资租赁作出相对集中的规范，例如，美国在颁布的《统一商法典》和财务会计准则委员会制定的《会计准则》中，对有关融资租赁进行规定；英国有关融资租赁交易的规范是由英国设备租赁协会和会计业务委员会制定的《会计准则》第21号。

此外，有些国家制定了专门的融资租赁法律。例如，韩国于1967年制定的《租赁业租金法》，1985年的《租赁会计标准》；巴西于1974年制定的《租赁事业法》，1981年制定的《进口租赁法》；新加坡于1982年制定的《租赁准则》；菲律宾、巴基斯坦等发展中国家也有类似的专门立法。[②]

（二）国际融资租赁立法

随着融资租赁在世界范围的发展，跨国融资租赁的法律适用问题成为发展国际融资租赁业首先需要解决的问题，但是发达国家和发展中国家在国际融资租赁中的角色不同，使得国际融资租赁立法存在较大的争议。就目前情况看，国际融资租赁立法主要体现为两个国际公约，即《国际统一私法协会融资租赁国际公约》（以下简称《融资租赁国际公约》）和《国际会计标准》。1988年5月28日，国际统一私法协会在加拿大渥太华召开国际外交会议，讨论签订了《融资租赁国际公约》（草案），此次会议由55个国家的正式代表团、4个国家的观察员和19个国际组织出席，我国派代表团出席，并在公约最终文本上签字。由于英、美、日等国的代表认为，出租人只是资金融通的角色，不承担任何其他责任；我国和大部分发展中国家的代表认为，出租人作为设备所有权人，应当承担对设备的相关责任，并且这一根本性分歧最终未能消除，所以开放签字后，一些国家并未批准加入，导致因批准国不足而尚未生效。虽然，目前该公约没有生效，但是其中的内容已作为国际惯例被普遍适用。

二、我国融资租赁立法及趋势

我国于1981年成立了第一家中日合资的融资租赁公司，即中国东方租赁公司，此后，融

① 伊夫·居荣．法国商法．第1卷．罗结珍等，译．北京：法律出版社，2004：776.

② 朱大旗．金融法．2版．北京：中国人民大学出版社，2007：317.

资租赁业务发展迅速，并成为改革开放初期我国利用外资和引进国外机器设备的重要途径之一。随着融资租赁业务的进一步发展，融资租赁立法也随之展开。2006 年公布了《融资租赁法》（草案）第三次征求意见稿，但直到现在也没有表决通过。当前，除了《民法总则》《物权法》《合同法》等规范融资租赁的民事法律之外，融资租赁管理立法大致有以下几类。

一是在有关金融管理的规范中，对融资租赁加以规范，如中国人民银行 1986 年发布的《金融信托投资机构管理暂行规定》、1987 年发布的《融资租赁试行办法》、1994 年发布的《金融机构管理规定》和 2000 年发布的《金融租赁公司管理办法》等。

二是在民事立法中，对融资租赁合同的规范，如 1999 年颁布的《合同法》规定了“融资租赁合同”，对融资租赁合同的内容、当事人权利与义务进行了规范。

三是贸易主管部门发布的有关租赁管理规范，例如，2005 年商务部发布的《外商投资租赁业管理办法》，2013 年发布的《融资租赁企业监督管理办法》等。2018 年 5 月 8 日，商务部办公厅发布《关于融资租赁公司、商业保理公司和典当行管理职责调整有关事宜的通知》，明确自 2018 年 4 月 20 日起，商务部将制定融资租赁公司、商业保理公司、典当行业务经营和监管规则职责划给银保监会。

四是在金融监管法律规范中，对融资租赁业的从业机构及其业务规则进行规范，如 2003 年颁布的《银行业监督管理法》、2007 年银监会发布的新的《金融租赁公司管理办法》。五是财政税收机关制定的有关会计、税收规范中涉及融资租赁的有关内容加以规范，如 1995 年国家税务局发布了《关于融资租赁业务征收营业税的通知》，2001 年财政部发布了《企业会计准则・租赁》，对租赁合同中出租人和承租人的会计处理作出明确规定。

此外，还有最高人民法院印发的司法解释，如 2014 年 3 月 1 日起施行的《最高人民法院关于审理融资租赁合同纠纷案件适用法律问题的解释》。

第三节　融资租赁合同

一、融资租赁合同的概念与特征

融资租赁合同，是指出租人根据承租人对出卖人、租赁物的选择，向出卖人购买租赁物，提供给承租人使用，承租人支付租金的合同。其具有以下特征：

1. 双务合同。融资租赁合同在三方当事人之间涉及两个合同关系，即出租人与出卖人之间的买卖合同，出租人与承租人之间的租赁合同，各方当事人在不同的合同关系中享有相应的权利并承担义务。

2. 有偿合同。当事人享有合同权利时应当支付对价。如于出租人根据承租人对出卖人、租赁物的选择而订立的买卖合同，出卖人按约定向承租人交付标的物，承租人享有与受领标的物有关的买受人权利，出租人享有租赁物的所有权，承租人应当按约定支付租金。

3. 诺成合同。各方当事人意思表示一致，融资租赁合同即告成立，合同成立后，各方当事人应当履行合同。出卖人应当按约定向承租人交付租赁物，出租人应当向出卖人支付货款，承租人应当向出租人支付租金。

4. 要式合同。融资租赁合同应当采用书面形式，即融资租赁交易的当事人订立供货合同和融资租赁合同应当采用书面形式。书面形式包括合同书、信件、数据电文等可以有形地表现所载内容的形式。

5. 足额清偿合同。融资租赁合同的租金，除当事人另有约定的以外，应当根据购买租赁物的大部分或者全部成本以及出租人的合理利润确定。所以，租金不仅能够抵补出租人购买租赁物所支付的大部分或者全部成本，还包括出租人经营融资租赁业务时从中获取的合理利润。

6. 不可撤销合同。融资租赁合同涉及三方基本当事人，任何一方当事人撤销合同，都会影响其他当事人利益的实现。为了维护融资租赁交易关系的稳定和安全，融资租赁合同属于不可撤销合同，即除非出现法定事由，合同生效后，当事人就必须按照约定履行合同。

二、融资租赁合同的订立

融资租赁合同的订立，是指当事人依法确立融资租赁关系的过程。融资租赁合同属于民商事合同，应当遵循《民法总则》和《合同法》的有关规定，但由于其具有金融的属性，所以还应当遵守有关金融法律制度。融资租赁合同的订立包括合同当事人和程序两个方面。

（一）合同当事人

《合同法》对融资租赁合同的订立没有作出特别规定，即出租人、承租人和供货人都是一般民事主体，但根据融资租赁的实际情况，当事人应当是具有完全民事行为能力的自然人、法人或依法成立的其他组织。在实践中，出租人往往由融资租赁企业担任，如果由金融机构设立融资租赁公司，还要具备更加严格的条件。由于我国将融资租赁活动纳入金融监管体系，所以，合同当事人还应当具备金融法律规范要求的条件。

2007 年银监会发布的《金融租赁公司管理办法》，对出租人为金融租赁公司的设立条件作出了明确要求，申请设立金融租赁公司应具备下列条件：(1) 具有符合本办法规定的出资人；(2) 具有符合本办法规定的最低限额注册资本；(3) 具有符合《公司法》和本办法规定的章程；(4) 具有符合中国银行业监督管理委员会规定的任职资格条件的董事、高级管理人员和熟悉融资租赁业务的合格从业人员；(5) 具有完善的公司治理、内部控制、业务操作、风险防范等制度；(6) 具有合格的营业场所、安全防范措施和与业务有关的其他设施；(7) 中国银行业监督管理委员会规定的其他条件。对承租人的资格没有作出特别要求，只要具备完全民事行为能力即可。

（二）融资租赁合同订立的程序要件

融资租赁合同的订立应当采取书面形式，即以合同书、信件和数据电文（包括电报、电传、传真、电子数据交换和电子邮件）等可以有形地表现所载内容的形式订立。融资租赁合同也应当采取要约、承诺方式，当事人采用合同书形式订立合同的，自双方当事人签字或者盖章时合同成立。当事人采用信件、数据电文等形式订立合同的，可以在合同成立之前要求签订确认书，签订确认书时合同成立。

《合同法》对融资租赁合同涉及的标的物是否要进行登记，没有明确规定，但根据融资租赁合同的特征及实践，由于租赁物一般是机器设备等大型非消耗性生产工具，所以在其他有关法律法规中，往往对这类物的权利的变动规定了登记对抗或者登记生效的要件。因此，融资租赁合同的标的物如果是需要登记才能改变权利属性的物，则需要履行登记，合同才能生效或者具有对抗善意第三人的效果。对此，《融资租赁法》（草案）第三次征求意见稿中规定，租赁物应当在登记机关办理所有权登记，未办理登记的，出租人对租赁物的所有权不得对抗善意第三人。

三、融资租赁合同的内容

《合同法》第 238 条规定：“融资租赁合同的内容包括租赁物名称、数量、规格、技术性能、检验方法、租赁期限、租金构成及其支付期限和方式、币种、租赁期间届满租赁物的归属等条款。”因此，依据法律和融资租赁合同的实践，融资租赁合同主要包括以下条款：(1) 出租人和承租人的名称或者姓名、住所；(2) 租赁物的名称、规格、数量、技术性能、交付方式、检验方法等；(3) 租金构成、支付期限、地点、方式、币种等；(4) 租赁期间，租赁期满后的续租、期间起止时间等；(5) 租赁物的使用、管理、维修、保养等；(6) 租赁期间届满后租赁物的归属；(7) 租赁物的保险条款；(8) 保证金及担保条款；(9) 违约责任；(10) 争议解决方式等。

四、融资租赁合同当事人的权利与义务

融资租赁合同当事人包括出租人、承租人和供货人，按照《合同法》的规定，供货人和出租人之间是货物买卖合同关系，适用买卖合同的规定。在融资租赁合同中，主要当事人是出租人和承租人，其各自享有权利并承担义务。

（一）出租人的权利与义务

1. 出租人的权利。依据《合同法》，出租人享有以下权利：

(1) 享有租赁物的所有权。承租人对租赁物只有占有和使用、收益的权利，无处分权；承租人破产的，租赁物不属于破产财产；除非另有约定，否则，出租人有权在租赁物上设置抵押、转让和租赁期限届满收回租赁物。出租人和承租人可以约定租赁期间届满租赁物的归属。对租赁物的归属没有约定或者约定不明确，依照《合同法》第 61 条的规定仍不能确定的，租赁物的所有权归出租人。

(2) 收取租金的权利。收取租赁物的租金是融资租赁不同于单纯融资借贷的主要区别，也是出租人的一项主要权利。融资租赁合同的租金，除当事人另有约定的以外，应当根据购买租赁物的大部分或者全部成本以及出租人的合理利润确定。

(3) 解除合同收回租赁物的权利。收取租金是出租人的主要权利，也是设置融资租赁的核心目的，如果无法依约定收取租金，则出租人的目的无法实现。所以，承租人经催告后在合理期限内仍不支付租金的，出租人可以要求支付全部租金；也可以解除合同，收回租赁物。

(4) 出租人享有的免责权。免责权主要包括三个方面：租赁物瑕疵担保免责权，租赁物致害免责权，租赁物风险免责权。

2. 出租人的义务。出租人承担与其权利以及承租人权利的实现相关的义务，包括以下几方面：

(1) 买受租赁物。融资租赁合同生效后，出租人有义务按照承租人对出卖人和租赁物的选择，购买租赁物，并由出卖人按照约定向出租人交付标的物。这是确保实现承租人的权利的前提。

(2) 不得擅自变更合同内容。融资租赁合同一经生效，对出租人也有约束力，出租人根据承租人对出卖人、租赁物的选择订立的买卖合同，未经承租人同意，出租人不得变更与承租人有关的合同内容。

(3) 保证承租人占有和使用租赁物。租赁物的所有权归属于出租人，而承租人只享有租赁期间对租赁物的占有和使用、收益权，占有和使用出租物是承租人实现权利的关键。出租人应当保证承租人对租赁物的占有和使用。此外，出租人还应当保证承租人对租赁物的占有和使用，不因出租人的原因而受第三人主张权利的干扰。

(4) 协助承租人行使索赔权。出租人、出卖人、承租人可以约定，出卖人不履行买卖合同义务的，由承租人行使索赔的权利。承租人行使索赔权利的，出租人应当协助。

（二）承租人的权利与义务

1. 承租人的权利

承租人享有权利，是其通过融资租赁实现利益的基础。依据《合同法》和民事交易原则，承租人享有以下权利：

（1）对供货人和租赁物的选择权。这是融资租赁合同不同于其他交易类型的本质特征，也是传统的租赁交易中承租人所不享有的权利：在传统租赁中，承租人可以选择出租人及其租赁物，而无权选择租赁物的供货人。

（2）受领、占有和使用租赁物。在融资租赁合同中，出租人根据承租人对出卖人、租赁物的选择订立买卖合同，出卖人应当按照约定向承租人交付标的物，承租人享有与受领标的物有关的买受人的权利。承租人受领租赁物后，有权占有和使用租赁物，从而实现利用租赁物获得收益的目的。

（3）向出卖人索赔的权利。在融资租赁关系中，出卖人的权利和义务，依照买卖合同的规定处理，出卖人与承租人之间没有合同上的权利义务关系。但基于融资租赁的特点，出租人、出卖人、承租人可以约定，出卖人不履行买卖合同义务的，由承租人行使索赔的权利。承租人的索赔权主要表现为要求出卖人继续履行，请求赔偿损失等。

（4）租赁物部分价值返还请求权。当事人约定租赁期间届满租赁物归承租人所有，承租人已经支付大部分租金，但无力支付剩余租金，出租人因此解除合同收回租赁物的，收回的租赁物的价值超过承租人欠付的租金以及其他费用的，承租人可以要求超过部分返还。

2. 承租人的义务

承租人的义务包括受领租赁物，支付租金，妥善保管、使用租赁物，维修租赁物和返还租赁物。

（1）受领租赁物。按照融资租赁的特征以及融资租赁合同的约定，一般情况下，租赁物可以不经过出租人转手，而由供货人直接将租赁物交给承租人。由于供货人与承租人之间没有直接合同关系，为了维护供货人的合法权益，以及减少交易费用，供货人向承租人交付租赁物的，承租人应当按照约定的时间、地点、方式来检验和受领租赁物。

（2）支付租金。支付租金是承租人的基本义务，是融资租赁合同的基础，也是出租人通过融资租赁获取利益的关键。承租人应当依照融资租赁合同约定的租金数额、支付期限、地点、方式、币种等事项，向出租人支付租金。承租人不按约定或法律规定履行支付租金义务的，经催告后在合理期限内仍不支付租金的，出租人有权要求支付全部租金，或者解除合同，收回租赁物。

（3）妥善保管、使用租赁物。在租赁期间，承租人对租赁物享有占有权和使用权，但没有所有权和处分权，因此，承租人应当妥善保管和使用租赁物，应当按照租赁物通常的属性，以善意的方式保管和使用，承担善良管理人应当具有的保管和使用义务，否则，承租人承担赔偿的责任。

（4）维修租赁物。不同于传统租赁中租赁物与承租人的非特定性特性，融资租赁的租赁物是出租人专门为了向承租人出租而购买的，租赁物与承租人之间具有特定性，租赁物由特定承租人使用，承租人对租赁物的使用情况最为了解，故由承租人负责维修，更加有利于发挥租赁物的性能。

（5）返还租赁物。承租人不按约定或者法律规定支付租金，出租人由此主张解除合同并收回租赁物时；或者因出租人和承租人对租赁期间届满时租赁物的归属没有约定或约定不明而使得租赁物的所有权归出租人时，承租人有义务返还租赁物。

法律应用

1. 融资租赁合同无效的情形有下列几种：（1）出租人不具有从事融资租赁经营范围的；（2）承租人与供货人恶意串通，骗取出租人资金的；（3）以融资租赁合同形式规避国家有关法律、法规的；（4）依照有关法律、法规的规定应认定为无效的。融资租赁合同被确定为无效后，应区分下列情形分别处理：（1）因承租人的过错造成合同无效，出租人不要求返还租赁物的，租赁物可以不予返还，但承租人应赔偿因其过错给出租人造成的损失；（2）因出租人的过错造成合同无效，承租人要求退还租赁物的，可以退还租赁物，如有损失，出租人应赔偿相应损失；（3）因出租人和承租人的共同过错造成合同无效的，可以返还租赁物，并根据过错大小各自承担相应的损失和赔偿责任。租赁物正在继续使用且发挥效益的，对租赁物是否返还，可以协商解决；协商不成的，由法院根据实际情况作出判决。

2. 融资租赁是与实体经济联系最为密切的金融交易形式。在支持工业企业设备更新、促进农业经济的规模化、推动航运业发展以及解决小微企业融资难等方面均发挥了不可替代的重要作用。客观地说，在我国融资租赁行业获得高速发展的同时，一些融资租赁公司所从事的融资租赁业务也存在不够规范的问题，比如，有的合同虽然名为融资租赁合同，但实际上并无实际的租赁物，从当事人的权利义务约定上看，仅有资金的借贷，而无租赁物的占用、使用。有的虽有租赁物，但租赁物的价值与租金构成并无直接关联或差异过大，合同中约定的租金体现的不是租赁物的购买价值及出租人的成本利润，而是承租人占用资金的利息成本。就这些合同的性质问题，各界存有不同认识。《最高人民法院关于审理融资租赁合同纠纷案件适用法律问题的解释》第1条对此作出了明确规定：人民法院应当根据《合同法》第237条的规定，结合标的物的性质、价值、租金的构成以及当事人的合同权利和义务，对是否构成融资租赁法律关系作出认定。对名为融资租赁合同，但实际不构成融资租赁法律关系的情形，人民法院按其实际构成的法律关系处理。由此可以看出，司法解释严格坚持融资租赁交易所具有的融资与融物相结合的特征，不认可仅有资金空转的“融资租赁合同”，以促进金融与实业的结合，规范和引导融资租赁业务及行业的健康发展。

思考题

1. 简述融资租赁的概念与特征。
2. 简述融资租赁的法律性质。
3. 简述我国融资租赁的立法情况。
4. 简述融资租赁合同的概念与特征。
5. 简述出租人的权利与义务。
6. 简述承租人的权利与义务。

历年司法考试题

1. 甲、乙、丙三人签订合伙协议并开始经营，但未取字号，未登记，也未推举负责人。其间，合伙人与顺利融资租赁公司签订融资租赁合同，租赁淀粉加工设备一台，约定租赁期限届满后设备归承租人所有。合同签订后，出租人按照承租人的选择和要求向设备生产商丁公司

支付了价款。如租赁期间因设备自身原因停机，造成承租人损失。下列说法正确的是（　　）（2016 年）

A. 出租人应减少租金

B. 应由丁公司修理并赔偿损失

C. 承租人向丁公司请求承担责任时，出租人有协助义务

D. 出租人与丁公司承担连带责任

答案及解析：B、C 项。选项 A、D 错误。《合同法》第 244 条规定，租赁物不符合约定或者不符合使用目的的，出租人不承担责任，但承租人依赖出租人的技能确定租赁物或者出租人干预选择租赁物的除外。据此可知，因设备自身原因停机而给承租人造成的损失，出资人不承担责任。选项 B 正确。《合同法》第 111 条规定，质量不符合约定的，应当按照当事人的约定承担违约责任。对违约责任没有约定或者约定不明确，依照本法第六十一条的规定仍不能确定的，受损害方根据标的的性质以及损失的大小，可以合理选择要求对方承担修理、更换、重作、退货、减少价款或者报酬等违约责任。该法第一百一十二条规定，当事人一方不履行合同义务或者履行合同义务不符合约定的，在履行义务或者采取补救措施后，对方还有其他损失的，应当赔偿损失。据此可知，若丁公司提供的设备质量不符合约定的，应由其履行修理义务，并赔偿损失。选项 C 正确。《合同法》第 240 条规定，出租人、出卖人、承租人可以约定，出卖人不履行买卖合同义务的，由承租人行使索赔的权利。承租人行使索赔权利的，出租人应当协助。

2. 甲融资租赁公司与乙公司签订融资租赁合同，约定乙公司向甲公司转让一套生产设备，转让价为评估机构评估的市场价 200 万元，再租给乙公司使用 2 年，乙公司向甲公司支付租金 300 万元。合同履行过程中，因乙公司拖欠租金，甲公司诉至法院。下列哪些选项是正确的？（　　）（2017 年）

A. 甲公司与乙公司之间为资金拆借关系

B. 甲公司与乙公司之间为融资租赁合同关系

C. 甲公司与乙公司约定的年利率超过 24%的部分无效

D. 甲公司已取得生产设备的所有权

答案及解析：B、D 项。选项 A 错误，选项 B 正确。《融资租赁合同司法解释》第 2 条规定，承租人将其自有物出卖给出租人，再通过融资租赁合同将租赁物从出租人处租回的，人民法院不应仅以承租人和出卖人系同一人为由认定不构成融资租赁法律关系。据此可知，甲公司与乙公司之间仍构成融资租赁合同关系。选项 C 错误。《民间借贷司法解释》第 26 条规定，借贷双方约定的利率未超过年利率 24%，出借人请求借款人按照约定的利率支付利息的，人民法院应予支持。借贷双方约定的利率超过年利率 36%，超过部分的利息约定无效。借款人请求出借人返还已支付的超过年利率 36%部分的利息的，人民法院应予支持。选项 D 正确。根据《合同法》第 242 条的规定，融资租赁期间，出租人享有租赁物的所有权。本题中，乙公司将生产设备转让给甲公司，甲公司作为出租人已经取得了该生产设备的所有权。

第十六章 保险市场法律制度

重点问题

1. 保险合同的特征
2. 保险合同的当事人、关系人的权利、义务
3. 保险合同的订立与履行
4. 保险合同的解释
5. 财产保险合同的内容
6. 人身保险合同的内容

第一节 保险市场概述

一、保险市场的概念与特征

保险市场是市场的一种形式。保险市场有广义和狭义之分：广义的保险市场是保险商品交换关系的总和；狭义的保险市场是保险商品的交换场所。保险市场的交易对象是保险人为消费者提供的保险经济保障。随着保险业的发展，由买卖双方直接参与的交换关系不适应发展的需要，保险中介力量应运而生，使得保险商品交换关系更加复杂。

保险市场具有以下特征：

1. 保险市场是直接的风险市场。保险企业的经营对象就是风险，保险市场所交易的对象是保险人对投保人转嫁的各类风险提供经济保障，所以本身就直接与风险关联。风险的客观存在和发展是保险市场形成与发展的基础和前提。没有风险，投保人或被保险人就没有通过保险市场寻求保险保障的必要。

2. 保险市场是非即时清结市场。在保险交易活动中，风险的不确定性和保险的射幸性使得交易双方都不可能确切知道交易结果，故不能立刻清结。保险当事人通过订立保险合同来确立双方当事人的保险关系。保险交易的最终交易结果要看双方约定的保险事件是否发生，故保险市场是非即时清结市场。

3. 保险市场是特殊的“期货”交易市场。由于保险的射幸性，保险市场所成交的任何一笔交易，都是保险人对未来风险事件发生所致经济损失进行补偿的承诺。而保险人是否履约即是否对某一特定的对象进行经济补偿，取决于合同约定的风险是否发生。这实际上交易的是一种“灾难期货”。因此，保险市场是一种特殊的“期货”市场。

二、保险市场的构成要素

保险市场一般由保险主体、保险商品和保险价格三个要素构成。

一个完整的保险市场，其保险市场主体一般由投保人、保险人和保险中介三方构成。投保人是保险商品的购买者，是保险需求者；保险人是保险商品的卖者，是保险供给者；保险中介是为保险商品的交易提供中介服务的人，包括保险代理人、保险经纪人和保险公估人。根据保险市场主体的参与度，保险市场展业有三种方式：保险人直接展业、保险代理人展业、保险经纪人展业。我国保险市场展业方式是保险代理人展业和保险经纪人展业并存，以保险代理人展业为主。

保险商品是保险市场的客体，它是保险人向被保险人提供的在保险事故发生时给予经济保障的承诺，其形式是保险合同。保险合同是保险商品的载体，其内容是在保险事故发生时保险人提供经济保障承诺。

保险价格就是保险商品的价格，也就是投保人所缴纳的保险费。它是被保险人为取得保险保障而由投保人向保险人支付的价金。

三、保险市场的分类

现代保险市场一般有以下主要分类。

1. 原保险市场和再保险市场。这是按保险业务承保的程序进行的分类。原保险市场亦称直接业务市场，是保险人与投保人之间通过订立保险合同而直接建立保险关系的市场。再保险市场亦称分保市场，是原保险人将已经承保的直接业务通过再保险合同转分给再保险人的方式形成保险关系的市场。

2. 人身保险市场和财产保险市场。这是按照保险业务性质进行的分类。人身保险市场是提供各种人身保险商品的市场。人身保险除了包括人寿保险外，还有健康保险和人身意外伤害险。财产保险市场是从事各种财产保险商品交易的市场。财产保险又分为财产损失险、责任保险、信用保证保险三大类。

3. 国内业务市场和国际保险市场。这是按保险业务活动的空间进行的分类。国内业务市场是专门为本国境内提供各种保险商品的市场，按经营区域范围又可分为全国性保险市场和区域性保险市场。国际保险市场是国内保险人经营国外保险业务的保险市场。

4. 按照保险市场的竞争程度，可以分为完全竞争模式、完全垄断模式、垄断竞争模式、寡头垄断模式。

第二节　保险合同概述

一、保险合同的概念与特征

（一）保险合同的概念

保险是指投保人根据合同的约定，向保险人支付保险费，保险人对于合同约定的可能发生的事故因其发生所造成的财产损失承担赔偿保险金责任，或者当被保险人死亡、伤残、疾病或者达到合同约定的年龄、期限时，承担给付保险金责任的商业保险行为。保险合同是投保人与保险人约定保险权利义务关系的协议。

（二）保险合同的特征

保险合同除具有合同的一般特征之外，还具有以下特征：

1. 双务性。双务合同是指合同双方当事人都负有一定的义务。在保险合同中，投保人负有交付保险费的义务。保险人的主要义务是提供保险保障的承诺，即在保险事故发生后支付保险金。

2. 有偿性。有偿合同是指合同的当事人要就其所享有的权利支付对价。保险合同为有偿合同。对于投保人而言，投保人通过订立保险合同来转移和分散风险，要求保险人承担保险责任，应当按照约定向保险人支付保险费，保险费为保险人承担保险责任的对价。对保险人而言，保险人向投保人收取保险费，相对应地承担保险责任。

3. 射幸性。射幸合同是指在合同成立时，当事人应为的给付，取决于合同成立后偶然事件的发生。保险合同是射幸合同，是指保险合同约定的保险事故是否发生或何时发生是不确定的事件。除人身保险中的终身死亡保险和两全保险外，保险事故均可能发生，也可能不发生。投保人向保险人交付保险费后，能否获得补偿或给付，具有偶然性。

4. 附合性。附合合同是指合同的内容不是由双方当事人协商确定的，而是由一方当事人预先拟定，另一方当事人作出是否同意的意思表示。

5. 最大诚信性。合同的订立都要求当事人诚实和守信用，保险合同也不例外。《保险法》第5条规定，保险活动当事人行使权利、履行义务应当遵循诚实信用原则。《保险法》第16条规定，“订立保险合同，保险人就保险标的或者被保险人的有关情况提出询问的，投保人应当如实告知……保险人在合同订立时已经知道投保人未如实告知的情况的，保险人不得解除合同；发生保险事故的，保险人应当承担赔偿或给付保险金的责任”。

6. 非要式性。合同的非要式性是指合同只需当事人意思表示一致即可成立，无须具备一定的方式。《保险法》第13条规定：“投保人提出保险要求，经保险人同意承保，保险合同成立。保险人应当及时向投保人签发保险单或者其他保险凭证。保险单或者其他保险凭证应当载明当事人双方约定的合同内容。”

二、保险合同的当事人、关系人的权利、义务

（一）保险合同当事人的权利、义务

保险合同的当事人是指直接享有合同权利和承担合同义务的人。保险合同的当事人是保险人和投保人。

1. 保险人

保险人是指与投保人订立保险合同，并承担赔偿或者给付保险金责任的保险公司。保险人在绝大多数下是法人组织而不是自然人，一般不允许个人经营保险业务。因为保险业务经营具有广泛的社会性，关系到社会公共利益，必须进行严格的监管；保险业务风险较大，要求保险组织拥有相当的业务经营规模和资金实力，这是个人经营无法达到的。

保险人的权利和义务表现为：在订立保险合同时对保险条款说明的义务；收取保险费的权利；在合同约定的保险事故发生时承担保险责任的义务。

2. 投保人

投保人是指与保险人订立保险合同，并按照保险合同负有支付保险费义务的人。投保人可以是自然人，也可以是法人或其他组织。

投保人应具有民事行为能力。投保人为法人时，其民事行为能力依其设立时取得的法律资格来确定；投保人为自然人的民事行为能力，保险法没有作专门规定，应适用民法的一般规定。

投保人对保险标的必须具有保险利益。《保险法》第12条第1款规定：“人身保险的投保人在保险合同订立时，对被保险人应当具有保险利益。财产保险的被保险人在保险事故发生时，对保险标的应当具有保险利益。”

保险利益是指投保人对保险标的具有的法律上承认的利益。在人身保险中，投保人对下列人员具有保险利益：（1）本人；（2）配偶、子女、父母；（3）前项以外与投保人有抚养、赡养或者扶养关系的家庭其他成员、近亲属；（4）与投保人有劳动关系的劳动者。除前款规定外，被保险人同意投保人为其订立合同的，视为投保人对被保险人具有保险利益。

投保人的权利与义务表现为：在订立保险合同时履行如实告知义务；在合同成立后承担交付保险费的义务；危险增加时的通知义务；在保险事故发生时的通知义务以及请求保险人赔偿或给付保险金的权利。

（二）保险合同的关系人的权利、义务

保险合同的关系人是指因保险合同的成立而享受合同利益或承担某些义务的人。保险合同的关系人包括被保险人和受益人。

1. 被保险人

被保险人是指其财产或者人身受保险合同保障，享有保险金请求权的人。投保人可以为被保险人。

被保险人是受保险合同保障的人。被保险人与投保人之间的关系，存在两种情形：一是投保人与被保险人是一个人。在这种情况下，投保人是为自己的利益投保，保险合同一经成立，投保人即为被保险人。二是投保人与被保险人分属两人。在此情况下，投保人是为他人利益投保。

2. 受益人

受益人是指人身保险合同中由被保险人或者投保人指定的享有保险金请求权的人。投保人、被保险人可以为受益人。依我国《保险法》的规定，受益人仅适用于人身保险合同。关于财产保险合同中可否存在受益人，存在争议。

人身保险的受益人由被保险人或者投保人指定。投保人指定受益人时须经被保险人同意。被保险人为无民事行为能力人或者限制民事行为能力人的，可以由其监护人指定受益人。

被保险人或者投保人可以指定一人或者数人为受益人。受益人为数人的，被保险人或者投保人可以确定受益顺序和受益份额；未确定受益份额的，受益人按照相等份额享有受益权。被保险人或者投保人可以变更受益人并书面通知保险人。保险人收到变更受益人的书面通知后，应当在保险单或者其他保险凭证上批注或者附贴批单。投保人变更受益人时须经被保险人同意。

受益人基于人身保险合同所享有的保险金的请求权即为受益权，受益人在保险事故发生后，有权向保险人主张保险金的给付。

三、保险合同的辅助人的权利、义务

（一）保险代理人的权利、义务

保险代理是一种委托代理，代理人根据保险代理合同，根据委托人的授权从事保险代理业务。保险代理人的权利和义务体现在保险代理合同之中。根据保险代理合同，保险代理人享有保险代理权，保险代理行为的法律后果由被代理人（保险人）承担。保险代理人必须在授权范围内开展保险代理业务，故其对保险人的义务为不得超越代理权代理，否则应对保险人承担责任。保险代理人在代理事务完成后，可以向保险人要求支付保险代理费用。

（二）保险经纪人的权利、义务

保险经纪人基于投保人的利益办理保险事宜，以自己的名义办理保险业务，并独立承担自己行为的后果。保险经纪人有遵守保险经纪业务规则的义务、营业禁止的义务，保险经纪人因自己的过错而给他人造成损失的，应承担损害赔偿的后果。保险经纪人有权收取佣金。

四、保险合同的内容

根据《保险法》第18条的规定，保险合同应当包括下列事项：

1. 保险人名称和住所。
2. 投保人、被保险人名称和住所，以及人身保险的受益人的名称和住所。
3. 保险标的。
4. 保险责任和责任免除。
5. 保险期间和保险责任开始时间。
6. 保险金额。
7. 保险费以及支付办法。
8. 保险金赔偿或者给付办法。
9. 违约责任和争议处理
10. 订立合同的年、月、日。

投保人和保险人可以约定与保险有关的其他事项。

五、保险合同的订立与履行

（一）保险合同的订立

1. 保险要约和承诺

保险合同的订立是指保险缔约人作出意思表示并形成合意的过程。保险合同的订立要经过要约和承诺两个阶段。

《保险法》第13条规定：“投保人提出保险要求，经保险人同意承保，保险合同成立。保险人应当及时向投保人签发保险单或者其他保险凭证。”

2. 如实告知义务。

保险合同是最大诚信合同，投保人在订立合同时，对有关危险的重要事实，应据实告知保险人。《保险法》第16条第1款规定：“订立保险合同，保险人就保险标的或者被保险人的有关情况提出询问的，投保人应当如实告知。”从该规定可以看出，投保人告知义务的范围采取了“询问回答主义”，即义务人只需就保险人询问的事项，如实回答；于保险人没有询问的事项，投保人没有告知的义务。

投保人如果违反如实告知义务，应承担相应的法律后果。投保人故意不履行如实告知义务的，或者因重大过失未履行如实告知义务，足以影响保险人决定是否同意承保或者提高保险费率的，保险人有权解除保险合同。投保人故意不履行如实告知义务的，保险人对于保险合同解除前发生的保险事故，不承担赔偿或者给付保险金的责任，并不退还保险费。投保人因重大过失未履行如实告知义务，对保险事故的发生有严重影响的，保险人对于保险合同解除前发生的保险事故，不承担赔偿或者给付保险金的责任，但应当退还保险费。

3. 说明义务

说明义务是指订立保险合同时保险人向投保人说明保险合同条款内容的义务。保险合同是附合合同，以格式合同的形式订立。投保人订立保险合同，很大程度上是因为信赖保险人就其保险条款的内容所作的解释和说明。

订立保险合同，采用保险人提供的格式条款的，保险人向投保人提供的投保单应当附格式条款，保险人应当向投保人说明保险合同的内容。如果保险人违反说明义务，《保险法》第17条第2款规定："对保险合同中免除保险人责任的条款，保险人在订立合同时应当在投保单、保险单或者其他保险凭证上作出足以引起投保人注意的提示，并对该条款的内容以书面或者口头形式向投保人作出明确说明；未作提示或者明确说明的，该条款不产生效力。"

（二）保险合同的履行

保险合同的履行，是指保险合同当事人依据保险合同约定全面、适当地履行各自的义务，以实现权利的行为。

1. 投保人（被保险人）义务的履行

(1) 保险费的交付义务。《保险法》第14条规定，保险合同成立后，投保人按照约定交付保险费，保险人按照约定的时间开始承担保险责任。保险费是投保人交付给保险人作为保险人承担保险责任对价的金钱。投保人应按照合同约定的方式、数额、时间及地点向保险人交纳保险费。

(2) 防灾减损义务。被保险人应当遵守国家有关消防、安全、生产操作、劳动保护等方面的规定，维护保险标的的安全。根据合同的约定，保险人可以对保险标的的安全状况进行检查，及时向投保人、被保险人提出消除不安全因素和隐患的书面建议。投保人、被保险人未按照约定履行其对保险标的的安全应尽的责任的，保险人有权要求增加保险费或者解除合同。保险人为维护保险标的的安全，经被保险人同意，可以采取安全预防措施。

(3) 危险增加的通知义务。在合同有效期内，保险标的危险程度显著增加的，被保险人应当按照合同约定及时通知保险人，保险人可以按照合同约定增加保险费或者解除合同。被保险人未履行前述规定的通知义务的，因保险标的危险程度显著增加而发生的保险事故，保险人不承担赔偿保险金责任。

(4) 出险通知义务。投保人、被保险人或者受益人知道保险事故发生后，应当及时通知保险人。我国《保险法》对通知的期限没有规定，实践中取决于保险合同中的约定。

(5) 保险事故发生时的施救义务。保险事故发生时，被保险人应当尽力采取必要的措施，防止或者减少损失。保险事故发生后，被保险人为防止或者减少保险标的的损失所支付的必要的、合理的费用，由保险人承担；保险人所承担的数额在保险标的损失赔偿金额以外另行计算，最高不超过保险金额的数额。

2. 保险人义务的履行

(1) 保险责任承担义务。

(2) 承担必要合理费用的义务。

(3) 保密义务。

六、保险合同的解释

在保险活动中，当事人对保险合同中的内容发生争执时，需要通过解释保险合同明确双方的权利和义务。保险合同的解释，就是对保险合同条款的理解和说明。当保险合同双方当事人就保险合同内容发生争议时，应从最大诚信和公平原则出发，综合考虑保险条款的性质、目的、内容等诸多因素，对保险合同的内容予以解释。

（一）文义解释

保险合同条款应按照某一用语通常的文字含义并结合上下文来解释。在保险条款中使用的日常生活用语已提升为法律用语，其特殊意义与一般日常用语不同，故应按照该行业通用的含义来解释。

（二）目的解释

目的解释也称意图解释，是对于保险合同中某些用语含糊、文义不清的规定，把保险合同的文字条款与签订合同时的背景、意愿等联系起来进行逻辑推理，以探究当事人订立合同时的真实意思。

（三）不利于保险人的解释

保险条款是保险人事先印就并重复使用的格式条款，保险人在拟定保险条款时难免会更多地考虑自身利益。被保险人受专业知识和时间的局限，往往不会对保险条款作细致深入的研究。为了避免保险人拟定的保险条款规定模棱两可，损害被保险人的利益。保险人与投保人、被保险人或受益人对合同条款有争议的，应当按照通常理解予以解释。对合同条款有两种以上解释的，应作不利于保险人而有利于被保险人和受益人的解释。

第三节　财产保险合同

一、财产保险合同的概念与特征

财产保险合同是指投保人与保险人订立的，投保人以财产及有关利益作为保险标的，向保险人交纳保险费，保险人在保险事故发生时承担赔偿责任的保险合同。我国《保险法》第12条第4款规定，“财产保险是以财产及其有关利益为保险标的的保险”。

财产保险合同除具有一般保险合同的共同特征之外，还具有自己的特征：

1. 财产保险合同的保险标的是财产及其有关利益。财产指的是一切有形的动产与不动产；有关利益是指基于权利而产生的现有利益。

2. 财产保险合同是补偿性保险合同。财产保险合同贯彻损害填补原则，以赔偿被保险人的损失为目的，无损失无赔偿。

3. 财产保险合同的保险金额不得超过保险价值。超过保险价值的，超过的部分无效。

二、财产保险合同的分类

我国《保险法》规定了财产保险业务范围，财产保险业务，包括财产损失保险、责任保险、信用保险等保险业务。

《保险公司管理规定》第47条对财产保险业务作了更详细的规定：经保监会核定，财产保险公司可以经营下列全部或者部分保险业务：（1）财产损失保险；（2）责任保险；（3）法定责任保险；（4）信用保险和保证保险；（5）农业保险；（6）其他财产保险业务；（7）短期健康保险和意外伤害保险；（8）上述保险业务的再保险业务。

三、财产保险合同的内容

（一）保险标的

财产保险的保险标的是财产及其有关利益。作为财产保险标的的“财产及其有关利益”必须是能够用货币衡量的财产或利益。投保人对保险标的必须具有保险利益。

（二）保险责任和除外责任

财产保险合同中的风险责任多属于不可抗力的自然灾害或意外事故。保险人的赔偿责任包括灾害事故引起的直接损失，不包括间接损失。

在财产保险合同中，保险人一般把下列情形作为除外责任范围：（1）战争、军事行动和动乱；（2）核子辐射或污染；（3）财产的自然损耗；（4）被保险人的故意行为。

（三）保险价值

保险标的的保险价值，可以由投保人和保险人约定并在合同中载明，也可以按照保险事故发生时保险标的的实际价值确定。前者被称为定值保险合同，后者被称为不定值保险合同。

（四）保险金额

保险金额是指保险人承担赔偿或者给付保险金责任的最高限额。在财产保险合同中，保险金额的确定有三种情形：保险金额与保险价值相等；保险金额超过保险价值；保险金额低于保险价值。保险金额等于保险价值的，为足额保险。被保险人因保险事故所发生的实际损失可以获得足够的赔偿，即损失多少补偿多少。保险金额超过保险价值的，为超额保险。保险金额不得超过保险价值；超过保险价值的，超过的部分无效。保险金额低于保险价值的，为不足额保险。保险金额低于保险价值的，除合同另有约定外，保险人按照保险金额与保险价值的比例承担赔偿责任。

（五）保险代位

保险代位是保险补偿原则的重要体现，目的在于防止被保险人获得超额补偿。因第三者对保险标的的损害而造成保险事故的，保险人自向被保险人赔偿保险金之日起，在赔偿金额范围内代位行使被保险人对第三者请求赔偿的权利。在保险事故发生后，被保险人已经从第三者处取得损害赔偿的，保险人赔偿保险金时，可以相应扣减被保险人从第三者处已取得的赔偿金额。保险人行使代位请求赔偿的权利，不影响被保险人就未取得赔偿的部分向第三者请求赔偿的权利。

（六）重复保险

重复保险是指投保人对同一保险标的、同一保险利益、同一保险事故分别与两个以上保险人订立保险合同的保险。重复保险的投保人应当将重复保险的有关情况通知各保险人。重复保险的保险金额总和超过保险价值的，各保险人的赔偿金额的总和不得超过保险价值。除合同另有约定外，各保险人按照其保险金额与保险金额总和的比例承担赔偿责任。

第四节　人身保险合同

一、人身保险合同的概念与特征

人身保险合同，是指投保人和保险人约定的，由投保人向保险人支付保险费，保险人在被保险人死亡、伤残、疾病或者达到合同约定的年龄期限时承担给付保险金责任的合同。

人身保险合同具有保险合同的基本特征，但其与财产保险合同相比较，有以下法律特征：

1. 保险标的的不可估价性。在人身保险合同中，保险标的是被保险人的寿命和身体。以被保险人的寿命和身体为存在形式的保险利益，是不能，也无法用金钱价值予以准确衡量的。

2. 保险金的定额给付性。人身保险合同的保险金额，不能以保险标的的价值为依据，而是由合同双方当事人协商确定一个数额，在保险事故发生时，保险人不必考虑保险事故是否给被保险人造成经济损失以及损失金额，只需按照合同约定的定额给付保险金。

3. 保险费支付的非诉讼性。[①] 在人身保险合同中，保险人对人身保险的保险费，不得用诉讼方式要求投保人支付。

4. 保险责任准备金的储蓄性。人身保险合同主要以投保人多次交纳的保险费集中起来，构成人身保险责任准备金，而最终由保险人以保险金的形式返还给被保险人或受益人，保险人充当着保险费资金管理人的角色，因此，人身保险合同具有储蓄性质。

二、人身保险合同的分类

根据保险危险的不同，可以把人身保险合同分为人寿保险合同、意外伤害保险合同和健康保险合同。[②]

人寿保险合同是以被保险人在一定期限内死亡或生存为给付保险金条件的人身保险合同。

意外伤害保险合同是以被保险人遭受意外伤害并致伤残或死亡为给付保险金条件的人身保险合同。

健康保险合同是以被保险人因疾病、分娩而致伤残或死亡为给付保险金条件的人身保险合同。

三、人身保险合同的内容

人身保险合同除了应具备保险合同条款的一般规定之外，还存在着特殊的、规定的条款。

（一）不可抗辩条款

不可抗辩是指保险人不得以被保险人在投保单上的误告或隐瞒事实为理由，而主张合同无效或拒绝赔偿。该条款是指在人身保险合同中所约定的，在被保险人生存期间，从人身保险合同成立之日起满一定时期（一般为 2 年）后，保险合同成为不可争议的文件，保险人不得以投保人在订立合同时违反诚信原则，未如实履行告知义务为由，而主张解除合同的条款。

（二）年龄误告条款

年龄误告条款是指投保人在投保时错误地申报了被保险人的年龄，所申报的被保险人年龄与实际年龄不符的条款。投保人申报的被保险人年龄不真实，并且其真实年龄不符合合同约定的年龄限制的，保险人可以解除合同，并在扣除手续费后，向投保人退还保险费，但是自合同成立之日起逾 2 年的除外。投保人申报的被保险人年龄不真实，致使投保人支付的保险费少于应付保险费的，保险人有权更正并要求投保人补交保险费，或者在给付保险金时按照实付保险费与应付保险费的比例支付。投保人申报的被保险人年龄不真实，致使投保人实付保险费多于

① 不得以诉讼方式要求支付保险费，解释上应以人寿保险的保险费为限。

② 在保险实践中，经营人身保险业务的保险公司，在习惯上被称为人寿保险公司，并无人身保险公司之称谓。人身保险与人寿保险并不是同一概念，人寿保险只是人身保险的一部分。

应付保险费的，保险人应当将多收的保险费退还投保人。

（三）宽限期条款

宽限期条款是指保险人和投保人在保险合同中约定的，允许投保人向保险人缓交保险费的期限的条款。我国《保险法》第36条规定："合同约定分期支付保险费，投保人支付首期保险费后，除合同另有约定外，投保人自保险人催告之日起超过三十日未支付当期保险费，或者超过规定的期限六十日未支付当期保险费的，合同效力中止，或者由保险人按照合同约定的条件减少保险金额。"

（四）复效条款

复效条款是指投保人因不能如期交纳保险费而导致保险合同效力中止后，重新恢复合同效力的条款。我国《保险法》第37条第1款规定："合同效力依照本法第三十六条规定中止的，经保险人与投保人协商并达成协议，在投保人补交保险费后，合同效力恢复。但是，自合同效力中止之日起满二年双方未达成协议的，保险人有权解除合同。"

（五）不丧失价值条款

不丧失价值条款是指投保人有权在合同有效期内选择以有利于自己的方式处置保险单上的现金价值的条款。除定期保险外，一般人身保险合同在交付一定期间的保险费后都有一定的现金价值，这种价值通常被称为不没收价值或不没收给付。

（六）贷款条款

贷款条款指的是投保人或被保险人在急需要资金而又不愿终止人身保险合同情形下，可以在其保险单具有的现金价值内，以保险单向保险人质押贷款。

（七）自杀条款

自杀条款是指在人身保险合同中，人身保险的被保险人在投保后一定期间内自杀者，保险人不承担保险金的给付义务，仅退还保险单的现金价值，但经过法定期间后自杀的，保险人应承担保险责任的条款。我国《保险法》第44条规定："以被保险人死亡为给付保险金条件的合同，自合同成立或者合同效力恢复之日起二年内，被保险人自杀的，保险人不承担给付保险金的责任，但被保险人自杀时为无民事行为能力人的除外。"

（八）战争条款

战争条款是指在人身保险合同有效期间，如果被保险人因战争或军事行动死亡或残疾，保险人不承担给付保险金的责任的条款。

法律应用

1. 保险合同属于诺成性合同。《保险法》第13条规定："投保人提出保险要求，经保险人同意承保，保险合同成立。保险人应当及时向投保人签发保险单或者其他保险凭证。保险单或者其他保险凭证应当载明当事人双方约定的合同内容……"第14条规定："保险合同成立后，投保人按照约定交付保险费；保险人按照约定的时间开始承担保险责任。"由于保险单的签发和保险费的交纳均系合同成立后的履行义务行为，保险单只具有证明合同成立的作用而非保险合同，据此可以认定保险合同属于诺成性合同。

2. 保险合同中规定有保险责任免除条款的，保险人应当向投保人明确说明，未明确说明的，该条款不发生法律效力。这里所规定的"明确说明"，是指保险人在与投保人签订保险合同之前或者签订保险合同之时，对于保险合同中所约定的免责条款，除了在保险单上提示投保人注意外，还应当对有关免责条款的概念、内容及法律后果等，以书面或者口头形式向投保人或其代理人作出解释，以使投保人明了该条款的真实含义和法律后果。

3. 被保险人未签字的以死亡为给付保险金条件的保险合同的效力。在投保人和被保险人不是同一人的情形下，应当严格按照《保险法》第 34 条的规定执行，认定保险合同无效。这是基于保险的特性，从防范道德风险，保护被保险人利益的角度出发所作的规定，司法实践中不应当突破。由于保险公司和投保人对此类保险合同须由被保险人签字确认均应明知，对于保险合同的无效，双方均有过错，保险人作为专业性保险公司，对保险合同无效应当承担主要的缔约过失责任。在损失认定上，由于被保险人未签名确认保险合同且已死亡，则被保险人是否同意已不可知，在被保险人不同意的情形上，并不存在信赖利益损失问题。因此，实体处理上应当判令保险人返还投保人所交纳的保险费，但保险人不应当承担其他赔偿义务。

思考题

1. 保险合同具有哪些法律特征？
2. 根据我国《保险法》的规定，保险合同应当包括哪些事项？
3. 保险合同当事人的权利、义务有哪些？
4. 简述投保人违反如实告知义务应承担的法律后果。
5. 简述财产保险合同的内容。
6. 简述人身保险合同的特有条款。

历年司法考试题

1. 根据《保险法》规定，人身保险投保人对下列哪一类人员具有保险利益？（　　）（2010 年）

A. 与投保人关系密切的邻居

B. 与投保人已经离婚但仍一起生活的前妻

C. 与投保人有劳动关系的劳动者

D. 与投保人合伙经营的合伙人

答案及解析：C 项。订立保险合同的基础就是保险利益，保险利益是投保人或者被保险人对保险标的具有的法律上承认的利益。在人身保险中，根据《保险法》第 31 条规定，投保人享有保险利益的对象包括：(1) 本人；(2) 配偶、子女、父母；(3) 前项以外与投保人有抚养、赡养或者扶养关系的家庭其他成员、近亲属；(4) 与投保人有劳动关系的劳动者；(5) 被保险人同意投保人为其订立合同的，视为投保人对被保险人具有保险利益。根据该条规定，A 项中即使是关系密切的邻居，如果该邻居不同意也不具有保险利益，A 不当选；同理，D 中与投保人合伙经营的合伙人，如果合伙人不同意则不具有保险利益，D 不当选。B 中与投保人已经离婚但是仍然一起生活的前妻，在法律上已经不是投保人的配偶，不具有保险利益，B 不当选。C 项与投保人有劳动关系的劳动者属于投保人对被保险人具有保险利益的情形。故选 C。

2. 2007 年 7 月，陈某为其母投保人身保险时，为不超过保险公司规定的承保年龄，在申报被保险人年龄时故意少报了二岁。2009 年 9 月保险公司发现了此情形。对此，下列哪些选项是正确的？（　　）（2010 年）

A. 保险公司有权解除保险合同，但需退还投保人已交的保险费

B. 保险公司无权解除保险合同

C. 如此时发生保险事故，保险公司不承担给付保险金的责任

D. 保险人有权要求投保人补交少交的保险费，但不能免除其保险责任

答案及解析：B、D项。关于人身保险合同中投保人故意隐瞒年龄的后果，《保险法》第32条规定，投保人申报的被保险人年龄不真实，并且其真实年龄不符合合同约定的年龄限制的，保险人可以解除合同，并按照合同约定退还保险单的现金价值。保险人行使合同解除权，适用本法第16条第3款、第6款的规定。投保人申报的被保险人年龄不真实，致使投保人支付的保险费少于应付保险费的，保险人有权更正并要求投保人补交保险费，或者在给付保险金时按照实付的保险费与应付保险费的比例支付。投保人申报的被保险人年龄不真实，致使投保人支付的保险费多于应付保险费的，保险人应当将多收的保险费退还投保人。出于对投保人利益的保护，法律对于保险人在上述情形下的合同解除权做了一定的限制，《保险法》第16条第3款规定，合同解除权，自保险人知道有解除事由之日起，超过30日不行使而消灭。自合同成立之日起超过2年的，保险人不得解除合同；发生保险事故的，保险人应当承担赔偿或者给付保险金的责任。《保险法》第16条第6款规定，保险人在合同订立时已经知道投保人未如实告知的情况的，保险人不得解除合同；发生保险事故的，保险人应当承担赔偿或者给付保险金的责任。本题中，保险公司发现投保人陈某谎报被保险人年龄时已经超过两年，保险人不再享有合同解除权而只能更正，故A错，B正确。保险公司既然只能更正而不能解除保险合同，该保险合同自然有效，如果发生保险事故，保险公司自然应当承担给付保险金的义务，故C错。因为本题中投保人故意少报了2岁，故其实付保费低于应付保费，保险人有权要求陈某补交保险费，或者在给付保险金时按照实付保险费与应付保险费的比例支付，但不能免除保险责任，故D正确。

3. 张三向保险公司投保了汽车损失险。某日，张三的汽车被李四撞坏，花去修理费5 000元。张三向李四索赔，双方达成如下书面协议：张三免除李四修理费1 000元，李四将为张三提供3次免费咨询服务，剩余的4 000元由张三向保险公司索赔。后张三请求保险公司按保险合同支付保险金5 000元。下列哪一说法是正确的？(　　)(2011年)

A. 保险公司应当按保险合同全额支付保险金5 000元，且不得向李四求偿

B. 保险公司仅应当承担4 000元保险金的赔付责任，且有权向李四求偿

C. 因张三免除了李四1 000元的债务，保险公司不再承担保险金给付责任

D. 保险公司应当全额支付5 000元保险金，再向李四求偿

答案及解析：B项。《保险法》第60条第1款规定，因第三者对保险标的的损害而造成保险事故的，保险人自向被保险人赔偿保险金之日起，在赔偿金额范围内代位行使被保险人对第三者请求赔偿的权利。据此可知，若保险公司向张三支付了保险金的，是可以向李四进行追偿的。选项B正确，选项C、D错误。《保险法》第61条第1款规定，保险事故发生后，保险人未赔偿保险金之前，被保险人放弃对第三者请求赔偿的权利的，保险人不承担赔偿保险金的责任。本题中，在保险事故发生后，保险人赔偿保险金之前，被保险人张三放弃了对第三者李四的部分赔偿请求权，那么保险人对放弃部分不再承担赔付保险金的责任，而非对全部保险金不再承担赔偿责任。因此，保险公司仅应承担4 000元保险金的赔付责任，且有权向李四求偿。

4. 依据《保险法》规定，保险合同成立后，保险人原则上不得解除合同。下列哪些情形下保险人可以解除合同？(　　)(2011年)

A. 人身保险中投保人在交纳首期保险费后未按期交纳后续保费

B. 投保人虚报被保险人年龄，保险合同成立已1年6个月

C. 投保人在投保时故意未告知投保汽车曾遇严重交通事故致发动机受损的事实

D. 投保人未履行对保险标的安全维护之责任

答案及解析：B、C、D项。A项，《保险法》第36条第1款规定，合同约定分期支付保险费，投保人支付首期保险费后，除合同另有约定外，投保人自保险人催告之日起超过30日未支付当期保险费，或者超过约定的期限60日未支付当期保险费的，合同效力中止，或者由保险人按照合同约定的条件减少保险金额。第37条第1款规定，合同效力依照本法第36条规定中止的，经保险人与投保人协商并达成协议，在投保人补交保险费后，合同效力恢复。但是，自合同效力中止之日起满2年双方未达成协议的，保险人有权解除合同。即A项中投保人交纳首期保费后，未按期交纳后续保费的，合同效力中止，或者由保险人按照合同约定的条件减少保险金额。自合同效力中止之日起满2年未达成协议的，保险人方有权解除合同。并不是投保人不按期交纳保费，保险人即享有合同解除权。

B项，《保险法》第32条第1款规定，投保人申报的被保险人年龄不真实，并且其真实年龄不符合合同约定的年龄限制的，保险人可以解除合同，并按照合同约定退还保险单的现金价值。保险人行使合同解除权，适用本法第16条第3款、第6款的规定。第16条第3款规定，前款规定的合同解除权，自保险人知道有解除事由之日起，超过30日不行使而消灭。自合同成立之日起超过2年的，保险人不得解除合同；发生保险事故的，保险人应当承担赔偿或者给付保险金的责任。题中保险合同成立1年6个月，尚未达到《保险法》第32条规定的2年期限，因此保险人可以以投保人谎报被保险人年龄为由解除保险合同。

C项，《保险法》第16条第2款规定，投保人故意或者因重大过失未履行前款规定的如实告知义务，足以影响保险人决定是否同意承保或者提高保险费率的，保险人有权解除合同。C项中的投保汽车曾发生严重交通事故，发动机受损的事实足以影响保险人决定是否同意承保或者提高保险费率，投保人故意不告知，保险人有权解除合同。

D项，《保险法》第51条第3款规定，投保人、被保险人未按照约定履行其对保险标的的安全应尽责任的，保险人有权要求增加保险费或者解除合同。D项中投保人未履行对保险标的的安全维护责任，保险人有权选择要求增加保费或解除合同。

5. 甲向某保险公司投保人寿保险，指定其秘书乙为受益人。保险期间内，甲、乙因交通事故意外身亡，且不能确定死亡时间的先后。该起交通事故由事故责任人丙承担全部责任。现甲的继承人和乙的继承人均要求保险公司支付保险金。下列哪一选项是正确的？（　　）（2012年）

A. 保险金应全部交给甲的继承人

B. 保险金应全部交给乙的继承人

C. 保险金应由甲和乙的继承人平均分配

D. 某保险公司承担保险责任后有权向丙追偿

答案及解析：A项。《保险法》第42条第2款规定，受益人与被保险人在同一事件中死亡，且不能确定死亡先后顺序的，推定受益人死亡在先。该条第1款第2项规定，受益人先于被保险人死亡，没有其他受益人的，保险金作为被保险人的遗产，由保险人依照《中华人民共和国继承法》的规定履行给付保险金的义务。本案中，被保险人甲与受益人乙在同一交通事故中意外身亡，根据《保险法》的规定，推定受益人乙死亡在先，因此，保险金应作为甲的遗产，由甲的继承人继承。

6. 甲参加乙旅行社组织的沙漠一日游，乙旅行社为此向红星保险公司购买了旅行社责任保险。丙客运公司受乙旅行社之托，将甲运送至沙漠，丙公司为此向白云保险公司购买了承运人责任保险。丙公司在运送过程中发生交通事故，致甲死亡，丙公司负事故全责。甲的继承人

为丁。在通常情形下，下列哪些表述是正确的？（　　）（2012 年）

A. 乙旅行社有权要求红星保险公司直接对丁支付保险金

B. 丙公司有权要求白云保险公司直接对丁支付保险金

C. 丁有权直接要求红星保险公司支付保险金

D. 丁有权直接要求白云保险公司支付保险金

答案及解析：A、B 项。《保险法》第 65 条第 2 款规定，责任保险的被保险人给第三者造成损害，被保险人对第三者应负的赔偿责任确定的，根据被保险人的请求，保险人应当直接向该第三者赔偿保险金。被保险人怠于请求的，第三者有权就其应获赔偿部分直接向保险人请求赔偿保险金。据此可知，在责任险中，被保险人乙旅行社和丙公司有权要求保险公司直接向丁支付保险金。而丁只有在被保险人怠于请求时，才有权就其应获赔偿部分直接向保险人请求赔偿保险金。

7. 甲公司将其财产向乙保险公司投保。因甲公司要向银行申请贷款，乙公司依甲公司指示将保险单直接交给银行。下列哪一表述是正确的？（　　）（2013 年）

A. 因保险单未送达甲公司，保险合同不成立

B. 如保险单与投保单内容不一致，则应以投保单为准

C. 乙公司同意承保时，保险合同成立

D. 如甲公司未缴纳保险费，则保险合同不成立

答案及解析：C 项。《保险法》第 13 条第 1 款规定，投保人提出保险要求，经保险人同意承保，保险合同成立。保险人应当及时向投保人签发保险单或者其他保险凭证。据此可知，保险合同自投保人与保险人达成合意时成立，保单是否送达、保费是否已经缴纳不影响保险合同的成立。选项 B 错误。《保险法解释（二）》第 14 条第 1 项规定，投保单与保险单或者其他保险凭证不一致的，以投保单为准。但不一致的情形系经保险人说明并经投保人同意的，以投保人签收的保险单或者其他保险凭证载明的内容为准。

8. 甲公司交纳保险费为其员工张某投保人身保险，投保单由保险公司业务员代为填写和签字。保险期间内，张某找到租用甲公司槽罐车的李某催要租金。李某与张某发生争执，张某打碎车窗玻璃，并挡在槽罐车前。李某怒将张某撞死。关于保险受益人针对保险公司的索赔理由的表述，下列哪些选项是正确的？（　　）（2013 年）

A. 投保单虽是保险公司业务员代为填写和签字，但甲公司交纳了保险费，因此保险合同成立

B. 张某的行为不构成犯罪，保险公司不得以此为由主张免责

C. 张某的行为属于合法的自助行为，保险公司应予理赔

D. 张某的死亡与张某的行为并无直接因果关系，保险公司应予理赔

答案及解析：A、B、D 项。本题考核人身保险合同。选项 A 正确。《保险法解释（二）》第 3 条第 1 款规定，投保人或者投保人的代理人订立保险合同时没有亲自签字或者盖章，而由保险人或者保险人的代理人代为签字或者盖章的，对投保人不生效。但投保人已经交纳保险费的，视为其对代签字或者盖章行为的追认。选项 B 正确。《保险法》第 45 条规定，因被保险人故意犯罪或者抗拒依法采取的刑事强制措施导致其伤残或者死亡的，保险人不承担给付保险金的责任。投保人已交足 2 年以上保险费的，保险人应当按照合同约定退还保险单的现金价值。本案中，张某不存在故意犯罪导致自身伤亡的行为，因此保险公司应当赔偿。选项 C 错误。本案中，张某的行为不属于合法的自助行为。选项 D 正确。张某的死亡与张某自己的行为之间不存在法律上的因果关系，属于他人的故意行为导致，与张某无关。因此，保险公司应当负责

赔偿。

9. 甲公司代理人谢某代投保人何某签字，签订了保险合同，何某也依约交纳了保险费。在保险期间内发生保险事故，何某要求甲公司承担保险责任。下列哪一表述是正确的？（　　）（2014 年）

A. 谢某代签字，应由谢某承担保险责任

B. 甲公司承保错误，无须承担保险责任

C. 何某已经交纳了保险费，应由甲公司承担保险责任

D. 何某默认谢某代签字有过错，应由何某和甲公司按过错比例承担责任

答案及解析：C 项。《保险法解释（二）》第 3 条第 1 款规定，投保人或者投保人的代理人订立保险合同时没有亲自签字或者盖章，而由保险人或者保险人的代理人代为签字或者盖章的，对投保人不生效。但投保人已经交纳保险费的，视为其对代签字或者盖章行为的追认。据此可知，投保人何某已经交纳了保险费，视为其对代签字行为的追认。因此，在保险期间内发生保险事故的，应由甲公司承担保险责任。C 项正确，A、B、D 项错误。

10. 关于投保人在订立保险合同时的告知义务，下列哪些表述是正确的？（　　）（2014 年）

A. 投保人的告知义务，限于保险人询问的范围和内容

B. 当事人对询问范围及内容有争议的，投保人负举证责任

C. 投保人未如实告知投保单询问表中概括性条款时，则保险人可以此为由解除合同

D. 在保险合同成立后，保险人获悉投保人未履行如实告知义务，但仍然收取保险费，则保险人不得解除合同

答案及解析：A、D 项。选项 A 正确，选项 B 错误。《保险法解释（二）》第 6 条第 1 款规定，投保人的告知义务限于保险人询问的范围和内容。当事人对询问范围及内容有争议的，保险人（而非“投保人”）负举证责任。选项 C 错误。《保险法解释（二）》第 6 条第 2 款规定，保险人以投保人违反了对投保单询问表中所列概括性条款的如实告知义务为由请求解除合同的，人民法院不予支持。但该概括性条款有具体内容的除外。选项 D 正确。《保险法解释（二）》第 7 条规定，保险人在保险合同成立后知道或者应当知道投保人未履行如实告知义务，仍然收取保险费，又依照《保险法》第 16 条第 2 款的规定主张解除合同的，人民法院不予支持。

11. 甲以自己为被保险人向某保险公司投保健康险，指定其子乙为受益人，保险公司承保并出具保单。两个月后，甲突发心脏病死亡。保险公司经调查发现，甲两年前曾做过心脏搭桥手术，但在填写投保单以及回答保险公司相关询问时，甲均未如实告知。对此，下列哪一表述是正确的？（　　）（2015 年）

A. 因甲违反如实告知义务，故保险公司对甲可主张违约责任

B. 保险公司有权解除保险合同

C. 保险公司即使不解除保险合同，仍有权拒绝乙的保险金请求

D. 保险公司虽可不必支付保险金，但须退还保险费

答案及解析：B 项。《保险法》第 16 条第 2 款规定，投保人故意或者因重大过失未履行前款规定的如实告知义务，足以影响保险人决定是否同意承保或者提高保险费率的，保险人有权解除合同。《保险法》第 16 条第 4 款规定，投保人故意不履行如实告知义务的，保险人对于合同解除前发生的保险事故，不承担赔偿或者给付保险金的责任，并不退还保险费。据此可知，保险公司选择解除保险合同的，才有权拒绝承担给付保险金的责任，并有权不退还保险费。若保险公司选择不解除保险合同的话，则应按照保险合同的约定向乙给付保险金。

12. 潘某请好友刘某观赏自己收藏的一件古玩，不料刘某一时大意致其落地摔毁。后得知，潘某已在甲保险公司就该古玩投保了不足额财产险。关于本案，下列哪些表述是正确的？（　　）（2015年）

A. 潘某可请求甲公司赔偿全部损失

B. 若刘某已对潘某进行全部赔偿，则甲公司可拒绝向潘某支付保险赔偿金

C. 甲公司对潘某赔偿保险金后，在向刘某行使保险代位求偿权时，既可以自己的名义，也可以潘某的名义

D. 若甲公司支付的保险金不足以弥补潘某的全部损失，则就未取得赔偿的部分，潘某对刘某仍有赔偿请求权

答案及解析：B、D项。选项A错误，《保险法》第55条第4款规定，保险金额低于保险价值的，除合同另有约定外，保险人按照保险金额与保险价值的比例承担赔偿保险金的责任。据此可知，潘某投保的是不足额保险，其不能请求甲公司赔偿全部损失，只能请求甲公司按照保险金额与保险价值的比例承担赔偿保险金的责任。选项B正确，《保险法》第60条第2款规定，保险事故发生后，被保险人已经从第三者处取得损害赔偿的，保险人赔偿保险金时，可以相应扣减被保险人从第三者处已取得的赔偿金额。据此可知，若刘某已对潘某进行了全部赔偿，则甲公司可以相应扣减全部赔偿额，即无须再向潘某支付保险赔偿金。选项C错误。《保险法解释（二）》第16条第1款规定，保险人应以自己的名义行使保险代位求偿权。据此可知，甲公司应以自己的名义行使保险代位求偿权，而不能以潘某的名义行使。选项D正确。《保险法》第60条第3款规定，保险人依照本条第1款规定行使代位请求赔偿的权利，不影响被保险人就未取得赔偿的部分向第三者请求赔偿的权利。据此可知，甲公司支付保险金后，不足以弥补的损失，潘某可向刘某请求赔偿。

13. 杨某为其妻王某购买了某款人身保险，该保险除可获得分红外，还约定若王某意外死亡，则保险公司应当支付保险金20万元。关于该保险合同，下列哪一说法是正确的？（　　）（2016年）

A. 若合同成立2年后王某自杀，则保险公司不支付保险金

B. 王某可让杨某代其在被保险人同意处签字

C. 经王某口头同意，杨某即可将该保险单质押

D. 若王某现为无民事行为能力人，则无需经其同意该保险合同即有效

答案及解析：B项。选项A错误，《保险法》第44条第1款规定，以被保险人死亡为给付保险金条件的合同，自合同成立或者合同效力恢复之日起2年内，被保险人自杀的，保险人不承担给付保险金的责任，但被保险人自杀时为无民事行为能力人的除外。据此可知，2年内自杀的，保险人不承担给付保险金的责任，2年后自杀的，保险人须承担给付保险金的责任。选项B正确，《保险法》第34条第1款规定，以死亡为给付保险金条件的合同，未经被保险人同意并认可保险金额的，合同无效。《保险法解释（三）》第1条规定，当事人订立以死亡为给付保险金条件的合同，根据《保险法》第34条的规定，“被保险人同意并认可保险金额”可以采取书面形式、口头形式或者其他形式；可以在合同订立时作出，也可以在合同订立后追认。有下列情形之一的，应认定为被保险人同意投保人为其订立保险合同并认可保险金额：（1）被保险人明知他人代其签名同意而未表示异议的；（2）被保险人同意投保人指定的受益人的；（3）有证据足以认定被保险人同意投保人为其投保的其他情形。据此可知，王某可让杨某代其在被保险人同意处签字。选项C错误，《保险法》第34条第2款规定，按照以死亡为给付保险金条件的合同所签发的保险单，未经被保险人书面同意，不得转让或者质押。据此可知，须经

王某书面同意，杨某才可将该保险单质押。选项D错误，《保险法》第33条规定，投保人不得为无民事行为能力人投保以死亡为给付保险金条件的人身保险，保险人也不得承保。父母为其未成年子女投保的人身保险，不受前款规定限制。但是，因被保险人死亡给付的保险金总和不得超过国务院保险监督管理机构规定的限额。据此可知，除父母为未成年子女投保外，其他人不得为无民事行为能力人投保以死亡为给付保险金条件的人身保险。

14. 甲公司投保了财产损失险的厂房被烧毁，甲公司伪造证明，夸大此次火灾的损失，向保险公司索赔100万元，保险公司为查清此事，花费5万元。关于保险公司的权责，下列哪些选项是正确的？（　　）（2016年）

A. 应当向甲公司给付约定的保险金

B. 有权向甲公司主张5万元花费损失

C. 有权拒绝向甲公司给付保险金

D. 有权解除与甲公司的保险合同

答案及解析：A、B项。《保险法》第27条第3、4款规定，保险事故发生后，投保人、被保险人或者受益人以伪造、变造的有关证明、资料或者其他证据，编造虚假的事故原因或者夸大损失程度的，保险人对其虚报的部分不承担赔偿或者给付保险金的责任。投保人、被保险人或者受益人有前三款规定行为之一，致使保险人支付保险金或者支出费用的，应当退回或者赔偿。保险公司对甲公司虚报的部分不承担给付保险金的责任，但对其未虚报的部分，应承担给付保险金的责任。甲公司应对保险公司为查清其虚报损失之事实花费的5万元费用承担赔偿责任。保险公司无权解除保险合同。

15. 姜某的私家车投保商业车险，年保险费为3 000元。姜某发现当网约车司机收入不错，便用手机软件接单载客，后辞职专门跑网约车。某晚，姜某载客途中与他人相撞，造成车损10万元。姜某向保险公司索赔，保险公司调查后拒赔。关于本案，下列哪一选项是正确的？（　　）（2017年）

A. 保险合同无效

B. 姜某有权主张约定的保险金

C. 保险公司不承担赔偿保险金的责任

D. 保险公司有权解除保险合同并不退还保险费

答案及解析：C项。选项A错误，《保险法》第11条规定，订立保险合同，应当协商一致，遵循公平原则确定各方的权利和义务。除法律、行政法规规定必须保险的外，保险合同自愿订立。据此可知，本题中姜某与保险公司是在自愿且协商一致的基础上订立的保险合同，该合同有效。选项B、D错误，选项C正确，《保险法》第52条规定，在合同有效期内，保险标的的危险程度显著增加的，被保险人应当按照合同约定及时通知保险人，保险人可以按照合同约定增加保险费或者解除合同。保险人解除合同的，应当将已收取的保险费，按照合同约定扣除自保险责任开始之日起至合同解除之日止应收的部分后，退还投保人。被保险人未履行前款规定的通知义务的，因保险标的的危险程度显著增加而发生的保险事故，保险人不承担赔偿保险金的责任。据此可知，姜某将私家车用于网约车并于夜晚载客，使得保险标的危险程度显著增加，保险公司据此解除合同的，应当将已收取的保险费，按照合同约定扣除自保险责任开始之日起至合同解除之日止应收的部分后，退还给姜某。姜某未履行通知义务，由此而发生的保险事故，保险公司不承担赔偿保险金的责任。

16. 李某于2000年为自己投保，约定如其意外身故则由妻子王某获得保险金20万元，保险期间为10年。2009年9月1日起李某下落不明，2014年4月法院宣告李某死亡。王某起诉

保险公司主张该保险金。关于本案，下列哪些选项是正确的？（　　）（2017 年）

A. 保险合同应无效

B. 王某有权主张保险金

C. 李某死亡日期已超保险期间，故保险公司不承担保险责任

D. 如李某确系 2009 年 9 月 1 日下落不明，则保险公司应承担保险责任

答案及解析：B、D 项。选项 A 错误。引起保险合同无效的原因主要有：(1) 超额保险；(2) 投保人对保险标的无保险利益；(3) 未经被保险人书面同意的以死亡为给付保险金条件的保险（法律另有规定的除外）；(4) 保险人未对投保人作出说明的免责条款等。本题中并未出现上述情形，因此保险合同有效。选项 B、D 正确，选项 C 错误。《民法总则》第 48 条规定，被宣告死亡的人，人民法院宣告死亡的判决作出之日视为其死亡的日期；因意外事件下落不明宣告死亡的，意外事件发生之日视为其死亡的日期。据此可知，如李某确系 2009 年 9 月 1 日下落不明，则该日视为其死亡的日期。在保险期间内，被保险人意外身故，受益人王某有权主张保险金，保险公司应承担保险责任。

第十七章
资本市场法律制度

重点问题

1. 股票发行法律制度
2. 股票上市法律制度
3. 股票交易法律制度
4. 证券投资基金的分类
5. 证券投资基金的运作原则
6. 证券投资基金当事人的权利、义务
7. 期货交易的基本原则

第一节　资本市场法律制度概述

一、资本市场的概念与特征

资本市场是指融资期限在1年以上的资金交易市场，又称中长期资金市场。资本市场对于经济发展具有特殊的作用。资本市场具有融资功能，能够促进资本的社会化和公众化，起到资源配置的作用。

资本市场的特点主要有：

1. 融资期限长，有利于资金的充分使用。资本市场提供的资金都是1年以上中长期的资金，可以用来解决扩大再生产等对资金的需求。

2. 资金流动性相对较差。在资本市场上筹集到的资金多用于解决中长期融资需求，故流动性和变现性相对较弱。

3. 风险大而收益较高。由于融资期限较长，发生重大变故的可能性也大，市场价格容易波动，投资者需承受较大风险。同时，作为对风险的报酬，其收益也较高。

二、资本市场的构成

1. 股票市场

股票市场是通过发行和买卖股票来融通企业资本金，推进资源有效配置的市场。它分为发行市场和交易市场。发行市场是通过发行股票来为公司筹集永久性资金的市场；交易市场是指买卖已发行的股票的市场。

2. 债券市场

债券市场是指通过向投资者发行约定一定期限还本付息的有价证券的方式筹集资金的市场。债券市场与股票市场相比较，风险性较小。

3. 投资基金市场

投资基金是一种集合投资资金，属于金融信托业务的一种。通过集合投资资金，委托具有投资经验的人对资金进行管理和运用，投资者从投资中获取利益。

4. 衍生工具市场

衍生工具市场主要是指金融期货、期权、互换等交易市场，由于它们是从证券交易演化而来的，所以属于资本市场的一种。

三、资本市场的发展

资本市场在现代市场经济中发挥着特殊的作用。世界经济发展的历史说明，经济高速增长既离不开生产经营，也离不开资本经营。在资本市场出现后，公司的股份的证券化，极大地推进了资本的社会化和公众化的进程，并使得资本市场成为企业重要的融资渠道。资本市场作为金融市场最重要的组成部分，在现代经济发展中不可或缺。在现代市场经济中，无论是企业的成长，还是国民经济的发展，资本和资本市场始终是重要的、持续的推动力量。

我国在计划经济体制时，资本市场几乎没有发展。1981 年，为了弥补财政赤字，国家首次发行国债，标志着我国资本市场的萌芽。1983 年开始实行“拨改贷”，企业流动资金改由银行全额贷款，银行信贷市场开始培育。20 世纪 80 年代，国内企业开始发行股票，在 90 年代初在上海和深圳成立证券交易所，我国证券市场正式启动。在我国经济的发展过程中，资本市场结构尚不完善。资本市场中股票市场有所发展，而债券市场却发展缓慢；股票现货市场有一定发展，而投资基金和衍生工具市场发展缓慢。在股票市场中，长期存在着流通股和非流通股并存的问题。资本市场是以市场方式配置资源最重要的手段，所以必须全方位发展我国的资本市场。

四、资本市场的立法

发达的资本市场需要完善的法律规范，资本市场要健康、有序地发展，离不开完善的资本市场立法。我国资本市场的立法体现在以下方面：

1. 商业银行法。
2. 外汇管理条例。
3. 公司法。
4. 证券法。
5. 证券投资基金法。
6. 期货交易管理条例。
7. 金融机构衍生产品交易业务管理暂行办法。

第二节　股票市场法律制度

一、股票发行法律制度

（一）股份有限公司设立的股票发行

设立股份有限公司公开发行股票，应当符合《公司法》规定的条件和证监会规定的其他条件，向证监会报送募股申请和下列文件：（1）公司章程；（2）发起人协议；（3）发起人姓名或者名称，发起人认购的股份数、出资种类及验资证明；（4）招股说明书；（5）代收股款银行的名称及地址；（6）承销机构名称及有关的协议。

依照法律规定聘请保荐人的，还应当报送保荐人出具的发行保荐书。法律、行政法规规定设立公司必须报经批准的，还应当提交相应的批准文件。

（二）公开发行新股

公司公开发行新股，应当符合下列条件：（1）具备健全且运行良好的组织机构；（2）具有持续盈利能力，财务状况良好；（3）最近三年财务会计文件无虚假记载，无其他重大违法行为；（4）证监会规定的其他条件。上市公司非公开发行新股，应当符合证监会规定的条件，并报证监会核准。

公司公开发行新股，应当向证监会报送募股申请和下列文件：（1）公司营业执照；（2）公司章程；（3）股东大会决议；（4）招股说明书；（5）财务会计报告；（6）代收股款银行的名称及地址；（7）承销机构名称及有关的协议。依照法律规定聘请保荐人的，还应当报送保荐人出具的发行保荐书。

二、股票上市法律制度

（一）股票上市申请

申请股票上市交易，应当向证券交易所提出申请，由证券交易所依法审核同意，并由双方签订上市协议。

股份有限公司申请股票上市，应当符合下列条件：（1）股票经证监会核准已公开发行；（2）公司股本总额不少于人民币 3 000 万元；（3）公开发行的股份达到公司股份总数的 25%以上；公司股本总额超过人民币 4 亿元的，公开发行股份的比例为 10%以上；（4）公司最近三年无重大违法行为，财务会计报告无虚假记载。证券交易所可以规定高于前述规定的上市条件，并报证监会批准。

（二）股票上市公告

股票上市交易申请经证券交易所审核同意后，签订上市协议的公司应当在规定的期限内公告股票上市的有关文件，并将该文件置备于指定场所供公众查阅。

（三）股票上市交易的暂停

上市公司有下列情形之一的，由证券交易所决定暂停其股票上市交易：（1）公司股本总额、股权分布等发生变化不再具备上市条件；（2）公司不按照规定公开其财务状况，或者对财务会计报告作虚假记载，可能误导投资者；（3）公司有重大违法行为；（4）公司最近三年连续亏损；（5）证券交易所上市规则规定的其他情形。

（四）股票上市交易的终止

上市公司有下列情形之一的，由证券交易所决定终止其股票上市交易：（1）公司股本总额、股权分布等发生变化不再具备上市条件，在证券交易所规定的期限内仍不能达到上市条件；（2）公司不按照规定公开其财务状况，或者对财务会计报告作虚假记载，且拒绝纠正；（3）公司最近三年连续亏损，在其后一个年度内未能恢复盈利；（4）公司解散或者被宣告破产；（5）证券交易所上市规则规定的其他情形。

三、股票交易法律制度

（一）股票交易程序

在我国，证券交易所进行股票交易遵循以下程序。

1. 开立证券账户和资金账户。

2. 交易的委托。在交易中，投资者向证券经纪商发出具体的以某种价格购进或卖出一定数量的某种证券的委托指令后，证券商接受委托，则双方建立具体的证券买卖委托关系。

3. 竞价与成交。投资者的交易指令通过证券公司的代理，以证券交易所场内竞价的方式撮合成交。证券交易采取集中竞价交易的方式进行。集中竞价包括集合竞价和连续竞价。集合竞价是证券交易所在每个营业日正式开市前规定的时间，由证券交易所主机接受所有证券买卖指令，在正式开市前证券交易所主机将所有的买卖指令进行处理，以产生该证券的开盘价。集中竞价时，成交价格的原则为：(1) 成交量最大的价位；(2) 高于成交价格的买进申报与低于成交价格的卖出申报全部成交；(3) 与成交价格相同的卖方或买方至少有一方全部成交。两个以上价位符合上述条件的，上海证券交易所取其中间价为成交价，深圳证券交易所取距前收盘价最近的价位为成交价。连续竞价是指对买卖申报逐笔连续撮合的竞价方式。在集中竞价结束后，证券交易所开始当日的正式交易，证券交易所的交易系统将在当日交易时间，按照价格优先和时间优先，即所谓撮合成交原则确定每笔证券交易的具体价格。集中竞价未成交的买卖申报，自动进入连续竞价。依此规则，每一时点的证券买进申报如高于或等于证券卖出申报，即按价格顺序撮合成交；在每一同等成交价格点上，如买卖申报有时间差异，则按时间顺序使先申报者成交。凡不能成交者，将等待机会成交；部分成交者，剩余部分将处于等待成交的状态。投资者的委托如未能全部成交，证券公司在委托有效期限内可继续执行，直至有效期届满。

4. 清算与过户。证券交易清算是指买卖双方通过证券交易所进行的证券买卖成交后，通过交易清算系统进行交易资金支付与收讫的过程。证券的过户，是指买卖双方通过证券公司在交易所进行的证券买卖成交后，再通过证券登记结算机构进行证券权利的转移与过户的登记过程。

（二）股票交易的特别限制

1. 股票交易合法原则

股票交易合法原则是指证券交易当事人所买卖的股票以及买卖股票的地点、时间和方式必须合法。

2. 董事、高级管理人员及主要股东买卖股票的限制

上市公司董事、监事、高级管理人员、持有上市公司股份5%以上的股东，将其持有的该公司的股票在买入后6个月内卖出，或者在卖出后6个月内又买入，由此所得收益归该公司所有，公司董事会应当收回其所得收益。但是，证券公司因包销购入售后剩余股票而持有5%以上股份的，卖出该股票不受6个月时间限制。

3. 特定人员持股和交易限制制度

证券交易所、证券公司和证券登记结算机构的从业人员、证券监督管理机构的工作人员，以及法律、行政法规禁止参与股票交易的其他人员，在任期或者法定限期内，不得直接或者以化名、借他人名义持有、买卖股票，也不得收受他人赠送的股票。任何人在成为前述所列人员时，其原已持有的股票，必须依法转让。

4. 专业机构及其人员交易限制规则

为股票发行出具审计报告、资产评估报告或者法律意见书等文件的证券服务机构和人员，在该股票承销期内和期满后6个月内，不得买卖该种股票。除此之外，为上市公司出具审计报告、资产评估报告或者法律意见书等文件的证券服务机构和人员，自接受上市公司委托之日起至上述文件公开后5日内，不得买卖该种股票。

（三）禁止的交易行为

1. 虚假陈述

（1）虚假陈述的概念

证券市场虚假陈述，是指信息披露义务人违反证券法律规定，在股票发行或者交易过程中，对重大事件作出违背事实真相的虚假记载、误导性陈述，或者在披露信息时发生重大遗漏、不正当披露信息的行为。虚假记载，是指信息披露义务人在披露信息时，将不存在的事实在信息披露文件中予以记载的行为。误导性陈述，是指虚假陈述行为人在信息披露文件中或者通过媒体，作出使投资者对其投资行为发生错误判断并产生重大影响的陈述。重大遗漏，是指信息披露义务人在信息披露文件中，未将应当记载的事项完全或者部分予以记载。不正当披露，是指信息披露义务人未在适当期限内或者未以法定方式公开披露应当披露的信息。

（2）虚假陈述的民事责任

发起人、发行人或者上市公司对其虚假陈述给投资者造成的损失承担民事赔偿责任，其承担民事责任采用无过错原则。实际控制人操纵发行人或者上市公司违反证券法律规定，以发行人或上市公司名义虚假陈述并给投资者造成损失的，可以由发行人或上市公司承担赔偿责任。发行人或者上市公司承担赔偿责任后，可以向实际控制人追偿。

其他人员承担民事责任采用过错推定原则。发行人、上市公司负有责任的董事、监事和高级管理人员对因发起人、发行人或者上市公司的虚假陈述给投资者造成的损失承担连带赔偿责任；但有证据无过错的，应予免责。证券承销商、证券上市推荐人对虚假陈述给投资者造成的损失承担赔偿责任；但有证据证明无过错的，应予免责。负有责任的董事、监事和经理等高级管理人员对证券承销商、证券上市推荐人承担的赔偿责任负连带责任，其免责事由同前述规定。专业中介服务机构及其直接责任人违反《证券法》的规定虚假陈述，给投资者造成损失的，就其负有责任的部分承担赔偿责任；但有证据证明无过错的，应予免责。

虚假陈述行为人在证券发行市场虚假陈述，导致投资人损失的，投资人有权要求虚假陈述行为人赔偿损失；导致股票被停止发行的，投资人有权要求返还和赔偿所缴股款及银行同期活期存款利率的利息。

虚假陈述行为人在证券交易市场承担民事赔偿责任的范围，以投资人因虚假陈述而实际发生的损失为限。投资人的实际损失包括：投资差额损失；投资差额损失部分的佣金和印花税。前述所涉资金利息，自买入证券日至卖出证券日或者基准日，按银行同期活期存款利率计算。

发起人对发行人的信息披露提供担保的，发起人与发行人对投资人的损失承担连带责任。证券承销商、证券上市推荐人或者专业中介服务机构，知道或者应当知道发行人或者上市公司虚假陈述，而不予纠正或者不出具保留意见的，构成共同侵权，对投资人的损失承担连带责任。对发行人、上市公司、证券承销商、证券上市推荐人负有责任的董事、监事和经理等高级管理人员，有下列情形之一的，应当认定为共同虚假陈述，分别与发行人、上市公司、证券承销商、证券上市推荐人对投资人的损失承担连带责任：参与虚假陈述的；知道或者应当知道虚假陈述而未明确表示反对的；其他应当负有责任的情形。

2. 内幕交易

内幕交易是指知悉交易内幕信息的任何单位和个人，买卖或建议他人买卖与该内幕信息相关的股票，或者向他人泄露该内幕信息的行为。

（1）内幕知情人的范围

股票交易内幕信息的知情人包括：发行人的董事、监事、高级管理人员；持有公司5%以上股份的股东及其董事、监事、高级管理人员，公司的实际控制人及其董事、监事、高级管理人员；发行人控股的公司及其董事、监事、高级管理人员；由于所任公司职务可以获取公司有关内幕信息的人员；证券监督管理机构工作人员，以及由于法定职责对股票的发行、交易进行管理的其他人员；保荐人、承销的证券公司、证券交易所、证券登记结算机构、证券服务机构的有关人员；国务院证券监督管理机构规定的其他人。

（2）内幕信息

股票交易活动中，涉及公司的经营、财务或者对该公司股票的市场价格有重大影响的尚未公开的信息，为内幕信息。下列信息皆属内幕信息：1）证券法所列出的重大事件①；2）公司分配股利或者增资的计划；3）公司股权结构的重大变化；4）公司债务担保的重大变更；5）公司营业用主要资产的抵押、出售或者报废一次超过该资产的30%；6）公司的董事、监事、高级管理人员的行为可能依法承担重大损害赔偿责任；7）上市公司收购的有关方案；8）国务院证券监督管理机构认定的对证券交易价格有显著影响的其他重要信息。

（3）内幕交易行为

股票交易内幕信息的知情人和非法获取内幕信息的人，在内幕信息公开前，不得买卖该公司的股票，或者泄露该信息，或者建议他人买卖该股票。持有或者通过协议、其他安排与他人共同持有公司5%以上股份的自然人、法人、其他组织收购上市公司的股份，证券法另有规定的，适用其规定。内幕交易行为给投资者造成损失的，行为人应当依法承担赔偿责任。

3. 操纵市场

操纵市场，是指利用资金优势或信息优势或滥用职权，人为拉高、压低或维持股价，诱使投资者买卖股票，以获取利益或避免损失、转嫁风险，损害投资者利益，扰乱股票市场秩序的行为。

禁止任何人以下列手段操纵股票市场：

第一，单独或者通过合谋，集中资金优势、持股优势或者利用信息优势联合或者连续买卖，操纵股票交易价格或者股票交易量。

第二，与他人串通，以事先约定的时间、价格和方式相互进行股票交易，影响股票交易价格或者股票交易量。

第三，在自己实际控制的账户之间进行股票交易，影响股票交易价格或者交易量。

第四，以其他手段操纵股票市场。操纵股票市场行为给投资者造成损失的，行为人应当依法承担赔偿责任。

禁止国家工作人员、传播媒介从业人员和有关人员编造、传播虚假信息，扰乱股票市场。禁止证券交易所、证券公司、证券登记结算机构、证券服务机构及其从业人员，证券业协会、证券监督管理机构及其工作人员，在证券交易活动中作出虚假陈述或者信息误导。各种传播媒介传播证券市场信息必须真实、客观，禁止误导。

4. 欺诈客户

欺诈客户是指行为人故意隐瞒或者故意作出虚假陈述，致使客户作出错误的意思表示，从

① 下列情况为证券法所称的重大事件：（1）公司的经营方针和经营范围的重大变化；（2）公司的重大投资行为和重大的购置财产的决定；（3）公司订立重要合同，可能对公司的资产、负债、权益和经营成果产生重要影响；（4）公司发生重大债务和未能清偿到期重大债务的违约情况；（5）公司发生重大亏损或者重大损失；（6）公司生产经营的外部条件发生的重大变化；（7）公司的董事、1/3以上监事或者经理发生变动；（8）持有公司5%以上股份的股东或者实际控制人，其持有股份或者控制公司的情况发生较大变化；（9）公司减资、合并、分立、解散及申请破产的决定；（10）涉及公司的重大诉讼，股东大会、董事会决议被依法撤销或者宣告无效；（11）公司涉嫌犯罪被司法机关立案调查，公司董事、监事、高级管理人员涉嫌犯罪被司法机关采取强制措施；（12）证监会规定的其他事项。

而损害客户利益的行为。

禁止证券公司及其从业人员从事下列损害客户利益的欺诈行为：(1) 违背客户的委托为其买卖股票；(2) 不在规定时间内向客户提供交易的书面确认文件；(3) 挪用客户所委托买卖的股票或者客户账户上的资金；(4) 未经客户的委托，擅自为客户买卖股票，或者假借客户的名义买卖股票；(5) 为牟取佣金收入，诱使客户进行不必要的股票买卖；(6) 利用传播媒介或者通过其他方式提供、传播虚假或者误导投资者的信息；(7) 其他违背客户真实意思表示，损害客户利益的行为。欺诈客户行为给客户造成损失的，行为人应当依法承担赔偿责任。

第三节　债券市场法律制度

一、债券的概念与特征

债券是指政府、金融机构以及公司、企业依照法定程序向投资者发行的，约定在一定期限内还本付息的有价证券。

债券具有以下法律特征：

1. 债券是由发行机构依照法定程序发行的。债券是发行机构为了筹集资金的需要，通过法定程序筹集资金。严格债券的发行程序，可以规范发行机构的行为，保护债权人的利益。

2. 债券是债权的凭证。债券体现的是债权关系，债券持有者与发行机构之间是债权人和债务人的关系。

3. 债券是一定期限内还本付息的有价证券。通过法定程序发行的债券，在一定期限内还本付息，与股票相比较，风险较小。

二、债券的种类

依发行机构的不同，债券可以分为国债（国库券）、金融债券、企业债券、公司债券等种类。国家发行的称为国债，地方政府发行的债，称为地方政府债或者地方债；金融机构发行的是金融债券；企业发行的为企业债券；公司发行的为公司债券。

三、企业债券市场法律制度

企业债券，是指企业依照法定程序发行，约定在一定期限内还本付息的有价证券。企业债券持有人有权按照约定期限取得利息、收回本金，但是无权参与企业的经营管理。企业债券持有人对企业的经营状况不承担责任。企业债券可以转让、抵押和继承。

（一）企业债券

企业发行企业债券必须符合下列条件：(1) 企业规模达到国家规定的要求；(2) 企业财务会计制度符合国家规定；(3) 具有偿债能力；(4) 企业经济效益良好，发行企业债券前连续3年盈利；(5) 所筹资金用途符合国家产业政策。

企业发行企业债券所筹资金应当按照审批机关批准的用途，用于本企业的生产经营。企业发行企业债券所筹资金不得用于房地产买卖、股票买卖和期货交易等与本企业的生产经营无关的风险性投资。

企业发行企业债券，应当由证券经营机构承销。

（二）公司债券

公司债券，是指公司依照法定程序发行，约定在一定期限还本付息的有价证券。公司以实物券方式发行公司债券的，必须在债券上载明公司名称、债券票面金额、利率、偿还期限等事项，并由法定代表人签名，公司盖章。公司债券，可以为记名债券，也可以为无记名债券。公司发行公司债券应当置备公司债券存根簿。

公司债券可以转让，转让价格由转让人与受让人约定。公司债券在证券交易所上市交易的，按照证券交易所的交易规则转让。记名公司债券，由债券持有人以背书方式或者法律、行政法规规定的其他方式转让；转让后由公司将受让人的姓名或者名称及住所记载于公司债券存根簿。无记名公司债券的转让，由债券持有人将该债券交付给受让人后即发生转让的效力。

上市公司经股东大会决议可以发行可转换为股票的公司债券，并在公司债券募集办法中规定具体的转换办法。上市公司发行可转换为股票的公司债券，应当报国务院证券监督管理机构核准。

四、政府债券市场法律制度

（一）国债

国债作为国家主权发行的债券，主要由财政部制定每年的发行计划，计划与当年的财政政策息息相关。我国国债目前分为储蓄类国债、记账式贴现国债和记账式付息国债。现阶段的国债，主要是指国库券。1992 年 3 月 18 日国务院发布的《国库券条例》，对于国库券作出专门规定。

1. 主管机关

财政部是国务院国库券管理机关。每年国库券的发行数额、利率、偿还期等，经国务院确定后，由财政部予以公告。

2. 发行对象

国库券的发行对象是：居民个人、个体工商户、企业、事业单位、机关、社会团体和其他组织。

3. 发行方式

国库券发行采取承购包销、认购等方式。国家下达的国库券发行计划，应当按期完成。

4. 利率和利息

国库券按期偿还本金。国库券利息在偿还本金时一次付给，不计复利。国库券的发行和还本付息事宜，在各级人民政府统一领导下，由财政部门和中国人民银行组织有关部门多渠道办理。

5. 国库券的抵押和转让

国库券可以用于抵押，但是不得作为货币流通。国库券可以转让，但是应当在国家批准的交易场所办理。

（二）地方政府债

地方政府债券是地方政府发行，所筹资金主要用于交通、通信、住宅等地方性事务的债券，分为一般债券和专项债券。商业银行是地方政府债的主要购买者。我国地方政府债的发展过程可以分为三个阶段。从 2009 年开始，发行主体为省一级的政府，由中央政府财政部代发代还，这种形式其实是国债转贷地方政府的演变。2011 年，试点地区可以自主发行债券，但是由中央政府财政部代为还本付息。从 2014 年开始，还本付息从财政部代行转为发债地区自行还本付息。2015 年，财政部发文确认置换 1 万亿地方债，置换债券由地方政府自发自还。所置换的债券主要是由之前地方政府通过地方融资平台所发行的债券。

地方政府债的发行，必须在国务院批准的政府债务限额内发行。由国务院分给各省财政，省财政部门再分给下辖的市县，由省财政统一兑付。2019 年 3 月，地方债开始在柜台试点交易，宁波、浙江、陕西、北京、山东、四川在柜台发行地方债，票面收益 3.3%左右。截至 2019 年 4 月末，全国地方政府债务余额 196 794 亿元，控制在全国人大批准的限额之内。其中，一般债务 115 742 亿元，专项债务 81 052 亿元；政府债券 193 643 亿元，非政府债券形式存量政府债务 3 151 亿元。

第四节　证券投资基金法律制度

一、证券投资基金的概念与特征

我国《证券投资基金法》第 2 条规定，“在中华人民共和国境内，通过公开发售基金份额募集证券投资基金（以下简称基金），由基金管理人管理，基金托管人托管，为基金份额持有人的利益，以资产组合方式进行证券投资活动，适用本法”。这一规定回避了理论界对证券投资基金概念的争论，仅对证券投资基金的主要法律特征予以描述，未对证券投资基金下定义。我们认为，证券投资基金，是指通过发售基金份额募集资金形成独立的基金财产，由基金管理人托管，以资产组合方式进行证券投资，基金份额持有人按其所持份额享受收益和承担风险的投资组织。

证券投资基金具有以下法律特征：

1. 证券投资基金是一种间接的证券投资方式。证券投资者通过购买基金间接投资于证券市场，投资者与上市公司没有直接的关系，不参与公司的管理和决策，只享有利润的分配权。

2. 证券投资基金由专家运作，集中管理并专门投资于证券市场。证券投资基金集合投资专家，在对证券市场科学分析的基础上作出投资决策，从而保障证券投资的收益。

3. 证券投资基金具有组合投资、分散风险的特点。基金组织通过汇聚资金，形成雄厚的资金实力，分散投资于各种股票，从而分散了投资风险，保障基金的收益。

4. 证券投资基金具有投资小、费用低的特点。证券投资基金的最低限额较低，投资者可以自主决定投资的份额，而且管理费用较少。

二、证券投资基金的分类

（一）开放式基金和封闭式基金

根据基金的运作方式不同，证券投资基金可以分为封闭式基金和开放式基金。

封闭式基金，是指经核准的基金份额总额在基金合同期限内固定不变，基金份额可以在依法设立的证券交易场所交易，但基金份额持有人不得申请赎回的基金。开放式基金，是指基金份额总额不固定，基金份额可以在基金合同约定的时间和场所申购或者赎回的基金。

（二）契约型基金和公司型基金

根据基金组织形式不同，证券投资基金可以分为契约型基金和公司型基金。

契约型基金，又称信托型基金，是指基金发起人根据其与基金管理人、基金托管人订立的基金契约，通过发行具有受益性质的基金单位而组建的投资基金。契约型基金不具有法人资格，是以基金合同为基础而形成的一种松散的、虚拟的组织体，并不形成一个独立的经济实体。公司型基金，是指投资者按照公司法设立，通过发行基金股份的方式，将集中起来的资本投资于各种有价证券，以营利为目的的具有独立法人资格的股份制投资公司。公司型基金通过发行股票的方式筹集资金，基金份额持有人既是基金投资者，又是公司的股东，按照公司章程享有权利、履行义务。公司型基金成立后，一般委托特定的基金公司管理基金资产。

（三）私募基金和公募基金

根据基金筹集方式不同，证券投资基金可以分为私募基金和公募基金。

私募基金是指以非公开方式向特定投资者募集资金并以证券为主要投资对象的证券投资基金。私募基金以公众传播以外的手段招募，发起人集合非公众性多元主体的资金设立基金信托财产，进行证券投资。私募基金不得向公众性投资者募集。

公募基金是指以公开发行方式向社会公众投资者募集资金并以证券为投资对象的投资基金。公募基金利用大众传播手段招募，发起人向不特定的社会公众发行基金份额凭证，集合公众资金，生成基金型信托财产。公募基金的投资者具有社会广泛性，与公众利益、公共秩序直接关切，必须具有高度的透明度。

（四）成长型基金和收入型基金

根据基金投资目的的不同，证券投资基金可以分为成长型基金和收入型基金。

成长型基金的投资方向一般是资信良好的、长期有盈余或者发展前景良好的公司的普通股股票，基金通过该种方式从股市上获得长期的资本升值的收益，不追求短期的高额收入。收入型基金是注重获取高额的当期收益的基金，其主要的投资对象是能够带来稳定收入的各种证券，如可转换公司债券或优先股等。

三、证券投资基金市场的产生与发展

投资基金产生于英国。19 世纪中叶，英国经历了产业革命。经过产业革命，国内生产力得到极大的提高，社会财富和个人财富的迅速增加导致资金过剩，但国内投资成本很高，大量投资者希望投资于劳动力较为低廉的其他国家。与此同时，其他正在经历工业化的国家又急需资金。由于英国投资者缺乏海外投资知识，盲目投资的结果是遭受了重大损失。在这种情况下，投资者萌发了集合众人投资资金，委托具有海外投资知识和经验的专人对资金进行管理和运用的想法。英国政府特许一批达官贵人共同出资成立了一个国际投资实体，聘请了一些善于理财的人对他们的财产进行管理和运用，并委托律师订立契约以确保投资财产的安全和增值。1868 年，由英国政府出面，在伦敦的《泰晤士报》上刊登招股说明书，宣布成立“海外和殖民地政府信托”，这是世界上最早设立的投资基金机构。这只基金向社会公开募集资金，投资者不再限于达官贵人，而可以是中小投资者，使中小投资者能与大的投资者共同享受基金带来的丰厚收益。

美国到 1924 年才创立了第一个投资基金即“马萨诸塞投资信托基金”。基金的繁荣和大规模的发展发生在美国，进而影响到全世界。第一次世界大战后，美国的基金组织纷纷涌现，经过几个时期的爆发性发展，基金已经成为美国公众最普遍的投资方式。与此同时，基金迅速扩展到美国以外的世界各国，并成为当代国际金融市场变化最突出的特征之一。

四、证券投资基金的运作原则

（一）基金财产投资采用资产组合方式的原则

基金管理人运用基金财产进行证券投资，应当采用资产组合的方式。资产组合的具体方式和投资比例，依照《证券投资基金法》和国务院证券监督管理机构的规定在基金合同中约定。

（二）基金财产投资合法原则

基金财产应当用于下列投资：（1）上市交易的股票、债券；（2）国务院证券监督管理机构规定的其他证券品种。

基金财产不得用于下列投资或者活动：（1）承销证券；（2）向他人贷款或者提供担保；（3）从事承担无限责任的投资；（4）买卖其他基金份额，但是国务院另有规定的除外；（5）向其基金管理人、基金托管人出资或者买卖其基金管理人、基金托管人发行的股票或者债券；（6）买卖与其基金管理人、基金托管人有控股关系的股东或者与其基金管理人、基金托管人有其他重大利害关系的公司发行的证券或者承销期内承销的证券；（7）从事内幕交易、操纵证券交易价格及其他不正当的证券交易活动；（8）依照法律、行政法规有关规定，由国务院证券监督管理机构规定禁止的其他活动。

（三）公开披露基金信息的原则

基金管理人、基金托管人和其他基金信息披露义务人应当依法披露基金信息，并保证所披露信息的真实性、准确性和完整性。基金信息披露义务人应当确保应予披露的基金信息在国务院证券监督管理机构规定时间内披露，并保证投资人能够按照基金合同约定的时间和方式查阅或者复制公开披露的信息资料。

对公开披露的基金信息出具审计报告或者法律意见书的会计师事务所、律师事务所，应当保证其所出具文件内容的真实性、准确性和完整性。

公开披露基金信息，不得有下列行为：（1）虚假记载、误导性陈述或者重大遗漏；（2）对证券投资业绩进行预测；（3）违规承诺收益或者承担损失；（4）诋毁其他基金管理人、基金托管人或者基金份额发售机构；（5）依照法律、行政法规有关规定，由国务院证券监督管理机构规定禁止的其他行为。

五、证券投资基金的设立、变更和终止

（一）证券投资基金的设立

证券投资基金的设立要经过三个步骤：确定基金类型；向主管机关提出申请；发布基金招募说明书，准备发行基金证券。

1. 确定基金类型

依我国《证券投资基金法》的规定，基金运作方式可以采用封闭式、开放式或者其他形式。采用开放式运作的基金，按照开放式基金管理，其基金财产应当保持一定比例的现金或者政府债券，以备支付基金份额持有人的赎回款项。采用封闭式运作的基金，按照封闭式基金管理，其基金份额上市交易，要符合《证券投资基金法》和证券交易所上市交易规则规定的上市条件，并经过国务院证券监督管理机构核准。

2. 向主管机关提出申请

根据《证券投资基金法》的规定，基金管理人发售基金份额，募集基金，应经国务院证券监督管理机构核准。

3. 发布基金招募说明书，准备发行基金证券

为了使投资者了解基金的性质、内容、投资政策及投资收益等详细情况，必须同时向投资者提供基金的招募说明书。

（二）证券投资基金的变更

基金的变更是指在基金运作过程中，基金当事人根据有关法律和基金合同（或基金公司章

程）的规定，在履行规定的程序后，将对基金各当事人影响重大的基本事项更改的行为。我国《证券投资基金法》规定，按照基金合同的约定或者基金份额持有人大会的决议，并经国务院证券监督管理机构核准，可以转换基金运作方式。

（三）证券投资基金的终止

在投资基金符合一定的条件之后，基金有关当事人可以办理基金的清算事宜，了结有关当事人的债权债务关系和基金证券持有人的资产分配事宜，以终止基金的运作。

六、证券投资基金当事人的权利、义务

（一）证券投资基金法律关系

从各国的基金立法和实践来看，大多数国家把投资基金的法律性质定性为信托法律关系。

信托，是指委托人基于对受托人的信任，将其财产权委托给受托人，由受托人按委托人的意愿以自己的名义，为受益人的利益或者特定目的，进行管理或者处分的行为。

证券投资基金属于一种特殊的信托。证券投资基金的特殊性不仅表现在委托人具有广泛性和不确定性上，还表现在投资基金治理结构的特殊性上，即除基金财产所有权与受益权的分离外，还有基金财产所有权和经营管理权的分离。证券投资基金涉及基金持有人、基金管理人和基金托管人三方面的主体。在证券投资基金法律结构中，基金持有人作为投资者，是信托法律关系的委托人兼受益人，基金管理人和基金托管人属于信托法律关系中的共同受托人，共同承担受托义务。

（二）基金持有人的权利与义务

基金持有人是指购买基金份额的投资者。作为基金这一特殊信托法律关系的信托人和受益人，基金持有人享有相应的权利并承担相应的义务。

1. 基金持有人的权利

基金持有人享有下列权利：(1) 分享基金财产收益；(2) 参与分配清算后的剩余基金财产；(3) 依法转让或者申请赎回其持有的基金份额；(4) 按照规定要求召开基金份额持有人大会；(5) 对基金份额持有人大会审议事项行使表决权；(6) 查阅或者复制公开披露的基金信息资料；(7) 对基金管理人、基金托管人、基金份额发售机构损害其合法权益的行为依法提起诉讼；(8) 基金合同约定的其他权利。

2. 基金持有人的义务

基金持有人的义务包括：(1) 遵守基金合同；(2) 缴纳基金认购款项及规定的费用；(3) 承担基金亏损或终止的有限责任；(4) 不从事任何有损基金及其他基金投资者利益的活动。

（三）基金管理人的权利与义务

1. 基金管理公司设立的条件

基金管理人由依法设立的基金管理公司担任。设立基金管理公司，应当具备下列条件，并经国务院证券监督管理机构批准：(1) 有符合《证券投资基金法》和《公司法》规定的章程；(2) 注册资本不低于 1 亿元人民币，且必须为实缴货币资本；(3) 主要股东具有从事证券经营、证券投资咨询、信托资产管理或者其他金融资产管理的较好的经营业绩和良好的社会信誉，最近三年没有违法记录，注册资本不低于 3 亿元人民币；(4) 取得基金从业资格的人员达到法定人数；(5) 有符合要求的营业场所、安全防范设施和与基金管理业务有关的其他设施；

（6）有完善的内部稽核监控制度和风险控制制度；（7）法律、行政法规规定的和经国务院批准的国务院证券监督管理机构规定的其他条件。

2. 基金管理人的职责

基金管理人应当履行下列职责：（1）依法募集基金，办理或者委托经国务院证券监督管理机构认定的其他机构代为办理基金份额的发售、申购、赎回和登记事宜；（2）办理基金备案手续；（3）对所管理的不同基金财产分别管理、分别记账，进行证券投资；（4）按照基金合同的约定确定基金收益分配方案，及时向基金份额持有人分配收益；（5）进行基金会计核算并编制基金财务会计报告；（6）编制中期和年度基金报告；（7）计算并公告基金资产净值，确定基金份额申购、赎回价格；（8）办理与基金财产管理业务活动有关的信息披露事项；（9）召集基金份额持有人大会；（10）保存基金财产管理业务活动的记录、账册、报表和其他相关资料；（11）以基金管理人名义，代表基金份额持有人利益行使诉讼权利或者实施其他法律行为；（12）国务院证券监督管理机构规定的其他职责。

3. 基金管理人的义务

基金管理人具有以下义务：（1）区别所管理的基金财产的义务；（2）善良管理人的注意义务；（3）防范利益冲突；（4）禁止从事的行为。

（四）基金托管人的权利与义务

1. 基金托管人的设立条件

基金托管人是指与基金管理人订立基金合同，负责保管和接受基金管理人的指示实际运用基金资产的机构。基金托管人由依法设立并取得基金托管资格的商业银行担任。

申请取得基金托管资格，应当具备下列条件，并经国务院证券监督管理机构和国务院银行业监督管理机构核准：（1）净资产和资本充足率符合有关规定；（2）设有专门的基金托管部门；（3）取得基金从业资格的专职人员达到法定人数；（4）有安全保管基金财产的条件；（5）有安全、高效的清算、交割系统；（6）有符合要求的营业场所、安全防范设施和与基金托管业务有关的其他设施；（7）有完善的内部稽核监控制度和风险控制制度；（8）法律、行政法规规定的和经国务院批准的国务院证券监督管理机构、国务院银行业监督管理机构规定的其他条件。

2. 基金托管人的职责

基金托管人应当履行下列职责：（1）安全保管基金财产；（2）按照规定开设基金财产的资金账户和证券账户；（3）对所托管的不同基金财产分别设置账户，确保基金财产的完整与独立；（4）保存基金托管业务活动的记录、账册、报表和其他相关资料；（5）按照基金合同的约定，根据基金管理人的投资指令，及时办理清算、交割事宜；（6）办理与基金托管业务活动有关的信息披露事项；（7）对基金财务会计报告、中期和年度基金报告出具意见；（8）复核、审查基金管理人计算的基金资产净值和基金份额申购、赎回价格；（9）按照规定召集基金份额持有人大会；（10）按照规定监督基金管理人的投资运作；（11）国务院证券监督管理机构规定的其他职责。

3. 基金托管人的义务

基金托管人有如下义务：（1）保管该基金的所有资产。基金托管人对所托管的不同的基金财产分别设置账户，确保基金财产的完整和独立。（2）合理注意的义务。基金托管人在托管基金时，应尽到合理的注意义务，合理、谨慎地保管基金财产。（3）运用基金资产。执行基金管理人的投资指令，办理投资项目清算、交割等业务。（4）监督基金管理人的管理活动。

第五节　金融衍生工具法律制度

一、金融衍生工具的概念与特征

金融衍生工具（financial derivative instruments），又称金融衍生品（financial derivatives）、衍生金融工具、衍生证券，是由金融标的资产（underlying assets）以远期合约形式衍生出来的金融工具。[①] 金融衍生工具是一种金融合约，其价值取决于一种或多种基础资产或指数。合约的基本种类包括远期、期货、互换和期权。常见的金融衍生工具包括远期合同、期货合同、互换合同和期权合同等。

根据2018年1月1日起施行的财政部发布的《企业会计准则第22号——金融工具确认和计量》对衍生工具的定义，衍生工具是指具有下列特征的金融工具或其他合同。

1. 其价值随特定利率、金融工具价格、商品价格、汇率、价格指数、费率指数、信用等级、信用指数或其他变量的变动而变动，变量为非金融变量的，该变量不应与合同的任何一方存在特定关系。

2. 不要求初始净投资，或者与对市场因素变化预期有类似反应的其他合同相比，要求较少的初始净投资。

3. 在未来某一日期结算。

不同于传统的金融工具，金融衍生工具主要表现为契约性和未来性、杠杆性与风险性、灵活性和复杂性、衍生性和创新性等独特属性。

二、金融衍生工具的产生与发展

20世纪70年代以来，随着美元的不断贬值，布雷顿森林体系崩溃，国际货币制度由固定汇率制走向浮动汇率制。1973年和1978年两次石油危机使西方国家经济陷于“滞胀”，为对付通货膨胀，美国不得不运用利率工具，这又使金融市场的利率波动剧烈。面对利市、汇市、债市、股市发生的前所未有的波动，市场风险急剧放大，迫使商业银行、投资机构、企业寻找可以规避市场风险、进行套期保值的金融工具，金融期货、期权等金融衍生工具便应运而生。

20世纪80年代以来的金融自由化进一步推动了金融衍生工具的发展。政府或有关监管当局对限制金融体系的现行法令、规则、条例及行政管制予以取消或放松，形成了一个较宽松、自由，更符合市场运行机制的新的金融体制。取消对存款利率的最高限额，逐步实现利率自由化；金融机构经营范围的地域和业务种类限制被打破，允许各金融机构业务交叉、互相自由渗透，鼓励银行综合化发展；放松外汇管制；开放各类金融市场，放宽对资本流动的限制；其他还包括放松对本国居民和外国居民在投资方面的许多限制，减轻金融创新产品的税负以及促进金融创新等。金融自由化一方面使利率、汇率、股价的波动更加频繁、剧烈，使得投资者迫切需要可以回避市场风险的工具；另一方面，金融自由化促进了金融竞争。由于允许各金融机构业务交叉、相互渗透，多元化的金融机构纷纷出现，银行业不得不寻找新的收益来源，改变以存、贷款业务为主的传统经营方式，把金融衍生工具视作未来的新增长点。新技术革命为金融衍生工具的产生与发展提供了物质基础与手段。计算机和通信技术突飞猛进的发展，电脑网

① 安毅．金融衍生工具．北京：清华大学出版社，2017.

络、信息处理在国际金融市场的广泛应用，使得个人和机构从事金融衍生工具交易得以长足发展。

三、金融衍生工具的种类

（一）按照交易场所的不同可以分为场内交易衍生品工具和场外交易衍生品工具

场内交易衍生品工具是指交易参加者要交付保证金，清算业务由交易所负责。场内交易的金融衍生产品主要有期货和场内期权。场外交易，又称柜台交易，是指衍生工具的经纪商与客户不通过交易所而直接进行交易的一种方法。由于每笔交易的清算都由交易双方负责进行，只有资信很高的客户才能参加柜台交易。场外交易的金融衍生产品主要是场外期权、互换和远期交易。

（二）按照金融衍生工具的标的资产分类可以分为汇率衍生工具、利率衍生工具、指数衍生工具、股票衍生工具

汇率衍生工具包括远期外汇合约、外汇期货、外汇期权、货币互换；利率衍生工具包括短期利率期货与期权、长期利率期货与期权、利率互换、远期利率协议等；指数衍生工具包括各种股票指数期货与期权、商品指数和基金指数期货与期权；股票衍生工具包括个股期货、个股期权及其变种或复合品。

（三）按照金融衍生工具自身交易方法可分为远期、期货、期权、互换

远期合约，即买卖双方分别许诺在将来某一特定时间购买或提供某种商品的协议；期货合约也是买卖双方就未来以某种价格交易某种商品或资产而签订的协议，其与远期合约不同的是，期货合约是一种标准化的远期交易方式；期权给予持有人一种选择权，即在合约到期日选择是否执行合约内容的权利，而非强制性义务；互换是利用互换双方在不同金融市场上所拥有的优势，按照市场行情订立合约，在一定时期内就金融债券或债务进行相互交换。

四、金融衍生工具市场法律制度的框架

金融衍生工具因其复杂性而涉及不同属性的部门法律制度，主要有两类：一类是民事法，包括合同法、担保法、破产法等，主要适用于场外衍生产品交易。在本质上，场外金融衍生产品的交易总体上要遵循合同制度的基本原理，另还涉及担保、破产制度。另一类是金融法，包括证券法、期货法、银行法等，主要适用于场内金融衍生产品交易。金融衍生工具涉及证券法，部分金融衍生工具，特别是发行类的金融衍生工具如可转换公司债券、权证等，属于证券法调整的范畴；金融衍生工具涉及期货法，股票、利率、股指期货采用普通意义上的期货交易模式，受期货法调整；金融衍生工具涉及银行法，银行配置和控制金融风险，是金融衍生工具的重要参与人，银行间市场一直是主要的金融衍生工具场外交易场所。

五、我国金融衍生工具市场

金融衍生产品市场是市场经济的产物，随着市场化和国际化程度的提高而逐步发展。1978年以后，随着我国经济体制改革的深入和社会主义市场经济体制的建立，金融衍生产品得到一定的发展。1990年起，以郑州粮食批发市场为基础，全国出现了一批商品期货市场；1992年12月18日，上海证券交易所推出了中国第一批国债标准合约；1994年1月，海南证券报价交易中心推出股票指数期货合约，因遭监管层批评而停止交易；1994年4月4日，中国外汇交易中心开始运作；1994年下半年到1995年上半年，沪深证券交易所及一些证券交易中心、

商品期货交易所开始进行国债期货交易，后因引发“三二七国债事件”而被监管层停止试点。

2004年1月31日，国务院颁布了《关于推进资本市场改革开放和稳定发展的若干意见》，其中有“研究开发与股票和债券相关的新品种”的战略部署。其后，金融衍生产品市场的工作稳步取得了进展。2004年2月4日，银监会公布《金融机构衍生产品交易业务管理暂行办法》；2004年，经证监会批准，推出了上市开放式基金和交易型开放式指数基金两项金融创新产品，为股票类金融衍生产品市场的发展奠定了基础，我国金融衍生工具市场得到一定的发展。2007年国务院发布《期货交易管理条例》（根据2012年10月24日《国务院关于修改〈期货交易管理条例〉的决定》修订），2015年1月9日，中国证券监督管理委员会公布《股票期权交易试点管理办法》等。

六、我国金融衍生工具市场法律制度

（一）《期货交易管理条例》

1. 期货交易所和期货公司

任何单位和个人从事期货交易及其相关活动，应当遵守《期货交易管理条例》。所谓期货交易，是指采用公开的集中交易方式或者国务院期货监督管理机构批准的其他方式进行的以期货合约或者期权合约为交易标的的交易活动。期货合约，是指期货交易场所统一制定的、规定在将来某一特定的时间和地点交割一定数量标的物的标准化合约。期货合约包括商品期货合约和金融期货合约及其他期货合约。期权合约，是指期货交易场所统一制定的、规定买方有权在将来某一时间以特定价格买入或者卖出约定标的物（包括期货合约）的标准化合约。

期货交易应当在依法设立的期货交易所、国务院批准的或者国务院期货监督管理机构批准的其他期货交易场所进行。禁止在依法设立的期货交易场所之外进行期货交易。设立期货交易所，由国务院期货监督管理机构审批。未经国务院批准或者国务院期货监督管理机构批准，任何单位或者个人不得设立期货交易场所或者以任何形式组织期货交易及其相关活动。期货交易所不以营利为目的，按照其章程的规定实行自律管理。期货交易所以其全部财产承担民事责任。期货交易所的负责人由国务院期货监督管理机构任免。

期货公司是依照《公司法》和《期货交易管理条例》的规定设立的经营期货业务的金融机构。设立期货公司，应当在公司登记机关登记注册，并经国务院期货监督管理机构批准。未经国务院期货监督管理机构批准，任何单位或者个人不得设立或者变相设立期货公司，经营期货业务。

申请设立期货公司，应当符合《公司法》规定的条件。国务院期货监督管理机构根据审慎监管原则和各项业务的风险程度，可以提高注册资本最低限额。注册资本应当是实缴资本。股东应当以货币或者期货公司经营必需的非货币财产出资，货币出资比例不得低于85%。国务院期货监督管理机构应当在受理期货公司设立申请之日起6个月内，根据审慎监管原则进行审查，作出批准或者不批准的决定。未经国务院期货监督管理机构批准，任何单位和个人不得委托或者接受他人委托持有或者管理期货公司的股权。

期货公司业务实行许可制度，由国务院期货监督管理机构按照其商品期货、金融期货业务种类颁发许可证。期货公司除申请经营境内期货经纪业务外，还可以申请经营境外期货经纪、期货投资咨询以及国务院期货监督管理机构规定的其他期货业务。期货公司不得从事与期货业务无关的活动，法律、行政法规或者国务院期货监督管理机构另有规定的除外。期货公司不得从事或者变相从事期货自营业务。期货公司不得为其股东、实际控制人或者其他关联人提供融资，不得对外担保。期货公司从事经纪业务，接受客户委托，以自己的名义为客户进行期货交易，交易结果由客户承担。

2. 期货交易基本规则

从事期货交易活动，应当遵循公开、公平、公正和诚实信用的原则。禁止欺诈、内幕交易和操纵期货交易价格等违法行为。在期货交易所进行期货交易的，应当是期货交易所会员。期货公司接受客户委托为其进行期货交易，应当事先向客户出示风险说明书，经客户签字确认后，与客户签订书面合同。期货公司不得未经客户委托或者不按照客户委托内容，擅自进行期货交易。期货公司不得向客户作获利保证；不得在经纪业务中与客户约定分享利益或者共担风险。

客户可以通过书面、电话、互联网或者国务院期货监督管理机构规定的其他方式，向期货公司下达交易指令。客户的交易指令应当明确、全面。期货公司不得隐瞒重要事项或者使用其他不正当手段诱骗客户发出交易指令。

期货交易所应当及时公布上市品种合约的成交量、成交价、持仓量、最高价与最低价、开盘价与收盘价和其他应当公布的即时行情，并保证即时行情的真实、准确。期货交易所不得发布价格预测信息。未经期货交易所许可，任何单位和个人不得发布期货交易即时行情。

期货交易应当严格执行保证金制度。期货交易所向会员、期货公司向客户收取的保证金，不得低于国务院期货监督管理机构、期货交易所规定的标准，并应当与自有资金分开，专户存放。期货交易所向会员收取的保证金，属于会员所有，除用于会员的交易结算外，严禁挪作他用。期货公司向客户收取的保证金，属于客户所有，除下列可划转的情形外，严禁挪作他用：（1）依据客户的要求支付可用资金；（2）为客户交存保证金，支付手续费、税款；（3）国务院期货监督管理机构规定的其他情形。

期货公司应当为每一个客户单独开立专门账户、设置交易编码，不得混码交易。期货交易所、期货公司、非期货公司结算会员应当按照国务院期货监督管理机构、财政部门的规定提取、管理和使用风险准备金，不得挪用。期货交易的结算，由期货交易所统一组织进行。期货交易所实行当日无负债结算制度。期货交易所应当在当日及时将结算结果通知会员。期货公司根据期货交易所的结算结果对客户进行结算，并应当将结算结果按照与客户约定的方式及时通知客户。客户应当及时查询并妥善处理自己的交易持仓。

期货交易所会员的保证金不足时，应当及时追加保证金或者自行平仓。会员未在期货交易所规定的时间内追加保证金或者自行平仓的，期货交易所应当将该会员的合约强行平仓，强行平仓的有关费用和发生的损失由该会员承担。客户保证金不足时，应当及时追加保证金或者自行平仓。客户未在期货公司规定的时间内及时追加保证金或者自行平仓的，期货公司应当将该客户的合约强行平仓，强行平仓的有关费用和发生的损失由该客户承担。

期货交易的交割，由期货交易所统一组织进行。交割仓库由期货交易所指定。期货交易所不得限制实物交割总量，并应当与交割仓库签订协议，明确双方的权利和义务。

会员在期货交易中违约的，期货交易所先以该会员的保证金承担违约责任；保证金不足的，期货交易所应当以风险准备金和自有资金代为承担违约责任，并由此取得对该会员的相应追偿权。客户在期货交易中违约的，期货公司先以该客户的保证金承担违约责任；保证金不足的，期货公司应当以风险准备金和自有资金代为承担违约责任，并由此取得对该客户的相应追偿权。

3. 监督管理

国务院期货监督管理机构对期货市场实施监督管理，依法履行下列职责：（1）制定有关期货市场监督管理的规章、规则，并依法行使审批权；（2）对品种的上市、交易、结算、交割等期货交易及其相关活动，进行监督管理；（3）对期货交易所、期货公司及其他期货经营机构、非期货公司结算会员、期货保证金安全存管监控机构、期货保证金存管银行、交割仓库等市场相关参与者的期货业务活动，进行监督管理；（4）制定期货从业人员的资格标准和管理办法，并监督实施；（5）监督检查期货交易的信息公开情况；（6）对期货业协会的活动进行指导和监督；（7）对违反期货市场监督管理法律、行政法规的行为进行查处；（8）开展与期货市场监督管理有关的国际交流、合作活动；（9）法律、行政法规规定的其他职责。

（二）金融机构衍生产品交易业务管理暂行办法

1. 市场准入管理

金融机构申请开办衍生产品交易业务应具备下列条件：（1）有健全的衍生产品交易风险管理制度和内部控制制度；（2）具备完善的衍生产品交易前、中、后台自动连接的业务处理系统和实时的风险管理系统；（3）衍生产品交易业务主管人员应当具备5年以上直接参与衍生交易活动和风险管理的资历，且无不良记录；（4）应具有从事衍生产品或相关交易2年以上、接受相关衍生产品交易技能专门培训半年以上的交易人员至少2名，相关风险管理人员至少1名，风险模型研究人员或风险分析人员至少1名；以上人员均需专岗人员，相互不得兼任，且无不良记录；（5）有适当的交易场所和设备；（6）外国银行分行申请开办衍生产品交易业务，其母国应具备对衍生产品交易业务进行监管的法律框架，其母国监管当局应具备相应的监管能力；（7）银监会规定的其他条件。

2. 风险管理

金融机构应根据本机构的经营目标、资本实力、管理能力和衍生产品的风险特征，确定能否从事衍生产品交易及所从事的衍生产品交易品种和规模。

金融机构为境内机构和个人办理衍生产品交易业务，应向该机构或个人充分揭示衍生产品交易的风险，并取得该机构或个人的确认函，确认其已理解并有能力承担衍生产品交易的风险。

金融机构应适当合理地运用担保等各种信用风险缓解措施来减少交易对手的信用风险，选择适当的方法和模型对信用风险进行评估，并采取相应的风险控制措施；运用适当的风险评估方法或模型对衍生产品交易的市场风险进行评估，按市价原则管理市场风险，调整交易规模、类别及风险敞口的水平；根据衍生产品交易的规模与类别，做好充分的流动性安排，确保在市场交易异常情况下，具备足够的履约能力；建立健全控制操作风险的机制和制度，严格控制操作风险；建立健全控制法律风险的机制和制度，严格审查交易对手的法律地位和交易资格。金融机构与交易对手签订衍生产品交易合约时应参照国际公认的法律文件，充分考虑发生违约事件后采取法律手段追索保全的可操作性等因素，采取有效措施防范交易合约起草、谈判和签订等过程中的法律风险。金融机构应按照银监会的规定向银监会报送与衍生产品交易有关的会计、统计报表及其他报告。

银监会有权随时检查金融机构有关衍生产品交易业务的资料和报表，定期检查金融机构的风险管理制度、内部控制制度和业务处理系统是否与其从事的衍生产品交易业务种类相适应。金融机构从事衍生产品交易出现重大业务风险或重大业务损失时，应及时主动向银监会报告，并提交应对措施。金融机构所从事的衍生产品交易、运行系统、风险管理系统等发生重大变动时，应及时主动向银监会报告具体情况。以上事项涉及外汇管理和对外支付事项的，应同时抄报国家外汇管理局。

法律应用

1. 证券市场虚假陈述与损害结果之间关系的认定。根据最高人民法院《关于审理证券市场因虚假陈述引发的民事赔偿案件的若干规定》，投资人具有以下情形的，人民法院应当认定虚假陈述与损害结果之间存在因果关系：(1) 投资人所投资的是与虚假陈述直接关联的证券；(2) 投资人在虚假陈述实施日及以后，至揭露日或者更正日之前买入该证券；(3) 投资人在虚假陈述揭露日或者更正日及以后，因卖出该证券发生亏损，或者因持续持有该证券而产生亏损。被告举证证明原告具有以下情形的，人民法院应当认定虚假陈述与损害结果之间不存在因果关系：(1) 在虚假陈述揭露日或者更正日之前已经卖出证券；(2) 在虚假陈述揭露日或者更正日及以后进行的投资；(3) 明知虚假陈述存在而进行的投资；(4) 损失或者部分损失是由证券市场系统风险等其他因素所导致；(5) 属于恶意投资、操纵证券价格的。

2. 虚假陈述民事赔偿案件的被告，应当是虚假陈述行为人，包括：(1) 发起人、控股股东等实际控制人；(2) 发行人或者上市公司；(3) 证券承销商；(4) 证券上市推荐人；(5) 会计师事务所、律师事务所、资产评估机构等专业中介服务机构；(6) 上述第 2、3、4 项所涉单位中负有责任的董事、监事和经理等高级管理人员以及第 5 项中直接责任者；(7) 其他作出虚假陈述的机构或者自然人。

3. 在证券投资基金法律结构中，基金管理人和基金托管人属于信托法律关系中的共同受托人，共同承担受托义务。根据《信托法》第 32 条的规定，共同受托人处理信托事务对第三人所负债务，应当承担连带清偿责任。第三人对共同受托人之一所作的意思表示，对其他受托人同样有效。共同受托人之一违反信托目的处分信托财产或者因违背管理职责、处理信托事务不当致使信托财产受到损失的，其他受托人应当承担连带赔偿责任。但是证券投资基金中的共同受托人之间的关系并不像信托法中的共同受托人的关系一样。证券投资基金的基金管理人和基金托管人之间存在明显的职能分割。双方对各自行为所负的责任也是各自独立的，一方对完全因另一方的过错造成的损失不承担连带赔偿责任。这是证券投资基金法律结构与一般信托法律关系结构相比特殊性所在。

思考题

1. 公司公开发行新股，应当符合哪些条件？
2. 股份有限公司申请股票上市，应当符合哪些条件？
3. 我国证券交易所进行股票交易遵循哪些程序？
4. 简述虚假陈述的概念及民事责任。
5. 禁止从事操纵市场的行为有哪些？
6. 禁止证券公司及其从业人员从事损害客户利益的欺诈行为有哪些？
7. 简述基金财产投资合法原则。
8. 基金持有人有哪些权利、义务？
9. 基金管理人有哪些权利、义务？
10. 简述期货交易基本规则。

历年司法考试题

1. 股票和债券是我国《证券法》规定的主要证券类型。关于股票与债券的比较，下列哪一表述是正确的？(　　)(2011年)

A. 有限责任公司和股份有限公司都可以成为股票和债券的发行主体

B. 股票和债券具有相同的风险性

C. 债券的流通性强于股票的流通性

D. 股票代表股权，债券代表债权

答案及解析：D项。【考点】股票与债券的区别。

选项A错误。作为筹资手段，无论是国家、地方、公共团体还是企业，都可以发行债券，而股票则只有股份制企业才可以发行。选项B错误。股票的风险性大于债券的风险性。选项C错误。股票的流通性大于债券的流通性。选项D正确。

2. 为扩大生产规模，筹集公司发展所需资金，鄂神股份有限公司拟发行总值为1亿元的股票。下列哪一说法符合《证券法》的规定？(　　)(2012年)

A. 根据需要可向特定对象公开发行股票

B. 董事会决定后即可径自发行

C. 可采取溢价发行方式

D. 不必将股票发行情况上报证券监管机构备案

答案及解析：C项。本题考核股票的公开发行。

选项A错误。公开发行股票应向不特定对象发行，而不能向特定对象发行。选项B错误。《证券法》第15条规定，公司对公开发行股票所募集资金，必须按照招股说明书所列资金用途使用。改变招股说明书所列资金用途，必须经股东大会作出决议。擅自改变用途而未作纠正的，或者未经股东大会认可的，不得公开发行新股。据此可知，发行股票应经股东大会决议，而非经董事会决定即可。选项C正确。《证券法》第34条规定，股票发行采取溢价发行的，其发行价格由发行人与承销的证券公司协商确定。据此可知，鄂神股份有限公司可以采取溢价发行方式发行股票。选项D错误。《证券法》第36条规定，公开发行股票，代销、包销期限届满，发行人应当在规定的期限内将股票发行情况报国务院证券监督管理机构备案。

3. 华新基金管理公司是信泰证券投资基金（信泰基金）的基金管理人。华新公司的下列哪些行为是不符合法律规定的？(　　)(2012年)

A. 从事证券投资时，将信泰基金的财产独立于自己固有的财产

B. 以信泰基金的财产为公司大股东鑫鑫公司提供担保

C. 就其管理的信泰基金与其他基金的财产，规定不同的基金收益条款

D. 向信泰基金份额持有人承诺年收益率不低于12%

答案及解析：B、C、D项。选项A符合。《证券投资基金法》第5条第2款规定，基金财产独立于基金管理人、基金托管人的固有财产。基金管理人、基金托管人不得将基金财产归入其固有财产。其他几项都不符合。《证券投资基金法》第74条第2项规定，基金财产不得违反规定用于向他人贷款或者提供担保。《证券投资基金法》第21条第2项规定，基金管理人不得不公平地对待其管理的不同基金财产。《证券投资基金法》第21条第4项规定，基金管理人不得向基金份额持有人违规承诺收益或者承担损失。

4. 依据我国《证券法》的相关规定，关于证券发行的表述，下列哪一选项是正确的？(　　)

（2013年）

A. 所有证券必须公开发行，而不得采用非公开发行的方式

B. 发行人可通过证券承销方式发行，也可由发行人直接向投资者发行

C. 只有依法正式成立的股份公司才可发行股票

D. 国有独资公司均可申请发行公司债券

答案及解析：D项。本题考核证券发行。选项A错误。《证券法》第10条第3款规定，非公开发行证券，不得采用广告、公开劝诱和变相公开方式。据此可知，证券可以公开发行，也可以依法非公开发行。选项B错误。《证券法》第11条第1款规定，发行人申请公开发行股票、可转换为股票的公司债券，依法采取承销方式的，或者公开发行法律、行政法规规定实行保荐制度的其他证券的，应当聘请具有保荐资格的机构担任保荐人。据此可知，发行人不能直接向投资者发行证券，必须聘请保荐人。选项C错误。采用募集方式设立的股份公司，公司在设立过程中就可以向社会发行股票了，在公司成立之后向投资者交付股票。选项D正确。国有独资公司是有限责任公司，可以依法发行公司债券。

5. 申和股份公司是一家上市公司，现该公司董事会秘书依法律规定，准备向证监会与证券交易所报送公司年度报告。关于年度报告所应记载的内容，下列哪一选项是错误的？（　　）（2015年）

A. 公司财务会计报告和经营情况

B. 董事、监事、高级管理人员简介及其持股情况

C. 已发行股票情况，含持有股份最多的前二十名股东的名单和持股数额

D. 公司的实际控制人

答案及解析：C项。《证券法》第66条规定，上市公司和公司债券上市交易的公司，应当在每一会计年度结束之日起4个月内，向国务院证券监督管理机构和证券交易所报送记载以下内容的年度报告，并予公告：(1) 公司概况；(2) 公司财务会计报告和经营情况；(3) 董事、监事、高级管理人员简介及其持股情况；(4) 已发行的股票、公司债券情况，包括持有公司股份最多的前十名股东的名单和持股数额；(5) 公司的实际控制人；(6) 国务院证券监督管理机构规定的其他事项。

6. 赢鑫投资公司业绩骄人。公司拟开展非公开募集基金业务，首期募集1 000万元。李某等老客户知悉后纷纷表示支持，愿意将自己的资金继续交其运作。关于此事，下列哪一选项是正确的？（　　）（2016年）

A. 李某等合格投资者的人数可以超过200人

B. 赢鑫公司可在全国性报纸上推介其业绩及拟募集的基金

C. 赢鑫公司可用所募集的基金购买其他的基金份额

D. 赢鑫公司就其非公开募集基金业务应向中国证监会备案

答案及解析：C项。选项A错误，《证券投资基金法》第87条第1款规定，非公开募集基金应当向合格投资者募集，合格投资者累计不得超过200人。据此可知，非公开募集基金的合格投资者的人数不得超过200人。选项B错误，《证券投资基金法》第91条规定，非公开募集基金，不得向合格投资者之外的单位和个人募集资金，不得通过报刊、电台、电视台、互联网等公众传播媒体或者讲座、报告会、分析会等方式向不特定对象宣传推介。选项C正确，《证券投资基金法》第94条第2款规定，非公开募集基金财产的证券投资，包括买卖公开发行的股份有限公司股票、债券、基金份额，以及国务院证券监督管理机构规定的其他证券及其衍生品种。选项D错误，《证券投资基金法》第89条规定，担任非公开募集基金的基金管理人，应

当按照规定向基金行业协会履行登记手续，报送基本情况。该法第 94 条第 1 款规定，非公开募集基金募集完毕，基金管理人应当向基金行业协会备案。对募集的资金总额或者基金份额持有人的人数达到规定标准的基金，基金行业协会应当向国务院证券监督管理机构报告。

7. 甲在证券市场上陆续买入力扬股份公司的股票，持股达 6%时才公告，被证券监督管理机构以信息披露违法为由处罚。之后甲欲继续购入力扬公司股票，力扬公司的股东乙、丙反对，持股 4%的股东丁同意。对此，下列哪些说法是正确的？（　　）（2017 年）

A. 甲的行为已违法，故无权再买入力扬公司股票

B. 乙可邀请其他公司对力扬公司展开要约收购

C. 丙可主张甲已违法，故应撤销其先前购买股票的行为

D. 丁可与甲签订股权转让协议，将自己所持全部股份卖给甲

答案及解析：B、D 项。

选项 A 错误。《证券法》第 86 条第 1 款规定，通过证券交易所的证券交易，投资者持有或者通过协议、其他安排与他人共同持有一个上市公司已发行的股份达到 5%时，应当在该事实发生之日起 3 日内，向国务院证券监督管理机构、证券交易所作出书面报告，通知该上市公司，并予公告；在上述期限内，不得再行买卖该上市公司的股票。据此可知，甲只是在规定的期限内不能再买入力扬公司的股票，而不是无权再买入力扬公司的股票。选项 B 正确。《证券法》第 85 条规定，投资者可以采取要约收购、协议收购及其他合法方式收购上市公司。选项 C 错误。甲的信息披露行为违法，但是其购买股票的行为是合法的，因此不能撤销购买股票的行为。选项 D 正确。《证券法》第 94 条第 1 款规定，采取协议收购方式的，收购人可以依照法律、行政法规的规定同被收购公司的股东以协议方式进行股份转让。

8. 某基金管理公司在 2003 年曾公开发售一只名为“基金利达”的封闭式基金。该基金原定封闭期 15 年，现即将到期，拟转换为开放式基金继续运行。关于该基金的转换，下列哪一选项是正确的？（　　）（2017 年）

A. 须经国务院证券监督管理机构核准

B. 转换后该基金应保持一定比例的现金或政府债券

C. 基金份额持有人大会就该转换事宜的决定应经有效表决权的 1/2 以上通过

D. 转换后基金份额持有人有权查阅或复制该基金的相关会计账簿等财务资料

答案及解析：B 项。《证券投资基金法》第 79 条规定，按照基金合同的约定或者基金份额持有人大会的决议，基金可以转换运作方式或者与其他基金合并。选项 A 错误。选择封闭式基金的，须经国务院证券监督管理机构核准。而转换为开放式基金，不需要经国务院证券监督管理机构核准。选项 B 正确。《证券投资基金法》第 69 条规定，开放式基金应当保持足够的现金或者政府债券，以备支付基金份额持有人的赎回款项。基金财产中应当保持的现金或者政府债券的具体比例，由国务院证券监督管理机构规定。选项 C 错误。《证券投资基金法》第 87 条第 3 款规定，基金份额持有人大会就审议事项作出决定，应当经参加大会的基金份额持有人所持表决权的 1/2 以上通过；但是，转换基金的运作方式、更换基金管理人或者基金托管人、提前终止基金合同、与其他基金合并，应当经参加大会的基金份额持有人所持表决权的 2/3 以上通过。选项 D 错误。《证券投资基金法》第 47 条第 2 款规定，公开募集基金的基金份额持有人有权查阅或者复制公开披露的基金信息资料；非公开募集基金的基金份额持有人对涉及自身利益的情况，有权查阅基金的财务会计账簿等财务资料。

第四篇

金融调控法

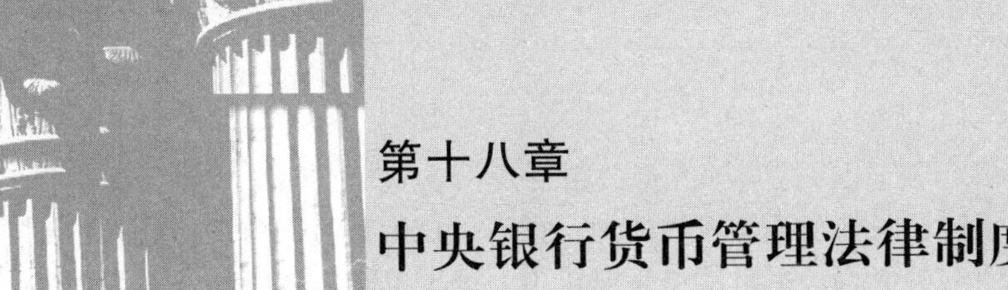

第十八章 中央银行货币管理法律制度

重点问题

1. 货币管理法的概念和类型
2. 人民币的法律地位、发行管理与流通管理
3. 外汇与外汇管理法律制度
4. 洗钱及反洗钱法
5. 金融机构大额交易与可疑交易报告制度
6. 金银管理法律制度

第一节　货币管理法概述

一、货币与货币管理法的概念和特征

货币是在商品交换过程中自发地从商品中分离出来，固定地充当一般等价物的特殊商品。货币经历了一般物品、金银等贵金属到纸币等不同形态，现代货币具有价值尺度、流通手段、支付手段、贮藏手段、世界货币等职能。货币是一定社会关系的反映，货币的存在由特定的社会经济结构和社会经济基础决定，其本身反映不同的社会经济结构下人们相互之间的社会关系。在经济学中，货币是价值、财富的象征；在法学中，货币则是财产权利的象征。

货币管理法是确认、调整货币的发行、流通、回笼和管理关系的法律规范的总称，是一国货币制度的法律依据。货币管理法具有使货币规范化，维护货币流通秩序，促进货币职能发挥以促进经济增长的作用。各国的货币管理法律体系一般包括通货管理法、外汇管理法和金银管理法。另外，随着打击洗钱犯罪的需要，近年来，各国加强了反洗钱方面的立法，我国亦于 2006 年 10 月 31 日颁布了《中华人民共和国反洗钱法》（以下简称《反洗钱法》）。反洗钱法是一国货币管理法律体系的有机组成部分，货币管理法是我国中央银行法的重要组成部分。

二、货币制度的历史沿革

货币制度是国家法律规定的货币种类、货币单位，以及本位币和辅币的铸造、发行及流通等规则的总称。与经济发展状况相适应，货币制度经历了银本位制、复本位制、金本位制到纸币本位制的历史演变过程。

1. 银本位制

指以白银作为币材，本位货币[1]与白银保持某种等价关系的货币本位制。银本位制下，白银或以白银铸造成的铸币具有无限法偿资格与强制流通能力；银币可自由铸造、自行熔化，白银、银币可自由输出输入；流通中的价值符号可自由兑换成银币。银本位制适应于经济不发达的状况。中国是最早以白银作为货币的国家，又是最后放弃银本位制的国家。由于经济的发展，银本位制逐渐在19世纪70年代白银价格大跌后为各国放弃。

2. 复本位制

又称金银复本位制，指一国同时以黄金、白银作为本位币的制度。复本位制适应了封建经济向资本主义经济过渡期的需要，黄金、白银各种铸币均可以自由铸造、自行熔化；黄金、白银可以自由输出输入国境；流通中的价值符号可自由兑换成金、银币或等量黄金、白银。

复本位制是种不稳定的货币制度，当金银法定比率与市场比率不一致时，实际价值高的货币（良币）就会被熔化或输出，从而退出流通，而实际价值低的货币（劣币）便会充斥市场，此即“劣币驱逐良币法则”。美英等国在实行一段时间的复本位制后很快过渡到单一的金本位制。

3. 金本位制

指本位货币与一定数量的黄金保持等价关系的货币制度，包括以下几种：

（1）金币本位制，又称完全金本位制，即以黄金为币材，由财政部或中央银行铸成金币作为本位币流通。第一次世界大战前，世界主要国家采此种制度。

（2）金块本位制，即银行券不能兑换金币，只能兑换金块的金本位制。国内不再铸造金币，而发行代表一定黄金重量的银行券，且银行券只可与有重量限制的金块兑换。在黄金储备不足时，一般采金块本位制。第一次世界大战后，英国、法国、比利时、荷兰曾采此制。

（3）金汇兑本位制，即纸币不能兑换黄金或金币，只能兑换外汇的金本位制。本国纸币与所依附国的货币（该国货币与黄金保持等价关系）保持固定比价，从而间接与黄金保持联系。第一次世界大战后，德国、意大利曾采此制。但黄金产量不足、分布不均，无法适应经济发展的要求，且本身供给缺乏弹性，1971年布雷顿森林体系崩溃后，国际金汇兑本位制亦告终结。

4. 纸币本位制

指以纸币为本位币的制度。纸币不与任何金属保持等价和兑换关系，是不能兑现的信用货币。纸币具有无限法偿资格和强制流通能力，纸币的发行可以黄金、白银、外汇等作为发行准备金以增强人们对纸币的信心，纸币供应充足且具弹性，可充分满足和适应商品交易需要，但发行过多、供应不当会损害币值稳定。目前，世界各国均采纸币本位制。

三、旧中国货币制度与货币管理立法

中国古代货币制度是既有钱也有钞的一种混合币制，与自给自足的、占统治地位的自然经济密切相关，货币立法也是混杂在刑律之中的。鸦片战争后，外币流入中国，清末各省先后设局，开始自己制造银元和铜圆。1910年清王朝《币制则例》施行银本位制；中华民国政府废除银本位制，改行纸币本位制。鸦片战争后，中国的财政金融被外国列强控制，外钞与本国钞票同时流通局面一直维持到新中国成立。

人民币作为我国现行唯一合法的通货，是1948年12月1日中国人民银行成立当天开始发

① 在任何一种货币制度中，必须首先确定货币的计量标准与单位，也即货币的本位，充当计量标准与单位的货币便是本位币。

行的。当时的华北人民政府发布了《关于建立中国人民银行和发布人民币的布告》，规定：华北银行、北海银行、西北农业银行合并为中国人民银行，以原华北银行为总行，所有三行发行之货币及对外一切债权债务，均由中国人民银行负责承受；发行中国人民银行钞票，定为华北、华东、西北三区的本位货币，统一流通。所有公私款项收付及一切交易，均以新币为本位币，新币发行后，冀币、边币、北海币、西农币逐渐收回。[①]

四、我国现行的货币管理立法

现行的货币管理立法即人民币管理法，是调整人民币的印制、发行、流通及其管理所引起的社会关系的法律规范的总称。我国的货币管理立法主要包括：1988 年《中国人民银行货币发行制度（试行）》，1995 年通过、2003 年修订的《中国人民银行法》，2000 年《人民币管理条例》，1997 年通过、2008 年修订的《外汇管理条例》，1998 年《境内居民个人外汇管理暂行办法》，2006 年《反洗钱法》《金融机构反洗钱规定》《金融机构大额交易和可疑交易报告管理办法》，2010 年《证券期货业反洗钱工作实施办法》。

第二节　人民币管理法律制度

一、人民币的法律地位

2000 年 5 月 1 日施行的《人民币管理条例》第 3 条与《中国人民银行法》第 16 条规定，我国的法定货币是人民币。以人民币支付我国境内的一切公共的和私人的债务，任何单位和个人不得拒收。这表明人民币法定货币的法律地位，具体含义包括：

1. 人民币是我国唯一的法定货币。《中国人民银行法》第 20 条明文禁止代币票券等各种变相货币的印制、发售与计价流通。另外，也禁止金银、外汇的计价流通和私自买卖，我国境内只允许人民币流通。

2. 人民币的主币、辅币均具有无限法偿的能力。中国人民银行代表国家统一发行人民币的主币、辅币，不论何时，凡是在我国境内的一切公私债务均以人民币予以支付，任何债权人均不得以任何理由拒绝接受任一种面额的人民币。

3. 人民币是不兑现的信用货币。《人民币管理条例》第 4 条第 2 款规定，“人民币依其面额支付”，国家通过信贷程序发行人民币，以国家信用担保人民币的发行，不以黄金、白银等贵金属为价值基础。

二、人民币的发行管理

（一）人民币的发行与发行机关

人民币发行有广义和狭义之分：广义的人民币发行是中国人民银行向社会投放、回笼、调拨、销毁、保管和调节人民币流通等业务的总称。狭义的发行则是指中国人民银行向流通领域投放人民币的行为。

《中国人民银行法》第 18 条规定，中国人民银行是我国人民币唯一的货币发行机关。中国

① 吴志攀主编．金融法概论．5 版．北京：北京大学出版社，2011：218.

人民银行动用货币发行基金发放再贷款，获得再贷款的商业银行等金融机构再通过信贷活动发放给单位和个人，单位通过支付工资等形式使现金进入流通领域。

（二）人民币发行的原则

1. 统一发行原则。中国人民银行履行统一印制、发行人民币的职责，垄断主币、辅币的发行，除此之外任何单位、个人均无权发行货币或变相发行货币。

2. 经济发行原则。人民币的发行只能根据市场经济货币需求的客观情况、适应商品流通的需要来发行，这样才能确保合适的市场货币流通量，不会引起物价波动，从而促进经济的稳定增长。

与经济发行相对的是财政发行，即依据财政收支情况，为弥补财政赤字而不顾经济发展的需要过量发行货币。财政发行破坏币值稳定，影响经济的持续发展。《中国人民银行法》第29条关于“中国人民银行不得对政府财政透支，不得直接认购、包销国债和其他政府债券”的规定杜绝了人民币的财政发行，国家财政应在不依赖货币发行的前提下自求平衡。

3. 计划发行原则。中国人民银行提出人民币发行的计划，国务院根据国民经济发展的客观需要，有计划地批准人民币的发行。我国人民币的发行属于无法定准备或担保的纯信用发行，采用货币发行计划可以灵活、弹性地供应货币，满足交易需要。

（三）人民币发行的程序

人民币发行程序是指人民币发行的步骤和方法。依《中国人民银行法》《人民币管理条例》《中国人民银行货币发行管理制度（试行）》的规定，人民币的发行环节大致可以分为：

1. 发行前的准备

（1）确定年度货币供应量。中国人民银行根据国家的经济和社会发展计划，提出货币发行和回笼计划，报国务院审批后，具体组织实施。

（2）货币印制。货币印制部门根据中国人民银行制订的货币需要量计划，编制货币印制计划并组织实施。货币印制单位按计划生产的合格货币，必须全权解缴中国人民银行指定的发行库。

（3）发行基金的调拨。发行基金是中国人民银行保管的已印制完毕尚未投入流通的准备基金。发行基金与货币无差别，但其法律性质上仍不是货币，一旦流出发行库便成为货币。发行基金的调拨是发行库与发行库之间基金的转移，是组织货币投放的准备工作。普通银行向发行库调取发行基金、补充业务库时，应填写现金支票，须以其在中国人民银行分支机构开立的存款账户上的存款金额为限，不得透支。调拨原则上采取逐级负责的办法，分支库调拨人民币发行基金，应按上级库的调拨命令办理，并采取预留印鉴的办法认定。任何单位和个人都无权违规动用发行基金，否则应承担相应的法律责任。

2. 货币发行

人民币发行主要是通过商业银行或其他金融机构的现金收付业务活动实现的。商业银行为办理日常业务和现金收付而设置的金库是业务库，其将中国人民银行发行库的发行基金调入业务库后，再从业务库通过现金出纳支付给各单位和个人，实现了现金投放。商业银行营业时的现金收入要存入业务库，当业务库的库存货币超出规定限额时，超出部分要送交发行库保管。货币的发行库到业务库的过程叫出库，即货币发行；反之称为入库，即货币回笼。业务库中的钞票和硬币是业务库支出的备用金，是处于周转状态的货币。

三、人民币的流通管理

人民币的流通是市场经济运行的基础，人民币的流通管理一般包括现金流通管理和非现金流通管理。前者是指国家授权银行及其他金融机构依法对开户单位的现金收支及库存进行的监督和管理，以调节货币流通，稳定币值，加强资金周转；后者是指对当事人通过银行进行转账结算的活动进行的管理。

我国目前有关现金管理的主要法规包括：1988年9月8日国务院颁布的《现金管理暂行条例》及中国人民银行颁布的《现金管理暂行条例实施细则》，1997年10月，中国人民银行颁布的《现金收支统计制度》，2006年，财政部、中国人民银行印发的《中央国库现金管理暂行办法》。以上构成了我国现金管理制度的主要框架。现金管理的主要内容包括：

1. 现金管理机构。中国人民银行是现金管理的主管部门，商业银行和其他金融机构负责现金管理的具体实施，对开户单位的现金收支、使用进行监督管理。

2. 现金管理的对象。指在商业银行和其他金融机构开立账户的单位和其他经济组织，包括国家机关、团体、部队、事业单位和国有企业、城乡集体企业、联营企业、私营企业、个体工商户、农村承包经营户以及中外合资和合作经营企业。

3. 现金管理的具体内容。（1）现金使用范围。《现金管理暂行条例》第5条明确了现金使用的范围：职工工资、津贴，个人劳务报酬，根据国家规定颁发给个人的科学技术、文化艺术、体育等各种奖金，各种劳保、福利费用以及国家规定的对个人的其他支出，向个人收购农副产品和其他物资的价款，出差人员必须随身携带的差旅费，结算起点以下的零星支出以及中国人民银行确定需要支付现金的其他支出。

（2）核定库存单位现金限额。为保证各开户单位日常的业务经营范围及其他小额零星开支需要，国家允许其保留一定数额的库存现金。库存现金限额由开户单位提出计划，报开户金融机构审查核定。《现金管理暂行条例》第10条规定，经核定的库存现金限额，开户单位必须严格遵守。需要增加或者减少库存现金限额的，应当向开户银行提出申请，由开户银行核定。

（3）开户单位现金收付管理。《现金管理暂行条例》第11条规定，开户单位现金收入应当于当日送存开户银行。当日送存确有困难的，由开户银行确定送存时间；开户单位支付现金，可以从本单位库存现金限额中支付或者从开户银行提取，不得从本单位的现金收入中直接支付(坐支)。因特殊情况需要坐支现金的，应当事先报经开户银行审查批准，由开户银行核定坐支范围和限额。

（4）其他现金管理。除上述外，我国从1997年7月1日起实行大额现金支付登记备案制度。对个体工商户和农村承包经营户的现金管理也作出了相应规定。

（5）现金管理的禁止性规定。《现金管理暂行条例》第20条、第21条规定，开户单位须遵守以下禁止性规则：不得超出规定范围、限额使用现金；不得超出核定的库存现金限额留存现金；不得对现金结算给予比转账结算优惠待遇；不得拒收支票、银行汇票和银行本票；不得违反规定，不采取转账结算方式购置国家规定的专项控制商品；不得用不符合财务会计制度规定的凭证顶替库存现金；不得用转账凭证套换现金；不得编造用途套取现金；不得互相借用现金；不得利用账户替其他单位和个人套取现金；不得将单位的现金收入按个人储蓄方式存入银行；不得保留账外公款；不得未经批准坐支或者未按开户银行核定的坐支范围和限额坐支现金。

四、违反人民币管理法律制度的法律责任

违反国家关于人民币发行和流通的法律、法规需要承担相应的法律后果，依《中国人民银行法》《刑法》《人民币管理暂行条例》的相关规定，主要包括：

（一）伪造、变造人民币行为及法律责任

伪造人民币是指仿照现行流通人民币的图案、颜色、质地等制作假币的行为。变造是指在真人民币的基础上，利用挖补、揭层、涂改等多种方法，改变真人民币原来的形态，使其面额增大的行为。二者的区别在于伪造人民币是用非货币材料制作假人民币，而变造是在真人民币基础上制作面额不实的人民币。伪造和变造的人民币都是假币。

出售、购买、走私、运输、持有、使用伪造、变造人民币的行为是伪造、变造人民币的关联行为，具有极大的社会危害性。《中国人民银行法》《刑法》规定了伪造、变造人民币及其关联行为须承担的法律后果：

《中国人民银行法》第 42 条规定，伪造、变造人民币，出售伪造、变造的人民币，或者明知是伪造、变造的人民币而运输，构成犯罪的，依法追究刑事责任；尚不构成犯罪的，由公安机关处 15 日以下拘留、10 000 元以下罚款。第 43 条规定，购买伪造、变造的人民币或者明知是伪造、变造的人民币而持有、使用，构成犯罪的，依法追究刑事责任；尚不构成犯罪的，由公安机关处 15 日以下拘留、10 000 元以下罚款。

《刑法》第 170～173 条规定了伪造、变造人民币行为的刑事责任。

（二）印制、发行人民币代币票券行为及法律责任

代币票券又称变相货币，是指国家法定货币以外的以货币单位标识面值并在市场上流通的一切凭证。《中国人民银行法》第 45 条规定，印制、发售代币票券，以代替人民币在市场上流通的，中国人民银行应当责令停止违法行为，并处 20 万元以下罚款。

（三）违反现金管理的法律责任

《现金管理暂行条例实施细则》第 20 条对开户单位的违法行为规定了警告、罚款两种形式的法律责任。

第三节　外汇管理法律制度

一、外汇、汇率与外汇管理法律制度的概念

1.《外汇管理条例》第 3 条规定，以外币表示的可以用作国际清偿的支付手段和资产即为外汇，具体包括：外币现钞，外币支付凭证或者支付工具，外币有价证券，特别提款权及其他外汇资产。此为静态意义上的外汇。动态意义上的外汇指将一国货币兑换成另一国货币，从而清偿国际债权债务的活动。

2. 汇率指一国货币与他国货币之间的兑换比率。[①] 汇率一般有两种标价方法：直接标价法与间接标价法。前者是指以一定单位的外国货币为标准，将外国货币折算成一定数额的本国货币，如我国即是采用一美元兑换相应数额人民币的直接标价法；后者指以一定单位的本国货币为标准，将本国货币折算成一定数量外国货币的标价方法，目前英、美两国采用间接标价法。

3. 外汇管理又称外汇管制，指一国依法对其境内的外汇收支、买卖、借贷、转移以及国

① 经济学中有名义汇率与真实汇率之分：前者指一国货币交换另一国货币的比率，也即一国货币购买其他国家的货币需要支付的价格；后者指一国的商品和劳务交换另一国的商品和劳务的比率，通常是一国一揽子商品与另一国一揽子商品的相对价格。真实汇率比名义汇率更重要，其是度量各国商品和劳务的相对价格的比率，告诉我们哪里的商品便宜哪里的贵；其也与国际贸易密切相关，是其背后的支配力量。

际结算、外汇汇率和外汇市场等实行一定限制性措施的管理制度。依管理宽严程度的不同，一般可将外汇管理分为：（1）严格的外汇管制，指对经常项目外汇与资本项目外汇都实行严格管理；（2）部分外汇管制，指对于经常项目的外汇交易原则上不加限制，但对资本项目的外汇收支则加以一定限制，我国于 1996 年 12 月实行经常项目可兑换；（3）基本不实行外汇管制，允许外汇自由兑换、自由出入国境，如美国、英国、荷兰等。

外汇管理法律制度是有关外汇管理机构的法律地位、管理权限、管理范围及调整外汇管理机构行使职权过程中所形成的权利、义务关系的法律规范的总称。

二、我国外汇管理法律制度的历史沿革①

1949 年至 1956 年，我国外汇管理的目标是建立独立自主的外汇管理制度。随着社会主义改造完成及高度计划经济体制的建立，我国实行外汇集中管理制度，通过扶植出口、沟通侨汇、以收定支等方式积聚外汇，支持国家经济恢复和发展。严格的计划管理使得人民币汇率作为计划核算工具，片面追求稳定而脱离了进出口贸易的实际，导致汇率高估。

1979 年至 1993 年年末，我国在外汇管理体制方面开展了一系列改革。20 世纪 70 年代末国家外汇管理局成立，1980 年《外汇管理暂行条例》颁布。经济转型时期我国的外汇管理制度改革的内容主要包括以下几方面：实行外汇留成制度；建立和发展外汇调剂市场；改革人民币汇率制度；允许多种金融机构经营外汇业务；建立对资本输出入的外汇管理制度；放宽对境内居民的外汇管理；外汇兑换券的发行和管理等。

1993 年《中共中央关于建立社会主义市场经济体制若干问题的决定》中明确要求，“改革外汇管理体制，建立以市场为基础的有管理的浮动汇率制度和统一规范的外汇市场。逐步使人民币成为可兑换货币”。同年年底，国务院发布《关于进一步改革外汇管理体制的公告》，1996 年 1 月 29 日《外汇管理条例》发布（1997 年 1 月 14 日第一次修订，2008 年 8 月 5 日第二次修订），1996 年 12 月 1 日实现了人民币经常项目可兑换，但资本项目外汇仍实行严格管理，进而形成部分管理的外汇管理体制。

加入 WTO 以来，我国外汇管理体制改革进一步深化，于 2005 年 7 月 21 日起实行以市场供求为基础，参考一揽子货币进行调节、有管理的浮动汇率制度。针对日益增长的外汇储备，国务院负责筹备的中国投资有限责任公司于 2007 年 9 月 29 日在北京成立，部分外汇储备交由该公司经营、管理以实现外汇储备的保值、增值，防范外汇储备风险。

三、我国现行外汇管理制度

1. 外汇管理机关及管理对象

《外汇管理条例》第 2 条规定，国务院外汇管理部门及其分支机构依法履行外汇管理职责，负责该条例的实施。目前，我国外汇管理的主管机关是中国人民银行，具体管理部门是国家外汇管理局及其分局、支局。

《外汇管理条例》第 4 条规定了我国外汇管理的对象，即境内机构、境内个人的外汇收支或者外汇经营活动，以及境外机构、境外个人在境内的外汇收支或者外汇经营活动。第 52 条

① 国家外汇管理局网站 . http：//www. safe. gov. cn/model _ safe/whjjs/whjjs _ detail. jsp?id＝1&ID＝160500000000000000.

对“境内机构、境内个人”这两个措辞分别进行了解释。①

2. 经常项目外汇管理制度

经常项目是指国际收支中涉及货物、服务、收益及经常转移的交易项目等。《外汇管理条例》第5条规定，我国对经常性国际支付和转移不予限制，表明我国经常项目外汇管理的基本原则是人民币经常项目可兑换。第9条规定，境内机构、境内个人的外汇收入可以调回境内或者存放境外。

原《外汇管理条例》根据适用主体的不同，将经常项目外汇管理分为对境内机构、个人与对外国驻华机构及来华人员的管理这几种。在2008年修订后的《外汇管理条例》中将各主体的经常项目外汇管理制度进行统一规定，区分经常项目外汇收入与外汇支出。根据《外汇条例》第13条、第14条的规定，经常项目外汇收入，可以按照国家有关规定保留或者卖给经营结汇、售汇业务的金融机构。经常项目外汇支出，应当按照国务院外汇管理部门关于付汇与购汇的管理规定，凭有效单证以自有外汇支付或者向经营结汇、售汇业务的金融机构购汇支付。

根据管理内容的不同，可分为结汇、售汇、付汇和购汇管理四种。结汇指外汇收入所有者将其外汇收入出售给外汇指定银行，由其按一定汇率付给等值本币的行为；售汇指外汇指定银行将外汇卖给用汇单位和个人，按一定的汇率收取本币的行为；付汇指经营外汇业务的金融机构依据用汇单位和个人提供的合同或协议规定的结算方式、日期、金额，从其外汇账户或者将买入的外汇支付给境外的行为；购汇是指用汇单位和个人用本币向外汇指定银行购买外汇的行为。

针对近年来个人外汇收支规模不断扩大的趋势，中国人民银行于2006年12月25日发布了新的《个人外汇管理办法》，2007年1月5日国家外汇管理局发布了《个人外汇管理办法实施细则》。《个人外汇管理办法》第2条对个人外汇业务作了分类：按照交易主体，分为境内与境外个人外汇业务；按照交易性质，分为经常项目和资本项目个人外汇业务。《个人外汇管理办法》第10～15条、《个人外汇管理办法实施细则》第8～15条对有关个人经常项目的外汇管理作出了规定。

3. 资本项目外汇管理制度

资本项目是指国际收支中引起对外资产和负债水平发生变化的交易项目，包括资本转移、直接投资、证券投资、衍生产品及贷款等。我国在实现了经常项目可自由兑换的同时，逐步完善了资本项目的外汇管理制度，总体思路是由目前资本项目的严格管理到最终实现资本项目可自由兑换。

（1）机构资本项目外汇收支管理。《外汇管理条例》第16条、第17条分别对境内机构与境外机构的资本项目外汇管理制度进行了规定。第16条规定，境外机构、境外个人在境内直接投资，经有关主管部门批准后，应当到外汇管理机关办理登记。境外机构、境外个人在境内从事有价证券或者衍生产品发行、交易，应当遵守国家关于市场准入的规定，并按照国务院外汇管理部门的规定办理登记。第17条规定，境内机构、境内个人向境外直接投资或者从事境外有价证券、衍生产品发行、交易，应当按照国务院外汇管理部门的规定办理登记。国家规定需要事先经有关主管部门批准或者备案的，应当在外汇登记前办理批准或者备案手续。

---

① 依据《外汇管理条例》第52条，“境内机构”是指中华人民共和国境内的企业事业单位、国家机关、社会团体、部队等，包括外商投资企业。“个人”是指中国公民和在中华人民共和国境内居住满1年的外国人。“驻华机构”是指外国驻华外交机构、领事机构，国际组织驻华代表机构，外国驻华商务机构和国外民间组织驻华业务机构等。“来华人员”是指驻华机构的常驻人员、短期入境的外国人、应聘在境内机构工作的外国人以及外国留学生等。

(2) 个人资本项目外汇收支管理。除了《外汇管理条例》第 16 条、第 17 条的规定外，《个人外汇管理办法》第 16～21 条对境内个人对外直接投资、对外金融投资、支付外汇人寿保险费用、境外合法资本项目收入结汇、对外捐赠和财产转移的购付汇、向境外提供贷款、借用外债、提供担保或直接参与金融衍生产品交易等内容进行了规制；第 22～26 条则对境外个人的境内资本项目收支作出了规定。《个人外汇管理办法实施细则》第 16～23 条分别对境内个人、境外个人境内资本项目收支如何管理作了进一步的明确规定。

(3)《外汇管理条例》还对外债（第 18 条）、提供对外担保（第 19 条）、向境外提供商业贷款（第 20 条）等资本项目收支管理作了规定。

第四节　反洗钱法律制度

一、洗钱及其危害性

洗钱（Money Laundering），这一英文术语在 20 世纪 70 年代美国官员查处“水门丑闻案”时第一次作为法律术语被正式使用，并在 20 世纪 80 年代初随着毒品交易的蔓延而在世界范围内被广泛接受。不同的国家、不同的法律制度赋予其不同的内涵。总体上，最广义的洗钱是指在已实施犯罪行为并获得赃款的前提下所从事的将违法所得及其产生的收益，通过各种手段掩饰、隐瞒其来源和性质，使其在形式上合法化的不法行为；洗钱者明知或应当知道是犯罪所得赃款而进行清洗；洗钱犯罪者可以是实施上游犯罪的自然人或单位，也可以是实施上游犯罪者之外的其他自然人或单位；洗钱的行为方式可以是获取、占有或使用犯罪所得，可以是转移或转换犯罪所得，还可以是隐瞒或掩饰该财产之真实性质、来源、场所、处置、活动、相关权利和所有权。狭义的洗钱则从上游犯罪、行为方式、犯罪主体及主观方面作出了不同程度的限制。① 例如，我国《反洗钱法》第 2 条即对洗钱的上游犯罪作了限定。

洗钱的危害性是巨大的：洗钱活动掩盖了赃款的真实来源，切断了警方追查犯罪的线索，妨害了司法机关的正常活动；洗钱活动影响了金融机构的形象和声誉，易导致金融体系的混乱和危机；洗钱活动破坏了公平竞争的市场秩序，易造成国家宏观调控的失灵；洗钱活动使得控制和使用犯罪收益的犯罪者得以使用犯罪收益继续进行犯罪活动，影响社会的稳定和安全。

打击洗钱活动不是单纯地打击犯罪，更重要的是保护金融体系的纯洁性，维护良好的经济、社会生活秩序，因此，各国及国际社会均通过立法严厉打击洗钱活动。

二、反洗钱立法概述

（一）国际组织反洗钱公约

国际社会先后制定了反洗钱的相关公约，主要涉及国家间的反洗钱公约或双边公约、国际组织对其成员国的要求等。

1. 巴塞尔银行监管委员会 1988 年《关于防止犯罪分子利用银行系统洗钱的原则声明》

该声明包括了识别客户身份、遵守法律、与执法当局合作等几方面的内容，尽管该声明不是法律文件，但其以“软法”的形式强调了金融机构可以在有效地预防和侦查洗钱犯罪中起到

① 何萍．中国洗钱犯罪的立法和司法——兼与欧盟反洗钱制度比较研究．上海：上海人民出版社，2005：11-12.

的关键作用，对以后的国际反洗钱文件起到了重要的参考作用。

2.1988 年《联合国禁止非法贩运麻醉药品和精神药物公约》（简称《禁毒公约》）

《禁毒公约》未直接使用洗钱这个术语，但针对毒品犯罪的洗钱行为作了细致的国际法规范。尽管该公约不是专门针对洗钱犯罪的公约，其所规定的洗钱犯罪只是从属于毒品犯罪的一个行为，但其确立的反洗钱基本原则和规范对于国际社会联合控制跨国洗钱发挥了积极作用。中国于 1988 年 12 月 20 日签署该公约。

3.2000 年《联合国打击跨国有组织犯罪公约》（简称《巴勒莫公约》）

《巴勒莫公约》除了以专条明确规定洗钱犯罪外，还要求缔约国将洗钱的上游犯罪扩大到包括所有可以产生犯罪收益的犯罪，建立对银行和非银行机构及在适当情况下对其他特别易被用于洗钱的机构的综合性国内管理和监督制度。中国于 2000 年 12 月 12 日签署该公约。

4.2003 年《联合国反腐败公约》

该公约在沿用《巴勒莫公约》洗钱条款的同时发展了许多具有创新性的制度。2003 年 12 月 10 日中国签署该公约，并对某些条款作了保留。

5. 其他一些与反洗钱有关的国际公约或区域间的协定还包括：1999 年《联合国制止向恐怖主义提供资助的国际公约》，1990 年欧洲理事会《关于清洗、追查、扣押与没收犯罪收益的公约》，1995 年联合国《禁止洗钱法律范本》，以及世界银行、国际货币基金组织、金融行动特别工作组等国际机构及专业组织制定的一些反洗钱相关规定。①

（二）我国反洗钱立法

1.《反洗钱法》颁布前的立法概况②

（1）国际公约。如前所述，我国加入了四个主要的国际公约：《禁毒公约》、《巴勒莫公约》、《联合国反腐败公约》及《联合国制止向恐怖主义提供资助的国际公约》，除了《联合国制止向恐怖主义提供资助的国际公约》外，其他三个公约都已正式得到全国人大及其常委会的批准。

（2）法律。1997 年《刑法》第 191 条明文将洗钱定为刑事犯罪，此后历经 2001 年、2006 年两次刑法修正案，扩大了洗钱的上游犯罪。2009 年刑法修正案（七），新增了单位犯洗钱罪的规定。《中国人民银行法》第 4 条第 1 款第 10 项规定中国人民银行负责指导、部署金融业反洗钱工作和反洗钱的资金监测。

（3）行政法规。主要包括 2000 年 3 月 20 日国务院颁布的《个人存款账户实名制规定》，该规定对于金融机构执行反洗钱制度所要求的“了解你的客户”原则具有重要意义；此外，《现金管理暂行条例》《外汇管理条例》有关现金管理、金融机构外汇业务两方面的规定也是进行反洗钱监管的依据。

（4）金融规章。包括 1996 年《结汇售汇及付汇管理规定》，1997 年《境内外汇账户管理规定》及《境外外汇账户管理规定》、《大额现金支付登记备案规定》，2001 年《商业银行境外机构监管指引》，2002 年《外资金融机构管理条例实施细则》，2003 年 4 月修订后的《人民币银行结算账户管理办法》（原《银行账户管理办法》），这些规定对遏制洗钱活动起到了一定作用。

（5）中国人民银发布的反洗钱规章。2003 年、2006 年中国人民银行相继发布的《金融机构反洗钱规定》、2006 年《金融机构大额交易和可疑交易报告管理办法》是专门的银行业反洗

① 孟建华．洗钱与银行业机构反洗钱．福州：福建人民出版社，2006：19-21.

② 陈小云，边志良．制定反洗钱法完善中国的反洗钱法律制度//俞光远主编．反洗钱理论和实践．北京：中国金融出版社，2006：85-89.

钱规定。中国人民银行、民政部印发《社会组织反洗钱和反恐怖融资管理办法》的通知（银发〔2017〕261号）。中国人民银行印发《非银行支付机构反洗钱现场检查数据接口规范（试行）》的通知（银发〔2017〕301号）。中国银保监会2019年2月21日对外发布《银行业金融机构反洗钱和反恐怖融资管理办法》，从完善银行业金融机构内控制度、健全监管机制、明确市场准入标准等方面，建立银保监会银行业反洗钱工作的基本框架。

2.《反洗钱法》出台后的最新立法

2006年10月31日《反洗钱法》通过后，中国人民银行依据该法及《中国人民银行法》等法律，于同年11月14日发布了新的《金融机构反洗钱规定》《金融机构大额交易和可疑交易报告管理办法》，构成了我国反洗钱法律体系的基本框架。

三、反洗钱主管机关

《反洗钱法》第4条规定，国务院反洗钱行政主管部门负责全国的反洗钱监督管理工作，《金融机构反洗钱规定》第3条则明确中国人民银行是国务院反洗钱行政主管部门，证监会、银保监会在各自职责范围内履行反洗钱监督管理职责。

中国人民银行依法履行下列反洗钱监督管理职责：(1) 制定或者会同银监会、证监会和保监会制定金融机构反洗钱规章；(2) 负责人民币和外币反洗钱的资金监测；(3) 监督、检查金融机构履行反洗钱义务的情况；(4) 在职责范围内调查可疑交易活动；(5) 向侦查机关报告涉嫌洗钱犯罪的交易活动；(6) 按照有关法律、行政法规的规定，和境外反洗钱机构交换与反洗钱有关的信息和资料；(7) 国务院规定的其他有关职责。

四、金融机构反洗钱基本制度

（一）建立健全反洗钱内控制度，设立专门反洗钱工作机构

《反洗钱法》第15条、《金融机构反洗钱规定》第8条规定，我国境内的金融机构及其分支机构应当依法建立健全反洗钱内部控制制度，设立反洗钱专门机构或者指定内设机构负责反洗钱工作，制定反洗钱内部操作规程和控制措施，对工作人员进行反洗钱培训，增强反洗钱工作能力。

（二）金融机构反洗钱制度规范

《反洗钱法》第3条规定，金融机构应当建立包括客户身份识别制度、客户身份资料和交易记录保存制度、大额交易和可疑交易报告制度，履行反洗钱义务。客户身份识别制度是指金融机构在与客户建立业务关系或进行交易时，应当根据有效的身份证件或其他身份证明文件，核对并登记客户的身份。客户身份资料和交易记录保存制度是指金融机构应当在规定的期限内，妥善保存客户身份资料和能够反映每笔交易的数据信息、业务凭证、账簿等相关资料。大额交易报告制度是指金融机构对规定金额以上的人民币或外币支付交易，在该交易发生后一定期限内向中国人民银行设立的反洗钱监测中心提交报告的制度；可疑交易报告制度是指金融机构针对交易的金额、频率、流向、用途、性质等有异常情况的人民币、外币支付交易，在该交易发生后的一定期限内向反洗钱监测中心提交报告的制度。

（三）金融机构违反反洗钱义务的法律责任

金融机构违反《反洗钱法》第31、32条的规定，应承担相应的行政处罚，直接负责的董事、高级管理人员和其他直接责任人员也要承担相应的行政责任；构成犯罪的，依法追究刑事责任。

《金融机构反洗钱规定》第25条、《金融机构大额交易和可疑交易报告管理办法》第18

条，分别规定了金融机构违反反洗钱义务时，中国人民银行或其地市中心支行以上分支机构建议监管机构采取不同处罚措施的权力。

五、金融机构大额交易和可疑交易报告管理办法

2006年《金融机构大额交易和可疑交易报告管理办法》取代了2003年颁布的《人民币大额和可疑交易报告管理办法》《金融机构大额和可疑外汇资金交易报告管理办法》，统一了人民币和外汇交易大额交易和可疑交易报告的管理规定。该办法从适用对象、大额交易和可疑交易认定标准、大额交易和可疑交易的监管、大额交易和可疑交易的报告程序，以及金融机构违反义务应承担的法律责任等几个方面，作出了与《反洗钱法》《中国人民银行法》相衔接的规定，对于银行业金融机构更好地履行反洗钱职责具有积极的规范与指引作用。

六、反洗钱国际合作制度

经济全球化的国际环境下，洗钱行为已成为一种跨国性犯罪，威胁世界政治、经济秩序的稳定，成为世界各国面临的一大公害。由于查处跨国洗钱行为必然触及不同的司法体系，导致仅凭一国之力的监管难度太大，因而我国也通过参加反洗钱国际条约，积极推进反洗钱国际合作的开展。

中国人民银行根据国务院授权，代表我国与外国政府和有关国际组织开展反洗钱合作，反洗钱国际合作活动的开展应遵循缔结或参加的国际条约的规定，或者按照平等互惠原则的指导，涉及追究洗钱犯罪的司法协助的，由司法机关依法办理。

第五节　金银管理法律制度

一、金银管理法律制度的概念

金银管理法律制度指国家对金银的生产、收购与配售、进出口等进行管理的各种法律制度的统称。一国实行金银管理，对于该国保持国家外汇储备、维护币值稳定、节约金银使用、提高经济效益、打击各种利用金银进行的违法犯罪活动具有十分重要的意义。

目前我国金银管理主要的法律依据是：1983年《中华人民共和国金银管理条例》（以下简称《金银管理条例》）[①] 及其施行细则，1984年《对金银进出国境的管理办法》。2018年，为加强对黄金市场的监督管理，规范黄金积存业务，维护市场秩序，防范黄金市场风险，保护投资者权益，中国人民银行制定了《黄金积存业务管理暂行办法》；为加强对黄金市场的监督管理，规范互联网黄金业务，防范黄金市场风险，维护市场秩序，保护投资者权益，中国人民银行制定了《金融机构互联网黄金业务管理暂行办法》。

二、金银管理体制

（一）金银管理的主管机关及对象

根据《金银管理条例》及其施行细则的规定，中国人民银行是我国金银管理的主管机关，

① 2011年国务院第588号令将该条例第1条修改为："为加强对金银的管理，保证国家经济建设对金银的需要，特制定本条例。"

未设中国人民银行的地方可由中国人民银行各省、市、自治区分行委托有关专业银行根据授权范围具体办理金银管理的各项工作。

《金银管理条例》第2条规定，金银管理的范围包括：矿藏生产金银和冶炼副产金银；金银条、块、锭、粉；金银铸币；金银制品和金基、银基合金制品；化工产品中含的金银；金银边角余料及废渣、废液、废料中含的金银。铂金按照国家规定管理，属于金银质地的文物按《文物保护法》的规定管理。

（二）统购统配体系下金银管理的主要内容

统购统配体系下，金银管理主要包括对金银的收购、配售，对经营单位和个体银匠，对金银进出国境这几大方面的管理。

金银收购是指由中国人民银行统一负责收购单位和个人出售的金银。金银配售是指中国人民银行按照批准的计划，统一向需要使用金银的单位供应金银。经营金银产品或业务的单位指经营金银制品的单位、经营金银化工产品的单位及从金银“三废”中回收金银的单位，其必须在批准的范围内经营金银业务，不得擅自改变经营范围，从事具体业务应符合法律规定；对个体银匠的管理主要是限制其营业范围。对金银进出国境管理的职责由中国人民银行和海关联合履行，总的原则是携入国境数量不受限制，但须向入境地海关申报登记；携出则受到一定的限制。

（三）金银管理体制的市场化改革

1982年中国人民银行发布的《关于在国内恢复销售黄金饰品的通知》被认为是开放国内市场、进行市场化改革的标志性举措。1983年《金银管理条例》及其施行细则颁布以来，国内黄金市场的价格除按照国内黄金供求关系外，还根据国际黄金市场的价格变动适当调整价格，有效地配置了黄金资源，促进了黄金的生产和消费。

1. 取消白银统购统配的管理体制

1999年10月，中国人民银行发布《关于白银管理改革有关问题的通知》，取消白银统购统配的管理体制，允许白银生产企业与用银单位产销直接见面，并利用现有有色金属交易市场组织白银上市交易。2000年1月1日起，中央银行不再办理白银的收购和配售业务，取消对白银制品的加工、批发、零售业务的许可证管理制度，白银的管理已与一般商品的生产经营一致。改革白银管理体制有利于我国白银资源的合理配置，适应了市场经济的发展要求。

2. 黄金管理的市场化改革

金本位制崩溃后，各国对黄金交易的管制更为严格，西方主要黄金市场位于伦敦，起着黄金生产地和消费地之间的运转和调剂作用。

1993年，国务院决定按低于国际金价10%的水平收购矿产黄金；1999年，中国改革基金会公布有关黄金市场开放问题的研究报告；1999年12月10日，我国首次向社会公开发售1.5吨“千禧金条”；2000年8月，上海老凤祥获批经营旧饰品收兑业务，成为国内首家试点黄金自由兑换业务的商业企业；2000年，我国“十五”（2001—2005）国民经济和社会发展纲要提出建立黄金交易市场。

2001年10月12日，《关于规范黄金制品零售市场有关问题的通知》改黄金制品零售业务许可证管理制度为核准制；2002年10月30日，上海黄金交易所开业，黄金市场成为我国金融市场体系的重要一环，首饰用金的供需由市场调节，配售黄金主要面向军工、科研等特殊项目的要求，并由中国人民银行总行逐笔审批；2003年12月12日，中国人民银行、海关总署发布《关于变更黄金及其制品的加工贸易进出口监管条件的公告》，规定从2004年1月1日起，黄金及其制品的加工贸易、进出口，中国人民银行不再审批，海关不再凭中国人民银行的批件验放。

以上措施是我国稳步推进黄金管理体制市场化改革的表现，但由于黄金在国民经济中的特殊地位，总体上国家仍对黄金实行宽进严出的政策。

三、违反金银管理法律制度的法律责任

违反《金银管理条例》及其施行细则应承担相应的法律责任，主要为：一般单位和个人违法责任的追究；银行违反规定的行为应承担的法律责任。对于前者，国家可以采取强制收购、贬值收购、罚款、没收、停止供应、追回配售、吊销营业执照、责令停业等措施，根据违法情节的轻重，上述措施可以并用；对违法单位的负责人和直接责任人，也要根据情节轻重给予行政处罚或刑事制裁。对于后者，一般给予负责人员和直接责任人员行政处分；构成犯罪的，依法追究刑事责任。

法律应用

1. 禁止下列损害人民币的行为：(1) 故意毁损人民币；(2) 制作、仿制、买卖人民币图样；(3) 未经中国人民银行批准，在宣传品、出版物或者其他商品上使用人民币图样；(4) 中国人民银行规定的其他损害人民币的行为。

2. 按照社会主义市场经济的要求，取消白银统购统配的管理体制，放开白银市场，允许白银生产企业与用银单位产销直接见面。取消对白银生产企业免征增值税和拨付白银地勘资金的特殊政策。增值税征收办法由国家税务总局具体制定。取消对白银制品加工、批发、零售业务的许可证管理制度（银币除外），对白银生产经营活动按照一般商品的有关规定管理。

3. 改革黄金制品零售管理审批制，取消黄金制品零售业务许可证管理制度，实行核准制。经营黄金制品（包括K金制品）零售（专营、兼营）业务的单位，应经所在地中国人民银行分行、营业管理部，省会（首府）城市中心支行，深圳市中心支行核准并领取《经营黄金制品核准登记证》（以下简称《核准登记证》）。当地工商行政管理机关和税务部门凭中国人民银行核发的《核准登记证》办理营业执照、税务登记和消费税认定登记手续。

思考题

1. 人民币的法律地位如何？人民币的发行、流通管理制度是什么？
2. 我国外汇管理的法律制度包括哪些内容？
3. 反洗钱国际公约主要有哪些？
4. 我国反洗钱法律制度的基本框架包括哪些法律法规？
5. 我国金银管理法律制度的演变。

历年司法考试题

1. 甲向乙行贿5万元，乙收下后顺手藏于自家沙发垫下，匆忙外出办事。当晚，丙潜入乙家盗走该5万元。事后查明，该现金全部为假币。下列哪些选项是正确的？（　　）（2009年）

A. 甲用假币行贿，其行为成立行贿罪未遂，是实行终了的未遂

B. 丙的行为没有侵犯任何人的合法财产，不构成盗窃罪

C. 乙虽然收受假币，但其行为仍构成受贿罪

D. 丙的行为侵犯了乙的占有权，构成盗窃罪

答案及解析：CD项。用假币行贿的，对“行贿人”不能以行贿罪论，因为假币不具有使用价值，而“行贿人”完全是在利用欺骗手段来谋取不正当利益，应对“行贿人”以使用假币罪论处，A项错误。受贿罪是指国家工作人员利用职务上的便利，索取他人财物，或者非法收受他人财物，为他人谋取利益的行为。这里的“财物”为假币的，并不影响受贿罪的成立，C项正确。除刑法有特别规定外，违禁品可以成为盗窃罪的对象。而刑法并没有规定盗窃假币罪这一罪名，故盗窃假币的，可以构成盗窃罪，故B项说法错误，D项正确。

2. 甲发现某银行的ATM机能够存入编号以“HD”开头的假币，于是窃取了三张借记卡，先后两次采取存入假币取出真币的方法，共从ATM机内获取6 000元人民币。甲的行为构成何罪？（　　）（2009年）

A. 使用假币罪　　B. 信用卡诈骗罪

C. 盗窃罪　　D. 以假币换取货币罪

答案及解析：AC项。使用假币罪，是指明知是伪造的货币而将其冒充真货币在经济交往、日常生活中运用，使不具备流通性的假币得以充当真币而流通，数额较大的行为。本题中，甲以假币当真币使用，履行货币职能，构成使用假币罪。另外，《刑法》第196条第3款规定，盗窃信用卡并使用的，以盗窃罪定罪处罚。故甲构成使用假币罪和盗窃罪，AC正确，排除B。以假币换取货币罪的犯罪主体是特殊主体，即只能是金融机构的从业人员。本案中的甲是普通的公民而非金融机构的从业人员，不满足以假币换取货币罪的主体要件，因此，D项错误。

3. 甲、乙预谋修车后以假币骗付。某日，甲、乙在某汽修厂修车后应付款4 850元，按照预谋，甲将4 900元假币递给乙清点后交给修理厂职工丙，乙说：“修得不错，零钱不用找了”，甲、乙随即上车。丙发现货币有假大叫“别走”，甲迅即启动驶向厂门，丙扑向甲车前风挡，抓住雨刮器。乙对甲说：“太危险，快停车”，甲仍然加速，致丙摔成重伤。甲、乙用假币支付修车费被识破后开车逃跑的行为应定的罪名是（　　）。（2010年）

A. 持有、使用假币罪　　B. 诈骗罪

C. 抢夺罪　　D. 抢劫罪

答案及解析：A项。乙使用假币支付修车款的行为，属于使用假币的行为。甲乙二人在被识破使用假币后，开车逃跑并致使丙摔成重伤，因甲乙二人之前行为是使用假币，而非盗窃、诈骗、抢夺，因此即使存在以暴力相威胁的行为，也不转化为抢劫罪。

4. 关于洗钱罪的认定，下列哪一选项是错误的？（　　）（2011年）

A.《刑法》第191条虽未明文规定侵犯财产罪是洗钱罪的上游犯罪，但是，黑社会性质组织实施的侵犯财产罪，依然是洗钱罪的上游犯罪

B. 将上游的毒品犯罪所得误认为是贪污犯罪所得而实施洗钱行为的，不影响洗钱罪的成立

C. 上游犯罪事实上可以确认，因上游犯罪人死亡依法不能追究刑事责任的，不影响洗钱罪的认定

D. 单位贷款诈骗应以合同诈骗罪论处，合同诈骗罪不是洗钱罪的上游犯罪。为单位贷款诈骗所得实施洗钱行为的，不成立洗钱罪

答案及解析：D项。根据刑法修正案（六）第16条的规定，可以成为洗钱罪的上游犯罪共有七类：毒品犯罪、黑社会性质犯罪、恐怖活动犯罪、走私犯罪、贪污贿赂犯罪、破坏金融

管理秩序犯罪、金融诈骗犯罪。对该七类犯罪应该理解为七类犯罪，而不应该理解为七种罪名。贷款诈骗为金融诈骗中的犯罪，只因单位不能成立贷款诈骗罪的主体，因此，对单位实施贷款诈骗的行为以合同诈骗罪进行处罚。但其犯罪行为本质上仍然是对银行贷款的诈骗，为其所得实施洗钱行为的，成立洗钱罪，故D选项错误。

5. 关于货币犯罪的认定，下列哪些选项是正确的？（　　）（2011 年）

A. 以使用为目的，大量印制停止流通的第三版人民币的，不成立伪造货币罪

B. 伪造正在流通但在我国尚无法兑换的境外货币的，成立伪造货币罪

C. 将白纸冒充假币卖给他人的，构成诈骗罪，不成立出售假币罪

D. 将一半真币与一半假币拼接，制造大量半真半假面额 100 元纸币的，成立变造货币罪

答案及解析：A、B、C 项。本题考核货币犯罪。选项 A 正确。《关于审理伪造货币等案件的解释》第 7 条第 1 款规定，本解释所称“货币”是指可在国内市场流通或者兑换的人民币和境外货币。据此可知，伪造货币罪要求行为人伪造的是正在流通的货币，如果伪造已经停止通用的古钱、废钞，则不成立本罪。选项 B 正确。《关于审理伪造货币等案件的解释（二）》第 3 条第 1 款规定，以正在流通的境外货币为对象的假币犯罪，依照《刑法》第 170 条至第 173 条的规定定罪处罚。据此可知，伪造货币包括伪造正在流通的中国货币、外国货币及中国香港、澳门、台湾地区的货币，包括硬币和纸币。虽然行为人伪造的境外货币在我国尚无法兑换，但仍成立伪造货币罪。选项 C 正确。出售假币罪是指明知是伪造的货币而出售的行为。即行为人出售的假币应该是伪造的货币。而行为人将白纸冒充假币与他人进行交易的行为，是一种欺骗行为，应成立诈骗罪而不是出售假币罪。选项 D 错误。变造货币罪是指非法对真币进行各种方式的加工，改变真币的价值或者形态，数额较大的行为。变造是对真币的加工行为，故变造的货币与变造前的货币具有同一性。如果加工的程度导致其与真币丧失同一性，则属于伪造货币。将一半真币与一半假币进行拼接，制造大量半真半假面额 100 元纸币的行为，成立伪造货币罪，而非变造货币罪。

6. 关于货币犯罪，下列哪一选项是错误的？（　　）（2013 年）

A. 伪造货币罪中的“货币”，包括在国内流通的人民币、在国内可兑换的境外货币，以及正在流通的境外货币

B. 根据《刑法》规定，伪造货币并出售或者运输伪造的货币的，依照伪造货币罪从重处罚。据此，行为人伪造美元，并运输他人伪造的欧元的，应按伪造货币罪从重处罚

C. 将低额美元的纸币加工成高额英镑的纸币的，属于伪造货币

D. 对人民币真币加工处理，使 100 元面额变为 50 元面额的，属于变造货币

答案及解析：B 项。伪造货币并出售或者运输伪造的货币的，依照伪造货币罪从重处罚。此种情况下，伪造与出售、运输的必须是同宗货币。如果行为人伪造的是美元，但运输的是他人伪造的欧元，那么伪造与运输的不是同宗货币，伪造与运输之间不存在牵连关系，此种情况下应当数罪并罚。

7. 下列哪一行为不成立使用假币罪（不考虑数额）？（　　）（2015 年）

A. 用假币缴纳罚款

B. 用假币兑换外币

C. 在朋友结婚时，将假币塞进红包送给朋友

D. 与网友见面时，显示假币以证明经济实力

答案及解析：D 项。选项 A、B、C 正确。使用假币罪中的“使用”是指将假币作为真货币而使用，其本质是使假币处于可流通状态。既可以是以外表合法的方式使用假币，如购买商

品、兑换另一货币、存入银行、赠与他人，或者将假币用于缴纳罚款或者罚金等，也可以是以非法的方式使用货币，如将假币用于赌博、用于行贿等。选项D错误。“显示假币以证明经济实力”时，并未将假币作为真币纳入流通或者兑换领域，因此不构成使用假币罪，但可构成持有假币罪。

8. 甲急需20万元从事养殖，向农村信用社贷款时被信用社主任乙告知，一个身份证只能贷款5万元，再借几个身份证可多贷。甲用自己的名义贷款5万元，另借用4个身份证贷款20万元，但由于经营不善，不能归还本息。关于本案，下列哪一选项是正确的？（ ）（2016年）

A. 甲构成贷款诈骗罪，乙不构成犯罪

B. 甲构成骗取贷款罪，乙不构成犯罪

C. 甲构成骗取贷款罪，乙构成违法发放贷款罪

D. 甲不构成骗取贷款罪，乙构成违法发放贷款罪

答案及解析：D项。选项A错误。贷款诈骗罪，是指以非法占有为目的，编造引进资金、项目等虚假理由、使用虚假的经济合同、使用虚假的证明文件、使用虚假的产权证明作担保、超出抵押物价值重复担保或者以其他方法，诈骗银行或者其他金融机构的贷款、数额较大的行为。在本案中，虽然贷款人“由于经营不善，不能归还本息”，但在贷款时甲并无非法占有贷款的意图，因此不构成贷款诈骗罪。选项B、C错误。骗取贷款罪，是指以欺骗手段取得银行或者其他金融机构贷款，给银行或者其他金融机构造成重大损失或者有其他严重情节的行为。在本案中，“甲用自己的名义贷款5万元，另借用4个身份证贷款20万元”，对于这一事实工作人员是明知的，所以不能认定行为人实施了欺骗手段，不构成本罪。选项D正确。违法发放贷款罪，是指银行或者其他金融机构的工作人员违反国家规定发放贷款，数额巨大或者造成重大损失的行为。在本案中，信用社主任乙明知甲借用他人身份证申请贷款，仍违法发放贷款，造成重大损失，可构成违法发放贷款罪。

第十九章 中央银行货币政策法律制度

重点问题

1. 货币政策的概念、特征和种类
2. 中央银行的货币政策目标
3. 中央银行的货币政策工具
4. 中国人民银行的货币政策工具

第一节 货币政策概述

一、货币政策的概念与特征

货币政策，是指中央银行为实现一定的经济目标，运用各种工具调节或控制货币供应量或利率等中介目标，进而影响宏观经济的方针和措施的总和。

货币政策的特征是：(1) 货币政策是一项宏观经济政策。货币政策主要通过对货币的调控来实现国家对经济的干预及方向的引导。(2) 货币政策是调节社会总需求的政策。货币的供给形成对商品、劳务的购买力，利率水平的变化通过对进出口贸易、国际资本流动的影响形成对社会总需求的调节。(3) 货币政策调节机制具有间接性。其主要通过货币供给量、信用总量、利率水平等市场机制的作用对经济主体产生间接作用，不同于行政性的直接控制手段。(4) 货币政策是一种长期的经济政策。其具有政策导向性，不宜长期变动，但特定条件下各种具体的货币政策措施，却总是短期的、随机应变的，须根据宏观经济状况变化审时度势，在保证总体目标相对稳定的条件下，不断修正调控力度和调控方向。货币政策的长期性与短期性并不矛盾。

二、货币政策的种类

从货币政策作用过程与运行机制来看，其可分为货币政策最终目标、中介目标、操作目标、货币政策工具、传导机制和货币政策的有效性等。从其实施的具体措施与作用范围来看，可分为以下三个部分：

1. 信贷政策。指中央银行为了实现货币政策目标，对信用进行管理而采取的方针和各种措施。首先，通过信贷政策调节社会信用总量，使其适应社会经济发展的需要；其次，在总量既定时，合理调节社会信用的构成，以最大限度地发挥资金的使用效率。

2. 利率政策。指中央银行控制、调节市场利率以达到控制信用规模的方针和各种措施。

主要内容包括控制和调节市场利率的一般水平，使市场利率能反映社会资金的供求状况，控制、调节利率结构，使资金的流动按政策意图进行，提高资金的使用效率。一般包括以下两种调节措施：一是在市场经济较为发达的经济体中，主要通过中央银行的各种措施（如再贴现、公开市场业务、存款准备金制度等）来间接影响市场利率水平和利率结构；二是在市场经济不发达的经济体中，中央银行通过行政手段对利率采取直接管制的措施。

3. 外汇政策。指中央银行控制和调节汇率、实施外汇管制、控制国际资本流动和平衡国际收支的方针与措施的总和，具体包括汇率政策及各种有关货币资本流动的行政管制。

三、货币政策与宏观调控

宏观调控是国家作为经济调节的主体，运用一定的调节形式和手段，把微观经济活动纳入符合宏观经济发展要求的状态的过程。市场经济条件下，国家实行宏观调控须以经济手段和法律手段间接调控为主，以行政手段直接控制为辅。现代市场经济是高度货币化的经济，货币均衡在社会总供求均衡中居于关键地位，作为主要经济手段之一的货币政策，是宏观调控体系的有机组成部分，其有效性的发挥需要其他宏观调控手段的有机配合。

高度资本化的市场经济，健全的货币市场和资本市场是整个市场体系和国民经济良好运行的核心所在。经济、金融的国际化、全球化又使得各国之间、各国与世界市场之间的联系日益紧密，本币的供求均衡、合理的利率或汇率水平、贸易均衡、资本流动等都关系到一国的金融稳定和经济发展，而货币政策对它们具有不可替代的支配作用。因而，制定和实施正确的货币政策对国家宏观调控措施的实效尤为重要。

第二节 中央银行货币政策目标

一、货币政策目标的概念与特征

货币政策目标是中央银行实施货币政策所期望达到的最终实施结果。制定货币政策，首先必须明确货币政策的方向和所要达到的目的。货币政策目标是由最终目标、中介目标（指标）和操作目标（指标）三个层次有机组成的目标体系。

最终目标是中央银行通过货币政策操作而最终要达到的宏观经济目标，一般包括稳定币值、经济增长、充分就业、国际收支平衡和金融稳定几项。中央银行通过货币政策工具对以上这些目标施加间接影响和调节，使之进入中央银行的目标区。但由于这个过程的时滞性，中央银行不能根据经济形势变化及时对政策进行修正，容易产生决策失误，为及时、准确地监控货币政策的力度和效果，中央银行需要一套便于决策与控制的中介指标和操作指标，将货币政策工具的操作与货币政策的最终目标相联系。

操作目标即指中央银行通过货币政策工具能够准确实现的直接政策变量，如准备金、基础货币等，其对中央银行货币政策工具的变动反映较为灵敏。

中介目标介于最终目标与操作目标之间，主要包括货币供给量和利率以及一定条件下的信贷量与汇率等。中介目标的变动可以较好地预告最终目标可能出现的变动，因而意义重大。

以上三者联系密切，构成一个重要的目标体系，中央银行可以对其中一些目标实施跟踪、监测，以及时、有效地监控货币政策的效果。

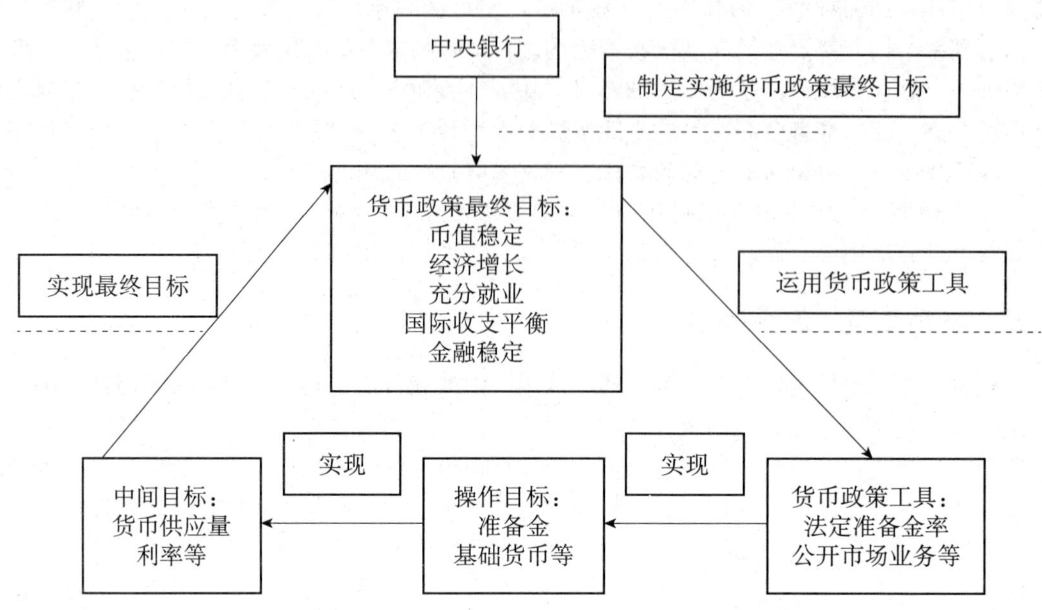

图表来源：刘肖原主编．中央银行学教程．北京：中国人民大学出版社，2007：192.

二、货币政策目标

（一）币值稳定

币值稳定是货币政策的首要目标，即采取各种措施使一般物价水平在短期内不发生显著的或急剧的波动，呈现基本稳定的状态。物价稳定是币值稳定最主要的内涵。币值稳定的实质是，通过控制通货膨胀，防止物价普遍地、持续地上涨；同时又要防止物价总水平的绝对下降，使经济增长停滞甚至严重衰退，从而引发通货紧缩。因而抑制通货膨胀和避免通货紧缩是保持币值稳定的货币政策目标不可分割的两个方面。

（二）经济增长

指一国或一地区在一定时期内产品与劳务产出的增加。一般而言，经济增长只是促进经济发展的手段，经济增长偏重数量，而经济发展则数量、质量并重。作为宏观经济目标的增长应是长期稳定的增长，考虑经济增长的目标时，应认识到经济增长包括社会生活内部的结构与制度变革。而货币政策作为我国干预经济的重要手段，在保持国民经济长期稳定增长，推动社会转型、制度变迁与重构方面具有不可推卸的责任。

（三）充分就业

指有劳动能力并且自愿参加工作的人，都能在合理的条件下找到合适工作的一种状态。此处的充分就业，并非社会劳动力100％地就业，由于摩擦性失业与自愿性失业[①]的存在，一定程度的失业在经济的正常运行中是不可避免的。政府宏观调控的重要目标是尽力避免由于总需求不足导致的失业。就业水平受经济发展的规模、速度和结构以及经济周期的不同阶段等众多因素的影响，而货币政策逆经济风向进行调节，对于促进经济发展、降低失业具有重要意义。

① 摩擦性失业指由于季节性、技术性及经济结构的变化等原因造成的临时性失业。自愿性失业指劳动者不愿接受现行的货币工资水平和现有的工作条件而自愿放弃工作所引起的失业。

（四）国际收支平衡

指一国在一定时期内对其他国家的全部货币收入和货币支出相抵后基本平衡，即略有顺差或略有逆差。如果一国的国际收支逆差过大，可能导致外汇市场对本币信心的急剧下降、资本的大量外流，最终导致严重的货币和金融危机。20世纪90年代的墨西哥金融危机和亚洲金融危机的爆发即是例证。而巨额的国际收支顺差，会形成外汇资金闲置，最终造成国内面临通货膨胀压力。货币政策通过协调本外币政策调节国际收支以达到平衡。

（五）金融稳定

欧洲中央银行将金融稳定定义为：金融机构、金融市场和市场基础设施运行良好，抵御各种冲击而不会降低储蓄向投资转化效率的一种状态。其反映的是一种金融运行的状态，体现了资源配置不断优化的要求，服务于金融发展的根本目标。保持金融稳定，是避免货币危机、金融危机和经济危机的重要前提，尤其是在当今经济全球化、金融国际化的国际环境下，因此，各国中央银行愈加重视维护本国金融稳定和金融安全。货币政策目标自然也涵盖了金融稳定。

三、货币政策目标的确立依据

研究表明，五大货币政策目标之间既有统一，又存在着矛盾，货币政策无法同时兼顾这五个目标，这就产生了货币政策目标的选择问题，也即如何确立适应本国特定经济发展状况的目标。

综观各国设定货币政策目标的立法，主要有三种：一是单一目标体制，仅以稳定币值或仅以经济增长作为货币政策目标；二是双目标体制，即货币政策目标同时兼顾稳定币值和经济增长双重目标；三是多目标体制，即不以一个或两个宏观经济目标作为政策目标，而应在总体上兼顾各个目标，在不同时期以不同的目标作为相对重点。

货币政策作为一国宏观经济调控体系的重要组成部分，应以稳定币值作为首要目标，同时须兼顾经济的长期稳定增长，保持国际收支平衡和汇率稳定、金融稳定。由于各目标间的对立统一，加之宏观经济环境处在不断变化之中，不同时期的货币政策的相对重点也应发生回应性的变化。如在经济高涨时期，保持币值稳定是首要目标；在经济紧缩时期，促进经济的稳定增长和充分就业是货币政策的侧重点；而在国际收支失衡或者汇率急剧动荡，危害金融体系安全时期，保持国际收支平衡、汇率稳定和金融稳定则必然成为此时货币政策目标的关注点。因而，货币政策目标并非唯一的，其相对侧重点也不是变动不居的，货币政策目标的确立应与一国国内外的经济环境相适应。

四、我国的货币政策目标

《中国人民银行法》第3条规定，我国的货币政策目标是保持货币币值的稳定，并以此促进经济增长。该条含义如下：首先，保持人民币币值稳定是中国人民银行制定、执行货币政策的基础。其次，保持人民币币值稳定是为了实现促进经济增长的目的，表明经济增长是我国货币政策的最终目标。再次，保持币值稳定与促进经济增长之间具有关联性和依存性。币值稳定，物价水平不会发生剧烈波动，国民经济总产出才能逐步增加；经济稳步增长，国民就业比较充分，人民收入增加，市场经济才能稳健发展，更有助于保持我国币值稳定，二者相互依存、相互促进。

我国曾长期将信贷规模作为中介目标，计划经济体制下，商业银行信用缺失，银行贷款规模与货币供应量高度相关；不实行存款准备金制度以及利率管制的情况下，没有控制货币供应量的手段，而通过信贷计划来调节信贷的结构。改革开放以后，经济体制转轨，非国有经济崛起，对银行资金依赖程度降低，经济活动逐步市场化。这使得以信贷规模作为中介目标的相关性、有效性、可控性下降，因而1993年国务院发布《关于金融体制改革的决定》，规定，我国目前的货币政策中介目标是货币供应量和信用总量，操作目标为同业拆借利率和银行准备金率。

第三节　中央银行的货币政策工具

一、货币政策工具的概念和特征

货币政策目标的实现有赖于货币政策工具的运用，货币政策工具即为中央银行为实现货币政策目标而使用的各种策略、手段。

货币政策工具多种多样，可分为一般性政策工具、选择性政策工具和其他补充性政策工具三类。各类货币政策工具皆有其适用特点和适用条件，且各国各个时期的经济管理体制和金融体制的差别对货币政策工具的有效性发挥具有不同程度的影响。

总体上，货币政策工具必须具有可被中央银行直接控制的特点，其运用可对基础货币、银行储备、货币供给量、利率以及金融机构的信贷活动产生直接或间接的影响，从而有利于中央银行货币政策目标的实现。

二、货币政策工具

（一）一般性货币政策工具

1. 法定存款准备金制度

法定存款准备金是指商业银行等金融机构为保证客户提取存款和资金清算需要而准备的资金，商业银行依法向中央银行缴纳的存款准备金占其存款总额的比例就是存款准备金率。中央银行在法律赋予的权限范围内规定或调整商业银行交存中央银行的存款准备金率，从而影响和控制商业银行的信用创造能力，间接地控制社会货币的供应量。一般而言，中央银行提高法定存款准备金比率，商业银行上缴中央银行的存款准备金量增加，超额准备金减少，货币乘数变小，商业银行放款数额和信用创造能力降低，其后果是社会货币供应量减少，市场利率提高，银根紧缩。相反，降低存款准备金率，则可得到使货币供应量增加，银根放松，市场利率降低的结果。

2. 再贴现政策

贴现是指票据持有人为获取现金，通过贴付一定利息的办法将未到期票据转让给商业银行或其他金融机构。再贴现则是指商业银行或其他金融机构将贴现获得的未到期票据转让给中央银行以获得中央银行的现实货币。再贴现政策是中央银行通过提高或降低再贴现率的办法，影响商业银行等存款货币机构从中央银行获得的再贴现贷款和超额准备金，以达到增加或减少货币供给量，实现货币政策目标的一种政策措施。再贴现政策具有两方面的调控作用：一是通过调整再贴现率，影响金融机构准备金和货币供求，达到调节货币供应量的目的。如果中央银行提高再贴现率，商业银行向中央银行通过贴现借款的成本上升，就会减少向中央银行进行贴现。结果就会是金融机构的准备金相应减少，对客户的贷款和投资规模收缩，从而使银根收缩，货币供应量减少。当中央银行降低再贴现率时，作用方向与效果相反。二是通过规定再贴现条件，对资金流向施加影响。当中央银行规定某种票据的再贴现条件优越时，资金就会较容易地流向该种票据代表的产业、企业，从而影响金融机构和全社会的资金投向。

3. 公开市场业务

公开市场业务是指中央银行在公开市场上买卖证券和外汇的行为，中央银行借以改变商业银行等金融机构的准备金，进而影响货币供给量和利率，实现货币政策目标。这种通过契约形式联结和实现的证券买卖行为不同于一般的证券买卖活动，除了买卖一方必须为中央银行外，还有买卖的目的不是营利，而是实现一定的货币政策意图。中央银行买入有价证券，意味着向金融体系注入基础货币，等于增加了货币投放，放松了银根。如果资金流入公众手中，会直接增加货币量；如果流入商业银行，则会引起信用扩张，货币供应量成倍增加。反之，中央银行卖出有价证券，则意味着基础货币从金融体系流回中央银行，增加货币回笼，银根收紧，货币供应量减少。总之，中央银行通过公开市场业务，可以达到干预金融市场，调节货币供应量和信用规模的目的。

（二）选择性货币政策工具

选择性货币政策工具是指中央银行针对某些特殊的经济领域或特殊用途的信贷而采用的信用调节工具，主要包括：

1. 消费者信用控制。指中央银行对不动产以外的各种耐用消费品的销售融资予以控制的政策措施，主要包括：规定分期购买耐用消费品首期付款的最低限度；规定消费信贷的最长期限；规定可用消费信贷购买的耐用消费品种类等。中央银行对消费者信用加以控制的最终目的是调控社会总需求。

2. 证券市场信用控制。指中央银行通过规定或调整法定保证金比率或证券抵押贷款保证金比率，对使用贷款进行有价证券交易的活动加以控制，以限制对证券市场的放款规模。其目的在于稳定证券市场价格，限制大量资金流入证券市场，从而使较多的资金用于生产和流通领域。

3. 不动产信用控制。指中央银行对商业银行等金融机构向客户提供不动产抵押贷款的限制措施。可以采取规定贷款的最高限额、贷款的最长期限、第一次付款的最低金额及分期还款的最低金额等措施，来达到控制不动产信贷规模、抑制过度投机、避免经济波动的目的。

4. 优惠利率。指中央银行对国家拟重点发展的某些部门、行业和产品规定较低的利率，以鼓励其发展，达到促进国民经济产业结构和产品结构的升级换代的目的。

（三）其他政策工具

1. 直接信用控制

指中央银行以行政命令或其他方式依法对商业银行等金融机构的信用活动进行直接控制，主要包括：

（1）利率控制。指中央银行依法直接限制商业银行的存、贷款利率水平，防止商业银行利用利率作为竞争手段，扰乱金融秩序。

（2）信用配额管理。指中央银行根据金融市场的供求状况及经济形势需要，对商业银行的信用规模加以分配和控制，以达到信贷资金的最优配置。

（3）流动性比率管理。指中央银行规定商业银行全部资产中流动性资产所占的比重，以限制商业银行的信用创造能力。

（4）直接干预。指中央银行依法直接对商业银行的信贷业务、放款范围等加以干预，如中央银行拒绝业务不当的商业银行的再贴现要求、直接干预银行对存款的吸收等。

2. 间接信用控制

指中央银行通过道义劝告和窗口指导等方式，对信用变动方向、重点进行间接指导，主要包括：

（1）道义劝告。指中央银行利用其特殊地位和声望，对商业银行及其他金融机构发出通告、指示，或通过与各金融机构的负责人面谈，解释政策意图，以使商业银行等金融机构自动采取措施来实施中央银行的政策，达到控制和调节信用的目的。

（2）窗口指导。指中央银行根据产业行情、物价趋势和金融市场动向，规定商业银行的贷款重点投向和贷款变动数量等。

三、货币政策工具的选择

中央银行运用各种货币政策工具来实现预定的货币政策目标，货币政策工具的选择必须根据政策目标的要求，结合政策工具自身的特点，综合考虑经济体制的现状以及经济运行的客观条件，因地制宜、审时度势地运用恰当的货币政策工具。下文着重分析一般性政策性工具各自的优缺点，以阐明如何对货币政策工具作出最优选择。

（一）法定存款准备金政策工具的优缺点及调整趋势

1. 法定存款准备金政策工具的优缺点

作为一种货币政策工具，法定存款准备金政策的优点在于：平等对待所有存款类金融机构，对货币供应量具有极强的影响力，并且中央银行具有运用该工具的完全的自主决定权，具有力度大、速度快、效果明显的特点，比再贴现手段与公开市场业务更容易实施。

但其也有一定的局限性，主要表现在：

（1）对经济的振动过大。整个银行系统存款规模巨大，存款准备金率的轻微变动将会因为乘数效应的多倍扩张或收缩，而使得货币供应量产生巨大波动。存款准备金率的调整对整个经济和公众的心理预期也会产生显著影响，宣示效应太强以致可能影响一国的金融稳定。

（2）对各类金融机构的影响不同。法定存款准备金从诞生之日起，仅适用于商业银行等存款类金融机构，必然造成金融市场上各类金融机构之间的竞争不平等，增加了商业银行的经营成本；存款准备金率的调整，往往对经营规模较小或超额准备金较低的银行产生不利影响，易使其立即陷入流动性困境，甚至走向破产，并且存款准备金率的频繁调整也会扰乱存款机构正常的现金管理和财务计划。

2. 法定存款准备金政策适用的降低趋势

由于法定存款准备金率调整的时机、幅度可能对经济造成难以预期的冲击，并且由于该政策影响商业银行的竞争力，存款准备金的降低或取消成为该政策的改革方向。20 世纪 90 年代以来，法定存款准备金政策开始弱化，德国、法国、美国等都大幅降低法定存款准备金率，加拿大、比利时、英国等则先后实行了零准备金制度。是否选择适用该政策来调整货币供给以实现既定政策目标与一国金融体制发育程度密切相关，因而，法定存款准备金政策的选用在世界范围内的降低趋势并不一定适用于所有国家。

（二）再贴现政策的优缺点及选择

1. 再贴现政策工具的优缺点

该政策的最大优点在于中央银行可以其来行使最后贷款人的职责，在一定程度上体现中央银行的政策意图，既可以调节货币供给总量，又可调节信贷结构。另外，中央银行可通过调整再贴现率引导市场利率的变动，符合市场经济的基本规律，且实践证明该政策工具在大多数情况下是可行的。

其局限性表现如下。

(1) 中央银行主动权不足。中央银行可以调整再贴现率，但不能强迫商业银行向其融资、借款，使得政策效果较公开市场业务更难于控制。另外，再贴现率的反复变动会引起市场利率的经常性波动，易导致商业银行及企业等市场主体无所适从，如果不及时调整又不利于中央银行灵活调整货币供应量，因而，中央银行运用该工具并不完全掌握主动权，导致该政策的弹性不足。

(2) 调整再贴现率的宣示效应不完善。如果市场利率相对于再贴现率正在上升，则商业银行倾向于向中央银行借款，导致再贴现贷款规模增加，这时中央银行为了控制再贴现规模和调节基础性货币结构，会提高再贴现率保持与市场利率的变动一致。即使中央银行并无紧缩意图，也可能被公众误认为是中央银行正在转向紧缩性货币政策的信号。此时宣示效应所传递的中央银行的真实意图即被扭曲。

2. 再贴现政策工具的选择适用

再贴现政策工具的主要不足之处，伴随着再贴现率的变动对市场利率的影响变小，使得该工具的重要性已逐渐不如其他间接货币政策工具。比如在美国，商业银行向美联储申请贴现的前提是没有其他资金来源，且再贴现资金不能用于营利目的，使得再贴现率的调控功能大为减弱，已演变成美联储发挥最后贷款人角色的一项辅助性工具。然而，如同法定存款准备金政策工具一样，是否选择运用该工具取决于具体的经济、金融发展状况与实际国情。

（三）公开市场业务的优缺点及选择

1. 公开市场业务的优缺点

公开市场业务的主动权完全在中央银行，操作时机、规模、方向及实施的步骤都较法定存款准备金政策与再贴现率手段灵活，因而可较为准确地达到政策目标，不会对经济产生过大振动。另外，当中央银行在公开市场操作过程中发现错误时，可立即反向运用该工具以纠正错误，且该业务可进行经常性、连续性的操作，因而是中央银行进行日常性调节的较为理想的工具。

其局限性在于：公开市场操作较为细微，技术性较强，中央银行仅作为市场的一员参与交易，因而政策意图的宣示效应较弱。另外，该工具须以较为发达的有价证券市场为前提，如果市场发育程度不够，交易工具太少或中央银行库存证券太少等，都将使得公开市场业务的效果受到影响和制约。

2. 公开市场业务的选择适用

对于新兴市场经济国家或地区来说，金融市场不够成熟，中央银行往往难以充分利用公开市场业务的对经济影响小、更具主动性等优点来调控货币市场，中央银行是否选择运用公开市场业务干预市场的前提是充分判断该国或地区的金融市场发展现状，以扬长避短，更为理想地实现货币政策目标。

（四）货币政策工具的选择

中央银行的一般性货币政策工具可单独运用，也可以组合运用，例如，采用调整法定存款准备金率来控制货币供给总量时，中央银行可通过公开市场的反向操作来减轻其对经济带来的振动，二者的配合便利了中央银行对短期利率的控制。中央银行进行公开市场操作业务，对于银行系统的准备金会产生收缩或扩张的效应，使得流动性差或规模小的银行受到的冲击太大，此时中央银行可以通过再贴现窗口为其提供流动性支持，以抵消公开市场操作的副作用，从而从整体上确保金融体系的稳定。总之，三者不能相互脱离对方而单独存在，是不可分割的综合操作体系。

四、我国的货币政策工具

《中国人民银行法》第23条规定了中国人民银行可以采用的各种货币政策工具，主要包括：

1. 法定存款准备金制度

我国最初的法定存款准备金制度是由1984年建立的人民币存款准备金制度、1985年至1998年实行的备付金制度、1991年实施的外币存款准备金制度三部分构成。1998年，中国人民银行经过一系列存款准备金制度的改革，理顺了中央银行与商业银行间的资金关系。2004年4月25日起我国实行差别存款准备金制度。始于1998年3月21日的存款准备金制度的改革主要包括以下内容：

（1）将原各金融机构在中国人民银行的“准备金存款”和“备付金存款”两个账户合并，为“准备金存款”账户。（2）法定存款准备金率从13%下调到8%。准备金存款账户超额部分的总量及分布由各金融机构自行确定。（3）对各金融机构的法定存款准备金实行按法人统一考核的办法。（4）按旬考核各金融机构的法定存款准备金。（5）金融机构按法人统一存入中国人民银行的准备金存款低于上旬末一般存款余额的8%，中国人民银行对其不足部分按每日万分之六的利率处以罚息。（6）金融机构准备金存款利率由一般存款利率7.56%和备付金存款利率7.02%（加权平均7.35%）统一下调到5.22%。（7）调整金融机构一般存款范围。金融机构代理中国人民银行财政性存款中的机关团体存款、财政预算外存款，被划为金融机构的一般存款，由金融机构按规定比例将一般存款的一部分作为法定存款准备金存入中国人民银行。[①]

2. 中央银行基准利率

基准利率是指决定其他各种利率水平及变化的、在利率体系中起主导作用的基础性利率，如美国即以联邦基金利率（federal funds rate）作为中央银行基准利率。《中国人民银行法》第23条第3、4项规定中国人民银行可以运用再贴现和向商业银行提供贷款这两种货币政策工具，表明中国人民银行的基准利率是再贴现率和再贷款率。2007年1月4日，上海银行间同业拆放利率的运行，标志着我国利率市场化改革的重大突破。

3. 再贴现政策

中国人民银行的再贴现业务始于1986年4月16日《票据再贴现试行办法》的发布，1988年中国人民银行首次公布再贴现率，此后于1997年5月22日发布了《商业汇票承兑、贴现与再贴现管理暂行办法》，对商业汇票承兑、贴现与再贴现业务的操作进行了规范。目前，中国人民银行对开展再贴现业务的票据种类、再贴现对象、期限的规定主要包括如下内容：（1）再贴现的对象。《中国人民银行法》第23条规定，中国人民银行向在其开户的金融机构办理再贴现。（2）再贴现业务程序。中国人民银行对再贴现资金的用途、投向和票据本身进行审查，申请再贴现的票据必须按《票据法》的规定背书。（3）设定、调整再贴现率。中国人民银行可以根据货币政策目标的需要设定、调整再贴现率。

2008年以来，为有效发挥再贴现促进结构调整、引导资金流向的作用，人民银行进一步完善再贴现管理：适当增加再贴现转授权窗口，以便于金融机构尤其是地方中小金融机构法人申请办理再贴现；适当扩大再贴现的对象和机构范围，城乡信用社、存款类外资金融机构法人、存款类新型农村金融机构，以及企业集团财务公司等非银行金融机构均可申请再贴现；推

---

① http://www.pbc.gov.cn/huobizhengce/huobizhengcegongju/cunkuanzhunbeijin/jinrongjigoucunkuanzhun beijing-aishu.asp，[2008-06-23].

广使用商业承兑汇票，促进商业信用票据化；通过票据选择明确再贴现支持的重点，对涉农票据、县域企业和金融机构及中小金融机构签发、承兑、持有的票据优先办理再贴现；进一步明确再贴现可采取回购和买断两种方式，提高业务效率。①

4. 再贷款政策

《中国人民银行法》第 28 条规定，中国人民银行根据执行货币政策的需要，可以决定对商业银行贷款的数额、期限、利率和方式，但贷款的期限不得超过 1 年。中国人民银行向商业银行提供的贷款即为再贷款。1993 年 3 月 3 日《中国人民银行对金融机构贷款管理暂行办法》规定，再贷款为信用贷款，只能用于解决商业银行的临时性资金不足，不得用于放款和证券投资。1995 年《中国人民银行法》颁布后，为确保货币政策调控权集中于中国人民银行总行，1999 年 1 月 6 日中国人民银行发布了《中国人民银行分行短期再贷款管理暂行办法》，规定中国人民银行分行只能向辖区内商业银行发放 3 个月、20 天内、7 天内三个档次的短期信用贷款。2004 年 3 月 25 日起，中国人民银行对再贷款实行浮息制度，即在再贷款（再贴现）的基准利率基础上，适时确定、调整并公布中央银行对金融机构贷款利率加点的幅度。再贷款浮息制度是利率市场化改革的重要举措。

5. 公开市场业务

《中国人民银行法》第 23 条第 1 款第 5 项规定，中国人民银行可以在公开市场上买卖国债、其他政府债券和金融债券及外汇。中国人民银行公开市场操作可以分为人民币操作和外汇操作两部分。外汇公开市场操作 1994 年 3 月启动，人民币公开市场操作 1998 年 5 月 26 日恢复交易。1997 年中国人民银行发布《公开市场业务暨一级交易商管理暂行规定》，1998 年中国人民银行建立的公开市场业务一级交易商制度，选择的交易对象为能够承担大额债券交易的商业银行，目前公开市场业务的一级交易商共包括 40 家商业银行。

中国人民银行公开市场业务债券交易主要包括回购交易、现券交易和发行央行票据。回购交易分为两种：（1）正回购，即由中国人民银行向一级交易商卖出有价证券，并约定在未来特定日期买回有价证券的交易行为。正回购为中央银行从市场收回流动性的操作，正回购到期则为中央银行向市场投放流动性的操作。（2）逆回购，即与正回购交易操作完全相反的交易。逆回购为中央银行向市场上投放流动性的操作，逆回购到期则为中央银行从市场收回流动性的操作。现券交易分为：（1）现券买断，即由中央银行直接从二级市场买入债券，一次性地投放基础货币。（2）现券卖断，即中央银行直接卖出持有债券，一次性地回笼基础货币。中央银行票据即中国人民银行发行的短期债券，中央银行通过发行中央银行票据可以回笼基础货币，中央银行票据到期则产生向市场投放基础货币的作用。②

据货币调控需要，近年来，中国人民银行不断开展公开市场业务工具创新。2013 年 1 月，立足现有货币政策操作框架并借鉴国际经验，中国人民银行创设了“短期流动性调节工具（Short-term Liquidity Operations，SLO）”，作为公开市场常规操作的必要补充，在银行体系流动性出现临时性波动时相机使用。这一工具的及时创设，既有利于央行有效调节市场短期资金供给，熨平突发性、临时性因素导致的市场资金供求大幅波动，促进金融市场平稳运行，也有助于稳定市场预期和有效防范金融风险。

---

① http://nanjing.pbc.gov.cn/publish/nanjing/2889/2011/20110422102347619917774/20110422102347619917774_.html.

② http://www.pbc.gov.cn/huobizhengce/huobizhengcegongju/gongkaishichangcaozuo/gaishu.asp，[2008-06-23].

6. 常备借贷便利

借鉴国际经验，中国人民银行于 2013 年年初创设了常备借贷便利（Standing Lending Facility，SLF）。常备借贷便利是中国人民银行正常的流动性供给渠道，主要功能是满足金融机构期限较长的大额流动性需求。对象主要为政策性银行和全国性商业银行。期限为 1～3 个月。利率水平根据货币政策调控、引导市场利率的需要等综合确定。常备借贷便利以抵押方式发放，合格抵押品包括高信用评级的债券类资产及优质信贷资产等。

7. 其他货币政策工具

《中国人民银行法》第 23 条第 1 款第 6 项规定，中国人民银行为执行货币政策，可以运用国务院确定的其他货币政策工具。根据我国金融市场发展状况，中国人民银行还可以选用一些带有直接控制性的货币政策工具，包括：特种存款①、证券市场信用控制、消费者信用控制、不动产信用控制及道义劝告、窗口指导等。

我国的金融市场起步较晚，发育不够成熟，法定存款准备金政策工具、再贴现率手段在现阶段都能发挥一定的调控作用。随着市场化程度的加深，未来公开市场业务应是中国人民银行更多选用的货币政策工具，以保证在对经济不产生过于剧烈影响的情况下，更主动地参与、调控货币市场，从而使得货币政策达到既定的目标。

法律应用

1. 中国人民银行为执行货币政策，可以运用下列货币政策工具：(1) 要求银行业金融机构按照规定的比例交存存款准备金；(2) 确定中央银行基准利率；(3) 为在中国人民银行开立账户的银行业金融机构办理再贴现；(4) 向商业银行提供贷款；(5) 在公开市场上买卖国债、其他政府债券和金融债券及外汇。

2. 中国人民银行可以代理国务院财政部门向各金融机构组织发行、兑付国债和其他政府债券。中国人民银行不得对政府财政透支，不得直接认购、包销国债和其他政府债券。

3. 中国人民银行不得向地方政府、各级政府部门提供贷款，不得向非银行金融机构以及其他单位和个人提供贷款，但国务院决定中国人民银行可以向特定的非银行金融机构提供贷款的除外。中国人民银行不得向任何单位和个人提供担保。

4. 差别存款准备金率制度的主要内容是，金融机构适用的存款准备金率与其资本充足率、资产质量状况等指标挂钩。金融机构资本充足率越低、不良贷款比率越高，适用的存款准备金率就越高；反之，金融机构资本充足率越高、不良贷款比率越低，适用的存款准备金率就越低。

5. 确定差别存款准备金率的主要依据是：(1) 银监会定义并统计的金融机构资本充足率，资本充足率数据由银监会提供。(2) 银监会统计的金融机构不良贷款比率，金融机构不良贷款比率发生显著异常的情况。(3) 金融机构内控机制状况、发生重大违规及风险的情况。(4) 金融机构支付能力明显恶化及发生可能危害支付系统安全的风险。(5) 差别存款准备金率确定中还将根据金融机构的类别、改革进程等特殊情况予以相应安排。

① 特种存款是指存款类金融机构存放在中央银行并由中央银行支付利息的资金。特种存款主要面向城市商业银行和农村信用合作社等中小金融机构，其不能用于回购和抵押。

思考题

1. 什么是货币政策？货币政策与宏观调控有什么关系？
2. 货币政策目标包括哪些？我国的货币政策目标是什么？
3. 货币政策工具是什么？有何重要性？
4. 中国人民银行的货币政策工具包括哪些？

第五篇

金融监管法

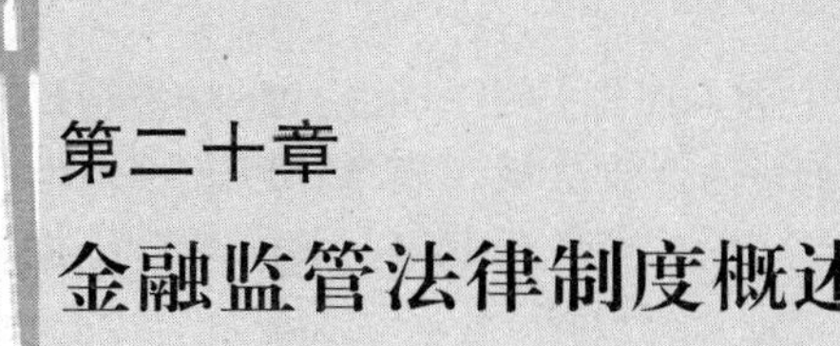

第二十章 金融监管法律制度概述

重点问题

1. 金融监管和金融监管法的含义
2. 金融监管法的特征
3. 金融监管法律制度的发展
4. 国外金融监管体制
5. 我国金融监管体制及机构的设置
6. 我国金融监管机构的权限及金融监管的内容和方式
7. 我国金融监管的目标和原则
8. 我国金融监管法律责任

第一节 金融监管法的发展

一、金融监管与金融监管法的含义

（一）金融监管与金融监管法的含义

金融监管是金融管理和金融监督的合称，是指金融监管主体为实现金融业合法、稳健运行等目标，而利用相应手段和措施对被监管主体所采取的一种积极主动的干预和调控活动。金融监管有广义和狭义的不同理解。狭义的金融监管是指国家法定的监管机关对金融机构及其行为所进行的外部监督管理。广义的金融监管除包括狭义的金融监管之外，还包括金融机构的内部监管、同业自律组织的监管和社会中介组织的监管等。本章所讲的金融监管是指狭义的金融监管。在理解金融监管的含义时，应注意区别金融监管与金融管制的含义。金融管制是指国家对某些重要的金融活动、金融业务或金融调控工具实行的行政强制措施，主要包括利率管制、外汇管制、贷款规模控制等。金融监管是金融监督与金融管理的合称，而金融管制是金融管理和限制的合称。前者更加尊重被监管主体的行为自由和市场运行规律，注重与被监管主体行为的动态调适；而后者则含有人为地限制被管制者行为自由的意思，是比较静态、僵化的措施，有时甚至是违背金融市场运行规律的。[①]

金融监管法是调整金融监管主体在监管金融业运行过程中所形成的金融监管关系的法律规范的总称。它包括银行业监管法、证券业监管法和保险业监管法等。我国目前尚无统一的金融

① 朱大旗．金融法．2版．北京：中国人民大学出版社，2007：118.

监管法，金融监管的法律规范分散在《中国人民银行法》《银行业监督管理法》《商业银行法》《证券法》《保险法》《信托法》等法律和其他行政法规、规章，以及规范性文件中，例如2018年4月27日，央行、银保监会、证监会、外汇局联合发布《关于规范金融机构资产管理业务的指导意见》（简称“资管新规”）。

金融监管法具有以下特点：第一，金融监管法是强行法。从金融监管法的内容看基本属于强制性规范，而没有任意性规范或授权性规范；在金融监管活动中，金融监管主体与被监管主体之间的地位不平等，具体表现为监管主体代表国家行使国家权力，对被监管主体实行强制监管，被监管主体必须服从。第二，金融监管法是行为法。金融监管法本质上是国家对金融活动监督和管理的规范，其内容主要是明确监管主体的职能和活动方式，规范其行为，具有行为法属性。第三，金融监管法是实体法与程序法的结合。简单来讲，实体法规定了权利、义务的具体内容，而程序法规定了权利行使及义务履行的程序。在金融监管法的内容中，明确监管主体金融监管的目标，确定金融监管机构的地位和职责，规范金融监管的方式和手段，规定金融违法行为的惩处措施等，这些规定体现了实体性规范与程序性规范的结合。

我国金融监管法律体系主要包括金融法律、金融行政法规、金融行政规章。此外，金融监管法律体系还可包括自律性规范。

（二）金融监管的必要性

虽然对金融业是否有必要实施特殊监管，国内外理论界存在争论，但几乎所有国家在实践中都对金融业实施严格的监管。究其原因，可以从以下方面探究：

第一，金融业的特殊重要地位要求进行金融监管。随着商品经济的发展，金融业越来越成为国民经济的支柱产业，成为现代经济的核心。金融业经营的效益如何，直接关系到国民经济的发展。正是金融业的特殊重要地位，决定了国家必须对金融业进行监督管理。

第二，金融业是高风险行业，并且由于金融业的特殊重要地位，金融风险直接影响到一国的经济基础和社会稳定。一方面，金融机构具有高杠杆经营的特点，即自有资本相对于总资产比例很小，也就是说，金融机构以信用为基础进行经营，而信用本身包含了许多不确定因素，这就决定了金融机构的经营具有内在的风险；另一方面，信用危机的连带性、传染性导致金融风险的连带性、传染性，某一金融机构陷入危机往往使整个金融体系陷入危机，“多米诺骨牌”效应明显。同时，在经济全球化时代，他国的金融风险会导致本国的金融风险。为了防止金融风险，保持社会稳定，必须对金融业实行有效的监督管理。

第三，金融监管有利于确保金融安全和对债权人利益保护。金融企业的资金来自存款人、投保人和投资者，如果金融企业经营不善，势必损害金融债权人和投资者的利益。金融企业的经营效果不仅对国民经济发展产生重大影响，而且影响到社会公众的日常生活。为了有效保护社会公众等债权人的合法权益，必须对金融业进行有效监管。

第四，进行金融监管是维护金融秩序、保护公平竞争、提高金融效率的要求。良好的金融秩序是保障金融安全的主要前提，公平竞争是保持金融秩序和金融效率的主要条件。良好的金融秩序主要是指币值稳定，金融体系安全、健康运行，金融机构之间以及金融机构与客户之间关系协调，这就必然要求各金融机构按照国家有关法律法规的规定规范化经营、公平竞争，也只有这样才能提高金融效率。

二、金融监管法律制度的发展

（一）国外金融监管法律制度的发展

金融监管是伴随着现代银行的产生而开始的。在中央银行制度建立以前，金融监管主要是金融机构的内部管理，中央银行制度建立以后，金融监管便成为中央银行的重要职责之一，作为其依据的相关法律也随之纷纷出台。中央银行制度普遍确立是现代金融监管的起点。中央银行制度建立之初，目的在于对货币发行的管制，而不是整个金融体系。实际上，20 世纪 30 年代以前，中央银行对金融机构经营行为的干预并不普遍。1929 年—1933 年资本主义世界性的经济危机，几乎摧毁了资本主义的经济基础，也几乎摧毁了资本主义的金融体系，所以，在 20 世纪 30 年代以后，各国的金融监管目标、监管立法的重心普遍开始转变到致力于维持一个安全、稳定的金融体系上来，以求防止金融体系的崩溃对宏观经济的严重冲击。20 世纪 70 年代开始，自由主义的理论和思想在凯恩斯主义经济政策破产的情况下开始复兴。在金融监管理论方面，金融自由化理论也随之逐渐发展起来并在理论界和金融部门不断扩大影响。金融自由化理论主张，放松对金融机构过度严格的监管，提高金融业的效率。

为了有效地对现代跨国银行的经营业务进行统一的监管，1975 年 9 月，巴塞尔银行监管委员会通过了《对外国银行机构的监管原则》；1983 年 5 月巴塞尔银行监管委员会采用综合监管方法，对该原则又进行了修改；1988 年 7 月巴塞尔银行监管委员会正式公布了《关于统一国际银行资本衡量和资本标准的协议》；1997 年 9 月巴塞尔银行监管委员会又推出了《有效银行监管的核心原则》。20 世纪 90 年代金融监管理论的发展趋势为效率与安全并重，金融监管法律有了重大进展，以法律的形式推动了金融监管体制的改革与构建。与此相适应，各国对金融监管法律制度相继进行了改革。

由于银行业在金融业中的特殊重要地位及与保险业、证券业相对独立的发展，在很长时期内，形成了中央银行统一监管或者以中央银行监管为主的分业监管体制。20 世纪 70、80 年代特别是 90 年代以来，由于金融混业和全球化发展，世界各国在放宽金融管制的同时，都在不同程度上改革了金融监管体制。这种改革的趋势是加强金融监管，建立一个外在于中央银行的权威、独立的监管机构，采用集中提议的金融监管体制。

（二）我国金融业监管法律制度的发展

1948 年 12 月 1 日，在合并华北银行、北海银行和西北农民银行的基础上，成立了中国人民银行。中国人民银行成立以后，我国的金融监管经历了三个不同阶段：

第一阶段是传统计划经济时期（1948 年—1978 年）。这一时期的金融运行主要靠国家编制计划，虽然要对计划的执行进行必要的检查，但现代意义上的金融监督管理既无必要，也不可能。金融监管机构是中国人民银行，但此时的中国人民银行具有国家机关和经济组织的双重身份，既办理居民储蓄和工商信贷业务，又负责金融管理。

第二阶段是中国人民银行统一监管时期（1978 年—1992 年）。党的十一届三中全会以后，我国金融业开始步入改革与发展的新时期。这一时期，恢复和成立了四大国有商业银行，新型的商业银行和金融机构开始设立和发展，中国人民银行设立了金融管理机构，开始行使中央银行职能。1983 年 9 月，国务院发布了《关于中国人民银行专门行使中央银行职能的决定》，规定中国人民银行是国务院领导和管理全国金融事业的国家机关，不再对企业和个人办理信贷业务，而是集中力量研究和做好全国金融的宏观决策，加强信贷资金管理，保持货币稳定。1986 年 1 月，国务院发布《中华人民共和国银行管理暂行条例》，首次以行政立法的形式确立了中国人民银行的法律地位，即中国人民银行是国务院领导和管理全国金融事业的国家机关，是国家的中央银行。

第三阶段是分业监管时期（1992 年—2017 年）。进入 20 世纪 90 年代以后，我国金融机构的种类和数量日益增多，证券市场快速发展，金融竞争日趋激烈。1992 年 10 月证监会成立；1993 年 12 月国务院《关于金融体制改革的决定》提出实行金融机构分业经营的体制；1995 年颁布、2003 年修正的《中国人民银行法》明确了中国人民银行依法进行金融监管的权力和责任；随后颁布的《商业银行法》和《保险法》等，从法律上明确了分业经营和分业监管的体制；1998 年 11 月，保监会正式成立。2003 年 4 月，全国人大通过了设立银监会的决定，原由中国人民银行履行的审批、监督管理银行、金融资产管理公司、信托投资公司及其他存款类金融机构的职责由银监会行使。

第四阶段是分业监管与统一监管并存时期。当前，对证券行业的监管，仍然由证监会依据证券法律法规履行监管职责。2013 年的“钱荒”、2015 年的“股灾”等现象的发生都是分业监管体制无法对混业经营进行有效监管的典型表现。为了保证金融监管的有效性，国家将原来的“一行三会”调整为“一委一行二会一局”的金融监管格局，其中，“一委”是指“国务院金融稳定发展委员会”，“一行”是指“中国人民银行”，“两会”分别指代“中国证券监督管理委员会”和“中国银行保险监督管理委员会”（由原先的中国银行业监督管理委员会和中国保险监督管理委员会合并而成），“一局”是指地方“金融监督管理局”。2017 年 7 月召开的第五次全国金融工作会议明确提出设立国务院金融稳定发展委员会，经中共中央、国务院批准，国务院金融稳定发展委员会于 2017 年 11 月正式成立，并被定位为国务院统筹协调金融稳定和改革发展重大问题的议事协调机构。同时，第五次全国金融工作会议之后，《中共中央国务院关于服务实体经济防控金融风险深化金融改革的若干意见》对地方政府及其所属的金融工作部门作出整体部署，要求各地方金融工作办公室加挂地方“金融监督管理局”的牌子，以强化对地方性金融组织和以互联网金融为主的新型金融业态的监管。2018 年 3 月，中共中央印发《深化党和国家机构改革方案》，同年 4 月整合中国银行业监督管理委员会和中国保险监督管理委员会各自的金融监管职责，新组建中国银行保险监督管理委员会，统一履行对全国银行和保险行业的监管职责，将拟订银行业、保险业重要法律法规草案和审慎监管基本制度的职责划入中国人民银行。至此，中国现行的金融监管体制已经由“一行三会”调整为“一委一行二会一局”的新模式。这种金融监管体制的创新设置，不仅意味着对中央金融监管部门之间权力的调整，也开启了中央与地方金融监管职责划分的进程，同时表明，国家金融监管体制的改革更加注重宏观审慎管理和系统性金融风险的防范与处置。

第二节　金融监管机构及其权限

一、金融监管机构的设置

（一）金融监管体制

金融监管机构是指法律赋予的具有对金融业进行监督管理的职能的国家机关。金融监管机构的设置是根据金融监管体制来设定的。由于各国的经济制度、经济目标、金融业的历史发展和金融体制的不同，各国金融监管机构的设置也不完全一样。

金融监管体制是指一国金融监管机构的设置、各自职责权限的划分及协作配合的一种制度安排。目前，世界各国的金融监管体制大致有四种类型①：高度集中统一的金融监管体制，即由单一的监管机构负责金融监督管理；双层多头的金融监管体制，即在中央和地方两级设立多家管理机构共同负责金融监管工作；单层多头的金融监管体制，即只在中央一级设立几家管理

① 朱大旗．金融法．2 版．北京：中国人民大学出版社，2007：128－129.

机构分别进行金融监管；混合金融监管体制，是对高度统一监管和多头分业监管体制的一种改造模式。

（二）我国金融监管机构的设置

中国人民银行自成立之始，就具有国家机关和经济组织的双重身份，既办理居民储蓄和工商信贷业务，又负责金融管理。1983 年 9 月，为了强化中国人民银行的中央银行职能，国务院发布了《关于中国人民银行专门行使中央银行职能的决定》，中国人民银行不再对企业和个人办理信贷业务，而是集中力量研究和做好全国金融的宏观决策，加强信贷资金管理，保持货币稳定。1986 年 1 月，国务院发布《中华人民共和国银行管理暂行条例》，首次以行政立法的形式确立了中国人民银行的法律地位，即中国人民银行是国家的中央银行。1993 年 12 月国务院《关于金融体制改革的决定》提出实行金融机构分业经营的体制。目前，我国现行的金融监管机关呈多元化结构，即除中央银行具有与执行货币政策有关的监管职能以外，还有证监会、银保监会等分业与统一相结合的监管机关．银保监会依法依规对全国银行业和保险业实行统一监督管理，维护银行业和保险业合法、稳健运行，对派出机构实行垂直领导。此外，省级地方金融局对小额贷款公司和融资性担保公司进行监管，信用合作社省级联社受托对信用合作社进行监管。例如，2016 年 7 月，《山东省地方金融条例》施行，这是我国首部涉及地方金融监管的省级地方金融法规。

二、金融监管机构的权限

由于 2017 年银监会与保监会的合并和 2018 年党和国家机构改革之后，还没有及时修改相应的法律，因此，按照现行金融法律的规定，总体来看，金融监管机构具有以下监督管理权。

1. 金融规章和金融业务命令的制定权和发布权。金融监管主体根据职责和法律的授权，在法律允许的范围内，根据金融业发展的需要，制定和发布金融规章和金融业务命令。通常情况下，金融规章可以适用于全部或某一类金融机构，而金融命令不仅可以适用于全部或某一类金融机构，还可以针对特定的某一家金融机构。

2. 审批权。它包括四方面的内容：一是对金融机构的设立进行审批；二是对金融机构的合并、兼并、购买进行审批；三是对金融机构退出市场进行审批；四是对金融机构可以从事的金融业务范围进行审批。

3. 金融业务管理监督权。金融监管机构对金融机构开展的业务活动是否符合法律、法规以及有关规章的规定，是否满足金融业稳健发展的需要等方面进行监督检查。

4. 信息获取和披露权。金融监管机构有权要求金融机构按时向其报送资产负债表、损益表等财务报表和资料，有权对金融机构的业务文件、资料、计算机管理业务数据系统等进行现场检查以获取信息。金融监管机构有统一编制全国金融机构的统计数据、报表，并按照国家有关规定予以公布的权力。

5. 指导监督权。金融监管机构对金融机构的活动有进行指导性监督的权力，有权对金融业自律组织的活动进行指导和监督。

6. 处置权。金融监管机构建立突发事件处置制度，制订金融业突发事件处置预案，确立处置机构和人员及其职责、处置措施和处置程序，以及时、有效地处置金融业突发事件。

7. 处罚权。对于违反法律法规规定的金融机构，金融监管机构有权视情节轻重，作出责令其停止违法行为、吊销金融业务经营许可证、责令停业整顿、罚款等处罚，并对负有责任的管理人员和直接责任人员予以处分等。如当事人依法申请复议，金融监管机构有行政复议权。

三、金融监管的内容

金融监管的内容包括对金融机构的监管和对金融市场的监管。

（一）市场准入的监管

市场准入制度，是有关国家和政府准许进入金融市场，从事金融活动的条件和程序规则的各种制度和规范的总称。市场准入制度是国家对金融市场进行监管的基本制度，它作为政府监管金融市场的第一环节，既是政府监管市场的起点，又是一系列后续监管措施实施的基础。市场准入制度是现代市场经济条件下一项基础性的、极为重要的法律制度。

金融业是具有社会公共性和高风险性的行业，其市场准入的监管是非常严格的。市场准入即符合法定条件的金融机构可进入市场，依法营运；不符合条件的不能进入市场，不得开展金融业务经营。在我国，需要由金融监管机构审批后颁发金融许可证，才能经工商登记后开始营业。关于市场准入的监管，包括对金融机构的设立和金融机构的业务范围的监督管理。之所以将对金融机构的业务范围管理纳入市场准入监管的范围，是因为业务范围直接涉及金融机构能够进入不同的金融市场领域从事金融活动。

金融机构的市场准入也就是要求金融机构依法设立，取得权利能力和行为能力后方可从事经营活动。它包含三层意思：符合法定的金融机构类型；符合法定的实质性条件；符合法定的程序性要件。随着我国金融制度的发展，金融机构的类型会有所变化，但在特定时期，金融机构的类型是法律规定并确定的，只有设立符合类型规定的金融机构，才可能得到金融监管机构的批准。法定的实质性条件主要有最低注册资本额、高层管理人员的任职资格、内部控制制度、安全措施等方面。程序性条件主要是申请、登记和公告等方面。同时，在设立条件上，还必须提交法律规定的文件和资料。

对金融机构的业务范围监督管理的核心内容在于确定分业经营与混业经营，以及混业经营的组织形式。分业经营与混业经营各有利弊，无论采取何种经营模式，金融机构都必须有金融业务的经营范围。对某一类金融机构而言，有一个法定的经营范围。但对某一特定的金融机构而言，其经营范围需要由金融监管机构在法定的经营范围内具体核准。任何特定的金融机构都只能在金融监管机构核准的范围内从事金融活动。

（二）持续性监管

持续性监管是指金融机构存续期间，对其经营活动的合规性与风险性进行的监管。市场准入制度是对金融机构进入金融市场的监管，可以看做是对金融活动的事前监管；而持续性监管是在金融机构进入市场以后，对其市场行为进行的监管，是对金融活动的事中监管。

持续性监管是对金融机构的金融活动的合规性和风险性进行的监管。合规性监管是指金融机构开展金融活动是否符合法律、法规以及有关规章的规定。其主要内容有：金融机构的设立、变更以及业务范围的变更是否按照法定程序向金融监管机构提出申请并经批准；是否依法办理变更登记手续；是否在金融监管机构核准的业务范围内进行活动；金融机构的信息披露是否符合法定要求；是否存在不符合法定条件的董事及高级管理人员；在具体金融业务上是否存在违法行为；是否存在损害投资人利益的行为；其他违反金融秩序和金融安全的行为。风险监管是为了保证金融体系的健康、稳定。现代金融监管要求以风险监管为本。我国有关法律法规和金融规章都对金融机构的审慎经营提出了要求并确定了具体规则，审慎经营规则包括风险管理、内部控制、资本充足率、资产质量、损失准备金、风险集中、关联交易、资产流动性等内容。

（三）市场退出监管

市场退出制度即金融机构终止制度，它是由法律规定的终止原因引起的，了结债权、债务关系，解散金融机构并消灭其法律主体资格的一系列法律行为和法定程序的总称。

引起金融机构终止的原因主要有几个方面：违反法律、法规被依法撤销；被宣告破产；因分立、合并或出现章程规定的解散事由而解散。

金融机构终止必须经金融监管机构的批准，获准终止的金融机构必须进行清算，清算工作由清算组主持，金融监管机构依法参与清算。金融机构清算终结后，必须进行注销登记并发布注销登记公告。至此，金融机构即告消灭，即丧失了法律主体资格，不能再从事金融活动，不再具备享有权利和承担义务的能力，从而退出市场。

由于金融机构在业务及影响力上的特殊性，为避免金融机构退出市场的负面影响，在金融机构退出市场前，金融监管机构可以进行接管或重组。金融机构已经或者可能发生信用危机，严重影响存款人和其他客户合法权益的，金融监督管理机构可以依法对该金融机构实行接管或者促成机构重组，接管和机构重组依照有关法律和国务院的规定执行。

四、金融监管的方式

金融监管方式是指为实现金融监管目标，金融监管机构对监管对象实施监管所采取的措施。根据我国法律的规定，金融监管方式主要有以下几种：

（一）检查

检查包括现场检查和非现场检查。现场检查是指金融监督管理机构派专门的检查人员，到金融机构（含分支机构）进行实地检查。这种检查可以是一般检查，也可以是对特定问题的专门性检查；可以是以发现问题为目的的主动性检查，也可以是根据客户的投诉、知情人的检举揭发或有关部门（如审计机关、司法机关等）提供的线索而进行的核实性检查。在检查过程中，金融监管机构有权根据审慎监管的要求，采取下列措施进行现场检查：进入金融机构进行检查；询问金融机构的工作人员，要求其对有关检查事项作出说明；查阅、复制金融机构与检查事项有关的文件、资料，对可能被转移、隐匿或者毁损的文件、资料予以封存；检查金融机构运用电子计算机管理业务数据的系统。进行现场检查，应当经金融监管机构负责人批准。现场检查时，检查人员不得少于 2 人，并应当出示合法证件和检查通知书。

另一种检查方式是通过对金融机构上报的财务资产负债表、利润表和其他会计、统计报表和经营管理资料以及注册会计师出具的审计报告进行分析、稽核来进行监督。金融监管机构通过对监管对象的业务状况、财产状况及资金运用状况的报告、报表、文件等资料的审查，发现存在的问题，提出改进和处理意见。

现场检查和非现场检查可以单独进行，也可以结合进行，一般是结合进行。在目前国家金融监管机构人力不足的情况下，先通过非现场检查，如发现有问题再进行现场检查，通过现场检查来核定和校正非现场检查中发现的问题。当然也不排除在现场检查中发现和查处新的问题。

（二）监管会谈

金融监管机构根据履行职责的需要，可以与金融机构的董事、高级管理人员进行监督管理谈话，要求金融机构的董事、高级管理人员就金融机构的业务活动和风险管理的重大事项作出说明。

（三）对违规行为的处理、处罚措施

金融监管机构发现金融机构有违反法律的行为时，采取行政命令、行政处罚及其他强制措施予以处理或处罚。对情节轻微的违法行为，采取责令改正的处理方式；对情节严重的违法行为，除责令改正以外，还必须采取相应的行政强制措施，如罚款、没收违法所得；情节特别严重或者逾期不改正的，可以责令停业整顿或者吊销其经营许可证；还可以禁止直接负责的董事、高级管理人员和其他直接责任人员一定期限直至终身从事金融业的任职资格。

（四）整改

整改是指金融监管机构对于金融机构违反法律关于审慎性经营规则和资金运用的规定，作出限期改正的决定后，金融机构在期限内未予改正的情况下采取的监管方式。金融机构违反审慎经营规则的，金融监管机构应当责令限期改正；逾期未改正的，或者其行为严重危及该金融机构的稳健运行、损害存款人和其他客户合法权益的，经金融监管机构负责人批准，可以责令暂停部分业务或停止批准开办新业务、限制分配红利和其他收入、限制资产转让、责令控股股东转让股权或者限制有关股东的权利、责令调整董事等高级管理人员或者限制其权利、停止批准增设分支机构。在整改期间，金融机构并未丧失权利能力，其原有的各种日常业务仍可进行。金融机构整改后，应当向金融监管机构提交报告，经金融监管机构审查验收，整改工作确已达到预期目的的，应批准整改结束，解除对被整改金融机构所采取的强制措施。

（五）接管和重组

金融机构已经或者可能发生信用危机，严重影响投资人和其他客户合法权益的，金融监管机构可以依法对该金融机构实行接管或者促成机构重组，接管和机构重组依照有关法律和规定执行。接管是一种比整改更为严格的监督方式，在整改期间，金融机构并未丧失权利能力，原有的各种日常业务仍可进行，只不过受到严格的监督而已。而接管后，接管组织对被接管的金融机构直接采取各种必要的措施。机构重组实际上就是金融监管机构为避免问题金融机构的解散或破产，实现问题金融机构与其他同类金融机构的合并，其目的也是保护社会公共利益和保障金融业的稳健运行。金融监管机构可以只进行接管以恢复问题金融机构的正常经营，也可以在接管后或不经接管促成问题金融机构的重组。

接管后，被接管的金融机构的主体地位并没有变更，而只是其经营管理行为受一定限制。因此，金融机构被接管后，其债权债务关系仍由其自己承担，对于债权人提出的偿还请求，被接管的机构不得拒绝。机构重组以后，问题金融机构的主体地位就会终止，如果机构重组是在平等、自愿的基础上进行的，问题金融机构的债权债务关系由重组后的金融机构承担；若是政府或金融监管机构促成的机构重组，问题金融机构的债权债务关系也可能不由重组后的金融机构承担，而按照重组协议承担或由政府承担。

第三节　金融监管的目标与原则

一、金融监管的目标

金融监管应当有明确界定的目标，因为金融监管的目标是金融监管机构采取监管行动的指南和实施有效监管的前提。金融监管制度的设计、金融监管政策的制定，应当以金融监管目标为基准；金融监管质量的衡量、金融监管主体业绩的考核，应当以金融监管目标为尺度。

金融监管的目标在学理上虽有社会利益论、防范金融风险论、保护债权论、安全原则论等不同的主张，但它们之间并无本质上的区别，彼此之间有着密切的内在联系。从整体上保护债权人的利益也就是维护了社会利益，防止了金融风险也就保护了金融业的安全；维护了金融业的安全，防止了金融风险，也就保护了债权人的利益与社会利益。

各国金融法对金融监管目标的表述不尽相同，我国不同时期金融监管的目标也有所不同。综观不同国家金融监管的目标和我国相关法律的规定，我们认为金融监管的目标主要有三：

第一，维护金融体系的安全与稳定。金融业是现代经济的核心，是一国经济的命脉，金融监管的首要任务是使整个金融体系处于稳健运行的状态。如果金融体系运行出现问题，会对整个国民经济和社会公众造成损害，产生连锁反应，进而造成灾难性的后果。因而，保持金融体系稳定和安全有序地运行就成为金融监管的一个主要目标。

第二，保护存款人、投资人和其他社会公众的利益，维护公众对金融业的信心。金融机构的自有资本相对于总资产的比例很小，也就是说，金融机构经营的资产来源于存款人、投资人和其他社会公众。金融机构能够正常经营是因为存款人、投资人和其他社会公众对金融机构的信用存在信心，存款人、投资人和其他社会公众的信心是金融机构实现持续发展的重要保证。但金融业存在信息不对称现象，存款人、投资人和其他社会公众处于信息劣势地位，其权益容易被侵犯。所以，金融监管的目标之一就在于降低金融业的道德风险和系统风险，保护存款人、投资人和其他社会公众的利益，进而维护公众对金融业的信心。

第三，促进金融市场的公平竞争与高效运行。在市场经济中，没有竞争也就无法实现资源的合理配置，市场调控经济运行过程只有在竞争前提下才是相对有效的；竞争是市场经济内在要求的基本制度原则。良好的金融市场的一个特征是以具有竞争力的价格提供优质的金融产品和金融服务，但以市场竞争为基础的金融市场蕴涵着较大的市场风险，很容易发生恶性竞争，从而导致金融业不稳定，进而损害效率。所以，金融监管的目标之一就是要促进金融市场的适度竞争，避免无竞争或恶性竞争，实现金融业的高效运行。

第四，不发生系统性金融风险。防范系统性金融风险，是坚决打好防范化解重大风险攻坚战的重要任务。十九大报告提出，健全金融监管体系，守住不发生系统性金融风险底线。2018年7月14—15日召开的全国金融工作会议上，国务院总理李克强在讲话中指出，要强化金融监管的专业性、统一性、穿透性，所有金融业务都要纳入监管，练就“火眼金睛”，及时有效识别和化解风险，整治金融乱象；坚持中央统一规则，压实地方监管责任，加强金融监管问责。2018年11月中央经济工作会议提出“六稳”目标[①]，其中“稳金融”，就是要通过推进金融供给侧结构性改革，有效引导金融机构增加对制造业、民营企业的中长期融资，既要妥善把握风险处置节奏和力度，还要压实金融机构、地方政府、金融监管部门责任。稳金融的底线要求就是不发生系统性金融风险，而在此之上的要求仍然是稳步推动金融市场的发展。

二、金融监管的原则

金融监管的原则是金融监管机构在进行金融监管过程中所应遵循的基本行为准则，是实现金融监管目标的基本要求和可靠保证。金融监管必须遵循一定的原则，方能使监管高效、有序、合法进行。现代金融监管的原则各国大致相同，各国金融监管当局基本上都将《有效银行监管的核心原则》作为金融监管的指导原则。根据我国现行的金融立法，结合国际上先进的金融监管理念，我们将金融监管应当遵循的基本原则归纳为以下内容：

（一）依法监管原则

依法监管原则是指金融监管机构在履行监管职责时，必须依据有关法律、法规和规章进

① 中央提出的“六稳”，即稳就业、稳金融、稳外贸、稳外资、稳投资、稳预期，是彼此促进、相互作用的有机整体。

行，其监管行为、监管范围、对象、程序和手段都必须符合法律的规定，不得滥用权力而超出法律规定的范围，也不得放弃权力而怠于监管。我国《银行业监督管理法》《证券法》《保险法》都确认了这一原则。

依法监管原则要求：金融监管主体地位和职权法定，任何单位和个人不得干涉金融监管主体的监管，金融监管主体也不得超出监管职权或怠于行使监管职权；金融监管主体的监管行为、监管程序法定，不得滥用监管权力和随意性监管；金融监管主体行为违法必须承担相应法律责任。依法监管原则还要求金融监管机构的监管必须公正，平等对待监管对象。为了保证监管的公正，金融监管机构应当公开监督管理程序，建立监督管理责任制度和内部监督制度。

（二）适度监管原则

金融监管意味着国家权力对金融市场的介入，适度监管也就是要求国家权力介入的范围和程度要适当。适当监管原则要求金融监管机构遵循金融业发展的客观规律，在保障金融安全稳健的前提下，充分发挥金融市场规律和市场调节机制的作用，提高金融效率。金融监管意味着国家权力对市场调节功能的介入及在某种程度上对市场调节功能的改变，在现代社会化大生产条件下，市场调节或国家干预的任何偏差，所带来的结果都是巨大的资源浪费和经济的巨大衰退。国家的干预调节并不是取代市场机制，而是为了恢复、纠正和弥补市场功能的不足[①]，这就要求，金融监管必须遵循金融市场规律，发挥市场调节机制的作用，监管行为不能干涉金融机构的经营决策权和金融自主权，而是通过制度和规则使金融机构得以稳健经营，促进金融业的良性发展。只有当金融市场调节机制发生扭曲或不能发挥作用时，如金融机构出现信用危机、违法经营等，金融监管机构才能本着弥补和矫正市场机制缺陷与不足进行干预。也就是说，金融监管的范围是金融市场机制出现缺陷和不足的范围，而金融监管的程度是弥补和矫正金融市场机制的缺陷与不足，即以恢复金融市场机制的调节作用为限度。

适度监管原则要求：充分遵循金融业的客观规律，科学界定金融监管机构的法律地位和职责权限；金融监管不能取代市场的调节作用，以金融市场调节机制出现缺陷和不足的范围为监管范围，以恢复金融市场机制的调节作用为限度，这是适度监管原则的核心；金融监管机构不应直接管理金融机构的微观经营活动，不能干涉金融机构的经营决策权和金融自主权；监管者须充分发挥金融业自律机制和社会中介机构的作用。

（三）效率原则

一般认为法律效率有两层含义：一是指法律投资与法律实际作用于社会所取得的社会效能之间的比例；二是指法律实际作用于社会所取得的社会效能与立法所确定的预期目标的差别，即法律效率有经济效益和社会效益两层含义。金融监管的效率原则也应包括这两层含义：一是金融监管的经济效率，即金融监管一方面要实现金融业经济效率的提高，不应导致金融机构的效率丧失或损失；另一方面要提高金融监管的行政效率，金融监管机构应以尽可能少的成本支出达到金融监管的目标。二是金融监管的社会效率：一方面行政效率的提高包含社会效益的成分，因为金融监管作为行政行为的一种，行使的是国家权力、花费的是财政资金，金融监管行政效率的提高，有利于社会公众对执政党执政能力的信任，实现社会和谐与稳定；另一方面，金融监管的社会效益还表现在金融监管效果与预期目标的接近或吻合，提高社会公众对金融业的信心，实现金融业的安全稳健发展，金融业的公平、秩序、安全等非经济效益反过来又能促进金融业的经济效益。金融监管就是要实现经济效益与社会效益的统一。

① 陶广峰，杨仕兵．从市场失灵看经济法的作用机制．甘肃政法学院学报，1999（4）．

（四）公开、公正原则

公开原则是指金融监管机构对于金融监管目标、决策及依据、数据及其他信息，除了依法应当保守秘密的外，应当全面、及时地告知社会公众和有关当事人，监管行为一律公开进行，行政法规、规章、监管政策以及监管机构作出的影响行政相对人权利、义务的行为标准、条件、程序应当依法公布。公开原则的贯彻一方面有助于提高监管质量，减少或杜绝滥用监管权力；另一方面也是对金融监管机构进行社会监督的需要。公开原则的主要内容包括：监管立法和政策公开；监管行为的依据、标准、程序以及采取的措施公开；监管行为的信息公开等。

公正原则是指金融监管机构在实施监管过程中保持独立立场，全面考虑金融市场各参与者的利益，保证交易各方的平等地位，平等对待各参与者。金融监管主体的独立立场是公正原则的前提，只有坚持这一原则，才能排除外界对金融监管的非法干预，才能保障金融监管主体有效行使监管职能，使监管目标得以实现。

（五）协调统一原则

协调是指金融监管主体之间职责分明、分工合理、相互配合，既包括分业监管中不同监管机构之间的协调，也包括国内监管与国际监管、东道国监管与母国监管的协调以及金融机构内部监管与专门机关的外部监管的结合。

统一原则是指将金融监管对象和内容、监管领域作为一个整体进行系统监管。统一监管要求各金融监管机构之间的监管职责应分工明确、协调统一，避免出现监管真空和重复监管。也就是说，即使是分业监管，在划分各金融市场监管主体的监管职责时，应着眼于整个金融市场。统一监管原则还包括各金融监管机构应对相关金融市场全方位地监管，不仅要对金融机构持续过程中的行为进行监管，还要对金融机构的进入和退出进行监管；对某一特定金融机构的监管也应全面，不能顾此失彼。

第四节　金融监管法律责任

一、金融监管法律责任概述

虽然法学界对法律责任的界定存在争议，“以致迄今为止，在中国法学界乃至世界法学界尚没有一个能被所有人接受并能适用于一切场合的法律责任的定义”，但是在现代社会，承担法律责任必须具备三层含义：必须有法律规范的事先规定；必须以存在违法行为为前提；由国家强制力保证实施。①

根据其性质法律责任分为民事法律责任、行政法律责任和刑事责任，违反金融监管法律制度的责任主要是行政责任和刑事责任。

根据法律责任产生的行为表现形式法律责任分为作为责任和不作为责任。“作为是指以积极、主动作用于客体的形式表现、具有法律意义的行为；不作为是指以消极的、抑制的形式表现的具有法律意义的行为。”② 违反金融监管法律制度的责任既有作为责任，也有不作为责任。

① 张文显主编．法理学．北京：北京大学出版社，高等教育出版社，1999：121，127.

② 张文显主编．法理学．北京：北京大学出版社，高等教育出版社，1999：108.

二、金融监管机构违反金融监管法律制度的责任

为了适应金融监管工作的需要，切实保障金融监管目标的实现，在法律上必须建立对金融监管机构严格的监督制约和问责机制。金融监管机构及其工作人员有违反监督管理规范的行为的，应承担法律责任，主要表现为：工作人员贪污受贿，泄露国家秘密、商业秘密和个人隐私，构成犯罪的，依法追究刑事责任；尚不构成犯罪的，依法给予行政处分。对违反规定审查批准金融机构的设立、变更、终止以及业务范围和业务范围内的业务品种的；违反规定对金融机构进行现场检查的；未按规定报告突发事件的；违反规定查询账户或者申请冻结资金的；违反规定对金融机构采取措施或者处罚的；违反规定对有关单位或者个人进行调查的；以及有其他滥用职权、玩忽职守行为的，均应依法给予行政处分，构成犯罪的，应依法追究刑事责任。

三、金融机构违反金融监管法律制度的责任

金融机构违反金融监管法律制度的行为主要有三类：第一类是未经批准擅自设立金融机构，或者非法从事金融机构的业务活动；第二类是金融机构未经批准设立分支机构，未经批准自行变更、终止，或违反规定从事未经批准或者未备案的业务活动；第三类是金融机构未经任职资格审查任命董事和高级管理人员，拒绝或阻碍非现场检查或现场检查，提供虚假的或者隐瞒重要事实的报表、报告等文件资料，未按规定进行信息披露，严重违反审慎经营规则，拒绝执行金融监管机构依法采取的强制性行政措施。

第一类违法行为由国家金融监管机构依法取缔，构成犯罪的，依法追究刑事责任；对尚未构成犯罪的，没收违法所得，并处罚款。第二类违法行为由金融监管机构责令其改正，没收违法所得，并处罚款；无违法所得的，按规定给予一定罚款；如情节特别严重或逾期不改的，可责令停业整顿或吊销其经营许可证；构成犯罪的，依法追究刑事责任。第三类违法行为由金融监管机构责令其改正，并处罚款；情节特别严重或者逾期不改正的，可以责令停业整顿或者吊销其经营许可证；构成犯罪的，依法追究刑事责任；对于直接责任人员，金融监管机构有权根据不同情况采取责令金融机构给予行政处分，或警告、罚款，或禁止一定期限直至终身从事金融工作等措施。

此外，金融机构不按照规定提供报表、报告等文件、资料的，由金融监管机构责令改正；逾期不改正的，处以罚款。阻碍金融监管机构工作人员依法执行检查、调查职务的，由公安机关依法给予治安管理处罚；构成犯罪的，依法追究刑事责任。

法律应用

1. 银行业监督管理机构的监督管理职责。国务院银行业监督管理机构依照法律、行政法规制定并发布对银行业金融机构及其业务活动监督管理的规章、规则；依照法律、行政法规规定的条件和程序，审查批准银行业金融机构的设立、变更、终止以及业务范围；对股东的资金来源、财务状况、资本补充能力和诚信状况进行审查，审查批准或者备案银行业金融机构业务范围内的业务品种；对银行业金融机构的董事和高级管理人员实行任职资格管理；对银行业金融机构的业务活动及其风险状况进行非现场监管，建立银行业金融机构监督管理信息系统，分析、评价银行业金融机构的风险状况；对银行业金融机构的业务活动及其风险状况进行现场检查；建立银行业金融机构监督管理评级体系和风险预警机制，根据银行业金融机构的评级情况

和风险状况，确定对其现场检查的频率、范围和需要采取的其他措施；统一编制全国银行业金融机构的统计数据、报表，并按照国家有关规定予以公布；对银行业自律组织的活动进行指导和监督；开展与银行业监督管理有关的国际交流、合作活动。

2. 金融监管机构的监管方式。对金融机构的业务活动及其风险状况进行现场检查和非现场检查；与金融机构董事、高级管理人员进行监督管理谈话，要求其就金融机构的业务活动和风险管理的重大事项作出说明；金融机构违反审慎经营规则的，责令其限期改正，逾期未改正的，或者其行为严重危及该金融机构的稳健运行、损害存款人和其他客户合法权益的，可以区别情形，责令暂停部分业务、停止批准开办新业务；限制分配红利和其他收入；限制资产转让；责令控股股东转让股权或者限制有关股东的权利；责令调整董事、高级管理人员或者限制其权利；停止批准增设分支机构。对直接负责的董事、高级管理人员和其他直接责任人员，可以通知出境管理机关依法阻止其出境以及申请司法机关禁止其转移、转让财产或者对其财产设定其他权利。金融机构已经或者可能发生信用危机，严重影响存款人和其他客户合法权益的，可以依法对该金融机构实行接管或者促成机构重组。

思考题

1. 试述金融监管应遵循的基本原则。
2. 简述我国实行分业经营、分业监管的客观依据。

第二十一章
中央银行监管法律制度

重点问题

1. 金融监管体制
2. 中央银行与金融监管
3. 中国人民银行的金融监管

第一节　中央银行监管制度概述

一、金融监管体制中的中央银行监管地位

金融监管体制，是指为实现特定目标，一国对其金融监管机构的设置、职责划分和权力分配以及协调配合所作出的制度安排。传统上，实行金融分业制度的国家一般根据金融机构业务性质的不同分别设立不同的金融监管机构，即银行业、证券业、保险业及其他金融行业分别由不同的机构进行监管，实行分业监管的制度。自 20 世纪 70 年代以来，“金融机构间的业务界限日益模糊，分业经营的模式不断被打破，世界范围内出现了金融业务融合化趋势”①，金融业务融合化以及不断涌现的大型金融集团的经济现实，使得传统的分业监管体制的制度缺陷日益显现，例如，金融机构之间业务交叉、融合时，监管机构势必要对自己不熟悉的业务行使监管职责，原本权限划分比较明确的监管机构之间将产生一定的权力冲突或者推诿责任，从而影响监管实效。如何建立更强有力、更高效的监管体制以回应金融业务融合化和集团化的趋势成为各国金融监管体制变革的现实课题。

根据各国改革的实践，可以将主要国家和地区的金融监管体制划分为统一的金融监管体制、准统一的金融监管体制和多元金融监管体制三种。② 这种划分和前述划分大体相同。

（一）统一金融监管体制中的中央银行监管地位

统一的金融监管体制是指由单一的中央级专门机构负责对金融业进行监督和管理。1986 年，挪威成立单一监管机构——金融监管委员会，负责监管银行、非银行投资公司、保险公司及不动产经纪人等，成为世界上第一个建立金融监管统一监管体制的国家。此后，丹麦、瑞典也相继合并原本分散的监管机构，设立综合性的金融监管机构。

---

① 张忠军．金融业务融合与监管制度创新．北京：北京大学出版社，2007：20.

② 张忠军．金融业务融合与监管制度创新．北京：北京大学出版社，2007：169－217.

1984年英国发生金融“大爆炸”[①]，顺应了国内金融业务融合化的趋势，但是，当时国内的监管格局是由英格兰银行、证券投资局、贸易工业部等九大金融监管机构分享金融监管权力，不仅降低了监管效率而且增加了监管成本，导致与金融业发展的现状不适应的矛盾日益突出。1991年国际商业信贷银行倒闭以及1995年国际“巴林银行事件”的发生，进一步暴露出现有监管体制的缺陷，监管体制改革的要求日渐高涨。1997年5月20日，英国财政大臣公布金融服务业监管体制改革方案，剥离英格兰银行的银行监管职能，将银行业监管与投资服务业监管并入当时的“证券与投资委员会”（后更名为“金融服务局”，简称FSA）。2000年6月，英国通过《金融服务与市场法》，按照该法，英国于2001年确立了FSA作为一体化的监管者。FSA作为金融业的单一监管机构有权制定适用于整个金融市场所有被监管者的法令，并且概括继受了原先由九大机构分享的金融监管权。FSA作为目前英国统一的金融监管机构，英格兰银行中的监管职能被分离出来，转由FSA综合行使，使英格兰银行制定和实施货币政策的职能进一步强化，而FSA的设立也最终确立了英国统一的金融监管体制。[②]

基于英国在世界金融业中的地位，其由分业监管走向集中、统一监管模式的变革，树立了金融监管体制改革的全球典范。除英国以外，德国、日本、韩国、新加坡等发达国家也纷纷采用统一的金融监管模式，设立了专门机构来统一负责金融监管。

（二）准统一金融监管体制中的中央银行监管地位

即设立一个专门机构负责对所有可能引发系统性风险的金融机构进行审慎监管，以维护金融机构的稳健经营和金融体系的稳定；另一个专门机构则针对金融机构的机会主义行为进行合规监管，防止发生欺诈行为，以保护中小消费者和投资者的合法利益。

1998年7月1日起，澳大利亚对旧有金融监管体制进行广泛改革，依据系统稳定目标和消费者保护目标建立了两个监管机构——澳大利亚审慎监管局和澳大利亚证券和投资委员会：前者负责审慎监管，后者负责市场秩序和消费者保护。另外，澳大利亚储备银行作为该国的中央银行，仍负有一定的维护金融体系稳定的职责，如制定实施货币政策、监管支付清算体系等。

（三）多元监管体制中的中央银行监管地位

也称多头或多边监管体制，即设置多个监管机构分别对不同产品、不同金融机构和不同金融市场履行监管职责，监管机构独立、依法在其职权范围内履行职责。实行多元监管体制的国家根据其监管权限在中央与地方之间划分的不同，又可分为一线多元监管体制与双线多元监管体制。实行一线多元监管体制的国家或地区，金融监管权集中于中央，同时在中央一级分别设立两个或两个以上的机构负责监管；双线多元监管体制多为联邦制国家采用，比如美国。

1999年以前，美国对银行体系的监管是支离破碎的，仅对存款金融机构承担主要监管职责的就有5家联邦级机构和1家州级机构，其中联邦级监管机构有美联储、联邦存款保险公司、货币监理署、联贷监理署、国家信用社管理局，除货币监理署和联贷监理署在行政上隶属财政部外，其余3家则为独立的联邦政府机构。此外，由于美国实行双轨银行制，每个州又都设有自己的银行监管部门，通常称为州银行，美国存款性金融机构往往处于联邦和州两级金融监管机构的双重监管之下。1999年美国通过《金融服务现代化法案》，该法未对美国金融监管

① 1984年10月27日，伦敦证券交易所宣布实行酝酿已久的重大改革，称为“大爆炸”，主要内容包括允许交易所会员一身兼任经纪商和中间商，二者业务可以交叉；允许本国和外国银行、证券公司、保险公司申请为交易所的会员等。

② 参见许多奇．英美金融监管制度改革及我国之借鉴．法学，2004（5）：102－103.

体制作出根本性的改变，但为了适应金融业务融合和金融控股公司[①]发展的需要，赋权美联储理事会为金融控股公司的综合（伞形）监管者，金融控股公司的下属各子公司分别由银行、证券、保险等行业的监管机构进行监管。美联储的金融监管权实际上得到了强化，成为唯一一家能同时监管银行、证券、保险行业的联邦机构，同时美联储又行使中央银行的职能，客观上使其集中央银行职能与金融监管职能于一身。

二、中央银行金融监管职能的演变

金融监管不是中央银行的固有职能，中央银行在逐渐从商业银行分离出来的过程中，不断接受政府的授权，最终金融监管才成为中央银行的重要职能。

18世纪中叶，中央银行主要行使的是货币发行的监督管理权，随后，由于资本主义国家经济危机频发，各国中央银行对银行业的监管也逐步加强，并变革监管手段，比如采用利率来调节信用等。但是总体上，处于自由资本主义向垄断资本主义过渡时期的西方各国，国家对金融业的监管时紧时松，中央银行对银行业的监管有待进一步深化、改革。20世纪30年代，大范围的经济危机席卷西方主要资本主义国家。此后，各国中央银行普遍认识到，金融企业与一般的经济组织有别，其经营活动关系到整个国民经济的稳定，中央银行必须严格监管金融业的活动，以此确保币值稳定、经济增长。此时，西方各国的金融监管制度才真正得以建立并初步完善。但是历经半个多世纪的变革，特别20世纪70年代以来金融创新浪潮的兴起，各国中央银行早期建立起来的金融监管制度日益滞后于金融发展的步伐。20世纪80年代末，世界经济和金融的不稳定性逐渐突出，西方主要资本主义国家国民经济陷入滞胀的怪圈，尤其是亚洲金融危机以后，人们开始反思20世纪70、80年代以来的金融全球化、自由化浪潮的弊端，一些国家相继剥离中央银行的金融监管职能，改由另设的专门机构行使，以加强金融监管。如英国、日本、韩国等，分别建立了统一的金融监管体制，中央银行的主要职责被局限于制定、实施货币政策。然而，美国依然将金融监管职能保留在美联储并在一定程度上加以强化。

中央银行是否能够身兼两职，同时履行金融监管职能与货币政策职能？支持方和反对方对此进行了充分论证。赞同中央银行货币政策职能与金融监管职能分离的论点主要认为这两者之间存在利益冲突，其依据为：

（1）中央银行如果更多地从维护银行系统的安全性角度考虑货币政策的操作，无意中忽略其他金融机构乃至整个国民经济的利益，势必使得货币政策的实施偏离既定的目标。（2）货币政策与金融监管皆要求决策者全力以赴，监管者工作范围愈专一其监管效率便愈高，中央银行兼顾两者难免顾此失彼，导致效率低下。（3）金融监管目的在于防范和杜绝导致金融破产、系统动荡和危机蔓延的根源和因素，然而金融机构的破产在所难免。一旦发生监管失灵，人们可能归咎于中央银行，使得中央银行在承担监管失灵的责任时，声誉受损，而这将影响其进行货币政策操作时的公信力。独立的中央银行必须在提升信誉、增加可信度和公众认同感与金融监管之间作出取舍。（4）从政治角度分析，金融监管职能从中央银行分离还可以防止中央银行过

① 金融控股公司是美国准许金融混业经营，规定在一定条件下上述银行控股公司可转变为金融控股公司而创设的概念。银行控股公司，依据美国1956年《银行控股公司法》第2条，是指任何一家公司，它控制了一家银行或者控制了一家依据该法称为银行控股公司的公司。这里的控制是指，直接或间接拥有、控制或者有权利行使对一家银行或公司的任何有表决权股份中的25%；或一家公司对另一家银行或公司的多数董事的选举具有控制权以及直接或间接对其经营管理产生决定性影响。邱海洋，刘萍．美国《联邦存款保险法》《银行控股公司法》．北京：中国政法大学出版社，2005：246-247.

于“威权”，免得中央银行在原独立性地位的基础上权力过大，因而有必要分离金融监管职能以削弱其影响力。

反对中央银行“两权分离”的依据在于：

（1）中央银行货币政策职能的发挥本身就需要金融监管职能的配合。理由在于：强有力的金融监管能确保金融统计数据和其他金融信息的真实、准确和及时，这是制定正确货币政策的前提；强有力的金融监管能确保金融机构的稳健运行和金融体系的稳定，这是建立货币政策有效传导机制的关键，是有效实施货币政策的关键；中央银行的金融监管职能可以使其利用自身的权威性和超然地位全面、充分地获取制定、检验货币政策所必需的信息，降低其货币政策职能的信息收集成本。（2）中央银行货币政策的实施又有利于金融监管。货币政策的一些工具或手段，如存款准备金、公开市场业务等在一定程度上可为金融监管所利用，同时，货币政策目标的实现也有利于促进金融监管工作的顺利开展。（3）兼容式监管有助于金融监管摆脱行政干预。凡是那些在中央银行以外成立综合监管机构的国家，一般要通过立法解决监管机构的独立性，以及通过向监管对象收费解决资金来源问题。但发展中国家很难做到这点。相比之下，由于货币创造功能，中央银行的资金来源总能得到最起码的保证。这种超然独立性可以使金融监管摆脱财政预算的压力，资金的独立使得其监管行为不必受行政干预，从而保证金融监管的中立性、客观性。（4）统一的监管结构有利于金融监管的国际交流。中央银行在与其他各国中央银行、国际金融组织之间的往来与合作，会促进各国在金融风险管理、监管文化、监管技术、制度建设等方面的相互交流和借鉴，并由此加强本国金融监管的有效性和超前性，做到防患于未然，确保金融体系的安全。

如同采取何种金融监管体制一样，中央银行的金融监管职能是否应与货币政策职能分离，取决于各国变革金融监管制度所依赖的具体国情。值得思考的是，各国剥离或保留中央银行金融监管职能的不同做法的共同点在于，以改革金融监管体制的方式来应对金融全球化的挑战，增强本国银行业乃至整个金融业的实力与竞争力，从而确保国民经济整体的秩序与良好运行。

第二节 中国人民银行的金融监管

一、中国人民银行金融监管职能的演变

金融监管对于维护金融行业的稳定具有关键性的意义。改革开放以来，我国开始关注金融监管问题，在较长时间内，金融监管的任务落在了中国人民银行肩上。中国人民银行承担金融监管职能有一个变动过程，从新中国成立一直到 1984 年，我国实行的是大一统的中国人民银行体制，中国人民银行既是金融管理机关，同时又是金融监管企业，实践中既没有监管对象，也没有监管的法律法规，因此当时中国没有现代意义上的金融监管。

从 1984 年开始，我国形成中央银行、专业银行的二元银行体制，中国人民银行行使中央银行职能，履行对银行业、证券业、保险业、信托业的综合监管。这一期间的银行监管的重点在于金融业的市场准入，重点是审批银行新的业务机构，监管的主要依据是 1986 年国务院颁布的《银行管理暂行条例》。

1992 年 8 月，国务院决定成立证券委和证监会，将证券业的监管职能从中国人民银行分离出去，中国人民银行主要负责对银行、保险、信托业的监管。其后，中国银行业体制发生了重大变化：一是国家专业银行的商业化改革步伐加快；二是成立了若干家股份制商业银行。同

时，中国的保险业迅速发展，信托业经历发展、调整和重组阶段。

1993年，银行业贯彻落实中共中央、国务院《关于当前经济情况和加强宏观调控的意见》，在整顿金融秩序、严肃金融纪律、推进金融改革和加强金融宏观调控方面采取了一系列措施。1994年，成立三家政策性银行，实行银行政策性业务和商业性业务分离，为专业银行商业化创造了条件。

1995年，《中国人民银行法》和《商业银行法》颁布，从法律上确立了中国人民银行对银行、保险、信托业的监管地位；随后，中国人民银行颁布《贷款通则》，召开银行业经营管理工作会议，把工作重心转移到以银行风险监管为核心的系统性监管和依法监管上来，并首次提出降低国有独资商业银行不良贷款的要求。

1998年，撤销了中国人民银行31个省级分行，成立9家跨省区分行和2家总行营业管理部；国家发行2 700亿元特别国债，补充国有独资商业银行资本金。

1998年，国务院决定成立保监会，专司对中国保险业的监管，将原来由中国人民银行履行的对保险业的监管职能分离出来，中国人民银行主要负责对银行、信托业的监管。

1999年，我国成立了四家资产管理公司，剥离国有商业银行不良资产；同时，清理整顿中小金融机构；另外，通过颁布《金融违法行为处罚办法》，加大了对金融违法行为的处罚力度。

2000年，我国开展了对国有独资商业银行等七类金融机构的贷款质量、盈亏状况等的真实性大检查；制定《国有独资商业银行考核评价办法》，首次对国有独资商业银行的经营业绩进行定量考核；加强对国有独资商业银行信息披露的监管；国务院向国有重点金融机构派驻监事会。

2001年，为适应加入世贸组织的需要，我国颁布了《外资金融机构管理条例》。

2002年，党中央召开第二次全国金融工作会议，提出金融监管是金融工作重中之重；银行业全面实行贷款质量五级分类制度，并发布《商业银行中间业务管理办法》《网上银行管理办法》；对国有独资商业银行单笔大额贷款、表外资产、非信贷资产损失控制度情况进行现场检查，不良贷款继续下降；中国人民银行牵头制定监管体制、国有独资商业银行综合改革、农村信用合作社改革等方案。

2003年，第十届全国人大第一次会议决定，成立银监会，依法对银行、金融资产管理公司、信托公司以及其他存款类机构实施监督管理，建立了银监会、证监会和保监会分工明确、互相协调的金融分工监管体制。中国人民银行原有的审批银行业金融机构的设立、变更、终止以及业务范围与对日常业务活动的监督管理职能交由银监会履行。2003修订了《中国人民银行法》，中国人民银行的金融监管的职责范围限于货币流通、银行间外汇市场、银行间同业拆借市场、银行间债券市场及黄金市场等。

2018年十九大报告提出“健全货币政策和宏观审慎政策的双支柱调控框架”。2019年2月，中央机构编制委员会办公室公布《中国人民银行职能配置、内设机构和人员编制规定》，明确设立宏观审慎管理局。宏观审慎管理局牵头建立宏观审慎政策框架和基本制度，以及系统重要性金融机构评估、识别和处置机制。牵头金融控股公司等金融集团和系统重要性金融机构基本规则拟订、监测分析、并表监管。牵头外汇市场宏观审慎管理，研究、评估人民币汇率政策。拟订并实施跨境人民币业务制度，推动人民币跨境及国际使用，实施跨境资金逆周期调节。协调在、离岸人民币市场发展。推动央行间货币合作，牵头提出人民币资本项目可兑换政策建议。

二、中国人民银行金融监管范围

中国人民银行金融监管范围的划定是为了确保其能充分行使宏观调控、防范和化解金融风险、维护金融稳定的职权。根据《中国人民银行法》相关规定，主要包括：

1. 银行间同业拆借市场和银行间债券市场的监管

同业拆借，是指银行业金融机构之间进行的短期资金融通行为，目的在于调剂头寸和临时性资金余缺。银行间同业拆借市场参与者基本都是在中国人民银行开立存款账户的银行类金融机构。同业拆借具有融通资金期限短、资金用于解决临时性需要、基本上都是信用拆借等特点。银行间债券市场，是银行业金融机构、机构投资者等众多主体参与的，以国债、政策性银行债券为交易标的的，多为大宗批发交易的场外市场（以询价的方式，自主谈判，逐笔成交）。其与同业拆借一样，多为无担保的信用交易，因而隐藏着重大的市场风险和信用风险。中国人民银行监管银行间同业拆借市场和银行间债券市场是履行维护金融稳定职责的需要，并且，中国人民银行可以借助银行间债券市场进行公开市场业务的操作，以执行货币政策，因而中国人民银行监管银行间同业拆借市场、银行间债券市场具有重大意义。

中国人民银行对银行间同业拆借市场的监管内容主要为：(1) 依法制定有关监管同业拆借市场的规章制度；(2) 审批拟进入同业拆借市场进行交易的金融机构的资格；(3) 监督、检查同业拆借市场交易成员的行为；(4) 授权中介机构发布同业拆借市场信息。

银行间债券市场的监管主要包括：(1) 对银行间债券市场债券发行的管理，包括审查债券发行方式、利率水平等；(2) 对银行间债券市场交易成员行为的管理，包括确定可以进行交易的债券种类、制订交易的规则、监测市场的日常变化以及对违反交易规则的主体进行处罚等。

2. 外汇管理以及银行间外汇市场的监管

《中国人民银行法》第 4 条第 1 款第 5 项明确赋予中国人民银行实施外汇管理、监管银行间外汇市场的职责。同法第 32 条赋予中国人民银行对金融机构以及其他单位和个人执行有关外汇管理规定的行为的检查监督权；第 46 条规定了相应的处罚权。国家外汇管理局是中国人民银行履行外汇管理职责的部门。

3. 黄金市场的监管

《中国人民银行法》第 4 条第 1 款第 6 项、《金银管理条例》及其实施细则规定我国黄金市场的监管者是中国人民银行，其享有对金融机构、其他单位及个人执行有关黄金管理规定的行为的检查监督权，以及对违反规定的行为主体的处罚权。

4. 支付清算系统管理

《中国人民银行法》第 4 条、第 27 条规定，中国人民银行负有组织、协助组织银行业金融机构间的清算系统，协调银行业金融机构间的清算事项，会同银监会制订支付结算规则的职责。同法第 32 条、第 46 条规定了中国人民银行的检查监督权以及对违法主体的处罚权。

5. 反洗钱监管

《反洗钱法》第 4 条、《金融机构反洗钱规定》第 3 条规定，中国人民银行是我国的反洗钱行政主管部门，依法对金融机构的反洗钱工作进行监督管理。《中国人民银行法》第 4 条第 1 款第 10 项赋予中国人民银行指导、部署金融业反洗钱工作以及负责反洗钱的资金监测的职权。《金融机构反洗钱规定》还详细规定了中国人民银行的反洗钱监督管理职责，以及为履行职责而享有的检查、调查权及行政处罚权。

三、中国人民银行金融监管权

1. 监测、调控金融市场权

《中国人民银行法》第 31 条规定，中国人民银行依法监测我国金融市场的运行情况，对金融市场实施宏观调控以促进其协调发展。中国人民银行该项职责并不是对金融违法行为的监管，而是对金融市场稳定发展的一种监测，采用宏观调控手段以维护金融市场安全。①

2. 检查监督权

《中国人民银行法》第 32～34 条规定了中国人民银行享有的直接检查监督权、建议检查监督权及须经国务院批准的检查监督权。

（1）直接检查监督权。中国人民银行有权对金融机构以及其他单位和个人的下列行为进行检查监督：执行有关存款准备金管理规定的行为；与中国人民银行特种贷款有关的行为；执行有关人民币管理规定的行为；执行有关银行间同业拆借市场、银行间债券市场管理规定的行为；执行有关外汇管理规定的行为；执行有关黄金管理规定的行为；代理中国人民银行经理国库的行为；执行有关清算管理规定的行为；执行有关反洗钱规定的行为。

（2）建议检查监督权。中国人民银行根据执行货币政策和维护金融稳定的需要，可以建议银监会对银行业金融机构进行检查监督。此项建议检查监督权，既可以利用中国人民银行掌握银行业金融机构经营状况及金融市场整体动态的信息、技术优势，又可以避免中国人民银行重复行使银监会的检查监督权。银监会应当在收到建议之日起 30 日内给予回复。②

（3）须经批准的检查监督权。当银行业金融机构出现支付困难，可能引发金融风险时，为了维护金融稳定，中国人民银行经国务院批准，对银行业金融机构进行检查监督。尽管银监会履行银行业金融机构的市场准入、日常运营监管与市场退出监管的职能，但中国人民银行基于其维护金融体系稳定职责的需要，必须及时发现可能危及金融系统安全、稳定的隐患，并对可能引发系统性风险的银行业金融机构采取提供流动性支持等救助手段，因而此处的检查监督权应理解为不受《中国人民银行法》第 32 条规定范围局限的全面的检查监督权。

3. 获取报表、资料权

《中国人民银行法》第 35 条规定了中国人民银行有权要求银行业金融机构报送财务会计、统计报表及资料。《商业银行法》第 55 条规定，商业银行有依法编制年度会计报告并及时向中国人民银行等部门报送的义务；第 77 条、第 80 条规定了商业银行提供虚假的或隐瞒重要事实，不按规定向中国人民银行报送文件、资料应承担的法律责任。

4. 编制、公布金融统计数据、报表权

《中国人民银行法》第 36 条规定，中国人民银行负责统一编制全国金融统计数据、报表，并按照国家有关规定予以公布。中国人民银行负责金融业的统计工作，应遵循客观性、科学性、统一性的原则。

四、中国人民银行的金融监管与货币政策

如前文所述，金融监管职能是否应从中央银行分离充满争议，但是不可否认的是：（1）金

① 吴志攀．中央银行法制．北京：中国金融出版社，2005：86.

② 《中国人民银行法》第 33 条中的措辞“建议”“回复”，是平级行政机关之间使用的语言范式。原银监会对于中国人民银行的检查监督“建议”，最长可以“30 日内予以回复”，回复的内容应理解为是“检查监督”的结果而不是同意进行“检查监督”，比较符合逻辑和立法目的。吴志攀．中央银行法制．北京：中国金融出版社，2005：89.

融监管和货币政策关系密切。维护金融稳定、促进经济增长是金融监管和货币政策的一致目标，金融监管水平的高低对货币政策的实效影响重大，货币政策也对金融监管的成效至关重要。(2) 中央银行具有密切了解各金融机构经营情况的信息优势，在处理银行业突发事件特别是金融支付风险方面，其作为最后贷款人具有特殊的地位优势；同时赋予其一定的金融监管权也是履行货币政策职能的需要。德国、日本等国家尽管已建立独立、集中、统一的金融监管机构，仍然赋予中央银行一定的金融监管权。(3) 即使在两种职能分离的国家，中央银行仍在一定程度上参与金融监管工作，并享有相应的权力，如英国、德国、韩国等。因而，只有中央银行与金融监管机构通力合作，才可能更加有效地发挥货币政策和金融监管的作用，在中央银行不直接负责金融监管的情况下，各国普遍建立中央银行与金融监管者之间的合作机制。

2003 年修订后的《中国人民银行法》保留的中国人民银行金融监管的范围与权力是与其履行货币政策职能分不开的，金融监管权是中国人民银行科学制定、实施货币政策的前提和保障，货币政策离不开金融监管的密切支持和配合。中国人民银行对银行间同业拆借市场和银行间债券市场、银行间外汇市场、黄金市场的监督管理是制定恰当货币政策的依据；通过对支付清算系统的管理和反洗钱的监管，中国人民银行可以密切关注国内资金流向、周转情况，以确保货币政策的贯彻落实；中国人民银行享有相应的金融监管权力是其对上述金融市场进行监管的保障；中国人民银行通过制定、执行货币政策来实施对金融市场的宏观调控，货币政策的最终目标是与国民经济的整体目标一致的。

银监会的设立，有利于中国人民银行更加独立、高效地制定、实施货币政策，但是，目前我国金融市场化的程度较低，致使中国人民银行货币政策的实效受到制约的现状不容忽视。因而，效仿发达国家的做法，建立中国人民银行与包括银监会在内的金融监管机构的协作机制呼之欲出、迫在眉睫。

五、中国人民银行与其他金融监管机构的信息共享机制

《商业银行法》第 43 条规定，商业银行在我国境内不得从事信托投资和股票业务，不得向非银行金融机构和企业投资。该条以法律形式确定了我国银行业、信托业与证券业分业经营的金融格局和法律基础。1995 年《保险法》、1998 年《证券法》的相关规定则进一步确立了我国金融业实行分业经营、分业管理的体制。回顾当时国内的经济、金融发展的具体情况，分业经营、分业管理是加强金融监管，强化金融风险防范，维护金融秩序的必然选择。

随着金融业融合化成为经济金融化、金融全球化的主旋律，我国金融分业经营、分业监管制度面临两方面的挑战：一是加入 WTO 后金融业全面对外开放，国内金融机构分业经营导致资产形式与利润来源单一化，难以应对外资金融机构日趋激烈的竞争，经营风险难以预测，金融机构持续发展的内在要求是实行多样化、融合化的金融业务以提高效益；二是国际金融市场上的竞争，表面上是各金融机构之间的竞争，实质是国与国之间的金融体制与金融法律制度间的竞争，我国先前确立的分业监管的制度安排面临着与金融监管体制发达国家制度竞争的外在压力。

尽管我国旧有的金融分业制度自确立以来未作根本性的调整，但实践中金融机构业务多元化与融合化经营的探索脚步已逐渐加快，如境内的商业银行、保险公司、证券公司在境外纷纷投资设立异质金融机构从事融合经营；国内相继涌现的金融集团通过组织形式创新的方式进行跨业经营，典型的有中信集团、光大集团、平安集团、山东电力集团等。

在制度层面，面对国内金融机构在业务拓展、创新等方面的积极实践，立法机关及金融监管机构也积极修改法律、调整政策，为金融机构更有效率的经营创造条件。2002 年修订后的

《保险法》第105条增加的“国务院规定的其他资金运用形式”“由保险监督管理机构规定”的内容拓宽了保险公司的资金运用渠道；2003年修订的《商业银行法》第43条“但国家另有规定的除外”的但书规定，使得商业银行投资其他金融业务成为可能；2005年《证券法》第6条“国家另有规定的除外”的类似规定，为金融机构进一步融合化经营创造了条件。除了金融基本法层面的调整外，金融监管机构也通过制定一系列规则鼓励金融机构的金融业务创新。

金融监管机构与金融机构之间的良性互动是推动金融业发展的必要条件，金融监管水平的高低是决定金融监管体制有效性的关键，如何在我国现有的“一行三会”之间建立高效的协调机制则是提升监管专业水平的核心要素。《中国人民银行法》第9条规定“国务院建立金融监督管理协调机制”，第35条第2款规定“中国人民银行应当和国务院银行业监督管理机构、国务院其他金融监督管理机构建立监督管理信息共享机制”，《银行业监督管理法》第6条、《证券法》第185条也作了类似规定。

2003年《中国银行业监督管理委员会、中国证券监督管理委员会、中国保险监督管理委员会在金融监管方面分工合作的备忘录》（以下简称《备忘录》）在银监会、证监会、保监会的第一次监管联席会议上通过，并于2004年6月的监管会议上进行了修订。《备忘录》旨在明确银监会、证监会、保监会在金融监管方面的职责，使三家监管机构协调配合，避免监管真空和重复监管，提高监管效率，鼓励金融创新，以达到所有金融机构及其从事的金融业务都能得到持续有效的监管，从而保障金融业稳健运行和健康发展；基于“分业监管、职责明确、合作有序、规则透明、讲求实效”的指导原则；主体内容包括三家监管机构的职责分工、信息收集与交流、工作机制几方面。

目前，中国人民银行与其他金融监管机构的信息共享机制仍停留在《中国人民银行法》第9条、第35条的法律层面，国务院未出台具体协调规则前，法律规定仍缺乏操作性。中国人民银行因统一编制全国金融业统计数据而具有的信息优势不能得到充分利用，法律也未明确中国人民银行、金融监管机构违反建立监督信息共享机制义务的法律责任，因而未来的立法、监管实践均应加强建立中国人民银行与其他金融监管机构的信息共享机制，以切实加强金融监管，防止系统性风险的发生，维护金融秩序的稳定，保护社会公众利益，促进经济增长。

法律应用

1. 中国人民银行履行下列监管职责：监督管理银行间同业拆借市场和银行间债券市场；实施外汇管理，监督管理银行间外汇市场；监督管理黄金市场；指导、部署金融业反洗钱工作，负责反洗钱的资金监测；负责金融业的统计、调查、分析和预测。

2. 非法金融机构，是指未经中国人民银行批准，擅自设立从事或者主要从事吸收存款、发放贷款、办理结算、票据贴现、资金拆借、信托投资、金融租赁、融资担保、外汇买卖等金融业务活动的机构。

3. 非法金融业务活动，是指未经中国人民银行批准，擅自从事的下列活动：(1) 非法吸收公众存款或者变相吸收公众存款；(2) 未经依法批准，以任何名义向社会不特定对象进行的非法集资；(3) 非法发放贷款、办理结算、票据贴现、资金拆借、信托投资、金融租赁、融资担保、外汇买卖；(4) 中国人民银行认定的其他非法金融业务活动。非法吸收公众存款，是指未经中国人民银行批准，向社会不特定对象吸收资金，出具凭证，承诺在一定期限内还本付息的活动；变相吸收公众存款，是指未经中国人民银行批准，不以吸收公众存款的名义，向社会不特定对象吸收资金，但承诺履行的义务与吸收公众存款性质相同的活动。

4. 中国人民银行有下列行为之一的，对负有直接责任的主管人员和其他直接责任人员，依法给予行政处分；构成犯罪的，依法追究刑事责任：(1) 违反《中国人民银行法》的规定提供贷款的；(2) 对单位和个人提供担保的；(3) 擅自动用发行基金的。有前述所列行为之一，造成损失的，负有直接责任的主管人员和其他直接责任人员应当承担部分或者全部赔偿责任。

思考题

1. 什么是金融监管体制？世界上主要的金融监管体制模式有哪些？
2. 中央银行的金融监管职能是如何演变的？为什么？
3. 中国人民银行的金融监管职能演变的概况怎样？
4. 中国人民银行的金融监管范围与金融监管权包括哪些内容？

历年司法考试题

1. 某省银行业监督管理局依法对某城市商业银行进行现场检查时，发现该行有巨额非法票据承兑，可能引发系统性银行业风险。根据《银行业监督管理法》的规定，应当立即向下列何人报告？(　　)(2008 年)

A. 该省人民政府主管金融工作的负责人

B. 国务院主管金融工作的负责人

C. 中国人民银行负责人

D. 国务院银行业监督管理机构负责人

答案及解析：D 项。《银行业监督管理法》第 28 条第 2 款规定：银行业监督管理机构发现可能引发系统性银行业风险、严重影响社会稳定的突发事件的，应当立即向国务院银行业监督管理机构负责人报告；国务院银行业监督管理机构负责人认为需要向国务院报告的，应当立即向国务院报告，并告知中国人民银行、国务院财政部门等有关部门，所以 D 项正确。

2. 商业银行出现下列哪些行为时，中国人民银行有权建议银行业监督管理机构责令停业整顿或吊销经营许可证？(　　)(2010 年)

A. 未经批准分立、合并的

B. 未经批准发行、买卖金融债券的

C. 提供虚假财务报告、报表和统计报表的

D. 违反规定同业拆借的

答案及解析：C、D 项。

《商业银行法》第 77 条规定，商业银行有下列情形之一，由中国人民银行责令改正，并处二十万元以上五十万元以下罚款；情节特别严重或者逾期不改正的，中国人民银行可以建议国务院银行业监督管理机构责令停业整顿或者吊销其经营许可证；构成犯罪的，依法追究刑事责任：(一) 拒绝或者阻碍中国人民银行检查监督的；(二) 提供虚假的或者隐瞒重要事实的财务会计报告、报表和统计报表的；(三) 未按照中国人民银行规定的比例交存存款准备金的。第 76 条规定，商业银行有下列情形之一，由中国人民银行责令改正，有违法所得的，没收违法所得，违法所得五十万元以上的，并处违法所得一倍以上五倍以下罚款；没有违法所得或者违法所得不足五十万元的，处五十万元以上二百万元以下罚款；情节特别严重或者逾期不改正的，中国人民银行可以建议国务院银行业监督管理机构责令停业整顿或者吊销其经营许可证；

构成犯罪的，依法追究刑事责任：（一）未经批准办理结汇、售汇的；（二）未经批准在银行间债券市场发行、买卖金融债券或者到境外借款的；（三）违反规定同业拆借的。选项 A、B 不符合题意。《商业银行法》第 74 条规定，商业银行有下列情形之一，由国务院银行业监督管理机构责令改正，有违法所得的，没收违法所得，违法所得五十万元以上的，并处违法所得一倍以上五倍以下罚款；没有违法所得或者违法所得不足五十万元的，处五十万元以上二百万元以下罚款；情节特别严重或者逾期不改正的，可以责令停业整顿或者吊销其经营许可证；构成犯罪的，依法追究刑事责任：（一）未经批准设立分支机构的；（二）未经批准分立、合并或者违反规定对变更事项不报批的；（三）违反规定提高或者降低利率以及采用其他不正当手段，吸收存款，发放贷款的；（四）出租、出借经营许可证的；（五）未经批准买卖、代理买卖外汇的；（六）未经批准买卖政府债券或者发行、买卖金融债券的；（七）违反国家规定从事信托投资和证券经营业务、向非自用不动产投资或者向非银行金融机构和企业投资的；（八）向关系人发放信用贷款或者发放担保贷款的条件优于其他借款人同类贷款的条件的。

3. 某商业银行决定推出一批新型理财产品，但该业务品种在已获批准的业务范围之外。该银行在报批的同时要求下属各分行开展试销。对此，下列哪些选项是正确的？（　　）（2013 年）

A. 该业务品种应由中国银监会审批

B. 该业务品种应由中国人民银行审批

C. 因该业务品种在批准前即进行试销，有关部门有权对该银行进行处罚

D. 该业务品种在批准前进行的试销交易为效力待定的民事行为

答案及解析：A、C 项。《银行业监督管理法》第 16 条规定，国务院银行业监督管理机构依照法律、行政法规规定的条件和程序，审查批准银行业金融机构的设立、变更、终止以及业务范围。该法第 18 条规定，银行业金融机构业务范围内的业务品种，应当按照规定经国务院银行业监督管理机构审查批准或者备案。需要审查批准或者备案的业务品种，由国务院银行业监督管理机构依照法律、行政法规作出规定并公布。由此可知，该商业银行推出的新型理财产品，由于该业务品种在已获批准的业务范围之外，应当首先由国务院银行业监督管理机构审查批准，故 A 项说法正确，B 项说法错误。该法第 45 条规定，银行业金融机构有下列情形之一，由国务院银行业监督管理机构责令改正，有违法所得的，没收违法所得，违法所得 50 万元以上的，并处违法所得 1 倍以上 5 倍以下罚款；没有违法所得或者违法所得不足 50 万元的，处 50 万元以上 200 万元以下罚款；情节特别严重或者逾期不改正的，可以责令停业整顿或者吊销其经营许可证；构成犯罪的，依法追究刑事责任：(1) 未经批准设立分支机构；(2) 未经批准变更、终止的；(3) 违反规定从事未经批准或者未备案的业务活动的；(4) 违反规定提高或者降低存款利率、贷款利率的。由此可知，该业务品种在批准前即进行试销，违反了《银行业监督管理法》第 45 条的规定，国务院银行业监督管理机构有权责令改正，有违法所得的，没收违法所得，违法所得 50 万元以上的，并处违法所得 1 倍以上 5 倍以下罚款；没有违法所得或者违法所得不足 50 万元的，处 50 万元以上 200 万元以下罚款；情节特别严重或者逾期不改正的，可以责令停业整顿或者吊销其经营许可证，故 C 项说法正确，当选。该业务品种在批准前进行的试销交易行为，按照《银行业监督管理法》第 45 条的规定，是一种违法行为，而非效力待定的民事行为，故 D 项说法错误，不选。

第二十二章 银行业监管法律制度

重点问题

1. 中国银行业监管体制
2. 中国银行业监管目标
3. 银行业监管信息协调机制
4. 银行业监管措施

第一节 银行业监管制度概述

一、银行业监管的概念和特征

银行业监管是一国金融监管的组成部分。从金融学的角度来看，狭义的银行业监管是指银行业监管当局依据国家法律、法规的监管；广义的银行业监管，除银行业监管当局的监管外，还包括中央银行的监管、联合监管以及银行业金融机构的内部控制与稽核、行业自律性组织的监管，甚至还包括社会中介组织的监督等。① 从金融法的角度来看，它是指一国金融监管当局或银行业专门监管机构对商业银行及其他银行业金融机构的组织主体和业务经营行为进行的监督和管理。监督是指对银行业金融机构合法经营情况和风险状况的监测、评估和控制；管理是指通过制定相关的监管法规来规范银行业金融机构及其行为，并决定银行业金融机构的准入与退出。广义的银行业监管包括对银行业金融机构的内部监管和外部监管，既包括他律监管，也包括自律监管；狭义的银行业监管仅指国家金融监管当局对银行业金融机构从外部进行的他律监管，不包括银行业金融机构的自律监管。② 银行业监管是一种补救金融市场失灵和维护银行业体系稳健、有效运行，并借以提高金融资源配置效率以及避免公共利益受到不法行为侵害的制度安排。银行业监管在性质上是一种他律行为，主要属于外部监管；其主体是法律授权的监管机构，其客体是银行业金融机构及其业务活动。

二、银行业监管制度的发展

金融监管是伴随着现代银行的产生而开始的。在中央银行建立之前，金融监管主要是金融机构的内部管理，中央银行制度建立后，金融监管便成为中央银行的重要职责之一，作为其依

---

① 黄达主编．金融学．北京：中国人民大学出版社，2003：713.

② 强力．金融法．北京：法律出版社，2004：262.

据的相关法律也随之纷纷出台。作为金融监管依据的最有影响力的法律当属美国 1863 年的《国民通货法》，次年修改为《国民银行法》，这是美国第一部管理全国银行业和其他金融业的法规，为美国统一的金融监管建立了基本框架。1913 年美国《联邦储备法》颁布实施，为专司中央银行职能的联邦储备体系的建立提供了法律依据，使金融监管进入了一个新时期。此后，各国均立法完善了金融监管制度。为了有效地对现代跨国银行的经营业务进行统一的监管，1975 年 9 月国际组织巴塞尔银行监管委员会通过了《对外国银行机构的监管原则》；1983 年 5 月巴塞尔银行监管委员会采用综合监管方法，对该原则进行了修改；1988 年 7 月巴塞尔银行监管委员会正式公布了《关于统一国际银行资本衡量和资本标准的协议》，对国际银行业的经营监管提出了具体标准，从而成为国际银行业统一监管的重要依据。进入 20 世纪 90 年代后，面对金融风险的加剧趋势，为进一步强化金融监管和推进金融监管标准在全球范围内统一，1997 年 9 月，巴塞尔银行监管委员会在世界银行和国际货币基金组织年会上，正式向各国（地区）金融监管当局推出了《有效银行监管的核心原则》。该原则对金融机构运行全过程的审慎监管作了重要规定，对健全各国的监管体系有着重要的促进作用。2010 年 12 月 16 日，巴塞尔委员会发布了《第三版巴塞尔协议》（Basel Ⅲ），并要求各成员经济体两年内完成相应监管法规的制定和修订工作，2013 年 1 月 1 日开始实施新监管标准，2019 年 1 月 1 日前全面达标。《第三版巴塞尔协议》确立了微观审慎和宏观审慎相结合的金融监管新模式，大幅度提高了商业银行资本监管要求，建立了全球一致的流动性监管量化标准，将对商业银行经营模式、银行体系稳健性乃至宏观经济运行产生深远影响。

目前，世界各国银行业监管体制一般分为两种类型：其一，设立专门的银行业监管机构，完全分离中央银行的监管职能。这种体制又分为综合监管和分业监管形式。英国金融服务局、日本金融监管厅和韩国金融监督院等属于综合监管；瑞士联邦银行业委员会、中国香港金融监管局等属于分业监管。其二，中央银行与其他金融管理机构共同行使金融监管权，如德国联邦银行业监管局和联邦银行，联邦银行业监管局直接向联邦财政部报告。美国也属于这种类型。

第二节　银行业监管的目标和原则

一、银行业监管的目标

（一）西方国家与国际银行业监管目标

各国法律对银行业监管的目标表述不尽相同。《德国银行法》的规定是保障银行资产的安全、银行业务的正常运营和国民经济运转的良好效果。《法兰西银行法》的规定是确保银行体系的正常运作。《美国联邦储备法》则规定，银行业监管目标为：（1）维持公众对一个安全、完善和稳定的银行系统的信心；（2）为建立一个有效的和有竞争力的银行系统服务；（3）保护消费者；（4）允许银行体系适应经济的变化而变化。巴塞尔银行监管委员会在《有效银行监管的核心原则》中提出的监管目标是保持金融系统的稳定性和信心，以降低存款人和金融体系的风险。虽然金融监管目标的侧重点不同，但可以统一在“稳健”这个基点上。

（二）中国银行业监管目标

理论认为，我国银行业监管目标应包括三个基本方面[①]：其一，确保银行业金融机构安

① 窦洪权．银行公司治理分析．北京：中信出版社，2005：194.

全、稳健、高效运行，提高防范和化解金融风险的能力；其二，在金融自由化和金融监管之间，在金融资源运作效率与金融安全之间寻求平衡；其三，强化市场运作机制和市场竞争机制，打破国有银行体制的完全垄断。银行业监管目标，是根据银行业监管的使命及立法目的提出的实施银行业监管的总体方向、要求和应达到的目标。一般而言，银行业监管的目标分为广义目标和狭义目标。广义目标是保持银行体系的稳定，也就是促进银行业的合法、安全、稳健运行；狭义目标是保护存款人的利益，维护公众对银行业的信心。[①] 根据《中国银行业实施新监管标准指导意见》（2010 年）的规定，我国银行业金融监管的总体目标是：借鉴国际金融监管改革成果，根据国内银行业改革发展和监管实际，构建面向未来、符合国情、与国际标准接轨的银行业监管框架；进一步深化改革，转变发展方式，提高发展质量，增强银行业稳健性和竞争力，支持国民经济稳健平衡可持续增长。

二、银行业监管的原则

银行业监管原则是银行业监管行为的总体规范，是监管目标的具体化。根据《中国银行业实施新监管标准指导意见》（2010 年）的规定，银行业监管的指导原则包括四个方面：

其一，立足国内银行业实际，借鉴国际金融监管改革成果，完善银行业审慎监管标准。基于我国银行业改革发展实际，坚持行之有效的监管实践，借鉴《第三版巴塞尔协议》，提升我国银行业稳健标准，构建一整套维护银行体系长期稳健运行的审慎监管制度安排。

其二，宏观审慎监管与微观审慎监管有机结合。统筹考虑我国经济周期及金融市场发展变化趋势，科学设计资本充足率、杠杆率、流动性、贷款损失准备等监管标准并合理确定监管要求，体现逆周期宏观审慎监管要求，充分反映银行业金融机构面临的单体风险和系统性风险。

其三，监管标准统一性和监管实践灵活性相结合。为保证银行业竞争的公平性，统一设定适用于各类银行业金融机构的监管标准，同时适当提高系统重要性银行监管标准，并根据不同机构情况设置差异化的过渡期安排，确保各类银行业金融机构向新监管标准平稳过渡。

其四，支持经济持续增长和维护银行体系稳健统筹兼顾。银行体系是我国融资体系的主渠道，过渡期内监管部门将密切监控新监管标准对银行业金融机构的微观影响和对实体经济运行的宏观效应，全面评估成本与收益，并加强与相关部门的政策协调，避免新监管标准实施对信贷供给及经济发展可能造成的负面冲击。

第三节　银行业监管协调制度

一、银行业监管协调机制

监管协调是指金融机构监管主体之间职责分明、分工合理、相互配合。广义的监管协调既包括分业监管中不同监管主体之间的协调，也包括国内监管与国际监管、东道国监管与母国监管的协调，以及金融机构内部监管与专门机关的外部监管的协调。狭义的监管协调则不包括自律监管及社会监管。只有监管协调，才能避免监管漏洞、重复监管，节省监管成本，提高监管效率。

世界上大多数国家和地区不论选择什么样的监管模式，都在中央银行、金融监管机构之间

① 胡康生，王胜明主编．《中华人民共和国银行业监督管理法》释义．北京：法律出版社，2004：10.

建立了协调合作机制。这一协调机制通常有三个层次的安排①：其一，由法律直接规定协调合作的框架和安排，如美国、德国和韩国，或由法律作出原则性要求，如英国。其二，在各类金融机构之间签署谅解备忘录，对在法律中难以细化的协调、合作事宜，如具体的责任分工、信息的收集与交流及工作机制等作出明确规定，如英国、德国和澳大利亚。其三，在操作层面上作出一系列安排，实际运作这一协调合作机制，如在管理层层面，安排交叉参加对方理事会（董事会）；建立协调委员会，定期召开协调会议，讨论与金融稳定和金融监管有关的重大问题；相互提供服务，联合进行检查、合作处理有问题的金融机构等。

我国《银行业监督管理法》第 6 条和第 7 条规定，国务院银行业监督管理机构应当与中国人民银行及国务院的其他金融监管机构之间建立监督管理信息共享机制，也可以与其他国家或者地区的银行业监督管理机构建立监管合作机制。

二、银行业监管信息共享机制

监管信息共享机制，是指银行业监管机构与中央银行、证券业监管机构和保险业监管机构，将各自在依法履行职责过程中掌握的金融机构、金融市场和金融管理信息互相交流的一种制度安排，是监管协调机制的重要内容。

为确保各方都能够充分获取履行职责所需的数据和信息，同时又避免向同一机构重复收取数据，增加金融机构的负担，参与协调机制的各方应达成协议，根据职责分工，明确何种信息由谁收取，同时建立高效的信息交流和共享机制，使各方的数据需求都能以低成本的方式实现。

（一）外国监管信息协调机制

许多国家明确规定，为减轻金融机构的负担，中央银行和监管机构应该避免向同一机构收取同样的数据和信息。采取统一的信息系统能够大大提高信息共享和效率。如《德国银行法》规定，监管局和中央银行之间应建立自由的信息交流机制，共享数据库和信息系统。在美国，由联邦储备系统、货币监理署、联邦存款保险公司、国家信用社管理局和储贷监理署等联邦监管机构组成的联邦金融机构检查委员会，协调、统一各类监管机构的监管政策和监督检查活动。英国的财政部、中央银行和金融服务局通过签订谅解备忘录，建立了三方保持金融稳定的合作框架。

（二）我国监管信息协调机制

《中国人民银行法》第 35 条第 2 款规定了监管信息共享机制，即“中国人民银行应当和国务院银行业监督管理机构、国务院其他金融监督管理机构建立监督管理信息共享机制”。《银行业监督管理法》第 6 条规定：“国务院银行业监督管理机构应当和中国人民银行、国务院其他金融监督管理机构建立监督管理信息共享机制。”2003 年 9 月 18 日，银监会、证监会和保监会召开首次联席会议，通过了《中国银监会、中国证监会和中国保监会在金融监管方面分工合作的备忘录》，规定了监管协调的原则、职责分工、信息收集与交流和工作机制等内容。值得注意的是，它确立了对金融控股公司的主监管制度，即对金融控股公司内相关机构、业务的监管，按照业务性质实施分业监管，而对金融控股公司的集团公司则依据其主要业务性质，由相应的监管机构负责。

① 杨文云．金融监管法律国际协调机制研究．上海：上海财经大学出版社，2011：20.

三、跨境监管合作机制

所谓跨境监管，是指各国银行业监管当局要同时负责对境内外资银行和本国银行的境外分支机构进行监管，既担当母国监管者的角色，又担当东道国监管者的角色。同时，任何一个跨国银行的分支机构要同时接受母国和东道国监管当局的双重监督管理。实施跨境监管的目的就是确保所有的跨境银行业务都能够受到母国和东道国当局的有效监管。

巴塞尔银行监管委员会《有效银行监管的核心原则》就跨境监管的原则，跨境银行监管标准，东道国与母国监管当局之间的监管责任划分、信息交流等问题作了明确规定。同时，国际上也出现了双边监管协调合作各种形式。

中国的银行业金融机构要提高国际竞争力，需要走国际化发展道路。同时，我国的金融体系也将进一步扩大开放，这都要求我国的银行业监管不断提高国际化水平，加强跨境监管。

我国自 1994 年以来，中央银行与一些国家的金融监管当局签订了双边协议，建立了双边磋商机制。银监会也积极与互设银行机构的国家、地区的监管当局建立双边合作关系。如与我国香港地区金融管理局、澳门地区金融管理局建立了《双边监管谅解备忘录》，与美国货币监理署签署了《监管信息交换协议》。

第四节　银行业监管机构制度

一、中国银行业监管机构

从广义上讲，中国银行业监管机构由中国人民银行、国家外汇管理局和银监会三部分构成。《中国人民银行法》赋予了中国人民银行金融监督管理权。对于银行业的监管，中国人民银行仍然保留了一部分权力。该法第 33 条规定，“中国人民银行根据执行货币政策和维护金融稳定的需要，可以建议国务院银行业监督管理机构对银行业金融机构进行检查监督”。第 34 条规定，“当银行业金融机构出现支付困难，可能引发金融风险时，为了维护金融稳定，中国人民银行经国务院批准，有权对银行业金融机构进行监督检查”。第 35 条规定，“中国人民银行根据履行职责的需要，有权要求银行业金融机构报送必要的资产负债表、利润表以及其他财务会计、统计报表和资料”。此外，中国人民银行还有执行有关银行间同业拆借市场、银行间债券市场管理规定的权力。《商业银行法》第 61 条规定，商业银行应当按照规定向国务院银行业管理机构、中国人民银行报送资产负债表、利润表以及其他财务会计、统计报表和资料。

银监会是代表中央人民政府对银行业实施监督管理的专门机构。银监会在性质上属于事业单位，但法律授予其行政管理职能，具有行政执法权。根据法律的规定和国务院的授权，银监会统一监督管理银行、金融资产管理公司、信托投资公司以及其他存款类金融机构，维护银行业的合法、稳健运行。银监会在执法过程中，地方政府和各级有关部门应当对银监会处置银行业金融风险、查处有关金融违法行为等监管活动予以配合和协助。为了正确、充分地履行监管职责，银监会设立领导机构、职能部门和派出机构，派出机构根据银监会的授权，履行监督管理职责；对派出机构实行统一领导和管理。

二、银行业监管机构与地方政府和其他机构的关系

银行业监督管理机构在处置银行业金融机构风险、查处有关金融违法行为等监督管理活动

中，地方政府、各级有关部门应当予以配合和协助。国务院审计、监察等机关，应当依照法律规定对国务院银行业监督管理机构的活动进行监督。

第五节 银行业监管机构的监管职责

银行业监管机构的监管职责包括监管职权和监管责任两个方面，体现了监管行政权责一致的行政法治原则。对银监会监管职责的性质可以从两个方面来认识：一方面，监管职责是国家有权机关授予银监会的职权，被监管的银行业金融机构必须服从；另一方面，监管职责也是银监会的义务和责任，必须尽职尽责，不得放弃。

一、制定并发布对银行业金融机构及其业务活动监管的规章、规则

银行业监管机构制定规章、规则是国际通行的做法。巴塞尔银行监管委员会《有效银行监管的核心原则》规定，法律赋予监管机构以不改变法律的方式制定审慎规则的权力，是一项必要标准。《英国金融服务与市场法》、《德国银行法》和《综合性金融服务监管法》、《韩国金融监管机构设立法案》、《香港银行业条例》均授予其银行业监管机构制定规章、规则的权力。

我国《银行业监督管理法》第 15 条规定，国务院银行业监督管理机构依照法律、行政法规制定并发布对银行业金融机构及其业务活动监督管理的规章、规则。银行业监管机构制定和发布规章、规则的目的是执行法律、行政法规的有关规定，其内容涉及银行业金融机构的设立、变更、终止和业务经营等各个方面，是法律、行政法规的细化，必须与法律、行政法规的原则、精神保持一致。

二、依法定条件和程序审批银行业金融机构的设立、变更、终止以及业务范围

依法审批银行业金融机构的设立、变更、终止以及业务范围，包括两个方面的含义：一是银行业金融机构的设立、变更、终止以及业务范围应当经银行业监管机构审批；二是对银行业金融机构的审批应当依照法律、行政法规的规定进行。

由银行业监管机构依法对银行市场准入实施监管，也是国际通行的做法。巴塞尔银行监管委员会《有效银行监管的核心原则》要求，为了保证银行业监管的有效性，发照机构应当保证新银行组织拥有适当数量的股东、充足的财力、与业务相一致的法律结构，以及具备专业知识、道德水准、善于稳健和审慎监管的管理人员。此外，保证发照与持续监管的标准相一致十分重要。

依法审批银行业金融机构的设立、变更、终止以及业务范围的具体事项主要包括：（1）申请设立银行业金融机构，或者银行业金融机构变更持有资本总额或者股份总额达到规定比例以上的股东的，国务院银行业监督管理机构应当对股东的资金来源、财务状况、资本补充能力和诚信状况进行审查。（2）银行业金融机构业务范围内的业务品种，应当按照规定经国务院银行业监督管理机构审查批准或者备案。需要审查批准或者备案的业务品种，由国务院银行业监督管理机构依照法律、行政法规作出规定并公布。（3）未经国务院银行业监督管理机构批准，任何单位或者个人不得设立银行业金融机构或者从事银行业金融机构的业务活动。（4）国务院银行业监督管理机构对银行业金融机构的董事和高级管理人员实行任职资格管理，具体办法由国务院银行业监督管理机构制定。

三、制定审慎经营规则，实施审慎性监管

审慎性监管，也称“风险性”“稳健性”监管，是指以审慎会计原则为基础，真实、客观、全面地反映金融机构的资产价值和资产风险、负债价值和负债成本、财务盈亏和资产净值以及资本充足率等情况，真实、客观、全面地判断和评估金融机构的实际风险，及时监测、预警和控制金融机构的风险，从而有效地防范和化解金融风险，维护金融体系安全、稳定的监管模式。

审慎性监管起源于巴塞尔银行监管委员会公布的《有效银行监管的核心原则》，该原则规定了有效监管的先决条件、银行业风险和持续性监管安排、审慎法规和要求的制定与实施、持续监管的主要手段和方法、会计准则与信息披露要求、监管当局的正当权利和纠正措施等，这些原则从不同方面体现了审慎监管的要求。目前这一核心原则已经成为实施审慎监管最重要的国际性文件，并已为绝大多数国家的金融监管当局所认可和逐步实施。

我国《银行业监督管理法》第21条规定，银行业金融机构的审慎经营规则，由法律、行政法规规定，也可以由国务院银行业监督管理机构依照法律、行政法规制定。审慎经营规则，包括风险管理、内部控制、资本充足率、资产质量、损失准备金、风险集中、关联交易、资产流动性等内容。银行业金融机构应当严格遵守审慎经营规则。

四、实施非现场监管与非现场检查

（一）实施非现场监管

非现场监管，又称“非现场监测”，是指监管机构通过收集银行业金融机构的经营管理和财务数据，运用一定的技术方法，研究分析银行业金融机构经营的总体状况、风险管理状况、合规情况等，发现风险中存在的问题，对其稳健性经营情况进行评价。

非现场监管，是有效银行监管的重要组成部分，也是持续银行监管的重要手段和方法。巴塞尔银行监管委员会《有效银行监管的核心原则》规定，银行监管体系必须包括某种形式的现场和非现场监督；监管者必须具备在单个和并表的基础上收集、审查和分析各家银行的审慎报告和统计报表的手段。

我国《银行业监督管理法》第23条规定，银行业监督管理机构应当对银行业金融机构的业务活动及其风险状况进行非现场监管，建立银行业金融机构监督管理信息系统，分析、评价银行业金融机构的风险状况。

我国的非现场监管包含合规性监管和风险性监管。其中，合规性监管要素包括信贷规模、限额及资产负债比例的执行情况以及其他合规性内容；风险性监管的要素包括资本充足性、资产质量、资产流动性、盈利状况、管理水平等。

（二）实施现场检查

所谓现场检查，是指金融监管人员进入金融机构经营场所，通过实地查验，全面、深入了解金融机构的经营和风险状况，对金融机构的合法经营和风险状况作出客观、全面的判断和评价的行为。现场检查是非现场检查的有效补充。

我国《银行业监督管理法》第24条规定，银行业监督管理机构应当对银行业金融机构的业务活动及其风险状况进行现场检查。国务院银行业监督管理机构应当制定现场检查程序，规范现场检查行为。

现场检查的范围包括合规经营和风险状况，体现了合规监管与风险监管并重的现实要求。

检查的目的是通过对银行业金融机构的业务活动、财务活动和管理活动的现场检查和处理，确保银行业金融机构会计报表、统计资料的真实性，保障银行业金融机构审慎经营，提高经营管理水平，保障金融资产的完整，维护金融体系的安全，保护存款人的合法权益。

现场检查的内容包括全面检查与专项检查。全面检查是银行业监管机构为全面、系统评价被监管者的经营管理状况，而对该金融机构某一时期所有业务活动进行实地检查。专项检查是银行业监管机构对被查金融机构可能或已经出现的问题的业务实地进行详细现场检查，包括内部控制检查、贷款业务检查、存款业务检查、现金检查等。

五、银行业监管机构实行并表监管

对于并表监管概念的界定，有两种角度：有的认为，并表监管，是指监管当局以整个银行集团为对象，对银行集团的整体经营和所有风险进行监管。有的认为，并表监管是指母国监管当局在合并资产负债表的基础上，对银行或银行集团在全球范围内面临的所有风险予以监控，而不论其机构注册于何地的一种监管方法。

巴塞尔银行监管委员会《有效银行监管的核心准则》、《对银行国际业务的并表监管》以及《跨境银行监管》等文件对并表监管的要求作了明确规定。我国香港地区金融监管局也发布了对金融集团的并表监管规则。目前，在银行监管比较完善的国家和地区，并表监管的理念已经渗透到监管当局所有相关监管规则之中，并表监管的做法也已广泛用于监管当局的现场检查和非现场监管。

根据银监会发布的《外资银行并表监督管理办法》，我国率先在外资银行中实行并表监管。主要内容包括：其一，明确了调整范围，即对外资法人机构实施全球并表监管，对外国银行分行实行在华机构并表监管，同时关注集团全球经营和风险状况。其二，建立主报告行汇总和沟通信息制度。要求主报告行将所有涉及母行和在华营业性机构的信息报告和监管口径统一到并表监管方式之中，为监管双方提供简便、高效的沟通。其三，促进监管信息的收集和共享。

六、建立银行业金融机构的监管评级体系和风险预警机制

银行业金融机构监管评级体系，是指银行业监督管理机构根据非现场监管、现场检查和其他渠道获得的银行业金融机构的信息，对该机构的资本充足水平、资产质量、经营管理状况、盈利能力、流动性以及对市场风险的敏感性等方面，进行客观定量分析及主观定性判断，在此基础上对该机构的经营管理和风险状况进行全面评估，确定该机构监督管理评级的方法和过程。世界各国的银行评级制度基本上是借鉴美国的 CAMEL 银行评级体系，即联邦监管机构内部统一银行评级体系，包括五个方面，即资本、资产的质量、管理水平、盈利能力、资产流动性。

风险预警机制是指监管机构在对银行业金融机构的风险作出判断和评价后，将其与特定的风险控制标准进行比较，并及时采取相应的监管措施。金融风险预警机制主要包括预警指标（信号）生成系统、预警信号传导系统、预警跟踪与反馈系统以及风险控制与纠正系统等，预警指标应包括不良资产比率指标、流动性指标、市场风险暴露指标、资本充足率指标以及财务比率指标等。

我国《银行业监督管理法》第 27 条规定，国务院银行业监督管理机构应当建立银行业金融机构监督管理评级体系和风险预警机制，根据银行业金融机构的评级情况和风险状况，确定对其现场检查的频率、范围和需要采取的其他措施。

七、银行业监管机构报告与处理银行业突发事件

（一）银行业突发事件

银行业突发事件，是指突然发生的，可能引起系统性银行风险，严重影响社会稳定的事件。突发事件主要有敌意性事件和灾害性事件两大类。银行是社会公共性很强的高风险行业，因突发事件发生引发银行业风险，将危及整个金融体系乃至社会秩序，所以，应当建立银行业突发事件的发现、报告岗位责任制度和处置制度。

我国《银行业监督管理法》第28条规定，国务院银行业监督管理机构应当建立银行业突发事件的发现、报告岗位责任制度。银行业监督管理机构发现可能引发系统性银行业风险、严重影响社会稳定的突发事件的，应当立即向国务院银行业监督管理机构负责人报告；国务院银行业监督管理机构负责人认为需要向国务院报告的，应当立即向国务院报告，并告知中国人民银行、财政部等有关部门。

（二）银行业突发事件的处置制度

银行业突发事件的处置制度一般包括两项内容：其一，制定突发事件处置预案。处置预案一般应分为：金库突发事件处置预案、运钞金库突发事件处置预案、营业场所金库突发事件处置预案、其他重要防卫目标的突发事件处置预案和灾害性突发事件处置预案。处置预案的主要内容包括：明确各应急小组和人员的职责；处置措施；处置程序。其二，突发事件处置方法。主要包括：报警；应对措施，如警告、劝阻、周旋、充分利用地形地物和自卫武器进行正当防卫；配合救援，如与公安、联防等单位主动配合；追逃；现场保护；善后处理。

我国《银行业监督管理法》第29条规定，国务院银行业监督管理机构应当会同中国人民银行、财政部等有关部门建立银行业突发事件处置制度，制定银行业突发事件处置预案，明确处置机构和人员及其职责、处置措施和处置程序，及时、有效地处置银行业突发事件。

第六节　银行业监督管理措施

银行业监督管理措施，也称监管手段、方法，是指银行业监管机构为履行监管职责而采用的具体方法以及相关程序。监管方法和程序是实施监管的操作规程，也是树立监管机构和监管人员权威与公正的基本条件。

一、监管措施立法

巴塞尔银行监管委员会《有效银行监管的核心原则》第四节关于“持续性银行监管安排”中第3条规定了“持续进行的银行监管手段”，也就是关于监管措施的规定。该条款规定的监管措施包括“核心原则”16—20，共计5项内容：（1）银行业监管体系应包括某种形式的现场和非现场监督；（2）银行业监管者必须与银行业管理层保持经常性接触，全面了解该机构的经营状况；（3）监管者必须具备在单个和并表的基础上收集、审查和分析各家银行的审计报告和统计报表的手段；（4）监管者必须有办法通过现场检查或利用外部审计师对监管信息进行核实；（5）监管者要有能力对银行组织进行并表监管。中国借鉴《有效银行监管的核心原则》，在《银行业监督管理法》中规定了监管措施。

二、中国银行业监管措施

（一）要求银行业金融机构依法报送报表资料

《银行业监督管理法》第 30 条规定，国务院银行业监督管理机构负责统一编制全国银行业金融机构的统计数据、报表，并按照国家有关规定予以公布。第 33 条规定，银行业监督管理机构根据履行职责的需要，有权要求银行业金融机构按照规定报送资产负债表、利润表和其他财务会计、统计报表、经营管理资料以及注册会计师出具的审计报告。

（二）实施现场检查措施

为正确履行现场检查职责，根据审慎监管的要求，监管机构可以采取必要的现场检查措施。《银行业监督管理法》第 34 条规定了 4 项措施，即进入银行业金融机构进行检查；询问银行业金融机构的工作人员，要求其对有关检查事项作出说明；查阅、复制银行业金融机构与检查事项有关的文件、资料，对可能被转移、隐匿或者毁损的文件、资料予以封存；检查银行业金融机构运用电子计算机管理业务数据的系统。

现场检查的程序包括：进行现场检查，应当经监管机构负责人批准，负责人包括国务院银行业监管机构的负责人和监管机构派出机构的负责人。现场检查时，检查人员不得少于 2 人，并应当出示合法证件和检查通知书，否则，银行业金融机构有权拒绝检查。

（三）审慎性监管谈话

监管机构根据履行职责的需要，有权对银行业金融机构的董事和高级管理人员进行审慎性监管谈话。这是介于非现场检查和现场检查之间的一种监管手段，其作用是使监管人员能够和被监管者保持持续不断的接触与沟通，使其在两次现场检查之间实际了解银行业金融机构的经营状况，预测其发展趋势，使监管部门可以持续跟踪监管，提高监管效率。

《银行业监督管理法》第 35 条规定，银行业监督管理机构根据履行职责的需要，可以与银行业金融机构董事、高级管理人员进行监督管理谈话，要求银行业金融机构董事、高级管理人员就银行业金融机构的业务活动和风险管理的重大事项作出说明。

（四）强制性信息披露

强制性信息披露，是指银行业监管机构依法要求被监管者按照规定如实向社会公众披露财务会计报告、风险管理状况、董事和高级管理人员变更以及其他重大事项等信息。强制性信息披露的目的是加强对银行业金融机构的市场约束和监管，增加金融运行的透明度，这是银行监管的有效补充。

目前，国际银行监管组织和大多数国家都通过法律制度建立了信息披露制度，提高对信息披露的要求。巴塞尔银行监管委员会《有效银行监管的核心原则》第六节关于持续性银行监管的安排中规定了信息披露的一般原则，即为了保证市场的有效运行，从而建立一个稳定而高效的金融体系，市场参与者需要获得准确、及时的信息。为此，信息披露是监管的必要补充。美国货币监理署于 1987 年发布了第 12 号联邦管理条例（12CFR），对美国的国民银行、外国银行分行提出了法定的信息披露最低要求。我国香港地区金融监管局于 2002 年发布了关于信息披露的三个指引，对本地注册银行和海外注册银行在港分行分别规定了强制性和非强制性的信息披露要求。

中国人民银行于 2002 年 5 月发布实施了《商业银行信息披露暂行办法》，规定了商业银行信息披露的原则、内容、方式和程序。我国《银行业监督管理法》第 36 条规定，银行业监督管理机构应当责令银行业金融机构按照规定，如实向社会公众披露财务会计报告、风险管理状况、董事和高级管理人员变更以及其他重大事项等信息。

（五）银行业金融机构违反审慎经营规则的监管措施

巴塞尔银行监管委员会《有效银行监管的核心原则》中“监管者的正规权力”规定，监管当局对此应采取相应的监管手段，包括：责令撤销董事会决议，责令股东补充资本金，停止对新业务和增设分支机构申请的审查批准，限制资产转让、分配红利，限制股东转让股权，责令股东转让股权，责令调整董事、高级管理人员和其他有关人员等。据此，世界大多数国家或地区均在相关法律中明确赋予监管当局这些权力。

我国《银行业监督管理法》第37条规定，银行业金融机构违反审慎经营规则的，国务院银行业监督管理机构或者其省一级派出机构应当责令限期改正；逾期未改正的，或者其行为严重危及该银行业金融机构的稳健运行、损害存款人和其他客户合法权益的，经国务院银行业监督管理机构或者其省一级派出机构负责人批准，可以区别情形，采取下列措施：(1) 责令暂停部分业务、停止批准开办新业务；(2) 限制分配红利和其他收入；(3) 限制资产转让；(4) 责令控股股东转让股权或者限制有关股东的权利；(5) 责令调整董事、高级管理人员或者限制其权利；(6) 停止批准增设分支机构。

银行业金融机构整改后，应当向监管机构报告。监管机构在审查整改报告后，认为符合审慎经营规则的，应当在验收后的规定时间内解除对其采取的有关限制措施。这样规定的目的在于防止监管权力的滥用。

（六）接管或者重组有问题银行业金融机构

所谓有问题银行业金融机构，是指违反审慎经营规则或者因经营管理不善，已经或者可能发生信用危机，不能支付到期存款或偿还其他到期债务的银行业金融机构。接管或者重组有问题银行业金融机构是银行业监管机构对有问题银行业金融机构的行政救助行为，目的在于促使该银行业金融机构尽快恢复正常经营能力或融入其他经营正常的银行业金融机构，从而避免金融机构倒闭、破产，以维护金融体系的安全，保障存款人利益。实践中，银行业监管机构的该项措施往往和中央银行的特种贷款功能配合使用，共同稳定金融。银行业金融机构的接管与重组需要有明确的操作性规定。目前，我国商业银行法、公司法、破产法中规定了银行的接管和公司的和解、整顿及合并。

《银行业监督管理法》第38条规定，银行业金融机构已经或者可能发生信用危机，严重影响存款人和其他客户合法权益的，国务院银行业监督管理机构可以依法对该银行业金融机构实行接管或者促成机构重组，接管和机构重组依照有关法律和国务院的规定执行。

（七）撤销银行业金融机构

银行业金融机构的撤销或称关闭，是指银行业监管机构对经其批准设立的具有法人资格的银行业金融机构依法采取行政强制措施，终止其经营活动，并予以解散的行为。撤销是一种有权机关的行政处罚行为，适用于严重违反法律和行政法规的行政相对人，旨在最终消灭行政相对人的法人主体资格，以化解风险，消除影响。

依据《金融机构撤销条例》的规定，《银行业监督管理法》第39条规定，银行业金融机构有违法经营、经营管理不善等情形，不予撤销将严重危害金融秩序、损害社会公众利益的，国务院银行业监督管理机构有权予以撤销。

（八）查询、冻结

为了充分履行职责，《银行业监督管理法》第41条规定，监管机构有权采取查询和申请冻结措施，查询、冻结的范围包括银行业金融机构及其工作人员以及关联行为人的账户。工作人员的账户指的是金融机构工作人员的个人账户。关联行为人，是指与银行业金融机构有关联的机构或个人，如金融机构的分支机构、与金融机构有控股或参股等股权联系的公司、企业，涉嫌与金融机构一起进行了金融违法行为的单位与个人。

法律应用

1. 国务院银行业监督管理机构应当和中国人民银行、国务院其他金融监督管理机构建立监督管理信息共享机制。国务院银行业监督管理机构可以和其他国家或者地区的银行业监督管理机构建立监督管理合作机制，实施跨境监督管理。

2. 商业银行是指依照《商业银行法》和《公司法》设立的吸收公众存款、发放贷款、办理结算等业务的企业法人。

3. 商业银行不能支付到期债务，经国务院银行业监督管理机构同意，由人民法院依法宣告其破产。

4. 国务院银行业监督管理机构负责对全国银行业金融机构及其业务活动监督管理的工作。银行业金融机构，是指在中华人民共和国境内设立的商业银行、城市信用合作社、农村信用合作社等吸收公众存款的金融机构以及政策性银行。对在中华人民共和国境内设立的金融资产管理公司、信托投资公司、财务公司、金融租赁公司以及经国务院银行业监督管理机构批准设立的其他金融机构的监督管理，适用《银行业监督管理法》对银行业金融机构监督管理的规定。

5. 商业银行已经或者可能发生信用危机，严重影响存款人的利益时，中国人民银行可以对该银行实行接管。

6. 银行业金融机构违反审慎经营规则的，国务院银行业监督管理机构或者其省一级派出机构应当责令限期改正；逾期未改正的，或者其行为严重危及该银行业金融机构的稳健运行、损害存款人和其他客户合法权益的，经国务院银行业监督管理机构或者其省一级派出机构负责人批准，可以区别情形，采取下列措施：（1）责令暂停部分业务、停止批准开办新业务；（2）限制分配红利和其他收入；（3）限制资产转让；（4）责令控股股东转让股权或者限制有关股东的权利；（5）责令调整董事、高级管理人员或者限制其权利；（6）停止批准增设分支机构。银行业金融机构整改后，应当向国务院银行业监督管理机构或者其省一级派出机构提交报告。国务院银行业监督管理机构或者其省一级派出机构经验收，符合有关审慎经营规则的，应当自验收完毕之日起3日内解除对其采取的前述有关措施。

7. 商业银行的分立、合并，适用《公司法》的规定。商业银行的分立、合并，应当经国务院银行业监督管理机构审查批准。商业银行因分立、合并或者出现公司章程规定的解散事由需要解散的，应当向国务院银行业监督管理机构提出申请，并附解散的理由与支付存款的本金和利息等债务清偿计划。经国务院银行业监督管理机构批准后解散。

思考题

1. 试述中国人民银行与银监会对银行业金融机构的监管分工与协调。
2. 试述合规监管与风险监管的区别与联系。
3. 试述接管和重组银行业金融机构的条件。
4. 试述银行业突发事件处置的合作机制。

历年司法考试题

1. 商业银行在吸收存款的基础上发放贷款，在票据流通和转账结算的基础上，贷款又转化为存款，在此存款不提取的情况下，商业银行增加了资金来源，可再次转为贷款，最后整个银行体系形成了超过原始存款的派生存款。这体现了商业银行的下列哪一种职能？（　　）(2008年)

A. 支付中介职能　　B. 金融服务职能

C. 信用创造职能　　D. 金融工具创造职能

答案及解析：C。商业银行有信用中介职能、支付中介职能、信用创造职能、创造金融工具的职能、金融服务职能等五大职能。所谓信用中介职能是指商业银行从社会借入资金，再贷给借款人，银行在社会货币供需过程中起着一种中介作用。支付中介职能即货币经营的职能，是指将债务人客户账上的存款式货币转到债权人客户账上，帮助交易当事人实现支付与转移。信用创造是商业银行区别于其他金融机构最显著的特征，商业银行在吸收存款的基础上发放贷款，在票据流通和转账结算的基础上，贷款又转化为存款，在存款不提取的情况下，就增加了商业银行的资金来源，可再次转为贷款，最后整个银行体系形成了超过原始存款的派生存款，这就是商业银行的信用创造功能。创造金融工具的职能是商业银行在其负债业务和中间业务中不断地创造着各种金融工具，如可转让大额定期存单，各种金融债券、银行支票、本票、银行承兑汇票、信用证、银行保函等能够代表一定货币的法律文件。金融服务职能是银行除了资产负债业务和汇兑、结算业务外，还有一些基本上无经营风险的业务，因为这些业务不累如资产负债表内，而且不影响银行资产与负债总额的经营活动，这种被称为表外业务的种类主要有：现金管理，代理保管，代理租赁，代客资信调查，信息咨询业务，商业信用证，银行承兑汇票，备用信用证，贷款销售与资产证券化发行等业务。综上，本题题干所表述的正是商业银行的信用创造职能，所以本题应该选C项。

2. (1) 某日，该银行行长卷款潜逃。事发后，大量存款户和票据持有人前来提款。该银行现有资金不能应付这些提款请求，又不能由同行获得拆借资金。根据相关法律，下列判断正确的是？（　　）(2009年)

A. 该银行即将发生信用危机

B. 该银行可以由中国银监会实行接管

C. 该银行可以由中国人民银行实施托管

D. 该银行可以由当地人民政府实施机构重组

答案及解析：B。本题考核商业银行的接管。选项B正确，选项C、D错误。商业银行已经或者可能发生信用危机，严重影响存款人的利益时，中国银监会可以对该商业银行实行接管。信用危机的主要表现为，商业银行不能应付存款人的提款，不能清偿到期的债务，以及同业拒绝拆借资金，原客户和市场普遍拒绝其服务。商业银行有以上这些情况之一的，即可被视为发生信用危机。选项A错误，因为该银行已经发生信用危机。

(2) 在作出对该银行的行政处置决定后，负责处置的机构对该银行的人员采取了以下措施，其中符合法律规定的是？（　　）

A. 对该行全体人员发出通知，要求各自坚守岗位，认真履行职责

B. 该行副行长邱某、薛某持有出境旅行证件却拒不交出。对此，通知出境管理机关阻止其出境

C. 该行董事范某欲抛售其持有的一批股票。对此，申请司法机关禁止其转让股票

D. 该行会计师余某欲将自己的一处房屋转让给他人。对此，通知房产管理部门停止办理该房屋的过户登记

答案及解析：ABC。本题考核银行业金融机构被接管后对银行相关人员可以采取的措施。《银行业监督管理法》第40条规定，银行业金融机构被接管、重组或者被撤销的，国务院银行业监督管理机构有权要求该银行业金融机构的董事、高级管理人员和其他工作人员，按照国务院银行业监督管理机构的要求履行职责。（选项A正确）在接管、机构重组或者撤销清算期间，经国务院银行业监督管理机构负责人批准，对直接负责的董事、高级管理人员和其他直接责任人员，可以采取下列措施：(1) 直接负责的董事、高级管理人员和其他直接责任人员出境将对国家利益造成重大损失的，通知出境管理机关依法阻止其出境；（选项B正确）(2) 申请司法机关禁止其转移、转让财产或者对其财产设定其他权利。（选项C正确，选项D错误）

(3) 经采取处置措施，该银行仍不能在规定期限内恢复正常经营能力，且资产情况进一步恶化，各方人士均认为可适用破产程序。如该银行申请破产，应当遵守的规定是？（　　）

A. 该银行应当证明自己已经不能支付到期债务，且资产不足以清偿全部债务

B. 该银行在提出破产申请前应当成立清算组

C. 该银行在向法院提交破产申请前应当得到中国银监会的同意

D. 该银行在向法院提交破产申请时应当提交债务清偿方案和职工安置方案

答案及解析：C。本题考核商业银行的破产。《商业银行法》第71条规定，商业银行不能支付到期债务，经国务院银行业监督管理机构同意，由人民法院依法宣告其破产。商业银行被宣告破产的，由人民法院组织国务院银行业监督管理机构等有关部门和有关人员成立清算组，进行清算。

3. 下列哪一选项不属于国务院银行业监督管理机构职责范围？（　　）（2010年试题）

A. 审查批准银行业金融机构的设立、变更、终止以及业务范围

B. 受理银行业金融机构设立申请或者资本变更申请时，审查其股东的资金来源、财务状况、诚信状况等

C. 审查批准或者备案银行业金融机构业务范围内的业务品种

D. 接收商业银行交存的存款准备金和存款保险金

答案及解析：D。【考点】国务院银行业监督管理机构职责范围。解析：选项A、B、C分别对应《银行业监督管理法》第16、17、18条，均属于国务院银行业监督管理机构职责范围。《银行业监督管理法》第16条规定，国务院银行业监督管理机构依照法律、行政法规规定的条件和程序，审查批准银行业金融机构的设立、变更、终止以及业务范围。《银行业监督管理法》第17条规定，申请设立银行业金融机构，或者银行业金融机构变更持有资本总额或者股份总额达到规定比例以上的股东的，国务院银行业监督管理机构应当对股东的资金来源、财务状况、资本补充能力和诚信状况进行审查。《银行业监督管理法》第18条规定，银行业金融机构业务范围内的业务品种，应当按照规定经国务院银行业监督管理机构审查批准或者备案。需要审查批准或者备案的业务品种，由国务院银行业监督管理机构依照法律、行政法规作出规定并公布。选项D不属于国务院银行业监督管理机构职责范围。根据《中国人民银行法》第23条规定，中国人民银行为执行货币政策，可以运用下列货币政策工具：(1) 要求金融机构按照规定的比例交存存款准备金……

4. 银行业监督管理机构依法对银行业金融机构进行检查时，经设区的市一级以上银行业监督管理机构负责人批准，可以对与涉嫌违法事项有关的单位和个人采取下列哪些措施？（　　）

（2010年试题）

A. 询问有关单位或者个人，要求其对有关情况作出说明

B. 查阅、复制有关财务会计、财产权登记等文件与资料

C. 对涉嫌转移或者隐匿违法资金的账户予以冻结

D. 对可能被转移、隐匿、毁损或者伪造的文件与资料予以先行登记保存

答案及解析： ABD。本题考核银行业监督管理机构的监督管理措施。《银行业监督管理法》第42条第1款规定，银行业监督管理机构依法对银行业金融机构进行检查时，经设区的市一级以上银行业监督管理机构负责人批准，可以对与涉嫌违法事项有关的单位和个人采取下列措施：(1) 询问有关单位或者个人，要求其对有关情况作出说明；(2) 查阅、复制有关财务会计、财产权登记等文件、资料；(3) 对可能被转移、隐匿、毁损或者伪造的文件、资料，予以先行登记保存。选项C错误。《银行业监督管理法》第41条，经国务院银行业监督管理机构或者其省一级派出机构负责人批准，银行业监督管理机构有权查询涉嫌金融违法的银行业金融机构及其工作人员以及关联行为人的账户；对涉嫌转移或者隐匿违法资金的，经银行业监督管理机构负责人批准，可以申请司法机关予以冻结。

5. 关于《银行业监督管理法》的适用范围，下列哪一说法是正确的？（　　）（2011年）

A. 信托投资公司适用本法　　B. 金融租赁公司不适用本法

C. 金融资产管理公司不适用本法　　D. 财务公司不适用本法

答案及解析： A。《银行业监督管理法》第2条第3款规定，对在中华人民共和国境内设立的金融资产管理公司、信托投资公司、财务公司、金融租赁公司以及经国务院银行业监督管理机构批准设立的其他金融机构的监督管理，适用本法对银行业金融机构监督管理的规定。因此，信托投资公司、金融资产管理公司、财务公司和金融租赁公司均适用《银行业监督管理法》的规定。

6. 根据《银行业监督管理法》，国务院银行业监督管理机构有权对银行业金融机构的信用危机依法进行处置。关于处置规则，下列哪一说法是错误的？（　　）（2012年）

A. 该信用危机必须已经发生

B. 该信用危机必须达到严重影响存款人和其他客户合法权益的程度

C. 国务院银行业监督管理机构可以依法对该银行业金融机构实行接管

D. 国务院银行业监督管理机构也可以促成其机构重组

答案及解析： A项。本题考核商业银行的接管。选项A说法错误。《银行业监督管理法》第38条规定，银行业金融机构已经或者可能发生信用危机，严重影响存款人和其他客户合法权益的，国务院银行业监督管理机构可以依法对该银行业金融机构实行接管或者促成机构重组，接管和机构重组依照有关法律和国务院的规定执行。据此可知，这里只要求“已经或者可能发生信用危机”而非“必须已发生”。

7. 某商业银行决定推出一批新型理财产品，但该业务品种在已获批准的业务范围之外。该银行在报批的同时要求下属各分行开展试销。对此，下列哪些选项是正确的？（　　）（2013年）

A. 该业务品种应由中国银监会审批

B. 该业务品种应由中国人民银行审批

C. 因该业务品种在批准前即进行试销，有关部门有权对该银行进行处罚

D. 该业务品种在批准前进行的试销交易为效力待定的民事行为

答案及解析： A、C项。《银行业监督管理法》第18条规定，银行业金融机构业务范围内的业务品种，应当按照规定经国务院银行业监督管理机构审查批准或者备案。需要审查批准或

者备案的业务品种，由国务院银行业监督管理机构依照法律、行政法规作出规定并公布。据此可知，该业务品种应由中国银监会审批。根据《银行业监督管理法》第45条的规定，商业银行违反规定从事未经批准或者未备案的业务活动的，由银监会进行处罚。在批准前的试销行为有效，商业银行是公司法人，其越权行为有效，而且商业银行违反的是管理性规范，而不是效力性规范，商业银行违法并不影响其对外从事的法律行为的效力，但商业银行要承担违法的行政责任。

8. 某商业银行违反审慎经营规则，造成资本和资产状况恶化，严重危及稳健运行，损害存款人和其他客户合法权益。对此，银行业监督管理机构对该银行依法可采取下列哪些措施？（　　）（2013年）

A. 限制分配红利和其他收入　　　　B. 限制工资总额

C. 责令调整高级管理人员　　　　D. 责令减员增效

答案及解析：A、C项。本题考核银行业监督管理法。《银行业监督管理法》第37条规定，银行业金融机构违反审慎经营规则的，国务院银行业监督管理机构或者其省一级派出机构应当责令限期改正；逾期未改正的，或者其行为严重危及该银行业金融机构的稳健运行、损害存款人和其他客户合法权益的，经国务院银行业监督管理机构或者其省一级派出机构负责人批准，可以区别情形，采取下列措施：（1）责令暂停部分业务、停止批准开办新业务；（2）限制分配红利和其他收入；（3）限制资产转让；（4）责令控股股东转让股权或者限制有关股东的权利；（5）责令调整董事、高级管理人员或者限制其权利；（6）停止批准增设分支机构。银行业金融机构整改后，应当向国务院银行业监督管理机构或者其省一级派出机构提交报告。国务院银行业监督管理机构或者其省一级派出机构经验收，符合有关审慎经营规则的，应当自验收完毕之日起3日内解除对其采取的前款规定的有关措施。

9. 陈某在担任某信托公司总经理期间，该公司未按照金融企业会计制度和公司财务规则严格管理和审核资金使用，违法开展信托业务，造成公司重大损失。对此，陈某负有直接管理责任。关于此事，下列哪些说法是正确的？（　　）（2016年）

A. 该公司严重违反审慎经营规则

B. 银监会可责令该公司停业整顿

C. 国家工商总局可吊销该公司的金融许可证

D. 银监会可取消陈某一定期限直至终身的任职资格

答案及解析：A、B、D项。选项A正确，《银行业监督管理法》第21条规定，银行业金融机构的审慎经营规则，由法律、行政法规规定，也可以由国务院银行业监督管理机构依照法律、行政法规制定。前款规定的审慎经营规则，包括风险管理、内部控制、资本充足率、资产质量、损失准备金、风险集中、关联交易、资产流动性等内容。银行业金融机构应当严格遵守审慎经营规则。选项B正确，选项C错误，《银行业监督管理法》第44条规定，银行业金融机构有下列情形之一，由国务院银行业监督管理机构责令改正，有违法所得的，没收违法所得，违法所得50万元以上的，并处违法所得1倍以上5倍以下罚款；没有违法所得或者违法所得不足50万元的，处50万元以上200万元以下罚款；情节特别严重或者逾期不改正的，可以责令停业整顿或者吊销其经营许可证；构成犯罪的，依法追究刑事责任：（1）未经批准设立分支机构的；（2）未经批准变更、终止的；（3）违反规定从事未经批准或者未备案的业务活动的；（4）违反规定提高或者降低存款利率、贷款利率的。选项D正确，《银行业监督管理法》第48条规定，银行业金融机构违反法律、行政法规以及国家有关银行业监督管理规定的，银行业监督管理机构除依照本法第44条至第47条规定处罚外，还可以区别不同情形，采取下列措施：

(1) 责令银行业金融机构对直接负责的董事、高级管理人员和其他直接责任人员给予纪律处分;(2) 银行业金融机构的行为尚不构成犯罪的,对直接负责的董事、高级管理人员和其他直接责任人员给予警告,处5万元以上50万元以下罚款;(3) 取消直接负责的董事、高级管理人员一定期限直至终身的任职资格,禁止直接负责的董事、高级管理人员和其他直接责任人员一定期限直至终身从事银行业工作。

10. 关于《银行业监督管理法》的适用范围,下列哪一说法是正确的?( ) (2017年)

A. 信托投资公司适用本法
B. 金融租赁公司不适用本法
C. 金融资产管理公司不适用本法
D. 财务公司不适用本法

答案及解析:A项。《银行业监督管理法》第2条规定:"国务院银行业监督管理机构负责对全国银行业金融机构及其业务活动监督管理的工作。本法所称银行业金融机构,是指在中华人民共和国境内设立的商业银行、城市信用合作社、农村信用合作社等吸收公众存款的金融机构以及政策性银行。对在中华人民共和国境内设立的金融资产管理公司、信托投资公司、财务公司、金融租赁公司以及经国务院银行业监督管理机构批准设立的其他金融机构的监督管理,适用本法对银行业金融机构监督管理的规定。国务院银行业监督管理机构依照本法有关规定,对经其批准在境外设立的金融机构以及前二款金融机构在境外的业务活动实施监督管理。"据此,在境内设立的信托投资公司、金融租赁公司、金融资产管理公司、财务公司均适用《银行业监督管理法》。

第二十三章 保险业监管法律制度

重点问题

1. 保险业监管的目标
2. 保险监管体制
3. 我国保险业监管机构的职责
4. 保险关系当事人的违法责任

第一节 保险业监管概述

一、保险业监管的概念和特征

保险业监管是指国家保险监督管理机构依法对本国保险业的监督和管理。保险业是国民经济的重要组成部分，其健康发展，需要政府介入保险市场，通过保险监管来维护保险市场的正常运行，促进保险业的发展。

保险业监管具有下列特征：

1. 保险业监管的保障性。保险业的监管在于保障保险市场的健康发展，维护被保险人的利益。保障保险公司的经营和发展，确保保险公司具备偿付能力，在保险事故发生时，能够及时提供保险赔付，确保社会生产的正常运行和人民生活的稳定。

2. 保险业监管的强制性。为保障保险当事人的利益、保险公司的公平竞争和被保险人的利益，维持保险业的健康发展，国家对保险业的监管具有强制性。

3. 保险业监管的广泛性。保险业涉及面广，关系到广大被保险人的利益，对整个社会和国民经济的发展影响很大。从范围来看，一家保险公司就可能涉及众多的家庭和企业的安全问题。由于保险业具有公共性，保险业的监管涉及保险公司的设立、经营等诸多方面，具有较强的广泛性。

4. 保险业监管的统一性。为确保保险公司之间的正当竞争和稳健发展，保险业监管具有统一性，不仅对内资保险公司监管，对于进入我国保险市场的外资保险公司，与内资保险公司一样，实施统一监管。

二、保险业监管的目标

（一）保障被保险人合法权益

由于保险业的专业性较强，而且保险合同是保险人单方拟订并提供的，被保险人对保险条款的规定一般很难深入、准确地理解，在这种情形下，保险人有可能利用被保险人专业知识的匮乏，损害被保险人的利益。加强对保险业的监管，可以更好地规范保险人的经营，有利于保障被保险人的合法权益。

（二）规范保险经营活动，维护保险市场秩序

保险市场的开放和进一步发展，使保险市场的竞争加剧。为防范保险人之间的不正当竞争行为和损害保险消费者权益的行为的出现，有必要规范保险公司的经营，确保保险公司具有足够的偿付能力，以保护被保险人的利益。对违法的保险行为及时监督和管理，可以制止违法行为，维护保险市场的秩序。

（三）促进保险业健康发展

对保险市场实施监管的目标在于保持保险市场的适度竞争，避免恶性竞争行为和垄断行为的发生，从而有助于效率目标的实现。要建立并完善保险业的市场准入和退出机制，防止保险企业因经营管理不善导致偿付危机的扩散，以维护保险业的稳定发展。

（四）稳定社会生产，安定人民生活

随着国民经济的发展，社会生产和生活中面临的风险越来越多，并且风险程度也越来越大，这些风险一旦发生，就会影响社会生产和人民生活的正常进行。保险公司通过保险制度，对保险事故造成的损失进行补偿，可以迅速恢复生产，安定人民生活。保险业的正常经营，有利于社会生产的正常进行和人民生活的安定，有利于社会生活的稳定。

第二节　保险业监管体制

一、国外保险业监管体制

一个国家采取何种监管体制对保险业实施监管，国际上没有形成统一的模式，不同的国家根据不同的经济环境和法律选择不同的监管方式。国外通常采用的监管方式有以下三种：

1. 公告方式。国家对保险业的经营不作直接的监督和干预，仅规定保险人必须按照规定的格式及内容，定期将营业结果呈报主管机关予以公告。公告的形式把保险人的经营置于社会监督之下，并不对保险人的经营作任何评价。这是国家对保险业最为宽松的一种监督管理方式。公告方式为保险业的自由发展提供了空间，保险人的经营有较高的自由度，使政府监督和社会公众监督较好地结合起来，迫使保险人改善经营管理，提高服务水平。这种方式要求保险市场环境完善，保险企业具有相当的自制能力，保险市场具有平等竞争的条件和习惯。这种方式在防止保险人不正当经营和加强监管方面难以收到积极的效果。随着保险业的发展，这种监管方式已不被接受。

2. 原则方式。这种监管方式是指由国家制定指导保险业经营管理的一些基本准则，所有保险人共同遵守。原则方式虽然较公告方式有了进步，但国家在这种方式上对保险业所进行的监督管理只是形式上的审查，只要形式上合法，国家就无法再进行监督和干预，从而使国家的管理流于形式，对保险人的经营很难起到约束作用。目前大多数国家已废弃了这种监督管理方式。

3. 实体方式。又称许可方式，是指国家制订了完善的保险监督管理规则，由国家保险监督管理机构对保险企业的设立、经营、财务、人事乃至破产清算均实行有效的监督和管理，是对保险业的监督管理模式中最为严格的一种。国家保险监督管理机构有较高的权威和灵活处理

的权力，有利于提高保险人在社会上的信誉，打击不法经营者，有效地保护被保险人的合法权益。与前两种方式相比，它回避了形式上的内容，而追求彻底、有效的监督和管理，因而被许多国家所采取。

二、我国保险业监管体制

根据《保险公司管理规定》第59条的规定："中国保监会对保险公司的监督管理，采取现场监管与非现场监管相结合的方式。"我国保险业监管采取的是实体监管体制，对保险业实行严格的监管。我国保险市场发育尚不成熟，保险法制尚不健全，保险企业自我约束能力不强，中国保险监管奉行"以市场监管为重心"的原则。随着保险公司自律能力的增强和市场秩序的好转，我国保险监管应逐步向以偿付能力监管为核心的监管方式过渡，确保保险公司具有充足的偿付能力，保护被保险人的合法权益。

第三节　我国保险业监管机构

一、我国保险业监管机构的性质和地位

根据银行与保险分业经营、分业监管原则，为加大对保险业统一监管的力度，围绕保险业风险防范与控制，在结合中国国情、借鉴国外经验的基础上，建立与社会主义市场经济相适应的全国统一的保险监管体系。1998年11月18日，国务院批准设立了保监会，专司保险监管职能。保监会，是全国商业保险的主管部门，为国务院直属事业单位，根据国务院授权履行行政管理职能，依照法律、法规统一监督、管理保险市场。2017年，银监会与保监会合并组建中国银行保险监督管理委员会，对银行业和保险业实施统一监管。

二、我国保险业监管机构的职责

保监会履行以下职责：(1) 拟定有关商业保险的政策法规和行业发展规划。(2) 依法对保险企业的经营活动进行监督管理和业务指导，维护保险市场秩序，依法查处保险企业违法违规行为，保护被保险人利益。(3) 培育和发展保险市场，推进保险业改革，完善保险市场体系，促进保险企业公平竞争。(4) 建立保险业风险的评价与预警系统，防范和化解保险业风险，促进保险企业稳健经营与业务的健康发展。

第四节　保险业自律

一、保险业自律的概念和特征

保险业自律是指通过设立保险业行业自律组织，通过制定行业自律公约，规范保险经营行为，维护保险市场正常的竞争秩序，创造良性、平等的竞争机会。

保险行业自律具有以下特征：

1. 保险业自律实行会员制参与的方式。保险行业协会会员有：保险公司、保险中介机构、地方保险行业协会和精算师。中国保险行业协会的最高管理机构是会员大会。

2. 自律管理。会员通过签订自律公约、制定行业标准和行业指导性条款来约束不正当行为；弘扬诚实守信的职业道德，建立、健全保险业诚信体系；加强保险从业人员和中介机构的自律管理，监督执业行为，进行自律惩戒。

3. 保险业协会是社会团体法人。实行自律管理的保险业协会，是保险业自律性社团组织，具有社团法人资格。

二、中国保险业协会

中国保险行业协会成立于 2001 年 3 月 12 日，是国家民政部批准的保险业自律性社团组织，其主管单位为保监会。

中国保险行业协会会员有：保险公司、保险中介机构、地方保险行业协会和精算师。中国保险行业协会的最高管理机构是会员大会。理事会是会员大会的执行机构，理事会选举产生会长、副会长、常务理事。理事会常设办公机构为秘书处，由专职秘书长负责协会日常工作运转。秘书长由会长、副会长提名或公开招聘，经理事会决议通过并报监管部门核准后产生。协会通过每年度召开理事会的形式共同商讨协会的工作，不定期召开会长办公会决定重大问题。协会下设财产保险工作委员会、人寿保险工作委员会、保险中介工作委员会和精算工作委员会四个分支机构，各工作委员会根据工作需要和业务性质，设立专业工作部。协会还通过定期召开全国地方协会秘书长联席会议，交流情况，协调工作。

作为全国保险行业自己的社团组织，中国保险行业协会的工作宗旨是：为会员提供服务，维护行业利益，促进行业发展。中国保险行业协会的工作核心是服务，基本职责为自律、维权、协调、交流、宣传五个方面。

三、保险监管和保险业自律

保险业自律是与保险监管相对应的管理形式，两者在维护保险业健康发展方面都起到积极的作用，但保险业自律属于自律组织成员的自我管理，与保险监管有很大不同。

首先，管理依据不同。自律管理的法律依据是行业自律公约，成员参与自律必须承诺遵守行业自律公约。保险监管的依据是法律赋予的监管职权。

其次，管理性质不同。自律管理是自我约束，即使违反也不能采取公法手段处分会员。而保险监管属于行政执法，可以采取行政处罚措施。

最后，效力不同。自律是成员自愿遵守自律公约，违反自律公约不会产生刑事或行政法律责任。而保险监管以存在行政违法行为为前提，监管机构可以追求违法者的法律责任。

保险监管和行业自律，两者共同维护和规范保险市场秩序，促进保险市场的健康发展。

第五节　违反保险业监管法律制度的法律责任

一、保险关系当事人的违法责任

（一）投保人、被保险人或者受益人进行保险欺诈的责任

投保人、被保险人或者受益人有下列行为之一，进行保险诈骗活动，尚不构成犯罪的，依法给予行政处罚：（1）投保人故意虚构保险标的，骗取保险金的；（2）编造未曾发生的保险事

故，或者编造虚拟的事故原因或者夸大损失程度，骗取保险金的；(3) 故意造成财产损失的保险事故，骗取保险金的。

（二）保险公司及其工作人员的违法责任

保险公司及其工作人员在保险业务中隐瞒与保险合同有关的重要情况，欺骗投保人、被保险人或者受益人，或者拒不履行保险合同约定的赔偿或者给付保险金的义务，构成犯罪的，依法追究刑事责任；尚不构成犯罪的，由保险监督管理机构对保险公司处以 5 万元以上 30 万元以下的罚款；对有违法行为的工作人员，处以 2 万元以上 10 万元以下的罚款；情节严重的，限制保险公司业务范围或者责令停止接受新业务。保险公司及其工作人员阻碍投保人履行如实告知义务，或者诱导其不履行如实告知义务，或者承诺向投保人、被保险人或者受益人给予非法的保险费回扣或者其他利益，构成犯罪的，依法追究刑事责任；尚不构成犯罪的，由保险监督管理机构责令改正，对保险公司处以 5 万元以上 30 万元以下的罚款；对有违法行为的工作人员，处以 2 万元以上 10 万元以下的罚款；情节严重的，限制保险公司业务范围或者责令停止接受新业务。

保险公司及其工作人员故意编造未曾发生的保险事故进行虚假理赔，骗取保险金，构成犯罪的，依法追究刑事责任。

二、非法从事保险业务活动的法律责任

（一）保险代理人或者保险经纪人违法行为的法律责任

保险代理人或者保险经纪人有违反《保险法》第 131 条规定行为之一的，由保险监督管理机构责令改正，处 5 万元以上 30 万元以下的罚款；情节严重的，吊销业务许可证。

保险专业代理机构、保险经纪人违反《保险法》规定，未经批准设立分支机构或者变更组织形式的，由保险监管机构责令改正，处 1 万元以上 5 万元以下的罚款。

（二）擅自设立保险公司或者非法从事商业保险业务活动的责任

违反《保险法》的规定，擅自设立保险公司、保险资产管理公司或者非法从事商业保险业务活动的，由保险监督管理机构予以取缔，没收违法所得，并处违法所得 1 倍以上 5 倍以下的罚款；没有违法所得或者违法所得不足 20 万元的，处 20 万元以上 100 万元以下的罚款。

（三）保险公司违法经营的法律责任

保险公司违反《保险法》的规定，超出批准的业务范围经营的，由保险监督管理机构责令改正，没收违法所得，并处违法所得 1 倍以上 5 倍以下的罚款；没有违法所得或者违法所得不足 10 万元的，处 10 万元以上 50 万元以下的罚款。逾期不改正或者造成严重后果的，责令停业整顿或者吊销业务许可证。

保险公司未经批准，擅自变更保险公司的名称、章程、注册资本、公司或者分支机构的营业场所等事项的，由保险监督管理机构责令改正，并处以 1 万元以上 10 万元以下的罚款。

保险公司违反《保险法》的规定，有下列行为之一的，由保险监督管理机构责令改正，并处 5 万元以上 30 万元以下的罚款；情节严重的，可以限制其业务范围、责令停止接受新业务或者吊销业务许可证：(1) 未按照规定提存保证金或者违反规定动用保证金的；(2) 未按照规定提取或者结转各项责任准备金的；(3) 未按照规定缴纳保险保障基金或者提取公积金的；(4) 未按照规定办理再保险的；(5) 未按照规定运用保险公司资金的；(6) 未经批准设立分支机构或者代表机构的；(7) 未按照规定申请批准保险条款、保险费率的。

保险公司未按照规定报送有关报告、报表、文件和资料的，或者未按照规定提供有关信息、资料的，未按照规定报送保险条款、保险费率备案的，未按照规定披露信息的，由保险监督管理机构责令改正；逾期不改正的，处 1 万元以上 10 万元以下的罚款。

保险公司违反《保险法》的规定，有下列行为之一的，由保险监督管理机构责令改正，处10万元以上50万元以下的罚款；情节严重的，可以限制业务范围、责令停止接受新业务或者吊销业务许可证：(1) 编制或者提供虚假的报告、报表、文件、资料的；(2) 拒绝或者妨碍依法检查监督的；(3) 未按照规定使用经批准或者备案的保险条款、保险费率的。

(四) 保险公司高级管理人员违法行为的法律责任

对违反保险法的规定尚未构成犯罪的行为负有直接责任的保险公司高级管理人员和其他直接责任人员，保险监督管理机构可以区别不同情况予以警告，责令予以撤换，处以2万元以上10万元以下的罚款。

三、保险监管机构工作人员的违法责任

保险监督管理机构从事监督管理工作的人员有下列情形之一的，依法给予处分：(1) 违反规定批准机构的设立的；(2) 违反规定进行保险条款、保险费率审批的；(3) 违反规定进行现场检查的；(4) 违反规定查询账户或者冻结资金的；(5) 泄露其知悉的有关单位和个人的商业秘密的；(6) 违反规定实施行政处罚的；(7) 滥用职权、玩忽职守的其他行为。

法律应用

1. 保监会在对保险条款和保险费率进行审批或者备案时，遵循保护社会公众利益和防止不正当竞争的原则。根据《保险公司管理规定》，有下列情形之一的，保监会可以要求保险公司对保险条款和保险费率进行修改，也可以责令保险公司停止适用：(1) 违反法律、行政法规或者保监会的禁止性规定；(2) 违反国家有关财政金融政策；(3) 损害社会公共利益；(4) 内容显失公平或者形成价格垄断，侵害投保人、被保险人或者受益人的合法权益；(5) 条款设计或者厘定费率、预定利率不当，可能危及保险公司偿付能力；(6) 保监会基于审慎监管原则认定的其他事由。

2. 保险代理人或者保险经纪人在其业务中欺骗保险人、投保人、被保险人或者受益人，构成犯罪的，依法追究刑事责任；尚不构成犯罪的，由保险监督管理机构责令改正，并处罚款；情节严重的，吊销经营保险代理业务许可证或者经纪业务许可证。保险代理机构及其分支机构的高级管理人员或者业务人员，离开该机构后被发现在该机构工作期间违反有关保险监督管理规定的，应当依法追究其责任。

思考题

1. 简述保险业监管的目标。
2. 我国保险业监管机构的职责有哪些?
3. 保险业自律与保险监管之间的区别有哪些?
4. 简述投保人、被保险人或者受益人进行保险欺诈的责任。

第二十四章 证券业监管法律制度

重点问题

1. 证券监管的概念和特征
2. 证券监管的目标和原则
3. 证券监管体制
4. 国务院证券监督管理机构的职责和权限
5. 内幕交易、操纵证券市场、虚假陈述的法律责任

第一节 证券监管概述

一、证券监管

“监管”（regulation）是外来词，不仅包含监督和管理的含义，更是一种制度规范和约束。证券监管是特定的组织和社会机制在一定的法律制度条件下对证券市场主体及其行为所进行的规范、约束、监督和管制。对证券监管的特征可以从以下几个方面进行分析[①]：（1）证券监管的主体一般是法律规定的或者是法律允许的。各国一般规定了专门的证券监管主体，还有一些政府机构在其职权范围内涉及证券监管，还经常与证券监管机关配合，如美国联邦贸易委员会和美国司法部对证券违法行为在自己的职权范围也进行干预，常与美国证券交易委员会进行配合。在我国，公安机关在打击证券犯罪的过程中往往也需要证监会和证券交易所的配合。证券业自律组织如证券业协会和证券交易所是证券市场的合法监管主体，为证券法所规定和允许。（2）证券监管的对象是证券市场主体及其行为。在证券市场的主体主要包括证券发行人、证券服务主体和证券投资者。证券发行人和证券投资者是证券市场的两极：一方是需要资金的人，另一方是提供资金的人。证券市场的特性决定了证券市场中必须有中介机构和服务主体，如保荐人、资产评估机构、资信评估机构、证券承销商、证券经纪商、会计师事务所、律师事务所、投资咨询机构、登记结算机构、证券交易所等，这些市场主体所进行的发行行为、买卖行为和服务行为，都有可能超越法律的界限，具有被监管的可能。证券监管包括对市场主体的监管和对市场行为的监管，前者主要是准入监管和退出监管，后者的监管范围十分广泛，因为市场行为是千变万化的。（3）证券监管的方法包括规范、约束、监督和管制。

---

① 张宇润．中国创业板市场的法律规制研究．北京：中国检察出版社，2007：220－221.

二、证券监管的目标和原则

（一）证券监管的目标

证券监管的目标包括三个层面：（1）使证券行为进入良性轨道，禁止和防范证券违法行为，维护证券市场秩序；（2）维护投资者合法权益，尤其是要保护中小投资者的合法权益；（3）促进证券市场健康发展，进而促进经济增长。

第一项目标是第二项目标的手段，有效证券监管的目的就是保护证券权利主体的利益。第一项目标和第二项目标是具体目标，是微观层面上的目标。第三项目标是宏观目标，促进整个国民经济的稳定发展是证券监管的终极目标。

（二）证券监管的原则

我国《证券法》第168条规定，国务院证券监督管理机构依法对证券市场实行监督管理，维护证券市场公开、公平、公正，防范系统性风险，维护投资者合法权益，促进证券市场健康发展。

1. 依法原则

依法监管的原则包括三个方面：（1）证券监管主体地位的确立和监管权的取得源于法律。我国《证券法》第7条规定了证券监管主体及监管模式，第168至179条规定了国务院证券监督管理机构的职责和权限。（2）证券监管主体应依法行使职权。监管主体必须在法律授权的范围内行使权力和采取监管措施，证券监管行为不仅要符合证券监管实体法的规定，而且要符合证券监管程序法的规定，不得超越权限，更不得侵犯证券市场主体的合法权益。（3）证券监管权应当受到法律的限制。为防止监管者滥用权力，必须使监管权的行使受到法律制约和有效监督。

2. 公开原则

证券监管的公开原则包括两个方面：（1）将监管对象的信息披露制度建设作为监管的基础。证券监管的核心，也是证券法的核心，就是规范和监管信息披露行为，保证证券发行人和其他信息披露义务人及时、准确、真实、完整地披露应当披露的信息，如果被监管对象不遵守强制性信息披露制度，监管机构有权给予制裁。（2）监管行为本身公开。包括管理者的监管规则公开、监管程序公开和处罚结果公开。我国《证券法》第174条规定，国务院证券监督管理机构制定的规章、规则和监督管理工作制度应当依法公开；国务院证券监督管理机构依据调查结果，对证券违法行为作出的处罚决定，应当公开。

3. 公正原则

公正原则主要表现在两个方面：一是法律所确认的标准和规则公正。同一规则适用于同类证券主体的所有证券行为；在同一类证券行为中，对所有的证券主体的条件和机会是均等的。同时，法律还应当确立保证监管者自身公正的行为规范。二是管理行为公正。监管者对任何证券行为当事人都要一视同仁，执行同一规则，禁止不正当的证券行为。

4. 适度监管和有效监管原则

适度监管原则要求证券监管者依照证券市场的规律，对证券市场进行必要的干预，不能通过监管压制证券市场竞争和发展的活力。有效监管原则与适度监管原则是一个事物的两个方面，要求监管行为付出较小的成本，取得较大的效果。

三、证券监管的内容

（一）入门监管

入门监管包括两个环节的监管：一是公开发行监管；二是公司上市监管。

公开发行监管以政府监管为主导，在世界上有两种模式：一是注册制或登记制；二是核准制。注册制是指发行人在公开发行前按照法律规定向主管机关报送与发行有关的文件，在一定期限内，主管机关未提出异议的，即给予注册登记，允许发行人公开发行证券。与注册制相对应的是核准制，证券主管机关对证券发行不仅进行形式审查，而且在必要时进行实质审查。核准制条件下的证券主管机关不仅关注证券发行的程序合法性和信息披露的合法性，而且关注发行人的行为与投资者利益的保护关系以及国家的经济政策等因素。

我国 2019 年修订《证券法》的亮点之一就是正式实行注册制。我国境内公开发行证券制度，先后经历了审批制、核准制和注册制三个阶段。所谓审批制，是经行政机关层层实质审查最后决定是否批准的制度，特点是没有公开透明的标准，完全计划发行。所谓核准制，即虽有公开透明的标准，但仍需行政机关予以实质审查然后予以发行许可的制度。所谓注册制，就是不但标准公开透明，而且注册主管机构仅对发行人提交的材料作形式审查，核查无误后予以发行许可的制度。实行注册制后，优化了发行条件、调整了证券发行程序、强化了证券发行中的信息披露，加强了对投资者的保护，对证券交易的全过程实行严格监管。

（二）信息披露监管

信息披露是证券监管的核心。信息披露是联结上市公司、证券交易所和投资者最重要的环节，是投资者了解企业情况、进行投资决策的基本依据。信息披露监管的重点是保证信息披露的公正性，尽力消除信息的不对称分布，消除利用信息优势从事内幕交易、操纵市场或其他不正当证券交易行为，保障投资者的知情权，使投资者充分了解投资风险和投资收益，在公平、公正和公开的基础上作出自己的投资决策。[①] 我国《证券法》第五章专章规定了信息披露。信息披露义务人披露的信息，应当真实、准确、完整，简明清晰，通俗易懂，不得有虚假记载、误导性陈述或者重大遗漏。证券同时在境内境外公开发行、交易的，其信息披露义务人在境外披露的信息，应当在境内同时披露。对于可能影响证券发行、交易的信息、事件，应当向国务院证券监管机构报告和向公众公告。信息披露义务人披露的信息应当同时向所有投资者披露，不得提前向任何单位和个人泄露。但是，法律、行政法规另有规定的除外。任何单位和个人不得非法要求信息披露义务人提供依法需要披露但尚未披露的信息。任何单位和个人提前获知的前述信息，在依法披露前应当保密。除依法需要披露的信息之外，信息披露义务人可以自愿披露与投资者作出价值判断和投资决策有关的信息，但不得与依法披露的信息相冲突，不得误导投资者。依法披露的信息，应当在证券交易场所的网站和符合国务院证券监督管理机构规定条件的媒体发布，同时将其置备于公司住所、证券交易场所，供社会公众查阅。国务院证券监督管理机构对信息披露义务人的信息披露行为进行监督管理。证券交易场所应当对其组织交易的证券的信息披露义务人的信息披露行为进行监督，督促其依法及时、准确地披露信息。

（三）证券交易监管

对证券交易的监管分为事前（证券违规行为发生前）监管和事后（证券违规行为发生后）监管。在事前监管方面，证监会主要集中于制定有效的监管规则，证券交易所侧重于制定自律

① 张宇润．中国创业板市场的法律规制研究．北京：中国检察出版社，2007：207.

规则和对证券交易的一线监控。对证券交易的事后监管主要是对不正当证券交易行为的监管，如对虚假陈述、内幕交易、操纵市场、损害客户利益、非法证券行为等的监管。证监会对不正当证券行为的处罚方式主要有：市场禁入；暂停业务资格；罚款；没收违法所得；警告；通报批评；责任停止违法行为；责令进行内部整顿；取缔；责令依法处理非法获得的证券；责令进行检讨；责令改正；限制交易等。证券交易所可以有效利用停牌、暂停上市、退市、通报批评、纪律处分等方式限制不正当证券交易行为。

第二节　证券监管体制

一、证券监管体制及其模式

证券监管体制是关于证券监管主体的地位、职责、权限、权利和义务等一系列制度的总和，它决定证券市场监管的基本框架。判断一国的证券监管模式的形态，主要根据何种主体在监管活动中处于主导方面进行判断。

1. 统一集中型监管体制。又称政府法定型监管模式，是指证券市场监管以政府监管为主，证券交易所与证券业协会等证券交易组织机构的自律管理为辅的监管方式。其代表国家是美国和日本。其特点是：（1）以法律法规为基础。美国证券法在世界上最为发达，如《1933 年证券法》《1934 年证券交易法》《1940 年投资公司法》《1940 年投资顾问法》《1970 年证券投资保护法》等，还有州政府也制定州证券法（《蓝天法》）。（2）政府设立全国的专业性监管机构。这种全国的专业性监管机构可分为两种：一种是专门机构。该机构专职监管证券市场。如美国的证券交易委员会，它主要对全国的证券发行、证券交易所、证券商、投资公司等进行监督管理。另一种是兼管机构。该机构是政府某部门（如财政部/中央银行），在日本，大藏省证券局承担监管职能①；在法国，证券交易所管理委员会从属于财政部。统一集中型监管体制也十分重视自律组织的作用，在美国，证券交易所和全国证券商协会可以制订自律性规则，对经纪商或交易商的行为进行监管。

2. 自律型监管体制。政府除了某些必要的国家立法外，较少干预证券市场，对证券市场的管理主要由证券交易所及证券商协会等组织进行自律管理。自律组织主要通过其章程和规则对其成员的行为进行引导和约束。英国是这种模式的代表，其监管主体由以下三个部分组成：英国证券交易所协会、企业收购和合并专门研究小组、证券业理事会。其中，证券交易所协会负责整个英国证券市场的监管，证券业理事会是英国自我监管体系的核心，它主要负责制定、执行有关证券交易的各项规章、制度。

我国属于第一种监管模式。我国《证券法》第 7 条规定：“国务院证券监督管理机构依法对全国证券市场实行集中统一监督管理。国务院证券监督管理机构根据需要可以设立派出机构，按照授权履行监督管理职责。”除了机构监管外，还规定了审计监管。我国《证券法》第 8 条规定：“国家审计机关依法对证券交易场所、证券公司、证券登记结算机构、证券监督管理机构进行审计监督。”此外，《证券法》还规定了证券业的自律管理。

---

① 1998 年之后，日本金融体制进行了一系列重大改革。改革将金融监管权从大藏省分离出来，大藏省的金融检查部对银行、保险公司、证券公司的金融检查职能，以及大藏省的银行局、证券局中对个别金融机构的监督职能交给金融监督厅。2000 年 7 月 1 日，金融厅合并了金融监督厅和原大藏省的金融系统计划局后正式成立。大藏省（改名为财务省）只负责管理国家财政的金融破产处理制度以及金融危机的计划应对立案，金融监管主要由金融厅负责。

二、国务院证券监督管理机构

国务院证券监督管理机构是我国证券市场的政府主管机关，其全称为中国证券监督管理委员会，简称证监会。《证券法》第168条规定："国务院证券监督管理机构依法对证券市场实行监督管理，维护证券市场公开、公平、公正，防范系统性风险，维护投资者合法权益，促进证券市场健康发展。"

（一）国务院证券监督管理机构的职责

根据《证券法》第169条的规定，国务院证券监督管理机构在对证券市场实施监督管理中履行下列职责。

（1）依法制定有关证券市场监督管理的规章、规则，并依法进行审批、核准、注册，办理备案。（2）依法对证券的发行、上市、交易、登记、存管、结算等行为，进行监督管理。（3）依法对证券发行人、证券公司、证券服务机构、证券交易场所、证券登记结算机构的证券业务活动，进行监督管理。（4）依法制定从事证券业务人员的行为准则，并监督实施。（5）依法监督检查证券发行、上市、交易的信息披露。（6）依法对证券业协会的自律管理活动进行指导和监督。（7）依法监测并防范、处置证券市场风险。（8）依法开展投资者教育。（9）依法对证券违法行为进行查处。（10）法律、行政法规规定的其他职责。

（二）国务院证券监督管理机构的监管措施

根据我国《证券法》第170条的规定，国务院证券监督管理机构依法履行职责，有权采取下列措施。

1. 现场检查权。对证券发行人、证券公司、证券服务机构、证券交易场所、证券登记结算机构进行现场检查。

2. 调查取证权。有权进入涉嫌违法行为发生场所调查取证。

3. 询问权。询问当事人和与被调查事件有关的单位和个人，要求其对与被调查事件有关的事项作出说明；或者要求其按照指定的方式报送与被调查事件有关的文件和资料。

4. 查阅、复制权。查阅、复制与被调查事件有关的财产权登记、通讯记录等文件和资料。

5. 封存、扣押权。查阅、复制当事人和与被调查事件有关的单位和个人的证券交易记录、登记过户记录、财务会计资料及其他相关文件和资料；对可能被转移、隐匿或者毁损的文件和资料，可以予以封存、扣押。

6. 查询账户权。查询当事人和与被调查事件有关的单位和个人的资金账户、证券账户、银行账户以及其他具有支付、托管、结算等功能的账户信息，可以对有关文件和资料进行复制；对有证据证明已经或者可能转移或者隐匿违法资金、证券等涉案财产或者隐匿、伪造、毁损重要证据的，经国务院证券监督管理机构主要负责人或者其授权的其他负责人批准，可以冻结或者查封，期限为6个月；因特殊原因需要延长的，每次延长期限不得超过3个月，冻结、查封期限最长不得超过2年。

7. 限制证券交易权。在调查操纵证券市场、内幕交易等重大证券违法行为时，经国务院证券监督管理机构主要负责人或者其授权的其他负责人批准，可以限制被调查的当事人的证券买卖，但限制的期限不得超过3个月；案情复杂的，可以延长3个月。

8. 限制有关人员出境权。通知出境入境管理机关依法阻止涉嫌违法人员、涉嫌违法单位的主管人员和其他直接责任人员出境。

此外，为防范证券市场风险，维护市场秩序，国务院证券监督管理机构可以采取责令改正、监管谈话、出具警示函等措施。

为了规范和约束监管机构在履行监管职责中的行为，我国《证券法》第 172 条规定，国务院证券监督管理机构依法履行职责，进行监督检查或者调查，其监督检查、调查的人员不得少于 2 人，并应当出示合法证件和监督检查、调查通知书或者其他执法文书。监督检查、调查的人员少于 2 人或者未出示合法证件和监督检查、调查通知书或者其他执法文书的，被检查、调查的单位和个人有权拒绝。

（三）证券监管信息共享与监管合作机制

由于证券市场和证券活动是整个金融体系的一部分，也是经济运行的组成环节，因此，还涉及与其他监管机构之间的信息共享机制和监管合作机制。在信息共享机制方面，我国《证券法》第 15 条规定，国务院证券监督管理机构应当与国务院其他金融监督管理机构建立监督管理信息共享机制。国务院证券监督管理机构依法履行职责，进行监督检查或者调查时，有关部门应当予以配合。在监管合作机制方面，我国《证券法》规定，国务院证券监督管理机构可以和其他国家或者地区的证券监督管理机构建立监督管理合作机制，实施跨境监督管理。境外证券监督管理机构不得在中华人民共和国境内直接进行调查取证等活动。未经国务院证券监督管理机构和国务院有关主管部门同意，任何单位和个人不得擅自向境外提供与证券业务活动有关的文件和资料。

三、证券业协会的自律监管

证券业协会是证券业的自律性组织，是社会团体法人。我国《证券法》规定，证券公司应当加入证券业协会。证券业协会的权力机构为全体会员组成的会员大会。证券业协会章程由会员大会制定，并报国务院证券监督管理机构备案。证券业协会设理事会。理事会成员依章程的规定由选举产生。我国的证券业协会是成立于 1991 年 8 月 28 日的中国证券业协会。根据我国《证券法》第 166 条规定，证券业协会履行下列职责。

（1）教育和组织会员及其从业人员遵守证券法律、行政法规，组织开展证券行业诚信建设，督促证券行业履行社会责任。（2）依法维护会员的合法权益，向证券监督管理机构反映会员的建议和要求。（3）督促会员开展投资者教育和保护活动，维护投资者合法权益。（4）制定和实施证券行业自律规则，监督、检查会员及其从业人员行为，对违反法律、行政法规、自律规则或者协会章程的，按照规定给予纪律处分或者实施其他自律管理措施。（5）制定证券行业业务规范，组织从业人员的业务培训。（6）组织会员就证券行业的发展、运作及有关内容进行研究，收集整理、发布证券相关信息，提供会员服务，组织行业交流，引导行业创新发展。（7）对会员之间、会员与客户之间发生的证券业务纠纷进行调解。（8）证券业协会章程规定的其他职责。

中国证券业协会的自律监管的领域与证券交易所不同，前者主要是对场外交易实施自律监管，而后者主要针对场内交易实施自律监管。

四、证券监管的行政和解机制

为了节约机构监管的成本、提高监管效率，我国引入了证券监管的行政和解机制。我国《证券法》第 171 条规定，国务院证券监督管理机构对涉嫌证券违法的单位或者个人进行调查期间，被调查的当事人书面申请，承诺在国务院证券监督管理机构认可的期限内纠正涉嫌违法行为，赔偿有关投资者损失，消除损害或者不良影响的，国务院证券监督管理机构可以决定中止调查。被调查的当事人履行承诺的，国务院证券监督管理机构可以决定终止调查；被调查的当事人未履行承诺或者有国务院规定的其他情形的，应当恢复调查。具体办法由国务院规定。国务院证券监督管理机构决定中止或者终止调查的，应当按照规定公开相关信息。

第三节　违反证券业监管制度的法律责任

一、违反证券法的法律责任概述

违反证券法的法律责任是指违反证券法规定的行为所产生的制裁性法律后果。这里“违反证券法规定的行为”指“违反证券法的强制性规定和禁止性规定的行为”，不包括违约行为。违反证券法强制性规定和禁止性规定的行为，既可能给投资者造成损失，又可能破坏公开、公平和公正的市场秩序，因此，其法律责任往往具有综合性，违法者不仅要承担行政责任，还可能承担民事责任甚至刑事责任。

我国 2019 年修订的《证券法》加大了对证券违法行为的处罚力度，第十三章规定了违反证券法的法律责任：以行政责任为主，辅之以个别民事责任规定和刑事责任条款。民事责任以赔偿责任为主，例如，《证券法》第 196 条第 2 款规定，收购人及其控股股东、实际控制人利用上市公司收购，给被收购公司及其股东造成损失的，应当依法承担赔偿责任。第 220 条规定：“违反本法规定，应当承担民事赔偿责任和缴纳罚款、罚金、违法所得，违法行为人的财产不足以支付的，优先用于承担民事赔偿责任。”该条体现了证券法保护投资者利益的宗旨和精神。刑事责任通过引接性条款连通刑法的有关规定。《证券法》第 119 条规定：“违反本法规定，构成犯罪的，依法追究刑事责任。”该条所指向的是涉嫌违反我国《刑法》规定的罪名，主要是：擅自发行股票、公司、企业债券罪，内幕交易、泄露内幕信息罪，利用未公开信息交易罪，编造并传播证券、期货交易虚假信息罪，操纵证券、期货市场罪。

违反证券法规定所产生的民事责任是侵权责任，其一般构成要件如下：(1) 存在违反证券法规定的行为。如操纵市场行为、内幕交易行为、虚假陈述行为和欺诈客户的行为都是违反证券法禁止性规定的行为。(2) 投资者遭受了损失。损失包括直接损失和必要的间接损失，具体损失的计算因各种违法行为而不同。(3) 违反证券法规定的行为人主观上存在过错。此种过错一般不需要原告证明，行为本身就意味着当事人的主观过错，如欺诈客户者、内幕交易者和市场操纵者一般的主观心态就是故意或重大过失。(4) 投资者的损失与违反证券法的行为存在因果关系。

违反《证券法》规定，应当承担民事赔偿责任和缴纳罚款、罚金、违法所得，违法行为人的财产不足以支付的，优先用于承担民事赔偿责任。违反法律、行政法规或者国务院证券监督管理机构的有关规定，情节严重的，国务院证券监督管理机构可以对有关责任人员采取证券市场禁入的措施。所谓证券市场禁入，是指在一定期限内直至终身不得从事证券业务、证券服务业务，不得担任证券发行人的董事、监事、高级管理人员，或者一定期限内不得在证券交易所、国务院批准的其他全国性证券交易场所交易证券的制度。

二、非法发行证券的法律责任

1. 发行人的责任。未经法定机构核准，擅自公开或者变相公开发行证券的，责令停止发行，退还所募资金并加算银行同期存款利息，处以非法所募资金金额 5%以上 50%以下的罚款；对擅自公开或者变相公开发行证券设立的公司，由依法履行监督管理职责的机构或者部门会同县级以上地方人民政府予以取缔。对直接负责的主管人员和其他直接责任人员给予警告，并处以50万元以上500万元以下的罚款。发行人违反《证券法》第14条、第15条的规定擅自改变公开发行证券所募集资金的用途的，责令改正，处以50万元以上500万元以下的罚款；对直接负责的主管人员和其他直接责任人员给予警告，并处以10万元以上100万元以下的罚款。

2. 发行人隐瞒或者虚假陈述的责任。发行人在其公告的证券发行文件中隐瞒重要事实或者编造重大虚假内容，尚未发行证券的，处以200万元以上2 000万元以下的罚款；已经发行证券的，处以非法所募资金金额10%以上1倍以下的罚款。对直接负责的主管人员和其他直接责任人员，处以100元以上1 000万元以下的罚款。

3. 发行人的控股股东、实际控制人的责任。发行人的控股股东、实际控制人组织、指使在其公告的证券发行文件中隐瞒重要事实或者编造重大虚假内容的违法行为的，没收违法所得，并处以违法所得10%以上1倍以下的罚款；没有违法所得或者违法所得不足2 000万元的，处以200万元以上2 000万元以下的罚款。对直接负责的主管人员和其他直接责任人员，处以100万元以上1 000万元以下的罚款。发行人的控股股东、实际控制人从事或者组织、指使从事《证券法》第14条、第15条规定的擅自改变公开发行证券所募集资金的用途的，给予警告，并处以50万元以上500万元以下的罚款；对直接负责的主管人员和其他直接责任人员，处以10万元以上100万元以下的罚款。

4. 保荐人的责任。保荐人出具有虚假记载、误导性陈述或者重大遗漏的保荐书，或者不履行其他法定职责的，责令改正，给予警告，没收业务收入，并处以业务收入1倍以上10倍以下的罚款；没有业务收入或者业务收入不足100万元的，处以100万元以上1 000万元以下的罚款；情节严重的，并处暂停或者撤销保荐业务许可。对直接负责的主管人员和其他直接责任人员给予警告，并处以50万元以上500万元以下的罚款。

5. 证券公司的责任。证券公司承销或者销售擅自公开发行或者变相公开发行的证券的，责令停止承销或者销售，没收违法所得，并处以违法所得1倍以上10倍以下的罚款；没有违法所得或者违法所得不足100万元的，处以100万元以上1 000万元以下的罚款；情节严重的，并处暂停或者撤销相关业务许可。给投资者造成损失的，应当与发行人承担连带赔偿责任。对直接负责的主管人员和其他直接责任人员给予警告，并处以50万元以上500万元以下的罚款。证券公司承销证券违反《证券法》第29条规定的，责令改正，给予警告，没收违法所得，可以并处50万元以上500万元以下的罚款；情节严重的，暂停或者撤销相关业务许可。对直接负责的主管人员和其他直接责任人员给予警告，可以并处20万元以上200万元以下的罚款；情节严重的，并处以50万元以上500万元以下的罚款。

6. 擅自发行股票的刑事责任。根据我国《刑法》第179条的规定，未经国家有关主管部门批准，擅自发行股票，数额巨大、后果严重或者有其他严重情节的，处5年以下有期徒刑或者拘役，并处或者单处非法募集资金金额1%以上5%以下罚金。单位犯罪的，对单位判处罚金，并对其直接负责的主管人员和其他直接责任人员，处5年以下有期徒刑或者拘役。

三、内幕交易的法律责任

1. 内幕交易的概念和类型。内幕交易行为是内幕信息的知情人员或者非法获取内幕信息的其他人员，根据内幕信息买入或者卖出证券，或者泄露该信息或者建议他人买卖该证券的行为。内幕交易是扰乱证券交易秩序、侵害投资人权益的违法行为，是证券法约束和惩治的重要内容。证券内幕交易的主体可以分为两类：一是证券交易内幕信息的知情人和非法获取内幕信息的人；二是证券交易场所、证券公司、证券登记结算机构、证券服务机构和其他金融机构的从业人员、有关监管部门或者行业协会的工作人员。

2. 内幕交易的违法情形。我国《证券法》第 53 条规定，证券交易内幕信息的知情人和非法获取内幕信息的人，在内幕信息公开前，不得买卖该公司的证券，或者泄露该信息，或者建议他人买卖该证券。持有或者通过协议、其他安排与他人共同持有公司 5%以上股份的自然人、法人、非法人组织收购上市公司的股份，本法另有规定的，适用其规定。违反证券内幕交易规定的行为，应当承担法律责任。我国《证券法》第 54 条规定，禁止证券交易场所、证券公司、证券登记结算机构、证券服务机构和其他金融机构的从业人员、有关监管部门或者行业协会的工作人员，利用因职务便利获取的内幕信息以外的其他未公开的信息，违反规定，从事与该信息相关的证券交易活动，或者明示、暗示他人从事相关交易活动。

3. 民事责任。内幕交易行为给投资者造成损失的，应当依法承担赔偿责任；利用未公开信息进行交易给投资者造成损失的，应当依法承担赔偿责任。

4. 行政责任。我国《证券法》第 191 条规定，证券交易内幕信息的知情人或者非法获取内幕信息的人违反禁止内幕交易的规定，从事内幕交易的，责令依法处理非法持有的证券，没收违法所得，并处以违法所得 1 倍以上 10 倍以下的罚款；没有违法所得或者违法所得不足 50 万元的，处以 50 万元以上 500 万元以下的罚款。单位从事内幕交易的，还应当对直接负责的主管人员和其他直接责任人员给予警告，并处以 20 万元以上 200 万元以下的罚款。国务院证券监督管理机构工作人员从事内幕交易的，从重处罚。利用未公开信息进行交易的，依照对证券交易内幕信息的知情人或者非法获取内幕信息的人违反禁止内幕交易的规定处罚。

5. 刑事责任。根据我国《刑法》第 180 条第 1 款的规定，证券交易内幕信息的知情人员或者非法获取证券交易内幕信息的人员，在涉及证券的发行，证券交易或者其他对证券交易价格有重大影响的信息尚未公开前，买入或者卖出该证券，或者从事与该内幕信息有关的期货交易，或者泄露该信息，或者明示、暗示他人从事上述交易活动，情节严重的，处 5 年以下有期徒刑或者拘役，并处或者单处违法所得 1 倍以上 5 倍以下罚金；情节特别严重的，处 5 年以上 10 年以下有期徒刑，并处违法所得 1 倍以上 5 倍以下罚金。《刑法》第 180 条第 4 款规定，证券交易所、证券公司等金融机构的从业人员以及有关监管部门或者行业协会的工作人员，利用因职务便利获取的内幕信息以外的其他未公开的信息，违反规定，从事与该信息相关的证券交易活动，或者明示、暗示他人从事相关交易活动，情节严重的，依照第 1 款的规定处罚。

四、操纵市场的法律责任

1. 操纵市场的概念。操纵市场行为是指以获取利益或者减少损失为目的，利用其资金、信息等优势或者滥用职权操纵市场，影响证券市场价格，诱导投资者在不明真相的情况下作出证券投资决定，扰乱证券市场的行为。

2. 操纵市场的违法情形。我国《证券法》第 55 条规定，禁止任何人以下列手段操纵证券市场，影响或者意图影响证券交易价格或者证券交易量：（1）单独或者通过合谋，集中资金优势、持股优势或者利用信息优势联合或者连续买卖；（2）与他人串通，以事先约定的时间、价格和方式相互进行证券交易；（3）在自己实际控制的账户之间进行证券交易；（4）不以成交为目的，频繁或者大量申报并撤销申报；（5）利用虚假或者不确定的重大信息，诱导投资者进行证券交易；（6）对证券、发行人公开作出评价、预测或者投资建议，并进行反向证券交易；（7）利用在其他相关市场的活动操纵证券市场；（8）操纵证券市场的其他手段。

3. 民事责任。操纵证券市场行为给投资者造成损失的，应当依法承担赔偿责任。

4. 行政责任。我国《证券法》第192条规定，违反证券法规定操纵证券市场的，责令依法处理其非法持有的证券，没收违法所得，并处以违法所得1倍以上10倍以下的罚款；没有违法所得或者违法所得不足100万元的，处以100万元以上1 000万元以下的罚款。单位操纵证券市场的，还应当对直接负责的主管人员和其他直接责任人员给予警告，并处以50万元以上500万元以下的罚款。

5. 刑事责任。操纵证券市场罪应当承担刑事责任。根据我国《刑法》第182条的规定，有下列情形之一，操纵证券市场，情节严重的，处5年以下有期徒刑或者拘役，并处或者单处罚金；情节特别严重的，处5年以上10年以下有期徒刑，并处罚金：(1) 单独或者合谋，集中资金优势、持股或者持仓优势或者利用信息优势联合或者连续买卖，操纵证券交易价格或者证券交易量的；(2) 与他人串通，以事先约定的时间、价格和方式相互进行证券交易，影响证券交易价格或者证券交易量的；(3) 在自己实际控制的账户之间进行证券交易，或者以自己为交易对象，自买自卖期货合约，影响证券交易价格或者证券交易量的；(4) 以其他方法操纵证券市场的。单位犯前款罪的，对单位判处罚金，并对其直接负责的主管人员和其他直接责任人员，依照前款的规定处罚。

五、虚假陈述的法律责任

1. 虚假陈述的概念。虚假陈述是指行为人对证券发行、交易及其相关活动编造、传播虚假信息或者误导性信息，扰乱证券市场的行为。

2. 禁止虚假陈述的规定。我国《证券法》第56条规定，禁止任何单位和个人编造、传播虚假信息或者误导性信息，扰乱证券市场。禁止证券交易场所、证券公司、证券登记结算机构、证券服务机构及其从业人员，证券业协会、证券监督管理机构及其工作人员，在证券交易活动中作出虚假陈述或者信息误导。各种传播媒介传播证券市场信息必须真实、客观，禁止误导。传播媒介及其从事证券市场信息报道的工作人员不得从事与其工作职责发生利益冲突的证券买卖。

3. 民事责任。编造、传播虚假信息或者误导性信息，扰乱证券市场，给投资者造成损失的，应当依法承担赔偿责任。

4. 行政责任。我国《证券法》第193条规定，违反禁止虚假陈述的规定，编造、传播虚假信息或者误导性信息，扰乱证券市场的，没收违法所得，并处以违法所得1倍以上10倍以下的罚款；没有违法所得或者违法所得不足20万元的，处以20万元以上200万元以下的罚款。各种传播媒介传播证券市场信息，在证券交易活动中作出虚假陈述或者信息误导的，责令改正，处以20万元以上200万元以下的罚款；属于国家工作人员的，还应当依法给予处分。传播媒介及其从事证券市场信息报道的工作人员，从事与其工作职责发生利益冲突的证券买卖的，没收违法所得，并处以买卖证券等值以下的罚款。

5. 刑事责任。我国《刑法》规定，编造并且传播影响证券、期货交易的虚假信息，扰乱证券、期货交易市场，造成严重后果的，处5年以下有期徒刑或者拘役，并处或者单处1万元以上10万元以下罚金。证券交易所、证券公司的从业人员，证券业协会或者证券监督管理部门的工作人员，故意提供虚假信息或者伪造、变造、销毁交易记录，诱骗投资者买卖证券、期货合约，造成严重后果的，处5年以下有期徒刑或者拘役，并处或者单处1万元以上10万元以下罚金；情节特别恶劣的，处5年以上10年以下有期徒刑，并处2万元以上20万元以下罚金。单位犯前两款罪的，对单位判处罚金，并对其直接负责的主管人员和其他直接责任人员，处5年以下有期徒刑或者拘役。

六、损害客户利益的法律责任

1. 损害客户利益的概念和行为。损害客户利益是指证券经营服务机构及其从业人员在证券活动中违背客户的真实意思表示或者假借客户名义买卖证券，损害客户利益的行为。我国《证券法》第57条第1款列举了侵害客户利益的行为，禁止证券公司及其从业人员从事下列损害客户利益的行为：（1）违背客户的委托为其买卖证券；（2）不在规定时间内向客户提供交易的确认文件；（3）未经客户的委托，擅自为客户买卖证券，或者假借客户的名义买卖证券；（4）为牟取佣金收入，诱使客户进行不必要的证券买卖；（5）其他违背客户真实意思表示，损害客户利益的行为。

2. 民事责任。证券公司及其从业人员违反《证券法》第57条第1款的规定，给客户造成损失的，应当依法承担赔偿责任。

3. 行政责任。证券公司及其从业人员违反《证券法》第57条的规定，有损害客户利益的行为的，给予警告，没收违法所得，并处以违法所得1倍以上10倍以下的罚款；没有违法所得或者违法所得不足10万元的，处以10万元以上100万元以下的罚款；情节严重的，暂停或者撤销相关业务许可。

4. 刑事责任。根据我国《刑法》第185条的规定，证券交易所、证券公司或者其他金融机构，违背受托义务，擅自运用客户资金或者其他委托、信托的财产，情节严重的，对单位判处罚金，并对其直接负责的主管人员和其他直接责任人员，处3年以下有期徒刑或者拘役，并处3万元以上30万元以下罚金；情节特别严重的，处3年以上10年以下有期徒刑，并处5万元以上50万元以下罚金。

七、违反信息披露义务的法律责任

1. 民事责任。我国《证券法》第84条第2款规定，发行人及其控股股东、实际控制人、董事、监事、高级管理人员等作出公开承诺的，应当披露。不履行承诺给投资者造成损失的，应当依法承担赔偿责任。《证券法》第85条规定，信息披露义务人未按照规定披露信息，或者公告的证券发行文件、定期报告、临时报告及其他信息披露资料存在虚假记载、误导性陈述或者重大遗漏，致使投资者在证券交易中遭受损失的，信息披露义务人应当承担赔偿责任；发行人的控股股东、实际控制人、董事、监事、高级管理人员和其他直接责任人员以及保荐人、承销的证券公司及其直接责任人员，应当与发行人承担连带赔偿责任，但是能够证明自己没有过错的除外。

2. 行政责任。我国《证券法》第197条规定，信息披露义务人未按照证券法规定报送有关报告或者履行信息披露义务的，责令改正，给予警告，并处以50万元以上500万元以下的罚款；对直接负责的主管人员和其他直接责任人员给予警告，并处以20万元以上200万元以下的罚款。发行人的控股股东、实际控制人组织、指使从事上述违法行为，或者隐瞒相关事项导致发生上述情形的，处以50万元以上500万元以下的罚款；对直接负责的主管人员和其他直接责任人员，处以20万元以上200万元以下的罚款。信息披露义务人报送的报告或者披露的信息有虚假记载、误导性陈述或者重大遗漏的，责令改正，给予警告，并处以100万元以上1 000万元以下的罚款；对直接负责的主管人员和其他直接责任人员给予警告，并处以50万元以上500万元以下的罚款。发行人的控股股东、实际控制人组织、指使从事上述违法行为，或者隐瞒相关事项导致发生上述情形的，处以100万元以上1 000万元以下的罚款；对直接负责的主管人员和其他直接责任人员，处以50万元以上500万元以下的罚款。

3. 刑事责任。我国《刑法》第161条规定了违规披露、不披露重要信息罪，即依法负有信息披露义务的公司、企业向股东和社会公众提供虚假的或者隐瞒重要事实的财务会计报告，或者对依法应当披露的其他重要信息不按照规定披露，严重损害股东或者其他人利益，或者有其他严重情节的，对其直接负责的主管人员和其他直接责任人员，处3年以下有期徒刑或者拘役，并处或者单处2万元以上20万元以下罚金。

八、证券机构违规经营的法律责任

1. 证券公司违反法律规定未履行或者未按照规定履行投资者适当性管理义务的，责令改正，给予警告，并处以10万元以上100万元以下的罚款。对直接负责的主管人员和其他直接责任人员给予警告，并处以20万元以下的罚款。证券公司违反法律规定征集股东权利的，责令改正，给予警告，可以处50万元以下的罚款。

2. 证券公司违反法律规定，未对投资者开立账户提供的身份信息进行核对的，责令改正，给予警告，并处以5万元以上50万元以下的罚款。对直接负责的主管人员和其他直接责任人员给予警告，并处以10万元以下的罚款。证券公司违反法律规定，将投资者的账户提供给他人使用的，责令改正，给予警告，并处以10万元以上100万元以下的罚款。对直接负责的主管人员和其他直接责任人员给予警告，并处以20万元以下的罚款。

3. 证券公司违反法律规定，未经核准变更证券业务范围，变更主要股东或者公司的实际控制人，合并、分立、停业、解散、破产的，责令改正，给予警告，没收违法所得，并处以违法所得1倍以上10倍以下的罚款；没有违法所得或者违法所得不足50万元的，处以50万元以上500万元以下的罚款；情节严重的，并处撤销相关业务许可。对直接负责的主管人员和其他直接责任人员给予警告，并处以20万元以上200万元以下的罚款。

4. 证券公司违反法律规定，为其股东或者股东的关联人提供融资或者担保的，责令改正，给予警告，并处以50万元以上500万元以下的罚款。对直接负责的主管人员和其他直接责任人员给予警告，并处以10万元以上100万元以下的罚款。股东有过错的，在按照要求改正前，国务院证券监督管理机构可以限制其股东权利；拒不改正的，可以责令其转让所持证券公司股权。

5. 证券公司违反法律规定，未采取有效隔离措施防范利益冲突，或者未分开办理相关业务、混合操作的，责令改正，给予警告，没收违法所得，并处以违法所得1倍以上10倍以下的罚款；没有违法所得或者违法所得不足50万元的，处以50万元以上500万元以下的罚款；情节严重的，并处撤销相关业务许可。对直接负责的主管人员和其他直接责任人员给予警告，并处以20万元以上200万元以下的罚款。

6. 证券公司违反法律规定从事证券自营业务的，责令改正，给予警告，没收违法所得，并处以违法所得1倍以上10倍以下的罚款；没有违法所得或者违法所得不足50万元的，处以50万元以上500万元以下的罚款；情节严重的，并处撤销相关业务许可或者责令关闭。对直接负责的主管人员和其他直接责任人员给予警告，并处以20万元以上200万元以下的罚款。

7. 违反法律规定，将客户的资金和证券归入自有财产，或者挪用客户的资金和证券的，责令改正，给予警告，没收违法所得，并处以违法所得1倍以上10倍以下的罚款；没有违法所得或者违法所得不足100万元的，处以100万元以上1 000万元以下的罚款；情节严重的，并处撤销相关业务许可或者责令关闭。对直接负责的主管人员和其他直接责任人员给予警告，并处以 50 万元以上 500 万元以下的罚款。

8. 证券公司违反法律规定接受客户的全权委托买卖证券的，或者违法对客户的收益或者赔偿客户的损失作出承诺的，责令改正，给予警告，没收违法所得，并处以违法所得 1 倍以上 10 倍以下的罚款；没有违法所得或者违法所得不足 50 万元的，处以 50 万元以上 500 万元以下的罚款；情节严重的，并处撤销相关业务许可。对直接负责的主管人员和其他直接责任人员给予警告，并处以 20 万元以上 200 万元以下的罚款。证券公司违反法律规定，允许他人以证券公司的名义直接参与证券的集中交易的，责令改正，可以并处 50 万元以下的罚款。

9. 证券公司的从业人员违反法律规定，私下接受客户委托买卖证券的，责令改正，给予警告，没收违法所得，并处以违法所得 1 倍以上 10 倍以下的罚款；没有违法所得的，处以 50 万元以下的罚款。

10. 证券公司及其主要股东、实际控制人违反法律规定，未报送、提供信息和资料，或者报送、提供的信息和资料有虚假记载、误导性陈述或者重大遗漏的，责令改正，给予警告，并处以 100 万元以下的罚款；情节严重的，并处撤销相关业务许可。对直接负责的主管人员和其他直接责任人员，给予警告，并处以 50 万元以下的罚款。

11. 发行人、证券登记结算机构、证券公司、证券服务机构未按照规定保存有关文件和资料的，责令改正，给予警告，并处以 10 万元以上 100 万元以下的罚款；泄露、隐匿、伪造、篡改或者毁损有关文件和资料的，给予警告，并处以 20 万元以上 200 万元以下的罚款；情节严重的，处以 50 万元以上 500 万元以下的罚款，并处暂停、撤销相关业务许可或者禁止从事相关业务。对直接负责的主管人员和其他直接责任人员给予警告，并处以 10 万元以上 100 万元以下的罚款。

九、非法设立证券经营机构和证券交易场所的法律责任

1. 非法开设证券交易场所的，由县级以上人民政府予以取缔，没收违法所得，并处以违法所得 1 倍以上 10 倍以下的罚款；没有违法所得或者违法所得不足 100 万元的，处以 100 万元以上 1 000 万元以下的罚款。对直接负责的主管人员和其他直接责任人员给予警告，并处以 20 万元以上 200 万元以下的罚款。证券交易所违反法律规定，允许非会员直接参与股票的集中交易的，责令改正，可以并处 50 万元以下的罚款。

2. 违反法律规定，擅自设立证券公司、非法经营证券业务或者未经批准以证券公司名义开展证券业务活动的，责令改正，没收违法所得，并处以违法所得 1 倍以上 10 倍以下的罚款；没有违法所得或者违法所得不足 100 万元的，处以 100 万元以上 1 000 万元以下的罚款。对直接负责的主管人员和其他直接责任人员给予警告，并处以 20 万元以上 200 万元以下的罚款。对擅自设立的证券公司，由国务院证券监督管理机构予以取缔。证券公司违反法律规定提供证券融资融券服务的，没收违法所得，并处以融资融券等值以下的罚款；情节严重的，禁止其在一定期限内从事证券融资融券业务。对直接负责的主管人员和其他直接责任人员给予警告，并处以 20 万元以上 200 万元以下的罚款。

3. 提交虚假证明文件或者采取其他欺诈手段骗取证券公司设立许可、业务许可或者重大事项变更核准的，撤销相关许可，并处以 100 万元以上 1 000 万元以下的罚款。对直接负责的主管人员和其他直接责任人员给予警告，并处以 20 万元以上 200 万元以下的罚款。

4. 违反法律规定，擅自设立证券登记结算机构的，由国务院证券监督管理机构予以取缔，没收违法所得，并处以违法所得 1 倍以上 10 倍以下的罚款；没有违法所得或者违法所得不足 50 万元的，处以 50 万元以上 500 万元以下的罚款。对直接负责的主管人员和其他直接责任人

员给予警告，并处以 20 万元以上 200 万元以下的罚款。

5. 证券投资咨询机构违反法律规定擅自从事证券服务业务，或者从事证券服务业务有违反法律规定行为的，责令改正，没收违法所得，并处以违法所得 1 倍以上 10 倍以下的罚款；没有违法所得或者违法所得不足 50 万元的，处以 50 万元以上 500 万元以下的罚款。对直接负责的主管人员和其他直接责任人员，给予警告，并处以 20 万元以上 200 万元以下的罚款。会计师事务所、律师事务所以及从事资产评估、资信评级、财务顾问、信息技术系统服务的机构违反法律规定，从事证券服务业务未报备案的，责令改正，可以处 20 万元以下的罚款。证券服务机构违反法律规定，未勤勉尽责，所制作、出具的文件有虚假记载、误导性陈述或者重大遗漏的，责令改正，没收业务收入，并处以业务收入 1 倍以上 10 倍以下的罚款，没有业务收入或者业务收入不足 50 万元的，处以 50 万元以上 500 万元以下的罚款；情节严重的，并处暂停或者禁止从事证券服务业务。对直接负责的主管人员和其他直接责任人员给予警告，并处以 20 万元以上 200 万元以下的罚款。

十、证券监管人员违反证券监管法的法律责任

1. 国务院证券监督管理机构或者国务院授权的部门有下列情形之一的，对直接负责的主管人员和其他直接责任人员，依法给予处分：(1) 对不符合本法规定的发行证券、设立证券公司等申请予以核准、注册、批准的；(2) 违反本法规定采取现场检查、调查取证、查询、冻结或者查封等措施的；(3) 违反本法规定对有关机构和人员采取监督管理措施的；(4) 违反本法规定对有关机构和人员实施行政处罚的；(5) 其他不依法履行职责的行为。

2. 国务院证券监督管理机构或者国务院授权的部门的工作人员，不履行本法规定的职责，滥用职权、玩忽职守，利用职务便利牟取不正当利益，或者泄露所知悉的有关单位和个人的商业秘密的，依法追究法律责任。

法律应用

“关于虚假陈述民事责任的处理”

我国证券法针对不同的主体采取了无过错责任原则、过错推定原则和过错责任原则三种方式：(1) 发行人和上市公司承担无过错责任；(2) 发行人、上市公司负有责任的董事、监事、经理等高级管理人员，以及证券承销商、保荐人承担过错推定责任；(3) 发行人、上市公司的控股股东和实际控制人承担过错责任。

关于虚假陈述行为和损害结果之间的因果关系的认定，依据 2003 年 1 月最高人民法院发布的《关于审理证券市场因虚假陈述引发的民事赔偿案件的若干规定》第 18 条，投资人具有以下情形的，人民法院应当认定虚假陈述与损害结果之间存在因果关系：(1) 投资人所投资的是与虚假陈述直接关联的证券；(2) 投资人在虚假陈述实施日及以后，至揭露日或者更正日之前买入该证券；(3) 投资人在虚假陈述揭露日或者更正日及以后，因卖出该证券发生亏损，或者因持续持有该证券而产生亏损。

关于损失赔偿额的计算，首先要确定基准日，按照前述司法解释第 33 条第 1 款，揭露日或者更正日起，至被虚假陈述影响的证券累计成交量达到其可流通部分 100%之日为基准日。在基准日确定之后，根据前述司法解释第 31 条和第 32 条的规定，分两种情况计算损失赔偿额：(1) 投资人在基准日及以前卖出证券的，其投资差额损失，以买入证券平均价格与实际卖出证券平均价格之差，乘以投资人所持证券数量计算；(2) 投资人在基准日之后卖出证券或者

仍持有证券的，其投资差额损失，以买入证券平均价格与虚假陈述揭露日或者更正日起至基准日期间，每个交易日收盘价的平均价格之差，乘以投资人所持证券数量计算。

根据前述司法解释第6条的规定，投资人提起虚假陈述证券民事赔偿诉讼，应当提交行政处罚决定或公告，或者人民法院的刑事裁判文书。

思考题

1. 简述证券监管的含义和特征。
2. 简述证券监管的目标和原则。
3. 简述中国证监会的职责和权限。
4. 简述虚假陈述的民事责任和行政责任。
5. 简述内幕交易的法律责任。
6. 简述操纵证券市场的法律责任。

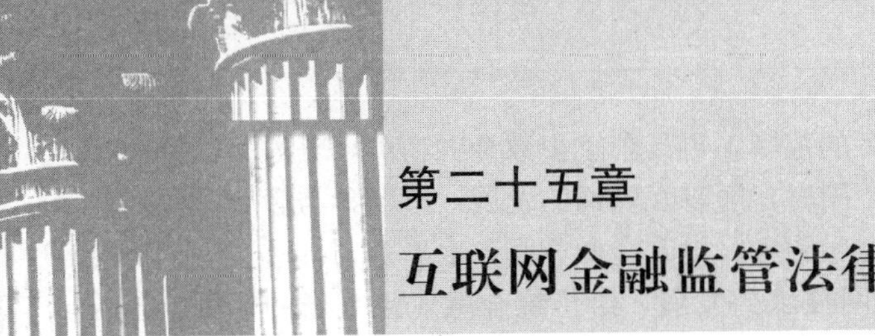

第二十五章
互联网金融监管法律制度

重点问题

1. 互联网金融的概念与特征
2. 网络借贷的法律属性
3. 股权众筹的法律风险
4. 互联网支付的监管规则

第一节　互联网金融监管制度概述

一、互联网金融概述

（一）互联网金融的概念

互联网金融是传统金融机构与互联网企业利用互联网技术和信息通信技术实现资金融通、支付、投资和信息中介服务的新型金融业务模式。它主要基于移动互联网、大数据、云计算等技术，实现支付清算、资金融通、风险防范和利用等金融功能，具有快速便捷、高效低成本的优势和场外、混同、涉众等特征，并打破金融垄断，实现消费者福利。根据《关于促进互联网金融健康发展的指导意见》（以下简称《互联网金融指导意见》），互联网金融的主要业态包括互联网支付、网络借贷、股权众筹融资、互联网基金销售、互联网保险、互联网信托和互联网消费金融等。

（二）互联网金融的特征

1. 科技性。互联网金融的发展是在移动互联网、大数据、云计算等技术的发展下逐渐壮大起来的，这也是互联网金融区别于传统金融的优势所在。在互联网金融中，大数据被广泛应用于信息处理，提高了风险定价和风险管理效率，显著降低了信息不对称。互联网金融的兴起改变了传统金融方式，对银行、证券、保险等各个领域都产生了巨大的影响，正在逐步改变人们的金融生活方式。

2. 低成本性。在互联网金融中，互联网替代传统金融中介和市场中的物理网点和人工服务，让金融机构可以减少开设营业网点和雇用工作人员，降低了金融机构的运营成本；资金供求双方直接通过网络平台自行完成信息识别、匹配、定价和交易，可以快速找到适合自己的金融产品，无传统中介、无交易成本、无垄断利益，对消费者来说也在很大程度上降低了交易成本。

3. 广泛参与性。在互联网金融模式下，传统金融业分工明确、专业程度高的壁垒被互联网和相关软件技术替代。传统金融交易中的信息获取、风险评估和产品选择等专业性、复杂性问题变得简单和易操作。这使得金融参与者的范围不再局限于少数金融精英，普通大众和更多的小微企业亦可参与到广泛的金融市场中。同时，随着互联网的发展，市场参与者突破了时间和空间的限制，通过互联网寻找更有效的金融服务，提升金融业服务水平。

4. 高风险性。互联网金融借助于互联网技术的发展，给传统金融业注入新的活力。但互联网金融违约成本较低，容易诱发恶意骗贷、卷款跑路等风险问题。网络金融犯罪问题不容忽视。网络借贷容易成为不法分子从事非法集资和诈骗等犯罪活动的温床。同时，一旦遭遇黑客攻击，互联网金融的正常运作会受到影响，危及消费者的资金安全和个人信息安全。互联网金融的法律体系不完善，缺乏准入门槛和行业规范，整个行业面临诸多政策和法律风险。

二、互联网金融监管的目标与原则

（一）互联网金融监管的目标

互联网金融监管的目标为服务好实体经济、服从宏观调控和维护金融稳定。首先，实体经济的资金需求和金融体系的现有缺陷催生了互联网金融。互联网金融跨地域、跨市场的特性真正践行了普惠金融与民主金融的思想。互联网金融监管是为了规范其发展，而不是消除其创新能力。鼓励互联网金融平台建立服务实体经济的多层次金融服务体系，更好地满足中小微企业和个人投融资需求，进一步拓展普惠金融的广度和深度。其次，互联网金融给传统金融带来巨大冲击，大量资金流于监管之外，导致货币传导和宏观调控政策效果大打折扣。互联网金融监管通过客户资金第三方存管、网络信息监管等方式实现协调监管。最后，互联网金融监管既要保持互联网金融的活力，更要防范其暴发大面积系统性的风险，保障金融消费者权益和国家整体经济的健康运行。

（二）互联网金融监管的原则

1. 依法监管

依法监管是监管之本。这要求监管机关与监管人员必须依据法律规定，遵守法定程序，履行监管职责。互联网金融是一种新型的金融类型。近年来，立法和职能部门对互联网金融制定了较为全面的法律法规，但仍存诸多不足，应当进一步完善互联网金融监管的法律体系，界定互联网金融市场主体的业务范围，厘清互联网金融合法与非法的边界，明确各监管主体的监管职责，促进互联网金融的有序发展。

2. 适度监管

适度监管就是要处理好政府与市场的关系。互联网金融已从萌芽阶段发展为成长阶段，但尚未达到成熟阶段，对于互联网金融的监管体系也尚不健全。从政府的角度来看，互联网金融资本的盲目性、形式的多样性、产品的复杂性以及责任的不确定性给社会经济发展带来了不稳定因素，需要政府实施有力的监管；从互联网金融市场的角度来看，业务和产品的创新、资金的流动、价格的确定等，希望政府降低监管力度。互联网金融监管应着重平衡政府监管与市场发展的需要，在促进互联网金融发展的同时维护社会经济发展稳定。

3. 分类监管

分类监管是在常规监管的基础上根据不同的特点制定不同的监管规则和监管标准。互联网金融包括互联网支付、网络借贷、股权众筹融资等，其业态形式多样。互联网金融监管应根据业态的类型进行分类监管，合理配置监管资源，提高监管效率。

4. 协同监管

在现有金融体制下，互联网金融实行的是分业监管，由银保监会、证监会负责。与传统金融不同，互联网金融突破行业和地域限制，金融业务交叉复杂、金融对象层次多样、金融市场扩展迅速，带来诸多不稳定因素。国务院金融稳定发展委员会承担着金融监管协调功能，在互联网金融领域，亦需要协同监管的顶层设计，以防范系统性风险。

5. 创新监管

创新监管要求互联网金融监管机关和监管工作人员转变监管理念，创新监管思维，完善监管方式。互联网金融具有信息采集普遍性和服务普惠性特征，能够有效提高金融资源的配置效率，应予以鼓励和支持。监管理念应从严格管控向适度宽松方向转变；监管思维应在事中事后有效监管的同时，注重立法完善和事前监管；监管手段应摒弃强制打压，采用灵活规制的方式，提高监管效率。

三、互联网金融的监管体制

（一）分业监管

以分类监管为原则的互联网金融监管，根据互联网金融业态的不同确定相应对口监管机关的分业监管体制。根据《互联网金融指导意见》，互联网支付业务由人民银行负责监管；网络借贷业务、互联网信托业务、互联网消费金融业务由银监会[①]负责监管；股权众筹融资业务、互联网基金销售业务由证监会负责监管；互联网保险业务由保监会负责监管。电信主管部门（工业和信息化部）负责对互联网金融业务涉及的电信业务进行监管。此外，公安部地方人民政府金融管理部门和工商行政管理部门也是互联网金融监管体制的组成部分。

（二）协同监管

互联网金融监管的目标是防范风险、促进发展。投资者和金融消费者保护问题，是互联网金融风险规制的首要问题。[②] 随着互联网金融向交叉纵深发展，保护投资者和金融消费者保护须充分发挥金融监管协调部际联席会议制度的作用。根据《互联网金融指导意见》，人民银行、银保监会、证监会应当密切关注互联网金融业务发展及相关风险，对监管政策进行跟踪评估，适时提出调整建议，不断总结监管经验。财政部负责互联网金融从业机构财务监管政策。人民银行会同有关部门，负责建立和完善互联网金融数据统计监测体系，相关部门按照监管职责分工负责相关互联网金融数据统计和监测工作，并实现统计数据和信息共享。

互联网金融集技术、信息和服务于一身，提高了资源配置效率，扩展了金融市场领域，提升了金融服务效率，是一种全新的金融形态。[③] 互联网金融监管应促进和保持创新性的存在，不应抑制和扼杀市场活力。互联网金融监管应以市场机制为导向，遵循服务实体经济和保障金融消费者合法权益的宗旨，促进互联网金融市场理性、良性发展。

第二节　网络借贷监管制度

一、网络借贷概述

（一）网络借贷的概念

网络借贷是指出借人与借款人通过网络借贷平台进行直接的对接，进行信息流通对接，达

---

① 2018 年 3 月 21 日正式印发《深化党和国家机构改革方案》，将中国银行业监督管理委员会和中国保险监督管理委员会的职责整合，组建中国银行保险监督管理委员会。

② 杨东．互联网金融风险规制路径．中国法学，2015（3）.

③ 刘宪权．论互联网金融刑法规制的“两面性”．法学家，2014（5）.

成在金额、利率、期限等方面的借贷电子合同，实现网络直接借贷。出借人是指将闲余资金贷出获取利息收入的个体；借款人是指愿意支付利息报酬而借入贷款人的资金加以使用的个体。目前，网络借贷包括个体网络借贷和网络小额贷款。个体网络借贷（即 P2P 网络借贷，Peer-to-Peer Lending），是指个体和个体之间通过 P2P 平台实现的直接借贷，具有手续便捷、贷款期限短、金额较小、融资门槛低等特点。网络小额贷款是指互联网企业通过其控制的小额贷款公司，利用互联网向客户提供的小额贷款。

（二）网络借贷的产生与发展

网络借贷是小额信贷与网络技术的创新结合。网络借贷起步于 2005 年的英国，英国的 Zopa 网站将出借人与借贷人的借贷款信息发布在网络平台上，实现供需匹配，Zopa 网站只在双方交易中承担中间人的责任。随后，网络借贷在美国兴起，包括 Kiva、Prosper 和 Lending Club 等网络借贷平台。2014 年 12 月，Lending Club 在纽约证券交易所挂牌上市，成为全球首家上市的 P2P 网货平台。P2P 信贷模式从欧美向世界范围扩展，如德国的 Auxmoney、日本的 Aqush、韩国的 Popfunding、西班牙的 Comunitae、巴西的 Fairplace 等。至此，基于个人信用基础上的国外网络借贷模式已经发展成熟。

我国网络借贷呈现出巨大的发展潜力。2007 年，国内第一家网络借贷平台“拍拍贷”在上海成立。随后，作为中介平台提供个人对个人的小额贷款借贷网络如雨后春笋般野蛮生长。2015 年 7 月，中国人民银行等十部门联合发布了《关于促进互联网金融健康发展的指导意见》，该指导意见是网络借贷平台的“监管法”，认定个体网络借贷机构的性质为信息中介机构，明确网络借贷业务由银保监会负责监管。《2018 年中国网络借贷行业年报》发布，指出截至 2018 年 12 月底，P2P 网贷行业累计平台数量达到 6 430 家，正常运营平台数量为 1 021 家，停业及问题平台数量大增，P2P 网贷行业总体贷款余额为 7 889.65 亿元。

（三）网络借贷的运营模式

1. 信息中介模式

信息中介模式也称为“无担保模式”，是指网络借贷平台只提供信息交互以及借贷辅助服务，不直接参与出借人和借款人之间的合同关系。网络借贷平台是居间人角色，主要作用是借款人的借款申请信息发布、向出借人提供证明借款人信用状况的材料、协助出借人和借款人订立电子借款合同。借款合同到期后，借款人若不能履行还款义务，出借人可以授权网络贷款平台代为催缴，或者通过直接提起民事诉讼等法律手段维权。网络贷款平台不承担垫付担保、债权转让的责任，所以，信息中介模式是网络贷款平台责任最小的模式，也是最简单的一种网络借贷模式。

2. 债权转让模式

债权转让模式是指出借人与借款人双方不直接签订债权债务合同，由一个专业第三方先以自有资金向借款人放款，与之形成债权债务关系，然后第三方再将债权进行拆分、重组打包转让给出借人。专业第三方可以是 P2P 平台、担保公司、资产管理公司等，即专业放款人。由于受让债权的出借人与借款人之间存在信息不对称，存在借款人、资金使用等信息不透明，不利于保护金融消费者权益，甚至网络借贷平台涉嫌非法吸收公众存款。因此，该债权转让模式已被认定为违法行为而禁止运营。

3. 担保模式

担保模式是指网络借贷平台引入 P2P 贷款平台、借款人或者第三方为借款提供担保服务，以满足出借人资金安全需求的模式。担保模式分为物权担保模式、担保公司担保模式、网络平台公司担保模式三种模式。物权担保模式是借款人或者第三人为保证出借人债权的实现，提供动产或不动产抵押、动产质押的担保。担保公司担保模式是融资性担保公司与网络贷款平台达成合作关系后相互推荐项目，由担保公司为平台借款项目提供担保。网络平台担保模式是网络借贷平台自身为网络借贷平台上的借款人提供担保，或者通过其所控制的小贷公司为借款人发放小额贷款。

此外，国内网络借贷存在线下交易模式、线上交易模式、线下与线上结合交易模式等多种模式。

二、网络借贷的法律属性

（一）网络借贷的法律地位

《互联网金融指导意见》明确了P2P平台的性质为信息中介，主要为借贷双方的直接借贷提供信息服务，不得提供增信服务，不得非法集资。P2P平台是指为投资方和融资方提供信息交互、撮合、资信评估等中介服务的中介机构。网络借贷本质是金融服务中介，借贷双方形成的法律关系属于民间借贷范畴，所以网络借贷平台性质为信息中介，主要为借贷双方的直接借贷提供信息服务。

（二）网络借贷的法律关系

1. 网络借贷平台与借款人、出借人是居间关系

网络借贷平台与借款人、出借人之间属于居间服务法律关系。网络借贷平台作为居间人，享有发布借款人相关信息、收取平台服务费、对出借人平台账号进行管理等权利，并负有保护个人信息不被泄露、协助借贷双方订立借款协议、协助资金划转等义务。出借人为居间法律关系中的委托人，享有在网络贷款平台注册账号、提供借款项目资金等权利，并负有保证提供资金合法、提供真实信息等义务。借款人为受托人，享有接受网络贷款平台的服务、发布借款需求等权利，并负有缴纳服务费、提供个人资料受平台审核的权利。

2. 借款人与出借人是民间借贷关系

借款人与出借人之间属于民间借贷法律关系。网络借贷交易活动一般是通过网络线上完成，借贷双方签订的是电子借款合同。实际上，网络借贷是“线下”民间借贷活动的“线上”操作。出借人与借款人主要通过网络借贷平台进行投标，双方根据借款标发布的借款数额、借款期限、承诺利息等约定内容，限定各自承担的义务并享有相应权利。

3. 出借人与第三方资金存管机构是资金保管关系

网络借贷平台引入第三方资金存管机构以管理平台账户与客户账户，出借人与第三方资金存管机构成立资金保管合同。第三方资金存管平台应按照约定，在规定的期限内向借款人账户划拨借款资金，并且要及时地将借款人支付的本金和利息划拨到出借人的账户，在此期间不得将资金挪作他用，严格执行保管义务。

4. 出借人与第三方担保公司是担保关系

第三方担保公司对出借人的借款本息进行担保，为借款人增信，保护出借人的债权安全。担保法律关系具有从属性，从属于借款合同，第三方为借款人提供的担保随着借款人和出借人之前的借款关系的发生、变化、消灭、转移而产生相应的变化。网络借贷担保合同中即使未对保证方式作出约定，第三方也应承担连带责任。

（三）网络借贷的法律风险

1. 借款人的法律风险。如果出借人的资金来源不合法、借款合同违背公序良俗及法律、行政法规强制性规定可能导致民间借贷合同无效。网络借贷平台管理系统的安全性较低，容易

导致借款人个人信息的泄露。

2. 出借人的法律风险。由于我国社会征信系统不完善，导致P2P平台无法核查借款人的身份真实性、资金使用用途与流向，仅凭网络借贷平台提供基本资料很难辨识借款人的信用。因此，一旦借款人违约，出借人收回本金与利息的可能性是比较低的。网络借贷平台缺乏完善的运营与安全管理规范，还可能出现平台经营不善倒闭，无疑增加了出借人资金的不安全性。

3. 网络借贷平台的法律风险。网络贷款平台存在着可能"入刑"风险。正规合法的P2P网贷平台并不构成刑事犯罪，尤其是"非法集资""非法吸收公众存款罪""集资诈骗罪""洗钱罪"等。如果网贷平台利用资金时间差形成资金池后，则可能构成非法吸收公众存款罪。[①]此外，如果网络借贷平台对客户借款贷款用途审核未尽到义务，审核流程形同虚设，则可能会构成洗钱罪的共犯。[②]

4. 担保人的法律风险。由于网络贷款的信息不透明等因素，担保人同样面临借款人欺诈、违约履行的风险。担保机构受到融资资质的限制，只有从事融资性担保的担保公司可以为网络借贷提供担保，其提供的资金也有一定限度。如果未尽到担保审核义务，没有取得资质的担保机构提供担保或者是超额担保，则会产生虚假担保、担保人担保能力不足情况，存在被认为无效担保的法律风险。

三、网络借贷的监管制度

（一）网络借贷的监管机构

《互联网金融指导意见》提出"依法监管、适度监管、分类监管、协同监管、创新监管"的监管原则，同时明确了网络借贷业务由银保监会负责监管。2016年银保监会发布的《网络借贷信息中介机构业务活动管理暂行办法》落实了各方管理责任："国务院银行业监督管理机构及其派出机构负责制定网络借贷信息中介机构业务活动监督管理制度，并实施行为监管。各省级人民政府负责本辖区网络借贷信息中介机构的机构监管。工业和信息化部负责对网络借贷信息中介机构业务活动涉及的电信业务进行监管。公安部牵头负责对网络借贷信息中介机构的互联网服务进行安全监管，依法查处违反网络安全监管的违法违规活动，打击网络借贷涉及的金融犯罪及相关犯罪。国家互联网信息办公室负责对金融信息服务、互联网信息内容等业务进行监管。"

（二）网络借贷的监管规则

1. 备案规则

《网络借贷信息中介机构业务活动管理暂行办法》明确规范了备案监管规则。一是，网络借贷平台应当在领取营业执照后，10个工作日以内向地方金融监管部门备案登记。二是，地方金融监管部门有权对网络借贷平台进行评估分类，并及时公示。三是，网络借贷平台备案登记事项发生变更的，应当5个工作日以内向地方金融监管部门报告并进行备案信息变更。四是，依法解散或者依法宣告破产的，除依法进行清算外，由工商登记注册地地方金融监管部门注销其备案。

2. 信息披露规则

网络借贷平台应当向出借人充分披露借款人情况、融资项目情况、借款风险评估以及已撮

① 邹玉祥．P2P网络借贷的刑法管控——以非法吸收公众存款罪的限缩新论为视角．北方法学，2018（5）．

② 王继晖，李成．网络借贷模式下洗钱风险分析及应对．金融与经济，2011（9）．

合未到期融资项目资金运用情况等有关信息。披露内容应当符合国家秘密、商业秘密、个人隐私的有关规定。网络借贷平台应当在其官方网站上建立业务活动经营管理信息披露专栏，定期以公告形式向公众披露年度报告、法律法规、网络借贷有关监管规定。网络借贷平台应当将定期信息披露公告文稿和相关备查文件报送工商登记注册地地方金融监管部门，并置备于机构住所供社会公众查阅。

3. 平台业务规则

网络借贷平台应当按照如下业务操作规则：一是为出借人与借款人提供直接借贷信息的采集整理、甄别筛选、网上发布，以及资信评估、借贷撮合、融资咨询、在线争议解决等相关服务；二是对出借人与借款人的资格条件、信息的真实性、融资项目的真实性、合法性进行必要审核；三是采取措施防范欺诈行为，发现欺诈行为或其他损害出借人利益的情形，及时公告并终止相关网络借贷活动；四是持续开展网络借贷知识普及和风险教育活动，加强信息披露工作，引导出借人以小额分散的方式参与网络借贷，确保出借人充分知悉借贷风险；五是按照法律法规和网络借贷有关监管规定要求报送相关信息，其中网络借贷有关债权债务信息要及时向有关数据统计部门报送并登记；六是妥善保管出借人与借款人的资料和交易信息，不得删除、篡改，不得非法买卖、泄露出借人与借款人的基本信息和交易信息；七是依法履行客户身份识别、可疑交易报告、客户身份资料和交易记录保存等反洗钱和反恐怖融资义务。

第三节　股权众筹监管制度

一、股权众筹概述

（一）股权众筹的概念

股权众筹是指融资者通过众筹平台向投资人出让其融资项目的股份来募集资金，投资者获得融资项目未来的股份收益的一种活动。《互联网金融指导意见》第 9 条规定："股权众筹融资主要是指通过互联网形式进行公开小额股权融资的活动。股权众筹融资必须通过股权众筹中介机构平台（互联网网站或其他类似的电子媒介）进行。"

由此可以看出，股权众筹具有以下几个特征：一是股权众筹必须依靠互联网技术。股权众筹由融资者、投资者和众筹平台三方构成。融资者和投资者通过众筹平台进行众筹，融资者将其融资项目的信息通过众筹平台公布于众，投资者通过众筹平台了解其想投资的项目信息。二是股权众筹的融资人大多为小微型企业，融资规模较小。实践中，股权众筹中的融资者主要是一些小微企业或刚刚成立的企业，它们的经营规模小，运营模式简单，这就决定了股权众筹融资规模较小。三是股权众筹具有大众性。众筹，顾名思义就是"大众筹资"的意思，其特点之一就是大众参与度高，参与门槛较低。① 我国法律目前没有对其投资者设定严格的规则加以管控。

（二）股权众筹的产生与发展

众筹的英文名为"Crowd Funding"，起源于 2009 年美国 Kickstarter 这一众筹平台的创办。2010 年，美国 Angellist 公司成立后出现股权众筹这一模式，该平台成为世界上第一个股权众筹平台。在英国，Crowdcube 和 Seedrs 是比较成熟的股权众筹平台。在我国，众筹于 2011 年

① 李爱君．互联网金融法律与实务．北京：机械工业出版社，2015：68.

进入大众视野，2011 年成立的天使汇是我国第一个众筹平台。2014 年 11 月国务院提出股权众筹融资试点，股权众筹开始得到广泛关注。从股权众筹的平台数量上来看，2015 年年底的运营平台数量 301 家，2016 年年底运营中的平台数达到峰值 532 家，而 2017 年年底急剧降低到 294 家。从股权众筹的项目数量和融资额上看，2011 年 7 月—2014 年 12 月汇总后的成功项目数和融资总额分别为 4 226 个和 9.31 亿元；2015 年全年的成功项目数和融资总额分别为 15 218 个和 88.68 亿元；2016 年全年的成功项目数和融资总额分别为 48 437 个和 217.43 亿元；2017 年全年的成功项目数和融资总额分别为 69 637 个和 260.00 亿元，总体呈上升趋势。我国股权众筹平台较多，如多彩投、小米众筹、苏宁众筹、人人创等，股权众筹涉及行业范围广泛，覆盖汽车、科技等行业领域。目前国内多数股权众筹平台采用“线上推介、线下约谈、注册会员、签订协议、统一投资”的方式进行发展。[①]

二、股权众筹的法律风险

根据《互联网金融指导意见》，我国股权众筹具有公开、大众、小额的特征，涉及社会公共利益和经济金融安全。股权众筹是一种新兴的融资方式，而法律法规具有一定的滞后性，这就不可避免地导致投资者、融资者或众筹平台在进行股权众筹融资时遭遇法律风险，一是涉嫌非法发行证券的风险；二是涉嫌合同诈骗的风险。

（一）涉嫌非法发行证券的风险

股权众筹打破了传统的融资模式，开创了网上融资模式，股权众筹是融资者通过众筹平台向投资者募集资金的经济活动，发行证券是证券发行人在证券交易场所依法向投资者出售证券，以筹集资金的行为。股权众筹与发行证券具有相似性，二者都为筹集资金。股权众筹融资行为包括融资者、投资者和众筹平台的行为。股权众筹融资行为是否涉嫌非法发行证券的风险更多的是融资者的行为是否涉及非法发行证券的风险。融资者行为是否涉及非法发行证券取决于两个方面：（1）是否向不特定对象发行；（2）是否向特定对象发行累计人数超过 200 人。

首先，根据《证券法》第 10 条[②]的规定，融资者向特定的投资人进行股权众筹融资行为就有涉嫌非法发行证券的风险。所谓“特定的投资者”是指融资者与投资者是有联系的，有交集的。股权众筹是融资者通过互联网平台向投资者发布信息，吸引投资者的资金。互联网平台具有开放性、公开性，它是面向大众，参与人数多，这就使得股权众筹中的融资人面对不特定的投资人。但是，由于当前我国众筹平台实行的是会员制，需要实名认证，这就可能使不特定的投资者转变为特定投资者，增加了涉嫌非法发行证券的风险。

其次，根据《证券法》第 10 条，融资者向特定对象发行，累计人数超过 200 人为非法发行证券。这条规定说明，股权众筹可以面向特定对象，但是累计人数不得超过 200 人。在现实社会中，股权众筹中的投资者往往人数众多，这就导致触及人数限制，存在涉嫌非法发行证券的风险。

（二）合同诈骗风险

在股权融资中，融资人与投资人是在众筹平台中进行的，并且融资人和投资人的资格都是

① 何欣奕．股权众筹监管制度的本土化法律思考——以股权众筹平台为中心的观察．法律适用，2015（3）.

② 我国《证券法》第 9 条规定：公开发行证券，必须符合法律、行政法规规定的条件，并依法报经国务院证券监督管理机构或者国务院授权的部门注册；未经依法注册，任何单位和个人不得公开发行证券。有下列情形之一的，为公开发行：（1）向不特定对象发行证券；（2）向特定对象发行证券累计超过 200 人；（3）法律、行政法规规定的其他发行行为。非公开发行证券，不得采用广告、公开劝诱和变相公开方式。

由众筹平台根据自己制定的规则审核，这就导致融资者和投资者之间存在信息不对称。首先，投资者难以获得较为详细的融资项目信息，容易出现融资者发布虚假信息（如融资人以实际上根本不存在的单位或他人名义欺骗投资者，诱使投资者签订合同），损害投资人的利益。其次，众筹平台可能成为诈骗投资者的主体，虚构融资项目。这两种情形可能构成刑法上的合同诈骗罪。[①]

此外，领投人也可能存在欺诈投资人的情形。我国目前的股权众筹的主要模式是“领投＋跟投”，“领投＋跟投”模式是指由对股权众筹融资项目十分了解，有丰富的专业知识和经验，能协调项目方进行投后管理的投资者作为领投人，带领多名跟投人一同对融资项目进行投资的一种模式，跟投人只需出资。在这一模式中，如果领投人和投资者之间形成某种非法协议，损害跟投人的利益，跟投人限于信息不对称，很难发现这种非法协议。在这种非法协议下签订的投资合同损害着跟投人的合法权益。[②]

三、股权众筹的域外借鉴

（一）投资者适当性规则

股权众筹相较于其他融资方式而言，投资门槛低，投资人数众多，这些投资人往往缺乏股权众筹相关的专业知识以及应对风险能力较弱。为了保护投资者的合法利益，必须加大对投资者的保护，建立投资者适当性的规则。

美国《JOBS法案》依据投资者的收入水平与净资产的高低将投资者分10万美元以上、10万美元以下两类。(1) 假如投资者的年收入或者净资产低于10万美元，则投资者的投资额度在2 000美元或者该投资者年收入的5%、净资产的5%，两者中取最大；(2) 假如投资者年收入或净资产达到或超过10万美元，则该投资者可投资的数额为年收入或净资产的10%，且12个月内最高不超过10万美元。[③]《JOBS法案》通过根据投资者的收入或净资产水平的高低，将投资者划分为两类，限定投资者一年内能投资的所有股权众筹发行的总额度。这样有力地保护了投资者的财产，合理规避风险。

投资适当性规则既不是要拉高投资者的准入门槛，也不是降低投资者的准入门槛。我国在建立投资者适当性规则时可以借鉴美国《JOBS法案》，根据投资人的收入状况或净资产多寡，投资人的投资水平或承担风险能力的大小，将投资者分为不同种类，设立不同的投资规则，比如将投资者分为一般投资者和专业投资者。但我国目前没有一套能够真正获知公民的收入或净资产的系统，也无法获知投资者一年内投资的全部股权众筹数量或总金额。现阶段，可采用限制投资者投资于每一股权众筹项目每一次发行的资金数额。[④] 由于我国各地经济发展水平不一致，可根据各地的经济情况制定相应的投资者适当性规则，逐步推进。

---

① 《刑法》第224条规定：“有下列情形之一，以非法占有为目的，在签订、履行合同过程中，骗取对方当事人财物，数额较大的，处三年以下有期徒刑或者拘役，并处或者单处罚金；数额巨大或者有其他严重情节的，处三年以上十年以下有期徒刑，并处罚金；数额特别巨大或者有其他特别严重情节的，处十年以上有期徒刑或者无期徒刑，并处罚金或者没收财产：（一）以虚构的单位或者冒用他人名义签订合同的；（二）以伪造、变造、作废的票据或者其他虚假的产权证明作担保的；（三）没有实际履行能力，以先履行小额合同或者部分履行合同的方法，诱骗对方当事人继续签订和履行合同的；（四）收受对方当事人给付的货物、货款、预付款或者担保财产后逃匿的；（五）以其他方法骗取对方当事人财物的。”

② 朱崇实，刘志云主编．金融法教程．北京：法律出版社，2017：310.

③ 参见《JOBS法案》第302a条以及《SEC最终规则》第2章A节第2项。

④ 樊云慧．股权众筹平台监管的国际比较．法学，2015（4）.

（二）融资者信息披露规则

信息披露对于股权众筹融资来说至关重要。由于股权众筹融资行为是我国新兴的金融活动，投资者的股权众筹融资的专业知识缺乏，不能有效地获取信息，过度地依赖于融资者发布在众筹平台上的信息，而信息披露规则可以有效地改善投资者和融资者之间信息不对称的现象，有利于保障投资者的合法权益。

美国《JOBS 法案》及《SEC 最终规则》等相关法规，对融资者应披露的信息内容作了规定：（1）发行人的名称、法律形态、住所和网站地址；（2）董事、高管及持有 20%以上股份的股东信息；（3）业务介绍和预期商业计划；（4）财务状况；（5）筹得资金的使用目的和使用规划；（6）融资数额、截止日期以及进展情况；（7）证券的价格或定价方法，以书面形式披露最终价格和其他信息，并确保投资者有机会撤销承诺；（8）发行人的所有权及资本结构；（9）关联交易等。英国《关于网络众筹和通过其他方法推介不易变现证券的监管规则》（简称《英国众筹监管规则》）中规定，筹资者提供筹资活动的信息应当确保内容真实、准确并且及时有效，不应夸大、发布虚假信息，不得对投资者进行误导，同时 FCA 强调，筹资者与股权众筹平台应当对投资者在筹资项目具有相关风险的地方进行相应提示，以保护投资者的利益。

我国《互联网金融指导意见》第 9 条规定："股权众筹融资方应为小微企业，应通过股权众筹融资中介机构向投资人如实披露企业的商业模式、经营管理、财务、资金使用等关键信息，不得误导或欺诈投资者"。这强调了融资者的信息披露义务，应当将其商业模式、经营管理等关键信息发布在众筹平台上，以供投资人查阅。英美两国的筹资者的筹资金额与信息披露的程度是相关的，筹资金额越大，信息披露的要求越严格。在借鉴域外经验的基础上，我国可以对筹集资金数额较大的融资者，要求其披露的信息更为全面、真实、准确；对于筹集资金数额较小的融资项目，其信息披露的程度可以适当宽松。

四、股权众筹的监管制度

（一）股权众筹的监管主体

根据《互联网金融指导意见》，我国股权众筹由证监会统一监管。证监会作为法定的金融监管机关，其监管股权众筹融资行为具有稳定性和法定性，符合依法监管原则。证监会负责制定股权众筹市场监管规则，履行股权众筹市场监管职责。

除证监会外，行业自律协会可以弥补证监会监管失灵，是股权众筹健康发展的有力辅助。《互联网金融指导意见》第 19 条规定："加强互联网金融行业自律。充分发挥行业自律机制在规范从业机构市场行为和保护行业合法权益等方面的积极作用。人民银行会同有关部门，组建中国互联网金融协会。协会要按业务类型，制订经营管理规则和行业标准，推动机构之间的业务交流和信息共享。协会要明确自律惩戒机制，提高行业规则和标准的约束力。"相较于证监会监管，行业自律协会能够获得更为真实全面的行业信息，熟悉行业发展动态和需求。行业自律协会可以制定行业自律规则，向成员提供行业信息服务，受理有关投诉，推动股权众筹行业的发展。

（二）股权众筹的监管规则

1. 明确众筹平台的义务。股权众筹融资是必须借助众筹平台进行，众筹平台对于股权众筹来说是至关重要的。众筹平台承担着传递融资项目信息、撮合上线融资项目交易、资金的划转、项目投后管理等重要职责，故股权众筹平台必须是经过合法备案的企业，并受证监会和行业自律组织监管。股权众筹平台利用自己的专业知识对融资人和融资项目进行审核，对于不符合法律法规或市场前景不佳的项目，或者个人资信评价低的融资人发起的融资项目，平台不得准许其上线。在股权众筹融资中，股权众筹平台应对投资人进行保护，保护投资人的信息安全，不得非法公开投资人的身份、资产等信息。股权众筹平台应保持中立，不得与融资人或投资人存在利益关系。

2. 信息披露规则。股权众筹融资是利用互联网进行交易，融资人通过众筹平台发布融资项目的相关信息，投资人通过众筹平台了解融资项目再决定是否投资。对于投资者而言，信息的真伪十分重要。股权众筹面向的是普通的个人投资者，首先其往往缺乏获取信息和分析信息的能力；其次个人投资者的投资资金较小，他们亦不愿意花精力去获取信息，反而会选择一种“搭便车”的捷径，避免承担过高的信息成本费用。而融资者为了获得融资，可能会存在夸大前景与收益、误导投资者、掩盖真实信息等情形。基于以上原因，推进信息披露制度化、体系化确有必要。

3. 适当监管规则。根据《互联网金融指导意见》的规定，互联网金融监管应遵循“依法监管、适度监管、分类监管、协同监管、创新监管”的原则，科学合理界定各业态的业务边界及准入条件，落实监管责任，明确风险底线，保护合法经营，坚决打击违法和违规行为。由于股权众筹是新兴的金融活动，在对其进行监管时，既要规避相关金融风险，又不能限制其发展，因此要对其适当监督。股权众筹中的融资项目、融资公司大多处于初创期，还在不断地探索市场交易模式和交易规则。股权众筹的监管需要体现出适当的容忍度，给予其出错空间，以便有利于股权众筹的发展与创新。当然，股权众筹的监管给予其适当的容忍度并不意味着不监管，而是对其进行更为有效的监督。

第四节　互联网支付监管制度

一、互联网支付概述

（一）互联网支付的概念

互联网支付是指收款人或付款人通过计算机、移动终端等电子设备，依托公共网络信息系统远程发起支付指令，且付款人电子设备不与收款人特定专属设备交互，由支付机构为收付款人提供货币资金转移服务的活动。目前，互联网支付主要包括第三方支付、网络银行支付和移动电话支付等。第三方支付是指非金融机构作为中介机构为收付款人提供货币转移支付服务。网络银行支付是指依托公共或者专用网络为客户提供银行卡的货币资金转移服务。移动电话支付是指通过移动手机等移动客户端来进行电子货币支付，移动支付将互联网、终端设备、金融机构有效地联合起来，提供货币转移支付服务。

（二）互联网支付的产生与发展

我国第一笔互联网支付始于1998年7月6日招商银行推出的“一网通—网上支付”业务。随后，各大银行相继推出自己的网上银行业务。随着互联网发展，互联网支付进入加速发展阶段，第三方支付兴起。2004年支付宝（中国）网络技术有限公司建立并推行“提保交易”，成为独立的第三方支付平台。2005年腾讯公司推出“财付通”专业在线支付平台，其核心业务是帮助在互联网上进行交易的双方完成支付和收款。2008年互联网支付出现爆发式增长，第三方支付向传统行业渗透，逐步渗透到全面综合电子支付服务行业领域。第三方支付不仅带有支付清算服务的特性，而且包含了信用中介服务功能，同时还兼备部分融资功能。紧接着，互联网支付行业进入规范和监管发展阶段。2010年中国人民银行发布《非金融机构支付服务管理办法》（以下简称《支付服务管理办法》），确立了通过申请审核发放支付牌照的方式把第三方支付企业正式纳入国家监管体系之下。2012年支付宝推出二维码支付业务，2013年其扫码支付覆盖了航旅、游戏、团购、B2C行业等46万家网站商户。2014年微信支付推出“面对面收钱”的功能。2015年中国人民银行发布《非银行支付机构网络支付业务管理办法》，从客户管理、业务管理、风险管理与客户权益保护等方面作了详细规定。2017年中国人民银行印发《条码支付业务规范（试行）》，目的在于保护消费者合法权益，促进移动支付业务健康可持续发展。

二、互联网支付的法律问题

（一）支付平台属性定位

随着电子商务的发展，第三方支付市场呈现出巨大商机和市场发展需求，大量企业涌入。根据2010年9月中国人民银行发布的《支付服务管理办法》，第三方支付平台属于非金融机构，专门从事“支付服务”。但是第三方支付平台逐渐具有金融属性，如从事金融服务中的清算结算，为电商平台的买卖双方提供担保，通过虚拟账户拥有大量沉淀资金（类似于银行的“吸储”业务），虚拟账户可以充值、消费、转账、理财（类似于银行账户的功能）等。《商业银行法》规定从事结算业务必须得到银保监会的批准，但是第三方服务机构却并没有受到与银行相对应的监管，其经营范围也已超出“中介服务”的经营范围，处于“金融服务与网络运营的灰色地带”。

针对第三方支付机构“银行化”的倾向，2015年12月中国人民银行发布的《非银行支付机构网络支付业务管理办法》（以下简称《网络支付业务管理办法》）中对虚拟账户的支付实施了账户类型限制、交易指令限制和交易限额管理。通过支付限额、业务范围等多项规定将第三方支付机构与银行区分开，力求第三方支付机构“去银行化”，但对于第三方支付的性质，依然没有明确的界定。

（二）金融犯罪风险

首先，第三方支付平台由于交易的隐秘性，为犯罪分子进行洗钱和金融犯罪提供了可能。在我国金融监管体系中，互联网支付的监管制度不够完善，犯罪分子容易利用监管的薄弱环节进入合法经济体系，进行洗钱和非法融资等犯罪活动。第三方支付具有独特的资金转移方式和渠道。当网络支付机构作为支付服务中介时，原本银行了如指掌的完整交易过程（付款人—收款人）被“割裂”为两个看起来毫无联系的交易（付款人—网络支付机构—收款人）。部分第三方支付工具可以匿名开立账号，其提供的资金划拨可能通过割裂交易内容以屏蔽银行对资金流向的完整辨识，容易成为洗钱等违法犯罪活动的工具。中国人民银行于2012年颁布《支付机构反洗钱和反恐融资管理办法》，在客户身份识别、客户身份资料和交易记录保存、可疑交易报告等方面对支付机构的洗钱和恐怖融资进行了规制。但在实践中，很多的支付机构依然难以达到监管层的要求，第三方支付的反洗钱、非法融资等风险依然存在。

其次，第三支付平台虽然对申请人的资质有一定的限制和审核，但是由于第三方支付仅仅是提供一个交易平台而不审查交易是否真实存在，第三方支付机构为商户提供的虚拟商户POS机也简化了对商户的资质审核，因此通过虚假交易为信用卡套现等提供了便利的渠道。当信用卡恶意套现且不还款时，该行为就转移为银行的风险。第三方支付机构在很大程度上提高了利用第三方支付进行信用卡套现的比例，导致商业银行利益受损，破坏了整个互联网电子商务市场的健康发展。

(三) 金融消费者保护

《支付服务管理办法》及其《实施细则》对第三方支付机构在公司治理、内部控制、业务活动及收费制度等方面作出明确规定，对消费者商业秘密保护、客户信息保密等方面进行规范，这些措施一定程度上保障了第三方支付中消费者的权益。但是在现实中，消费者的弱势地位使其在第三方支付中经常面临各种侵害和风险，因而在第三方支付语境下的消费者权益保护尤为重要。

第一，支付服务协议问题。《实施细则》规定，支付机构应当在营业场所及网站主页显著位置披露其支付服务协议的内容，并应当遵循公平原则，全面、准确界定支付机构与客户之间的权利、义务和责任。但在实践中，第三方支付机构支付服务协议往往内容冗长、对于重点条款标注不明，且存在诸多侵犯消费者权益的条款。一旦出现问题，第三方支付机构可以依据免责条款得到豁免，这在很大程度上无法保障客户的权益。

第二，信息安全问题。账户安全问题一直是第三方支付中消费者保护的重心。与所有的互联网金融平台一样，用户注册成为第三方支付机构的用户，往往需要实名认证、绑定银行卡、预留电话号码，第三方支付机构往往掌握了很多的用户和商户的关键、重要的信息。如果这些信息使用和管理出现不当导致信息被泄露和滥用，将会给用户和商户带来巨大的损失。信息安全制度的不完善还可能引发账户安全隐患，导致客户的资金被盗。《支付服务管理办法》及其《实施细则》针对消费者信息保密方面仅进行了原则性的规定，缺乏具体的操作性规定，这对于消费者权益保护是十分不利的。

三、互联网支付的监管制度

(一) 互联网支付的监管主体

目前，我国对互联网支付行业监管主要以人民银行为主体。互联网支付行业业务范围涉及保险、证券、理财、信贷等领域，支付产品界限日趋模糊，单一的监管模式已经无法适应市场的发展。第三方支付机构经营模式飞速发展，现代化支付工具不断创新，传统监管方式和思路相对滞后，已不适应当前互联网支付行业的发展要求。中国人民银行作为监管主体，应进行全面统筹和监管协调。此外，银保监会、商务部、工业与信息化部等相关部门可协助监管，支付清算协会作为自律监管主体应发挥其重要作用。

(二) 互联网支付的监管规则

1. 准入牌照规则

随着互联网金融的快速发展，互联网支付平台的规模也迅速扩大。在这样的形势下，2010年中国人民银行出台《非金融机构支付服务管理办法》，对从事互联网支付的非金融机构实施行政许可制度。《支付服务管理办法》对于申请人的条件、注册资本、申请程序和变更等作了严格的要求，第三方支付机构欲提供支付服务，应当取得相应的《支付业务许可证》。《支付业务许可证》由中国人民银行颁发，牌照的有效期为5年。同年12月1日，中国人民银行颁布《非金融机构支付服务管理办法实施细则》，作为《支付服务管理办法》的补充和完善。2011年5月，中国人民银行发放首批第三方支付牌照，支付宝、财付通、银联等27家第三方支付企业成为首批获得《支付业务许可证》的第三方支付机构。2015年12月，中国人民银行发布《网络支付业务管理办法》，对取得《支付业务许可证》的支付机构进行规范。

2. 支付业务规则

支付机构不得经营或者变相经营证券、保险、信贷、融资、理财、担保、信托、货币兑换、现金存取等业务。《网络支付业务管理办法》对于支付机构的业务流程和业务对象进行了明确规定，包括扣划客户银行账户资金、关联账户分类管理、确保交易信息真实性以及确认客户身份等。支付机构应当确保交易信息的真实性、完整性、可追溯性以及在支付全流程中的一致性，不得篡改或者隐匿交易信息。

3. 客户权益保护规则

第三方支付以开放的网络为支撑，具有虚拟性、匿名性和复杂性等特点，传统的消费者权益保护制度难以有效保障消费者的权益。《支付服务管理办法》在消费者权益保障方面进行了相应规范。支付机构应当按照审慎经营的要求，制定支付业务办法及客户权益保障措施，建立健全风险管理和内部控制制度，并报所在地中国人民银行分支机构备案。在支付服务协议方面，要求第三方支付机构制定支付服务协议应界定平台与客户之间的权利与义务及处理的原则等内容。该办法同时要求第三方支付机构对支付服务协议进行备案，并且有义务对支付服务协议中的格式条款进行信息披露。支付机构应建立客户风险评级管理制度、风险准备金制度和交易赔付制度，向客户提示网络支付业务的潜在风险，并对个人客户使用支付账户余额付款进行限额管理。支付机构应当充分尊重客户的自主选择权，不得强迫客户使用本机构提供的支付服务，不得阻碍客户使用其他机构提供的支付服务。支付机构应当公平展示客户可选用的各种资金收付方式，不得以任何形式诱导、强迫客户开立支付账户或者通过支付账户办理资金收付，不得附加不合理条件。①

第五节　其他互联网金融形式监管制度

一、互联网货币基金的法律制度

（一）互联网货币基金的概念

互联网货币基金是指基金公司以互联网平台为渠道销售基金产品，包括在互联网上发售基金份额，办理基金份额申购、赎回和基金的宣传推介等业务。互联网货币基金是金融在互联网领域的衍生服务，是传统金融模式采用网络技术的创新成果。互联网货币基金主要有两种形式，即基金公司自建网络平台销售或与第三方网络平台合作。

（二）互联网货币基金的监管制度

1. 互联网货币基金的监管主体

《互联网金融指导意见》指出，互联网基金销售业务由证监会负责监管。证监会、中国人民银行历来高度重视对货币市场基金进行监管。在互联网金融高速发展的今天，仅仅靠证监会和央行的监管已经远远不够。需要发挥中央和地方协调监管的优势，发挥行业自律组织在促进互联网货币基金发展中的独特作用，以证监会为核心，构建全方位协同的监管模式。

2. 互联网货币基金的监管规则

互联网货币基金的监管，主要依据《证券投资基金法》《货币市场基金监督管理办法》等相关法律法规，同时，2018 年证监会和中国人民银行联合出台的《关于进一步规范货币市场基金互联网销售、赎回相关服务的指导意见》（以下简称《货币基金指导意见》）从 2018 年 6 月 1 日起实施。

---

① 参见《非银行支付机构网络支付业务管理办法》。

《货币基金指导意见》对基金管理人、基金销售机构依法合规开展货币市场基金互联网销售业务，审慎提供赎回相关服务，保护投资者合法权益等方面作出规定。在基金管理人、基金销售机构开展货币市场基金互联网销售业务方面，《货币基金指导意见》要求：(1) 强化持牌经营理念，严禁非持牌机构开展基金销售活动，严禁非持牌机构留存投资者基金销售信息。(2) 强化基金销售活动的公平竞争要求，严禁实施歧视性、排他性、绑定性销售安排。(3) 强化基金销售结算资金的闭环运作与同卡进出要求，严禁任何机构或个人挪用基金销售结算资金。(4) 严禁基金份额违规转让，严禁用货币市场基金份额直接进行支付。

在基金赎回方面，为满足投资者小额、便利的取款需要，基金管理人、基金销售机构可以为投资者提供"T+0 赎回提现业务"增值服务，允许投资者在提交货币市场基金赎回申请当日在一定额度内取得赎回款项。但需要满足以下条件：(1) 对单个投资者在单个销售渠道持有的单只货币市场基金单个自然日的"T+0 赎回提现业务"提现金额设定不高于 1 万元的上限。(2) 除具有基金销售业务资格的商业银行外，基金管理人、非银行基金销售机构等机构及个人不得以自有资金或向银行申请授信等任何方式为货币市场基金"T+0 赎回提现业务"提供垫支，任何机构不得使用基金销售结算资金为"T+0 赎回提现业务"提供垫支。(3) 严格规范"T+0 赎回提现业务"的宣传推介，强化风险揭示和信息披露义务，严禁误导投资者。一是应以显著方式在该类业务宣传推介材料上增加"该服务非法定义务，提现有条件，依约可暂停"，充分提示风险。二是应以显著方式在该类业务宣传推介材料上公开提示投资者有关提现额度限制、服务暂停及终止情形、让渡收益情况、提供垫支方的机构名称等涉及投资者利益的重要条款。三是应在实施暂停或终止提供该类服务、变更额度限制等影响投资者利益的重大事项前，及时履行信息披露义务。

在非银行支付机构为基金管理人、基金销售机构提供基金销售支付结算业务方面，除应当遵守《货币市场基金监督管理办法》第 23 条等相关规定外，还应当遵守以下规定：(1) 不得向投资者提供以其持有的货币市场基金份额进行消费、转账等业务的增值服务；(2) 不得从事或变相从事货币市场基金宣传推介、份额发售与申购赎回等基金销售业务，不得对货币市场基金收益率进行承诺和宣传，不得留存投资者基金销售业务信息；(3) 不得为货币市场基金提供"T+0 赎回提现业务"垫支。

二、互联网保险的法律制度

（一）互联网保险的概念与发展

互联网保险是指保险机构依托互联网和移动通信等技术，通过自营网络平台、第三方网络平台等订立保险合同、提供保险服务的业务。2015 年保监会①发布《互联网保险业务监管暂行办法》，其中保险机构，是指经保险监督管理机构批准设立，并依法登记注册的保险公司和保险专业中介机构；保险专业中介机构是指经营区域不限于注册地所在省、自治区、直辖市的保险专业代理公司、保险经纪公司和保险公估机构；自营网络平台，是指保险机构依法设立的网络平台；第三方网络平台，是指除自营网络平台外，在互联网保险业务活动中，为保险消费者和保险机构提供网络技术支持辅助服务的网络平台。

自 1997 年 11 月新华人寿保险公司承保了国内第一份网络保单以来，互联网保险业务飞速发展。太平洋保险公司和平安集团分别开通了全国性网站，太平洋保险公司建成了保险业内第

① 2018 年 3 月 21 日正式印发《深化党和国家机构改革方案》，将中国银行业监督管理委员会和中国保险监督管理委员会的职责整合，组建中国银行保险监督管理委员会。

一个全国范围的保险网络系统。但2000年全球互联网泡沫破灭，国内消费者以及市场对互联网保险业务的认识不足、接受程度低，网络设备配置相对落后，技术发展相对局限。因此，保险公司在初期多采用线上投保、线下代理人服务的模式，未能实现完整意义上的互联网保险形式。从2004年12月1日起，我国按照WTO协议的要求允许外资保险企业进入国内经营，外资开始进入我国的保险市场。为了与外资相竞争，我国的保险公司加大投资力度来保证适应市场的变化，大力发展和推进互联网保险业务，保险公司的网络化水平逐步提高。2013年可以被称为中国互联网金融元年，互联网保险在这一年取得了跨越式的发展，以万能险为代表的理财型保险引爆了以淘宝为首的第三方商务平台。全新模式的众安保险形成了一套风险可控、运行可靠的体系，给传统商业保险带来机遇与挑战，逐步确立了互联网保险的基本模式。互联网保险真正成为一种新的业态，互联网保险的移动时代已然开启。

（二）互联网保险平台的类型

根据《互联网保险业务监管暂行办法》的规定，互联网保险平台可以分为保险机构自营网络平台、第三方网络平台两种类型。保险机构自营网络平台模式可分为保险公司自营和保险中介机构自营两种模式。保险公司自营网络平台就是一般意义上的保险公司自建的网站直销模式。在这种模式下，保险公司利用互联网技术和网站平台，直接在线与投保人订立保险合同。第三方网络平台，是指除自营网络平台外，在互联网保险业务活动中，为保险消费者和保险机构提供网络技术支持辅助服务的网络平台。①

（三）互联网保险的监管制度

1. 互联网保险的监管主体

《互联网金融指导意见》和《互联网保险业务监管暂行办法》明确了互联网保险业务由保监会（现为银保监会）负责监管，各银保监局负责辖区内互联网保险业务的日常监测与监管，并可根据银保监会授权对有关保险机构开展监督检查。

各金融监管部门要积极支持金融机构开展互联网金融业务。按照法律法规规定，对符合条件的互联网企业开展相关金融业务实施高效管理。工商行政管理部门要支持互联网企业依法办理工商注册登记。电信主管部门、国家互联网信息管理部门要积极支持互联网金融业务，电信主管部门对互联网金融业务涉及的电信业务进行监管，国家互联网信息管理部门负责对金融信息服务、互联网信息内容等业务进行监管。

2. 互联网保险的监管规则

《互联网金融指导意见》明确了保险公司开展互联网保险业务，应遵循安全性、保密性和稳定性原则。专业互联网保险公司应当坚持服务互联网经济活动的基本定位，提供有针对性的保险服务。保险公司应建立对所属电子商务公司等非保险类子公司的管理制度，建立必要的防火墙。

在信息披露方面，《互联网保险业务监管暂行办法》第三章对信息披露进行明确规定，要求保险公司通过互联网销售保险产品，不得进行不实陈述、片面或夸大宣传过往业绩、违规承

① 《互联网保险业务监管暂行办法》第6条规定，保险机构通过第三方网络平台开展互联网保险业务的，第三方网络平台应具备下列条件：（1）具有互联网行业主管部门颁发的许可证或者在互联网行业主管部门完成网站备案，且网站接入地在中华人民共和国境内；（2）具有安全、可靠的互联网运营系统和信息安全管理体系，实现与保险机构应用系统的有效隔离，避免信息安全风险在保险机构内外部传递与蔓延；（3）能够完整准确、及时向保险机构提供开展保险业务所需的投保人、被保险人、受益人的个人身份信息、联系信息、账户信息以及投保操作轨迹等信息；（4）最近2年未受到互联网行业主管部门、工商行政管理部门等政府部门的重大行政处罚，未被中国保监会列入保险行业禁止合作清单；（5）中国保监会规定的其他条件。

诺收益或者承担损失等误导性描述；要求在相关网络平台“显著位置”列明保险合同订立的形式、保险费支付方式、咨询和投诉方式、保险理赔的流程等信息；要求开展互联网保险业务的保险机构在其官方网站建立互联网保险信息披露专栏，披露保险公司和保险产品信息。公开关于保险公司和保险业务的相关信息，以维护公平透明的市场环境。

在消费者权益保护方面，保险机构应加强客户信息管理，确保客户资料信息真实有效，保证信息采集、处理及使用的安全性和合法性。对开展互联网保险业务过程中收集的客户信息，保险机构应严格保密，不得泄露，未经客户同意，不得将客户信息用于所提供服务之外的目的。保险机构应建立健全客户身份识别制度，加强对大额交易和可疑交易的监控和报告，严格遵守反洗钱有关规定。

三、互联网信托的法律制度

（一）互联网信托的概念与发展

互联网信托顾名思义就是互联网＋信托，是互联网与信托的结合，是传统信托业的创新发展。《信托法》第 2 条规定：“本法所称信托，是指委托人基于对受托人的信任，将其财产权委托给受托人，由受托人按委托人的意愿以自己的名义，为受益人的利益或者特定目的，进行管理或者处分的行为。”互联网信托，依附于互联网技术，面向的是中小微企业或创新创业企业，以及有投资理财需求的个人，结合传统信托来实现财产管理等增值业务的互联网金融模式。

2013 年以来，传统产业与互联网的结合正如火如荼地展开，在此背景下，互联网信托应运而生。2015 年，政府报告中提出制定“互联网＋”行动计划，传统信托业与具有低成本、高效率特点的互联网进行融合。目前互联网信托处于初级探索阶段，主要集中于微信平台、产品 App 和线上购买信托产品等方面。从首个创新型互联网信托投资理财平台即“信托 100”，到中信信托联合百度等协作推出了挂钩电影《黄金时代》的信托产品，再到中融信托旗下“中融金服”上线，互联网信托正在迅猛发展。

（二）互联网信托的业务模式

在实践中，互联网信托的业务模式多种多样，其中主要有收益权转让模式、金融资产增信模式和消费信托模式等。

1. 收益权转让模式。收益权转让是指信托受益人将其收益权以约定的形式转让给投资人，受益人获得转让资金，受让人获得该信托收益权的一种活动。信托收益权是指在信托存续期间享有的由信托财产产生的经济利益的权利。目前在中国市场上主要是以“51 信托”为代表的网站采用收益权转让模式。

2. 金融资产增信模式。在金融资产增信模式下，委托人基于对受托人的信任，对受托人的金融资产进行核实、审查，并进行托管。一般委托人为互联网金融平台。这种模式可以有效地控制信托持有人借款时的风险，但互联网金融平台有可能为追求利益而损害信托资产。

3. 消费信托模式。消费信托是指信托公司从消费者需求角度来设计信托理财产品，将投资者的理财需求和消费需求整合起来。在互联网消费信托中，生产商或服务商在自身网站或第三方网站进行商品或服务的展示与宣传，通过互联网的营销渠道和营销能力，可以突破传统销售的瓶颈。[①] 消费信托模式打破了传统线下信托模式的单一性，降低了信息不对称性，是一个新的创新点。

---

① 王波，罗云，陈彩云．中国互联网信托：内生逻辑、运营模式与风险规制．西安财经学院学报，2019 (3).

（三）互联网信托的监管规则

互联网信托业务由银保监会负责监管。根据《互联网金融指导意见》第12条的规定，信托公司、消费金融公司通过互联网开展业务的，要严格遵循监管规定，加强风险管理，确保交易合法合规，并保守客户信息。信托公司通过互联网进行产品销售及开展其他信托业务的，要遵守合格投资者等监管规定，审慎甄别客户身份和评估客户风险承受能力，不能将产品销售给与风险承受能力不相匹配的客户。信托公司与消费金融公司要制定完善产品文件签署制度，保证交易过程合法合规，安全规范。互联网信托的监管规则主要是适当监管、分类监管等。

1. 适当监管规则。互联网信托是金融市场上一种新兴的金融活动，银保监会为互联网信托的监管主体。如果对互联网信托金融活动监管过于严苛，会阻碍互联网信托的发展和创新，但如果不对其加以监管而任其随意发展，则会损害金融市场的发展。监管主体对互联网信托进行监管时要适度。

2. 分类监管规则。信托公司通过互联网进行产品销售及开展其他信托业务的，要遵守合格投资者等监管规定，审慎甄别客户身份和评估客户风险承受能力，不能将产品销售给与风险承受能力不相匹配的客户。银保监会在对互联网信托进行监管时，可根据信托业务大小设定不同的监管规则以实现分类监管。

法律应用

1.《关于促进互联网金融健康发展的指导意见》是由央行会同有关部委牵头、起草、制定的互联网金融（ITFIN）行业“基本法”，2015年7月18日对外发布。

《指导意见》按照“鼓励创新、防范风险、趋利避害、健康发展”的总体要求，提出了一系列鼓励创新、支持互联网金融稳步发展的政策措施，积极鼓励互联网金融平台、产品和服务创新，鼓励从业机构相互合作，拓宽从业机构融资渠道，坚持简政放权和落实、完善财税政策，推动信用基础设施建设和配套服务体系建设。

《指导意见》按照“依法监管、适度监管、分类监管、协同监管、创新监管”的原则，确立了互联网支付、网络借贷、股权众筹融资、互联网基金销售、互联网保险、互联网信托和互联网消费金融等互联网金融主要业态的监管职责分工，落实了监管责任，明确了业务边界。

2.《非银行支付机构网络支付业务管理办法》是为了规范非银行支付机构网络支付业务，防范支付风险，保护当事人合法权益，根据《中华人民共和国中国人民银行法》《非金融机构支付服务管理办法》等规定制定，它由中国人民银行于2015年12月28日发布，自2016年7月1日起施行。

3. 中国银监会、工业和信息化部、公安部、国家互联网信息办公室制定了《网络借贷信息中介机构业务活动管理暂行办法》，于2016年8月17日公布并实施，目的是加强对网络借贷信息中介机构业务活动的监督管理，促进网络借贷行业健康发展。

思考题

1. 简述互联网金融监管的体制、目标和原则。
2. 简述网络借贷的法律风险及监管。
3. 简述股权众筹的法律风险及监管。
4. 简述互联网支付的法律风险及监管。

5. 简述互联网保险与互联网信托的法律制度。

模拟司法考试题

1. 以下关于股权众筹融资的说法，正确的是？（　　）

A. 股权众筹融资主要是指通过互联网形式进行公开小额股权融资的活动

B. 股权众筹融资必须通过股权众筹融资中介机构平台（互联网网站或其他类似的电子媒介）进行

C. 股权众筹融资方应为小微企业，应通过股权众筹融资中介机构向投资人如实披露企业的商业模式、经营管理、财务、资金使用等关键信息，不得误导或欺诈投资者

D. 股权众筹融资业务由财政部负责监管

答案及解析：A、B、C项。ABC项均正确，具体内容见《关于促进互联网金融健康发展的指导意见》，D项不正确，股权众筹融资业务由证监会负责监管。

2. 网络借贷信息中介机构应当履行下列哪些义务？（　　）

A. 依据法律法规及合同约定为出借人与借款人提供直接借贷信息的采集整理、甄别筛选、网上发布，以及资信评估、借贷撮合、融资咨询、在线争议解决等相关服务

B. 对出借人与借款人的资格条件、信息的真实性、融资项目的真实性、合法性进行必要审核

C. 采取措施防范欺诈行为，发现欺诈行为或其他损害出借人利益的情形，及时公告并终止相关网络借贷活动

D. 妥善保管出借人与借款人的资料和交易信息，不得删除、篡改，不得非法买卖、泄露出借人与借款人的基本信息和交易信息

答案及解析：A、B、C、D项。选择项全部正确，见《网络借贷信息中介机构业务活动管理暂行办法》。

第二十六章 涉外金融监管法律制度

重点问题

1. 外资金融机构的范围
2. 外资金融机构监管法律体系
3. 对营业性外资金融机构的管理模式
4. 境外中资金融机构的准入条件

第一节　外资金融机构监管制度概述

一、外资金融机构监管的概念

我国法律规定的外资金融机构，是指在中国境内从事金融活动的以外国资本为主的金融机构，包括外资商业银行、外资保险公司、外资投资银行、外资财务公司等。目前，中国的外资金融机构中数量最多的是外资商业银行，包括外国银行在华分支机构、外国独资银行和中外合资银行三种类型。

对外资金融机构监管的法律规范并不仅指某一金融法律、法规，而是各种涉及外资金融机构监管的金融法律、法规和国际条约、国际惯例的总和。

对外资金融机构的监管，是指东道国金融监管当局及其执行机关或某些特定机构，根据法定授权和法定程序对外资金融机构及其活动实施规制和约束，促使其稳健运行的一系列行为的总称。包括以下几个方面：(1) 对外资金融机构实施监管的主体是金融监管机构。在中国，该监管机构主要是指中国人民银行及其分支机构。(2) 受监管的客体是外资金融机构及其业务活动。外资金融机构包括外资银行和外资非银行金融机构以及外资证券、保险机构。(3) 对外资金融机构的监管行为应依法进行。(4) 对外资金融机构监管的目的是保证其稳健运行。

二、外资金融机构监管的目标与原则

东道国对外资金融机构监管的基本目标包括社会经济、法治和行业发展三个层次的目标。[①] 具体包括：(1) 消除跨国银行给本国带来的不稳定因素，维护本国金融体系和银行业的稳定；(2) 维护跨国银行与本国银行公平竞争的环境，建立跨国银行与本国银行能够公平竞争的制度体系；(3) 依法保护存款人及公众的合法利益；(4) 增强本国银行的竞争能力；(5) 监

① 岳彩申．跨国银行法律制度研究．北京：北京大学出版社，2002：285－286.

督国际资本的进出，防范国际投机资本带来的风险；(6) 引导金融资本的流动及配置。监管目标能否实现主要取决于三方面的因素：其一，处理案件与解释法律规则的成本很高，因此，监管必须有足够的激励；其二，监管者不能因为激励而有过于强烈的倾向性，即监管者必须独立；其三，监管成本是制约监管目标是否能够实现的重要因素。

监管原则是为了实现监管目标而确立的在监管活动中必须坚持的基本出发点和指导思想。外资金融机构监管的特有原则包括东道国监管原则、母国监管原则和监管政策协调原则。

三、外资金融机构监管立法

随着中国金融业开放的深入与监管经验的增长，外资金融监管立法不断颁布、更新和完善。2015 年修订的《商业银行法》第 92 条规定，外资商业银行、中外合资商业银行、外国商业银行分行适用本法规定，法律、行政法规另有规定的，依照其规定。为了进一步扩大对外开放，2019 年 9 月 30 日，国务院发布《关于修改〈中华人民共和国外资保险公司管理条例〉和〈中华人民共和国外资银行管理条例〉的决定》(国令第 720 号)，修改后的《外资保险公司管理条例》和《外资银行管理条例》自公布之日起施行。2019 年 12 月 18 日，中国银保监会公布修订后的《外资银行管理条例实施细则》；2020 年 3 月 20 日，中国证监公布修订后的《外商投资证券公司管理办法》。

第二节　外资营业性金融机构监管制度

一、外资营业性金融机构监管立法

外资营业性金融机构在东道国的金融活动，会对该国的金融和经济产生直接影响，所以各国对外资营业性金融机构的市场准入和业务经营范围均给予一定程度的限制，实行审慎监管政策。① 外资营业性金融机构种类很多。根据进一步扩大金融业对外开放的需要，我国修改了金融机构规则。我国对外资营业性金融机构的监管规则主要是《外资银行管理条例》、《外资银行管理条例实施细则》、《外资保险公司管理条例》和《外商投资证券公司管理办法》，涵盖了外资银行、外资保险公司和外商投资证券公司。本次修改针对外资银行和外资保险机构在我国的市场准入、业务范围（包括运营要求）以及监管程序等方面。

新修改的《外资银行管理条例》的变化主要体现在以下方面：允许外国银行在中国境内同时设立外商独资银行和外国银行分行，或者同时设立中外合资银行和外国银行分行；扩大了外商独资银行、中外合资银行、外国银行分行的经营范围，将其经营范围扩大到“代理发行、代理兑付、承销政府债券”和“代理收付款项”；取消了拟设外商独资银行的股东、外国银行分行的股东、拟设中外合资银行的外方股东、拟设分行的外国银行“提出设立申请前 1 年年末总资产不少于 200 亿美元”的要求；取消了外资银行营业性机构经营许可经营范围内的人民币业务需经国务院银行业监督管理机构批准的要求；降低了外国银行分行吸收中国境内公民存款单次金额的限制性要求，外国银行分行吸收中国境内公民每笔由原来的不少于 100 万元人民币的定期存款的限额，降低为不少于 50 万元人民币；要求外国银行分行应当按照国务院银行业监督管理机构的规定，持有一定比例的生息资产，取消原来 30%的比例要求，将具体比例要求

① 刘定华主编．金融法教程．2 版．北京：中国金融出版社，2004：361.

留待国务院银行业监管机构规定。

新修改的《外资保险公司管理条例》主要变化包括：允许境外金融机构入股外资保险公司；允许外国保险集团公司在中国境内投资设立外资保险公司；取消了申请设立外资保险公司的外国保险公司应当“经营保险业务 30 年以上”和“在中国境内已经设立代表机构 2 年以上”的条件限制。

二、外资营业性金融机构市场准入监管

根据《外资银行管理条例》的规定，外资银行是指依照我国有关法律、法规，经批准在我国境内设立的下列机构：（1）1 家外国银行单独出资或者 1 家外国银行与其他外国金融机构共同出资设立的外商独资银行；（2）外国金融机构与中国的公司、企业共同出资设立的中外合资银行；（3）外国银行分行；（4）外国银行代表处；其中，前述（1）至（3）统称外资银行营业性机构。外国金融机构是指在我国境外注册并经所在国家或者地区金融监管当局批准或者许可的金融机构；称外国银行是指在我国境外注册并经所在国家或者地区金融监管当局批准或者许可的商业银行。

设立外资银行及其分支机构，应当经银行业监督管理机构审查批准。外商独资银行、中外合资银行的注册资本最低限额为 10 亿元人民币或者等值的自由兑换货币。注册资本应当是实缴资本。外商独资银行、中外合资银行在中华人民共和国境内设立的分行，应当由其总行无偿拨给人民币或者自由兑换货币的营运资金。外商独资银行、中外合资银行拨给各分支机构营运资金的总和，不得超过总行资本金总额的 60%。外国银行分行应当由其总行无偿拨给不少于 2 亿元人民币或者等值的自由兑换货币的营运资金。国务院银行业监督管理机构根据外资银行营业性机构的业务范围和审慎监管的需要，可以提高注册资本或者营运资金的最低限额，并规定其中的人民币份额。外商独资银行、中外合资银行应当遵守《中华人民共和国商业银行法》关于资产负债比例管理的规定；外国银行分行变更的由其总行单独出资的外商独资银行以及本条例施行前设立的外商独资银行、中外合资银行，其资产负债比例不符合规定的，应当在国务院银行业监督管理机构规定的期限内达到规定要求。

拟设外商独资银行、中外合资银行的股东或者拟设分行、代表处的外国银行应当具备下列条件：（1）具有持续盈利能力，信誉良好，无重大违法违规记录；（2）拟设外商独资银行的股东、中外合资银行的外方股东或者拟设分行、代表处的外国银行具有从事国际金融活动的经验；（3）具有有效的反洗钱制度；（4）拟设外商独资银行的股东、中外合资银行的外方股东或者拟设分行、代表处的外国银行受到所在国家或者地区金融监管当局的有效监管，并且其申请经所在国家或者地区金融监管当局同意；（5）国务院银行业监督管理机构规定的其他审慎性条件。拟设外商独资银行的股东应当为金融机构，除应当具备本条例第 9 条规定的条件外，其中唯一或者控股股东还应当具备下列条件：（1）为商业银行；（2）资本充足率符合所在国家或者地区金融监管当局以及国务院银行业监督管理机构的规定。拟设中外合资银行的股东除应当具备本条例第 9 条规定的条件外，其中外方股东应当为金融机构，且外方唯一或者主要股东还应当具备下列条件：（1）为商业银行；（2）资本充足率符合所在国家或者地区金融监管当局以及国务院银行业监督管理机构的规定。

设立外资银行营业性机构，应当先申请筹建，并将相关申请资料报送拟设机构所在地的银行业监督管理机构；拟设机构所在地的银行业监督管理机构应当将申请资料连同审核意见，及时报送国务院银行业监督管理机构。国务院银行业监督管理机构应当自收到设立外资银行营业性机构完整的申请资料之日起 6 个月内作出批准或者不批准筹建的决定，并书面通知申请人。

决定不批准的，应当说明理由。特殊情况下，国务院银行业监督管理机构不能在前款规定期限内完成审查并作出批准或者不批准筹建决定的，可以适当延长审查期限，并书面通知申请人，但延长期限不得超过 3 个月。申请人凭批准筹建文件到拟设机构所在地的银行业监督管理机构领取开业申请表。申请人应当自获准筹建之日起 6 个月内完成筹建工作。在规定期限内未完成筹建工作的，应当说明理由，经拟设机构所在地的银行业监督管理机构批准，可以延长 3 个月。在延长期内仍未完成筹建工作的，国务院银行业监督管理机构作出的批准筹建决定自动失效。经验收合格完成筹建工作的，申请人应当将填写好的开业申请表连同要求的资料报送拟设机构所在地的银行业监督管理机构；拟设机构所在地的银行业监督管理机构应当将申请资料连同审核意见，及时报送国务院银行业监督管理机构。国务院银行业监督管理机构应当自收到完整的开业申请资料之日起 2 个月内，作出批准或者不批准开业的决定，并书面通知申请人。决定批准的，应当颁发金融许可证；决定不批准的，应当说明理由。经批准设立的外资银行营业性机构，应当凭金融许可证向市场监督管理部门办理登记，领取营业执照。

三、外资银行业金融机构业务的监管

（一）业务范围监管

外商独资银行、中外合资银行按照国务院银行业监督管理机构批准的业务范围，可以经营下列部分或者全部外汇业务和人民币业务：（1）吸收公众存款；（2）发放短期、中期和长期贷款；（3）办理票据承兑与贴现；（4）代理发行、代理兑付、承销政府债券；（5）买卖政府债券、金融债券，买卖股票以外的其他外币有价证券；（6）提供信用证服务及担保；（7）办理国内外结算；（8）买卖、代理买卖外汇；（9）代理收付款项及代理保险业务；（10）从事同业拆借；（11）从事银行卡业务；（12）提供保管箱服务；（13）提供资信调查和咨询服务；（14）经国务院银行业监督管理机构批准的其他业务。此外，外商独资银行、中外合资银行经中国人民银行批准，可以经营结汇、售汇业务。外商独资银行、中外合资银行的分支机构在总行授权范围内开展业务，其民事责任由总行承担。

外国银行分行按照国务院银行业监督管理机构批准的业务范围，可以经营下列部分或者全部外汇业务以及对除中国境内公民以外客户的人民币业务：（1）吸收公众存款；（2）发放短期、中期和长期贷款；（3）办理票据承兑与贴现；（4）代理发行、代理兑付、承销政府债券；（5）买卖政府债券、金融债券，买卖股票以外的其他外币有价证券；（6）提供信用证服务及担保；（7）办理国内外结算；（8）买卖、代理买卖外汇；（9）代理收付款项及代理保险业务；（10）从事同业拆借；（11）提供保管箱服务；（12）提供资信调查和咨询服务；（13）经国务院银行业监督管理机构批准的其他业务。外国银行分行可以吸收中国境内公民每笔不少于 50 万元人民币的定期存款。外国银行分行经中国人民银行批准，可以经营结汇、售汇业务。外国银行分行及其分支机构的民事责任由其总行承担。

（二）终止与清算监管

外资银行营业性机构自行终止业务活动的，应当在终止业务活动 30 日前以书面形式向国务院银行业监督管理机构提出申请，经审查批准予以解散或者关闭并进行清算。外资银行营业性机构已经或者可能发生信用危机，严重影响存款人和其他客户合法权益的，国务院银行业监督管理机构可以依法对该外资银行营业性机构实行接管或者促成机构重组。外资银行营业性机构因解散、关闭、依法被撤销或者宣告破产而终止的，其清算的具体事宜，依照我国有关法律、法规的规定办理。外资银行营业性机构清算终结，应当在法定期限内向原登记机关办理注销登记。外国银行代表处自行终止活动的，应当经国务院银行业监督管理机构批准予以关闭，并在法定期限内向原登记机关办理注销登记。

四、违反外资营业性金融机构监管的法律责任

设立外资金融机构关系到一国或地区的金融安全问题，须经国务院金融业监督管理机构审查批准。如果擅自设立外资金融机构或非法从事金融业务活动，不仅要承担被取缔的法律后果，还要承担行政责任或刑事责任。超出批准的经营范围、业务地域、服务对象范围从事金融业务活动的，根据违法程度的不同，分别给予行政处罚或刑事处罚。外资金融机构违反金融监管规定，拒绝、阻碍依法监督检查或者报送虚假文件、资料和书面报告的，或者未按期报送财务报表和有关文件、资料及书面报告，或者未按规定制订有关业务规则、建立健全有关管理制度的，均应承担相应的法律责任。外资金融机构违法情节严重的，金融主管部门还可以责令其停业整顿或者吊销金融业务许可证，取消高级管理人员一定期限直至终身在中国的任职资格。

第三节　外资金融机构代表机构监管制度

一、外资金融机构设立代表机构监管立法

外资金融机构在东道国设立代表机构是拓展国际业务的一种组织形式，代表机构的职责是开展情报收集、工作洽谈、业务联络和咨询等非直接营利的服务性和辅助性工作。设立代表处是在华设立外资经营性金融机构的一个前提条件。对于外资金融机构在东道国设立代表机构，有的国家只要求向东道国主管机关申请即可，但多数国家规定，必须征得东道国许可方能设立。中国采取后一种方式。

中国人民银行 1983 年 2 月 1 日发布《关于侨资、外资金融机构在中国设立常驻代表机构的管理办法》，标志着中国开始允许外国金融机构在华设立代表机构。中国人民银行 1996 年 4 月发布了《外国金融机构驻华代表机构管理办法》（已废止），2002 年 6 月发布修订后的《外资金融机构驻华代表机构管理办法》，是管理外国金融机构驻华代表机构的主要制度规范。该办法所称的“外国金融机构”包括在中华人民共和国境外注册的商业银行、投资银行、商人银行、证券公司、保险公司、保险经纪人公司、保险代理人公司、基金管理公司、外汇经纪人公司、信用卡公司、融资性租赁公司等金融机构；外资金融机构代表机构，包括外资金融机构在中国境内设立并从事咨询、联络和市场调查等非经营性活动的代表处、总代表处。我国港澳台地区的金融机构及其在内地设立的独资银行、合资银行、独资财务公司、合资财务公司设立代表机构，比照适用该办法。

证监会 1999 年 4 月发布了《外国证券类机构驻华代表机构管理办法》，规定的“外国证券类机构”，是指在中华人民共和国境外依法设立的投资银行、商业银行、证券公司、基金管理公司等从事证券类业务的金融机构；外国证券类机构常驻中国的代表机构，是指外国证券类机构在中国境内获准设立并从事咨询、联络、市场调查等非经营性活动的派出机构。2018 年 2 月保监会修正的《外国保险机构驻华代表机构管理办法》，规定的外国保险机构，是指在中国境外注册的保险公司、再保险公司、保险中介机构、保险协会及其他保险组织；外国保险机构驻华代表机构，是指外国保险机构在中国境内获准设立并从事联络、市场调查等非经营性活动的代表处、总代表处。2019 年 7 月中国证监会公布的《境外证券期货交易所驻华代表机构管理办

法》，规定的境外交易所，包括境外证券交易所、期货交易所、证券期货自动报价或者电子交易系统或者市场，以及中国证券监督管理委员会认定的其他境外交易所；境外交易所驻华代表机构，是指境外交易所在中国境内依法设立并专门从事联络、调研等非营利性活动的常驻代表机构，以及中国证监会认定的其他代表机构。

二、外资金融机构常驻代表机构的准入监管

设立外资金融机构常驻代表机构必须提交申请。申请人应具备的条件包括：(1) 申请人所在国家或地区具有完备的金融监管制度；(2) 申请人必须是其所在国家或地区金融监管当局批准设立的金融机构或是金融性行业协会会员；(3) 申请人经营状况良好，无重大违法违规记录；(4) 符合中国金融主管部门规定的其他审慎性条件。在中国境内注册的外资金融机构设立代表处，申请人也应具备规定的条件。

申请设立外资金融机构常驻代表机构的基本程序主要包括：领取、填写申请表，并附上有关材料，如申请人所在国家或地区主管当局核发的营业执照或合法开业证明；公司章程、董事会成员及最大 10 家股东对其在中国境内设立代表机构的意见书，或者由所在行业协会出具的推荐信；拟任首席代表的基本情况和委任首席代表的授权书，以及中国金融主管部门要求提交的其他资料。中国金融主管部门的派出机构对申请材料进行初审后，报国家金融主管部门审查批准。在中国境内已经设立规定数量以上的分支机构的外国金融机构，可以申请设立总代表处。设立程序与代表处相同。

随着我国金融机构分类经营、分类监管体制的完善，不同类型的境外或者国外金融机构在我国设立常驻代表机构的，还应当遵守银行、保险、证券、期货等金融监管机构公布的管理规则。

三、对外资金融机构常驻代表机构的业务监管

常驻代表机构的业务范围限于咨询、联络、市场调查等非营利性工作。代表机构及其工作人员不得与任何单位或自然人签订可能给代表机构或其代表的外资金融机构带来收入的协议或契约，不得从事任何形式的经营性活动。

总代表、首席代表任职期限应符合规定，任职期间内不得兼任其他经营性组织的管理职务。离职连续 1 个月以上，应当指定专人代行其职；离职连续 3 个月以上的，如无特殊理由，须更换人员，报中国金融主管部门批准。

代表机构年度报告及重大事项，包括章程、注册资本或注册地址变更，机构重组、股权变更或主要负责人变更，经营发生严重损失，发生重大案件，所在国家或地区监管当局对其实施重大监管措施等，应当及时向中国金融主管部门报告。

外资金融机构因合并、分立等原因成立新的机构而变更其在中国境内代表机构名称的，应事先向中国金融主管部门提出申请，并提交有关资料；因其他原因变更其在中国境内代表机构名称的，须向中国金融主管部门提交由外资金融机构董事长或行长签署的申请书。经中国金融主管部门同意变更其代表机构名称的，应按规定到工商行政管理部门办理变更登记手续。代表机构展期或变更地址的，亦应提交申请，由中国金融主管部门的分支机构审批。

申请撤销代表机构的，须经中国金融主管部门批准；代表处经批准升格为营业分支机构或总代表处的，原代表处自行关闭；撤销代表机构，应到工商行政管理部门办理注销登记手续。代表处关闭或者被依法撤销后，设有总代表处的，由其总代表处负责未了事宜；总代表处以及

没有设立总代表处的代表处关闭或被依法撤销后，其未了事宜由其代表的外资金融机构负责处理。

四、违反外资金融机构代表机构监管制度的法律责任

未经中国金融主管部门批准，外资金融机构擅自设立驻华代表机构，包括总代表处的，应依法取缔。该代表机构被取缔之日起5年内，不受理该外资金融机构提出的在中国境内设立代表机构或其他机构的申请。代表机构未按规定期限报送规定的报告或材料的，或违反规定从事金融业务活动情节严重的，可导致该代表机构被撤销的后果。对有严重违反外资金融机构驻华代表管理规定的首席代表或总代表，依法取消其一定期限直至终身的任职资格。

法律应用

1. 外资银行，是指依照中华人民共和国有关法律、法规，经批准在中华人民共和国境内设立的下列机构：(1) 一家外国银行单独出资或者一家外国银行与其他外国金融机构共同出资设立的外商独资银行；(2) 外国金融机构与中国的公司、企业共同出资设立的中外合资银行；(3) 外国银行分行；(4) 外国银行代表处。其中，第 (1) 项至第 (3) 项所列机构，统称外资银行营业性机构。

2. 外国资本是指在中华人民共和国境外注册的机构缴付的资本；外国银行是指在中华人民共和国境外注册并经所在国家或地区金融监管当局批准或认可的商业银行；外国的金融机构是指在中华人民共和国境外注册并经所在国家或地区金融监管当局批准或认可的金融机构。

3. 外商独资银行、中外合资银行应当遵守《中华人民共和国商业银行法》关于资产负债比例管理的规定；外国银行分行变更的由其总行单独出资的外商独资银行以及本条例施行前设立的外商独资银行、中外合资银行，其资产负债比例不符合规定的，应当在国务院银行业监督管理机构规定的期限内达到规定要求。

思考题

1. 试述外资金融机构代表机构的业务范围。
2. 试述外资营业性金融机构的业务监管。
3. 试述设立外商独资银行应当具备的条件。
4. 试述对外资银行业金融机构接管或者促成机构重组的前提。

参考书目

1. 陶广峰，张宇润．金融创新与制度创新．北京：中国政法大学出版社，2006
2. 陶广峰主编．经济法学．北京：中国检察出版社，2007
3. 陶广峰等．经济全球化与中国经济法．北京：中国检察出版社，2006
4. 陶广峰主编．经济法原理．北京：中国政法大学出版社，2005
5. 陶广峰等．构建与创新——经济法哲学研究．北京：中国检察出版社，2017
6. 陶广峰主编．金融财税法律评论．北京：中国检察出版社，2018
7. 张宇润．中国证券法：原理·制度·机制．北京：中国经济出版社，2002
8. 张宇润．中国创业板市场法律规制研究．北京：中国检察出版社，2008
9. 张宇润．货币的法本质．北京：中国检察出版社，2010
10. 甘功仁，黄欣主编．金融法．北京：中国金融出版社，2003
11. 刘定华主编．金融法教程．3 版．北京：中国金融出版社，2010
12. 强力．金融法．北京：法律出版社，2004
13. 朱崇实主编．金融法教程．4 版．北京：法律出版社，2017
14. 刘隆亨．银行金融法学．5 版．北京：北京大学出版社，2005
15. 张忠军．金融业务融合与监管制度创新．北京：北京大学出版社，2007
16. 李仁真主编．国际金融法．武汉：武汉大学出版社，2005
17. 陈欣．保险法．北京：北京大学出版社，2006
18. 江朝国．保险法基础理论．北京：中国政法大学出版社，2002
19. 朱明主编．金融法概论．北京：中国金融出版社，2006
20. 温世扬主编．保险法．3 版．北京：法律出版社，2016
21. 杨有振主编．支付结算与核算实务．北京：中国商业出版社，1998
22. 徐学锋主编．现代支付结算与电子银行．上海：上海财经大学出版社，2017
23. 全国人大常委会法制工作委员会民法室编．中华人民共和国物权法：条文说明、立法理由及相关规定．北京：北京大学出版社，2007
24. 郭明瑞．担保法．北京：中国政法大学出版社，1998
25. 陈本寒主编．担保法通论．武汉：武汉大学出版社，1998
26. 郭明瑞等．担保法．5 版．北京：中国人民大学出版社，2017
27. 周辉斌．银行保函与备用信用证法律实务．北京：中信出版社，2003
28. 叶林主编．证券法．4 版．北京：法律出版社，2013
29. 朱大旗．金融法．3 版．北京：中国人民大学出版社，2015
30. 黄达．金融学．4 版．北京：中国人民大学出版社，2017
31. 董安生．证券法原理．北京：北京大学出版社，2018
32. 邓建鹏，黄振．互联网金融法律与风险控制．北京：机械工业出版社，2017
33. 朱崇实，刘志云．金融法教程．北京：法律出版社，2017

图书在版编目（CIP）数据

金融法/陶广峰主编．—3版．—北京：中国人民大学出版社，2020.6
21世纪中国高校法学系列教材
ISBN 978-7-300-28173-5

Ⅰ.①金… Ⅱ.①陶… Ⅲ.①金融法-中国-高等学校-教材 Ⅳ.①D922.28

中国版本图书馆CIP数据核字（2020）第091980号

21世纪中国高校法学系列教材
金融法（第三版）
主　编　陶广峰
Jinrongfa

出版发行	中国人民大学出版社		
社　　址	北京中关村大街31号	**邮政编码**	100080
电　　话	010－62511242（总编室）		010－62511770（质管部）
	010－82501766（邮购部）		010－62514148（门市部）
	010－62515195（发行公司）		010－62515275（盗版举报）
网　　址	http://www.crup.com.cn		
经　　销	新华书店		
印　　刷	北京密兴印刷有限公司	**版　　次**	2009年1月第1版
规　　格	185 mm×260 mm　16开本		2020年6月第3版
印　　张	24.75　插页1	**印　　次**	2020年6月第1次印刷
字　　数	642 000	**定　　价**	52.00元

《　　　　　　　》※任课教师调查问卷

为了能更好地为您提供优秀的教材及良好的服务，也为了进一步提高我社法学教材出版的质量，希望您能协助我们完成本次小问卷，完成后您可以在我社网站中选择与您教学相关的1本教材作为今后的备选教材，我们会及时为您邮寄送达！如果您不方便邮寄，也可以申请加入我社的**法学教师QQ群：83961183（申请时请注明法学教师）**，然后下载本问卷填写，并发往我们指定的邮箱（cruplaw@163.com）。

邮寄地址：北京市海淀区中关村大街31号中国人民大学出版社806室收

邮　　编：100080

再次感谢您在百忙中抽出时间为我们填写这份调查问卷，您的举手之劳，将使我们获益匪浅！

基本信息及联系方式：※

姓名：＿＿＿＿＿＿　性别：＿＿＿＿＿＿　课程：＿＿＿＿＿＿＿＿＿＿

任教学校：＿＿＿＿＿＿＿＿＿＿＿＿＿＿　院系（所）：＿＿＿＿＿＿＿＿

邮寄地址：＿＿＿＿＿＿＿＿＿＿＿＿＿＿　邮编：＿＿＿＿＿＿＿＿＿＿

电话（办公）：＿＿＿＿＿＿　手机：＿＿＿＿＿＿　电子邮件：＿＿＿＿＿＿

调查问卷：※

1. 您认为图书的哪类特性对您使用教材最有影响力？（　　）（可多选，按重要性排序）
   A. 各级规划教材、获奖教材　　B. 知名作者教材
   C. 完善的配套资源　　D. 自编教材
   E. 行政命令
2. 在教材配套资源中，您最需要哪些？（　　）（可多选，按重要性排序）
   A. 电子教案　　B. 教学案例
   C. 教学视频　　D. 配套习题、模拟试卷
3. 您对于本书的评价如何？（　　）
   A. 该书目前仍符合教学要求，表现不错将继续采用。
   B. 该书的配套资源需要改进，才会继续使用。
   C. 该书需要在内容或实例更新再版后才能满足我的教学，才会继续使用。
   D. 该书与同类教材差距很大，不准备继续采用了。
4. 从您的教学出发，谈谈对本书的改进建议：＿＿＿＿＿＿＿＿＿＿＿＿

＿＿＿＿＿＿＿＿＿＿＿＿＿＿＿＿＿＿＿＿＿＿＿＿＿＿＿＿＿＿

＿＿＿＿＿＿＿＿＿＿＿＿＿＿＿＿＿＿＿＿＿＿＿＿＿＿＿＿＿＿

选题征集：如果您有好的选题或出版需求，欢迎您联系我们：

联系人：黄　强　联系电话：010-62515955/65

索取样书：书名：＿＿＿＿＿＿＿＿＿＿＿＿＿＿＿＿＿＿＿＿＿＿

书号：＿＿＿＿＿＿＿＿＿＿＿＿＿＿＿＿＿＿＿＿＿＿＿＿＿＿＿

备注：※ 为必填项。

21世纪高等院校法学系列精品教材

书名	ISBN	作者	定价
行政法与行政诉讼法（第四版）	978-7-300-21648-5	叶必丰　主编	39.80
海商法专论（第三版）	978-7-300-20444-4	司玉琢　著	49.80
经济法学 (第二版)	978-7-300-16089-4	张守文　著	45.00
财税法学（第四版）	978-7-300-19447-9	张守文　著	48.00
民事诉讼法 (第三版)	978-7-300-21614-0	张卫平　著	49.80
物权法（第三版）	978-7-300-18799-1	崔建远　著	59.80
判例刑法学（教学版）	978-7-300-14059-9	陈兴良　著	39.80
规范刑法学（教学版）	978-7-300-20430-7	陈兴良　著	48.00
刑法总论（第二版）	978-7-300-14090-2	周光权　著	45.00
刑法各论（第二版）	978-7-300-14202-9	周光权　著	55.00
刑事诉讼法学（第四版）	978-7-300-18548-4	郑　旭　著	45.00
侵权法学	978-7-300-13533-5	周友军　著	49.80
普通公司法	978-7-300-11227-5	邓　峰　著	68.00
网络法学（第二版）	978-7-300-21814-4	刘品新　著	29.00
中国宪法（第四版）	978-7-300-12301-1	许崇德　主编	29.80
商法学（第4版）	978-7-300-20622-6	徐学鹿　主编	49.80
证据学（第六版）	978-7-300-21850-2	陈一云　主编	36.00
外国法制史（第三版）	978-7-300-16149-5	林榕年 叶秋华 主编	38.00
婚姻家庭法学（第三版）	978-7-300-16894-4	杨大文 龙翼飞 主编	29.00
法社会学新阶	978-7-300-18452-4	付子堂 主编	32.00
民事诉讼法（第四版）	978-7-300-18072-4	田平安 主编	48.00